추천하는 말

"전면적인 파괴의 위험을 줄이기 위한 열정적 요구.…… '인류 종말 기계(둠스데이 머신)'의 진정한 광기와 상호가 확증하는 파괴에 우리의 생존을 걸었던 어리석음을 생생하게 전달하기 위한 엘스버그의 노력은 칭찬받을 만하고 중요하다."—《뉴욕 타임스 북리뷰》

"미친 시스템이 어떻게 작동하는지에 관한 획기적이며 악몽을 불러오는 설명."—《에스콰이어》

"이 주제에 관해 쓰인 최고의 책 중 하나—핵 토끼굴의 미친 논리에 깊이 빠졌다가 반대편으로 탈출한 내부자의 가장 정직한 이야기."—프레드 캐플런,《슬레이트》

"우리 핵 무기고의 무시무시한 힘을 분석해낸다."—《베너티 페어》

"용감한 내부 고발자인 엘스버그는 그가 '제도화된 광기'라고 묘사하는 무기 프로그램에 대해 재평가를 촉구하는 탄원서를 썼다."—《샌프란시스코 크로니클》

"미국의 베트남 개입, 즉 핵무기 취급에 대한 정책 결정보다 훨씬 더 중요한 문제를 훌륭하고 읽기 쉽게 다루고 있다."—《허핑턴 포스트》

"이 솔직하고 소름 끼치는 회고록은 핵전쟁 준비에 대한 미군의 접근 방식이 무시무시할 정도로 무심하다는 사실을 엘스버그가 어떻게 인식하게 되었는지를 묘사하고 있다. 만약 전쟁이 일어난다면 미국은 소련뿐만 아니라 중국도 말살할 준비가 되어 있었다. 즉, 핵전쟁 발발 즉시 2억 7천5백만 명의 사망자를 내고, 이후 방사능의 영향으로 5천만 명의 사망자를 내는 계획이었다."—《포린 어페어스》

"시선을 사로잡으며 불안하게 만드는, 필독서. 엘스버그의 깊은 각성의 연대기는 우리의 미래를 위해 반드시 읽어야 하는 책이다."—《북리스트》

"엘스버그의 훌륭하고 불안을 불러오는 이야기는 군축이 필요한 설득력 있는 사례를 제시하고 핵무기 존재만으로도 인류에게 심각한 위협이 된다는 것을 보여준다."—《퍼블리셔스 위클리》

"저명한 잔소리꾼 엘스버그는 우리의 핵 능력에 대해 냉정한 시선을 돌린다.…… 저자가 서둘러 랜드연구소 금고에 들어 있던 문서들, 즉 나중에 '펜타곤 페이퍼'로 알려진 비밀 문서를 제때 복사해 폭로했을 때 그것은 단지 시작에 불과했다.…… 특히 최근 러시아가 아닌 북한의 무력 시위와 다른 소강대국들 사이에서 핵 능력이 명백히 확산하는 상황을 고려할 때 시기적절한 책이다."—《커커스 리뷰》

"북한이 핵미사일로 미국을 겨냥할 수 있는 능력을 추구하고 있고, 예측 불가능한 도널드 트럼프 대통령이 '화염과 분노'로 위협하며 맞서는 등 이 책은 놀랄 만큼 적절한 시점에 발간되었다."—《뉴욕 매거진》

"그의 요점은 간단하다. 우리와 우리 정치 지도자들은 핵전쟁을 감당할 수 있는 위험으로 생각하는 것을 멈춰야 한다. 우리는 핵전쟁이 가능한 상황이 정상이라고 생각하는 것을 멈춰야 한다."—《세인트루이스 포스트 디스패치》

"이 책은 핵전쟁과 그 결과에 대한 현실적 평가, 그리고 핵겨울 등 부적절하게 논의된 많은 본질적인 질문들을 제기한다. 엘스버그는 20세기 초 이래 전쟁법 역사까지 파고 들어가 논의를 한다. 이 책을 출판함으로써 엘스버그는 그가 해온 일들 가운데 가장 위대한 공공 서비스를 수행했다."—《콩코드 모니터》

"아마도 지금까지 나온 냉전사들 가운데 가장 개인적인 회고록일 것이다. 이 책은 한 세대의 정책 입안자들을 사로잡은 핵 광기에 대해 직접적인 증언을 제공함으로써 중요한 공백을 메우고 있다. 또 미국의 겹겹이 싸인 비밀주의로 말미암아 미국의 국가 안보가 어떻게 서서히 부패해가는지를 강력히 묘사한다. 우리가 가야 할 길을 토론하고 방향을 설정하는 정책 입안자들과 정치인들이 의도적으로 정보를 숨김으로써 냉전, 핵 증강, 그리고 수조 달러의 국방비가 어떻게 타협되었는지를 그는 잘 보여주고 있다."—《워싱턴 포스트》

"역사는 엘스버그를 '펜타곤 페이퍼'를 유출하고 베트남 전쟁을 끝내는 데 도움을 준 내부 고발자로 기억할 것이다. 그러나 그의 새 책은 또한 선견지명 있고 권위 있는 반핵운동가로서 그가 어떤 유산을 남기고자 하는지를 잘 보여준다. 영화 〈닥터 스트레인지러브〉에서 제목을 가져온 '둠스데이 머신'은 절대 먼저 공격하지 않겠다는 미국의 약속이 허구였고 이른바 '실패 방지' 시스템이 재앙을 가져올 만큼 취약하다는 사실을 엘스버그가 알게 되면서 스릴러처럼 읽힌다."—《로스앤젤레스 타임스》

"엘스버그는 길고 냉철한 연구를 바탕으로 형성된 의견을 활발하게 제시한다. 그가 의미하는 바는 결코 의심의 여지가 없으며 항상 흥미롭다.…… 그는 재앙을 향해 폭포처럼 쏟아지는 사건들을 긴장감 있게 풀어놓는 재능을 지닌 작가다."—《뉴욕 리뷰 오브 북스》

"엘스버그는 우리 지도자들이 열핵전쟁에 대해 얼마나 불안정하고 근본적으로 무지한지 다시 한번 입증하면서, 세계적인 멸망을 초래할 수 있는 핵 프로그램을 어떻게 해체하는 것이 최선일지에 관한 자신의 생각을 제시한다."—《SF 위클리》

"이 책은 오싹하고, 설득력이 있으며 논란이 될 것이 확실하다."—《미니애폴리스 스타 트리뷴》

"지구의 모든 인간 생명을 대격변적으로 파괴할 가능성에 대한 지적이고 상세하며 열정적인 책이 반드시 필요하다고 선언해야 할까? 대니얼 엘스버그의 이 책은 널리 읽혀야 할 책이다. 전문가들은 그의 주장을 조사해야 하고, 입증하고 반박해야 하며, 의회 위원회는 채택해야 한다. 그리고 일반 대중의 의식에 반영되어야 한다.…… 이 책은 우리를 사로잡으며 무섭게 한다."—《아메리카 매거진》

"핵위협의 전조처럼 느껴지는, 가시 돋친 말로 모욕하는 시대에. 이 책이 내린 경고는 읽어야 할 경구가 되었다. 대니얼 엘스버그가 붙인 제목은 큐브릭의 영화를 의도적으로 떠올리게 하는데, 비유는 '스트레인지러브의 역설'에 대한 그의 정의에서 절정을 이룬다. 미국은 수천 개의 '둠스데이 머신' 무기와 수백 개의 '손가락이 달린 핵 버튼'을 가지고 있다. 엘스버그의 걸작을 읽고 필연적인 공포에 굴욕감을 느낀 독자라면 '어떻게 하면 세계를 구할 수 있는가'라는 질문을 해야 한다."—《핵시대 평화재단》

"이 책은 사실 한 지식인인 엘스버그가 그토록 신뢰했던 나라에 대해 환멸에 이르고 만 과정을 다룬 성장소설이다. 그것은 핵전쟁 계획의 공포가 기득권층이었던 그를 어떻게 좌익 선동가로 변모하게 했는지를 보여준다."—《로스앤젤레스 리뷰 오브 북스》

"마음을 사로잡는다.…… 이 책은 무서운 '닥터 스트레인지러브' 이야기이자 희망적인 미래 시나리오이다. 반드시 읽어야 할 책이다."—《머큐리 뉴스》

"엘스버그의 책은 필수적인 주제에 대한 국가적 토론을 촉진하는 책이다."—《라이브러리 저널》

"놀랍고, 충격적이며, 훌륭하게 쓰였다."—《반스 앤 노블 리뷰》

"현재 국내외 위기를 감안할 때 시의적절한 엘스버그의 폭로와 경고는 불안감을 증폭한다. 이 책은 심신미약자를 위한 책은 아니지만, 내용의 긴박성 때문에 반드시 읽어야 할 책이다. 더 중요한 점은 바로 행동에 나서야 한다는 사실이다."—《북페이지》

"내부자의 관점에서 엘스버그는 미국이 잠재적으로 세계를 파괴할 무기고를 어떻게 만들고 조정하게 되었는지, 대통령이 외국 지도자들을 위협하기 위해 그것을 어떻게 사용했는지, 그리고 다른 핵보유국의 반응을 묘사한다. 우리는 이전에 발생한 많은 위기를 아슬아슬하게 피했지만, 저자는 현(트럼프) 행정부가 곧바로 최악의 시나리오로 돌진할 수 있다고 우려한다. 이 책은 널리 읽히고 토론하고 행동에 옮길 가치가 있다."—《셀프 어웨어니스》

"대니얼 엘스버그는 미국 핵전쟁 준비의 기본 요소는 지난 3세대에 걸쳐 거의 변하지 않았다고 이야기한다.…… 엘스버그의 경고는 심각하게 받아들여질 필요가 있다."—《트루스아웃》

"개인적 기억에 바탕을 두고 역사적 분석을 하며 종말론적 전쟁의 위협을 축소하기 위한 일련의 방법을 제시하고 있다. 여러 해에 걸쳐 만들어진 이 책은 적절한 순간에 도착했다."—《샌프란시스코 크로니클》

"최고위급의 핵전략과 정책 결정에 밀접하게 관여했던 내부자가 권위를 가지고 전하는 이야기이다. 엘스버그는 실질적으로 미국 대중들이 핵전쟁과 핵무기와 관련해 믿는 모든 것은 '고의적인 속임수'라고 밝힌다. 그의 도덕적 신뢰와 개인적 지식의 독특한 조합이 베트남 전쟁보다 더 큰 비극을 예견하는 마법으로 한 번 더 작용하길 바랄 뿐이다."—《언다크 매거진》

"정교하게 짜인 비밀과 통찰이 다니엘 엘스버그의 새로운 회고록 안에 놓여 있다. 한반도, 남아시아, 그리고 미국과 러시아 사이의 핵 교착 상태가 수그러들지 않는 만큼, 엘스버스가 가진 통찰의 중요성은 날로 커지고 있다."—《카네기 국제평화기금》

"충격적이다.…… 이 책은 정말 충격적인 폭로들로 가득 차 있다. 엘스버그가 수년간 발견한 사실들로 인해 증가하는 공포와 혐오감을 충실히 묘사해, 이 책은 때때로 스릴러처럼 읽힌다."—《버클리사이드》

"우리가 얼마나 핵 대학살에 가까이 다가갔는지, 충격적으로 분석한 책이다."—《버펄로 뉴스》

"'펜타곤 페이퍼'와 마찬가지로 엘스버그는 70년이 넘도록 지속되는 핵시대에서 우리가 어디에 있는지를 설명하는, 있는 그대로의 책을 쓰는 것으로 공익을 위한 서비스를 수행했다. 이 책은 우리가 현재 향해 가고 있는 잠재적 파괴의 길에서 우리를 구출하는 데 도움이 될 수 있는 아이디어와 통찰력뿐만 아니라, 핵 문제와 관련해 곤궁에 처한 우리의 상황과 우리가 어떻게 여기에 도달했는지를 설명하는 풍부한 증거를 제공한다."—《무기통제 투데이》

"설득력 있고 놀라운 책이며, 인간의 미래에 관심이 있는 사람이라면 누구나 읽어야 한다."—《몬트리올 가제트》

"새로우며 독자들에게 깨우침을 주는 내용이 많이 들어 있다. 엘스버그는 확실히 핵전쟁이 '발발하기를 기다리는 재앙'이라고 경고한 첫 번째 예레미야가 아니다. 그럼에도 엘스버그는 가장 최근에, 가장 많이 알고 있으며, 그리고 분명하게 동기를 부여하면서 우리에게 현재와 계속되는 위험에 대해 상기시켜준다."—《H-디플로》

"트럼프, 푸틴, 김정은, 그리고 세계 불안정의 시대에 꼭 읽어야 할 책."—헬렌 칼디콧(사회책임의학회 창립 회장)

"오랫동안 기다려온 미국 내부 고발자의 이 연대기는 우리를 멸종할 수단이 영원히 민첩한 경계 상태에 놓여 있을 거라는 생각에 위험할 정도로 익숙해진 대중들에게 보내는 긴급한 경고이다."—에드워드 스노든

"대니얼 엘스버그만큼 이 끔찍한 이야기를 잘할 수 있는 사람은 아무도 없을 것이다. 그는 우리에게 하느님에 비견할 만큼 정의로운 자격을 지닌 사람들이 말 그대로 지구의 생명을 소멸시킬지 모를 계획을 세우는 일을 소개한다. 대단한 책이다—아룬다티 로이(반핵운동가이자 『지복의 성자』 저자이며 퓰리처상 수상자)

"케네디 행정부의 최고위급 수준에서 핵전쟁 계획에 참여한 랜드연구소의 컨설턴트가 쓴 매혹적이고 무시무시한 이야기. 엘스버그는 우리에게 핵전쟁의 위기상황과 여전히 지구를 전멸에 이르도록 위협하고 있는, 당시 개발된 정책들에 대해 말한다. 책을 내려놓을 수 없다."—프랜시스 피츠제럴드(퓰리처상 수상 작가)

인류 종말 기계

어느 핵전쟁 입안자의 고백

인간의 미래를 위해 싸우는 분들께

인류 종말 기계

어느 핵전쟁 입안자의 고백

대니얼 엘스버그 지음
강미경 옮김

두레

주요 용어 설명

경보 즉시 발사(또는 경보 즉시 발진)(LOW): Launch On Warning

국가기본안보정책(BNSP): Basic National Security Policy(civilian guidance for war planning)

국가안보회의 행정위원회(ExComm): Executive Committee of the National Security Council(Cuban missile crisis)

국가안전보장회의(NSC): National Security Council

국가정보판단(NIE): National Intelligence Estimate

국방부 국제안보문제(ISA): International Security Affairs(OSD)

국방부 방위고등연구계획국(DARPA): Defense Advanced Research Projects Agency

국방부 장관실(OSD): Office of the Secretary of Defense

단일통합작전계획(SIOP): Single Integrated Operational Plan

민주당 자문회의(DAC): Democratic Advisory Council

영국 공군(RAF): Royal Air Force

원자력위원회(AEC): Atomic Energy Commission

전략공군사령부(SAC): Strategic Air Command

전차상륙함(LST): Landing Ship, Tank

정보공개법(FOIA): Freedom of Information Act

지대공 미사일(SAMs): Surface-to-Air Missiles

탄도미사일 조기경보 체제(BMEWS): Ballistic Missile Early Warning System

태평양 공군(PACAF): Pacific Air Forces

태평양 사령관의 비상작전계획(GEOP): General Emergency Operations Plan(PACOM general war plan)

태평양 지구 사령부(PACOM): Pacific Command

태평양 지구 총사령부(관)(CINCPAC): Commander in Chief, Pacific Command

특별 접근 프로그램(SAP): Special Access Program

합동전략능력기획서(JSCP): Joint Strategic Capabilities Plan

합동참모본부(JCS): Joint Chiefs of Staff

해군연구소(ONR): Office of Naval Research

프롤로그

1961년 어느 봄날, 나의 서른 번째 생일 직후 나는 우리의 세계가 어떻게 끝나게 될지를 보게 되었다. 당시 내가 알게 된 세계의 종말이란 (지금처럼) 지구 전체, 그러니까 지구상의 거의 모든 인간이나 생명이 멸망하는 것이 아니라 북반구 대부분의 도시와 주민들이 파멸하는 것이었다. 백악관의 한 사무실에서 내가 건네받은 것은 간단한 그래프가 달랑 하나 그려진 한 장의 종이였다. 종이에는 '일급기밀―요주의'라는 제목 아래 '대통령만 열람 가능'이라고 적혀 있었다.

'일급기밀'이라는 용어는 문서가 특정特定하는 당사자만, 이 경우엔 대통령만 보고 읽을 수 있다는 것을 의미했다. 하지만 실제로는 대통령 말고도 한두 명의 비서관과 보좌관 정도는 열람했던 듯하다. 통상적으로 일급기밀 문서의 경우엔 관료사회의 절차상의 이유나 정치적 이유 때문에 각별히 신경 써서 취급해야 한다는 것을 의미하는 '요주의' 표시가 붙는데, 그렇다 하더라도 보통 수십 명에서 수백 명은 그 복사본을 보는 게 관례였다.

나의 경우에도 나중에 미 국방부 차관보의 특별 보좌관으로 펜타곤(미국 국방부)에서 일할 때 문서에 명기된 당사자가 아닌데도 '일급기밀'이라고 표시된 전보와 메모 복사본을 종종 읽어보곤 했다. 국방부 장관실 자문위원으로 있으면서 문제의 문건을 접할 때쯤엔 일급기밀 문서를 읽는 것은 내게 이미 일상이 되어 있었다. 그러나 '대통령만 열람 가능한 일급기밀'이라고 표시된 문서를 보기는 그때가 처음이었다. 그리고 그때가 마지막이기도 했다.

내게 그 문건을 보여준 사람은 대통령 국가안보 부보좌관 밥 코머Bob Komer였다. 문건은 일주일 전 케네디 대통령이 합동참모본부에 제기했던 질문에 대한 답변이었다. 코머가 내게 합동참모본부의 견해를 보여준 이유는 대통령의 이름으로 보낸 그 질문을 초안한 사람이 바로 나였기 때문이다.

합동참모본부에 보낸 질문은 이러했다. "전면적 (핵) 전쟁에 대한 계획이 애초 계획대로 진행된다면 소련과 중국에서는 얼마나 많은 사람들이 목숨을 잃을까요?" 그들의 대답은 그래프의 형태를 띠고 있었다. 세로축은 수백만 명에 이르는 사망자 수를 나타냈다. 가로축은 시간의 양, 즉 개월 수를 나타냈다. 그래프는 0개월에서 시작해 우리의 공격 개시 직후 예상되는 즉사자 수를 가리키다가 6개월 뒤의 최대치를 향해 끝이 비스듬하게 올라가는 직선, 다시 말해 초기의 부상에서 방사능 낙진에 이르기까지 시간이 갈수록 늘어나게 될 사망자 수를 임의의 시점에서 잘라 보여주는 사선이었다. 아래의 표는 기억에 의거해 그린 것이다. 도저히 잊을 수가 없었기 때문에 나의 그 기억은 늘 생생했다.

그래프 왼쪽의 가장 낮은 사망자 숫자는 2억 7천5백만 명이었다. 오른쪽의 6개월째 되는 시점의 숫자는 3억 2천5백만 명이었다.

같은 날 아침 나는 대통령의 서명으로 합동참모본부에 보낼 또 다른 질문, 즉 중-소 블록뿐만 아니라 낙진의 영향권 아래 들어가게 될 다른 모든 나라까지 포함해 우리의 공격이 가져올 전 세계 사망자 수를 묻는 질문을 작성했다. 일주일 뒤 코머는 그 질문에 대한 답변도 보여주었다. 이번에는 각주가 달린 도표 형태였다.

간단히 말해 동유럽의 경우 바르샤바 조약기구의 기지들 및 방공망에 대한 직접적 공격과 낙진으로 인해 약 1억 명의 사망자가 추가로 예상되었다. 서유럽의 경우 바람(대개 계절의 문제)이 어떻게 불지에 따라 낙진으로 인한 사망자가 1억 명 더 늘어날 수도 있었다. 그러나 계절과 상관없이 핀란드, 스웨덴, 오스트리아, 아

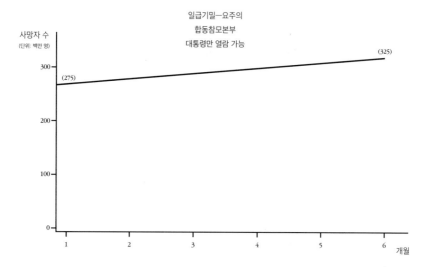

사망자 수
(단위: 백만 명)

(275)

(325)

300

200

100

0

1   2   3   4   5   6   개월

프가니스탄, 인도, 일본 등 소비에트 블록과 중국에 인접한 주로 중립국들에서도 낙진으로 인한 사망자가 최소한 1억 명 더 예상되었다. 예를 들어 핀란드는 레닌 그라드의 소비에트 잠수함 대피소에 대한 미국의 폭격에 따른 낙진으로 인해 온 나라가 쑥대밭이 될 운명이었다.

합동참모본부의 추산에 따르면 소비에트연방과 바르샤바 조약 위성국들, 중국을 겨냥한 미국의 1차 공격으로 인한 총 사망자 수는 약 6억 명에 이르렀다. 홀로코스트의 1백 배 수준이었다.

그래프가 그려진 그 단 한 장의 종이를 처음 접했을 때 내가 무슨 생각을 했는지 지금도 생생히 기억한다. 이 문서는 존재해선 안 되는 것이었다. 이 문서는 처음부터 존재하지 말았어야 했다. 그 어디에서도, 절대로. 문서는 여태껏 인간이 추진해온 그 어떤 프로젝트에서도 볼 수 없었던 악을 드러내고 있었다. 이 문서가 말해주는 그 어떤 것도 지구상에 실제로 존재해선 안 되었다.

1961년 봄, 일주일 뒤에 받아본 두 번째 문서에는 이 계획으로 인해 예상되는 주된 효과의 하나, 즉 어느 정도는 의도했지만 바람직하지는 않은, 충분히 예견할 수 있을 뿐만 아니라 용인되기까지 하는 '부차적 피해collateral damage'가 요약되어 있었다. 그것은 바로 5억이 넘는 사람들이 절멸한다는 것이었다.

그날 이후로 나에게는 다른 무엇보다도 중요한 삶의 목적이 생겼다. 다름 아니라 그런 계획의 실행을 막는 것이었다.

"원자의 가공할 위력이 우리의 사고방식을 제외하고 모든 것을 바꿔놓으면서
우리는 미증유의 재앙을 향해 표류하고 있다.'"
—앨버트 아인슈타인, 1946

_____

"개인의 광기는 보기 드문 것이지만 집단, 정파, 국가, 시대의 광기는 규칙이다."
—프리드리히 니체

차례

2부
지구 멸망의 길············ 295

머리말

  '국방부 일급기밀 문서Top Secret Pentagon Papers'를 복사한 혐의로 기소되었던 2년의 기간과 그 뒤 워터게이트 사건을 조사하며 보낸 2년, 그리고 그 이후 40년이 넘는 세월 동안, 나에겐 꼭꼭 숨겨둔 비밀이 하나 있었다. 재판 기간 중 나의 변호 팀에서는 나를 빼면 내 전담 변호사 레너드 보딘만 그 비밀을 알고 있었다. 그의 동료 변호사들도, 나와 함께 기소된 공동피고 토니 루소도, 심지어 내 아내 패트리셔도 몰랐다.

  로스앤젤레스에서 열린 재판 기간 동안 나는 기자들, 그중에서도 특히 내 사건에 대한 책을 쓰고 있던 피터 슈랙에게서 종종 이런 질문을 받았다. "복사는 언제부터 한 겁니까?" "복사하는 데 시간은 얼마나 걸렸나요?" 그때마다 나는 대답을 얼버무리며 화제를 바꾸곤 했다. 또 다른 문건들을 복사했기 때문이다. 실제로 추산해보면 국방부 문서Pentagon Papers('펜타곤 페이퍼' 또는 '펜타곤 문서'라고도 부름—옮긴이)만 복사하는 데 걸린 시간보다 훨씬 더 많이 걸렸을 것이다. 만일 그렇게 대답했다면 십중팔구 당시 내가 피하고 싶었던 질문으로 이어졌을 것이다. "또 뭘 복사했나요?"

  사실 1969년 가을부터 1970년 8월 랜드연구소(Research And Development Corporation: 1948년 설립된 미국의 민간연구소로 주로 미국의 국방에 관한 계획과 예산을 연구하는 기관—옮긴이)를 떠나기까지 나는 내 사무실 일급기밀 금고에 들어 있던 것들을 하나도 빠짐없이 전부 복사했다. 그중 7천 쪽에 달하는 국방부 문서는 빙산의 일각에 지나지 않았고, 극비 또는 비밀로 분류된 파일을 보관하는 금고 몇 곳에서 그보다 훨씬 더 많은 양, 전부 합해서 15만 쪽은 되지 싶은 분량을 복사했다. 게다가 서류마다 몇 장씩 복사했다. 나는 국방부 문서뿐만 아니라 그 모두를 폭로하기로 결심을 굳혔다. 바로 그 결심 때문에, 그리고 이 서류들이 지닌 성격 때문에 나는 이 서류를 복사하기 시작했던 때부터 지금까지 꼭꼭 비밀을 숨겨왔다.

이 다른 서류들은 대부분 베트남전과도 관계가 있었다.[1] 그리고 이 가운데는 대통령에 당선된 리처드 닉슨이 헨리 키신저를 국가안보 보좌관으로 지명한 뒤 1968년 말과 1969년 초 그의 밑에서 일하며 다뤘던 일급기밀도 들어 있었다. 그런데 내가 복사한 또 다른 문건들, 즉 '기타 국방부 문서들'은 대부분 비밀 핵전쟁 계획과 핵무기의 지휘 및 통제, 핵위기에 대한 연구 결과와 관련해 내가 작성한 노트와 연구 논문으로 구성되어 있었다.[2] 거기에는 중요한 극비 서류의 요약본이나 복사본, 과거의 전쟁 계획(당시 기준에서 진행 중인 전쟁은 하나도 없었다), 전문電文 같은 것들이 들어 있었으며, 나와 다른 사람들이 작성한 논문들, 키신저의 국가안보회의 참모진이 내놓은 핵정책 같은 것들이 들어 있었다.[3]

지난 47년 동안 한 번이라도 내 이름을 들어본 사람들은 대부분 흔히 '국방부 문서'로 알려진, 베트남전 당시 미국의 정책 결정을 둘러싼 일급기밀 연구 자료를 폭로한 인물로만 나를 알고 있을 가능성이 크다. 그리고 내가 그 자료의 작성자 중 한 명이었기에 문제의 자료에 접근하게 되었으며, 국방부에서 베트남전의 확전擴戰과 관련된 일을 하고 나중에는 국무부 파견 직원으로 남베트남에서도 일했다는 사실 또한 아는 사람이 있을지도 모르겠다.

그리고 그에 비해 덜 알려진 것이 있다. 그것은 바로 그보다 여러 해 전에 랜드연구소의 자문위원으로 미국 국가안보 시스템의 최고 수준의 문제를 다루었다는 사실이다. 완전히 다른 문제, 즉 핵전쟁의 억지와 예방, 다시 말해 아무리 가망 없어 보인다고 할지라도 필요하다면 초강대국들 사이의 핵 아마겟돈을 규제, 제한, 종식하는 계획을 취급했다는 사실이다. 참고로 랜드연구소는 주로 미국 공군을 위한 비밀 연구 및 분석을 전담할 목적으로 1948년에 설립된 비영리 기관이었다.

1961년 봄, 나는 전면적 핵전쟁에 대비한 운용계획과 관련해 국방부 장관 로버트 맥나마라Robert Mcnamra가 합동참모본부Joint Chiefs of Staff, JCS에 하달한 일급기밀 지침 초안[4]을 작성했다. 그해 1월 1일 나는 케네디 대통령의 국가안보 담당 보좌관으로 백악관에 들어온 지 몇 주가 채 되지 않은 맥조지 번디McGeorge Bundy에게 기존의 핵계획이 갖는 특징과 위험에 대해 간략하게 보고했다. 내가 백악관에서 우리의 핵공격이 가져올 사상자 수에 대한 일급기밀에 접근하게 된 것은 그 직후였다.

그 이듬해 쿠바 미사일 위기 당시 국가안보회의 집행위원회에 보고서를 제출하는 몇 개의 업무팀 가운데 두 곳에 중복으로 소속되어 일한 사람은 나밖에 없었다. 일 년 뒤, 그러니까 민간인으로는 최고 등급인 레벨(추가 정보까지 이용할 수 있다는 것을 의미한다)을 받고 국방부 정 직원으로 근무하기 바로 직전이었다.[5] 그 당시 일급기밀보다 몇 단계 위의 기밀에 접근할 수 있는 권한을 가지고 한국, 쿠바, 베를린, 진먼섬金文島, 레바논, 수에즈 등에서 일어난 과거 미국의 핵위기를 둘러싸고 관계 부처 간 연구를 진행했던 연구원은 나밖에 없었다. 당시는 핵전력nuclear forces을 둘러싼 계획 및 운용과 그것이 가져올 위험의 성격이 민간인에게는 거의 낯설던 시절이었는데, 그런 위치에 있다 보니 나는 예사롭지 않은 (핵전쟁에 관한) 지식에 쉽게 접근할 수 있었다.

나는 (베트남에서 정부 직원으로 근무한 뒤 다시 돌아온) 랜드연구소의 내 사무실 금고에 있던 국방부 문서와 기타 베트남전 서류를 복사하기 시작한 직후 내 금고의 다른 자료들, 그러니까 핵 관련 자료들을 공개하는 것이 훨씬 더 중요하다고 결심하게 되었는데, 이것은 내가 지금까지 꼭꼭 숨겨둔 비밀이었다. 나는 의회에, 내 동포 시민들에게, 나아가 전 세계에 지난 4분 세기 동안 미국의 핵정책이 만들어온 위험을 알리고 싶었다. 내가 알기로 핵전쟁의 위험을 알리려는 의지는 둘째치고 나처럼 자세한 기록뿐만 아니라 문건을 제시하며 그런 위험의 폭과 정도를 폭로할 수 있는 사람은 나 말고는 없었다. 거의 상상조차 할 수 없는 비밀스러운 현실을 믿게 하려면 무엇보다 객관적 서류가 필요했다.

이와 관련해 내가 하고 있는 일과 앞으로 내가 하려는 일에 대해 내 속마음을 털어놓은 사람은 딱 한 사람, 랜디 켈러Randy Kehler밖에 없었다.[6] 한 달 전 나를 이 길로 들어서게 만든 징병 거부자의 표상이었다. 1969년 11월 샌프란시스코에서 만났을 때 그는 곧 수감될 예정이었다. 그가 감옥으로 사라지기 전 나는 그가 보여준 본보기가 나에게 얼마나 큰 의미가 있는 것인지, 실제로 그 효과가 얼마나 클지를 그에게 알려주고 싶었다. 그리고 활동가로서 그의 충고를 듣고 싶었다.

나중에 국방부 문서로 알려지게 되는 베트남전 자료와 비교했을 때 핵 관련 자료가 상대적으로 더 중요하다는 점에 대해서는 그도 나와 견해를 같이했다. 사실 그는 베트남전 자료를 공개하는 것은 잊어버리라며 이렇게 말했다. "지금까지 상황을 보면 다들 베트남에 대해 알 건 알아야 한다고 생각하고 있습니다. 선생님이 그것과 관련해서 폭로해봐야 달라지는 건 아무것도 없을 겁니다. 하지만 선생님 말씀을 들어보니 우리의 핵전쟁 계획이 지니는 위험을 세상에 알릴 수 있는 사람이 있다면 그건 바로 선생님입니다. 선생님이 공개해야 하는 것은 바로 그겁니다."

그 말에 나는 이렇게 대답했다. "그 중요성에 관한 한 나도 자네 의견에 동감하네만 베트남은 지금 이 순간에도 폭탄이 떨어지고 있는 곳일세. 핵 관련 자료를 비롯해 지금 모든 걸 공개한다면 언론은 베트남 문제에 관심을 기울이지 않을걸세. 아무리 작은 차이라 해도 전쟁을 빨리 끝낼 수 있다면 난 그 일부터 먼저 해야 한다고 생각하네. 핵문제 폭로는 그다음일세."

그러한 전술적 판단 아래 나는 베트남 자료와 핵 관련 기록과 서류를 모두 따로 분리해내어 핵 관련 자료들을 나 대신 집에 좀 보관해달라고 뉴욕주 웨스트체스터 카운티의 헤이스팅스-온-허드슨에 사는 내 남동생 해리에게 맡겼다.

나는 이 두 가지 문건은 기본적으로 서로 성격이 다르기 때문에 각각 따로 폭로해야 하며, 그중에서 핵 관련 문건은 순서상 뒤여야 한다고 생각했다. 네 번이나 거듭된 연방 정부의 경고에도 불구하고 신문사 19곳에서 국방부 기밀문서의 일부를 보도했다. 그리고 그 후 1971년 나는 기소되었는데, 그 뒤부터 나는 재판 이후에 대비해 핵 관련 자료를 더 수집해야만 한다고 생각했다. 재판 진행 중에 "또 뭘 복사했나요?"라는 질문을 받고 싶지 않았던 이유는 바로 그 때문이었다. 베트남전 자료가 제 역할을 다하기 전에는 핵 문건을 억지로 공개하고 싶지 않았다.

당시 상황을 감안하면 국방부 문서 배포 건으로 열릴 예정이던 2차 재판이 끝나길 기다렸다가 폭로했을 수도 있다. 로스앤젤레스에서의 재판은 나와 내 친구이자 '공모자'인 토니 루소가 서류를 복사하고 그것을 보유하고 있었다는 데 초점이 맞춰졌다. 토니 루소는 내가 서류를 복사할 수 있도록 도와준 사람이었다. 별도의 단독 비밀 대배심이 보스턴에서 회의를 소집해 국방부 문서의 배포와 보도를 조사했다.[7] 대배심은 나를 다시 기소할 준비를 하고 있었다. 이번에는 토니가 빠지는 대신 닐 시한Neil Sheehan과 헤드릭 스미스Hedric Smith 같은 ≪뉴욕 타임스New York Times≫ 기자들과 노엄 촘스키Noam Chomsky, 하워드 진Howard Zinn, 리처드 포크Richard Falk 등 나와 문서 일부를 공유한 사람들이 공동 기소 대상이 돼 있었다.

결국 나는 3차 재판에서 그동안 폭로하기로 마음먹고 있던 핵 비밀을 꺼내놓을 수 있을 것으로 기대했다. 그 재판으로 모든 게 끝날 것 같았기 때문이다. 내가 재판에서 이길 가능성은 없어 보였다. 나에게 종신형이 떨어지도록 하려는 검사들의 노력이 마침내 결실을 거둘 것 같았다. 사실 1차 재판 때부터 시작됐던 그들의 그런 노력은 처음 한두 번은 아니었다 하더라도 이번에는 확실히 성공할 것 같았다.

하지만 다소 특이한 이유로 상황은 그런 식으로 전개되지 않았다. 첫째 115년을 구형받고 법정에서 거의 2년을 보냈을 때였는데, 기소 중 나에 대한 백악관의 형사상 위법행위가 드러난 뒤 1심에서 확정된 나의 12가지 중죄 사항이 편견을 이유로 기각되었다(이는 다시 말해 같은 범죄 혐의로는 두 번 다시 나를 기소할 수 없다는 뜻이었다).

결국 닉슨 대통령이 국가안보회의를 통해 내가 국방부 문서 말고 다른 자료도 복사했다는 사실을 비밀리에 보고받은 것으로 밝혀졌다.[8] 아마도 닉슨은 전쟁에서 기필코 이기기 위해 북베트남에 핵공격을 가할 수도 있다는 등 위협의 강도를 은밀하게 확대한 사실을 뒷받침하는 서류를 내가 폭로할까봐 두려워했던 것 같다. 그는 이미 전쟁을 2년이나 더 연장하면서 캄보디아와 라오스로까지 전장을 넓혀 놓아 결국엔 베트남전 기념관에 미국인 사망자 2만 명의 이름을 추가해놓을 판이었는데, 이와 관련된 자신의 비밀스러운 요구와 위협행위를 행여 내가 폭로하기라도 할까봐 내 입을 막으려고 다양한 위법조치를 취해놓고 있었다.

불법 도청을 하는가 하면 협박 자료를 얻을 목적으로 내 전 정신과 주치의 사무실을 불법으로 침입하고 CIA를 불법 동원하며 수포로 끝나긴 했지만 나를 '금치산자'로 만들기 위해 온갖 노력을 기울이는 등 나에 대한 범죄행위가 드러나면서 이러한 일련의 행위는 닉슨의 탄핵 과정에 중요한 영향을 미쳤다.[9] 닉슨은 결국 사임했고, 9개월 뒤 전쟁은 마침내 종결되었다. 이와 똑같은 범죄행위가 국방부 문서 배포(폭로) 사건과 관련한 2차 기소에도 적용되어 나쁜 영향을 미칠 수 있었기 때문에 보스턴 대배심은 갑자기 종료되었으며 2차 재판은 기각되었다.

그러나 4년 전 랜드연구소의 내 사무실 금고에 있는 자료를 복사한 수천 쪽의 핵재앙 관련 기록과 서류를 1970년대 중반까지도 세상에 공개하지 못하도록 나를 주저앉힌 것은 백악관도, 백악관의 범죄도 아니었다. 그 주범은 다름 아니라 자연이 저지른 행동, 즉 열대성 폭풍이었다. 내가 벼르고 벼르던 계획을 무산시켜버려 내게 엄청난 괴로움을 안겨주긴 했지만, 바로 그 폭풍 때문에, 아내 패트리셔가 은총이라고 불렀던 그 자연재해 덕분에 지난 40년 동안 나는 감옥이 아니라 아내 옆에서 따스한 체온을 느끼며 잠들 수 있었다.

내 동생 해리는 내가 맡긴 핵 문건을 1971년 6월 13일까지 거의 2년 동안 아내

소피아와 함께 사는 헤이스팅스-온-허드슨의 자기 집 지하실에 보관해두고 있었다. 그러고 나서 ≪뉴욕 타임스≫와 ≪워싱턴 포스트Washington Post≫가 보도금지 처분을 당하고 세상의 이목이 나와 패트리셔에게 집중되자 해리는 이 자료를 종이 상자에 넣어 녹색 쓰레기 봉지로 꽁꽁 싸맨 다음 자기 집 뒷마당 쓰레기 더미 사이에 파묻어버렸다.

그 후 13일 동안 FBI에선 여전히 우리 부부의 소재를 캐고 다니는 가운데 나와 패트리셔는 친구들과 반전운동 신병 모집 팀('라벤더 힐 몹'이라는 단체로 아마도 알렉 기네스를 기려 그런 이름을 붙인 듯했다)의 도움을 받아가며 나머지 베트남전 자료 복사본을 또 다른 신문사 17군데에 돌리고 있었다.[10] 이번에도 배달은 해리가 맡았다. 해리가 그렇게 한 것은 알고 보니 잘한 일이었다. 바로 그다음 날 그의 이웃 하나가 그에게 민간인 복장을 한 남자들이 기다란 쇠꼬챙이로 그의 집 쓰레기 더미를 뒤지는 모습을 보았다고 전해왔기 때문이다.

해리는 시의적절하게 쓰레기 봉지로 싸맨 문제의 종이 상자를 시내 쓰레기하치장에 파묻어 놓았다. 그는 쓰레기장과 경계를 이루는 먼지투성이 도로 위로 툭 튀어나온 절벽 옆쪽에 상자가 들어갈 만한 구덩이를 팠다. 파묻은 곳 바로 위 절벽에는 알아보기 쉽도록 낡은 가스난로를 하나 놓아두었다.

하지만 그해 여름 내가 기소되고 나서 얼마 지나지 않아 허리케인급의 태풍 도리아가 헤이스팅스-온-허드슨을 강타했다. 문제의 절벽과 그 안에 들어 있던 것은 도로 너머와 그 아래 등성이 밑으로 무너져 내렸다. 난로도 강풍에 휩쓸려 원래 있던 자리에서 1백 피트 넘게 굴러떨어졌다. 해리는 그 사실을 내게 곧바로 알리지 않고 몇 날 몇 주를 행방불명된 상자를 찾으러 다녔다.

그 뒤 그는 친구 바버라 데니어와 그 남편과 함께 주말마다 수색 작업을 벌였다. 한 번은 굴착기를 빌려 쓰레기 하치장 곳곳을 뒤집어엎기도 했다(나중에 굴착기를 사적인 용도로 사용했다는 사실이 알려지면서 시 공무원인 굴착기 운전기사가 곤욕을 치르기도 했다. 바버라는 기사에게 실수로 쓰레기통에 버린 논문 원고를 찾고 있다고 둘러댔었다).

이 모든 노력은 한 개 이상의 녹색 쓰레기 백, 아마도 천 개쯤 되는 녹색 쓰레기 봉지의 발견으로 이어졌지만, 그러나 안에 일급기밀 서류가 들어 있는 쓰레기 봉지는 없었다. 바버라의 주말 강박증이 부부의 결혼생활에 부담을 주기 시작하면서 먼저 그녀의 남편이 그 일에서 손을 뗐고 결국에는 해리도 나가떨어졌지만, 그녀는 때때로 딸까지 데리고 일 년 가까이 계속 상자 수색에 나섰다.

한편 나는 재판을 받느라 앞으로 해야 할 (핵전쟁에 대한 미국의 비밀계획) 폭로전에 대해 많이 생각할 여유가 없었다. 해리의 눈물겨운 노력을 전해 들으며 나는 결국엔 보물을 찾게 될 거라고만 생각했다. 하지만 재판이 끝날 때쯤 그런 생각은 흔들리기 시작했다. 쓰레기장의 내용물 다수가 근처 콘도미니엄 기초공사의 매립 재료로 쓰기 위해 옮겨갈 것 같다고 해리가 알려왔기 때문이다. 이 기초공사는 콘크리트로 덮어버릴 예정이라 했다. 그러면서 그는 다이너마이트를 사용한다면 또 모를까, 행방불명 상태인 상자를 찾을 길이 더는 없을 듯하다고 덧붙였다. 물론 농담이었지만 문건은 이제 사라지고 없었다.

그 후로 45년이 지났고, 그때 파묻었던 것 대부분은 여전히 비밀로 남아 있다. 굴착기나 다이너마이트로도 어쩔 수 없었듯이 (예외 조항이 무수히 많은) 정보공개법 Freedom of Information Act, FOIA 또한 반세기 가까이 부당하게 갇혀 지낸 이 정보를 금고에서 자유롭게 풀어놓지는 못했다. 하지만 정보공개법에 따른 지난 32년 동안의 요청과 조지워싱턴 대학교 국가안보 기록 보존소 연구원 윌리엄 버의 집요한 청원,[11] 이보다 훨씬 더 이전으로 거슬러 올라가 (FOIA 소송과 인터뷰를 활용해) 현대 기밀의 역사를 파헤치며 탐사 보도 정신의 정수를 보여준 폭로서 『아마겟돈의 귀재들The Wizards of Armageddon』(1983)의 저자 프레드 캐플런의 노력에 힘입어 행방불명된 문건 중 상당수가 기밀에서 해제되었다. 게다가 지금은 이 책의 내용을 충분히 입증할 수 있을 만큼 관련 자료가 공개된 상태다.

더욱이 디지털 시대의 이점을 십분 활용해 나는 그동안 모아둔 파일들은 물론 이 책에 나오는 메모, 주석, 인용문 등을 나의 웹사이트(ellsberg.net)에 게재할 참이

다. 시간과 지면 관계상 이 책에서는 다루지 못한 내용, 그중에서도 특히 1960년
대의 (반전)운동에 참여한 뒤로 달라진 나의 상황과 내게 일어난 일들을 비롯해 중
요한 이야기들은 나의 웹사이트나 인터넷에서 자세히 다룰 예정이다.*

이 책에서 다루는 메모와 문건들은 내 웹사이트에서 'Doomsday'라는 제목으
로 들어가 보면 자세히 볼 수 있다. 거기에는 특히 쿠바 미사일 위기와 1958년
진먼섬 위기에 관한 매우 방대한 자료, 1961년 내가 초안한 합동참모본부용 지
침과 관련 메모를 비롯해 랜드연구소와 국방부 재직 시절 말고도 1950년대와
1960년대에 베트남에서 근무하며 모아둔 뒤로 아직도 가지고 있는 서류와 노트
도 모두 포함되어 있다. 아울러 이 책의 미주란尾注欄에는 마땅한 공간이 없는 관
계로 주석이 필요할 경우 그때그때 본문에 추가해 넣을 예정이다. 지금도 진행
중인 북한의 핵위기를 비롯해 이 책에서 언급한 주제들과 관련된 시사 문제들에
관한 논평은 나의 웹사이트나 기타 다른 곳에 게재할 예정이다.

––––––––––

최근에 기밀에서 해제된 문건들[12](대부분 미주에 인용되어 있음)과 조만간 나의 웹사
이트에 올릴 주석과 파일들은 지금으로부터 거의 반세기 전 내가 나의 자유를 희
생할 각오를 하면서까지, 평생을 감옥에서 지내야 할지도 모르는 위험을 감수하
면서까지 이 진실들을 폭로하려고 했던 이유를 공감하게 해줄 것이다. 당시 내가
가지고 있던 내부 문서와 같거나 비슷한 문서를 또다시 입수하게 된다면 나는 또
그때와 똑같이 행동할 것이다. 그런데 본의 아니게 그 문서를 분실한 관계로 나

––––––––––

*   이 가운데는 비폭력 시민 불복종 운동으로 인한 87차례의 체포(1982년 레닌그라드 항구에 정박한 그린피스 소속 선박 시리우
스 호에서 소련 핵실험에 항의한 일, 가장 최근엔 2017년 8월 9일 나가사키의 날에 캘리포니아 리버모어 국립연구소에서 핵무기 설치를 계속
하는 것에 항의한 일 등)를 포함해 베트남 전쟁이 끝난 이후 현재까지 40년간 이어져온 나의 반핵운동 이야기들이 들어
있다; 핵시대의 위험에 크게 기여한 핵무기 사고와 오경보의 역사; 그리고 재개된 냉전과 고비용의 미군 현대화 및
사이버 군 역량을 비롯한 선제공격 능력 강화를 추진하는 러시아 전략군의 상황은 1983년 핵위기와 놀라운 관련성
을 가지고 있다(최근에 드러난 사실로 당시 미국 측에서는 인식되지 않음: 아래 참조).

는 수많은 통로를 통해 미국인과 기타 독자들에게 당시 내가 폭로하고자 했던 것의 본질을 알리고자 노력해왔다.[13] 왜냐하면 나는 그것이 역사라고는 믿지 않기 때문이다. 슬픈 일이지만 나는 근본적으로 변하는 것은 아무것도 없다고 믿는다.

물론 꼭 그렇다는 건 아니지만 1960년대와 1970년대에 비해 비교할 수도 없을 만큼 훨씬 더 자세하고 접근하기도 쉬운 자료[14]를 계속 정독하다 보면 2017년 새로 당선된 대통령의 국가안보 담당 보좌관이 작성한 박학한 상황 보고서나 1961년 1월 존 케네디 대통령의 보좌관 맥조지 번디에게 내가 제출한 보고서와 그로부터 겨우 몇 년 뒤 내가 번디를 위해 또다시 추가한 보고서 내용이나 별반 다르지 않을 것이라는 생각을 하게 된다(하지만 핵겨울과 관련해 앞으로 다루게 될 내용은 쿠바 미사일 위기와 몇몇 거짓 경보警報 사례와 마찬가지로 사건 발생 후 몇십 년 뒤에야 공개되었다). 기회가 된다면 그 보좌관(또는 트럼프 대통령)에게 주로 1950년대 후반과 1960년대 초반에 내가 배운 것을 다음과 같이 간추려 이야기해주고 싶다.

- 핵전쟁과 관련한 미국의 기본 입장은 60년 전이나 지금이나 크게 다르지 않다. 지금도 곧바로(즉시) 발사할 수 있는 상태의 핵무기 수천 개가 러시아의 지휘 및 통제 시스템을 비롯해 주로 군대 시설과 그 주변의 수많은 도시를 노리고 배치되어 있다. 그런 시스템의 공식적 존재 이유는 예나 지금이나 이른바 억지 효과를 위한 것이고, 필요할 경우 러시아가 미국을 상대로 핵무기 제1격first strike*을 가해올 때를 대비한 대응책인 것으로 알려

---

* 이 책에서 국방부 용어가 등장하는 일은 거의 없겠지만 몇몇 용어는 반복적으로 사용될 것이다. 특히 전문용어의 경우 미국과 소련/러시아 두 초강대국 중 어느 한쪽이 가하는 '제1격first strike'과 현재 핵무기를 보유하고 있는 9개국now nine nuclear weapons states, NWS 중 어느 한쪽이 발사하는 핵무기의 '선제 사용first use'은 분명히 구분되어야 한다.
  전자, 즉 제1격은 소련/러시아와 미국 중 어느 한쪽이 적의 모든 군사력, 그중에서도 특히 적의 영토나 영해에 배치된 전략 핵무기를 목표로 하여 고성능 장거리 전략 무기 공격을 개시함으로써 적을 가능한 한 완전히 무장 해제시켜 보복을 방지하거나 제한하려는 완전하고도 철저한 시도를 가리킨다.
  후자, 즉 미국이나 기타 핵보유국의 핵무기 '선제 사용'은 (1945년 미국이 일본을 상대로 맨 처음 사용했듯이) 적이 핵보유국이든 핵보유국이 아니든 상관없이 제1격을 제외하고 모든 형태의 핵공격을 가하는 것을 뜻한다.
  9개국 모두 전략 무기를 어느 정도 보유하고 있긴 하지만 미국과 소련/러시아를 제외하면 '제1격' 능력, 즉 핵으로 무장한 적을 무장해제하여 무력화시킬 수 있는 능력을 갖춘 나라는 없다. 이들 9개국은—프랑스와 영국을 제외하

져 있다. 사람들이 널리 믿고 있는 이러한 공식적인 논리는 실은 의도적 속임수의 산물이다. 소비에트의 기습적인 핵공격을 억지하거나 또는 그러한 공격에 맞서 대응하는 것이 우리 핵전쟁 계획의 유일한 또는 주된 목표였던 적은 지금껏 단 한 번도 없었다. 우리가 보유하고 있는 전략적 핵무기의 성격, 규모, 배치 상태는 여러 다른 목표들이 내거는 요구 조건에 의해 결정되어왔다. 즉 소련이나 러시아에 대한 미국의 제1격에 대해 소련 혹은 러시아가 미국에 가하는 보복의 피해를 최소화한다는 것이다. 이러한 능력은 특히 제한된 핵공격을 시작할 수도, 확대할 수도 있다는 미국의 위협에 대한 신뢰성을 강화하겠다는 것이다. 즉 미국이 핵무기를 '선제 사용first use'할 수도 있다고 위협함으로써 소련이나 러시아의 군대 또는 그 동맹국들이 관여하는 초기의 국지적인, 비핵非核 갈등none-nuclear conflicts에서 우위를 점하기 위한 것이다.

- 지금까지 미국의 필수 전략 능력은 제1격 능력을 위해 존재해왔다. 미국의 전략은 그 어떤 정권 아래서도 도발이 없는, (청천벽력 같은) 이유 없는 기습공격 같은 것을 위해 존재해온 것이 아니다. 선제공격으로 막을 수 있다면 그 어떤 상황에서도 제2격을 염두에 둔 적이 없다. 공식적으로는 부인하지만 다가오는 공격을 통보하는 전술 경보에 근거하든, 핵확산의 임박을 통보하는 전략 경보에 근거하든 선제적preemptive 경보 즉시 발사Launch On Warning, LOW는 미국 전략의 핵심이다.

- 2016년 대통령 선거운동 기간에 도널드 J. 트럼프는 핵무기와 관련해 외교정책 자문위원에게 "우리가 핵무기를 가지고 있다면 왜 그것을 사용할 수 없지요?"[15]라고 물은 것으로 알려져 있다. 그러자 돌아온 것은 "네, 핵

고-단거리 전략 무기뿐만 아니라 저성능 '전술 핵무기'를 갖고 있으며, 이를 통해 비핵보유국 및 핵보유국을 상대로 핵무기를 '선제 사용'할 수 있다고 위협할 수 있다.

레이더나 우주 위성에서 보내는 단기 '전술' 경보를 토대로 적이 무장을 해제하거나 피해를 제한할 목적으로 제1격을 가해올 것이 임박했거나 또는 공격이 진행되고 있다고 판단할 경우 적의 그 제1격 가능성에 대비해 피해를 제한할 목적으로 먼저 취하는 공격을 '선제공격preempting' 또는 '제2의 1격striking second first'이라고 부른다.

무기를 가지고 있습니다." "그러나 핵무기는 히로시마와 나가사키 이후로 사용한 적이 없습니다"라는 판에 박힌 답변이었다. 하지만 이와 달리 미국 대통령들은 수십 차례가 넘는 '위기' 때마다 적보다는 미국 대중에게 비밀로 한 채 핵무기를 '사용해왔다'. 그들은 대치 상황에서 방아쇠를 당기든 당기지 않든 상대방에게 일단 권총을 겨누고 보듯 핵무기를 사용해왔다. 방아쇠를 당기지 않고도 소기의 목적을 얻는 것이 권총을 소지하는 주된 목적인 것처럼 말이다(20장을 볼 것).

더욱이 유럽의 우방들이나 일본에 대한 우리의 '확장억제extended deterrence' 정책은 핵무기를 '선제 사용'(단거리 전술 핵무기 중심의 제한된 핵공격 개시)할 수 있다는 위협을 언제든 실행에 옮길 수 있는 준비 태세에 근거를 두고 있었다. 그리고 자주 공표해왔던 다짐, 즉 소련이나 그 동맹국들이 재래식 무기를 사용해 대규모 '비핵 공격'을 감행해올 경우 그에 대응해 주로 장거리 전략 무기로 소련이나 러시아 영토에 '제1격'을 가해 공격의 예봉을 무력화시키겠다는 다짐에 근거를 두어 왔다.

현 도널드 J. 트럼프 대통령은 2016년 대선 후보로 선거운동을 할 당시 ISIS와의 갈등에서든 유럽에서의 갈등에서든 핵 선제 사용 위협이란 카드를 '테이블에서 치워버릴' 의사가 없다는 뜻을 거듭 밝혔다(그는 핵무기를 사용할 마지막 사람이 되거나 그렇지 않으면 맨 먼저 사용할 사람이 될지도 모른다고 말하기도 했다[5]). 대통령 후보 1차 토론회에서 그는 다음과 같은 질문을 받았다. "핵무기와 관련해 오바마 대통령은 미국의 오랜 정책을 수정할 것을, 즉 맨 먼저 사용하지 않는 것을 사용할 수 있는 쪽으로 바꿀 것을 고려 중인 것으로 알려져 있습니다. 현재의 정책을 지지하십니까?"

2분 동안 주어진 답변 시간에 트럼프는 무엇보다도 이렇게 말했다. "모두가 그 문제를 끝장내기를 바라고, 핵무기가 제거되기를 바랍니다만, 이 자리에서 분명히 말씀드릴 수 있는 건 내가 먼저 제1격(앞의 '제1격'과 '선제 사

용'에 대한 각주 참조. 여기서는 후자를 말함)을 가하진 않을 거라는 겁니다. 핵 대
안이 마련된다면 이 문제는 해결됩니다. 하지만 그렇더라도 우리는 대비
해야 합니다. 나는 그 어떤 것도 포기할 수 없습니다."

이와 관련해 힐러리 클린턴은 2분 동안 트럼프의 발언을 그대로 되풀이
하지 않으려 애쓰는 가운데 "우리의 우방들에게 우리는 상호방위조약을
체결하고 있으며 이를 존중할 것이라고 안심시킬 것"이라고만 답변했을
뿐 그 질문을 사실상 피면갔다. 하지만 어쩔 수 없는 압력에 직면했다면
이 전직 국무부 장관 역시 트럼프가 인터뷰 때마다 했던 답변과 본질적으
로 똑같은 답변을 했을 것이다. 우리의 상호방위조약은 미국이 핵무기를
먼저 사용하는 것을 배제한 적이 단 한 번도 없다(2008년 후보였을 당시 그녀는
파키스탄에 핵무기를 사용하지 않겠다고 말한 버락 오바마 상원의원을 맹비난하며 어떤 무
기를 사용할지 말지는 대통령이 나서서 왈가왈부할 문제가 아니라고 반박했다).

그사이 오바마 대통령은 2016년까지 미국의 동맹국들뿐만 아니라 미국
의 국방부, 국무부, 에너지부 장관들로부터 먼저 사용 포기 정책을 철회하
라는 압력에 시달리다 자신이 직접 작성한 〈2010 핵 태세 검토 보고서2010
Nuclear Posture Review〉에서 그런 충고를 따랐을 뿐만 아니라 임기 마지막 해
에도 그 충고를 따랐다. 그는 대중만 모를 뿐 트루먼 이후로 미국 행정부
의 성격을 규정지어온 정책, 즉 미국이 먼저 핵전쟁을 개시할지도 모른다
는 협박을 계속 되풀이한 것이었다. 이러한 정책을 이어받아 도널드 J. 트
럼프 대통령은 일부에서 못마땅하게 바라보거나 말거나 리처드 닉슨이 맨
처음 선보인 '미치광이 이론madman theory'을 전임자들보다 좀 더 융통성 있
게 적용해나가고 있다.

• 미국은 (북한처럼) 우리와 갈등을 일으킬지도 모르는 국가들을 상대로 핵공
격 위협을 가할 요량으로 '선제 사용' 포기 서약을 끈질기게 거부하며 효율
적인 비확산 운동을 방해해왔다. 이는 트럼프 대통령 아래서도 마찬가지

다. 미국의 이런 전략은 미국의 그러한 위협에 맞서거나 이를 모방하려는 국가들에서 핵확산을 부추겨왔다. 그러나 미국 정책의 또 다른 측면 역시 확산 촉진이라는 똑같은 결과를 낳고 있다. 우리는 냉전 이후 4분 세기가 지나도록 수천 가지 무기로 넘쳐나는 무기고를 빈틈없이 유지하면서 세계의 나머지 국가들에는 핵무기는 아예 필요 없거나 단 하나만 있어도 충분하다고 충고해왔는데, 지금까지의 우리 정책은 이런 충고를 무력화시키는 것이다.

• 미국의 전략적 공격 시스템은 대중이 상상하는 것보다 훨씬 더 광범위한 사건에 의해 방아쇠가 당겨지도록 설계되어왔다. 더욱이 미국 핵무기의 방아쇠를 당길 수 있도록 인가된 손이 대통령 한 사람의 손에만 한정되었던 적은 없었으며, 최고위 군 장성들의 손에서 그쳤던 적조차 없다(3장과 7장을 볼 것).

1950년대 후반 미국의 지휘 및 통제 시스템을 연구하며 알게 된 사실인데, 아이젠하워 대통령은 (태평양에서 매일 일어났던) 워싱턴과의 소통이 단절되었을 때에도, (아이젠하워가 두 번이나 당했던 것처럼) 대통령이 직무 능력을 상실하는 상황이 발생했을 경우에도 휘하의 전역戰域 사령관들에게 핵공격을 개시할 수 있는 권한을 비밀리에 위임해놓고 있었다. 그리고 이들 사령관들은 이와 비슷한 위기 상황이 발생했을 때 대통령이 위임한 권한을 다시 휘하 사령관들에게 위임했다.

놀랍게도 내가 케네디 행정부에 이러한 정책과 그 위험성을 알렸는데도 케네디 대통령은 (전임자인) '위대한 사령관'의 결정을 뒤집기보다 계속 밀고 나갔다. 존슨 대통령, 닉슨 대통령, 카터 대통령도 그러했다. 지난 몇십 년 동안 그 이후의 대통령들 역시 그랬을 것이 거의 확실하다. 이러한 위임은 미국의 가장 중요한 국가기밀 중 하나다.

현재는 러시아로 바뀌었지만 소련의 경우도 마찬가지였다. 미국은 소비에트 지휘부에 대한 '참수斬首' 계획을 공개적으로 논의하곤 했는데, 이는 소련으로 하여금 모스크바와 기타 소련의 지휘 본부를 파괴할 미국의 공격에 보복을 가하는 '데드 핸드Dead Hand'라는 위임 시스템을 도입하게 하고 유지하게 만들었다. 물론 이 역시 국가기밀로 취급되었다. 하지만 이는 역설적으로 양쪽의 비밀주의와 이런 계획에 대한 부인이 상대방에 대한 참수 공격을 억제하도록 감소시켜주었다(9장을 볼 것).

전 세계의 대중이 핵시대의 이러한 현실에 당장 눈을 떠야 하는 이유는 이처럼 비밀리에 이루어지는 위임이 이스라엘, 인도, 파키스탄, 북한 같은 신생 핵보유국을 비롯해 핵보유국마다 확실하게 존재하기 때문이다. 예를 들어 파키스탄에서 핵 단추를 누르는 손가락은 몇 개나 될까? 아마도 파키스탄 대통령조차 확실히는 알지 못할 것이다. 한편 2016년과 2017년 내내 미국의 비상 계획 및 군사훈련 가운데 들어 있는 북한 지도자와 지휘부에 대한 참수 계획이 미국의 언론을 통해 자주 새어 나오곤 했는데,[17] 이는 내가 보기에 북한으로 하여금 미국의 공격에 응징을 가하는 소련의 데드 핸드 같은 시스템을 구축하게 하는 결과를 낳았을 것이 거의 확실하다.[18]

• 구소련에서 터져 나오는 폭로 덕분에 쿠바 미사일 위기가 얼마나 위험했는지에 대한 공감이 날로 커져왔다.[19] 나는 국방부의 고위 간부로 이 위기에 관여한 후 1964년 이 문제를 둘러싼 특급 비밀연구를 수행하고 이를 통해 전에는 알려진 바 없었던 자세한 내용을 밝힌 바 있다. 이 연구를 통해 나는 새로운 데이터를 제시하면서 이 위기가 이전의 어떤 평가보다 더 위험한 것이었다는 것을 보여주었다. 어떻게든 핵전쟁은 피해야 한다는 양측 지도자들의 결단에도 상황은 우리의 전면적 핵전쟁 계획이 실행 초읽기에 들어갈 만큼 걷잡을 수 없이 돌아갔던 것이다(12장과 13장을 볼 것).

• 전략핵 시스템은 대중이 (심지어 대부분의 고위 관료들이) 알고 있는 것보다 더 잘못된 경보와 사고,[20] 그리고 허가받지 않은非認可 발사에 노출되기 쉽다.

1958년부터 1961년까지 나는 주로 이 부분에 초점을 맞춰 비밀 연구를 진행했다. 그 뒤 이러한 위험이 지속되고 있다는 것을 확인해주는 연구들이 잇따라 나왔는데,[21] 특히 1979년, 1980년, 1983년, 1995년에 있었던 심각한 오경보誤警報 문제가 다루어졌다.[22] 초강대국들은 이러한 시스템의 위험이 '실수'에 의해, 위기를 맞았을 때의 허가 받지 않은 행동에 의해, 그리고 계획적으로 핵위협을 가하다 폭발해버릴 수 있는데도 거의 전 세계를 상대로, 전 세계의 인민이 불합리한 위험에 노출되도록 강요해왔던 것이다.

• 대재앙으로 치달을지도 모르는 이러한 위험은 대중에게 철저하게 숨겨져왔다. 1961년, 나는 내부자insider로서 전면적 핵전쟁에 대한 우리의 은밀한 의사 결정, 정책, 계획이 지구 전체 인구의 1/3에 해당하는 수억 명의 사람들을 위험에 빠뜨리고 있다는 사실(합동참모본부의 추산이 맞는다면)을 알게 되었다. 하지만 당시에는 우리 중 그 누구도, 합동참모본부도, 대통령도, 대통령의 과학 고문들도 1983년까지 거의 20년 동안 당시 우리가 준비하던 종류의 대규모 핵전쟁이 핵겨울과 핵기근 현상[23]을 몰고 와 (다른 대형 종 대부분과 함께) 지구상의 인간을 전부 몰살시키게 될 것이라는 점을 알지 못했다(18장을 볼 것).

전 세계에 죽음의 그림자를 드리우게 될 주범은 북반구에 남아 있을 방사능 낙진이 아니라 주로 연기다. 불타는 도시 수백 곳에서 내뿜는 불폭풍이 연기와 검댕을 성층권으로 쏘아 올리는데, 이것이 문제이다. 그렇게 되면 10년 넘게 비 구경을 하지 못한다. 연기와 검댕이 지구를 온통 뒤덮어 햇빛 대부분을 차단하고, 지구의 연중 기온을 마지막 빙하기 수준으로 떨어뜨리며, 전 세계의 농작물을 모조리 죽여 없애는 바람에, 1~2년 안에 전 세계적인 기근이 발생하게 된다.

1960년대 초반 미국이 세운 핵전쟁 계획이 베를린이나 쿠바 미사일 위기 때 실행됐더라면 합동참모본부가 예측했던 6억 명보다 훨씬 더 많은 사람이 죽었을 것이다. 게다가 핵겨울을 초래해 약 30억 명을 굶어 죽게 했을 것이다.

양측의 핵탄두 숫자는 1960년대에 최고치를 기록하다가 그 이후로 크게 줄어들어 80퍼센트가 넘는 감소율을 보여왔다. 그러나 도시 안팎의 지휘 및 통제 본부와 기타 목표물을 노리는 기존의 계획에 근거해 계산한 가장 최근의 과학적 추산 결과는 30여 년 전의 경고를 확증해줄 뿐만 아니라 강화해주기까지 한다.[24] 도시 안팎에 있는 적의 지휘, 통제본부를 목표로 하여 공격하는 기존의 계획을 근거로 계산한 것이다. 이에 따르면 오늘날의 기존 소형 핵 무기류 가운데 일부만으로도 핵겨울을 유발하고도 남는다. 다시 말해 어느 쪽이 먼저 제1격을 날리든 오늘날의 핵공격은 1960년대와 1970년대의 것보다 훨씬 작은 핵무기를 가지고도—미국과 러시아 양쪽 모두 여차하면 즉시 실행할 수 있도록 갖춰놓고 있다—햇빛을 차단해 현재 지구에 살고 있는 70억 명이 넘는 인간들을 거의 모두 굶어 죽게 할 수 있다는 이야기다.

핵전쟁이 일어난다면 공격하는 초강대국이든, 그 동맹이든, '적국'의 주민이든, 전 지구의 중립국들 주민이든, 어느 나라도 그로 인해 입을 피해를 제한할 수 있는 방법은 없다. 초강대국인 적도 제1격을 가해오거나 선제 핵공격, 또는 '참수' 공격 등을 가해올 수 있다. 간단히 말해 특별한 목적에 맞게 설계된 엄청난 양의 무기들이 본연의 임무를 수행하게 되어 있기 때문이다. 제1격은 자기 자신은 물론 다른 사람들에게까지 전면적이고 무제한적인 피해를 주게 되어 있다.

지난 10년 동안 핵전쟁이 기후에 미칠 영향에 관한 최근의 과학 논문 내용이 미국 관리들이나 러시아 관리들의 의식을 바꿔놓았다거나 양국의 핵 배치 또는 군비 제한 협상에 어떤 식으로든 영향을 미쳤다는 징후는 없다.

그 문제와 관련해 조지 W. 부시나 버락 오바마 또는 20년 전 조지 H. W. 부시나 빌 클린턴이 의심되는데, 거기에는 그럴 만한 이유가 있다. 핵 지휘 훈련 시 대통령에게 부여되는 폭넓은 '선택권'의 결과를 다룬 논문들에 대해 적어도 한 번씩은 보고받았기 때문이다(고르바초프는 이러한 현상에 대한 소비에트의 연구에 강한 인상을 받았고,* 그 결과 역시 동일한 권한을 가지고 있던 레이건과의 협상에서 핵무기 대폭 감축과 나아가 완전한 제거를 자신의 목표로 삼게 되었다고 밝힌 바 있다**).

도널드 트럼프 대통령이 이 문제와 관련해 보고를 받았든 아니든 의회의 공화당 다수파 지도자들을 비롯해 그와 그의 각료 몇몇은 가장 진일보한 기후 모델에 근거해 작성된 연구 결과의 과학적 권위를 시종일관 부인하는 것으로 유명하다.

———

1964년에 나온 유명한 풍자 영화 〈닥터 스트레인지러브Dr. Strangelove〉 결말 부분에서 스탠리 큐브릭은 상대가 핵으로 공격해오면 저절로 작동해 모든 인간을 없애고 소련에 대한 핵공격을 억제하도록 설계된 '인류 종말 기계Doomsday Machine'라는 개념을 도입했다. 러시아 지도자가 세상에 알리지 않고 은밀히 설치한 이 치명적인 시스템은 광기 어린 한 미군 사령관이 대통령의 재가도 받지 않고 출격시킨 폭격기 B-52가 투하하는 단 한 발의 핵폭탄으로 촉발되어 언제 작동할지 모

---

* 앨런 로복, 「핵겨울」, 와일리 학제간 리뷰:기후변화 1(5/6월 2010): 425, climate.envsci.rutgers.edu/pdf/WiresClimateChangeNW.pdf. "당시 소련의 지도자였던 미하일 고르바초프는 1994년 인터뷰에서 자신이 소련의 핵 무기고를 장악했을 때 느꼈던 감정을 묘사했다. '아마도 거기에 감정적인 부분이 있었을 겁니다. 그러나 축적된 힘에 대한 내 지식이 늘어남에 따라 수정됐습니다. 이 힘의 1,000분의 1만으로도 지구상의 모든 생명체를 파괴하기에 충분했어요. 그리고 난 핵겨울에 대한 보고서도 알고 있었습니다.' 그리고 2000년에 그는 '러시아와 미국의 과학자들이 만든 모델은 핵전쟁이 지구상의 모든 생명체를 절멸할 수 있는 핵겨울을 초래하리라는 것을 보여주었습니다; 그것(핵무기)에 관한 지식은 우리에게, 그리고 명예와 도덕성을 가진 사람들에게 그 상황에서 행동하도록 만드는 큰 자극이 되었어요'라고 말했다."
** 1985년 2월 12일 《뉴욕 타임스》와 유사한 인터뷰를 한 레이건, "다양한 이슈에 대한 대통령과의 인터뷰" www.nytimes.com/1985/02/12/world/transcript-of-interview-withpresident-on-a-range-of-issues.html. "아니면 지금, 많은 저명한 과학자들이 우리에게 말하는 것처럼, 우리가 이미 알고 있듯이 그러한 전쟁은 지구를 싹 쓸어버릴 것이기 때문에, 누구의 승리도 되지 않을 수 있습니다. 그리고 몇 가지 자연재해를 돌이켜 보자면, 지난 세기인 1800년대 지진, 특히 화산에서 비롯된 자연현상을 떠올려보길 바랍니다. 제 말은, 날씨가 너무 변해서 온대 국가에서 7월에 눈이 내린 일 같은 것 말입니다. 그해를 여름이 없던 해라고 불렀지요. 자, 만약 화산 하나가 그렇게 만들 수 있다면, 우리는 전체 핵교환(핵전쟁), 즉 과학자들이 이야기해온 핵겨울에 대해 생각해봐야 합니다." 고르바초프와는 대조적으로, 레이건은 모든 핵무기의 바람직한 제거뿐만 아니라 자신의 전략방위구상SDI, 스타워즈의 우주 실험 필요성을 끄집어냈다. 소련과의 탄도탄 요격 미사일 조약을 포기하면서까지 스타 워즈 계획을 밀어붙인 덕분에 레이캬비크 정상회담에서 소련과의 상호 핵 폐기 합의는 성사되지 않았다.

르는 상황으로 치닫는다.

큐브릭은 랜드연구소의 물리학자이자 나의 동료였던 허먼 칸Herman Khan과의 토론 끝에 그러한 가상 기계의 이름과 개념을 생각해냈다. 1960년에 출간한 저서 『열핵전쟁On Thermonuclear War』과 1961년에 선보인 대중용 기사들에서 칸은 그러한 장치를 설계할 수 있다고 자신 있게 말했다.[25] 당시 칸은 이 장치는 10년 안에 생산해낼 수 있고, 상대적으로 저렴하며, 주된 장점 중의 하나로 억지력을 꼽을 수 있다고 설명했다. 그가 추정하는 이 장치의 가격은 1,000억 달러가 아니라 그보다 적은 100억 달러에 가까웠다. 요즘의 전략 무기 예산에 비하면 그야말로 새 발의 피인 셈이다. 자신의 영토나 영해에 설치하면 되기 때문이다.

그러나 칸은 이것은 절대 바람직한 방법은 아니라고 말했다. 너무 통제 불능이라, 즉 너무 융통성이 없고 자동적이라 일단 작동에 들어가면 '너무나 많은 사람을 죽이게' 될지도 모른다는 것이다. 이와 관련해 철학자 존 소머빌John Somerville은 훗날 '생물의 절멸'을 뜻하는 '옴니사이드omnicide'[26]라는 용어를 만들어내기도 했다. 1961년 당시 칸은 지금까지 미국이든 소련이든 그런 시스템을 만든 적이 없으며, 앞으로도 그럴 것이라고 확신했다.

한편 '수소폭탄의 아버지'로 불리는 물리학자 에드워드 텔러Edward Teller는 옴니사이드라는 개념을 비웃으며 그런 일이 일어날 가능성은 거의 없다고 보았다. 1982년 내가 제기한 질문에 대해 그는 자신이 공동으로 개발한 열핵무기를 사용해 지구 인구의 1/4 이상을 죽이는 것은 '불가능하다'라고 잘라 말했다.

아이러니하게도 당시 나는 그의 이런 확신을 '3/4이 가득 차 있는 유리잔' 개념으로 받아들였다(텔러는 칸, 헨리 키신저, 전 나치 미사일 설계자 베르너 폰 브라운 등과 함께 닥터 스트레인지러브라는 등장인물이 탄생하기까지 큐브릭에게 영감을 불어넣은 사람 중 한 명이었다). 그리고 텔러의 추산은 합동참모본부가 1961년 내놓은 계산과 매우 비슷했지만 합동참모본부가 늘 간과해온 화재의 직접 효과를 감안하면 옴니사이드의 1/3에서 1/2이 그 피해자가 될 터였다.

하지만 합동참모본부의 1961년 추산은 틀린 것으로 드러났다. 이는 1960년의 허먼 칸도* 1982년의 텔러도 마찬가지였다. 그 누구도 완벽하지 못했다. 텔러가 쌍방의 핵무기 동결 조치를 주제로 열린 캘리포니아주 의회 청문회(나도 같이 연사로 참석했었다)에 나가 이러한 확신을 밝히고 나서 일 년 뒤, 1천 개에서 1천5백 개가 넘는 수소폭탄이 도시들을 강타하며 뿜어내는 불폭풍이 연기를 성층권으로 쏘아 올려 핵겨울 효과를 일으킨다는 연구 논문이 처음 등장한 것이다. 칸이나 텔러의 견해와 달리 미국의 인류 종말 기계는 1961년에 이미 존재했다. 전략공군사령부SAC에 목표물을 미리 정해놓고 비상대기 중인 폭격기의 형태로 존재했으며, 곧이어 잠수함 발사 폴라리스 미사일이 합류했다. 이 기계가 드러내놓고 살인을 하거나 말 그대로 인간을 마지막 한 명까지 굶겨 죽이지는 않는다 해도 일단 작동되기 시작하면 인류 종말의 날이라는 이름이 무색하지 않은 결과를 초래할 것이 분명했다.

———

핵전쟁 계획과 위협에 대해 뭐든 알고 있는 극소수의 관료와 자문위원들은 비밀 작전과 암살 계획을 논의할 때와 마찬가지로 이에 대한 대중적 논의 또한 철저히 금기시한다. 그들의 침묵에는 가장 민감한 비밀을 지키는 믿을 만한 관리자라는 자기 정체성뿐만 아니라 출세주의 성향도 강하게 작용한다. 그런 관료들은 자신들의 재가권, 접근권을 계속 유지하려 하며, 공직을 떠난 뒤에도 자문위원으로 일할 가능성 등을 유지하길 원한다. 이런 에누리 없는 신중함이 체계적 비밀

---

* 허먼 칸은 1960년 저서 『열핵전쟁』에서 "인류 종말 기계는 전적으로 학문적인 개념은 아닐 것이다. 현재는 기술적으로 실현 가능성이 없어 보이지만, R&D가 통제되지 않는 한, 10~20년 안에 기술적으로 실현될 가능성이 크다. 군비 통제의 중심 문제(아마도 최우선 문제)는 인류 종말 기계, 또는 이와 유사한 것이 실용화되고, 인류 종말 기계 혹은 이와 유사한 것이 제작되지 않는다는 것을 확인할 수 있는, 그 시기를 늦추는 것이다"(523~524쪽)라고 언급했다. 1983년에 과학자들은 핵겨울을 유발할 수 있는 미국의 인류 종말 기계가 칸이 이 말을 언급한 1960년에도 이미 존재했고 그 이후로도 계속 존재한다는 것을 발견했다.

주의, 거짓말, 논점 흐리기 등과 합쳐져 중요한 문제에 대한 학계와 언론의 극심한 이해 부족을 불러오고 대중과 의회의 총체적 무지를 양산해왔다.

　요약하자면 반세기 전 내가 알게 된 미국의 핵계획 시스템과 병력 준비 상태 중 대부분의 측면이 오늘날에도 여전히 존재하며, 여느 때처럼 재앙으로 치달을 위험을 내포하고 있다. 하지만 환경 과학자들의 연구 결과에 따르면 그 규모는 과거에 예상했던 것보다 훨씬 더 클 것으로 보인다. 오늘날의 핵시대가 제기하는 위험은 과거 세대와 특히 과거 10년 동안 대중의 관심에서 거의 배제되다시피 해온 핵확산과 비국가非國家, non-state 테러리즘의 위험을 훨씬 넘어선다. 두 초강대국의 무기고와 핵전쟁 계획은 전 지구 차원의 효과적인 핵확산 반대운동을 방해하는 막강한 걸림돌일 뿐만 아니라 그 자체로 인간이라는 종과 그 밖의 종 대부분의 존재를 뿌리째 뒤흔드는 명백하고도 현존하는 위험clear and present existential danger이다.

　내가 폭로하고자 하는 숨겨진 현실은 전면적 열핵전쟁이, 체르노빌, 카트리나, 멕시코만 기름 유출, 후쿠시마 원전 사고처럼 일단 시작되면 지구상의 문명과 생명 대부분을 파괴하는 거의 상상할 수도 없는 미증유의 재앙을 가져온다는 것이며, 이런 위험이 50년 넘게 계속됐다는 것이다. 그리고 그 이전의 1차 세계대전이 그랬듯이 일어나기만을 기다리는 이 재앙은 규모 면에서 이 모두를 훨씬 능가한다는 점이다. 그리고 이는 오늘날에도 여전히 사실이다.

　인류 역사를 통틀어 이처럼 비윤리적이고 광기로 가득 찬 정책은 일찍이 없었다. 재앙을 일으키는 이러한 사태가 어떻게 생겨났으며 그런 위기가 반세기 넘게 존속해온 이유를 둘러싼 이야기는 인간의 광기에 관한 연대기나 다름없다. 미국인이든, 러시아인이든, 누가 됐든 이런 정책을 뒤집어 스스로의 발명품이 생명의 절멸 상태를 초래하는 것을 막기 위해 과연 도전에 나설 수 있을지 앞으로 계속 지켜볼 일이다. 나는 그것이 아직도 가능하다고 생각하며 행동하는 사람들과 함께하고 싶다.

1부

폭탄과 나

1장 ——

어떻게 내가? 핵전쟁 입안자의 탄생

인류 종말 기계Doomsday Machine를 해체하려면 그 기계를 어떻게 설치, 유지하게 됐는지를 어느 정도는 이해하고 있어야 할 것이다. 우리가 어떻게? 미국인이 또는 러시아인이 어떻게 이런 일을 할 수 있었을까?

나는 여러 방향에서 이 문제에 다가갈 계획이지만 먼저 내 이야기부터 할까 한다. 나는 어쩌다 20대 후반의 나이에 핵전쟁 계획, 내가 알기로 수억 명에 이르는 인간을(나아가 실은 그보다 훨씬 더 많은 인간을) 죽이는 계획에 필요한 지침을 다루는 일을 하게 됐을까?

그 질문은 내게 벅찬 질문이다. 폭격을 대하는 나의 초창기 태도와 남다른 위치에서 핵시대를 맞이한 나의 경험에 비추어 볼 때, 내가 궁극적으로 (핵전쟁 계획의 일원으로) 참여하게 된 것은 특히 아이러니가 아닐 수 없다. 주민 폭격과 핵무기에 대해 극심한 혐오를 느꼈던 때는 내가 유년기를 보낸 2차 세계대전 기간으로 거슬러 올라간다. 진주만 사건이 일어나기 1년 전, 그러니까 내 나이 아홉 살 때, 런던 대공습을 보도하는 뉴스 영화를 보면서 나는 나치의 이해할 수 없는 잔학성에 깊은 인상을 받았다. 다양한 연령대의 사람들로 붐비는 도시들을 무참히 파괴하며 치솟아 오르는 불길은 나치의 악랄한 본성을 대변하는 듯했다.

진주만 폭격 후 학교에서 우리는 공습에 대비해 민방위 훈련을 받았다. 하루는 담임 선생님이 불을 붙일 때 사용하는 작달막하면서 호리호리한 은빛 소이탄 모형을 꺼내 보였다. 선생님은 '이것은 마그네슘 폭탄인데, 일단 불이 붙으면 물로는 끌 수 없다'라고 설명했다. 선생님은 따라서 불길이 번지는 것을 막으려면 모래를 끼얹어 산소를 차단해야 한다는 말도 덧붙였다. 당시 우리 학교에는 교실마다 이런 용도로 쓰기 위해 모래를 가득 채운 커다란 양동이가 놓여 있었다. 돌이켜 생각해보면 독일이나 일본 폭격기가 미국의 디트로이트까지 뚫고 들어올 가능성은 매우 희박했지만 이런 식으로 우리가 전시라는 상황을 실감하도록 분위기를 조성했던 것 같다. 마그네슘 폭탄이라는 개념은 내게 강한 인상을 남겼다. 잘 꺼지지도 않고, 작은 조각 하나만으로도 뼈가 드러날 정도로 살갗을 태우며, 그러고 나서도 멈추지 않고 불타는 인화 물질을 다른 인간에게 떨어뜨릴 목적으로 개발하다니 아무리 생각해도 이상했다. 나는 어린이들을 그런 식으로 불태우려는 사람들을 이해하기가 힘들었다.

그 뒤에 나온 뉴스 영화는 미국과 영국 폭격기들이 용감무쌍하게 대공포를 피해 요리조리 날아다니며 독일의 목표물에 폭탄을 떨어뜨리는 장면을 보여주었다. 우리 군의 주간 정밀폭격은 군수 공장과 군사 목표물만(유감스럽게도 민간인 또한 재수 없으면 몇몇 희생되기도 하지만)을 노린다는 영화 속 설명을 나는 곧이곧대로 믿었다.

구조 공학자였던 나의 아버지는 디트로이트에서 미군 폭격기 대부분을 만드는 일을 돕고 있었다. 전쟁이 터지자 아버지는 수석 구조 공학자로서 공군의 B-24 리버레이터Liberator 폭격기 생산을 전담할 포드 윌로 런 공장 설계를 맡았다. 아버지는 내게 그 공장은 전 세계에서 가장 규모가 큰 공업 건축물이라고 말했다. 공장 조립 라인에서는 포드가 자동차를 생산하는 방식 그대로 폭격기를 조립했다. 조립 라인은 길이가 1.25마일에 달했다.

한 번은 아버지가 나를 윌로 런 공장으로 데리고 나가 가동 중인 조립 라인을 보여주었다. 비행기의 거대한 금속 몸체들이 고리에 대롱대롱 매달린 채 트랙을 따라 이동하면 노동자들은 각자의 위치에서 대갈못을 박고 부품을 설치했다. 열두 살 아이의 눈에는 흥미로운 광경이었고, 나는 아버지가 자랑스러웠다. 그다음으로 맡은 아버지의 전시 직무는 그보다 훨씬 더 규모가 큰 비행기 엔진 공장을 설계하는 일이었다. 이번에도 전 세계를 통틀어 가장 큰 공장이었다. 이번에는 B-29에 들어갈 엔진을 생산하는 닷지 시카고 공장이었다.

나는 아버지가 만든 폭격기들이 우리가 학교에서 다룬 것과 같은 종류의 소이탄, 그러니까 마그네슘탄이나 백린탄과 네이팜탄처럼 살갗을 파고들어 태우며 여간해선 꺼지지 않는 성질을 지닌 인화 물질을 많이 떨어뜨리게 될 줄 미처 몰랐다. 아버지도 그 사실을 알고 있었을지 모르겠다. 출격한 우리 군 비행기 아래에 놓인 땅에서 무슨 일이 일어나고 있으며, 화염에 휩싸인 함부르크나 드레스덴, 도쿄에서 무슨 일이 벌어지고 있는지 보여주는 영화를 우리는 한 번도 본 적이 없었다.

만약 나치의 실제 전시 폭격을 우리가 아무렇지 않게 그대로 흉내 내고 있다는 사실을 알았더라면, 특히 일본에 대한 B-29의 공습 사실을 알았더라면 과연 나는 어떻게 반응했을까? 글쎄, 잘 모르겠다. 아마도 그들이 먼저 이 전쟁을 시작해 도시를 폭격했으니, 보복은 정당하고 필요한 것이며, 따라서 그런 극악무도한 적을 상대로 한 전쟁에서 이길 수만 있다면 뭘 하든 상관없다는 생각이 그 어떤 걱정도 잠재웠을 것이다.

2차 세계대전 마지막 해에 교실에서 특이한 경험을 하지 않았다면, 일본에 원자폭탄을 사용한 문제에 대해 미국인 대부분이 그러했듯 나 역시 비슷한 생각을 하며 자신을 안심시켰을지 모른다. 맨해튼 계획(Manhattan Project, 2차 세계대전 중에 이루어진 미국의 원자폭탄 제조계획—옮긴이) 밖에 있던 대부분의 미국인과 달리 내가 핵시대의 문제들에 대해 맨 처음 눈뜨게 된 것은 히로시마 원폭 투하 발표가 있기 9개월여 전, 그것도 매우 다른 상황에서였다.

구체적으로 말하면 1944년 가을 9학년(우리나라로 치면 중학교 3학년—옮긴이) 사회 수업 시간이었다. 당시 나는 열세 살로 전액 장학금을 받고 미시간 블룸필드 힐스에 있는 크랜브룩이라는 사립학교에서 기숙사 생활을 하고 있었다. 사회 선생님 브래들리 패터슨은 당시 사회학에서 유행하던 윌리엄 F. 오그번의 '문화 지체遲滯'라는 개념을 설명하고 있었다.

문화 지체라는 개념의 요지는 과학기술의 발전이 우리의 정부 기관, 가치관, 습관, 윤리, 사회와 우리 자신에 대한 이해 등 문화의 다른 측면들을 훨씬 더 멀리, 그리고 더 빠르게 앞지른다는 것이었다. 사실 진보라는 개념 자체가 주로 과학기술을 가리켰다. 더 느리게 발전했든 혹은 전혀 발전하지 않았든, 기술을 주도하고 이를 현명하고 윤리적이며 신중하게 통제하는 우리의 능력은 확실히 뒤처져 있었다.

이를 입증해 보이기 위해 패터슨 선생님은 곧 실현될지도 모르는 과학기술의 진보 가능성을 제시했다. 선생님은 우리에게 조만간 우라늄 동위원소 U-235로 만든 폭탄이 등장할 텐데, 이 폭탄은 지금의 전쟁에서 사용되고 있는 가장 위력이 센 폭탄의 1천 배가 넘는 폭발력을 지니게 될 것이라고 말했다. 독일 과학자들은 1938년 말에 이미 핵분열을 이용해 우라늄을 쪼갤 경우 엄청난 양의 에너지가 방출된다는 사실을 발견했다.

전쟁 기간 중에 원자폭탄과 특히 U-235 폭탄의 가능성을 다룬 몇몇 대중적 논문들이 ≪새터데이 이브닝 포스트Saturday Evening Post≫와 일부 공상과학 잡지에 등장했다. 이런 논문들이 등장하는 바람에 일급기밀인 맨해튼 계획의 보안이 침범당한 것 아닌가를 알아보는 은밀한 조사가 이뤄졌지만 어디에서도 정보 누출은 없었다. 그 논문들은 모두 1939년과 1940년에 자유롭게 출간되었던 이 주제에 관한 초창기 논문들의 영향을 받은 것으로 드러났다. 그때는 과학계의 자기 검열과 공식적인 기밀문서 분류가 도입되기 전이었다. 패터슨 선생님은 필시 이런 전시 논문 중 하나를 우연히 읽었던 모양이다. 선생님은 과학기술이 우리의 사회제도를 훌쩍 뛰어넘는 하나의 예로 (핵)개발 가능성을 들었다.

한 나라 또는 몇몇 나라가 이 우라늄 동위원소를 만들 수 있는 능력을 활용해 폭탄 개발에 성공했다고 가정해보자. 이러한 결과가 인류에게 의미하는 바는 무엇일까? 오늘날의 인류와 국가는 그 결과물을 어떻게 사용할까? 모든 것을 감안할 때 그 결과는 세상에 좋을까, 나쁠까? 예를 들어 평화를 구축하는 힘이 될까, 아니면 파괴를 부르는 힘이 될까? 우리는 일주일이라는 기간 안에 이 문제에 대해 짧은 에세이를 써야 했다.

며칠을 고심한 끝에 쓴 이 에세이에서 내가 내린 결론을 지금도 생생히 기억한다. 내 기억이 맞다면 반 전체가 아주 비슷한 결론에 이르렀다. 결론은 매우 명백해 보였다. 즉 그런 폭탄의 존재는 인류에게 나쁜 소식이라는 것이다. 인간은 그런 파괴적인 힘을 다룰 수 없기에, 그런 힘을 안전하게 제어한다는 것은 불가능했다. 그 힘이 자칫 '오용'될 경우, 다시 말해 위험하게 사용될 경우 그 결과는 너무도 끔찍할 터였다.

그런 폭탄은 너무도 강력했다. 사실 기존의 폭탄만으로도 도시 한 블록을 통째로 날려버릴 수 있다. 10톤에서 20톤에 이르는 고성능 폭탄물을 사람들은 '블록버스터'라고 불렀다. 그보다 1천 배나 위력이 센, 폭탄 하나만으로도 도시 전체를 날려버릴 수 있는 폭탄이 인류에게는 필요치 않았다. 문명은 말할 것도 없고 어쩌면 인간이라는 종 자체가 절멸의 위험에 내몰릴 수 있었다.

내가 기억하는 한 이러한 결론은 누가 그런 폭탄을 가졌는지, 또는 얼마나 많은 사람이 가졌는지, 또는 누가 맨 처음 확보했는지 등과는 크게 상관이 없었다. 모든 것을 감안해봐도 민주주의 국가들이 먼저 그런 폭탄을 보유했다 한들, 결과적으로는 나쁜 소식일 터였다. 과제를 제출하고 수업 시간에 그 주제로 다 같이 토론하고 나서 몇 달 뒤 나는 이 문제를 다시 떠올리게 되었다. 나는 그 순간을 아직도 기억한다.

디트로이트의 무더운 8월의 어느 날이었다. 나는 시내의 한 거리 모퉁이에 서서 신문 가판대에 꽂혀 있는 《디트로이트 뉴스Detroit News》 1면을 보고 있었다. '미국이 떨어뜨린 단 하나의 폭탄이 일본 도시를 파괴하다'라는 머리기사 제목을 읽고 있을 때 전차가 딸랑거리며 선로 위를 지나갔다. 나의 첫 번째 생각은 이랬다. "그 폭탄이 어떤 건지 알겠네." 다름 아니라 작년 가을에 우리가 학교에서 토론도 하고 논문으로도 써냈던 U-235 폭탄이었다.

나는 생각했다. 우리가 맨 처음 가지고 있었어. 그리고 그걸 사용한 거야. 어떤 도시에.

오싹한 느낌. 인류에게 뭔가 매우 위험한 일이 방금 일어났다는 느낌이 들었다. 뭐랄까, 미국인으로 열네 해를 사는 동안 처음으로 겪어보는 낯선 느낌, 나의 조국이 끔찍한 실수를 저질렀을지도 모른다는 느낌이었다. 그러고 나서 9일 뒤 전쟁이 끝나 기뻤지만 8월 6일에 대한 나의 첫 반응이 틀렸다는 생각은 들지 않았다.

며칠 전 라디오에서 흘러나오는 해리 트루먼의 승리에 찬 목소리를 들으며 나는 기분이 썩 편치가 않았다. 여느 때처럼 무미건조한 중서부 억양이었지만 폭탄 경쟁에서 거둔 우리의 성공과 일본을 상대로 확인한 폭탄의 성능을 놓고 그는 평소와 달리 잔뜩 들떠 의기양양했다. 그의 발언은 내게 우리의 지도자들이 큰 그림을 보지 못하고 있으며, 자신들이 남긴 선례의 중요성과 그 선례가 미래에 미칠 불길한 영향을 전혀 이해하지 못하고 있다는 의미로 다가왔다.

전쟁이 막을 내렸던 그 주에, 평범한 열네 살 미국 소년이 할 만한 생각은 아닌 듯하다고? 그 소년이 그 전해 가을에 패터슨 선생님의 사회 수업을 듣지 않았다면 물론 그랬을 것이다. 그 수업을 들었던 우리 반 학생들 모두 여름 방학 때 8월의 신문 머리기사들을 읽으며 문제의 폭탄에 대해 똑같이 생각했을 게 틀림없다.

우리는 동포 미국인들과 문제 인식의 출발이 달랐다. 맨해튼 계획 밖에 있던 사람 중에 우리처럼 9개월 먼저 문제의 폭탄에 대해 한 번이라도 생각할 기회를 가졌던 사람은 아마 아무도 없었을 것이다. 1945년 8월 폭탄에 대해 처음 알게 됐을 때 모르긴 해도 다들 긍정적 연상작용을 경험했을 것이다. 즉 문제의 폭탄은 바로 '우리의' 무기, 나치의 폭탄을 억제하기 위해 개발한 미국 민주주의의 도구, 전쟁을 승리로 이끄는 무기이자 필요한 무기였다. 결국 이 폭탄 덕분에 일본 침공에 따른 값비싼 대가를 치르지 않고도 전쟁을 끝낼 수 있었다는 주장과 믿음이 대세를 이루었다.

그 가운데 마지막 정당화의 전제(일본 본토 파병 없는 승리)는 어느 정도 현실적이었다고 해도(내가 존경하는 이 방면의 학자들 다수는 그렇게 생각하지 않지만) 우리 대중의 그러한 믿음은 치명적일 결과를 가져올 수밖에 없었다.[1] 옳고 그름을 떠나 우리는 폭격을 통해, 그중에서도 특히 대량파괴무기와 화염폭탄, 원자폭탄 같은 무기로 도시들을 폭격함으로써 전쟁에서 이겼다고 믿고, 따라서 그런 무기의 사용이 완전히 정당하다고 믿는 전 세계에서 유일한 나라라는 것이다. 이는 위험한 태도였다.

그러나 그런 식으로 대통령의 기정사실화가 틀을 잡기 전에 단 며칠만이라도 곰곰이 따져볼 수 있는 시간을 가졌더라면 도덕적으로 굳이 천재가 아니어도 패터슨 선생님의 수업 시간에 우리 모두가 느꼈던 불길한 예감에 다들 으스스한 느낌이 들었을 것이다. 열세 살밖에 안 된 9학년 학생들이 그랬다면 맨해튼 계획의 과학자들도 그런 기회를 가졌을 것이다. 폭탄이 사용되기 전에 자신들의 판단을 만들어갈 기회를 가졌을 것이다.

레오 실라르드Leo Szilard는 그러한 판단을 가장 먼저 기록으로 옮긴 과학자로 우라늄 같은 중원소의 연쇄반응 개념을 처음으로 생각해내 특허 출원하기도 했다. 1933년 초 제국의회 화재 사건(베를린 제국의회 의사당 화재 사건—옮긴이)이 있고 나서 며칠 뒤 그는 곧 나치 독재가 등장해 유럽을 전쟁으로 밀어넣게 될 거라고 예견하며 베를린을 떠나 망명자 신분으로 런던에서 지냈다.

1939년 3월 3일, 실라르드는 오실로스코프 화면에서 자신의 의심을 확증해주는 섬광을 처음으로 확인했다. 그는 "우라늄 핵분열 과정에서 중성자가 방출되었고 이는 곧 대규모 원자 에너지 분출이 임박했다는 것을 의미할 가능성이 크다"라고 의심했었다. 그는 당시의 심정을 이렇게 전했다. "우리는 잠시 섬광을 쳐다보다가 전원을 모두 끄고 집으로 갔다. 그날 밤 마음속으로 세상이 큰 슬픔을 향해 가고 있는 것이 아닌가 하는 의혹이 불쑥 들었다."[2]

하지만 그해 후반으로 접어들면서 오래전부터 예견하던 전쟁이 금세라도 일어날 것 같은 분위기 속에서, 나치가 핵폭탄을 제일 먼저 개발할지도 모른다는 불안감을 이기지 못한 실라르드는 앨버트 아인슈타인을 설득해 함께 초안한 편지를 프랭클린 D. 루스벨트 대통령에게 보냈다. 나중에 맨해튼 계획으로 구체화되는 계획의 단초가 바로 그 편지에 들어 있었다. 날짜는 1939년 8월 2일이었다. 히틀러는 9월 1일 폴란드를 침공했다.

약 3년 반 뒤 실라르드와 엔리코 페르미Enrico Fermi는 폭탄 제조에 필요한 플루토늄을 생산하려면 반드시 있어야 하는 원자로 개발에 최초로 성공했다(독일인들은 원자로를 작동하는 데 번번이 실패했다). 실라르드의 회고록에 따르면 이들은 1942년 12월 2일 시카고 대학교 스태그필드에서 아주 잠깐 동안이긴 했지만 실제로 연쇄반응을 일으키고 통제하는 실험에 성공했다. 전시 상황이라 구경하기 힘들었던 키안티 와인 한 병을 누가 구해왔고 그 자리에 있던 사람들 대부분이 페르미를 축하했다. 이날의 기억을 실라르드는 다음과 같이 전한다. "군중이 그곳에 모여 있었고 모두 가버린 뒤엔 페르미와 나만 남았다. 나는 페르미와 악수를 하며 이날은 인류 역사에서 암흑의 날로 기록될 것이라고 말했다."[3]

하지만 극단적이긴 해도 조금도 틀리지 않은 이런 예감에도 불구하고 실라르드는 이 불길한 폭발력을 세상에 내놓는 데 주도적인 역할을 맡고 있었다. 그는 왜 그랬을까? 실라르드는 이 힘의 확보를 놓고 다른 누구보다도 히틀러와 경쟁하고 있다고 믿었다. 어쨌든 중원소의 핵분열에 맨 처음 성공한 나라는 독일이었다. 이 섬뜩한 에너지를 활용해 히틀러의 끝없는 정복욕을 채워주는 일에서 독일 과학자들이 다른 경쟁자들을 앞지르고 있다고 생각하지 않을 수 없었다. 한시적일지라도 독일이 원자폭탄을 독점할지도 모른다는 불안이 나치 독일이 항복하는 그날까지 맨해튼 계획에 참여한 과학자들, 그 가운데에서도 특히 실라르드처럼 유럽에서 망명해온 유대인 과학자(페르미는 아내가 유대인이라 1938년 이탈리아를 떠나왔다)들을 마치 망령처럼 따라다녔다.

하지만 그 경쟁은 실은 일방적이었다. 미국의 이론물리학자들이 폭탄 설계 문제를 붙잡고 씨름하고 있던 때는 히틀러가 도덕적인 이유 때문이 아니라 현실적인 이유, 즉 전쟁 일정으로 잡아놓은 몇 년 안에 폭탄 제조에 성공할 가능성이 전무하다는 이유 때문에 그 사업을 접기로 결정했던 때와 사실상 같은 시기인 1942년 6월이었다. 그러나 독일의 이런 선택을 까맣게 모르고 있던 미국 과학자들은 가능한 한 빨리 사용 가능한 무기를 만들려고 연구에 전심전력으로 매달렸다.

그 가운데 몇몇은 이 연구를 히틀러가 설령 그런 무기를 손에 넣는다 해도 사용하지 못하게 막는 수단으로 보기도 했다. 도덕적 문제를 따질 겨를 없이 그들에게는 그런 억지력을 확보하는 것이 급선무였다. 조지프 로트블랫Joseph Rotblat도 이런 과학자 중 한 명이었지만 1944년 가을 영국의 한 동료를 통해 독일의 핵무기 개발 포기 사실을 알게 된 뒤로 그 즉시 맨해튼 계획에서 물러났다. 맨해튼 계획 과학자들 중 그런 결단을 내린 사람은 로트블랫밖에 없었다. 다른 사람들도 그의 선례를 따르면 안 되겠기에 미국 측은 강제 추방을 위협 수단으로 내세워 로트블랫이 자신이 떠나는 이유를 밝히지 못하도록 입을 막았다.

실라르드를 포함해 다른 과학자들은 히틀러가 마지막 순간에 전쟁을 승리로 이끄는 이 무기를 들고나올 가능성에 대해 여전히 반신반의하며,[4] 나치가 항복하기 전에 실용화에 성공할 경우 독일을 상대로 문제의 무기를 사용할 준비에 들어갔다. 하지만 이런 준비에 앞서서, 독일을 물리치거나 독일 폭탄을 억지할 필요가 없다면 핵폭탄 제조 능력을 가지고 무엇을 해야 할지에 대한 고려나 논의는 거의 하지 않았다. 독일의 항복과 함께 이 점이 명백해지고 난 뒤, 그제야 비로소 실라르드와 몇몇 동료 과학자들은 미-소의 필연적인 핵무기 경쟁을 방지할 수 있기를 희망하며 미국의 단독 핵폭탄 실험을 백지화하거나 일본에 폭탄 투하하는 것을 막기 위해 부랴부랴 움직였다. 그러나 이미 너무 늦은 뒤였다.

———

드디어 내가 이 장을 시작하면서 제기한 문제로 다시 돌아왔다. 핵무기의 존재 자체에 대한 유년 시절의 두려운 기억에도 불구하고 낮은 수준에서나마 내가 핵 정책 입안에 관여하게 된 이유는 조지프 로트블랫이나 레오 실라르드 같은 과학 자들의 경우와 놀랍도록 비슷했다. 1950년대 후반에 들어섰을 때다. 당시 내게 는 고급 기밀 정보에 근거해, 우리가 나치 독일에 버금가는 강력하고 전체주의적 인 적과 다시 필사적인 경쟁에 돌입해 진주만에 대한 핵공격을 억지하거나 답이 없는 핵 공갈을 피하기 위한 노력을 해야 한다고 믿을 만한 이유가 있었다. 곧 살 펴보겠지만 이러한 불안은 이번에도 착각에 기인하고 있었다. 하지만 두려움은 구체적으로 다가왔고, 또 일리가 있어 보였다. 그렇다면 내가 어떻게 이러한 두 려움을 어떻게 공유하게 됐으며, 또 그 두려움에 근거해 어떻게 행동했을까를 둘 러싼 이야기는 크게 두 부분으로 나뉜다.

첫째, 그 당시 나보다 연배가 위거나 내 나이 또래의 미국인들이 대부분 그랬 듯이 10여 년이 지나는 사이 나 역시 어느덧 냉전주의자가 되어 있었다. 브리튼 전투(영국 본토 항공전이라고 불리며 영국의 대륙원정군 무사 귀환을 목표로 1940년 6월 14일에 개 시된 일련의 전투를 말함—옮긴이) 이후 내가 존경하는 인물 중 하나로 떠오른 처칠이 1946년 3월 연설에서 동유럽의 독재 체제와 자유 유럽을 나누는 '철의 장막'이 대 륙을 가로질러 드리워졌다고 선언한 것에 나는 주목했다. 나치와 그 동맹국인 일 본이 패배한 지 일 년이 채 지나지 않아 처칠은 아테네를 제외하고 중유럽과 동 유럽의 거의 모든 수도가 모스크바의 전체주의적 지배 아래 들어갔다고 지적했 다. 그 이듬해 3월, 해리 S. 트루먼은 바로 그 예외를 보호하기 위해 공산주의 반 란 세력과 대치 중인 그리스의 군주제에 대한 원조 지원을 의회에 요청했다.

내가 전후의 외교정책에 본격적으로 관심을 갖기 시작한 것은 트루먼 독트린 으로 알려지게 되는 1947년 봄의 바로 이 선언을 통해서였다. 당시 나는 고등학 교 2학년 학생이었다. 연설에서 트루먼은 미국은 '전체주의 체제'(네 번 언급했다)의 폐해에서 벗어나려는 '자유로운 국민들'을 언제든 돕겠다고 제안했다. 여기서 전체주의 체제란 공산주의와 나치즘, 스탈린과 히틀러가 본질적으로 같다는 뜻으로 전달되었다. 다시 말해 우리가 2차 세계대전 때 직면했던 도전이 실은 1945년에 끝나지 않았다는 의미로 이 어구를 사용했던 것이다. 아이 때 그 전쟁을 겪은 경험자로서 서방 지도자들을 믿었던 만큼 나는 도전에 대한 트루먼식 정의를 곧이곧대로 받아들였고, 전에는 너무 어려 참전하지 못했지만 열여섯 살이 된 그때의 나는 그러한 도전에 맞서 내 능력을 보여줄 준비가 되어 있었다.

그 뒤 1948년 체코슬로바키아의 공산주의 쿠데타, 그해 늦봄의 베를린 봉쇄, 러시아와 동유럽의 스탈린주의 체제와 정치 재판, 북한의 침공에 관한 뉴스를 접하며 나는 점차 냉전의 전제와 사고방식을 받아들이게 되었다.

돌이켜 보면 냉전의 주된 전제는 스탈린과 그 후계자들이 히틀러와 같다는 등식이었다. 가장 핵심적인 공통점은 내부의 전체주의적 통제와 (스탈린 치하에서 특히 심했던) 반대자에 대한 무자비한 탄압이었다. 그 진원지가 소련과 동유럽이 됐든, 중국이 됐든, 북한이 됐든, 베트남이 됐든, 쿠바가 됐든 스탈린주의 체제가 벌이는 폭정 소식이 들려올 때마다 나는 혐오감에 치를 떨었다.

돌이켜 보자니 더 큰 문제, 실은 완전히 무모하리만큼 잘못된 판단이었다고 말하고 싶은 점은 나치즘과 같은 그러한 정권은 만족할 줄 모르는 팽창욕에 사로잡혀 있어 언제고 반드시 군사적 침략을 통해 욕구를 채우려 들 거라고 지레 단정해버린 것이다. 그 가운데서도 우수한 재래식 무기뿐만 아니라 이제 핵무기로도 무장한 소련과 동유럽의 공산주의 체제는 서유럽과 미국에 히틀러 때보다도 훨씬 더 큰 군사적 위협을 제기한다고 추정한 것은 잘못된 정도가 특히 더 심했다. 게다가 공산주의 체제가 히틀러와 같다는 등식은 갈등 해결이나 군비 규제에 필요한 의미 있는 협상 시도를 무조건 배제하도록 만들었다. 소련이 '자유세계'에 끼치는 위협을 '억제'하는 방법은 임박한 전쟁을 염두에 두고 군사적으로 빈틈없이 준비하는 길밖에 없었다.

대학 진학을 준비할 무렵부터 나는 스스로를 상원의원 허버트 험프리와 헨리 잭슨처럼, 나의 디트로이트 영웅인 미국 자동차 노동조합의 월터 루서처럼 트루먼 민주당원이자 진보적 냉전주의자로, 친노동자이되 반공산주의자로 여기기 시작했고, 그 후로도 오랫동안 그랬다.

내가 고등학교를 졸업하던 달에 시작된 소련의 봉쇄 기간 중, 베를린 주민들에게 보급하기 위해 무기 대신 석탄과 식량을 가득 실은 폭격기를 보낸 트루먼의 행동에 나는 찬사를 보냈다. 2년 뒤 한국에서 발생한 공산주의자들의 노골적인 침략에 대처하는 그의 태도 또한 내가 보기엔 훌륭했다. 그리고 전장을 중국으로 확대해 핵무기를 사용하자는 더글러스 맥아더 장군의 제안을 거절하고 한국전을 제한적인 재래식 전쟁으로 유지하기로 한 그의 결정은 특히 압권이었다. 그런 정책을 굳게 믿었기에 나는 꼭 가보고 싶다고 생각할 정도는 아니었지만, 필요하다면 기꺼이 한국에 갈 준비가 되어 있었다.

하버드를 졸업할 때까지 징병을 유예하고 케임브리지 대학교에서 1년 동안 장학금을 받은 뒤, 나는 다른 사람들이 나를 대신해준 자리를 다시 채워야 한다는 의무감을 갖게 되었다. 1953년 가을 케임브리지에서 돌아오자마자 나는 해병대 장교 후보생 학교에 지원했다. 첫 학기는 이듬해 봄부터 시작이었다.

1956년 초여름 해병대에서 2년의 의무 복무 기간을 끝내고 나는 해병대 본부에 일 년 더 복무를 연장해달라고 요청했다. 내가 소총 소대장 겸 대대 훈련장교 및 소총 중대 중대장으로 있던 나의 소속 부대, 그러니까 해병 2사단 3대대가 제6함대와 함께 지중해에서 해상 순회 근무에 들어갈 예정이었기 때문이다. 이집트 대통령 가말 압델 나세르가 수에즈 운하를 막 국유화한 직후의 일이었다. 바야흐로 수에즈 위기가 수면 위로 떠오르면서 우리는 우리 대대가 참전하게 될지도 모른다고 생각하며 바짝 긴장하고 있었다.

당시 나는 하버드 소사이어티 오브 펠로스(Harvard Society of Fellows, 일종의 교수 모임—옮긴이)의 주니어 펠로(연구원)로 3년을 지낼 수 있는 자격을 막 얻은 상태였다. 하지만 내가 훈련시키고 지휘해온 군대가 나 없이 전투에 임하는 것을 두고 볼 수 없었다. 본부에서 나의 복무 기간 연장 요청을 받아들였다는 소식에 나는 연구 장학금을 포기하고 곧바로 지중해로 갔다.

냉전 이데올로기에 깊이 빠져 있던 이 10년의 기간은 그 후 국가안보 업무를 담당하는 정부 자문 겸 관리로 10년을 근무하는 데 필요한 일종의 준비 기간이었던 셈이다. 하지만 이때의 경험이 1950년대 후반 산타모니카에 있는 랜드연구소를 방문하고 그 뒤 그곳에 합류하도록 나를 이끌고 결국 이 일을 하게 만든 건 아니다. 당시 내가 알기로 랜드는 주로 공군에서 의뢰하는 기밀 연구를 하고 있었는데, 대부분 핵무기 사용과 관련한 연구였다. 내게는 그보다 더 끔찍한 일도 없었다.

사실 해병대에서 3년간 복무하면서 나는 군(그중에서도 특히 보병)에 대해 새로운 존경심을 갖게 되었고, 입대하지 않았다면 다른 식으로 느꼈을 군 전략의 문제점에 대해서도 언제든 지적 개념을 적용할 준비가 돼 있었다. 하지만 공군을 위해 일한다고? 그것도 핵 투하 계획과 관련해서? 내가 공군이 아니라 해병대를 선택한 데에는 다 그럴 만한 이유가 있었다. 해병대는 도시에 폭탄을 투하하지도 않거니와 핵무기와도 사실상 아무 관련이 없기 때문이었다.

어쨌든 랜드에 들어가기 전만 해도 나는 학계에 남아 경제 이론가로서 경력을 쌓을 생각이었다. 1957년 봄에 해병대를 제대하자마자 나는 다시 소사이어티 오브 펠로스 연구 장학금을 신청해 승인받았다. 참고로 박사 과정의 대안으로 마련된 이 제도는 미국 대학원생들이 가장 선망하는 최고의 연구 장학 제도가 아닐까 싶다. 주니어 펠로 자격을 얻게 되면 3년 동안 그 누구의 간섭도 받지 않고 하버드 조교수가 받는 월급에 더해 사무실 운영비, 연구비, 출장비를 지원받으며 자신이 원하는 공부를 실컷 할 수 있다. 그 대신 그 기간에는 학점을 받기 위해 강의를 듣는 것도, 박사 학위 논문을 쓰거나 따는 것도 금지되어 있다.

나는 내가 무슨 공부를 더 하고 싶어 하는지 잘 알고 있었다.[5] 대학 졸업반 이후로 나는 불확실한 상황 아래서 내리게 되는 결정을 추상적으로 분석하는 '결정이론decision theory'이라는 새로운 분야에 줄곧 끌렸었다. 경제학 학위 논문을 쓰면서 나는 자신의 행동이 가져올 결과가 불확실할 경우 사람들이 하게 되는 선택을 어떻게 설명하고, 이해하고, 개선할 것인가 하는 문제를 주제로 선택했었다. 거기에는 이른바 게임 이론의 주제인, 부분적으로 합리적인 적대자의 선택에 불확실성이 관여하게 되는 갈등 상황이 포함되어 있었다.*

1957년 가을부터 나는 극도로 불확실한 상황에서의 선택에 초점을 맞추기 시작했다. 정보도 부족하고, 주어진 환경도 전례가 없거나 낯설고, 진행 과정을 가늠해볼 만한 기준도 부족하고, 증거나 증언도 상반되고, 전문가들의 의견도 서로 모순되는 이런 상황을 나는 '모호성'이라는 용어로 불렀다. 엄청나게 많은 상황, 그중에서도 특히 군사-정치 위기는 이런 특징의 일부 또는 전부를 지니고 있었다. 이러한 상황에서 기존의 적절한 행동('합리적 선택') 이론은 타당성이 떨어질 뿐만 아니라 오해를 불러일으킬 소지 또한 많은 듯했다. 그래서 나는 이 점을 입증해 보이고 싶었고, 또 더 나은 이론을 제시하고 싶었다.[6] 불확실성과 더불어 교섭 이론bargaining theory을 분석하는 경제학자들이 오랫동안 무시해온 위협의 역할에 대해서도 나는 관심이 많았다.

이 모두가 군의 결정과 관련이 있었고 랜드는 그런 주제에 특별한 관심을 보여온 연구소 중 하나였다. 그곳에선 누구보다도 수학자들이 중요한 역할을 맡고 있었다. 나의 관심을 끈 것은 랜드의 방위 사업이 아니라 그곳에서 펴낸 결정이론에 관한, 기밀로 분류되지 않은 출판물이었다.

1957년 8월 여름이 끝나갈 무렵 스탠퍼드 대학교에서 수학적 확률이론을 공부하던 중 랜드를 방문했다가 그곳 경제학 부서로부터 컨설턴트 자격으로 그 이듬해 여름을 그곳에서 지내는 게 어떻겠느냐는 제안을 받았다. 나는 그 제안을 받

---

* 대니얼 엘스버그, 「주저하는 결투자 이론」, 《아메리칸 이코노믹 리뷰American Economic Review》, 46호(1956): 909~923쪽. 훗날 나는 종종 '게임 이론가'로 묘사되기는 했지만, 내 논문과 이를 바탕으로 한 이 글에서 내 초기 기여는 고전 게임 이론의 토대인 '2인 제로섬 게임'의 합리적 전략에 관한 폰 노이만과 모겐슈테른의 해법에 대한 비판이었다. 그것은 아마도 그 이론에 대한 최초의, 그리고 오랜 세월 동안 유일했던, 비판적이고 회의적 설명 중 하나였을 것이다.

아들였는데, 오로지 지적인 이유 때문이었다. 내가 알기로 그때까지만 해도 임박한 핵 또는 냉전 위기에 대해 무슨 낌새를 챈 사람은 나를 포함해 아무도 없었다.

그런 분위기는 곧 바뀌게 된다. 나중에 알고 보니 랜드연구소 경제학 부서에서 일하는 사람들은 그런 변화를 진작부터 눈치채고 있었다. 그들은 국방부 밖에서는 아직 큰 관심을 끌지 못하는 무언가에 특히 주목하고 있었다. 그 무언가는 다름 아니라 대륙간탄도미사일Intercontinental Ballistic Missile, ICBM 실험에 성공했다는 소련의 8월 26일 발표였다. 랜드의 경제학자들은 당시로서는 내가 접근하지 못하는 기밀 정보를 토대로 이 발표가 사실이라는 것을 알고 있었다.

그러고 나서 두 달 뒤인 1957년 10월 4일, 내가 다시 하버드로 돌아가 있을 때였다. 전 세계가 소련이 쏘아 올린, 지구 궤도를 도는 인공위성 스푸트니크의 존재에 대해 알게 되었다. 소련은 위성이 보내오는 '삐, 삐' 신호를 방송하기 시작했다. 이는 미국이 금세 따라잡을 수 없는 기술적 쾌거였던 만큼 전 세계가 미국의 기술적, 과학적 우위는 이제 끝났다고 생각했다. 아이젠하워가 공개적으로 나서서 그래 봐야 "눈곱만큼도 걱정하지 않는다"라는 말로 우주의 이 새로운 물체를 둘러싼 우려를 일축했지만, 이는 미 대륙의 미국인들이 우리의 역사에서 처음으로 약해지고 있다는 것을 의미할 뿐이었다. 소련은 스푸트니크를 우주 궤도에 올려놓음으로써 대륙간 로켓을 보유하고 있다는 두 달 전의 주장을 보란 듯이 입증했다.

공교롭게도 1946년과 1947년(랜드가 더글러스 항공사 엔지니어링 부서에 속해 있던 시절), 랜드연구소의 전신인 프로젝트 랜드Project RAND가 공군에 제출한 최초의 보고서에는 1952년까지 일정한 궤도를 유지하며 전 세계를 빙빙 도는 우주선을 제작할 수 있다는 제안이 들어 있었다. 보고서는 그에 따른 정치적 파급력을 다음과 같이 예상했다. "위성의 심리적 효과는 원자폭탄의 심리적 효과에 버금갈 것이다. 우리가 지구상의 어떤 지점이든 유도 미사일을 쏘아 보낼 수 있다는 사실은 다른 나라들에 무언의 위협이 될 것이다."[7] 그러나 훗날 공군의 발전을 책임지게 되는 커티스 르메이Curtis LeMay 장군은 당시 미사일보다는 고공 폭격기로 다른 나라를 위협하는 데 훨씬 더 관심이 많았고, 그래서 이 제안은 돈줄을 찾지 못한 채 결국 불발로 끝나고 말았다.

1957년 가을에 미국이 부랴부랴 뭔가를 지을 계획을 세우는 사이 러시아인들은 먼젓번보다 훨씬 더 큰 두 번째 위성을 쏘아 올렸다. 그해 11월의 일이었다. 이번에는 라이카라는 이름의 개도 타고 있었다. 1차 때와 똑같이 ICBM 엔진으로 추진되면서 짐을 훨씬 더 많이 실은 소련의 이 2차 발사로, 소련의 로켓 공학이 발사한 지 30분 만에 열핵탄두를 탑재한 미사일을 미국 어디에나 보낼 수 있는 추진력과 정확성을 모두 달성했다는 것을 증명해 보였다. 그러고 나서 한 달 뒤 전 세계 시청자들은 텔레비전 화면을 통해 미국의 미사일이 4피트 상공까지 올라갔다가 추락해 발사대에서 폭발하는 모습을 지켜보았다. 우주선에 실었던 모형 위성과 함께 노즈콘(로켓·항공기 등의 원추형 앞부분—옮긴이)이 떨어져 나와 근처 풀숲에 떨어졌다. 그 와중에서도 소형 무전기는 여전히 '삐, 삐' 울어댔다("누가 저거 좀 어떻게 해봐요, 쏴 없애든가." 현장에 있던 누군가가 이렇게 말했다). 언론에선 '스푸트니크sputnik'의 'nik'를 따와서 '플로프니크(flop, 주저앉다)'니 '스테이푸트니크(stay, 머물다)'니 '카푸트니크(kaput, 고장난 또는 망가진)'니 하며 씹어댔다(1958년 11월에 미국은 최초의 대륙간탄도미사일 실험에 성공했다).

이 무렵 나라 분위기가 갑자기 바뀌었다. 1958년 여름 랜드에서 지낼 때였다. 아이젠하워 행정부가 국방부 방위고등연구계획국Defense Advanced Research Projects Agency, DARPA, 미국항공우주국National Aeronautics and Space Administration, NASA, 그리고 과학과 수학 교육 향상에 10억 달러를 지출하는 국가방위 교육법을 신설함으로써 미국으로서는 치욕스러운 우주에서의 소련의 독주에 제동을 걸고 나선 것이다.

내 이야기를 할 것 같으면 어쨌든 6월에 하계 컨설턴트 자격으로 산타모니카에 도착해 내가 다룬 것은 추상적인 '결정이론'이나 '교섭이론'이 아니라 평화와 국가 또는 인간의 생존이 장차 어디에 달려 있을지를 둘러싼 구체적인 결정이었다. 즉 소련이 미사일 능력에서의 독보적 우위를 앞세워 미국을 공격하거나 위협하지 못하도록 막을 방법을 제시하는 것이 내 임무였다.

1958년 여름은 기밀 정보를 토대로 ICBM 배치에서의 소련의 우위, 즉 '미사일 격차missile gap'를 예측하는 연구들이 절정을 이룬 시기였다. 하지만 그러한 예측이 나오기 전에도 그 이전 4년 동안 수행한 랜드의 기밀 연구는 우리의 전략폭격기를 겨냥한 소비에트의 기습 공격에 대응하는 전략공군사령부SAC의 보복 능력이 형편없다고 결론 내렸었다. 이러한 취약성은 소련의 폭격기 능력에 비춰봤을 때도 엄청났다(그러나 나중에 밝혀진 바에 따르면, 미사일 격차 추정치가 나오기 전에 사용하던, '폭격기 격차bomber gap'와 관련한 정보 예측으로 인해 소련의 폭격기 능력은 크게 부풀려져 있었다). 초창기 연구 결과들은 소련의 ICBM과 잠수함 발사 미사일의 경우 설사 그 역할이 있다 하더라도 아주 미미할 것으로 내다봤다.[8] 그러나 소련의 ICBM 보유 능력이 적게는 20기에서 많게는 40기로 늘어나면서 불길하게도 기습 공격의 가능성이 커졌다. 게다가 그보다 좀 더 나중에 나온 랜드의 연구 결과들은 소련이 단기간 안에 확보할 수 있는 ICBM을 최소한 30기로 추정하고 있었다. 공군과 CIA는 소련의 단기 ICBM 능력을 평가하며, (빠르면) 1959년에 수백 기, 1969~61년이면 수천 기로 늘어날 것으로 전망했다.

그러한 도전 앞에서 아이젠하워는 전혀 문제 될 게 없다며 짐짓 태연한 척했지만 이러한 그의 태도는 오히려 현실과 담쌓은 채 골프에나 열중하는 뒷방 늙은이라는 인상만 더욱 강하게 심어준 듯했다. 랜드에서 내가 만난 사람들 모두가 그런 생각을 하고 있었다. 아이젠하워를 바라보는 이런 시각은 우리를 후원하는 조직, 즉 공군에 대한 이미지와도 일맥상통했다. 공군은 소련이 조만간 ICBM 능력에서 엄청난 우위를 차지할 수도 있다는 점을 절대 과소평가하지 않았지만 만연한 관료주의 때문에 그러한 위협에 적절히 또는 효율적으로 대처하기엔 역부족인 듯 보였다. 다시 말해 공군은 이 당시 랜드가 몇 년째 제시해온, 특히 스푸트니크 이후 더욱 다급해진 랜드의 권고를 제때 이행하지 않고 자꾸만 뒤로 미루고 있었다.

나의 새로운 랜드 동료들이 보기에 곧 예상되는 소련의 ICBM 증강은 전략공군사령부의 보복력이 자칫 백지화될 위험에 처해 있다는 뜻이었다. 그러한 소련의 능력과 막대한 비용을 들여서라도 이를 달성하려는 노력은 핵 억지력에 대한 자신감을 송두리째 뒤흔들어놓았다. 소련인들이 결국 세계 지배를 노린다는 냉전 전제를 공유하며 이런 성격의 연구 논문을 읽는 사람들 눈에는 적어도 그렇게 보였다. 랜드에서 나와 함께 일하던 사람들도 모두 그렇게 생각했다. 보안 허가를 얻으면서 이용할 수 있게 된 정보판단Intelligence Estimate과 고도로 지적인 내 동료들의 견해에 비추어 결국엔 나도 그중 한 사람이 되었다.

1958년 랜드에 도착한 지 몇 주 만에 나는 인류가 여태까지 직면해온 불확실성 아래서의 의사 결정이라는 측면에서 가장 급박하고도 구체적이라고 할 수 있는 문제를 붙들고 씨름하고 있었다. 다름 아니라 소련과 미국의 핵교환nuclear exchange을 막는 일이었다. 랜드에서 나온 연구 결과들에 비춰봤을 때 이 문제는 랜드 밖의 사람들이 상상할 수 있는 것보다 훨씬 더 어렵고 다급해 보였다. 1950년대 후반 들어 랜드의 거의 모든 부서와 분석가들은 향후 몇 년 이상 대규모 핵무기로 보복하는 미국의 능력이 그 어떠한 공격(특히 미국의 보복군사력과 미국 사회를 겨냥한 소련의 핵공격)에도 살아남을 것이라는 확신을 심는 데 온통 매달렸다. 일에 집중하는 정도나 팀원들 모두 화급을 다투는 문제로 인식하고 있었다는 점에서 나 맨해튼 프로젝트에 참여했던 과학자들의 상황과 별반 다르지 않았다.

그리고 이러한 강박적인 관념이 작용하는 중심지가 바로 내가 속해 있던 경제학 부서였다. 1958년 하계 컨설턴트로 일하기 시작한 지 일주일 만에 나는 사회과학 부서의 빌 코프먼과 물리학 부서의 허먼 칸뿐만 아니라 앨버트 월스테터, 해리 로웬, 앤디 마셜, 알랭 엔트호벤, 프레드 호프먼 등 경제학 부서의 쟁쟁한 전략 분석가들이 대거 포진해 있는 토론 그룹의 조사위원이라는 직무를 맡게 됐다.

학계에서 일하며 진짜 똑똑한 사람들과 어울리는 데 웬만큼 이골이 나 있었지만 이건 처음부터 천재 떼거리와 마주친 격이었다. 이런 첫인상은 절대 바뀌지 않았다(몇 년 뒤 머리 좋은 사람들의 심각한 한계에 대해 알게 되긴 했지만). 그리고 오히려 그편이 훨씬 더 나았다. 첫 번째 회의 중간에 내가 나이도 제일 어리고, 기록하는 일을 맡은 데다, 걸려 있는 안건과 관련해서도 누가 보나 새파란 애송이였지만 나는 감히 내 의견을 피력했다(하지만 어떤 내용이었는지는 기억나지 않는다). 머리도 엄청 좋지만 엄청나게 뚱뚱하기도 한 허먼 칸이 바로 내 맞은편 자리에 앉아 있다가, 짜증을 내거나 내 말을 무시하기보다 나를 빤히 쳐다보며 이렇게 말했다. "당신이 한 말은 완전히 틀렸어요."

따스한 빛이 내 몸 구석구석으로 퍼져 나갔다. 이는 다름 아니라 (허먼과 나처럼 대부분 유대인인) ≪하버드 크림슨Harvard Crimson≫ 편집위원회의 대학원 동료들이 서로 습관처럼 주고받던 말이었다. 그런 경험은 6년 만에 처음이었다. 케임브리지 킹스칼리지에서나 소사이어티 오브 펠로스에서는 논쟁을 해도 이렇게 거칠거나 단호한 형태를 띠지 않았다. 나는 이렇게 생각했다. "집을 찾았군."

정말 그랬다. 나는 랜드를 사랑했고, 그곳에서 두 차례에 걸쳐 모두 10년을 보냈다. 두 번째는 1967년 베트남에서 돌아왔을 때부터였다. 나는 내가 무슨 종교 단체 회원이라도 된 듯 동료들과 형제 의식을 공유하며 초월적인 대의를 위해 함께 생활하고 일하는 상상을 자주 하곤 했다.

실제로 무기 연구에 전념했던 맨해튼 프로젝트 과학자들뿐만 아니라 핵무기 연구실에서 일하는 그 후임자들도 (존경하는 의미에서가 아니라) 가톨릭의 사제司祭로 묘사될 때가 많다. 어떤 면에서 그것은 평신도들과는 공유할 수 없는 우주의 비밀에 관한 지식, 내부자라는 의식, 다른 사람은 모르는 비밀을 알고 있다고 생각할 때의 묘한 매력, 권력자들에게 조언을 해주는 위치에 있다는 일종의 자부심과도 관계가 있었다. 새로운 '군사 지식인military intellectuals'을 다룬 한 기사는 워싱턴과 펜타곤에서 활동하며 관료주의의 경계를 마음대로 넘나드는 랜드의 컨설턴트들을 가리켜 왕궁과 왕궁을 오가며 왕들의 고해성사를 들어주던 구대륙의 예수회 사제에 비유했다.[9] 그러나 랜드에서 미·소 간의 미사일 격차를 예측하던 초창기 시절과 워싱턴에서 컨설턴트로 일하던 시절을 돌이켜 보면 무엇보다도 사명감을 느꼈던 것을 떠올리게 된다. 다가올 위험과 그 해결책에 관해 펜타곤이나 전략공군사령부 장군들, 또는 의회나 대중, 심지어 대통령보다 더 많이 알고 있다고 믿을 때 갖게 되는 부담도 있었다. 그것은 활력을 불어넣는 부담감이었다.

물질적으로 우리는 특혜가 많은 삶을 누렸다. 대학원을 갓 졸업하고 랜드에 입사해 처음 받은 월급 수준이 나의 아버지가 수석 구조 공학자로 일하며 가장 많이 받았을 때의 월급 수준과 같았다. 근무 환경도 이상적이었다. 캘리포니아 남부의 기후가 어떤지는 다들 잘 알 테고, 우리 사무실은 산타모니카 해변에서 겨우 한 블록 떨어져 있었다.

하지만 내 동료들은 다들 단단히 미쳐 있었다. 그들은 말 그대로 우리는 세상을 구하기 위해 일하고 있다는 생각을 공유하고 있었다. 이러한 생각은 곧 나한테도 전염됐다. 소련이 미국을 상대로 핵공격을 해올 경우, 그 결과는 단지 미국에만 국한되지 않는 대재앙으로 이어질 터였다. 당연히 소련 국방부나 전략로켓군Strategic Rocket Forces 안에도 랜드와 비슷한 조직이 있어, 미국과 나토 동맹국을 상대로 기습 공격과 협박까지는 아니더라도 공격력에서 우위를 차지하기 위해 눈에 불을 켜고 연구에 매진하고 있을 게 틀림없었다. 우리는 아이젠하워 행정부와 우리를 후원하는 공군 내부의 치명적 무기력증과 관료주의적 타성뿐만 아니라 소련으로부터 세상을 구하고 있었다.

일은 무척 고되고 도무지 줄어들질 않았다. 연구원들이 스스로 선택한 일정에 따라 하루 24시간 내내 드나드는 통에 랜드 건물의 불빛은 밤새 꺼질 줄을 몰랐다. 점심시간에도 우리는 샌드위치를 들고 건물 안 정원에 둘러앉아서 일 이야기를 했다. 연구원 부인들이 번갈아 준비하는 저녁 식사 자리에서 중간중간 칵테일이 나올 때면 두세 명씩 구석에 모여 작은 소리로 비밀 회담을 열곤 했다. 여자들은 거기 끼지 못했다. 식사가 끝나면 부인들은 남자들이 식탁에서 마음껏 비밀

이야기를 나눌 수 있도록 거실로 물러났다. 이는 물론 보안상의 이유 때문이기도 했다.

당시 랜드에는 정식 여성 연구원이 거의 없었다. 내가 기억하는 예외는 체스터 니미츠 제독의 딸로 소련 전문가였던 낸시 니미츠, 중국 분석가 앨리스 흐시에, 일본이 1941년 12월 진주만의 우리 해군과 필리핀의 우리 공군을 상대로 기습 공격에 성공할 수 있었던 경위를 연구 중이던 역사학자 로버타 월스테터(앨버트 월스테터의 부인)가 전부였다.[10] 그해 여름 우리 모두 집중해서 읽은 그녀의 연구 결과는 우리가 뭘 예방해야 하는지를 정확히 짚어내 보여줌으로써 우리의 생각과 우려에 큰 영향을 미쳤다.

그곳에서 맞이한 첫 번째 여름 내내 나는 일주일에 70시간씩 일하며 매일 밤 늦게까지 기밀 연구와 분석을 닥치는 대로 머리에 쑤셔 넣고는 이튿날이면 또 새벽같이 일어나 문제 확인과 해결책 모색에 나섰다. 나는 우리의 랜드와 전략공군사령부에 해당하는 소련의 기관을 무력화해 '핵 진주만nuclear Pearl Harbor' 공격을 막거나 늦출 방안을 찾고 있었다. 내가 이제 막 취급을 인가받은 공군의 정보판단과 내 동료들뿐만 아니라 국가안보 공동체 전체가 공유했던 소련인들에 대한 어두운 견해로 미루어 볼 때 핵재앙을 무한정 피한다는 것은 불가능한 일이었다. 알랭 엔트호번과 나는 부서에서 제일 나이가 어렸다. 우리 둘 다 랜드에서 제공하는 지나칠 만큼 후한 은퇴 연금에 가입하지 않았다. 당시 20대 후반이었던 우리는 은퇴 연금을 받을 기회가 있을 리 없다고 생각했기 때문이다.

특히 8월 어느 날 밤이 기억난다. 그날 나는 바다가 내다보이는 내 사무실에 앉아 있었다. 달빛이 전혀 없는 밤, 자정에 가까운 시간이었다. 창밖의 바다는 시커멧다. 나는 소련의 관점에서 바라본 기습 공격의 최적 조건에 관한 분석을 읽고 있었다. 요점만 말하면 (출격한 지 몇 분 안에 북쪽의 우리 레이더를 우회 공격해 경보 체계를 무력화한 다음) 잠수함 발사 크루즈 미사일로 우리 바다 인근의 기지들과 지휘본부를 공격하는 동시에 ICBM과 폭격기로 우리의 내부 깊숙한 곳에 위치한 전략공군사령부 기지를 노리는 용의주도한 합동 공격이 소련으로서는 최적이었다.

따라서 잠수함이 수면 위로 올라와 있어야 한다는 점과 다양한 기상 조건을 고려할 때 분석한 자료에서는 공격의 최적기를 8월, 그중에서도 달이 뜨지 않는 날 밤 자정 무렵으로 보고 있었다. 나는 창밖으로 시커먼 바다를 살피다 손목시계를 흘끗 내려다보았다. 그야말로 부르르 몸서리가 쳐지면서 온몸의 털들이 한 올 한 올 곤두서는 느낌이 들었다.

이런 연구 결과와 (특히 공군의) 정보판단이 묘사하는 상황에 비추어보면 억지(군사, 정치학 용어. 자신이 힘을 행사할 수 있음을 나타내면서 적이 공격을 통해서 얻는 이익보다 보복으로 입게 되는 손해가 더 크다는 것을 깨닫게 하여 일정한 행동을 하지 못하게 하는 전략—옮긴이)는 긴요하지만 불확실했다. 이런 일급기밀 정보판단에 따르면 우리는 우리를 무장 해제해 거침없이 세계를 지배할 목적으로 막대한 비용을 들여가며 핵무기 개발에 박차를 가하는 강력한 적과 직면하고 있었다. 그런 공격에도 살아남아, 단호하고도 가차 없이 적을 막아설 만한 규모로 반격하겠노라 약속할 만한 미군의 비핵 능력(핵무기가 아닌 무력—옮긴이)은 없었다. 가공할 핵 보복 능력을 제외하고 그렇게 할 수 있는 것은 아무것도 없었다. 용의주도하게 계획된 적의 핵 제1격을 거뜬히 이겨내는 능력 말고는 없었다.

월스테터가 공군에 제출한 보고서에서도 강조했듯이 미국을 향한 소련의 공격을 억지하는 우리의 능력은 전쟁에 대비한 우리의 공격력 규모가 아니라, 상대의 선제공격에 대해 보복하는 우리의 '2격 능력'을 소련인들이 어떻게 예상하느냐에 달려 있었다. 대체 살아남을 수 있는 파괴력을 얼마나 많이 가져야 그들을 막을 수 있을까? 월스테터는 그 답은 상황과 대안에 따라 달라진다고 주장했다. 예를 들어 특정 순간에는 소련의 제1격에 대한 어떤 잠재적인 대안도 소련에게 매우 불길하게 보일 수 있다. 이를테면 국지전에서의 참담한 패배나 유럽에서 일어난 분쟁의 확대에 따라 미국이 제1격에 나서는 것 같은 상황들이다. 우리처럼 소련인들도 심각한 위험을 무릅쓸지도 몰랐다. 1956년 주요 저자로 참여한 랜드의 일급기밀 자료 '취약성 연구' R-290 결론에서 월스테터는 다음과 같이 주장했다.

현재 추진 중인 우리의 전략군은 러시아가 2차 세계대전 당시 입었던 것처럼 회복하는 데만 몇 년 넘게 걸리는 막대한 수준의 피해를 보장할 수 없다.[11] 이 정도로는 예측 가능한 몇몇 상황에서 필요한 수준의 '명백한' 억지력을 가졌다고 보기 어렵다.

랜드의 그 누구도 이의를 제기하지 않았던 해법은 충분한 억지력, 즉 2차 세계대전에서 사망한 2천만 명의 소련인보다 더 많이 죽일 수 있는, 우리를 생존 가능케 하는 확실한 2격 능력이었다. 이는 우리가 막강한 공격을 견디고 질기게 살아남아야 하는 이유가 결국은 보복적 성격의 대량 학살을 감행하기 위해서라는 뜻이었지만 우리 중 누구도 단 한순간이나마 그런 식으로 생각해본 적이 없었다. 2차 세계대전 당시 양측의 무분별한 도심지 폭격에 강한 불만을 품고 있던 내가 공군의 의뢰로 소련이 우리를 공격해올 경우 끔찍한 보복 폭격이 기다리고 있다는 점을 미리 알려 소련을 억지할 방안을 연구하고 있다니 기막힌 아이러니가 아닐 수 없었다. 하지만 거기에는 일관된 논리가 있었다. 한 세대 전의 실라르드와 로트블랫이 그랬듯이 나 역시 내 멘토 겸 동료들의 분석을 보며 가까운 미래에 대규모 핵전쟁이 일어나지 못하게 막으려면 이것이 최선이자 유일한 방법이라고 믿게 됐다는 것이다.

하버드 시절 나의 지도교수였던 은사는 1959년에 내가 정식 직원 신분으로 다시 랜드로 돌아가게 됐다는 소식을 듣고 높은 월급에 '팔려 간다'고 쓴 소리를 했다. 그때 나는 일 년 전 여름 랜드에서 배운 것을 열거하며 무보수라도 기꺼이 그곳에서 일하겠다고 말했다. 그냥 해본 소리가 아니었다. 인류를 위해 일하기에 그보다 더 좋은 방법은 상상할 수 없었다.

2장 ─────
지휘 통제: 재앙을 관리하다

오랫동안 결정이론을 파고든 경험도 살릴 겸, 나는 랜드에 기여할 내 고유 업무로 그 중요성에 비해 이때까지 연구가 덜 된 듯한 분야를 전공하기로 했다. 그것은 바로 고위 군 장교들과 특히 대통령이 행사하는 핵 보복력의 지휘 및 통제였다.

나의 동료들은 대부분 전략 핵무기, 기지, 운송 수단 등의 취약성과 이를 줄이는 방법을 연구하고 있었다. 나는 군의 '신경계', 즉 사령부, 다양한 수준의 정보 및 의사결정 과정, 의사소통, 경보체계, 첩보 등의 취약성과 신뢰성을 조사하는 팀에 합류했다.[1]

소련을 겨냥해 미국의 핵무기를 발사하느냐의 여부와 그 시점은 어떤 상황에서도 대통령 또는 생존하는 최고 당국자가 행사해야 한다는 견해가 지배적이었다. 어떻게 그런 결론에 이르고 또 그 결론을 어떻게 실행할지는 매우 은밀한 경험적 지식을 요구하는 구체적 과제였다. 그럼에도 (경력이 짧은) 내가 이 특별한 지휘 문제에 유난히 끌렸던 이유는 물론 명백한 중요성 때문이기도 하거니와 대학원 시절 불확실성 아래서의 의사 결정이라는 연구 주제를 두고 내가 분석했던 모든 것을 구체적인 예를 통해 보여주고 있었기 때문이다. 그것은 불확실한 상황 아래서 국가 지도자가 초연한 심정으로 내리는 마지막 결정이 될 터였다.

게다가 「1950년대와 1960년대의 미국의 반격 능력 보강Protecting U.S. Power to

Strike Back in the 1950's and 1960's」이라는 제목의 랜드 논문 R-290을 처음 읽었을 때, 그해 하버드에서 내 사고의 중심을 차지했던 단어가 내 눈길을 끌었다. 다름 아니라 '모호성'이라는 단어였다. 해리 로웬, 프레드 호프먼과 함께 앨버트 월스테터가 주요 저자였던 문제의 논문은 우리의 계획 중 일부는 임박한 적의 공격을 알리는 전략 경보, 즉 우리를 겨냥해 발사된 적의 무기보다 앞서 발령되는 정보 경보에 좌우된다는 점에 주목했다.

그러나 전략 경보를 계획하는 일은 위험하며,[2] 이는 아무리 강조해도 지나치지 않다.…… 사건이 일어나기에 앞서 우리가 현실적이고 정확하다고 가정한다면 "소련이 우리를 공격해올까?"라는 질문에 대한 가장 긍정적인 답은 "아마도"가 될 것이다. 그리고 이 밖에 중요하지만 성가신 질문들, 즉 "언제?"와 "어디서?"에 대한 답은 이보다 훨씬 더 불확실할 것이다.…… 하지만 정말 필요한 질문은 "우리는 이런 신호를 얼마나 빨리 받을 수 있으며 또 이 신호는 얼마나 분명한가"이다. 우리는 그 신호가 분명치 않을 것이라고 분명하게 말할 수 있다.…… 결국 전략 경보의 모호성이 결정문제를 복잡하게 만든다.

결정문제decision problem의 공식만큼 내 관심을 강렬하게 사로잡은 주제는 없었다. 인류 역사에서 가장 중요한 공식formulation이기도 했다. 당시만 해도 위험과 불확실성에 관한 학술 토론에선 '모호성'이라는 용어가 사용되지 않았다. 그런데 기밀 연구에서 그런 용어를 보다니 더욱 놀랄 수밖에 없었다. 왜냐하면 당시 나는 경험이나 정보가 부족하고, 증거도 불분명하고, 관찰자나 전문가들 사이의 견해도 크게 상반되고, 서로 다른 종류의 증거들이 함축하는 의미도 모순될 경우 발생하는 주관적 불확실성을 학술적으로 소개하는 과정에 있었기 때문이다.

전략 경보의 모호성, 불확실성이 문제였다. 월스테터는 '전술' 경보, 즉 장거리 지상 레이더나 적외선 추적 위성이 적의 비행기나 미사일이 표적에 도달하기 전,

발사대를 떠나 미국으로 향하고 있다고 통보해오는 상황에서도 똑같은 불확실성 문제가 발생한다고 지적했다.

북극 원거리 조기경보 레이더망Distant Early Warning Line, DEW Line(듀라인)에도 그런 경우가 한 번 이상 있었다. 높이 비행하는 거위 떼에 속아 소련 폭격기가 북극 상공을 넘어 우리를 향해 오고 있다고 오보했던 것이다. ICBM 이전 시기에는 그래도 실수를 알아채고 그사이 비상 대기 중인 우리 비행기를 이륙시킬 시간이 있었다. 그러나 내가 랜드에 합류한 지 일 년 만에, 탄도미사일 조기경보 체제Ballistic Missile Early Warning System, BMEWS라는 최첨단 레이더 컴퓨터 시스템이 작동을 개시했다. 그런데 이 장치가 작동한 지 겨우 일주일 만에 소련이 미사일 공격을 해오고 있다는 경보가 날아든 것이었다. 모든 것을 결정하는 데 주어진 시간은 15분이 채 되지 않았다.

1960년 10월 5일 IBM의 수장 톰 윗슨을 비롯해 공군 기술 체계와 관련된 최첨단 산업의 임원 몇몇이 콜로라도 샤이엔산에 있는 북미 항공우주 방위사령부 North American Aerospace Defense Command, NORAD를 방문했다. 거대한 세계지도가 마주 보이는 지휘본부 발코니의 사령관 의자에는 당시 벨&호웰Bell&Howell 부회장이자, 훗날 닉슨 행정부의 상무부 장관에 기용되는 피트 피터슨이 앉아 있었다. 이러한 역할극은 어느 정도는 귀한 손님들을 위한 대접의 성격을 띠고 있었다. 에릭 숄서는『지휘와 통제Command and Control』라는 저서에서 그날 있었던 일을 다루었는데, 이는 당시 내가 그 문제를 연구하던 사람들과 함께 (무슨 기밀 사항이라도 다루듯 쉬쉬하며) 들은 것을 아주 자세하게 이야기해주고 있었다.

그린란드 툴레 공군 기지에 최초로 배치된 BMEWS 레이더망이 그 주에 작동하기 시작했고, 기업인들을 상대로 새로운 경보 시스템의 숫자가 의미하는 위험 수위를 설명하고 있었다.[3]

세계지도 위의 숫자 1에 빨간 불이 들어오면 미확인 물체가 미국을 향해 비행하고 있다는 신호다. 숫자 3에 불이 들어오면 위험 수위가 높다는 신호다. 이 경우 전략공군사령부 본부와 합동참모본부에 즉시 알려야 한다. 가장 높은 위험 수위는 '5'로 컴퓨터가 발령하는 경보라 99.9% 확실하며, 이는 미국이 공격을 받고 있다는 신호다. 그런데 피터슨이 사령관 의자에 앉기 무섭게 지도 위 숫자가 올라가기 시작했다. 숫자가 4에 이르자 NORAD 장교들이 방으로 들이닥쳤다. 숫자가 5에 이르자 피터슨과 나머지 임원들은 순식간에 경호대에 에워싸인 가운데 작은 사무실로 이동했다. 문이 닫혔고, 그들은 방금 핵전쟁이 시작되었다고 믿으며 그곳에 남아 있었다.

방 안의 기업인들 가운데 당시 벨&호웰의 사장이자, 훗날 일리노이주 상원의원에 세 번이나 연거푸 당선되는 척 퍼시는 NORAD에서 느낀 공포감을 생생히 기억했다. 그런데 그달에 내가 공군 대령들에게 이야기를 들은 바로는 그 경보를 심각하게 여기지 않았다는 것이었다. 문제의 경보가 컴퓨터의 99.9% 확실성보다 다소 '모호하다'고 NORAD가 판단한 데는 사실 그럴 만한 이유가 있었다. 흐루쇼프가 유엔 회의 참석차 그 주에 뉴욕에 있었기 때문이다. 알고 보니 BMEWS 레이더 신호가 노르웨이 상공 위로 떠오른 달과 부딪혀 착란을 일으킨 것으로 밝혀졌다. 내가 국방부에서 들은 바에 따르면 설계자들은 레이더가 달에 이를 것이라는 점은 예상했지만, 그 반사反射가 다가오는 미사일처럼 보일 정도로까지 강할 줄은 미처 생각하지 못했던 모양이다. 누구든 실수하기 마련이다.

앞서 언급한 윌스테터의 논문을 읽으며 인상 깊었던 부분은 경보의 모호성뿐만 아니라 이러한 모호성에 대해 사람들이 어떻게 인지하고 행동하느냐는 효과에도 주목했다는 점이다. 이 모호성 때문에 다양한 계통에 있는 지휘관들과 대통령은 반응을 뒤로 미룰 수밖에 없었을 것이다. 미사일 시대에 몇 분의 지연은 그 사이에 보복 능력이 파괴될 수 있으며, 지휘관들이 죽을 수도 있다는 것을 뜻했다. 그러나 대통령이나 그 이하 지휘관들은 "아마도" 공격이 진행되고 있을 거라는 추측에 근거하여 행동을 할 수 있을까? 또는 과잉 반응할 수 있는 컴퓨터 프로그램의 99.9% 확실성을 믿고 과연 무엇을 할 수 있을까?

월스테터는 굳이 전쟁에 휘말리지 않고도 모호하거나 불분명한 경보로부터 경계태세 중인 우리 폭격기의 생존 가능성을 높이는 방안을 성공적으로 제시했다. 잘못된 경보와 부족한 정보 문제를 부분적으로나마 해결하는 방법으로 '적극적 통제positive control' 개념을 맨 처음 생각해낸 사람은 월스테터였다. 그것은 '경보 즉시 발사(또는 경보 즉시 발진, Launch On Warning, LOW)'라는 개념의 도입으로 이어졌다. 경보를 받고 전쟁 계획을 실제로 실행하기 위해 폭격기를 보내는 것이 아니라 일단 폭격기를 목표물 지역으로 보내놓고 그 후의 상황판단에 따라 실제 폭격을 실행한다는 것이다. 다시 말해 폭격기는 경보 즉시 발진이라는 적극적인 통제방침에 따라 지정된 지역으로 날아간다. 그곳에서 폭격기는 폭격을 '실행하라'는 명백하고 '적극적인' 명령, 즉 예정된 목표물에 대한 공격을 실행하라는 명령을 받든지 또는 기지로 돌아오라는 명령을 받는다. 그런 명령을 받을 때까지 폭격기는 그 지역을 계속 선회한다.

어떤 명령도 받지 못했을 경우 항공기들은 안전하게 귀환할 수 있을 만큼의 연료가 남아 있는 시점에서 기지로 돌아오면 된다는 것이다. 그러나 작동을 시작한 탄도 미사일의 경우에는 이러한 선택의 여지가 아예 없다. 탄도 미사일은 일단 발사되면 회수가 불가능하기 때문이다. 언젠가 레이건 대통령은 대국민 성명을 발표하면서 잠수함 발사 미사일과 관련해 반대로 말한 적이 있다.[4] 어쩌면 그는 정말 몰랐을 수도 있는데, 이는 대통령에게 낭패감을 주는 혼란이다.

이러한 안전장치들은 실제로 믿을 만하게 잘 작동하고 있었을까? 핵전쟁 실행 계획이 누구에 의해 결정되며 어떻게 집행되는지에 대한 세부 사항만큼 보안이 철저하게 유지되는 군사기밀은 없을 것이다. 그런데 이를 연구하기 시작한 지 몇 달 만에 대통령 수준으로까지는 접근하지 못하더라도 고도의 접근권을 가지고 현장에서 연구할 기회가 생겼다. 태평양 지구 총사령관 해리 D. 펠트 제독이 해군연구소Office of Naval Research, ONR에 태평양 지역 핵 지휘 통제의 문제점을 연구하라고 지시한 것이다. 나는 랜드가 그 연구에 나를 파견한 것에 감사했다.

1959년 가을, 나는 태평양 지구 총사령부 본부가 있는 하와이 오하우의 캠프 스미스로 거처를 옮겨 존 윌크스 박사가 지휘하는 ONR 연구팀에 합류했다. 아내가 가족들을 데리고 그리로 올 준비가 되어 있지 않았기 때문에 일 년 내내 거기서 지낼 입장은 못 된다고 미리 말했다. 그래서 처음 몇 달간은 캠프에서 묵다가 그 이듬해에는 계속 왔다 갔다 하면서 후반에 접어든 연구를 도왔다. 우리의 업무는 대개 오하우의 태평양 지구 총사령부와 태평양 공군 본부에서 이루어졌지만, 태평양 전 지역을 무대로 광범위한 현장 실습을 나가곤 했다. 그때마다 나는 수행 중인 작전을 관찰하면서 태평양 지역 거의 모든 전투 사령부의 지휘관, 작전 입안자, 작전 수행원들과 깊이 있는 대화를 나눴다.

태평양 지구 총사령관Commander in Chief, Pacific Command: CINCPAC이 우리 팀이 신경 써서 연구하길 바랐던 가장 기본적인 문제는 핵무기를 쓰기로 결정했을 경우, 핵전쟁 계획의 실행을 지시하는 그의 '집행' 메시지가 태평양의 다양한 부대들에 적시에, 믿을 만하게 도달하리라는 것을 과연 확신할 수 있겠는가 하는 점이었다. 이 메시지는 여러 전투 지휘소나 전장戰場의 의사소통 수단, 또는 자신이 지휘하는 공격부대가 소련의 공격에 파괴되기 전에 전달되어야 하는 것이었다. 그러나 내가 맡은 문제는 이와 다른 것이었다. 즉 '허가받지 않은' 행동의 가능성을 줄이는 것이었다. 상관이나 대통령의 인가가 없는 상황에서 부하가 자신의 휘하에 있는 병력에 진격 명령을 내릴 수 없도록 어떻게 보장할 것인가? 하는 것이었다.

원칙적으로 허가받지 않은 행동은 금지돼 있었다. 일급기밀 전쟁 계획에 따르면 핵전쟁 계획을 실행하라는 집행 명령은 어떤 지휘 계통에서든 더 높은 권한, 궁극적으로는 대통령의 즉각적이고 명백한 지시에 근거를 두어야 했다. 그러나 전쟁 계획에는 각종 예비조치를 취하고 임박한 적의 공격을 알리는 경보가 울리면 비행기를 출격시키고 비행기가 파괴되지 않도록 보호하는, 지역 지휘권 차원의 대비책이 있었다. 이것이 월스테터의 '적극적 통제' 개념이었다. 그러한 차원의 출격과 목표물을 향해 전진하라는, 다시 말해 전쟁 계획을 실행에 옮기라는 명령은 같다고 볼 수 없었다.

이러한 절차는 '이중 안전장치Fail-Safe'라고도 알려져 있었다. 예를 들어 폭격기가 기지에서 계속 가라거나 또는 돌아오라는 등의 의도한 신호 전송을 받지 못했을(실패했을) 경우 비행기는 귀환 신호를 받은 것처럼 행동해야 한다. 실제로 전쟁이 진행 중이고 통신 수단이 파괴됐다면 이러한 반응(귀환)은 실수일지 모른다. 하지만 전쟁이 일어나지 않았고 기술적 또는 기상 문제 때문에 통신 수단이 고장났을 경우에는 목표물을 향해 전진하는 실수보다 안전한 실수, 바꿔 말해 덜 위험한 실수일 터였다.

'적극적 통제'나 '이중 안전장치'가 뜻하는 바는 조종사들이 상급 지휘권자로부터 목표물을 향해 전진하라는 적극적 명령, 다시 말해 명백하고 즉각적인 명령을 받지 못했을 경우 어떠한 상황에서도 그렇게 하지 않도록 훈련받아야 한다는 것이다. 그리고 실행 명령은 최고 지휘권자로부터 나왔다는 것이 '인증되어야' 했다. 이는 암호화된 증거가 있어야 하고, 그 출처가 최고 지휘권자라는 점이 의심할 여지없이 명백해야 한다는 것을 의미했다.

그러나 사람들이 이런 지침에 부합하게 행동할 것이라고 어떻게 확신할 수 있단 말인가? 이 과정은 과연 안전할까? 나는 1958년 하계 컨설턴트로 랜드에 온 지 한 달 만에 국방부 계약서에 서명하며 쓴 바로 그 메모에 이와 같은 의문을 제기했었다.[5] 제목은 '이중 안전장치의 문제점Strains on the Fail-Safe System'이었고, 나는 이를 안전 규정 절차의 저자인 월스테터와 랜드를 대표하는 커뮤니케이션 전문가로 내가 가끔 조언을 구하기도 했던 랜드의 분석가 중 한 명인 프랭크 엘드리지에게 제출했다. 메모는 불과 일 년 전까지 내가 몸담고 있었던 해병대라는 규율이 아주 잘 잡힌 조직에서의 경험과 군 역사에 대한 그동안의 독서 경험을 반영하고 있었다. 나는 모름지기 성실한 장교라면 정해진 조건 아래에서 어떻게 하라고 받은 지시뿐만 아니라, 사명감 및 경험과 관찰을 토대로 현 상황에 대한 실제적 판단에 따라 행동할 것이라 생각했다.

바꿔 말해 메모에서 내가 예견한 것은 적의 공격을 예고하는 강력한 신호가 동반되거나 뒤따르지 않는 경우, 출격을 유발한 전술 경보 못지않게 아마도 적극적 실행 명령이 없다는 사실 자체가 대단히 모호한 상황을 만들 수밖에 없다는 점이었다. 신호 부족은 기지로 돌아오는 것이 좋겠다는 의미일 수도 있었다. 관련 규정에 따르면 분명히 그런 의미로 받아들이도록 명시돼 있었다. 하지만 이는 실행 명령이 이미 내려졌는데 아직 도달하지 않았을 수 있으며, 도달하더라도 남아 있는 연료가 부족해 명령을 수행하기가 불가능할지도 모른다는 의미일 수도 있었다. 아니면 명령의 송수신이 가능한 것으로 보아 적의 핵공격이 지휘관이나 송신기를 완전히 파괴하지 않았고 전송을 방해하지 않았다는 의미로도 해석할 수 있었다.

다시 말해 적극적 실행 명령(출격 명령)이 없다는 것은 활용 가능한 기타 증거가 무엇이냐에 따라 매우 불길한 의미로 다가올 수도 있었다. 예를 들어 조종사들이 귀환하라는 메시지도 받지 못하고, 나중에 알고 보니 기지가 적의 공격에 놓인 것도 아니어서 결국 랑데부 지역에서 계속 선회하게 되는 경험이 얼마나 자주 있었을까? 지금까지 단 한 번이라도 있었을까? 이 단계까지 전체 절차를 충분히 자주 훈련한다면 조종사들은 다른 증거가 부족하더라도 당연히 자신들이 훈련에 참여 중이라고 생각하게 될 터였다. 그리고 돌아오는 습관을 기르게 될 터였다. 더 이상의 명령을 받지 못하더라도 조종사들은 그 습관을 깨야 한다는 압박감, 계속 대기 명령을 어기고 목표물을 향해 이륙해야 한다는 압박감을 전혀 느끼지 않을 터였다. 조종사들은 습관적으로 기지로 돌아올 터였다.

그러나 랜드에서 추측했듯이, 그리고 태평양 지구 총사령관 연구진의 일원으로 현장에서 이 문제를 조사하며 확인했듯이, 태평양 지역 조종사들이 그런 습관을 기를 기회를 갖는다고 보긴 어려웠다. 이 문제와 관련해 다양한 의견을 듣긴 했지만 사실 그럴 가능성은 매우 희박해 보였다.

우리 연구진이 오키나와 카데나 공군 기지를 방문해 직접 확인했듯 경보 즉시 발사(또는 발진) 절차의 전반부는 자주, 구체적으로 말하면 매일, 아무 때고, 이륙 바로 직전 시점까지 훈련하고 있었다. 그런데 카데나 기지의 조종사들은 활주로의 비행기나 격납고에 계속 머무르지 않아도 됐다. 그들은 PX를 비롯해 본부 안 어디든 갈 수 있었고, 저마다 개인 지프와 운전사를 데리고 있었다. 비상 훈련이 적어도 하루에 한 번씩 있었기 때문이다.

훈련을 책임지고 있는 장교가 우리더러 그날 훈련 시간은 우리 마음대로 정해 보라고 말했다. 그러고 나서 우리 쪽 책임자 존 윌크스가 "좋습니다, 지금으로 정하죠"라고 말하기가 무섭게 클랙슨 소리가 사방에서 들리나 싶더니 활주로로 이어지는 도로마다 지프들이 나타나 모퉁이를 만날 때마다 급회전을 하며 활주로에 속속 도착했고, 조종사들이 튀어나와 헬멧과 장비를 단단히 조이며 조종석으로 기어올랐다. 비행기 열 대가 거의 동시에 시동을 걸었다. 그러는 데 딱 10분 걸렸다.

이 훈련의 목적은 명령이 내려오면 제시간에 비행기를 이륙시킬 수 있는 능력을 강화하는 것이었다. 그 점에서만 보면 훈련은 완벽했다. 그러나 훈련 후반부, 즉 랑데부 지역으로 날아가 대기하다가 계속 나아가라는 명령이 없을 경우 귀환하는 능력을 강화하는 훈련은 시간도 훨씬 많이 걸리는 데다 연료비와 유지비가 비쌌다. 당연히 이 훈련은 횟수가 훨씬 뜸할 수밖에 없을 터였다. 우리는 조종사들에게 그런 훈련을 하긴 하느냐고 물어보았다. 그에 대한 답변은 모호하고 제각각 달랐다. 전략공군사령부는 이러한 절차를 맨 처음 생각해낸 조직답게 이런 훈련을 실전처럼 자주 했지만, 현장 병력의 경우에는 그렇지 않은 듯했다.

카데나에서 우리가 확인한 바에 따르면 그곳 전술 전투기는 일상 훈련에서 지상을 떠나본 적이 한 번도 없으며, 그 이유가 비단 비용 문제 때문만은 아닌 듯했다. 전투기들은 이착륙장에서 이륙 준비 단계로 이동하는 것조차 금지돼 있었다.

그 이유는 사고 위험 때문이라고 들었는데, 그 사고라는 것이 십중팔구는 핵사고 위험 때문일 터였다.

1인승 F-100 비상 대기 전폭기의 경우 동체 외부의 이착륙 장치 바로 밑에 Mark 28이라는 열핵무기를 탑재하고 다녔다. 이 무기는 안전상의 이유 때문에 원래는 동체 내부에 탑재하도록 설계됐었다. 하지만 이 전술 폭격기에는 그럴 공간이 없었다.

더욱이 이 폭탄은 '원-포인트 세이프one-point safe'라는 안전 기준에도 어긋났다. 수소폭탄을 비롯해 이런 열핵융합 무기는 나가사키를 잿더미로 만든 것과 같은 종류의 플루토늄 폭탄을 기폭제로 사용했다. 이 플루토늄 핵을 둥그런 망 모양의 고성능 성형 폭약이 에워쌌다. 이 모든 것이 한꺼번에 터져 내부의 플루토늄 핵이 안쪽에서 붕괴하면 임계질량보다 훨씬 더 큰 밀도로 압박하고 핵분열 폭발을 일으켜 열핵 연료를 작동시켰다.

'원-포인트 세이프'란 고성능 성형 폭약이 어느 한 군데서라도 우발적으로 폭발할 경우 의미있는 핵폭발 위력이 발생하지 않도록 설계했다는 것을 의미했다. 좀 더 정확히 말하면 4파운드 이상의 핵위력이 발생할 확률이 백만분의 1도 안 될 것이라는 이야기였다. 추락이나 화재, 포격 또는 전기 고장으로 어디 하나만 터져도 부분적 핵폭발이 일어날 수 있었다. 그런데 이 부분적 핵폭발이 경우에 따라선 히로시마 폭탄 규모에 맞먹을 수도 있었다.

이런 무기는 '원-포인트 세이프' 기준을 충족하지 못하기 때문에, 추락하거나 충돌이나 화재 또는 폭발과 연관되어 고성능 폭약이 한두 곳에서만 터져도 플루토늄 기폭제에서 나오는 방사능 오염물질이 대규모 지역으로 확산될 수 있을 뿐만 아니라 부분적 또는 전면적 핵폭발이 일어날 위험이 있었다. 후자가 일어날 가능성이 낮기는 했지만, 하루에 한 번씩 이루어지는 훈련에 포함시킬 만큼은 아니었다.

따라서 이런 비상 훈련에서 조종사들은 각자 비행기로 뛰어 들어가 엔진을 켜는 데 집중했다. 하지만 이륙은 둘째치고 활주로를 따라 질주하거나 심지어 이착륙장에서 활주로까지 천천히 이동하는 것조차 훈련에서 빠져 있었다. 비상 대기 중이 아닐 때면 조종사들은 물론 무기 없이 비행기를 몰았다. 물론 무기를 탑재하고 훈련 임무에 나설 때도 있었다. 하지만 실제 비상 대기 훈련에서 조종사들이 무기를 싣고 이착륙장에서 이륙한 적이 있느냐는 질문에는 명확한 답을 듣기 어려웠다. 우리는 설령 있다 해도 그렇게 자주는 아니라는 대답을 들었다. 어쩌면 전혀 없었을 수도.

나는 이를 조종사들에게는 이륙 지시가 매우 특이한, 아마도 처음 있는 경험일 것이라는 뜻으로 해석했다. (조종사들만 모르고 있을 뿐) 그것이 실은 훈련에 지나지 않는다 해도 그런 경험을 하게 되는 처음 한두 번은 다들 '올 게 왔군'이라고 생각할 게 틀림없었다. 적이 공격해오거나, 아니면 반대로 그들이 선제공격을 주도하고 있거나. 적어도 그들은 적의 공격 조짐이 그 어느 때보다 심상치 않다고 여길 테고, 그럴 경우 출격 명령에 따르라는 실행 명령을 받지 않았더라도 머릿속으로는 랑데부 지역으로 향할 게 틀림없었다.

비상 상황과 똑같은 조건으로 이루어지는 정기적인 이륙 훈련이 부족할 때 일어날 수 있는 이런 특별한 결과는 내 질문에 응답한 핵 통제 장교나 조종사들에게 익숙하지 않은 듯 보였다. 사실 그들 모두 그런 경험이 전혀 없다고 인정했다. 다들 나의 추론을 참신하고 흥미로우면서 그럴듯하다고 생각하는 눈치였다. 그래서 걱정스러웠다. 전폭기 조종사들은 처음 또는 심지어 그다음 몇 차례 더 출격했을 때도, 폭탄을 싣고 랑데부 지역에서 실행 명령 또는 귀환 명령을 기다리며 선회하는 동안 최악을 각오하는 경향이 강했다. 그 이유는 그렇게까지 멀리 가본 적이 처음이기 때문이다. 이는 그들도 인정했다. 그들이 전쟁이 진행 중이거나 임박했다고 믿는다면 그 이유는 전례 없이 그들을 출격시킨 지휘관들이 그렇게 생각하는 것 같았기 때문일 터였다.

하지만 그렇게 생각할 이유가 달리 또 있다면? 이러한 출격 명령이 세계 어딘가에서 발생한 국제적 위기의 순간과 맞물렸다고 가정해보자. 전쟁이나 공격 위험을 알리는 조기 전략 경보도 발령되었다고 가정해보자. 중국과 대만 사이의 지역이나 한국 또는 인도차이나에서 실제로 전쟁이 진행 중이라면 어떻게 될까? 1954~55년에 이어 1958년의 경우처럼 본토의 중국 공산당이 연안에서 몇 마일 밖에 떨어지지 않은 중국 국민당 점령의 섬들을 몇 달 동안이나 포격하는 심각한 위기가 실제로 벌어진다면 어떻게 될까? 당시엔 중국 공산당의 공격을 물리치거나 연안의 섬들, 즉 진먼과 마쭈에 대한 대만의 영유권을 유지하기 위해 미국이 핵무기를 사용할지 여부를 대통령 주재 아래 토론한 바 있었다(1958년 초 마타도어 크루즈 미사일용 핵탄두가 실제로 대만과 한국의 오산에 도착하기까지 했었다).

경보 즉시 발진 또는 경보 즉시 발사 과정에서 그 지역의 미국 공군 기지, 어쩌면 바로 이 기지에 대규모 폭발이 발생한다면 어떻게 될까? 처음에는 언뜻 우연의 일치일지도 모른다고 생각해 최악의 시나리오까지는 상정하지 않을지 모른다. 그런데 두 번째로 드는 생각은 이와 좀 다를 수도 있다. 많은 대화를 나눠본 결과 이 지역에서 두 번째는 고사하고 첫 번째 가능성에 비중을 두는 사람조차 없었다. 하지만 간단한 토론을 거치고 나자 다들 그럴 수도 있겠다고 생각하는 눈치였다.

지휘관 입장에서는 실제의 훈련을 기준에 맞추기 위해 집착할 수밖에 없겠지만 F-100이 이륙 지점까지 가는 훈련이 극히 드물었던 이유를 짚고 넘어갈 필요가 있었다. 그 이유는 충돌 위험이 높은 데다 이 정도 폭탄 적재량이면 그 여파가 만만치 않을 터였기 때문이다. 또 다른 이유는 지휘관들의 판단 때문이었다. 즉 이 많은 비행기들이 서둘러 활주로로 이동해 이륙하다가 그중 한두 대가 서로 충돌하거나 뒤집혀 불이라도 붙으면 대규모 폭발이 일어나면서 치명적인 방사능은 물론 어쩌면 핵 불덩이火球까지도 널리 확산될 수 있다는 것이었다.

충분히 그렇게 생각할 수 있었다. 그래서 아예 이륙 준비에 들어가지 않았던 것이다. 하지만 그들은 그다음 질문에 대해선 한 번도 생각해보지 않았다. 그 기지에서든, 근처의 또 다른 기지에서든, 아니면 그 지역의 멀리 떨어진 기지에서든 이미 이륙한 조종사들의 생각에는 그 사건(폭발 사고)이 어떤 영향을 미칠까.

조종사들은 물론 진짜 이유를 추측할 수도 있다. 미증유의 어떤 사고가 있었다고. 하지만 설령 그들에게 이런 생각이 떠올랐다 하더라도, 이 상황에서 훨씬 더 그럴듯해 보이는 다른 이유가 계속 그들을 괴롭힐 것이다. 대체 뭣 때문에 폭탄을 싣고 공중에 있을까? 위험에도 불구하고 전에 없이 현실적인 훈련이라서? 아니면 상급 지휘권자가 적 공격의 증거를 그 어느 때보다 강하게 인식하고 있어서? 그리고 지금 이 폭발! 이미 이륙한 비행기들의 초기 보고나 관찰만으로는 그것이 핵폭발인지 아닌지 당장은 확인하기 어려울 수도 있다. 공격이 일어나고 있는 것처럼 보일지도 모른다.

아마도 이쯤에서 하늘에 떠 있는 비행기들 사이에서 수많은 대화가 오가며 기지와 대화를 재개하려는 시도가 있을 가능성이 컸다. 그러나 그 기지에서 부분적 핵폭발이 있었다면 그런 시도는 불가능할 터였다. 폭발로 송신 시설이 모두 파괴됨은 물론이거니와 폭발이 전자기기에 미치는 여파로 인해 고주파가 교란을 일으키면서 꽤 넓은 범위에 걸쳐 장거리 통신이 두절될 것이 분명했다.

이는 이 비행기들이 기지에서, 그리고 아주 잠깐 동안 그 지역의 다른 기지 어딘가에서 받았을 마지막 신호가 방금 떠나온 활주로 위로 피어오르는 버섯구름일 수도 있다는 뜻이었다. 그러고 나면 근처의 통신이 모두 두절될 터였다. 폭발이 무선 전송 시설을 먹통으로 만들었을 테니까. 이후에 실행 명령 또는 귀환 명령이 없는 데에는 다 그럴 만한 이유가 있었다. 다름 아니라 적의 공격 때문이다. 이런 모든 전후 상황 속에서 전례 없는 이륙 명령을 방금 받은 조종사들은 명령 그 자체만으로 공격이 임박했다고 확신할 수밖에 없다.

이것이 내게 의미하는 바는 잘못된 경보가 태평양 어느 기지에 있는 전술 부대에 경고하기 위한 출격 명령을 촉발할 정도로 심각하게 여겨질 터라는 것이다. 아마도 세계 곳곳, 특히 잦은 출격 예행 연습이 일어나는 곳에서는, 핵무기로 무장한 채 공중에 떠 있는 조종사들의 마음에 비록 실행 명령을 받지 못했지만, 전면적 핵전쟁이 진행 중이며 실행 명령이 부재한 것은 전쟁으로 인한 통신두절 탓이라는 믿음이 싹트기 쉽다는 의미였다.

따라서 출격 명령에 따라 100% 안전이 보장되지 않은 핵무기를 탑재한 비행기의 실제 출격이 이뤄지면, 통신 두절과 동반한 미군기지에서의 대규모 폭발이나 심지어 핵폭발이 일어날 수도 있었다. 사실 이러한 가능성은 하나씩 떼놓고 보면 낮은 편이었지만 서로 맞물려서 한꺼번에 터질 경우 그 여파가 훨씬 더 커질지 몰랐다.

만약 방어 출격precautionary launch으로 이어지는 오경보가 전투 지역에서뿐만 아니라 전 세계적으로 만연하다면 그와 관련된 기지와 비행기의 숫자가 많을수록 폭발이 우발적으로 일어날 가능성이 커질 수밖에 없었다. 최초의 출격이 단일 기지 사령관의 주도로 이뤄졌다 하더라도, 통신 시설을 모조리 파괴하지 않은 고성능 폭탄이 터지는 것만으로도 다른 여러 곳에서 많은 예방적 출격이 일어날 수 있으며, 이에 따라 2차 폭발의 가능성도 증가할 수 있었다. 그리고 이러한 일들로 통신이 한꺼번에 고장을 일으킬 수도 있었다.

해병대에서의 경험과 이제 공군 고위 장교들과 나눈 수많은 대화에 비추어 군에서의 명령과 헌신의 의미를 곰곰이 따져봤을 때 그런 상황에서는 조종사들 다수가 적극적 인가를 기다리라는 명령을 글자 그대로 따르지 않고 전면전 임무 수행을 자신들의 의무로 간주할 것이라는 확신이 들었다. 출격 명령 직후 적의 공격이 있었다면 그런 인가가 오지 않을지 모른다는 점을 조종사들은 문득 깨달을 것이다. 따라서 사령관이 이를 미처 인식하지 못한 채 방어 출격 명령을 내린다면 결국은 실행 명령을 내린 셈이 될 수도 있었다.

태평양의 다양한 전투 사령부와 기지에서 근무하는 노련한 장교들에게 이런 나의 추론을 시험 삼아 적용해봤더니 걱정스러운 반응만 돌아왔다. 그들은 처음엔 낯설어하더니 금세 그럴 수도 있겠다고 대답했다. 내가 제시하는 끔찍한 결과의 가능성을 낮춰줄 작전이나 훈련 방안을 내놓는 사람은 아무도 없었다.

마지막으로 이런 추론을 가장 낮은 수준의 지휘 계통에 적용해봐야겠다는 생각이 들었다. 도쿄 근처의 모 사령부에서 지도를 보는데 남한에 있는 한 작은 미군 공군 기지가 눈에 들어왔다. 이곳은 한국에서(즉, 태평양에서) 핵 전투기가 있는 최북단 기지였다. 핵무기를 탑재한 이곳 전투기들은 다른 태평양 기지의 전투기들보다 공산주의 지역에 더 가까웠을지도 모른다. 우리 연구진은 언제든 군용 비행기에 탑승할 수 있었고, 펠트 제독으로부터 '어디든 날아가, 누구에게나 말을 걸고, 무엇이든 볼 수 있는' 허가를 받았다. 잠시 지도를 훑어본 뒤 나는 군산을 책임지고 있는 장교와 대화를 나누기 위해 한국에 가보기로 결심했다.

나는 서울에 도착해 어렵게 경비행기를 수소문해 타고는 사람이 살지 않는 황량한 산지를 지나 군산으로 향했다. 얼마쯤 지났을까, 내가 탄 비행기는 서부 국경 지대에서 흔히 봄 직한 작은 마을 같은 곳의 먼지 자욱한 활주로에 착륙했다. 기지를 책임지고 있는 장교는 공군 소령이었다. 그는 1.1메가톤 위력의 열핵무기 마크 28을 탑재한 F-100 12대를 지휘하고 있었다. 이 폭탄은 한 개가 2차 세계대전 당시 미국이 유럽과 태평양을 비롯해 전 세계에 투하한 폭탄 톤수의 절반에 해당하는 폭발력을 지니고 있었다. 당시 총 톤수는 전 세계적으로 2백만 톤이었다. 외딴 산지에서 조그만 반원형 막사와 비행기 열두 대를 책임지고 있는 소령이 2차 세계대전 당시 화력의 6.5배를 지휘하는 셈이었다.

내 기억이 맞다면 카데나에서처럼 이곳의 무기들도 '원-포인트 세이프' 규정에 어긋났다. 나의 질문에 소령은 이곳 조종사들은 무기를 탑재한 상태에서는 이륙 훈련을 하지 않는다고 답변했다. 이 비행 중대의 일부는 24시간 내내 비상 대기 상태였다. 비행시간으로 따지면 북한에서 겨우 몇 분 거리에 있었지만, 이곳 비행기들은 그보다는 한 시간 정도 거리에 있는 러시아 동북부를 표적으로 삼고 있었다. 나는 소령에게 북한이나 러시아의 레이더에 잡히기 전에, 기지와 가시거리 내 통신이 끊기기 전에 랑데부 지역으로 가려면 몇 분이 걸리느냐고 물었다. 그는 초조한 표정으로 매우 민감한 질문이라며 윗선의 허가 없이는 대답할 수 없다고 버텼다.

그가 같은 이야기를 두세 번 되풀이하자 나는 화가 나서 이렇게 말했다. "그럼 일본에 전화해서 담당자와 통화해보면 되겠군요." 우리는 그의 막사로 갔고 그는 무선으로 일본 사령부와 교신을 시도했다. 그런데 흥미로운 사실이 드러났다. 다름 아니라 일본과 교신이 안 되고 있었다, 그것도 몇 시간 전부터. 그는 오산의 한국 본부를 통해서도 일본과 교신하지 못했다. 이런 일이 얼마나 자주 발생하는지 묻자 그는 대기 문제 때문에 '하루에 한 번꼴로' 일본과 연락이 두절된다고 대답했다.

나는 그가 나의 접근권에 대해 일본의 작전 책임자와 통화할 때까지 그와 계속 설전을 벌일 필요가 없을 것 같아 그의 막사에서 잡지를 읽으며 거의 한 시간을 기다렸다. 오산에도 활주로가 있었는데, 군산으로 오기 전 그곳에서도 몇 차례 토론 기회를 가졌었다. 내가 탐사하고 있는, 바로 그 이유 때문에 그곳에서 핵폭발이 일어난다면 군산은 전 세계 나머지 지역과 연락이 단절될 수도 있겠다 싶었다.

마침내 그가 일본과 연락이 닿아 내게 '뭐든' 말해도 된다는 지시를 받았다. 그는 질문을 다시 해달라고 요청했고, 나는 그 요청에 따랐다. 그는 고개를 가로저으며 침착한 어조로 자기도 잘 모르겠다고 대답했다. 보안 문제로 옥신각신하느라 한 시간이나 차질을 빚고 나서 그런 반응을 보이다니 다소 우스웠다. 나는 잠시 스스로에게 지금 그가 농담을 하는 것은 아닌지 물어봤지만 그의 표정이 진지해 보여 그냥 넘어갔다. 그때부터 그는 말이 꽤 많아졌다. 그는 군산에 오기 전에는 연구원을 한 번도 만나본 적이 없었고, 내가 제기하는 문제들에 대해 이리저리 생각하는 것을 즐기는 듯했다.

내가 오산에서 들은 바에 따르면, 이 기지는 공산국가의 레이더와 무척 가까우므로 군산 기지 사령관은 적극적 통제권을 이유로 들어, 심지어 공격에 대한 방어 차원일지라도, 비행기를 출격시킬 권한이 없었다. 오산을 경유해 전달되는 도쿄 상급 본부의 직접 명령을 제외하고 그는 어떤 상황에서도 비행기를 출격시킬 수 없었다. 나는 그가 그 원칙을 지키는지 알고 싶어 몇 가지 상황을 설정해 그를 시험해보기로 했다. 결과는 원칙대로 지켜지지 않았다.

나는 그에게 비행기를 출격시킬 뻔한 상황, 예를 들어 곧 공격을 받게 될 것 같다고 생각했던 상황이 한 번이라도 있었는지 물었다. 그러자 소령은 이렇게 대답했다. "글쎄요, 내가 언제 그런 결정을 내릴지 잘 아시잖습니까, 안 그래요?" 그는 내가 무엇을 알고 있는지, 나를 시험하고 있는 듯했다.

그래서 나는 이렇게 말했다. "네, 일본이나 오산에서 명령이 내려왔을 때만 가능하죠."

소령은 "네, 맞습니다"라고 말한 뒤, 쉬지도 않고 계속 말을 이었다. "하지만 아시다시피 나는 이 기지 사령관이고, 사령관이라면 마땅히 자신의 병력을 보호할 권리가 있습니다. 그것이 전쟁의 기본 원칙입니다. 군사령관으로서 나는 나의 병력을 보호할 권리와 권한이 있으며, 이것은 가장 오래된 전쟁 원칙입니다. 어떠한 이유에서든 내 병력이 위험에 처했다고 판단되면 나는 비행기를 출격시킬 겁니다."

나는 그가 내게 왜 이런 이야기를 하는지, 어째서 내가 그 말을 녹음하길 바라는 듯한지, 그 이유를 알 수 없었다. 태평양 지구 총사령관 펠트 제독을 대신해 핵무기의 지휘통제 상태를 조사하기 위해 이곳을 찾아왔다는 것을 나는 그에게 분명히 해두었다. 그런데도 그는 지극히 사무적인 어조로 태평양 지구 총사령관이 내려보낸 구체적이고 명백한 지시에 위배되는 기본적인 전쟁 원칙을 두둔하고 있었다. 물론 경우에 따라선 현장 지휘관이 그렇게 느낄 수도 있었다. 내가 한국에 온 이유도 문득 떠오른 직감 때문이니 말이다. 하지만 나는 그 현장 지휘관이 이미 그 문제를 충분히 생각해봤을 줄은, 나를 파견한 본부의 명령에 따르고 싶지 않다는 말을 내 앞에서 바로 꺼낼 줄은 미처 예상하지 못했다.

어쨌거나 그 명령들은 되는 대로 아무렇게나 내린 것이 아니었다. 다시 말해 군산을 염두에 두고 내린 명령들이었다. 군산은 적 지역 및 레이더와 매우 가까웠기 때문이다. 비행 중대의 갑작스러운 이륙을 공산주의자들은 임박한 공격 징후로 해석할 수도 있었다(하지만 소령이 내게 말하려고 했던 것에 비춰볼 때 적은 그렇게 생각할 만큼 어리석지 않을 듯했다). 따라서 전쟁 원칙에 위배된다고 그가 생각하든 말든, 소령에게는 휘하의 비행기들을 좀 더 적극적으로 단속할 이유가 분명히 있었다.

그러나 나는 가만히 있었다. 그가 어떤 상황에서 휘하의 비행기들을 출력시켜야 한다고 생각하는지 알고 싶었기 때문이다. 나는 그에게 (일 년 전의 진먼섬 위기처럼) 극심한 위기 상황에서 갑자기 통신이 끊긴다면 이를 어떻게 해석하겠느냐고 물었다. 그는 상부의 지시가 없더라도 '당연히' 비행기들을 이륙시켜야 하지 않겠느냐고 대답했다.

이번에도 그 자체로는 놀랍지 않았다. 좀 더 정확히 말하면 그런 행동이 명령 위반을 의미하지 않는 어느 다른 기지에서라면 그랬을 거라는 이야기다. 사실 자연의 방해로 인한 통신 두절이 매우 빈번하게 일어나던 시절에는 이런 일이 아주 비일비재했었다. 고주파수 교신을 방해하는 대기 불안정은 태평양 전역에서 거의 매일 발생했다. 소령의 말에 따르면 군산에서도 하루에 한 번꼴로 그런 장애가 발생했다. 최근에는 일본과 연결하는 수중 케이블마저 저인망 어선들 때문에 사고로 잘려나가기도 했다. 산불이 대륙 한쪽의 전화선 일부를 잿더미로 만들고, 그보다 먼저 발생한 지진으로 그 반대쪽 전화선마저 먹통이 되는 바람에, 실제 위기 상황에서 북미 항공우주 방위사령부와 우리의 탄도미사일 조기경보 체계 사이의 모든 교신이 동시에 나간 적도 있었다.

그럼에도 지휘관들과 참모 장교들은 위기 상황에서 발생하는 갑작스러운 통신 두절을 높은 수준의 경계태세와 어쩌면 몇몇 비행기의 출격까지 필요로 하는 매우 불길한 조짐으로 간주하겠다고 말하고 있었다. 그런 점에서 소령도 다른 기지 지휘관들과 똑같은 대답을 하고 있었다. 그는 단지, 그들과는 다른 지시가 침착하게 행동해야 한다는 뜻이라는 점을 인정하지 않고 있을 뿐이었다.

태평양 서쪽 어딘가에서 핵폭발이 발생했다는 보고가 들어오면 어떻게 할 겁니까? 그는 더 생각할 것도 없다고, 그런 경우라면 명령을 기다리지 않겠다고 대답했다.

이제 큰 문제가 남아 있었다. 나는 그에게 만약 그가 비행기 이륙을 명령할 경우 어떤 일이 일어날지 생각해봤느냐고 물었다. 그러자 그는 이렇게 말했다. "글쎄요, 그 명령이 어떤 건지 잘 아시잖습니까. 랑데부 지역으로 가서 선회하면서 추가 명령을 기다려야죠. 한 시간 정도는 그러고 있겠죠. 목표물에 다가가든 돌아오든 아직은 연료가 충분하니까요. 실행 명령을 받지 못했을 경우에는 돌아와야죠. 그러라는 명령 아닙니까."

소령이 이보다 전에 내게 한 말에 따르면 랑데부 지역에서 기지와 연락이 안될 경우도 있었다. 그의 비행기들이 전장 전체에 걸친 경계경보의 일환으로 그곳에 있었다면 다른 기지에서 출격한 훨씬 더 강력한 통신장비를 갖춘 또 다른 비행기 한 대를 랑데부 지역에서 만나 서로 협조 관계를 구축할 터였다. 그러나 그렇지 않고 혼자만의 판단으로 비행기들을 올려 보냈다면 그의 비행기들은 외부와 교신이 끊긴 채 그곳에서 한동안 선회만 하고 있을 확률이 높았다.

나는 물었다. "그게 어떤 결과로 이어질 거라고 생각하십니까?"

소령이 말했다. "실행 명령을 받지 못한다면 말입니까? 그야 물론 돌아오겠죠." 잠시 침묵이 흘렀다. "그중 대부분은요."

마지막 말은 바로 알아듣지 못했다. 그의 입에서 그 말이 나오기 전 내 머릿속이 터지고 있었기 때문이다. 나는 겉으로는 계속 아무 표정도 드러내지 않았지만 속으로는 이렇게 소리치고 있었다. "뭐? 물론 돌아오겠죠?!"

이런 사람이 부하들에게 명령을 내리고, 그들의 훈련과 규율을 책임지고 있는 지휘관이라니. 그렇지 않아도 충격 때문에 머리가 어지러운데 "그중 대부분은요"라는 그다음 말이 귓가를 파고들었다.

그는 또 이렇게 덧붙였다. "물론 그중 한 명이 편대에서 이탈해 표적을 향해 나아갈 경우 나머지도 그 뒤를 따르겠죠." 여기서 그는 다시 말을 멈추더니 진지하게 덧붙였다. "그리고 그건 당연한 겁니다. 한 명이 가면 당연히 모두 가야죠. 하지만 부하들에게는 그러지 말라고 말합니다."

나는 애써 아무렇지도 않은 듯한 표정을 유지했다. 아직 물어볼 말이 더 남아 있었기 때문이다. 활주로에서 사고가 있을 경우 비행기 동체 밑에 탑재한 이 마크 28 무기가 부분적 핵폭발을 일으킬 수도 있다는 이야기가 있던데 그 말이 사실입니까? 그는 고개를 끄덕였다. 나는 그런 상황을 가정해봤다. 만일 여섯 번째 이륙한 비행기가 갑자기 곤두박질쳐 활주로에서 폭발한 뒤, 먼저 이륙한 조종사 다섯 명이 뒤돌아보니 기지 위로 피어오른 버섯구름이 보였다면 어떨까요? 폭발파를 느끼고 나서 그들은 과연 무슨 생각을 하고, 또 어떻게 행동할까요?

그에게 완전히 새로운 질문이라 그랬는지 그의 얼굴에 흥미로워하는 기색이 떠올랐다. 그의 첫 번째 반응은 간접적이었다. "글쎄요, 물론 오키나와하고는 사정이 다르죠. 그곳에서 그런 일이 일어났다면 조종사 가족들이 방금 몰살당했다는 뜻일 테니까요." 나중에 알고 보니 그는 조종사들이 지시를 어기고 명백한 명령이 없어도 목표물을 향해 계속 나아갈 확률은 폭발 원인을 사고라고 생각하는지 공격이라고 생각하는지 못지않게 그 폭발에서 목숨을 잃은 사람이 누구냐에 따라 달라질 수 있다는 의미로 이렇게 말한 것이었다. 일부 조종사들이 부양가족과 함께 생활하는 "오키나와 기지"에서 폭발이 일어나 어떤 조종사가 가족들을 모두 잃는다면 "당연히 계속 가겠죠"라고 말했다. 결국 그의 말은 조종사들은 그것이 사고인지 아닌지 확인할 길이 없을 테고, 더는 살아갈 이유를 찾지 못할 것이란 뜻이었다. 이번에는 군산으로 무대를 옮겨 방금 이륙한 조종사들이 볼 때 소령(상관)과 기지를 잃었다는 것은 확실하지만 그것이 적 공격 때문인지 어떤지는 불확실한 상황에서 끝내 실행 명령을 받지 못할 경우 어디 다른 기지를 찾아 그리로 귀환할 가능성은 어떤지 물었다.

그가 이 차이를 분명히 인식하는 것 같기에 나는 그에게 도쿄를 통해서든 오산을 통해서든 소령을 통해서든 군산의 조종사들은 이때 처음으로 이륙 명령을 받았으며, 그것이 이 질문의 전제라는 점에 유념하라고 일깨워주었다. 그 부분을 염두에 두고, 더 나아가 이런 일이 위기 상황에서 발생했다고 가정할 경우 군산에서의 부분적 핵폭발은 조종사들에게 공격이 진행 중이라는 확신을 심어줄 것이라고, 그 점에서는 오산 또는 카데나에서의 핵폭발 관련 보고도 마찬가지일 것이라는 의견에 그도 동의했다. 통신이 두절되면 조종사들은 귀환 명령을 받을 수 없었다. 그들은 목표물을 향해 계속 나아갈 확률이 높았다.

———

나는 내 의문 중 하나, 즉 범죄자나 정신병자가 아니라 기강이 잘 잡힌 장교조차도 '상관의 명백하고 확실한 명령 없이는 핵전쟁 계획을 수행해선 안 된다'라는 지시를 어길지 모를, 그런 상황이 과연 있을까, 라는 의문에 나름대로 만족스러운 답을 얻었다고 생각하며 캠프 스미스로 돌아왔다. 그러나 랜드와 태평양 사령부에서 지휘 및 통제를 연구하는 내내 나는 또 다른 의문이 들었다. 만약 그런 명령을 받는다면? 그 명령이 대통령 또는 그 외 최고 권위자로부터 나왔다는 것을 어떻게 확신할 수 있을까? 부하 하나가 자신의 직권으로 누가 봐도 '진짜인' 그런 명령을 내릴 수 있다면?

이론상으로는, 즉 명백한 명령 지침에 따르면 그럴 가능성은 전무했다. 그런데 1958년 랜드에서 근무한 지 한 달쯤 지났을까, 나는 우연한 기회에 폭격기에 내리는 실행 명령의 진위를 확인하는 절차를 명시한 전략공군사령부의 교본을 보게 됐다.[6] 교본은 나중에 나의 첫 번째 기밀 연구에서 다루게 되는 이중 안전장치의 또 다른 취약성을 드러내고 있었다.

당시 메모에서 나는 방금 위에서 언급한 상황에 비추어 경계 근무 중인 조종사

하나가 "전쟁이 일어났는지는 불확실하지만 작전 개시를 정당화하기에 아주 좋은 기회"라고 여길 가능성을 제기했다. 당연히 그는 할 수만 있다면 동료들에게 진짜처럼 보이는 '작전 개시' 신호를 보내 그중 몇 명이라도 끌어들이려 할 게 틀림없었다. 이와 관련해 나는 이렇게 썼다. "이러한 가정이 그럴싸해 보이든 아니든 흥미로운 점은 그 조종사가 충분히 *그럴 수 있을 것 같아 보인다는 것*이다"(강조체는 원문에서 그대로 인용했음).

전략공군사령부 절차에 따르면 경계비행에 나선 조종사는 비행기에 암호화한 숫자군, 예를 들어 밖에 네 자릿수, 밀봉한 봉투 안 카드에 또 다른 네 자릿수가 들어 있는 봉투를 가지고 타야 했다. 여덟 자리 숫자로 된 무선 신호를 받으면, 조종사는 봉투 바깥 숫자와 처음 네 자릿수가 일치하는 것을 점검한 뒤, 봉투를 열어 안에 든 카드에 적힌 번호를 확인한다. 카드 안 숫자들이 신호의 마지막 네 자릿수와 일치하면 조종사는 방금 진짜임을 입증하는 실행 명령을 받은 것이기 때문에 목표물을 향해 계속 전진해야 한다.

전략공군사령부 절차에 관해 잘 아는 랜드의 몇몇 동료들은 암호문의 숫자들이 비상 대기 중인 전략공군사령부 비행기마다 똑같을 것 같다는 내 추측에 무게를 실어주었다. 무선 신호 발송은 단 한 차례면 족했다. 게다가 그들이 아는 한 암호는 좀처럼 바뀌는 일이 없었다.

태평양의 육지 기지의 전술 병력 안에서 내가 발견한 것은 스파크 플러그라는 암호명의 절차가 전략공군사령부의 절차와 기본적으로 똑같다는 점이었다. 이와 관련해 당시의 내 노트에는 다음과 같이 적혀 있었다. "스파크 플러그 절차는 퀵 스트라이크 (비상) 병력에 출격 명령을 내리거나 (목표물에 핵무기를) 투하하라는 지시를 내릴 수 있는 유일한 방법이다.[7]······ 핵무기를 사용해도 좋다는 대통령의 인가는 스파크 플러그 투하 메시지 안에······ 포함돼 있다."

경보기警報機나 전투 사령부에는 제각각 이중 봉투가 있었다. 스파크 플러그 메시지를 받으면 다음과 같은 절차를 밟는다.

(바깥쪽 봉투) 겉면의 일련부호를 확인한다.…… 메시지에 나오는 일련부호가 이와 일치하면 봉투를 연다. 안쪽 봉투 겉면의 처음 두 음성 부호가 메시지의 처음 두 부호와 일치하면 "출격하라." (그러고 나서) 부호 네 개가 포함된 메시지를 받게 되는데, 그중 처음 두 부호가 안쪽 봉투 겉면의 부호와 일치하면 안쪽 봉투를 연다. 안쪽 카드에 부호 네 개가 모두 있으면 목표물에 무기를 "투하하라."

만에 하나 실수나 인가받지 않은 행동의 가능성을 줄이기 위해 봉투는 최소한 스파크 플러그 절차를 잘 아는 제3자의 동석 아래 개봉해야 한다(이는 공중 폭격 지휘관들에게는 적용할 수 없다).

이 2인 요건은 전투 사령부의 출격이나 투하 지시 절차에만 적용되었다. 전략공군사령부의 폭격기들과 달리 태평양 공군Pacific Air Forces, PACAF의 폭격기들은 거의 모두가 1인승이었기 때문이다. "메시지를 수신하면 통신 기관은 그 즉시 명문화된(즉 암호화되지 않은) 메시지를 멈추라는 지시가 없는 한, 정해진 시간 간격에 따라 한 시간 동안 송신하게 돼 있다."

전략공군사령부와 태평양 공군 둘 다 비행기마다 암호가 모두 똑같은 데다 잘 바꾸지도 않는 것으로 드러났다. 이는 하늘에 떠 있든 아니든 비상 대기 중인 조종사 누구든 봉투(태평양 공군의 경우 두 장)를 열기만 하면 인증 암호 체계 전체를 알 수 있다는 뜻이었다.

공중에서 그런 신호를 받은 조종사는 송수신선이 직결된, 극초단파 무선을 통해 소속 비행대의 다른 비행기들에 전달하게 돼 있었다. 따라서 경계경보 발령에 따라 미리 출격해 있던 조종사가 한 무리의 폭격기들을 이끌고 러시아로 가고 싶어 한다면, 봉투를 찢고 문제의 암호를 확인한 뒤 매우 희미한 장거리 고주파 신호가 잡히는 특별관제구역상의 다른 비행기들에게 문제의 암호를 보낼 수도 있다. 특히 방금 언급한 상황에서는 그러한 계획이 먹힐 가능성이 컸다.

돌이켜 보면 국가안보 문제를 주제로 작성한 나의 이 첫 메모는 그 이듬해 태평양 사령부 곳곳의 다양한 기지들을 돌며 조사한 질문들에 영향을 미쳤을 뿐 아니라 내가 들은 걱정스러운 반응을 미리 보여주기도 했다. 내가 이야기를 나눠본 사람 중 그 누구도 전에 그런 문제를 생각해본 적이 없었지만 내가 그 가능성을 제기했을 때 그럴 리 없다고 일축하는 사람 또한 아무도 없었다.

예를 들어 봉투 인증 문제만 해도 그랬다. 목표물을 향해 계속 가야 한다는 강박에 사로잡힌 성실한(또는 정신적으로 약간 문제 있는) 조종사가 내가 메모에서 지적한 방법 그대로 다른 조종사들에게 거짓 믿음을 심어 자신을 따르도록 시도할 수도 있는 것 아니냐고 물으면 대부분 이렇게 반응했다. "글쎄요, 그렇게는 못할 겁니다. 인증 암호 전체를 알 수는 없으니까요."

그러면 나는 잠시 호흡을 가다듬으며 그다음 말이 들려오길 기다렸지만 그런 일은 절대 일어나지 않았다. 그러면 또 나는 방금 생각난 듯 이렇게 말하곤 했다. "그 사람이 봉투를 뜯지 않는다면 그렇겠지요."

이렇게까지 힌트를 줬는데도 눈치를 못 채는 경우가 많아 이런 말이 들려오곤 했다. "하지만 그건 명령에 위배되는데요. 신호를 전부 받지 못할 경우 봉투를 열수 없습니다."

대답은 대개 이쯤에서 끝나기 일쑤였다. 어쨌든 이 이야기의 가정은 문제의 장교가 (몇 년 뒤 큐브릭의 〈닥터 스트레인지러브〉에 등장하는 잭 D. 리퍼 장군처럼) 어떤 근거에서든 3차 세계대전을 개시할 때라고 믿게 되었다는 것이다. 장교는 러시아에 열핵폭탄을 떨어뜨리러 가고 있었고, 절대 돌아오지 않을 작정이었다. 내가 만난 사람들 모두 토론을 하다 이 시점에 이르면 아무리 가능성이 낮아 보인다 하더라도 여기에 진짜 문제가 있다는 점에 동의했다.

더욱이 내가 알기로 이 비슷한 분위기가 기지와 항공모함을 비롯해 태평양 사령부 전역에 걸쳐 비상 대기 중인 조종사는 물론 당직 장교들 사이에서까지 팽배해 있었다. 이 밖에 또 만연한 현상은 2인 규칙의 위반이 태평양 전투 사령부 전역에서 목격된다는 점이었다.

해당 전투 사령부의 실행 암호에 접근할 수 있는 권한을 갖는 사람이 당직 장교 한 명뿐일 때 발생할 수도 있는 비인가 행동을 방지하기 위해 최소한 그런 장교 두 명이 밤낮으로 24시간 함께 근무해야 하며, 상급 기관에서 내려온 핵전쟁 계획 실행 명령을 인증하는 문제뿐만 아니라 이를 예하 사령부에 전달할지 여부를 결정하는 문제에 대해서도 둘이 동의해야 한다는 보편적이고 확고한 규칙이 있었다.

기지에 따라 물리적 환경이 각기 다르기 때문에 전투 사령부마다 이러한 지시가 잘 준수되고 있음을 확인하는 절차를 나름대로 고안해 지키고 있었다. 일반적인 절차로 두 개의 개별 봉투에 각각 인증 코드를 절반씩 넣고 두 명의 당직자가 각각 봉투를 하나씩 소지하고 다니는 방법을 꼽을 수 있다. 그런 다음, 하급부대로 보낼 실행 명령과 비준authentification, 批準에 필요한 코드의 절반은 두 개의 별도 금고 중 한 곳에 보관된다.

당직 장교 둘은 봉투 한 장씩과 금고 두 곳 중 한 곳의 해당하는 금고의 비밀번호를 제각기 소지한다. 당직 사무실에서 예를 들어 여덟 자리 숫자로 된 신호를 수신할 경우 당직 장교 둘은 각자 봉투를 열고 각각 네 자릿수가 적힌 카드를 꺼내 둘을 조합해 수신한 숫자 전체와 일치하는지 확인한다. 그러고 나면 제각각 금고를 열고 그 안에 들어 있는 메시지를 꺼내 서로 맞는지 확인한 뒤 이를 전송할지 말지 결정한다.

사무실에 금고가 하나만 있는 사령부의 경우에는 장교 둘이 금고 비밀번호를 반씩 나눠 소지할 수도 있었다. 어쨌든 사령부마다 어떤 식으로든 장교 혼자만으로는 수신한 명령의 진위를 확인할 수도 없고, 해당 명령이 진짜라고 인증된다

해도 이를 발송할 수 없다는 논리를 폈다.

그러나 실제로는 그렇지 않았다. 당직 장교들도 내게 설명했듯이 사무실 당직 인원이 한 명밖에 없을 때도 많았다. 말 그대로 밤마다 기지에 유능한 장교 두 명을 불침번 시키려니, 이를 위한 인사요건이 너무도 엄격해서 충족시킬 수가 없었다. 즉 근무 당번표상으로는 가능했지만 장교 하나가 '부득이하게' 자리를 비워야 할 경우, 예를 들어 식사를 하거나 본인 또는 부인이 응급 치료를 받아야 하는 상황이 발생할 경우에는 달리 대비책이 없었다. 그렇다면 이는 남아 있는 당직 장교 한 명이 하필 그 시간에 핵작전을 개시하라는 명령으로 보이는 명령을 수신할 경우 실행 명령이 정말 맞는지 확인할 길이 없어 예하 사령부 전체가 마비될 수도 있다는 뜻이었다.

이런 임무를 부여받은 장교들 눈에 이 같은 일은 용납할 수 없겠지만, 사실 따지고 보면 누구든 이런 상황과 맞닥뜨릴 수 있었다. 그래서 다들 혼자 '비공식적으로' 아니면 동료 당직 장교들과 합의해 만일의 사태에 대비해두었다. 실제로는 당직 장교가 제각각 양쪽 금고의 비밀번호를 다 갖고 있거나, 또는 둘 다 취득할 수 있는 준비를 갖추고 있었다. 금고가 하나만 있다면 당직 장교 혼자서도 비밀번호 전부를 알고 있다는 이야기였다. 또 그중 한 명이 자리를 비울 경우 나머지 한 명이 봉투 두 장을 모두 갖고 있을 확률이 높았다. 이보다 정교한 안전장치가 있다 한들, 당직 장교들은 밤늦은 시간이면 대체로 하릴없이 빈둥대다가 '필요할 경우' 그 장치를 피해갈 방법을 궁리하며 보냈다. 그리고 그들은 그렇게 하는 데 늘 성공해왔다. 내가 둘러본 사령부마다 그랬다.

당직 장교들은 '비공개'를 전제로, 그러나 자랑스러워하며, 중요한 순간에 둘다 또는 어느 하나가 자리를 비우더라도 시스템이 작동하는지 알아보려고 그랬을 뿐 다른 뜻은 없다며 나를 안심시키곤 했다. 그러나 이는 2인 원칙이 태평양 어딜 가나 허울뿐이라는 것을 의미했다. 한 사람만으로는 예하 부대에 작전 개시 명령을 내리지 못하게 막는 시스템의 능력은 결국 거짓 약속일 뿐이었다. 게다가 둘 다 자리를 지키고 있더라도 위기 상황에서 둘 사이에 공모나 (어느 한쪽이 손에 총을 들고 있는 것 같은) 강압이 있을 경우 2인 원칙은 얼마든지 깨질 수 있었다. 15년쯤 뒤 언론인 밥 우드워드Bob Woodward에게 초창기의 지휘통제와 관련한 이러한 사실들과 특히 이 문제에 대해 이야기하자 그는 해군 복무 시절 자신도 지휘함의 핵 지휘 장교였다며 내 말에 맞장구를 쳤다. 그는 '필요할 경우' 한 명만으로도 예하 병력에 실행 메시지를 보낼 수 있도록 자신을 비롯해 당직 장교들이 취했던 '예방 조치'를 생생히 기억하고 있었다. (오늘날까지도 핵 지휘체계와 관련한 공식 문건마다 보란 듯이 명기하는) 2인 원칙을 저마다의 방법으로 피해갔던 기억이 있는 전직 당직 장교들이 적어도 수천 명은 족히 될 터였다.

사일로(미사일을 격납하고 있다가 발사하는 저장고—옮긴이)에 기반을 둔 지상 미사일을 통제하기 위해 마련된 이후 절차들은 훨씬 더 정교하고 구체적일 뿐 아니라, 신뢰성 면에서도 크게 개선되었다. 하지만 그래도 취약성은 여전히 남아 있었다.

전 국방부 연구기술국Defense Research & Engineering 부국장이었던 존 H. 루벨John H. Rubel은 미니트맨 미사일(대륙간탄도미사일) 운영자들이 각각 두 명씩 당직을 서는 서로 다른 두 발사통제센터가 제한된 발사 시간 안에 발사에 동의해야 작동하도록 되어 있는 설계 특징을 피해갔다고 쓰고 있다.[8] 두 곳 중 어느 한 곳이 이미 파괴됐을 경우, 정해진 시간 'X' 안에 다른 센터로부터 아무런 신호가 없으면 한 곳의 명령만 있어도 발사가 가능하도록 돼 있었다. 그런데 루벨이 알고 보니 X가 종종(어쩌면 늘) 0으로 설정돼 있어 센터 한 곳의 명령만으로도 언제든 발사가 가능했던 것이다.

루벨의 촉구도 있고 해서 맥나마라 국방장관은 미니트맨 개발자들의 엄청난 반대에도 불구하고 상급 사령부로부터 암호화된 메시지를 받지 못하면 발사할 수 없도록 미니트맨에 전자자물쇠 비슷한 것을 채우도록 지시했다. 몇십 년 뒤 맥나마라가 은퇴하고 한참 지나 미니트맨 발사 지휘 장교였던 브루스 블레어가 전직 국방장관에게 공군의 지시에 따라 발사 지휘 센터의 암호가 계속해서 모두

'00000000'에 맞춰져 있다고 알려왔다. 그러자 블레어가 전하는 맥나마라의 반응은 이랬다. "그럴 수가, 기가 찰 노릇이군. 이건 말이 안 돼. 대체 누가 그런 지시를 내렸나?" 다음은 블레어가 말하는 "그가 나를 통해 알게 된 사실"이다.

자물쇠를 채우긴 했지만, 다들 그 번호를 알고 있었다.[9] 오마하의 전략공군사령부는 이 안전장치를 피해가기 위해 '자물쇠'를 모두 0에 맞추기로 조용히 결정했다. 내가 미니트맨 발사 장교로 복무했던 1970년대 초반에서 중반까지도 그런 상황은 여전히 바뀌지 않았다. 실제로 발사 지침에도 지하의 발사 벙커에 있는 잠금장치 계기판이 혹시라도 0 말고 다른 숫자에 맞춰져 있지는 않은지 재확인하라고 나와 있었다. 전략공군사령부는 이런 안전장치들이 전시 발사 명령을 실행하는 데 걸림돌로 작용할 가능성에 대해서만 우려했지, 인가받지 않은 발사의 가능성에 대해서는 전혀 신경 쓰지 않는 듯했다. 그래서 냉전 시절 핵위기가 최고조에 이르렀을 당시 '비밀 해제 암호'는 언제나 '00000000'에 맞춰져 있었다.

태평양에서 내 눈으로 누차 발견했던 실상은 이러하다. 태평양 지구 총사령부 해리 펠트 제독을 포함한 모든 지휘관과 운영자들은 마음속으로 우리 연구 그룹에 맡긴 첫 번째 임무의 목표는 펠트가 전면적 핵전쟁 작전 실행 명령을 발동했을 때, 그의 지휘 아래에 있는 모든 부대가 가능한 신속하고 안정적으로 명령을 전달받게 하는 것이라고 생각했다. 내가 초점을 맞췄고 겉보기에 이와 유사했던 목표, 즉 펠트나 또 다른 상급 지휘관이 명령을 내리지도 않았고 실행되길 원하지 않을 경우, 적을 공격하지 않도록 하는 것은 이와 비교할 수 없을 정도로 덜 중요한 듯 간주되었다. 곧 살펴보겠지만 이와 똑같은 우선순위가 1950년대 내내 모든 명령 계통과 최고위 군사 및 민간 차원에 적용되었고, 그런 분위기는 그 후에도 상당 부분 지속되었다.

그와 같은 우선순위는 냉전 기간 전체를 지배했던 다음과 같은 지휘 환경을 반영했다.

—오경보나 비인가 행동을 막는 것보다 필요할 경우 실행 반응을 확실하게 보장하는 것을 훨씬 더 중요하게 생각했다.
—핵공격 경보와 상부의 실행 명령에 대한 신속하고 즉각적인 반응을 엄청나게 강조했는데, 다음 두 가지 이유 때문이었다.
 1. 적의 무기가 발사되기 전에 파괴하기 위해
 2. 우리 쪽의 무기 또는 전투 사령부와 통신이 파괴되기 전에 우리 쪽 무기를 발사하기 위해

규칙의 형태든 물리적 안전장치든 효과적인 안전장치는 곧 반응이 지체될 수도 있다는 것을 의미했다. 지체는 적의 무장해제라는 임무는 물론 무기, 지휘 체계, 국가의 생존까지 위협하는 최대의 걸림돌이었다. 무엇보다도 군 지휘관들은 민간인 상급자나 참모들에게 인정하는 것보다 지휘센터와 통신회선의 극단적 취약성을 훨씬 많이 의식하고 있었다. 히틀러처럼 잔인무도해 보이고 우리보다 우수하다고 (잘못) 알려진 핵무기로 무장한 적 앞에서, 안전과 높은 수준의 통제에 대한 우려와 고려 사항은 모두 무너지고 말았다.

몇몇 장교들에게 들은 바에 의하면, 합동참모본부가 지휘체계의 단점을 용인하고 핵무기 통제의 끈을 바짝 조이는 조치들에 오래도록 격렬히 저항했던 데에는 또 다른 이유가 있었다. 무엇보다 군은 위기에 처했을 때 민간인 상급자들과 참모들, 그리고 조언자들이 취한 판단을 믿지 못했다. 특히 군 지휘관들은 핵공격이 시급하다고 믿었을 때 과연 민간인 상급자들이 핵공격을 감행할 수 있을지 신뢰할 수 없었다. 그러한 불신은 한국전쟁(히로시마와 나가사키를 겪었는데도 불구하고) 당시 해리 트루먼 정부에서 나타났고 아이젠하워, 특히 1958년 대만해협 위기

때 더욱 심해졌다. 그리고 존 F. 케네디 대통령과 맥나마라 아래서 훨씬 심각해지기에 이른다.

이것은 내게 특이하고 놀라운 누락으로 보였던 것, 즉 1959년 연구원 생활을 시작하면서 우연히 접한 태평양 공군 봉투 인증 절차 안에 고스란히 반영되어 있었다. 알고 보니 전략공군사령부의 전략군도 사정은 마찬가지였다. 봉투 안에는 8자 신호의 마지막 네 자리 숫자를 인증하는 데 사용할 카드 한 장(그리고 봉투도 하나)만 달랑 들어 있었다. 그것은 사실상 전면전 계획을 실행하라는 작전 개시 암호였다.

봉투나 비행기 승무원의 소지품 가운데 중지하라거나 귀환하라는 암호는 없었다. 일단 인증된 실행 명령이 떨어지면 (명령체계) 설계상 이를 뒤집는 명령을 대통령이든 그 누구든 인증할 길이 없게 돼 있었다. 그리고 인증되지 않은 그러한 명령은 굳이 따를 필요가 없었다.

대통령, 합동참모본부 또는 그 누구에게도 방금 이륙했거나 또는 실행 명령을 받은 비행기가 적극적 통제선을 넘어서 목표물에 접근해 폭탄을 투하하는 것을 막을 수 있는 공인된 방법이 없었다. 그 시점부터 대통령이든 그 누구든 전술적 또는 전략적 탄도미사일을 적재한 비행기를 되돌릴 수 없었다. 미국에서 발진하는 전략공군사령부 비행기의 경우 실행 명령을 받고 정해진 목표물에 도달하기까지 남아 있는 시간이 12시간 이상일 수도 있다는 사실은 하나도 중요하지 않았다. 끔찍한 실수 때문은 말할 것도 없고, 핵폭발 때문이든 중·소 블록에서의 쿠데타 때문이든 소련의 확실한 항복 표명 때문이든 최초의 질서 이후로 세계 역사와 문명의 기틀을 결정적으로 바꿔놓기에 충분한 시간일 텐데도 말이다.

그러나 몇몇 고위 참모 장교들이 상관들의 고민거리라며 전하는 말에 따르면, 이는 곧 대통령이 실행 명령을 발포하고 난 뒤 마음을 바꿀 시간 또한 충분하다는 뜻이기도 했다. 하지만 인증 봉투 안에 중지 또는 귀환 명령이 없는 첫 번째 이유로 통제 장교가 제시한 것은 이러한 만약의 사태에 대한 두려움이 아니었다.

흔히 하는 설명은 봉투에 카드가 두 장, 그러니까 중지STOP에 해당하는 숫자가 적힌 카드와 실행GO에 해당하는 숫자가 적힌 카드가 들어 있을 때, 봉투를 여는 임무를 부여받은 승무원이 위기가 주는 압박감 속에서 실수로 엉뚱한 카드를 고를 수도 있다는 것이었다. 설명이라고 하기에는 매우 빈약했다. 실행GO 카드에 해당하는 암호를 받지 못하면 중지STOP 암호는 불필요하고 무의미할 터였다.

1960년에 내게 들려온 더 강력한 이유는 "소련인들이 중지 암호를 알아내 전체 병력을 오도할지도 모른다"라는 것이었다. 〈닥터 스트레인지러브〉에서 대통령이 미치광이 기지 사령관 잭 D. 리퍼 장군이 출격시킨 비행기들에 중지 명령을 내리지 못하는 이유 또한 정확히 이 때문이었다.

1964년 문제의 영화를 처음 보고 그 생생한 리얼리즘에 깜짝 놀라 말문이 막힐 지경이었다. 당시 나는 해리 로웬과 펜타곤에서 워싱턴 D.C.로 옮겨와 일하고 있었는데 '직업상의 이유로' 주중에 그 영화를 보러 갔었다. 영화를 보고 오후의 햇빛 속으로 나왔는데 빛과 영화에 도취되어 멍한 상태에서 우리가 방금 본 것이 기본적으로 다큐멘터리라는 점에 둘 다 동의했다(제1격이 목적이든 보복이 목적이든 기존의 전략 작전 계획은 영화에서처럼 글자 그대로 인류 종말 기계를 전제로 삼는다는 사실을 우리는 미처 몰랐다. 알지 못했다는 점에서는 전략공군사령부도 마찬가지였다).

중지 암호의 부재와 그 이유로 제기되는 주장과 같이 소수만 아는 (그러나 전적으로는 믿기 힘든) 고급 기밀 사항을 영화 제작자들이 대체 어떻게 입수했을까? 비행 중대 지휘관 또는 폭격기 조종사가 대통령의 인가 없이는 공격을 실행하지 못하게 막는 물리적 제재의 결여 같은 사안은 또 어떻고? 알고 보니 각본가 중 한 명이자 영화의 밑바탕을 이루는 소설 『적색 경보Red Alert』의 저자 피터 조지가 영국 공군 전략폭격사령부 비행 장교 출신인 것으로 밝혀졌다. 이는 전략폭격사령부의 통제 시스템도 전략공군사령부의 경우처럼 특이한 성격을 지니고 있었다는 것을 암시한다. 그리고 그 이유 또한 근본적으로 똑같았을 가능성이 크다.

믿을 만한 참모 장교 한두 명에게 개인적으로 들은 이야기에 따르면, 나중에 소장으로 진급하는 공군 전쟁기획실의 밥 루크먼 중령이 진심으로 염려했던 것은 민간인 대통령 또는 (대통령에게 유고 상황이 발생했거나 워싱턴이 파괴됐을 경우) 민간인 대통령 직무대리가 실행 명령을 내리고 나서 어떤 이유에서든 진행 중인 공격에 대해 다시 생각해보고 중간에 이를 변경하거나 아예 취소할지도 모른다는 점이었다. 그렇게 되면 공동 기습공격의 기회를 날려버리는 것에 그칠 수도 있지만, 최악의 경우 이미 진행 중이거나 적이 방금 우리 쪽에서 무슨 일이 있었는지 탐지하자마자 개시한 공격에 우리 군과 나라를 속수무책 방치하는 꼴이 될 터였다.

이는 〈닥터 스트레인지러브〉에서 조지 G. 스콧이 연기한 벅 터지슨 장군이 대통령이 리퍼 장군이 러시아로 출격시킨 비행기를 소환하려고 하자 거기에 반대해 내세운 논리와 정확히 일치한다. 지위 고하를 막론하고 공군 장교라면 그런 상황에서 그렇게 생각하는 게 당연할 터였다. 이와 관련해 군산의 소령이 내게 이렇게 말했다. "한 명이 가면 당연히 모두 가야죠."

가급적이면 핵전쟁을 피하려는 고위급 민간인의 태도에 대한 이러한 (군의) 불신(펜타곤에 있으면서 한두 번 접한 게 아니었다)이 비상 대기 병력의 봉투에 중지 카드가 없는 주된 이유든 아니든, 한 가지 분명한 사실은 군이 설계하고 운영하는 시스템은 폭격기가 (누구를 통해서는) 일단 인증된 실행 명령을 받으면 대통령이나 그 외 민간인이 폭격기의 공격 이행을 막을 방법이 사실상 없도록 해놓았다는 점이었다.* 핵무기를 발사하거나 터뜨리는 데 필요한 암호를 혼자만 소지하고 있다면

---

* 노엄 촘스키는 1961년부터 1962년까지 B-52에 두 개의 핵(HOUND DOG) 미사일과 네 개의 핵무기를 탑재한 상태로 15개의 공중경계 임무를 수행했던 전략공군사령부 조종사 돈 클로슨 소령의 회고록을 내게 가져왔다. 몇몇 구절에서 클로슨은 내가 태평양에서 발견한 느슨한 통제력이, 심지어 쿠바 미사일 위기 동안에도, 전략공군사령부 절차와 사실상 동일했다는 것을 입증한다. 클로슨은 「승무원의 완전무결함에 대한 믿을 수 없는 의존」이라는 제목의 글에서 "B-52 전투 승무원의 완전성에 대한 전적인 의존은 오늘날까지도 나를 놀라게 한다"라고 썼다. "명백하게도, 만약 승무원이 단순하고 분명한 메시지를 검증하고 해체할 능력을 가지고 있다면, 그들은 유효한 메시지를 구성할 능력 또한 가지고 있었을 것이다. 각 항공기는 전체 공수경계의 실행에 필요한 인증을 요구하는 메시지를 전송할 수단을 가지고 있었다. 단, 이때 메시지 회수는 불가능했다.…… 〈닥터 스트레인지러브〉나 〈삼십 일〉 같은 영화에서 보여주듯 B-52에 전자연동장치가 있어 승무원들이 무장을 하고 무기를 떨어뜨리는 것을 막았다는 주장에도 불구하고, 그러한 시스템은 없었다. 모든 승무원에게 필요한 것은 적절한 형식의 메시지였고, 주요 승무원 각자의 '목에 걸려 있는 재료로 인증된 메시지였다.…… 불량 승무원이나 승무원은 쉽고 빠르게 진짜 메시지를 구성하고 HF 라디오로 방송할 수 있었는데, HF 라디오가 이를 계속 재방송하기 위해서는 모든 전략공군사령부 요소가 필요했을 것이다. 핵무기와 관련된 활동을 할 때 2인 2조 정책이 시행되고 있었지만, 공중경계의 경우, 세 번째

모를까, 그렇지 않은 이상 그때나 지금이나 대통령이 합동참모본부나 현장 군사령관(또는 부사령관)이 그런 인증된 명령을 내리지 못하게 막을 방법이 실질적으로든 근본적으로든 없다. 이는 물론 역대 대통령들이 지금까지 대중에게 심어온 인상과 완전히 다른 것이다.

조종사가 없는 경우가 종종 있었는데, 이는 다른 조종사가 잠들어 있을 때 조종실에는 단 한 명만 있는 경우가 많았다는 이야기다. 승무원들은 이 상황을 충분히 알고 있었고 우리는 이 상황을 논의했다." 돈 클로슨 소령, USAF Ret., 『그것이 승무원들이 알아야 할 일인가? 공군 조종사의 불경한 일화』(런던: 아테나 프레스, 2003), 105~106쪽. 앞선 나의 우려에 따라, 퇴임을 하며 클로슨은 2001년 12월(그의 책 끝에 포함된 편지) 로버트 맥나마라 전 국방장관에게 다음과 같이 질문했다. "국방장관이었을 당시 당신은 공중경보 경계 중인 B-52 주요 승무원 중 누군가가 유효하고 인증받는 메시지를 만들 수 있다는 것을 알고 있었습니까? 이 메시지는 항공기에서 고주파 라디오를 이용해 송출될 수 있고 전체 B-52 공수경계군을 가동시킬 수도 있었습니다. 이 가능성이 논의된 적 있었나요?" 클로슨은 아무런 답도 받지 못했다.

3장 ─────

권한 위임: 단추를 누르는 손가락은 몇 개나 될까?

1959년, 태평양 지구 총사령관 해리 D. 펠트 제독을 보좌하는 핵 통제 장교가 내게 들려준 이야기가 있다. 아이젠하워 대통령이 워싱턴과 하와이 본부 사이의 통신이 두절될 경우 필요하다고 판단되면 재량에 따라 핵전쟁 계획을 실행할 권한을 펠트 제독에게 위임하는 내용의 비밀 편지를 직접 서명해 펠트에게 줬다는 것이다.

이는 펠트 제독이 하루 중 일정 시간 동안 이 권한을 갖는다는 뜻이었다. 고주파 무선 전송을 방해하는 대기 불안정 때문에 워싱턴과 하와이 사이의 통신은 자주 두절됐다.

나는 그 장교에게 실제로 그 편지를 본 적이 있는지 물어보진 않았지만, 그는 문제의 편지가 존재한다고 확신하는 듯했다. 그가 내게 비밀리에 전한 말은 핵 통제 시스템과 관련해 틈만 났다 하면 강조되는 도그마와 모순되었다. 즉 사전 권한 위임은 없으며, 핵전쟁 개시 여부는 오로지 대통령만 합법적으로 결정할 수 있고, 결정의 순간에 대통령은 혼자 결단을 내려야 한다는 논리와 어긋났다.

그것이 미국 대중이 핵시대 내내 지겹도록 들어온 말이다. 수십 년 동안 핵전쟁 개시 결정은 오로지 대통령 혼자만의 몫이라는 확약과 그것이 어떻게 이루어지는지는 일견 '축구공'으로 상징되어, 아니 좀 더 정확히 말하면 구현되어 왔다. 이 '축구공'은 일종의 서류가방으로 대통령이 핵공격 경보를 받은 순간 내리는 결정을 군에 전달할 수 있는 암호와 전자장비가 들어 있고, 대통령을 '언제나' 밀착 수행하는 군 보좌관이 들고 다닌다. 신임 대통령의 취임식장에서 카메라에 종종 포착되는 상징적인 장면이 있다. 바로 서류가방을 든 보좌관이 퇴임하는 대통령에게서 새 대통령으로 시선을 확 바꾸는 순간이다. 그러한 시선의 이동은 신임 대통령이 명실공히 대통령으로서 온전한 권한을 획득했다는 뜻일 뿐만 아니라, 신의 파괴력에 버금가는 미국의 핵무기력을 아마도 독점적으로 책임지는 민간인 지휘권자의 존재가 단 한 순간도 방해받아선 안 되며, 실제로 방해받은 적도 없다는 것을 의미한다.

그런데 이제 내 귀에 이러한 인상과 그런 이미지를 만든 그 모든 공식적 발언이 거짓이라는 소리가 들리기 시작했다. 결정을 하고 명령을 내릴 수 있는 사람이 비단 대통령 혼자만이 아니라, 심지어는 (대부분의 사람들이 생각하듯이) 펜타곤의 국방장관이나 합동참모본부만도 아니고, 워싱턴에서 수천 마일 떨어진 곳에서 예하 병력이 곧 전멸할지도 모른다고 생각하는 현장 지휘관들이라는 사실 말이다. 그 통제 장교가 내게 말한 그런 편지들이 핵무기를 지휘하는 통합사령관들과 오마하의 전략공군사령부 사령관에게 하달됐다.

나 역시 정부 안팎의 사실상 모든 미국인이 믿는 것, 즉 핵공격 개시 시기를 결정할 수 있는 권한은 오직 대통령에게만 있다는 약속을 믿으며 지휘통제 연구진의 일원으로 태평양에 갔다. 앞 장에서도 설명했듯이 바로 이것이 내가 미국 주도의 핵전쟁 발발 가능성을 조사하면서 인가받지 않은 행동의 가능성에 전적으로 초점을 맞추게 된 이유였다. 이제 나는 매우 믿을 만한 소식통으로부터 다른 모든 사람과 마찬가지로 나 또한 잘못 알고 있었다는 이야기를 듣고 있었다. 어쨌든 현직 대통령은 전략공군 총사령관뿐만 아니라 현장 지휘관들에게까지 자신의 권한을 위임한 상태였다. 경우에 따라 4성급 지휘관들은 대통령의 즉각적인 사전 개입 없이도 자신의 이름으로 핵공격 개시 지시를 내릴 수 있었다.

듣자 하니 놀라운 일이지만, 그와 같은 위임을 뒷받침하는 실전적 논리는 나름대로 명확했다. 즉 위임이 없다면, 소련은 미국 대통령이 실행 명령을 내리기 전에, 또는 경보가 울리기 전에 워싱턴을 파괴함으로써 핵공격을 받은 미국의 어떤 보복능력도 마비시킬 수 있다는 것이다. 그런 일이 일어나게 놔둘 수는 없었다.

미국의 수도에 핵탄두 하나만 떨어져도 대통령뿐만 아니라 법이 그 후임자로 정한 부통령과 각료 전원, 의회, 군의 명령계통에서 대통령 외에 유일하게 민간인인 국방장관과 합동참모본부 등 미국 정부의 지도자들과 시내에 있는 사람들 모두가 순식간에 목숨을 잃을 수 있었다. 핵 억지력이 실질적인 효과를 발휘하려면, 다시 말해 핵 억지력이 공허한 허세로 끝나지 않으려면 적의 핵공격을 응징하는 핵 대응이 그런 적의 핵폭탄 투하 하나로 방해받는 일은 없어야 할 것이었다. 만약 그렇지 못하면 그것은 위기에 처한 소련으로 하여금 미국이 전쟁을 핵전쟁으로 확대할지도 모른다는 두려움을 갖고 미국의 제1격과 보복공격을 사전에 무력화시키기 위해 핵탄두 하나로 워싱턴을 선제공격하도록 초대하는 일이 될 수도 있었다. 핵 선제공격은 미국의 정치, 군사 지도자들을 제거해버리는 '참수작전'이나 다름없었다.

사실 소련이 초기의 소규모 '참수' 공격으로 우리의 전략 및 전술 핵무기를 완전히 마비시킬 수 있다고 확신한다면, 그늘 입장에서는 사전에 계획된 기습공격이 실현 가능할 뿐만 아니라 그것이 그들에게도 안전해 보일 것이다. 미국의 경보체계가 아무리 우수하다 한들 믿을 수 있는 것은 못 되었다. 운송 수단 한 대의 접근, 특히 잠수함 등의 선박에서 쏘아 올리는 저공비행 크루즈 미사일이나 단시간 중거리 탄도 미사일 또는 아마도 사전에 수도로 몰래 들여왔을 '여행 가방' 폭탄의 접근까지 당국에 알릴 수 있을 만큼 믿음직스러운 것은 아니었다.

내가 생각하기에는 명백해 보였다. 그때까지 나 또한 다른 사람들과 공유해왔던 통념, 즉 핵 통제권은 오로지 대통령 또는 좀 더 양보해서 군 수뇌부에게만 있다는 대중의 인식에는 뚜렷한 근거가 없었다. 대중의 이런 인식은 오로지 대통령만 "핵 단추를 누를 수 있다"라는 개념을 더욱 강화하는 결과를 낳았다. 단 한 명의 암살범이 쏜 총알이, 또는 대통령과 '축구공'의 일시적 분리(나중에 레이건 대통령 저격 사건을 비롯해 여러 차례 발생해왔듯이)가 핵공격 대처 능력을 과연 하루아침에 0으로 떨어뜨릴 수 있을까?

말도 안 되는 소리였다. 특이하다고 알려진 인증 암호와 더불어 하루 24시간 내내 대통령 옆에서 떨어지지 않는 '축구공'으로 대표되는 극적 장치는 정확히 그것, 즉 극장 효과, 근본적으로 사기였다. 그와 반대되는 대중의 선언이 무엇이든 보복 공격을 개시할 수 있는 권한과 능력을 대통령 집무실 밖의 관료들뿐만 아니라 워싱턴 밖의 관료들에게도 위임해야 한다. 그렇지 않고서는 핵 억지력 구축에 필요한 실질적 기반을 마련할 수 없다.

그 당시에는 핵무기의 물리적 폭발이나 핵 미사일 발사를 허가하는 데 필요한 암호화된 시스템, 즉 핵탄두 안전장치 해제 시스템Permissive Action Links, PALs이 존재하지 않았다.[1] 이런 시스템은 상급 지휘권자의 암호화된 일련번호가 없어도 물리적으로 발사나 폭발을 막을 수 있을 터였다. 만약 그런 시스템이 생겨난다면—나 또한 다른 사람들처럼 그렇게 되기를 열렬히 희망했었다—그 일련번호 관리를 대통령 또는 워싱턴 D.C.나 버지니아 알링턴에 있는 펜타곤의 어느 한 사람 또는 관료 집단에만 맡겨둬선 안 되었다. 그럴 경우 그 두 곳을 동시에 노리고 대형 폭탄이나 장치가 터지기라도 하면 미국의 보복 능력은 한순간에 무용지물이 되고 말 터였다.

위임이 필요하다면 어느 모로 보나 네브래스카 오마하의 오펏 공군 기지 사령부가 가장 바람직한 후보일 것이다. 그러나 수도처럼 그곳에 지하 대피소가 있다고는 해도 대형 폭탄 하나만 터져도 그곳 역시 수도처럼 위험하기는 마찬가지였다. 전략공군사령부는 이 당시뿐만 아니라 냉전 기간 내내 준장이 지휘하는 공중 전투 사령부를 24시간 운영하고 있었다. 그렇다면 이 사령부를 지휘하는 공군 준장은 전략공군사령부의 전쟁 계획 실행을 총괄하는 권한을 행사할 수 있어야 말이 됐는데, 나중에 내게 확인해주었듯, 실제로 커티스 르메이 장군은 그런 권한을 위임받아 가지고 있었다. 그리고 이제 내 귀에 위임이 현장 전술 병력에까지 확대되었다는 이야기가 들려왔다.

결국 태평양 지구 총사령관에게 위임하지 않으면, 워싱턴이 폭격당하지 않았다 해도 펜타곤에서 보낸 실행 메시지가 기상 조건 때문에 하와이까지 도달하지 못하는 경우, 태평양 전역의 항공모함과 기지들이 발이 묶인 채 보복 공격에 나서지 못할 수 있었다. 오아후의 태평양 지구 총사령부 본부에서 그곳의 핵 병력으로 실행 명령을 전달하는 문제에도 똑같은 논리가 적용되었다. 이 병력 중 대부분은 서태평양, 즉 제7함대의 항공모함이나 한국, 일본, 오키나와, 타이완, 괌의 기지에 있었다. 하와이가 미국 본토에서 멀리 떨어진 것만큼이나 이곳들 또한 오아후에서 멀리 떨어져 있었다. 게다가 오아후와의 교신은 워싱턴에서 보내는 무선 신호와 마찬가지로 태평양에 불어닥치는 폭풍우와 기타 방해 요소에 영향받기 일쑤였다. 우리 연구진이 내린 결론에 따르면 하와이의 지휘관들은 워싱턴과의 교신을 대체로 매일 몇 시간씩 방해받고 있었다. 하와이와 서태평양 지휘관들 사이에서 이루어지는 교신도 사정은 마찬가지였다.

태평양 지구 총사령부 핵 통제 장교는 그래서 펠트 제독이 7함대 사령관을 비롯해 예하 지휘관들을 대상으로 비슷한 성격의 권한 위임을 단행했다고 내게 말했다. 이번에도 말이 안 될 건 없었다. 하지만 그의 첫 발언이 그랬듯이 이 말 또한 내게는 놀라웠다. 우리의 지휘 방식이 실제로는 백악관과 국방장관의 정책 선언과 그렇게까지 다르다니 정말일까? 통제 장교는 (펠트 제독에게 직접 보고하는 고위 컨설팅 팀의 일원으로서) 내게 말한 내용을 굳게 믿고 있었다. 하지만 그의 말이 정말 사실일까?

훗날 제7함대 기함 세인트폴호를 방문했을 때 나는 이 말의 진위를 직접 확인할 기회가 있었다. 내 노트의 1960년 1월 26일 자 기록에도 나와 있듯이 7함대 사령관 해군 중장 프레더릭 N. 키베트와 태평양 해군 항공사령부 사령관 해군 중장 클래런스 E. 에크스트롬은 나와 만난 자리에서 실제 전투 작전은 현지 부대에 맡겨 상대적 자율권을 가지고 행동하고 상급 사령부의 지휘는 최소한만 받게 해야 한다는 해군 원칙의 중요성을 강조했다. 이와 관련해 키베트는 다음과 같이 말했다. 심지어 국지전에서 "오아후와 7함대 또는 7함대와 항공모함 기동대 사이의 교신이 두절된다 해도 그 점은 별로 중요하지 않습니다. 작전 지휘권을 분산할 생각이니까요. 나에게 휘하 부대원들은 모르는 정보가 있다면 모를까, 그렇지 않은 이상 나는 개입하지 않을 생각입니다."

키베트는 1958년 레바논과 타이완 위기 때처럼 실제로는 총 한 번 쏘지 않고 정치 조작만 무성하다면 국지전은 계속해서 중앙집권화로 흐를 수밖에 없다고 믿었다(레바논-이라크 위기 당시 에크스트롬은 지중해 6함대를 지휘하고 있었다). 이 두 해군 장성은 '발포가 시작되자마자' 작동에 들어가는 극단적인 탈집중화에 찬성했다. 따라서 특히 전시 상황에서 자연적 원인에 의한 잦은 통신이 두절이 예상된다 해도, 이들은 예상되는 결과를 이미 잘 알고 있기에 느긋할 수 있었다.

이들은 사전에 계획하면 할수록 문제 해결이 쉬워진다는 생각에 반대했다. 모든 것을 계획할 수는 없었다. 물론 뜻밖의 사태에는 대비책을 마련해둬야 하겠지만. 그러나 그와 동시에 이들은 전투 중의 중앙집권화를 예견하지도 않았고, 원하지도 않았다. 이들은 객관적 목표를 제시해준다는 점에서 항모 기동대 지휘관들의 판단에 기대는 편을 선호한다고 말했다. 그리고 해상에서 작전 중인 지휘관에게는 명령 해석 및 실행과 관련해 상당한 재량권을 주어야 한다고 강조했다. "바다에서는 그저 지휘관을 믿는 수밖에 없습니다." 두 해군장성은 이는 물론 전면적 핵전쟁 상황에도 적용된다고 말했다. 핵전쟁이 시작될 경우 어떤 공군 기지 또는 어떤 항공모함이 파괴됐는지 알 수 있으면 좋겠지만 태평양 지구 총사령부의 전면적 핵전쟁 계획이라는 상황에서는 그 점이 중요하지 않을 수도 있다고 두 사람 모두 동의했다.

토론이 여기까지 진행됐을 즈음 우리 팀은 이 두 해군 장성과 꽤 친해진 듯 보였다. 나는 핵전쟁 또는 핵전쟁으로 돌변할 수도 있는 비핵전 상황에서 신뢰할 수 없는 통신 상태에 무관심한 듯한 그 둘의 태도에 대해 느끼기 시작한 불편함을 내색하지 않고 있었다. 그 대신 엄청난 비밀이라며 전해 들은 이야기를 꺼냈다. 나는 키베트 제독에게 아이젠하워 대통령이 통신이 두절될 경우 핵작전 권한을 위임하는 내용의 편지를 펠트 제독에게 보냈다는데 그에 대해 들어본 적이 있냐고 물었다. 그는 들은 적 있다고, 펠트 제독이 그런 편지를 가지고 있는 것으로 알고 있다고 대답했다.

나는 그에게 그의 기함이 하와이의 펠트 제독과 연락이 되지 않는 경우가 얼마나 잦은지 물었다. 그러자 그는 이렇게 대답했다. "사실상 매일 그렇다고 봐야 할 거요, 하루 중 얼마씩은 늘 그러니까."

나는 그에게 또 물었다. "오아후와 통신이 두절된 상태에서 다른 이유로 핵전쟁이 시작됐거나 임박했을지도 모른다고 생각할 경우 어떻게 하시겠습니까? 그럴 경우 어떻게 하시겠습니까?"

이전 우리가 던진 모든 질문에 대해 두 해군 장성은 서로 번갈아가며 그 자리에서 바로, 그리고 아주 자세하게 답변했다. 그런데 이번 질문에 대해 키베트 제독은 의미심장하게 잠시 침묵을 지키더니 내게 이렇게 말했다. "묵비권을 행사하겠소."

그가 명쾌하게 답변하지 않은 질문은 이 질문밖에 없었다. 그는 방금 전 말투처럼 다소 뻣뻣하게 의자에서 상체를 일으켜 똑바로 앉았다. 하지만 얼굴은 미소를 짓고 있었다. 내가 볼 때 그 미소는 내 질문에 대한 답이 뭔지 이미 잘 알고 있지 않느냐, 하지만 자기로선 그렇게밖에 말할 수 없으며, 전후 맥락에 따라 침묵으로 답이 된다고 말하는 듯했다. 보아하니 그는 (내가 이미 알고 있다고 밝혀서인지) 자기 입장에선 아이젠하워 대통령이 핵 권한을 펠트 제독에게 위임하는 문제보다 펠트 제독이 이를 다시 자신에게 위임하는 문제가 좀 더 민감할 수밖에 없다고 여기거나 우리가 알아주었으면 하고 바라는 눈치였다.

잠시 더 말을 멈춘 뒤, 그는 이렇게 덧붙였다. "어쨌든 우리가 모든 교신으로부터 차단될 일은 없을 거요. 누군가하고는 연락이 닿을 테고, 그 사람은 무슨 일이 일어나고 있는지 알지 않겠소?"

그러자 에크스트롬 제독이 또 이렇게 덧붙였다. "그 문제는 전체 그림에 달려 있어요. 그때까지 상황이 어떻게 전개되고 있었는지, 우리의 준비 상태는 어떤지, 연료 공급 상태는 또 어떤지 등등."

한 시간 뒤 나는 키베트 제독의 핵 통제 장교에게 똑같은 질문을 던졌다. 그는 선뜻 펠트 제독이 아이젠하워 대통령에게서 편지로 위임받았다고 말한 그 권한을 또 키베트 제독에게 위임했다고 대답했다. 다시 말해 이는 통신이 두절된 상태에서 위기가 발생할 경우, 그의 재량으로 핵무기를 발사할 수 있다는 뜻이었다.

대통령의 편지를 둘러싼 그 둘의 말이 맞다면 이는 태평양 사령관의 비상작전 계획General Emergency Operations Plan, GEOP을 비롯해 내가 일급기밀 전쟁 계획에서 읽은 지침, 즉 미국의 핵공격은 오로지 대통령의 결정에 의해서만 개시될 수 있다는 원칙에 위배되었다. 일반 대중은 이 말을 곧이곧대로 믿었을 뿐만 아니라 대통령은 이 권한을 무슨 일이 있더라도 위임하지 않을 것이라고 굳게 믿었다. 일단 이번만은 대중이 들은 것이 합동참모본부가 작성한 전쟁 계획의 실제 비밀 지침과 일치했다. 하지만 이 장교들이 내게 하는 말이 정확하다면 서면을 통한 대통령의 은밀한 권한 위임은 합동참모본부의 이 전쟁 계획 지침과 충돌을 일으켰다. 태평양 지구 총사령관의 권한 위임은 더더욱 그랬다. 실제 상황에서 핵작전 개시를 지시할 수 있는 권한이 4성 제독 한 명, 또는 대여섯 명이 아니라 멀리 떨어진 그들의 3성 부하들한테까지 확대돼 있었던 것이다. 또 얼마나 더 많을지 누가 알겠는가?

나는 아이젠하워 대통령이 보냈다는 편지들이 실제로 있긴 한 건지 여전히 의심스러웠다. 내게 보여주겠다는 사람도 없었거니와 심지어는 직접 봤다고 주장하는 사람도 없었기 때문이다. 하지만 태평양 지구 총사령관이 자신의 재량으로 그런 권한을 제7함대 사령관(과 어쩌면 다른 사람들)에게 위임했다는 7함대 핵 통제 장교의 단언은 그것이 사실이든 아니든 아이젠하워 대통령이 그런 권한을 태평양 지구 총사령관에게 공식적으로 넘겼다는 믿음이 이미 널리 형성돼 있다는 뜻이었다.

이에 대해 말하는 핵 통제 장교 두 사람의 태도로 미루어 보아, 그들이 내게 뭔가 대단히 민감한 사안을 이야기하고 있었던 것은 분명했다. 나는 권한 위임이 지휘 계통에서 훨씬 더 아래 있는 장교들한테까지 확대된 건 아닌지 묻고 싶었지만 참았다. 비밀 전쟁 계획이 명백하게 밝히고 있고 군 내부(일반 대중들뿐만 아니라)에 폭넓고 확고하게 자리 잡은 개념, 즉 전쟁 개시 권한이 오직 대통령에게 있다는 인식에 비추어 볼 때, 대통령이 직접 현장 지휘관에게 권한을 위임했다는 은밀한 믿음을 서로 공유하지 않는다면, 그러한 권한 위임은 수령자에게 미심쩍거나 심지어 불법적으로 보였을 것이다. 그러나 그러한 믿음(그리고 나는 이것이 실제로 태평양에 널리 퍼져 있음을 알았다)을 감안하면, 대통령에게 영향을 끼친 바로 그 동기가 지위가 낮은 사령관들로의 권한 위임 문제에서도 똑같이 영향을 미치는 것이 분명했다.

계통의 고하를 떠나 지휘관들은 기상악화나 기술적 어려움 또는 지휘본부를 노린 적의 공격 때문에 통신이 두절되었을 때, 대통령이 태평양 지구 총사령관에게 위임한 것처럼 위기 상황에서 적절한 행동을 취할 수 있는 권한을 미리 위임해두지 않았을 경우 예하 부대의 핵 능력이 완전히 마비될 수도 있다고 우려할 만한 충분한 이유가 있었다. 실은 워싱턴이 공격받거나 통신이 두절된 경우, 대단히 죄송하게도 대통령의 현장 핵작전 행동에 관련해서 태평양 지구 총사령관은 대통령의 의도를 확실하게 이행할 수 없다고 논리적으로 추론할 것이다. 대통령 자신이 공격을 당했거나 아주 평범한 이유로 예하 지휘관들과 교신하지 못할 가능성을 명시적으로 제공하지 않는 한 말이다.

태평양 지구 총사령관은 아이젠하워 대통령이 했던 것과 똑같은 방법을 통해서만, 즉 예하 지휘관들이 그런 상황에서는 각자의 판단대로 행동할 수 있도록 허락해야만 이 문제를 해결할 수 있었다. 어쨌든 두 명의 해군 제독은 이러한 권한 위임이 해군의 전통이라는 측면에서 볼 때 충분히 말이 될 뿐만 아니라 반드시 필요하다고 생각했다. 그러나 이런 상황에서 해군과 태평양 지구 총사령부에게 적용되는 논리는 대통령에게 권한을 위임받았을 것으로 추정되는 통합군 및 특수군 지휘관들에게도 똑같이 적용되었다. 이들은 북미 항공우주 방위사령부뿐만 아니라 유럽, 알래스카, 지중해, 대서양, 전략공군사령부의 현장 지휘관들이었다.

대통령이 더 이상의 권한 위임을 명백히 금지하지 않는 한, 비단 태평양에서뿐만 아니라 그 외 전 세계 현장에서 그가 태평양 지구 총사령부와 기타 현장 지휘관들에게 권한을 위임한 선례를 모방할 가능성이 커 보였다. 그리고 이 장교들이 내게 말한 것은 암시적이었다. 대통령이 태평양 지구 총사령부가 7함대에게 위임한 방식으로 이 현장 지휘관들에게 또다시 권한을 위임하는 것을 명시적으로 금지하지 않았다는 것이다.

그럼에도 대통령이 권한 위임의 확산을 원했다거나 심지어 그런 관행이 존재한다는 사실을 알고 있었다고 보기는 어려웠다. 이런 편지들이 실제로 존재한다고 가정했을 때 대통령은 권한 위임이라는 행위를 통해 4성의 육군 및 해군 장군 대여섯 명에게만 권한을 배분했다. 그런데 몇몇 상황 아래서 권한 위임이 확산되면서 핵전쟁을 개시할 수 있는 권한을 지닌 개인들의 숫자가 크게 증가했을 뿐만 아니라 갈수록 지위가 낮고 경험이 일천하고 성숙도가 떨어지고 책임감과 정보에 대한 접근권이 좁은 장교들까지 그 원 안으로 끌어들이는 결과를 낳았다.

내가 볼 때 지휘 계통 아래로 내려갈수록 보복 대응을 확실히 보장한다는 이 점보다 잘못된 대응을 할 위험이 높았다. 관련된 부대 단위와 지휘 수준이 낮을수록 위험이 점점 커질 뿐만 아니라 보복 병력의 크기가 점점 작아진다는 점에서 대통령의 입장에서 볼 때 추가 권한 위임의 필요성 또는 동기가 갈수록 줄어들 수밖에 없었다.

그러나 핵무기와 관련된 자신의 임무를 매우 중요하게 여기는 하급 지휘관에게는 그렇게 보이지 않을 공산이 컸다. 그는 '자신의' 무기가 큰 전쟁, 즉 국가의 생존과 승리가 달린 싸움에서 한 몫 당당히 차지하길 바랄지도 몰랐다. 지휘 계통의 단계마다 추가 권한 위임 여부의 결정을 맡긴다면 모르긴 해도 사다리 맨 아래까지 내려갈 확률이 높았다. 모든 전폭기 조종사는 아니더라도 비행대 지휘관이라면 누구나 몇몇 상황에서 공산주의 진영을 상대로 핵전쟁을 개시할 수 있는 권한이 있다고 느낄 터였다(더 높은 차원에서 이뤄지는 명령에 대한 지식이 있든 없든, 그 지휘관은 구두로든 서면을 통해서든 직속 상관에게 그런 권한을 위임받았을지도 몰랐다).

이제 나는 아이젠하워가 전쟁 계획을 수행하는 권한을 워싱턴 밖의 한 줌도 안 되는 4성의 육군 및 해군 장군들에게 위임했다는 이야기를 기정사실로 받아들였다. 그러나 나는 이 위임이 점차 아래로 확산되면서 점점 더 많은 하급 지휘관들의 발사 인가를 허용할지 모른다는 전망에 갈수록 더 불안해졌다. 비행기든 잠수함이든 핵 운송 수단을 통제하는 장교나 승무원이 실제로 비인가 행동을 감행할 가능성은 둘째치고 말이다.

앞서 언급한 군산 여행에 나서기로 결심했을 때 내 마음속에는 이미 그런 불안감이 자리하고 있었다. 양심을 근거로 당당하게 불복종 의사를 밝힌 기지 사령관의 태도는 물론 충격적이었지만 그보다 내가 이 지역의 만연한 권한 위임 관행을 알지 못했을 때 가능하다고 생각했을 수준보다 태평양에서의 핵 통제가 더 느슨하게 관리되는 듯 보이는 것이 문제였다.

더욱이 비상상황 시 워싱턴보다 낮은 지휘 계통에서 인가된 핵공격을 개시할 수 있도록 허용하는 방식은 일탈한 지휘관이나 그 부하 중 한 명이 비상상황이 아님에도 그와 동일한 수준의 비인가 핵전쟁 개시를 허락받는 데 악용될 수도 있었다(이는 몇 년 뒤에 나온 영화 〈닥터 스트레인지러브〉의 기본 줄거리이기도 했다).

그러나 이보다 좀 더 그럴듯해 보이는 시나리오는 제정신이고 양심적인 지휘관 한두 명이 드물지 않은 상황인데도 임의로 핵전쟁을 개시할 권한을 부여받았다고 믿을 만한 상황이 일어나는 것이다. 아마도 상급 사령부와 통신이 안 되는 동안 모호하거나 잘못된 전술 경보에 근거해 그런 결정을 내릴지 몰랐다. 더욱이 휘하 병력에 곧 닥칠 듯한 공격의 조짐은 그런 지휘관에게 적을 선제공격해 다른 미국 병력과 인구에 돌아갈 피해를 줄이고 휘하 병력을 지키기 위해서는 뭔가 조치를 취해야 한다는 엄청난 압력으로 작용할 터였다.

내가 볼 때 이런 권한 위임의 확산은 대통령이 알아야 할 사안이었다. 그런데 대통령은 모르고 있을 가능성이 컸다. 대통령이 3차 세계대전이 시작되기를 바랐을 리도, 전쟁을 개시할 수 있는 권한이 언뜻 보이는 것처럼 도처에 만연하도록 허락했을 리도 없었다. 만약 알았다면 대통령은 현장 지휘관들에게 권한을 위임하는 문제를 재고했을지도 모른다. 아니면 참수공격의 억지력과 양립할 수 없다는 점을 들어, 현장 지휘관들이 핵전쟁을 개시할 수 있는 권한을 지휘 계통의 저 아래까지 확대하지 못하게 막는 한편 핵탄두 안전장치 해제 시스템의 도입처럼 비인가 행동을 방지할 수 있는 조치를 특별히 강화했을 확률이 높았다.

1960년 당시만 해도 나는 이 문제와 관련해 무엇을 해야 할지 알지 못했다. 문제를 제기한다면 어떻게, 누구한테, 어떤 채널을 통해야 좋을지 등등 너무 미묘하고 복잡했다. 내가 보고하고 제안하는 것에 대해 주로 보이는 반응이, 내가 이 민감한 정보를 알고 전달하고 있다는 것에 대해 당혹스러워하며 내게 이를 털어놓은 사람들을 추적하고 처벌하려고 노력하는 것이라면 아무 도움이 되지 않을 터였다. 나는 태평양 지구 총사령관을 위해, 더욱 분명하게 말하자면, 핵작전 지휘통제에 관해 일하고 있었기 때문에 내게 정보를 제공한 장교들은 내가 '알 필요가 있다'고 느꼈다고 주장할 수도 있었다. 그러나 지휘 계통에서 태평양 지구 총사령관보다 위에 있다면 모를까, 그렇지 않은 이상 태평양 사령부 밖의 누군가에게 말한다는 것은 더욱 어려웠다. 워싱턴 인사 중에 이 상황을 조사하고 어쩌면 바꿀 수도 있는 권한을 지닌 사람이 과연 누굴까?

그야 물론 대통령이었지만 이 당시 나는 이 문제로 백악관의 그 누구 아래에서도 일하지 않고 있었다. 그 점에서는 랜드의 다른 연구원들도 마찬가지였다. 시급하게 처리해야 할 사안이 무엇인지도 밝히지 않은 채 대통령이나 그 측근에게 다가갈 방법이 잘 생각나지 않았다. 국방장관한테 가봐? 역시 어려운 문제였다. 하지만 아직 이런 상황을 모르는 아무나 붙잡고 무작정 털어놓는다는 것은 중대 보안 침해라는 극히 무분별한 범죄 혐의로 기소될 수도 있다는 것을 의미했다. 그럴 경우 그 길로 나는 말할 것도 없고 랜드 또한 이런 상황을 개선할 기회를 박탈당할 수도 있었다.

나는 어떻게 하는 게 좋은지 확신이 서지 않았지만 어쨌든 대통령이 이 문제에 관심을 갖게 할 방법을 찾아보기로 했다.

4장 ──

이와쿠니: 장부에 없는 핵무기

태평양 지구 총사령관의 의뢰로 현장에 나가 연구를 진행하면서 나는 사령부가 신속한 행동을 선호하는 바람에 안전과 동맹국에 대한 고려는 물론이고 해외 미군 기지에 대한 권리조차 뒷전으로 밀려나는 사례를 또다시 목격했다. 이러한 사례는 비밀과 거짓말로 일관하는 고위당국과의 갈등 때문에 불복종, 심지어 조약 위반이라는 결과에 이르게 될지 모른다는 것을 의미했다. 이는 태평양 사령부의 핵무기 통제가 얼마나 느슨한지를 보여주는 놀랍고도 우려스러운 또 하나의 예였다.

태평양 사령부의 비상작전계획에서 전면전 발생 시 핵무기를 수송하기로 예정된 기지 대다수가 일본에 있었다. 그러나 이들 기지의 사용과 관련한 미국의 계획은 일본 정부의 정책과 충돌을 일으켰다. 일본 정부는 일본에서의 핵무기 개발이나 보유 또는 도입을 포기 및 금지하고 있었다. 미국의 정책 입안자들은 히로시마의 유산을 일본의 핵 '알레르기'라고 불렀다. 일본이 미국과 체결해 1960년부터 효력이 발생하기 시작한 상호안전보장의 주요 조항은 일본에 그 어떤 핵무기도 배치하지 않겠다는 약속이었다. 어떠한 형태로든 이 협정을 폐기한다면, 우리의 주요 아시아 동맹국이자 동양에서 전략적으로 가장 중요한 기반을 너무도 쉽게 잃어버릴 수 있었다.

그런데 미국은 이 약속에 한 가지 예외가 있는 것처럼 행동했다. 내가 듣기로 일본의 몇몇 고위 관료들은 알고 있었지만 어느 쪽도 이 점을 공식적으로 인정한 적은 한 번도 없었다. 태평양 해군의 사기를 유지하는 데 매우 중요한, 휴식 및 회복Rest & Recuperation, R&R을 위해 일본 항구에 입항한 미국 군함은 사실상 모두 핵무기를 탑재하고 있었다. 이는 비행기용 핵폭탄을 실어나르는 항공모함에만 적용된 것이 아니었다. 나중에 유진 라로크 제독이 증언했듯이 핵어뢰와 반잠수함 무기를 탑재한 구축함에 이르기까지 핵무기를 운반할 수 있는 해군 선박은 거의 모두 그랬다.[1] 이 가운데 일본 항구에 들어오기 전에 이런 무기를 내려놓은 선박은 단 한 척도 없었다.

국방부는 그때도 그렇고 지금도 그렇고 전 세계 어디서든 특정 전함이나 기지의 핵무기 보유 여부를 인정하지 않는 정책을 고수하고 있다. 이 정책의 주된 목적은 일본의 야당이나 반핵 활동가들이 정기적으로 그 문제를 들고 나올 때마다 일본 항구에 정박 중인 이 선박들에 핵무기가 있다는 사실을 대놓고 부인하지도 인정하지도 않기 위해서다. 일본 고위 관료들은 이 문제와 관련해 질문을 받으면 미국이 달리 통지한 적도 없고, 상호방위조약에서 정한 사전협의도 없었다는 점을 이유로 들어 이들 선박에는 핵무기가 존재하지 않는 것으로 안다고 (거짓으로) 말하곤 했다.

미국은 일본 관리들이 공식적으로 말하고 싶어 하지 않는다는 이유를 들어 일본에게 통보하지 않은 것을 정당화했고, 따라서 뻔뻔하게 거짓말하지 않고도 이런 대답을 계속해나갈 수 있었다. 그리고 혹시 진실이 드러나더라도 미국은 일본과 맺은 합의 조항에도 나와 있듯이 일본에 '배치'되지 않고 통과 중이거나 일시 방문 중인 무기의 존재까지 일본에 굳이 알릴 필요는 없다고 말하면 그만이었다.

그러나 이 무기들이 특정 선박에 실려 한 번에 며칠에서 몇 주 동안 일본의 항구 어딘가에 머무르며, 일본 항구에 정박 중인 그런 선박이 언제든 대개 한 두 척 이상이라는 사실은 마치 핵무기가 영구히 일본의 해안 도시들에 배치되기라도 한 듯 소련 핵전쟁 계획의 최우선 목표물로 여겨질 거라는 의미였다. 게다가 이들 무기는 배 위에 있었으므로, 충돌 또는 이 중 하나에서 고성능 폭약이 터지거나 인근의 일본 도시로 방사능 물질을 방출하는 등의 사고가 날 확률이 전혀 없지 않았으며, 그 가능성은 무기를 육지에 보관할 때보다 높았다.

그러한 가능성은 핵추진 선박과 잠수함의 핵원자로에도 해당되었다. 결국에 국방부는 폴라리스 잠수함을 일본 해역으로 들여올 수 있기를 희망했다. 그렇게 될 경우 핵무기와 관련한 사고 위험이 증가하는데, 그 점에서는 항공모함에 적재한 핵폭탄이나 기타 선박에 실린 무기 역시 마찬가지였다. 고성능 폭탄의 폭발은 물론 부분적 또는 전면적 핵폭발로 이어질 수도 있었지만 그런 믿기 힘든 결과까지는 가지 않는다고 해도 방사능 물질이 인구 밀집 지역으로 확산된다면 일본 대중에게 자국 해역에 미국 핵무기가 존재한다는 사실을 알리는 방법치고 이보다 더 나쁜 방법도 없을 터였다. 그러나 일본의 항구를 사용하는 편리함에 비하면 그런 위험은 충분히 감수할 만해 보였다.

하지만 이런 합의와 별도로 나는 일본 내 미국 공군 기지 주변 해안에 있는 무기를 근거로 삼는 한 우리는 합의를 위반하지 않았다는 소리를 귀가 따갑도록 들었다. 이들 기지의 비행기들은 전면전 발생 시 블라디보스토크 지역과 중국의 핵시설을 표적으로 삼게 돼 있었지만 공격 무기는 오키나와나 괌에서 공급받게 돼 있었다. KC-97 수송기가 이들 일본 기지에 공급할 핵무기를 싣고 오키나와에서 비상 대기하고 있었다. '하이 기어High Gear'는 이들 비행기와 관련된 작전의 암호명이었다. 전쟁 계획 수행 또는 비상 출격 명령이 있을 경우 이들 비행기는 일본으로 이륙하게 될 터였다.

원칙적으로 우리는 무기를 일본에 내리거나 일본 내 기지에서 발사하기 전에 일본 정부의 승인을 받게 되어 있었다. 그러나 경계태세 계획alert plan에 따르면 일단 경보를 받으면 오키나와에서 수송기를 띄워 일본 기지에 착륙시킨 후 핵무기를 배달해줄 필요가 있었다. 일본 정부로부터 허락을 받든, 받지 못하든 상관없었다. 그리고 알고 보니 경보가 오경보였다거나 일본까지 몇 시간이 걸리는 비행

시간 안에 일본의 허락을 얻는 데 실패했다 하더라도 수송기가 핵폭탄을 싣고 오키나와 기지로 다시 돌아가야 한다는 조항은 없었다.

따라서 실제 경보뿐만 아니라 오경보도 결국 미국의 핵폭탄이 일본 땅을 밟아, 조약을 위반하는 결과를 가져올지 몰랐다. 그러나 일본인들에게는 비밀에 부쳤지만 이러한 가능성은 우리의 계획에서 명백히 허용된 것이었다. 그런 가능성이 일본 대중에게 알려질 경우, 우리 계획이 실행되었다는 것을 알았을 때 못지않게 여론에 나쁜 영향을 미칠지도 몰랐다. 하지만 일본인들이 이런 계획을 알게 될 리는 만무해 보였고 그런 위험쯤은 감수해도 상관없었다. 그리고 오경보가 발생했다 해도 비행기들은 미군 기지에 착륙하게 될 터였고, 따라서 일본인들이 일시적 위반을 알아차릴 리 없었다.

이런 계획들에 민감한 부분이 많다는 것은 문제의 조약 조항이 실제로는 굉장히 심각하게 받아들여지고 있었다는 사실의 반증이기도 했다. 다들 그 조항의 공공연한 위반이 상호방위조약 파기는 말할 것도 없고 어쩌면 일본 친미 정부의 몰락으로까지 이어져 그 결과 미국과 중국의 관계를 완전히 뒤바꿀지 모를 정부가 들어설 수 있다고 생각했다. 그렇게 된다면 일본과 오키나와에 있는 미군 기지의 손실로 이어질 것이 거의 확실했다.

이러한 이해관계를 고려하여, 일본인들에게 조약 위반 사실을 들킬 수도 있는 위험을 무릅쓰면서까지 일본에 있는 미군 기지에 핵무기를 보관하려고 공군이 압력을 행사하는 일은 분명히 없었다. 전략공군사령부는 이미 오키나와와 한국에 핵병력을 배치해놓은 상태라 일본에 핵무기를 두어 동맹국 일본을 잃는 위험을 감수할 이유가 없었다.

그러나 1960년 초 나는 태평양의 핵 통제 장교 한 명으로부터 큰 비밀이라는 듯 조심스레 전하는 이야기를 들었다. 일본 이와쿠니에 있는 한 조그만 해병대 항공 기지가 전면전 발생 시 전면전 임무를 띤 그곳의 정예 비행 부대가 신속히 핵무기를 공급받게 하는 합의를 비밀리에 맺었다는 것이었다. 일본 내 기지에 있는 다른 비행기들과 달리 이와쿠니의 해병대 비행기들은 몇 시간이 아니라 몇 분 안에 핵무기로 무장하게 된다는 것이었다. 해병대와 해군의 특수한 관계 때문에 이곳 이와쿠니 해안에는 전차상륙함Landing Ship, Tank: LST이 정박 중이었는데, 이 배에는 핵무기를 적재한 수륙양용 트랙터가 실려 있었고, 그 무기는 이와쿠니에 주둔한 소규모의 비행기들을 위한 것이었다. 이 전차상륙함, 즉 샌호아킨카운티호는 전자장비 수리선이라는 임무를 띠고 있다고 위장했다. 이 선박은 일본 영해 3마일 내에 상주하고 있었을 뿐만 아니라 해변에서 200~300야드 떨어진 연안에 정박하고 있었다. 어떤 기준을 적용해도 이 배는 일본 영토 안에 있었다. 그리고 핵무기도 마찬가지로 일본 안에 있었다.

핵 비상 상황에서 샌호아킨카운티호는 수륙양용에 쓰이도록 설계된 대로 운영될 것이다. 배는 닻을 끌어 올리고 바로 해안으로 직행할 것이다. 배 앞쪽이 조개껍데기처럼 쩍 벌어지며 열리면 핵무기를 실은 수륙양용 트랙터들이 경사로를 따라 물속 또는 곧장 해변으로 내려온 다음 육지로 올라와 무기를 넘겨주기 위해 해병대 비행기들이 대기하고 있는 간이 활주로로 바로 가게 돼 있었다.

결국 한 줌밖에 안 되는 이 비행기들이 일본 본토 기지에 있는 공군 비행기 수백 대보다 여섯 시간에서 열 시간 먼저 핵무기로 무장하게 될 터였다. 이 비행기들이 이런 유리한 점을 십분 활용해 바로 임무 수행에 나설 경우 한국에 있는 비행기들과 더불어 러시아(나 중국) 목표물에 폭탄을 투하한 세계 최초의 비행기로 기록될 것이다. 비행기 수가 워낙 적은 데다 노리는 표적 또한 너무 지엽적이기 때문에, 이 비행기들의 주된 효과는 만약 전 세계 공산주의 진영 쪽에서 먼저 출격한 것이 아니라면, 그들에게 전면전의 시작을 알리는 것이 될 터였다. 그러나 모르긴 해도 대부분의 경우 해병대 비행기들은 다른 병력과 함께 진격하는 것이 보류될 테고, 따라서 좀 더 빨리 무장한 효과는 너무 작아 아무도 감지하지 못할 것이다.

하지만 일본인들이 이런 무기들이 영구적으로 주둔하리라는 것을 알아챘을 때의 효과는 누구라도 감지할 수 있을 만큼 클 게 분명했다. 어쩌면 미국을 일본에서 완전히 몰아낼 만큼 큰 파문을 불러올 수도 있었다. 일본 정부가 이런 상황을 이미 알고 있었고, 더군다나 야당 또한 알고 있었다면 미국은 일본에 구축해놓은 기반 전체를 잃을 가능성이 컸다. 심할 경우 두 나라 사이의 외교 관계까지도 단절될 수 있었다. 그리고 일본은 어쩌면 중국 쪽으로 기울어질지도 몰랐다.

이런 모든 이유 때문에 일본인들에게는 이 같은 사실을 철저히 비밀에 부쳤고, 심지어는 미국 공군과 해군 기획자들에게조차 가급적 쉬쉬하고 있었던 것이다. 그러나 보아하니 해당 기지에서는 이러한 전후 사정을 다들 잘 알고 있는 듯했고, 전차상륙함 또한 가끔 트랙터와 폭탄을 착륙시키는 훈련을 하는 모양이었다. 기지의 조종사, 트랙터 승무원, 전차상륙함 승무원들이 알고 있다면 그 지역에 거주하는 그들의 여자 친구들도 더러는 알고 있을 가능성이 컸다. 실제로 일본 제7함대와 하와이에서 내게 이런 이야기를 들려준 기획자들은 공산주의 스파이들이 이미 이런 상황을 알고 그것을 터뜨리기에 가장 좋은 시기를 노리고 있다고 생각하는 눈치였다.

사보타주 가능성을 다룬 랜드의 논문들은 내게 그럴 수도 있겠다는 생각을 심어주었다. 공산주의자 잠수부나 일본인 또는 그 누군가가 그 배로 헤엄쳐 와서는 선체에 폭탄을 부착하지 말라는 법도 없었다. 전자장비 수리선으로 알려진 선박에서 발생한 폭발 사고는 최소한 그 배의 정체를 둘러싼 대중의 의문을 불러일으켜 공식적 조사로 이어질 테고, 그러면 선박에 적재한 화물이 핵무기라는 사실이 금세 드러날 수 있다. 파괴 공작원들에게 운이 따르고 또 폭약을 충분히 사용한다면, 선체에 실린 핵무기 중 어느 하나에서 고성능 폭탄이 터지면서 (공교롭게도 히로시마에서 그리 멀지 않은) 이와쿠니 지역으로 방사능 물질이 유출되거나 심지어는 부분적 핵폭발이 일어날 수도 있었다. 어떤 경우든, 선상에 배치된 미국 무기가 뜻하지 않게 터진 것이 아니라 외부인이 일으킨 폭발이라고 말해봐야 설득력을 가지기 힘들 것이다. 1백여 년 전 아바나항에서 전함 메인호를 가라앉혀 미국을 전쟁에 뛰어들게 만든 폭발 사고의 진짜 이유를 둘러싸고 75년 동안 의견이 분분한 것처럼 말이다.

일본 근해에 이런 무기들을 배치한다는 것은 군사적으로 얻는 이익이 얼마가 됐든 말할 수 없이 무책임한 행동 중 하나였다. 그 비밀을 알고 있는 핵무기 기획자들도 그렇게 생각하는 듯했다. 하지만 그들은 그 점과 관련해 무엇을 해야 할지 알지 못했다. 태평양 지구 총사령관, 즉 해군 제독이 이미 이를 수락했다고 여기고 있었기 때문이다. 태평양 지구 총사령관보다 지위가 높은 민간인 지휘권자나 군 지휘부가 여기에 대해 알고 있다면? 이 장교들은 어떻게 해야 할지 몰랐고, 자신의 경력이 송두리째 위험에 처하는 상황을 감수한다면 모를까, 그렇지 않은 이상 직속 지휘계통과 태평양 지구 총사령관을 건너뛰고 그 윗선을 찾아내 이런 사정을 알린다는 건 거의 불가능한 일이었다.

이런 이유로 한 장교가 내게 이 문제에 관해 이야기했고, 또 다른 장교들도 내게 자신들이 우려하는 점을 이야기한 것일 수 있다. 랜드 컨설턴트로서, 군 지휘계통에 영원히 몸담지는 않을 사람으로서 나는 이 장교들이 치르게 될 대가를 똑같이 치르지 않고도 더 윗선의 책임자나 기타 기관에 알릴 수 있었다. 게다가 이 장교들은 나의 연구 목적을 위해서라면 뭐든 말해줘도 된다는 일반 지침을 이유로 들어, 내게 말한 것을 정당화할 수 있었다.

하지만 앞 장에서 살펴본 권한 위임의 확산이라는 문제 때와 마찬가지로 이번에도 이 정보를 가지고 무엇을 해야 할지 확신이 서지 않았다. 당시 나는 국방장관 직무실이나 국무부, 또는 백악관과 아무 연줄이 없었기 때문이다. 나는 이 문제를 랜드의 고위 관리들에게 이야기했고, 그들은 또 내가 듣기로 공군 기획단의 한 장군에게 공을 넘겼다. 나중에 나는 랜드 부소장 리처드 골드스타인에게서 공군 장교들이 상황이 매우 심각하긴 하지만 해군 문제라서 나서기가 쉽지 않다는 쪽으로 의견을 모았다는 이야기를 전해 들었다. 수년 동안 해군과 공군은 예산 싸움에서 육군에 불리하게 작용하도록, 핵무기의 전략적 중요성을 강조하는, 일종의 직무 동맹을 맺고 있었다. 해군이 핵무기를 어디에 어떻게 보관하고 있는지와 관련해 공군이 문제를 제기한다는 것은 이러한 동맹 관계를 위협하는 복잡 미묘한 사안이 될 터였다.

　권한 위임의 경우와 똑같은 이유 때문에 이번에도 조심스럽게 움직여야 했다.

5장 ———

태평양 사령부

우리 연구진이 하와이에서 일하기 시작했을 때부터 나는 실행 명령으로 이어질 수도 있는 전쟁 계획의 성격부터 알아야 한다고 주장했었다. 그래서였는지 그 부분에 대한 연구는 나의 몫으로 떨어졌다. 이 임무와 관련해 나는 태평양 지구 총사령부 본부 기획실의 일급기밀 '케이지(Cage, 새장)'에 접근할 수 있게 해달라고 요청해 허락받았다. 사방이 두꺼운 철망으로 뒤덮여 있어 말 그대로 케이지였는데, 준위 한 명과 사서를 겸하는 경비병 한 명이 지키고 있었다. 케이지 내부는 조그만 도서실만 했고, 서류를 보관하는 용도의 선반들과 서류철 시스템을 갖추고 있었다. 민간인 신분이라는 점에서 나의 접근권 취득은 매우 이례적이었다.

나는 밤낮은 물론이고 주말까지 케이지에서 지내며 현재의 핵계획을 파고들었다. 덕분에 명령계통 위아래에 걸쳐 미국 핵전쟁 계획의 전반적인 구조를 곧 파악할 수 있었다. 이 모두는 태평양 지구 총사령부의 비상작전계획에서 나온 것이었다. 즉 태평양에 있는 미군 핵능력의 목표와 원칙을 대략적으로 보여줄 뿐만 아니라 육해공군 계획의 기초를 이루는 동시에 이는 다시 함대, 사단, 편대, 항공모함, 심지어 조종사 개개인에 이르기까지 명령계통의 아래로 내려가는 계획의 기초를 이루고 있었다.

이 계획들을 읽으면서, 그리고 나중에 태평양 곳곳의 지휘본부와 항공모함, 비행장을 방문하고 나서 뭔가 매우 중요한 게 빠졌다는 생각이 고개를 들기 시작했다. 당연히 나는 최고 수준의 핵계획은 기본적으로 소련하고만 관련된 갈등, 예를 들어 소련이 서베를린을 침범하거나 유럽 또는 미국을 공격할 경우의 대비책이라고 여기고 있었다. 하지만 태평양 주둔 병력의 계획을 처음부터 끝까지 샅샅이 훑어본 결과 러시아 목표물만 공격하는 조항은 없다는 사실을 곧 알게 되었다. 소련과의 전쟁에 대비한 계획마다 (중국의 대도시 전체를 비롯해) 중국의 목표물도 포함돼 있었다.

태평양 지구 총사령부 핵 기획자들과 대화를 나누면서 나는 러시아와 싸우고 있는 상황이라면 우리가 소련의 공산주의 파트너인 중국도 근절하길 원할 거라고 가정할 만한 강한 동기가 그들에게 있다는 것을 알게 됐다. 사거리 제약 때문에 블라디보스토크와 시베리아 지역의 몇몇 곳을 제외하고 태평양 지구 총사령부의 영향권 안에 있는 러시아 목표물은 거의 없었다. 따라서 대통령이 소련 목표물만 공격하라고 지시할 경우 태평양 지구 총사령부 병력은 블라디보스토크와 러시아 동부의 기타 소소한 목표물 몇 개만 파괴하고 나면 전쟁에서 멀찍이 떨어져 앉아 큰 게임이 진행되는 모습을 '옆에서' 구경하는 수밖에 없었다.

명령계통의 맨 위쪽에 가까울수록 태평양의 장교들은 이런 생각을 받아들이기가 어려웠을 테고, 이 점은 서태평양에서 김을 뿜어대는 제7함대 기함 세인트폴호를 공식 방문한 날 오후 우리 연구진 전원이 확인할 수 있었다. 항공모함에서 보낸 헬리콥터를 타고 착륙한 뒤 우리는 해군 중장 키베트와 해군 중장이자 태평양 해군 항공대 사령관 에크스트롬과 만남을 가졌다.

앞에서 나는 권한 위임 문제에 대한 그들의 입장을 이미 설명한 바 있다. 그러나 두 시간 동안의 회동에서 우리가 두 해군 제독에게 제기한 질문 가운데 가장 강력한 반응은 내가 대통령이 중국은 빼고 소련하고만 전쟁을 하기로 결정할 가능성에 대해 언급했을 때 나왔다. 두 제독 모두 움찔 뒤로 물러났고 말 그대로 충격에 휩싸인 듯 보였다. 키베트 제독이 먼저 말문을 열었다. "그럴 일이 없길 바라야지요."

나는 비슷한 질문을 또 던졌다. "하지만 합동참모본부에서 소련만 상대로 하는 전쟁 계획을 수행하라는 명령이 내려온다면요. 그럼 어떻게 대처하시겠습니까, 그렇게 하는 데 얼마나 걸릴 것 같습니까?"

긴 침묵이 이어졌다. 그 사이 에크스트롬 제독은 욕지기가 올라오는 것을 겨우 참고 있는 듯 보였다. 얼마나 지났을까, 그가 도저히 못 믿겠다는 듯 숨을 몰아쉬며 한 마디씩 또박또박 잘라 말했다. "상급 지휘권자라면…… 공산주의 열강 한쪽은…… 처벌을 면하게 해주면서 다른 한쪽하고만…… 전쟁을 치를 만큼…… 정신 나간 짓을…… 하지는 않을 정도의…… 양식은 있을 거라고…… 믿어야지요."

그처럼 강한 감정적 반응(그 직후 내가 손으로 쓴 기록에는 부분적인 음 탈락이 그대로 나와 있다)에 직면해 나는 그 문제를 더는 거론하지 않기로 결정했지만 랜드에서 입수한 정보에 따르면 중국과 소련의 균열이 회복 불능의 상태로 발전했다는 증거가 이미 명백해지고 있었다(양국의 균열은 1958년 타이완 해협 위기 때 러시아가 중국 본토에 핵무기를 공급하길 거부한 데다 그 후 소비에트 핵 기술자들까지 중국에서 철수시키면서 특히 불거진 것으로 드러났다).

나는 국가 차원의 정책 입안자와 의사 결정권자들이 주목해야 할 지역주의적 편견을 태평양 지구 총사령부 안에서 발견하고 있다고 생각했다. 내 생각이 틀렸었다. 그 이듬해 나는 펜타곤에서 아이젠하워 대통령과 합동참모본부 역시 해군 제독들과 전적으로 같은 견해를 공유한다는 것을 알게 됐다. 그들은 어떤 상황에서도 소련과의 전쟁에서 처음부터든 일시적이든 중국은 건드리지 말라는 명령을 내려 키베트 제독을 충격에 빠뜨릴 의향이 전혀 없었다.

하지만 내가 이런 사실을 알게 되었을 때는, 고위 당국자들이 위기 상황에서 그들의 생각을 바꾸고 적어도 전쟁 초기에는 중국을 배제하는 작전을 원한다 해도, 태평양에서 그 명령을 신속하게 이행하는 것은 사실상 불가능하다는 것이 이미 오래전부터 명백했다. 관료적 이유뿐만 아니라 기술적 이유 때문에도 그랬다.

태평양 지구 총사령부 기획자들은 중소 블록을 상대로 하는 핵전쟁에 대비해 단 하나의 계획을 짜는 데만도 매년 24시간씩 매달려 있느라 소련하고만 싸우는 두 번째 전쟁 계획을 내놓을 여력이 없었다.

펜타곤은 공산주의 진영과 전면전을 벌일 경우, 정보기관이 중요하다고 밝힌 중소 블록 곳곳의 목표물 수만 개 가운데 가장 중요한 목표물 1천 개를 파괴할 계획을 세우라고 하위 공무원들에게 지시했다. 하위 기획자들이 직면한 가장 큰 어려움은 이들 목표물 가운데 다수가 동일 장소에 배치돼 있다는 것이었다. 다시 말해 이는 비행기 두 대가 목표물 두 개를 각각 공격할 경우 둘 사이의 거리가 너무 가까워 어느 한쪽에서의 폭발로 다른 쪽에 있는 비행기가 격추되거나 그보다 훨씬 멀리 떨어져 있다고 해도 폭발로 조종사들의 시야가 가려질 수 있다는 뜻이었다.

흔히 '혼선'으로 알려진 이런 문제를 피하기 위해 기획자들은 주로 손으로 극도로 복잡한 계산을 해가며 비행기들이 근처에서의 폭발로 인해 격추되는 일이 없도록 공격 타이밍에 맞는 경로를 고안했다(이 당시에는 주로 비행기가 핵탄두를 실어 날랐다. 몇십 년 뒤 운반 수단이 대부분 미사일로 바뀌고 나서도 기획자들은 똑같은 문제에 봉착했다. 어느 한쪽의 폭발이 다른 미사일을 경로에서 밀어내거나 파괴할 수도 있었다). 그들은 대부분 다양한 무기를 갖춘 목표물 수천 개를 다루고 있었고, 따라서 기획자들은 가상의 지뢰밭을 요리조리 피해 다니듯 비행기들이 바로 옆에서 일어나는 폭발을 한 치의 오차도 없이 정확한 타이밍에 피할 수 있도록 출격 계획을 세워야 했다.

이 모든 일의 관건은 각각의 폭발이 언제 일어날지 그 시간을 정확히 아는 데 있었다. 따라서 실행 명령을 받은 뒤 승무원이 지상에서 이륙하는 데 걸리는 시간, 고도를 높이는 데 걸리는 시간, 적정 고도에 이른 뒤 비행기의 순항 속도, 목표물까지의 거리를 기준으로 모든 일정이 한 치의 오차도 없이 완벽하게 시간을 맞춰야 했다. 계획표에는 TOTTime-Over-Target, 즉 공격 개시 시간(예를 들어 실행 명령이 떨어지고 나서 117분 32초 후)에 맞춰 1차 폭발이 일어나고 나면 2분 12초 뒤 근처에서 2차 폭발이 일어나고, 그다음엔 또 그 근처에서 3차 폭발이 일어나도록 명시돼 있었다. 모든 게 계획대로만 이루어진다면 아군 비행기가 투하한 폭탄이 터져서 격추되는 비행기는 단 한 대도 없을 터였다. 다시 말해 '동족살해'는 일어나지 않을 것이다.

이런 계획표를 읽어도 보고 기획자들과 그 내용에 관해 토론도 해본 결과 특히 눈에 띄는 문제가 몇 가지 있었다. 명백하고도 예측 가능한 몇몇 이유 때문에 모든 게 계획대로 이루어지지 않을 게 불을 보듯 뻔했다.

우선 내가 태평양 전역의 이륙 훈련 보고서를 읽어본 바로, 기지마다 실행 명령을 받고서 실제 이륙하기까지의 시간상 차이가 몇 시간에 이르렀다. 비행기들이 근처에서 일어나는 폭발을 피하려면 단 몇 초가 중요한 계획에서 말이다. 이 문제는 비상 대기 중인 승무원들과는 아무 상관이 없었다. 그들은 지상에서 비행기를 이륙시키는 훈련을 수없이 받고 있었고, 명령을 받은 지 10분 안에 실행할 수 있었다(물론 이 또한 현실에서는 이야기가 달라졌지만 전체 과정에서 이 요소는 상대적으로 믿을 만했다). 그래도 명령을 받고 나서 10분이 걸렸다.

명령은 태평양 곳곳에 흩어져 있는 수백 개의 항공모함과 기지에 동시에 도달해야 했으며, 모든 계획은 당연히 그럴 것이라는 가정에 근거하고 있었다. 하지만 훈련 명령이 하달된 시간과 기지가 훈련 중에 실제로 이런 명령을 받은 시간을 기록한 전투 사령부의 훈련 보고서를 읽다 보니, 기지들이 실제로 명령을 받은 시간이 적게는 1시간에서 많게는 4시간까지 차이 날 때가 많았다. 대기 교란이 일어나거나 메시지가 엉뚱한 곳으로 전달되거나, 중계 지점에서 지연되거나 하는 일이 늘 문제였다.

게다가 계획표대로 시간을 맞추는 능력은 바람에 크게 좌우되었다. 예를 들어 비행기들이 모두 같은 방향에서 올 경우에는 바람이 미치는 영향이 미미할 터였다. 다시 말해 바람이 비행기들의 속도를 똑같은 비율로 낮추거나 높일 터였다. 하지만 공격 목표가 각각 정해져 있는 비행기들은 각기 다른 기지에서 왔다. (어느한 기지가 파괴됐을 경우에 대비해) 일부러 표적을 교차 배치해놓은 것이다. 비행기들이 표적에 접근하는 각도는 적게는 90도에서 심한 경우 180도까지 차이 날 때도 많았다. 따라서 바람이 어떤 방향으로 불든, 바람은 한 조를 이루는 두 비행기에 완전히 다르게 작용할 것이다. 즉 한쪽은 속도를 낮추고, 다른 한쪽은 속도를 높이는 효과를 가져올 것이다.

기획자들은 실행 명령을 받고 이륙해 표적에 이르는 다양한 경로에서 바람이 어느 쪽으로 불고 있을지조차 알지 못한다는 문제를 과연 어떻게 처리했을까? 바람의 방향과 강도가 어떻게 바뀔지 종잡을 수 없었기 때문에 그 문제에 대처하는 방법이라는 게 바람을 전혀 고려하지 않는 것이었다. 그들은 바람이 전혀 없다는 가정에서 출발했다. 이는 비행기들 사이의 간섭 방지를 위한 계획을 완전히 무가치하게 만들었다.

나는 한 기획자에게 이 두 가지 문제를 지적했다. "예, 나도 그런 문제들에 대해 생각해보지 않은 건 아닙니다."

"그런데도 이 모든 계산과 계획이 과연 그럴 만한 가치가 있는지 의심이 들지 않는단 말씀인가요?"

"이 사람들은 자신의 목숨을 걸고 비행에 나서고 있습니다. 우리는 그들의 목숨을 구하기 위해 우리가 할 수 있는 일은 뭐든 해야 하고요."

"하지만 이 계획표대로라면 그 누구의 목숨도 구할 수 없을 것 같은데요. 물론 단 일 초의 오차도 없이 계획대로만 이루어진다면야 가능하겠지만 아시다시피 그럴 가능성은 눈곱만큼도 없지 않습니까?"

"글쎄요, 우린 이런 계산을 하라고 지시받았고, 따라서 그것이 우리가 하는 일입니다."

환상에 불과한 목표를 위해 이처럼 복잡한 계산을 하느라 노력한다는 것은 기획자들이 대체안을 내놓기가 쉽지 않다는 것을 의미했다. 매년 업데이트되는 단 하나의 계획을 만들어 제출하는 데 일 년 열두 달이 걸렸고, 기획자들은 겉으로

만 유연성이 필요하다고 말할 뿐 실제로는 한 가지 이상의 계획을 고려해볼 수도 있다는 생각에 극도로 반감이 심했다. 그들의 계획에는 러시아뿐만 아니라 중국 전역의 목표물까지 포함돼 있었다. 어느 한 나라를 통째로 제외하는 것은 둘째치고 표적 목록을 손봐야 한다는 생각만으로도 기획자들은 부르르 몸서리를 쳤다.

내가 둘러본 오키나와, 타이완, 괌, 도쿄 등지와 태평양에 주둔 중인 몇몇 항공모함과 지휘함의 수많은 작전기획본부와 전투 사령부에는 핵 목표물을 보여주는 대형 지도가 걸려 있었다. 이것은 그들이 가장 쉬쉬하는 지도로 (나와 달리) 공식 허가증이 없는 사람들 앞에서 브리핑할 때면 주로 칸막이나 커튼으로 지도를 가렸다. 이런 지도에는 대개 중국과 러시아를 구분하는 경계가 전혀 표시돼 있지 않았다. 중소 블록은 다양한 표적을 가리키는 화살표와 핀이 여기저기 박혀 있는 하나의 거대한 땅덩이처럼 보였다. 핀만 보고는 그게 중국에 있는지 러시아에 있는지 분간할 수가 없었다. 몇몇 지도에서는 지역 기획자들이 색 끈으로 러시아와 중국의 경계를 대충이나마 나타내기도 했지만, 어디까지나 대략적인 지침일 뿐이었다.

이는 두 나라 중 한 나라만 치고 또 한 나라는 건드리지 말라는 명령을 받은 그 부서의 고위 기획자가 그런 표적들을 점검하는 것만으로는 어디 어디를 제외해야 할지 확실히 결정할 수 없다는 것을 의미했다. 사실 내가 알기로 그 작업은 엄청나게 까다롭고 번거로웠다. 컴퓨터 프로그램이 특정 좌표와 거기에 배정된 비행기의 등록번호는 목록화했지만, 좌표와 국가를 함께 묶어 목록화하지는 않았다. 어떤 좌표가 어떤 나라 안에 있는지 일일이 대조해가며 분류하는 작업은 몇 분 또는 몇 시간으로는 어림도 없었다. 다시 말해 며칠 또는 몇 주가 걸리는 일이었다.

게다가 내가 둘러본 괌, 오키나와, 한국, 항공모함의 실제 활주로에서는 경계 경보가 발령되는 즉시 10분 안에 이륙할 수 있도록 비상 대기 중인 비행기들이 표적별로 특화돼 있었다. 동체 아래에 1.1메가톤급 폭탄을 매단 비행기가 블라디보스토크 지역을 겨냥해 출격 준비를 갖췄다면, 몇 초의 시간 간격을 두고 이륙하게 돼 있는 그 옆 비행기는 중국 내 표적에 맞춰 준비하고 훈련했다. 따라서 특정 활주로의 비상 대기 구역에 있는 비행기들은 국가별 표적을 기준으로 출격하게 돼 있었다. 비행기들이 정해진 순서대로 이륙하려면 서로 다른 이륙 시간 사이의 복잡한 타이밍을 잘 맞춰야 했는데, 그래서 매일 반복 훈련이 필요했다. 중국 내 표적을 겨냥하는 비행기만, 또는 러시아 내 표적을 겨냥하는 비행기만 따로 출격하는 일은 없었다.

조종사들도 대개는 그들이 어느 나라를 겨냥하고 있는지 알지 못했다. 표적 겨냥은 IBM 컴퓨터 시스템을 다루는 승무원이 담당했는데, 이 시스템은 좌표만 제공할 뿐 표적이 중국 땅에 있는지 러시아 땅에 있는지 확인하지 않았다. 따라서 표적의 위치를 재빨리 파악해, 예를 들어 러시아 내 표적을 겨냥하는 7번, 6번, 11번 비행기만 이륙하도록 할 방법이 수동 조작을 통해서든, 컴퓨터 프로그램을 통해서든 아예 없었다.

이 모든 요인들이 합쳐져, 아군이 공격받았을 때 러시아 내 표적만 따로 골라, 또는 중국 내 표적만 따로 골라 보복을 가하는 일이 물리적으로 불가능하도록 만들었다. 심지어 대통령이 군대에 그렇게 하도록 지시했다 해도 말이다.

러시아만 겨냥해 공격하기를 원하는 고위 당국자들은 원칙적으로 태평양 지구 총사령부 병력을 완전히 배제할 수 있었다. 몇몇 군데를 제외한 이들 기지 대부분이 중국 내 표적을 집중 겨냥하고 있기 때문이었다. 하지만 그들은 뭔가 문제가 발생할 수도 있다는 생각이 들 때만 그런 조치를 취할 터였다. 나는 워싱턴에서 이런 종류의 문제가 있다는 걸 아는 사람을 본 적이 없었다. 내가 아는 한 그런 문제를 인식하는 사람은 아무도 없었다. 핵전쟁 계획에 대해 두 단계 이상 접근할 수 있는 사람이 거의 없었고, 그 이상 접근한다 하더라도 그보다 훨씬 낮은 차원의 계획을 검토하거나 그런 계획들이 현장에서 실제로 어떻게 적용되고 있는지를 관찰할 시간이 없었다. 그들은 이런 임무를 (상급 계획에 접근할 수 있는 권한이 없는) 하위 지휘관들에게 넘겼다.

그러나 나중에 내가 알게 된 바에 따르면 그들이 이를 문제로 여기지 못했던 이유는 내가 상상했던 것과 달리 태평양 지구 사령부 지휘관들이나 그들의 지리적 위치가 갖는 특이한 성격 때문이 아니었다. 나중에 나는 태평양 지구 사령부에서도 입수할 수 없고 민간인 관료들 또한 접근할 수 없는 펜타곤의 최고위 계획을 보게 됐는데, 거기에 따르면 대통령과 전략공군 총사령관도 태평양 사령부와 마찬가지로 중국을 빼고 러시아하고만 전쟁을 벌일 생각이 없었다.

6장 ———

전쟁 계획: JSCP를 읽다

　태평양에서 근무하는 동안 나는 태평양 지구 총사령부 전용 컴퓨터 개발을 책임지고 있는 루스 M. 데이비스 박사와 몇 차례 토론할 기회를 가졌다. 그녀는 군대에서 일하는 민간인 가운데 지위가 가장 높은 축에 들어 있었다. 내가 수수께끼 몇 가지와 당시 숙독 중이던 기획안들의 놀라운 성격에 대해 언급하자 그녀는 미국이 추구하는 핵전쟁 계획의 성격을 알고 싶으면 내가 꼭 봐야 할 서류가 하나 있다고 힘주어 말했다. 이른바 합동전략능력기획서(Joint Strategic Capabilities Plan, JSCP. 읽을 때는 'J-SCAP'으로 발음했다)로 태평양 지구 총사령부의 비상작전계획GEOP도 바로 여기에 근거하고 있었다. 그녀는 국방장관과 대통령을 비롯해 민간인 지휘권자들은 JSCP의 성격은 물론 그 존재조차 모른다고 귀띔해주었다. 공군 전쟁기획과의 밥 루크먼 중령이 이를 확인해주었다. 결국 그는 펜타곤에서 읽어보라며 내게 복사본을 빌려주었다.

　국방장관도 알지 못하는 일급 핵전쟁 계획이 어떻게 있을 수 있는지 이해하려면 국방장관과 군의 관계를 둘러싼 역사를 알아야 했다. 1947년 전쟁부(육군부)와 해군부를 육군에서 갈라져 나온 공군과 통합해 국가군사기구National Military Establishment를 창설하기 전만 해도 국방장관이라는 자리가 없었다. 그러다 1949년 이 기구가 국방부로 명칭을 바꾸면서 그 후 10년에 걸쳐 국방장관의 책임은 점차 늘어났다. 1958년 이전까지 국방부 장관과 국방부 장관실Office of the Secretary of Defense, OSD에서 그를 보좌하는 직원들은 기본적으로 물품 조달, 연구 및 개발, 인사, 예산 책정처럼 작전과 직접 상관이 없는 분야만 담당할 뿐 전투 작전 또는 계획 수립 분야에서는 책임이나 지휘권을 갖지 않는 것으로 인식되었다.

따라서 찰스 윌슨Charles Wilson 같은 국방장관은 1954~55년의 진먼섬 사태 같은 긴박한 위기를 다루는 고위급 논의 및 결정에서 제외될 수도, 그렇지 않을 수도 있었다. 이 초창기의 기록은 국방장관들이 중요한 회의에 때로 참석하기도, 또 때로는 참석하지 않기도 했다는 것을 보여준다. 그것은 국방장관들의 성격과 대통령과의 관계에 달려 있었다. 장관실이라는 기관의 초창기에는 합동참모본부에서 국방장관과 그 직원들은 전쟁 계획에 대해 '알 필요'가 없다고 말할 근거가 있었다. 왜냐하면 국방장관은 작전지휘에 관여하지 않았기 때문이다.

그러나 1958년 행정부 재편성법Reorganization Act은 명령계통에서 국방장관을 대통령 바로 다음으로, 통합군 및 특수군 지휘관들과 그 예하 부대들과 직접 연결되게 해놓았다(통합군 사령관은 태평양이나 유럽에서처럼 기본적으로 현장 지휘관으로서 다른 군에서 차출된 성격이 다른 부대들을 통솔했다. 특수군 사령관은 단 한 명뿐이었는데 전략공군사령부는 단일군만으로 구성되었다). 이 법은 합동참모본부를 명령계통에서 배제했다. 그것은 아이젠하워 대통령의 확고한 의도가 가져온 결과였다. 그는 합동참모본부를 육군참모총장으로, 나중에는 유럽 최고사령관으로 대했을 뿐 별개의 조직으로 존중하지 않았다. 그는 특히 전후 합동참모본부가 내놓은 성과에 실망한 나머지 이를 완전히 없애고 싶어했다. 그러나 의회 덕분에 폐지는 면할 수 있었다. 의회는 행정부 재편성법에다 합동참모본부는 명령계통에서 제외된다 하더라도 대통령의 '주된 군사 고문단'으로 이바지해야 한다고 명시했다.

1958년 문제의 법이 나올 무렵 국방장관은 프록터 & 갬블Procter & Gamble의 CEO를 지낸 닐 맥엘로이Neil McElroy였다. 그는 매우 지적인 사람이었지만 군사 문제와 관련해 배경지식이 전혀 없었던 데다 아픈 부인을 돌보느라 근무 시간이 이례적으로 짧았던 것으로 전해진다. 나중에 공군 장교들에게 들은 바에 따르면 그런 이유 때문에 합동참모본부에서 그를 다루기가 비교적 쉬웠던 모양이었다. 그들은 맥엘로이를 부추겨 이미 제정된 그 법을 다음과 같이 재해석한 국방부 지침에 서명하게 했다. "명령계통은 최고사령관인 대통령에게서 나와 국방장관, 그 뒤 합동참모본부를 거쳐 통합군 및 특수군 사령관들에게로 이어진다." 이는 합동참모본부가 어떤 면에서 국방장관의 지시를 전달하는 창구가 된다는 것을 의미했다. 더욱이 그들은 그가 작전상의 모든 책임을 실질적으로 자신들에게 위임하는 데 동의하도록 만들었다. 이렇게 되면 재편성법과 아이젠하워 대통령의 의도가 사실상 소용없어지는 셈이었다. 그것은 서면으로만 존재할 뿐 1958년 또는 1959년까지 작전상의 책임에는 아무런 변화가 없었다.

아이젠하워 밑에서 맥엘로이의 뒤를 이어 국방장관에 취임한 토머스 게이츠 Thomas Gates는 통제력을 행사하려는 본능이 훨씬 강했다. 그러나 장관과 그 참모들뿐만 아니라 차관 및 차관보, 보좌관 및 그 부하 직원들로 구성되는 국방부 장관실에게 합동전략능력기획서는 극비 사항이었고, 그 후로도 오랫동안 그렇게 남아 있었다. 참고로 훗날 도널드 럼스펠드 국방장관은 이를 가리켜 사람들이 모르고 있다는 것조차 모르는 그 무엇이라는 뜻에서 '이중의 미지未知, unknown unknown'로 부르기도 했다.

사실 합동참모본부는 국방장관이 전면적 전쟁 계획에 대해 어떠한 질문도 하지 못하게 하려고 고안된 관행 몇 가지를 공식적으로 채택하고 있었다. 첫 번째 자기 보호용 관행은 연간 전쟁 계획을 합동전략능력기획서라고 부르며, 현재의 작전이나 좀 더 구체적으로 현재의 핵전쟁 목표와 관련이 있는 민간인에게는 보여주지 않는 것이었다. 그 기획서는 머리글자를 따서 대개 JSCP로 불렸지만, 합동참모본부는 서면을 통해 "합동참모본부와 국방부 장관실 산하 기관 사이의 서신 왕래에서 합동전략능력기획서 또는 JSCP가 드러나는 일이 있어서는 절대 안 된다"라는 지침을 하달했다.

국방장관 또는 그의 집무실에서 열람하게 돼 있는 합동참모본부의 서류는 모두 다시 타이핑해 혹시라도 합동전략능력기획서가 언급돼 있으면 그 부분을 모두 지워 없애야 했다. 지시는 계속되어, 그러한 계획을 에둘러서라도 꼭 언급할 필요가 있을 경우, (소문자로) "능력기획서"라고 표기해 구체적인 계획의 존재를 암시해서도, 또는 그것이 전쟁 계획이라고 암시해서도 절대 안 된다고 못 박았다.

문제의 어구, 즉 합동전략능력기획서라는 공식 제목은 일종의 눈가리개였다. 그 목적은 장관(더욱 중요하게는 차관 및 차관보 등 국방부의 민간인 직원들)이 전면전 및 국지전 수행을 위해 해마다 업그레이드돼 나오는 최고 수준의 유일무이한 작전 계획을, 즉 모든 하위 작전 계획까지 아우르는 권위 있는 지침이 존재한다는 사실을 알아채지 못하게 하려는 데 있었다.

이 모두는 합동참모본부의 악몽, 즉 국방장관 또는 그 밑에서 일하는 민간인이 서류에서 이 약어를 보고 그 의미를 묻는 것은 물론 그 계획을 보자고 요청할지도 모른다는 불안에서 비롯됐다. 그렇게 되면 대통령 밑에서 일하는 민간인들이 그 계획을 검토하고 수정을 요구하는 일도 얼마든지 발생할 수 있었다. 합동참모본부가 미리 지시한 대로 쓴, '능력기획서와 관련해 발생하는 문제'라는 모호한 표현은 그런 관료들에게 특정 서류의 열람을 요청할 빌미를 주거나 꼭 읽어봐야 할 중요한 서류가 있다는 분위기를 풍길 걱정이 없었다.

그 결과 국방장관을 비롯해 민간인은 합동전략능력기획서라는 서류가 존재한다는 사실을 거의 알지 못했다. 물론 이는 '어넥스Annex C(부록 C)', 즉 우리의 전면적 (핵)전쟁 계획의 성격을 상세히 설명한 전략공군사령부의 전쟁 계획에도 확대 적용되었다. 이와 관련해 합동참모본부는 이렇게 명시했다. "전면적인 전쟁의 경우 어넥스 C를 실행하게 될 것이다."

어넥스 C가 뭔지 알고 있는 상태에서 이 문서를 읽으면, 그 조항은 작전 용어로, 사실상 '전면전'을 가리킨다는 것을 자연스럽게 유추해낼 수 있을 것이다. 대통령이 지시하면 우리의 주적 소련을 상대로 전략공군사령부의 전쟁 계획을 실행하게 돼 있었다. 하지만 과연 대통령이 언제 그렇게 할까?

그런 운명적인 결정은 그때의 상황과 대통령의 판단에 달려 있기 마련일 터, 그런 만큼 딱히 언제라고 명시하지 않은 채로 놔두었다. 그와 동시에 여러 가지 상황을 고려하는 것이 자연스럽게 보였을 테고, 당연히 소련의 기습 핵공격 또는 군대가 막 도착했거나 코 앞에 임박했을 때가 그런 상황 중 하나일 것이다. 이것이 랜드의 전략 분석가들이 거의 전적으로 집중해 내놓은 시나리오였다.

나토의 작전 계획과 임무에 대해 아는 펜타곤 기획자라면 소련이 나토군을 압도해 서유럽을 점령하고도 남을 기세로 막강한 비핵 공격을 감행해올 경우 대통령으로서는 부득이하게 전략공군사령부의 전쟁 계획을 개시할 수밖에 없으리라는 것을 알고 있었을 것이다(놀랍게도, 냉전 기간 시행한 여론조사 결과에 따르면, 서유럽의 대다수 주민들과 달리 미국인 대부분은 미국이 나토 동맹국들에게 그러한 공식 약속을 했다는 것을 전혀 알지 못했다). 전략공군사령부와 기타 전술적 핵전력의 배치를 정당화해주는 상황이 이것 말고 또 있을까?

실제로 합동전략능력기획서에는 '전면전'에 대한 명백한 정의가 나와 있었다. 모르긴 해도 이는 서류 전체에서 가장 민감한 정보였고, 민간인 관계자들의 눈에 띄지 않게 서류를 보호했던 주된 이유이기도 했다. 공군의 밥 루크먼 중령 덕에 펜타곤 지하 어느 방에서 이 성물聖物 중의 성물을 읽을 수 있는 기회를 얻어, 마침내 다음과 같은 전면전의 정의와 마주쳤던 순간을 나는 영원히 잊지 못할 것이다. "전면전은 소련과의 무력 분쟁을 뜻한다."

이러한 정의가 왜 머리카락이 쭈뼛 설 정도로 중요한지 제대로 이해하려면 합동전략능력기획서의 두 가지 핵심 주장의 맥락에서 이를 읽을 필요가 있었다. 여기서 두 가지 핵심 주장이란 "전면전의 경우 어넥스 C를 실행하게 될 것이다"[1]와 "전면전, 즉 소련 군대와 미국 군대가 공공연하게 개입하는 전쟁에서 미군의 기본적인 군사 목표는 중소 블록의 패배다"이다.

이 경우 소련 진영과 중국을 겨냥한 전략공군사령부 전쟁 계획의 전면적 개시를 촉발할 도화선, 즉 '무력 분쟁armed conflict'의 의미는 군대 내에서 편협한 논쟁의 대상이 되었다. 베를린 장벽이나 동독 국경에서 러시아 군대와 벌이는 소대 또는 중대 수준의 소규모 접전(소비에트 지도자들의 의도를 따른 것이 아닌 듯한)은 합동전략능력기획서의 이러한 정의에 부합하는 '무력 분쟁'으로 간주하지 않는다는 것이 일반적인 견해였다. 그러나 여단(2개 대대) 또는 (베를린 위기 시에는 쉽게 터질 수 있는) 사단 규모의 분쟁이라면? 그럴 경우 정의의 조건을 백 퍼센트 충족하게 되므로 그대로 따르면 될 터였다.

그리고 이 정의는 유럽에만 국한되지 않았다. 즉 이란, 한국, 중동, 인도차이나 등 전 세계 어디서든 몇 개 대대가 넘는 규모의 소비에트 군대와 미국 군대가 무력분쟁을 벌일 경우, 이는 소련과 중국의 모든 도시와 지휘본부에 대한 즉각적인 미국의 전략적 공격으로 이어지리라는 것을 뜻하기도 했다. 그런 계획이 실행될 수도 있다고 상상하기란 쉽지 않았다. 하지만 그 전에 내가 태평양에서 알게 된 바에 따르면, 그리고 전 세계에 적용되는 것으로 밝혀진 바에 따르면 1~2개 사단이 넘는 규모의 소련군이 개입하는 전쟁에서 전면전이 아닌 다른 계획은 아예 존재하지 않았다. 그리고 이러한 대안의 부재는 아이젠하워 대통령의 지시 때문이었다. 아이젠하워 대통령은 핵이든 재래식이든, 어떤 상황에서도 소련과의 '제한적 전쟁limited war'은 세계 어느 곳에서도 있어서는 안 된다고 선언했다.

여기에는 미국 군대와 소련 군대가 벌이는 전쟁은 잠깐 동안이라면 모를까, 그 이상은 제한적인 상태로 남아 있을 수 없다는 아이젠하워의 군사적 판단이 반영돼 있었다. 따라서 그러한 분쟁이 임박한 상태라면 미국은 소련이 선수를 치기 전에 그 즉시 전면적 핵공격에 나서야 한다.

그와 같은 군사적 판단에 대해 특히 육군참모총장 맥스웰 테일러Maxwell Taylor 장군을 비롯해 여러 군사 지도자들이 거듭 문제를 제기했지만 아이젠하워는 국가 재정의 측면에서 어떤 대안도 수용할 수 없다고 생각했다. 보수적인 경제 자문들의 영향력 아래서 그는 (테일러의 제안대로) 지상군 몇 개 사단이 넘지 않는 제한적인 숫자의 병력이라 하더라도 소비에트 군대와 싸울 준비를 할 경우엔 전술 핵무기를 구비하든 아니든 국방비 지출이 증가할 수밖에 없을 테고, 그렇게 되면 인플레이션이 발생해 결국 불황과 '국가 파산'으로 이어지게 될 것으로 확신했다.

각 군 사이의 예산 싸움은 특이하게도 '전면전'의 정의를 놓고 벌어지는 양상을 띠게 되었다. 각 군은 똑같이 핵시대의 '전면전'이란 전략공군사령부가 두드러진 역할을 하는 소련과의 전면적인 핵전쟁을 의미하는 것으로 받아들였다. 항공모함과 잠수함을 갖추고 있다는 점에서 해군은 두 번째로 중요한 비중을 차지할 터였다. 반면 육군의 작전은 기껏해야 문제도 많고 종속적인 성격을 띨 확률이 높았다. 병력 구성, 배치, 작전의 단계로 나뉘는 계획 수립과 (각 군의 입장에서) 무엇보다도 예산의 규모와 배분 결정이라는 측면에 비추어 볼 때 가장 중요한 질문은 미국의 이익을 위협하는 전 세계의 많고 많은 상황 중에서 그런 종말론적 대응을 들먹이게 될 때가 과연 언제냐는 것이었다.

테일러 같은 육군 지도자들은 '전면전'을 가능한 한 좁게 정의해주기를 원했다. 그렇게 하면 갈등 상황이 일어날 경우 전략공군사령부가 반드시 소련이나 중국을 공격하지 않아도 될 것이고, 또한 작전을 수립하고, 예산을 세우고, 문제를 해결할 수 있는 여지를 광범위하게 남겨둘 수 있다고 보았기 때문이다. 처음에는 해군 지도자들도 이와 생각이 같았다. 확실히 단정 지을 수는 없으나 미국의 그러한 (섣부른) 공격이 미국에 대한 엄청난 보복으로 이어질 위험이 높기 때문에, 그들은 가장 극단적이고 비상한 사태에 한해서만 그 가능성을 열어놓아야 한다고 주장했다. 그리고 그러한 주장은 매우 그럴듯하게 들렸다.

그들이 제안한 한 가지 정의는 '전면전'은 '양쪽 국가의 생존이 걸린' 소련과 미국의 무력 분쟁이라는 것이다. 그러나 내 노트의 기록에 따르면 공군 정보부는 "양쪽 국가의 생존이 걸리지 않은 미국과 소련의 무력 분쟁이 있을 수도 있다고 암시하는 정의를 미국 공군은 받아들일 수 없다"라고 반박했다. 1956년 초 아이젠하워는 '양쪽 국가의 생존이 걸린'이라는 수식어구는 정의에서 빠져야 한다고, 즉 '소련과의 무력 분쟁'이라고만 적시하는 게 좋겠다고 주장하며 테일러가 아니라 공군 편을 들었다.

계속해서 거부당했지만 육군과 해군은 포기하지 않았다. 1959년 10월 30일 자 내 노트에 기록된 육군과 해군의 견해에 따르면, 전면전은 '지역, 무기, 병력, 참가국, 목표 등이 제한적인 미국 군대와 소련 군대의 무력 분쟁을 포함해, '적국의 완전한 정복 또는 파괴를 목표로 정부가 총괄 지휘하는 국가 간의 공공연한 무력 분쟁'으로 정의할 수 있었다.

문외한에게는 이러한 정의가 충분히 합리적으로 보일 수 있었다. 그러나 아이젠하워, 공군, 역대 합참의장들은 이러한 순진무구하게 들리는 정의가 전면전이 아닌 제한된 비핵전에서 여러 소련 사단과 싸울 능력을 확보하기 위해 육군이 의회의 동맹 세력을 찾아가기 위해 만든 일종의 선언문 같은 것이라는 사실을 간파해냈다. 예산에 집착했던 아이젠하워 대통령과 육군과 경쟁하던 이들이 우려하면서 어떻게든 피하고자 했던 게 바로 이것이었다. 나와 잘 아는 공군 작전부의 어니 크래그 소령은 1961년 1월 21일(케네디의 취임식 다음 날) 육군과 주고받은 메모에서 다음과 같이 지적했었다.

미국과 소련 사이에 제한된 전쟁이 가능하다는 '관점'의 채택은 어디 한번 마음껏 공격해보라는 '초대장'과 다를 바 없는 것이다. 전면전 병력으로 제한전을 치르게 된다는 점에서 이는 또한 판도라의 상자를 열 수도 있다.…… 이는 육군과 해군이 제한전에 필요한 병력을 거의 무제한으로 늘릴 수 있게 해줄 것이다.

아이젠하워가 종종 되울렸던 후자의 논점은 미국과 나토 정보부 모두 소련 지상군의 힘을 지나치게 과대평가하는 바람에 특히 설득력이 강해 보였다. 예를 들어 그들은 소련군 1개 사단이 미군 1개 사단의 절반 수준에도 못 미친다는 사실을 깡그리 무시했다. 더욱이 소련군 사단의 추정 수치는 터무니없이 부풀려졌다.

당시 자주 인용됐던 '소련군 175개 사단'이라는 숫자는 대부분 서류상으로만 존재하거나 전시 동원의 대상이거나 머릿수와 장비가 극도로 부족한 부대들이었으며, 또 그중에는 고작 본부 인원이 전부인 부대도 많았다. 그런데도 동유럽에 배치된 소련군 정예 20개 사단과 맞먹는 병력 운운하는 것은 육군이 요구하는 대규모 예산을 정당화하는 결과를 낳게 될 터였다. 만약 그런 요구가 받아들여진다면 그 규모는 공군과 해군 예산의 직접비용에 도달할 확률이 높았다.

합동참모본부가 국방장관이 숫자를 둘러싼 논쟁에 주목하지 못하도록 방해했던 주된 이유 하나는 그가 공군 또는 기타 군에 불리하게 작용하는 방향으로 예산을 결정할지도 모른다는 두려움 때문이었다. 게이츠 국방장관은 작전 문제에 대해 발언권을 가져야 한다고 나날이 목소리를 높였지만 실제로는 참모들이 그에게 보여줘도 된다고 만장일치로 동의한 문제들만 보고 받았다. 그런 문제들은 참모들이 내부 협상을 통해 얻는 것보다 국방장관에게 제출하여 얻는 것이 더 많다고 판단했다는 것을 의미했다. 따라서 중요한 문제 대부분이 국방장관의 주목을 끌지 못했지만 한 가지, 즉 '능력기획서'의 '전면전' 정의는 예외였다. 내 노트의 기록에 따르면 1960년 6월 게이츠 국방장관은 전면전의 정의를 다음과 같이 확인했다. '소련과의 전쟁'이 그것이다.

전략공군사령부는 물론 폴라리스 잠수함과 현지 주둔군을 비롯해 어떤 환경에서든, 전 세계 어느 곳에서든 러시아와의 싸움에 대비한 계획은 오로지 하나만 있어야 하기에 아이젠하워는 1959년 오마하에 있는 전략공군사령부 본부에서 유일무이한 전략 계획의 조정에 서명했다. 합동전략능력기획서의 어넥스 C는 1960년 12월을 기점으로 SIOP(Single Integrated Operational Plan, 단일통합작전계획)로 이름이 바뀌었다.

1960년에 들어와 단일통합작전계획을 기획한 합동전략표적계획참모부Joint Strategic Target Planning Staff는 전 세계 곳곳의 표적에 무기를 좀 더 효율적으로 배정할 목적으로 전략공군사령부, 나토, 태평양 지구 사령부 등 각 사령부의 전면전 표적 목록을 모두 취합해 단일화된 표적 목록을 만들었다. 표적화 작업을 전략공군사령부 본부에 집중시키자는 주장의 주된 근거는 전략공군사령부의 독특하다는 컴퓨터 능력이었다. 그런데 이 컴퓨터는 아직 초보적 개발 단계라 계산 대부분을 계산기의 도움을 받아가며 수작업으로 해결해야 했다.

이번에도 근거리 표적을 겨냥하는 수송기 간의 '혼선' 또는 '우군 살해'를 최소화하는 문제가 주된 관심사로 떠올랐다. 여기에 각 사령부의 노력이 '중복'되는 것을 줄이고자 하는 아이젠하워의 바람도 있었다. 하지만 실제로 계획을 짜는 과정에서 그 두 가지 사안은 하나도 관철되지 않았다. 후자의 경우는 각 사령부와 군이 중요한 목표물은 각자의 예하 병력으로 처리하기로 결정했기 때문이다. 일부에서는 모스크바 한 군데에만 대략 80개가 넘는 무기가 배정된 것으로 추정했다. 그런가 하면 또 다른 일부에서는 이 숫자를 180으로 해놓기도 했다. 한편 '혼선 방지'는 태평양에서처럼 여전히 망상에 가까운 목표로 남아 있었다.

태평양 지구 총사령부 계획과 마찬가지로 이번 계획도 한번 조율하려면 너무 복잡해서 실제로는 단 하나의 전략이 들어설 여지밖에 없었다. 모든 현장과 각 군의 계획을 서로 조화롭게 하나로 통합하는 데 따르는 대가는 수행 과정에서 그 어떤 융통성도 발휘할 수 없다는 점이었다. 이 한 가지 시나리오를 작성하는 데만도 너무나 많은 계획이 필요했기 때문에 대안 마련에 활용할 수 있는 여유 인원이나 컴퓨터 시간이 없었던 것이다. 태평양 지구 총사령부 입안자들과 마찬가지로 단일통합작전계획 기획자들도 대안을 제시할 경우 뒤따를 수 있는 혼란과 혼돈에 질겁했다.

합동참모본부의 지침에 따라 전략공군사령부 본부의 기획자들은 미국 무기고의 탄두란 탄두는 모조리 결합하여, 소련 탄두가 발진하기 전이면 더 좋고 아니면 적어도 소련 탄두와 거의 동시에 표적에 도달할 수 있는 히드라의 머리를 한 괴물을 만들기 시작했다.

군산이나 카데나 같은 활주로와 중소 블록 주변의 항공모함에는 1천 대가 넘는 전술 폭격기들이 러시아와 중국을 코앞에 두고 수소폭탄으로 무장하고 있었다(하지만 1961년에도 기술되었듯이 중국과 소련은 그보다 2년여 전에 이미 사실상 갈라선 상태였다). 그런 폭탄 하나만으로도 도시 하나를 완전히 박살낼 수 있었다. 상대적으로 규모가 큰 대도시 지역의 경우라도 두 개면 충분할 터였다. 하지만 이때까지도 전략공군사령부 기획자들은 이런 전술 병력을 취약하고 믿을 수 없고 대수롭지 않은 요소로 간주하고 있었다. 전면전에서의 공격 결과를 산출하는 데 포함시킬 필요조차 못 느낄 정도의 것으로 취급하고 있었다.

1961년 당시 전략공군사령부가 보유하고 있던 폭격기는 B-52 6백 대, B-47 1천 대를 비롯해 약 1천7백여 대였다. 전략공군사령부 비행기들의 폭탄 저장소에는 내가 오키나와에서 본 것보다 훨씬 큰 수소폭탄(열핵폭탄)들이 있었다. 그리고 그중 상당수가 적게는 5메가톤에서 많게는 25메가톤급이었다. 나가사키를 쑥대밭으로 만든 원자폭탄의 1,250배에 이르는 파괴력을 지닌 25메가톤급 폭탄은 그 하나가 TNT 2천5백만 톤, 쉽게 말해 2차 세계대전에서 우리가 떨어뜨린 총 폭탄 톤수의 12배와 맞먹었다. 무기고 안에는 25메가톤급 폭탄이 5백 개가량 있었다. 이 탄두들은 저마다 인간의 역사에서 일어난 모든 전쟁에서 터진 폭탄과 포탄을 전부 합친 것보다 더 센 화력을 지니고 있었다.

이 대륙간 폭격기와 미사일들은 거의 모두가 미국 대륙에 배치되어 있었지만, 위기 시에는 해외 전전 기지에 배치될 수도 있었다. B-52 몇 대는 계속 하늘에 떠 있었다. 나머지도 대부분 비상 대기 중이었다. B-52보다는 작지만 대륙 간 중폭격기라는 점에서는 똑같은 B-58 편대가 활주로를 따라 천천히 이동하다가 한번에 한 대씩이 아니라 동시에 이륙하는 믿기 힘든 조종술을 보여주는 기밀 영화를 본 적이 있었다. 카데나와 그 외 다른 곳에서와 마찬가지로 요점은 임박한 공격을 알리는 경계경보가 발령됐을 때 적의 미사일이 날아오기 전에 최대한 빨리 날아올라 현장을 벗어나는 능력이었다. 이륙 시간과 관련해, 평범한 비행기 한 대가 이륙하는 데 걸리는 시간에 1개 비행 중대가 이미 하늘에 떠서 미리 할당된 표적을 향해 가고 있을 거란 계산이 나왔다.

영화에서는 각각의 동체 크기가 여객기만 한 이 중폭격기들이 활주로를 따라 한 줄로 질주했는데, 앞 비행기와 뒤에 따르는 비행기가 너무나 가까운 나머지 어느 비행기가 조금만 속도를 늦추면 연료를 가득 채우고 수소폭탄 여러 개를 실은 그 뒤의 비행기가 와서 꼬리를 들이받을 수 있었다. 활주로를 내달린 이 비행기들은 마치 총소리에 놀란 새 떼처럼 한꺼번에 위로 날아올랐다. 그것은 정말 놀라운 광경이었다. 아름다우면서도 끔찍한.

항공모함에서는 이보다 크기가 작은 전술 폭격기들이 일종의 대형 새총이라고 할 수 있는 발사기(캐터펄트)의 도움을 받아 이륙하게 될 터였다. 하지만 내가 알기로 전면적 핵전쟁 계획은 전 세계 곳곳에서 미국 비행기와 미사일들이 가능한 한 거의 동시에 이륙하는 것을 요구했다. 이는 끝에서 끝까지 돌이킬 수 없는 전 세계적 공격으로 준비된 것으로서, 미국이 보유한 파괴적 무기 전체가 골리앗을 상대하기 위해 마련된 거대한 새총에 의해 발사되는 것과 비슷할 것이다.

전체 병력에 대해 사전 계획된 표적에는 군사 기지를 비롯해 소련과 중국의 모든 도시가 포함돼 있었다. 2만 5천 명 이상의 인구를 가진 소련의 도시마다 최소한 탄두 하나씩이 배정되었다. 도시는 폭격기 몇 대만으로도 완전히 초토화될 수 있기 때문에 그러한 '군사적' 표적(그 가운데 다수가 도시 안이나 근처에 있었고, 또 그중 대다수가 의도적으로 군사 시설로 분류되었다)의 절대다수를 차지했다.

1960~61년 미국 공군과 CIA의 '미사일 격차' 평가는 다른 결론을 내놓았지만, 그와 같은 미국의 제1격 이후 단 한 발이라도 핵탄두가 미국 영토까지 도달할 가능성은 거의 없었다. 우리의 공격으로 발생한 성층권의 낙진이 미국인들을 죽일 것은 분명하나 그렇게 되기까지는 오랜 세월이 걸릴 것이다. 대기층에서 방사능이 붕괴될 테고 암으로 인한 죽음은 장기간에 걸쳐 진행되므로 어느 해의 사망률의 증가가 통계상으로는 감지되지 않을 수도 있다. 그러나 나토로 대표되는 우리의 서유럽 우방들은 순식간에 두 번이나 전멸할 가능성이 높았다. 첫 번째는 우

리의 제1격을 피해 살아남은 소련의 이동식 중거리 미사일과 전술 폭격기 때문일 테고, 두 번째는 소련 블록에 대한 우리의 핵공격으로 인한 주변의 낙진 때문일 터였다.

존 H. 루벨은 짤막한 회고록에서 SIOP(단일통합작전계획)-62 제1차 고위급 프리젠테이션에 참석한 몇 안 되는 민간인 중 한 명의 시각으로 그 역사적 행사의 현장을 생생하게 전달했다. 여기서 나는 그의 설명을 자세히 인용했다. 이처럼 내부자가 직접 쓴 글을 달리 알지 못하기 때문이다. 단일통합작전계획을 접한 루벨 또한 몇 달 뒤 백악관에서 합동참모본부가 내놓은 우리의 공격으로 인한 사망자 수 추정치를 보고 내가 경험한 것과 똑같은 감정적 반응을 경험했다. 결론 부근에서 그는 다음과 같이 기록했다.

회의는 1960년 12월 중순 무렵 네브래스카 오마하 근처 오펏 공군 기지에 있는 전략공군사령부 본부에서 열렸다.[2] 이 자리에는 게이츠 국방장관, 짐 더글러스 국방차관, 나, 합동참모부 참모들, 전 세계 각지의 통합군 및 특수군 사령부를 대표하는 장성들이 참석했다.

단일통합작전계획 브리핑은 전략공군사령군 본부 지휘실에서 진행되었다. 참가자들 맞은편 높다란 벽에는 100피트는 족히 됨 직한 방 길이 전체에 해당하는 트랙을 따라 각종 지도와 도표들을 매단 거대한 패널들이 걸려 있었다. 뒤편 한 층 위는 유리로 둘러싸인 발코니였다. 전쟁이 일어나면 장성들은 일렬로 길게 늘어선 책상들 뒤쪽에서 전화기에 붙어선 채 통유리 너머로 세계 어딘가의, 실은 전 세계 거의 모든 곳의 전시 활동 상황을 나타내는 지도들을 들여다볼 터였다.……

(전략공군사령관) 파워 장군이 신호를 보내자 발표자가 무대로 올라와 청중과 마주 보았다. 맨 앞줄과의 거리는 15피트 내지 20피트 정도였다.……

도표 몇 개를 보여주고 나서 발표자는 소련에 도달하는 첫 번째 공격파wave

*of attacks*를 정의하기에 이르렀다. 내가 기억하기로 첫 번째 공격파는 오키나와 근처에 주둔하고 있는 항공모함의 전투폭격기에서 나왔다. 여기까지 발표한 뒤 그는 한쪽으로 비켜섰다.

곧이어 지도들이 늘어서 있는 기다란 벽 양쪽 끝에서 높다란 발판사다리를 제각각 든 공군 두 명이 모습을 드러냈다. 우리가 관찰한 바로는 중국과 소련, 그리고 근처 다른 지형을 나타내는 커다란 지도 끄트머리에 각각 멈춰 섰다. 둘은 각자 재빠른 속도로 사다리를 기어올라 거의 동시에 꼭대기에 이르렀다. 두 사람은 제각기 빨간 리본을 향해 손을 뻗었는데, 이제 보니 그 리본은 투명한 대형 비닐 두루마리를 둘러싸고 있었다. 단 한 번의 움직임으로 둘이 동시에 두루마리 끄트머리의 리본 나비매듭을 끄르자 비닐이 휙 풀리면서 약간 펄럭이다가 지도 앞으로 축 늘어져 달랑거렸다. 핵폭발을 의미하는 자잘한 표시들이 무더기로 모습을 드러냈는데, 그중 대부분이 모스크바 상공에 몰려 있었다. 공군 둘이 사다리를 내려와 접더니 옮겨놓고는 사라졌다.

이미 하늘 높이 떠서 공중 경계임무를 수행하고 있는 B-52, 지중해의 항공모함과 독일 미군 기지에서 발진하는 전투폭격기, 일본 주변의 항공모함과 기지에서 발진하는 전투폭격기, 미국 본토의 기지와 유럽의 몇몇 기지에서 발진하는 B-47과 B-52, (이후 몇 년 동안 그 수가 훨씬 더 늘어나게 될) 탄도미사일이 소비에트 상공에 잇달아 치명적인 무기를 떨어뜨리는 상황 등을 설명하며 발표자는 이와 같은 공연을 수차례 연달아 선보였다.

발표자가 공격파를 설명할 때마다 사다리 장인들의 춤사위가 재현되곤 했다. 그들이 빨간색 리본 매듭을 끄를 때마다 비닐 두루마리가 휙 내려왔고, 그때마다 모스크바는 겹겹이 층으로 쌓인 비닐 위 자잘한 표시들 아래에서 희미해져 갔다. 다른 곳들에도 자잘한 표시들이 있었는데, 누군가 소비에트의 산업과 군사력의 1/3이 모스크바 지역에 집중돼 있으며, 그래서 그 지역에 폭탄을 집중적으로 투하하는 것이라고 지적했다. 내가 기억하기로 이 계획에 따르면 모스크바에만 도합 40메가톤이 필요했다. 이 정도면 히로시마에 떨어뜨린 폭탄의 약 4만 배, 4년이 넘는 2차 세계대전 기간에 연합군이 양쪽 진영에 투하한 비핵폭탄을 모두 합한 것의 스무 배에서 서른 배에 이르는 양이 아닐까 싶었다.……

몇몇 폭격기들이 지중해에서 북동쪽으로 비행하며 모스크바로 가고 있다는 설명을 듣고 있는데, 파워 장군이 발표자에게 손을 흔들며 이렇게 말했다. "잠깐, 잠깐." 그러고는 맨 앞에 있는 자신의 의자를 돌려 내 뒤에 있는 제복을 입은 사람들과 어스름을 응시하며 말을 이었다. "이 중에 알바니아에 친척이 있는 분이 아무도 없기를 바랍니다. 그곳에 있는 레이더 기지가 우리 항로 바로 위에 있기에, 부득이하게도 제거할 수밖에 없어서 말입니다." 그 말에 다들 완전한 침묵으로 반응하자 파워는 발표자에게로 돌아서서 다시 손을 흔들며 말했다. "계속하게."

그러고 난 뒤 발표자는 세로축은 사망자 수를, 가로축은 몇 주까지 이어지는 기간을 몇 시간 단위로 나타낸 도표를 보여주었다. 그는 소련에 약 1억 7천 5백만 명이 있다고 단언했다. 이 도표는 폭발의 직접적인 효과나 폭탄이 터질 때의 방사능이 아니라 오로지 낙진으로만 죽은 사망자 수, 그러니까 최초의 폭발 때 높은 고도로 밀려 올라간 방사능 먼지가 다시 땅으로 떨어지기 시작하면서 죽은 사망자 수를 나타내고 있었다. 시간이 지남에 따라 증가하는 사망자 수 곡선은 약 1억 명 선에서 수평을 유지했다. 그렇다면 소련 인구의 절반 이상이 오로지 방사능 낙진만으로 목숨을 잃게 된다는 소리였다.……

브리핑은 곧 끝났고, 뒤이어 다른 발표자가 중국에 대한 공격을 주제로 또 브리핑에 나섰다. 마침내 그 발표자 역시 오로지 낙진에 의한 사망자 수를 보여주는 도표에 이르렀다. 세로축은 그 숫자의 딱 절반, 즉 3억까지 올라갔다.

내 뒤 어딘가에서 들려오는 침울한 목소리가 도중에 끼어들어 이렇게 말했다. "질문 하나 해도 되겠습니까?" 그러자 파워 장군이 또다시 맨 앞줄의 자기 의자를 뒤로 돌려 어둠을 노려보며 소심한 사람 같으면 기가 꺾이기 딱 좋을 어조로 이렇게 말했다. "물론이요, 어떤 질문인지 어디 들어봅시다." "그럼 중국과도 전쟁을 한다는 겁니까?" 목소리가 물었다. "소련하고만 전쟁을 하는 게 아닙니까? 계획을 바꿀 수는 없습니까?"

"에, 그야 뭐 바꿀 수는 있지만 나는 그렇게 생각하는 사람이 아무도 없기를 바랄 뿐이오. 그랬다간 계획이 정말 엉망이 되고 말 테니까." 파워 장군이 유감스러운 어조로 말했다.

다음은 루벨의 논평이다.

묻고 대답한 이야기가 그러했다. 여기까지 브리핑을 듣는 동안 마음이 이미 무거울 대로 무거워진 가운데 영 께름칙하고 섬뜩했다. 1942년 1월의 반제회의(Wannseekonferenz 베를린 교외 반제에서 개최된 나치 독일 차관급 수뇌부 회합으로 독일이 점령한 소련과 동유럽 지역의 유대인을 소거 및 말살시키기로 한 나치 수뇌부의 결정을 승인함—옮긴이)가 생각났다. 이 회의에서 독일 관료들은 배기가스를 가득 채운 승합차나 총기 난사, 헛간과 유대교 회당의 소각보다 과학기술의 측면에서 더욱 효과적인 대량 몰살 방법을 사용해 유럽에서 마지막 한 명의 유대인까지 근절하는 프로그램에 전격 합의했다. 나는 마치 암흑 속의 깊은 곳으로 꺼져버리는 듯한 기분이 들었다. 지구 표면의 거의 1/3을 차지해 살고 있는 사람들 중 절반을 쓸어버리기로 작심해버린, 일사불란하고 꼼꼼하면서 아주 무심하고 냉혹한 집단사고가 지배하는 불가사의한 지하세계를 목도하고 있는 듯했다. 그 캄캄한 순간 이후로 40년이 넘게 지났지만 그런 느낌은 아직도 완전히 가시지 않았다.

루벨에 따르면 다음 날 아침 게이츠 국방장관은 회의를 소집해 전날 저녁의 행사에 대해 논의했다. 이 자리에는 합동참모부 참모들, 나, 육군부·해군부·공군부 장관도 참석했다. 합동참모본부 의장 리먼 렘니처 장군을 필두로 토론자 모두가 한목소리로 이렇게 말했다. "어려운 일을 아주 훌륭하게 해냈지 뭡니까. 칭찬받아 마땅해요."

정말 다행스럽게도 게이츠는 한 번도 나를 돌아보지 않았다. 만약 그가 나를 돌아봤다면 내가 뭐라고 말했을지 모르겠다. 뭔가 말을 하긴 했겠지만, 두려움 때문에 이것은 내가 여태껏 한 번도 들어본 적도 상상해본 적도 없는 더없이 야만적이고 정신 나간 '계획'이라고 말할 용기는 나지는 않았을 것 같다.

2차 회의에서 단 한 사람만 이의를 제기했다. 타라와에 상륙한 해병대를 해변에서부터 지휘한 공로를 인정받아 명예훈장을 받은 해병대 사령관 데이비드 M. 슈프Daivd M. Shoup 장군이었다. 이 브리핑이 있기 5년 전 나는 콴티코에 있는 해병대 보병학교 졸업식에서 그의 연설을 들은 적이 있었다(1961년부터 전쟁이 끝날 때까지 그는 베트남전 개입을 격렬히 반대했다).

"내가 말씀드릴 수 있는 것은 정작 본인들은 전쟁과 아무 상관이 없는 3억 중국인을 살육하는 계획에 참여한다는 것은 여하한 경우에도 절대 좋은 것이 아니라는 겁니다. 그것은 미국이 가야 할 길이 아닙니다."(슈프가) 침착한 목소리로 말했다.

그러나 그것은 미국의 계획이었다. 아이젠하워 대통령은 과학 자문 조지 키스티아코프스키로부터George Kistiakowsky "지나치게 많은" 사상자 수를 보고받고 괴로워했지만[3] 결국 계획을 승인했고 한 달 뒤 아무런 수정 없이 그것을 존 F. 케네디에게 넘겼다. 그것을 바꾸는 것은 나의 몫이었다.

7장 ———

번디에게 브리핑하다

단일통합작전계획을 볼 수 있었던 몇 안 되는 민간인들만 이 정신 나간 계획이 근본적으로 바뀌어야 한다고 느낀 것은 아니었다(하지만 당시만 해도 나는 루벨 같은 사람들을 알지 못했다). 공군과 접촉하면서 나는 공군의 많은 기획관이 광기 어린 이 계획을 우려한다는 사실을 알게 되었다. 그러나 이들의 상관들이 이런 계획을 결정한 이상 일반적인 명령계통을 통해선 문제의 계획에 영향을 미칠 수 없었다.

원칙적으로는 나와 랜드도 똑같은 입장이었다. 이 기간에 랜드는 국방장관이 아니라 공군 편에 서서 일했다. 따라서 기관의 예산과 존립을 직접적으로 위협할 수 있는 경로에서 벗어나, 다른 절차를 통해야만 랜드 연구원과 간부들이 국방장관에 상황을 알릴 수 있었다.

그러나 나는 먼저 계획의 본질을 대통령이 인식하게 만들어야 한다고 점점 더 강하게 느꼈다. 이와 더불어 전쟁이 일어날 가능성을 높이는 모든 부수적인 위험과 러시아 군대의 개입이 전 세계에 상상을 뛰어넘는 규모의 대량학살을 초래할 수 있다는 가능성도 또한 알아야 했다. 대통령이 단일통합작전계획과의 맥락 속에서 이들 계획의 경직성과 우매함, 믿기 힘든 잔혹성은 둘째 치고 지나친 단순성을 제대로 이해하려면 먼저 합동전략능력기획서를 자기 눈으로 직접 봐야 할 것 같았다. 이러한 극단성은 문서화된 그 계획들을 자세히 검토하지 않고서는 전달하기가 거의 불가능했다.

나의 관심은 어떻게 하면 대통령과 국방장관의 주의를 끌 것인가에 모아졌다. 몇 년 동안 국가 방위에 직접 영향을 미칠 수 있게 하기 위해 내가 세운 가장 높은 목표 중 하나는 서류 몇 장을 낮은 곳에서 더 높은 단계의 지휘권으로, 군에서 민간인 차원으로 옮겨놓는 것이었다. 특히 나는 한 장의 서류, 즉 어넥스 C가 첨부된 합동전략능력기획서를 합동참모부나 공군참모부 사무실에서 국방장관 집무실과 대통령 집무실로 옮겨놓고 싶었다. 그래야 민간인 지휘권자가 우리 전면전 계획의 성격을 파악하고 이를 통제, 수정할 수 있기 때문이었다(10년 뒤에도 내가 생각하는 민간인 지휘권자의 정의만 달라졌을 뿐 나의 목표는 같았다. 나는 7천 쪽에 달하는 펜타곤 일급기밀 서류들을, 일명 펜타곤 문서를 펜타곤과 랜드에서 미국 상원과 대중에게로 옮겨놓고 싶었다). 나는 또 민간인 지휘권자에게 내가 파악한 비인가 행동의 위험성뿐만 아니라 권한 위임에 지나치게 의존하는 문제 등을 알리고 싶었다. 그러나 안타깝게도 게이츠 국방장관에게 곧장 갈 수 있는 길이 없었다.

1960년 태평양 지역의 지휘통제 상황에 대한 연구를 끝내고 돌아온 뒤 케네디 행정부의 고위 관료가 될 거라는 소문이 자자한 두 명과 접촉할 기회가 있었다. 한 명은 몬터레이 아실로마에서 대안적 군사 전략을 주제로 랜드가 주최하는 회의에 참석한 폴 니츠Paul Nitze였다. 회의 중간 쉬는 시간을 이용해 나는 니츠와 함께 꽤 오랜 시간을 투자해 빅서까지 갔다 오며, 자동차 뒷좌석에서 그와 이야기를 나누었다. 그는 그 유명한 국가안보회의 문서, 그러니까 우리의 1950년 군비증강 계획의 골격을 이루는 NSC-68을 초안한 장본인이었다. 이 무렵 그는 민주당 자문회의Democratic Advisory Council, DAC 외교정책위원회 위원장으로 군사 및 정치 계획 입안에 관한 한 민주당 실세였다. 그는 고위 관료로 등용될 예정이었다.

자세히는 말하지 못했지만 차 안에서 나는 그에게 대통령이 전면전 계획을 직접 읽고, 거기에 관심을 두고, 이를 감시·감독하겠다고 주장하는 것이 얼마나 중요한지 설명했다. 그는 일급기밀 취급권을 가지고 있었다. 그는 아이젠하워 시절 국방부 국제안보문제 차관보로 잠시 근무한 적이 있었고, 그 뒤에도 계속 자문위원으로 남아 있었다. 그러나 게임의 규칙에 따르면 그 당시 그는 이 민감한 정보에 대해 '알 필요'가 없었다. 엄밀히 따지면 나 역시 그랬다. 참모부의 몇몇 대령들이 다르게 생각한다고 해서 내가 공직자도 아닌 사람들에게 함부로 말하고 다녀도 된다는 뜻은 아니었다. 같은 이유로 나는 랜드 동료들에게도 이런 문제들을 일절 알리지 않았다. 니츠에게 나는 문제의 긴급성과 그가 새로운 행정부의 관료가 된다면 대통령이 즉시 이런 문제들에 대해 알 수 있도록 조처해야 한다고 강조했을 뿐이다.

나는 월츠 로스토에게도 같은 메시지를 전달했다. 그도 니츠처럼 민주당 자문회의 외교정책위원회 소속으로 케네디가 선거에서 이긴다면 국가안보담당 관료로 발탁될 가능성이 높았다. 나는 케네디의 유세 기간에 하버드 법학대학원 교수 아치볼드 콕스의 소집으로 동 대학원에서 열린 정책 연설 자문들 모임에서 로스토를 만났다. 긴 휴식 시간을 이용해 나는 대학원 주차장에서 로스토에게 니츠에게 했던 말을 되풀이하며 미래의 대통령을 가까이할 기회가 있다면(1961년 그는 대통령 국가안보 보좌관으로 백악관에 입성한 맥조지 번디의 비서가 되었다) 합동전략능력기획서와 거기 첨부된 어넥스 C를 반드시 읽어보게 하라고 촉구했다.

유세 기간에 랜드 연구원들이 케네디의 연설문 작성에 도움을 줄 수 있도록 주선한 공으로 나는 1961년 1월 워싱턴에서 열린 취임식에 초대받았다. 취임식이 끝나고 처음 맞이하는 월요일에 국방부 국제안보문제International Security Affairs, ISA 차관보에 (다시) 기용된 폴 니츠의 새 사무실에 들러 그를 만났다.

나는 그에게 지난 가을 몬터레이에서 나눈 우리의 대화를 상기시켰다. "위원장께서 이렇게 공직자가 되셨으니 이제 이 계획들에 대해 자세히 말씀드릴 수 있겠군요." 내가 말했다. 국방부 국제안보문제 차관보는 국방부의 정책 입안을 총괄하는 책임자로서 당연히 종류 여하를 막론하고 국방부의 모든 계획을 다루는 자리였음에도 사실상 그전까지는 실제 군사작전계획을 한 번도 다뤄본 적이 없었다.

이러한 대화의 결과 니츠는 내 친한 친구이자 랜드 동료였던 해리 로웬을 통해 합동전략능력기획서를 보자고 요청해왔다. 해리 로웬은 이 무렵 니츠의 정책담당 보좌관으로 일하고 있었는데, 랜드를 떠나며 랜드 소속 ISA 자문위원이라는 직함과 함께 그 임무를 내게 넘겼다.

나는 이전 행정부에서 한동안 국방부에 근무했었고, 지금은 로웬 밑에서 기획 업무를 책임지고 있는 육군 장군을 만나러 갔다. 나는 그에게 로웬과 니츠 이름을 대며 합동전략능력기획서를 달라고 요청했다. 그는 단박에 거절했다. "댁은 알 필요가 없소." 그가 퉁명스럽게 말했다. 내가 좀 더 도전적으로 이는 그의 상관인 차관보의 요청이라고 거듭 말하자 그는 이렇게 말했다. "차관보 또한 알 필요가 없소이다." 내가 그렇다면 당신은 본 적이 있냐고 묻자 그는 물론 본 적이 있지만 육군 장군으로서 본 것이지 국방부 국제안보문제 관료 자격으로 본 것은 아니라고 말했다. 나는 그의 직속상관인 해리에게 이를 보고했다. 니츠는 결국 합동전략능력기획서를 보지 못했다.

그해 1월 말, 로웬은 대통령 국가안보 보좌관인 맥조지 번디에게 전쟁 계획과 내가 태평양에 있으면서 파악한 지휘통제 문제에 대해 브리핑할 수 있도록 주선했다. 부보좌관인 밥 코머가 나를 번디의 사무실로 안내했다. 내가 소사이어티 오브 펠로스 졸업반 학생일 때 번디(그도 10년 전 이 소사이어티 멤버였다)는 하버드 (문리대) 학장으로 있었지만 나는 한 번도 그를 만난 적이 없었다. 코머는 랜드를 방문했을 때 여러 번 본 적이 있었다.

번디와는 한 시간이 예정돼 있었다. 안으로 걸어 들어가는데, 민간인치고 내가 전쟁 계획에 대해 너무 많이 알고 있는 것 같다는 사실을 번디가 의아하게 여길까봐 슬슬 걱정이 되기 시작했다. 아무래도 본격적인 브리핑에 앞서 내가 이 정보를 입수하게 된 경위에 대해 조금은 힌트를 줘야 할 것 같았다. 나는 태평양 지구 총사령부의 지휘통제 프로젝트에 참여하게 된 계기와 합동참모본부와 함께 진행한 연구에 대해 이야기하기 시작했다. 2~3분쯤 지났을까, 그가 내 말을 가로막으며 건조하고 차가운 목소리로 이렇게 물었다. "지금 이게 브리핑인가, 아니면 고백성사를 보는 것인가?" 그는 지적으로 열등한 (대부분의) 사람들과 있을 때 보이는 오만한 태도와 '똑 부러지는' 정보를 제시하지 못하는 부하 직원들의 말을 가차 없이 싹둑 자르는 것으로 유명했다.

나는 속으로 이렇게 생각했다. '좋아요, 똑똑한 양반, 그렇게 나온다 이거죠?' 나는 그는 아마 모르고 있겠지만 전쟁 계획과 핵작전에는 우리가 알아야 할 게 많다고 똑 부러지게 말했다. 그리고 계속해서 제1격 계획의 본질과 중소 블록 도시들을 무조건 목표물로 삼는 전략 등 합동전략능력기획서의 특성과 통제 시스템의 결함에 대해 하나씩 지적해 나갔다. 몇 분 만에 그의 입이 떡 벌어지는 모습을 보고 나는 속으로 쾌재를 불렀다. 그는 머리를 설레설레 흔들기도 하고, 낮게 소리치기도 하면서 열심히 메모하기 시작했다.

그는 거의 한 시간을 더 나를 그곳에 붙잡아두었는데, 브리핑 중간중간과 끝날 때쯤 나는 그에게 몇 가지 권고 사항을 제시했고, 그때마다 그는 빠짐없이 받아 적었다. 우선 첫 번째로 합동전략능력기획서를 볼 수 있는 권한을 강하게 내세워 그 문건을 읽어보고 내용을 숙지한 다음 그와 관련해 중요한 논점과 작전의 의미를 설명해줄 수 있는 군 관계자의 도움을 받아 본격적인 검토에 들어가야 한다고 조언했다.

나는 그에게 핵무기를 싣고 이와쿠니에 주둔 중인 전차상륙함, 2인 규칙의 통상적 위반, 잠금장치 같은 핵무기 통제 수단이 전반적으로 부족한 상황 등에 대해 설명했다. 특히 백악관이 시급하게 관심을 가져야 할 문제로 나는 대국민 발표와 일급기밀 취급 방침과 달리, 아이젠하워 대통령이 다양한 상황에서 핵공격을 개시할 수 있는 권한을 위임했다는 믿음이 널리 퍼져 있다는 점을 꼽았다. 이 당시 공직에 취임한 지 2주 정도밖에 되지 않았던 번디는 이 소식에 불신보다 경악과 충격의 기색을 있는 그대로 내보였다.

나는 아이젠하워 대통령이 통합군과 특수군 사령관들에게 보냈다는 편지에 대해서도 이야기했다. 이와 관련해 나는 그 편지들을 내 눈으로 직접 보지는 못했지만 태평양의 중요한 장교들은 편지가 존재한다고 믿고 있으며, 그런 믿음은 위험한 결과를 낳고 있다고 말했다. 권한 위임은 현장 지휘관의 수준을 훨씬 벗어나, 내가 짐작하기로 아이젠하워 대통령이 알고 있거나 의도했던 것보다 훨씬 더 낮은 수준까지 광범위하게 확산해 있었다.

40여 년 뒤 나는 막 기밀 해제된 1950년대 후반의 서류를 통해 당시의 내가 단단히 오인하고 있었다는 사실을 알게 되었다.[1] 놀랍게도 아이젠하워가 실은 이러한 권한 위임의 확산을 미리 내다보고 그 위험성을 알고도 이를 인가했던 것으로 밝혀졌다. 하지만 그때 내가 이런 사정을 알고 있었다 해도 번디에게 했던 내 조언이 달라지지는 않았을 것이다. 위기 상황에서 핵공격을 개시할 수 있는 능력과 권한을 두루 갖춘 예하 지휘관들의 수가 위험 수위에 이를 만큼 너무 많았으므로 케네디 대통령이 상황을 보고 판단해 시스템에 대한 통제권을 재확립하는 데 필요한 조치를 취하는 것이 시급했다.

———

번디에게 브리핑하고 나서 며칠 뒤 해리 로윈이 자신과 번디는 권한 위임 문제가 조사해봐야 할 중요한 사안이라는 점에 동의했다고 말했다. 번디는 그가 접근할 수 있는 서류철에서 내가 말한 내용을 뒷받침할 만한 문건을 찾아내진 못했지만, 그것으로 끝난 게 아니라는 것을 이미 알고 있었다. 아이젠하워가 퇴임하면서 백악관 자료 대부분을 가지고 나갔기 때문이었다. NSC 당국자 회의에서 번디는 핵무기 사용에 대한 대통령의 인가 문제를 조사하기 위해 백악관-국방부 1인(즉 대니얼 엘스버그) 합동위원회를 구성하는 중이라고 발표했다. 로윈의 설명에 따르면 나의 임무는 내가 전해 들은 편지들이 실제로 존재하는지 여부를 밝혀내는 것이었다. 이 일과 관련해 나는 백악관이 보증하는 전면적 권한, 구체적으로 말하면 '어디든 갈 수 있고, 뭐든 물을 수 있고, 뭐든 볼 수 있는' 권한을 부여받게 될 터였다.

내가 맨 처음으로 찾아간 사람은 핵 경보 절차를 책임지고 있으면서 일명 '축구공'으로도 불리는 핵가방을 들고 다니는 케네디 대통령의 해군 보좌관 태즈월 셰퍼드 주니어 사령관이었다. 나는 그에게 태평양에서 들은 것에 대해 이야기했다. 그는 그런 이야기는 금시초문이라고 말했다. 그의 표정으로 보아 터무니없는 소리라고 확신하는 것 같았다. 그는 대통령과 핵 지휘통제 시스템을 연결하는 담당자로서 그런 편지가 존재한다면 마땅히 자신이 알고 있어야 한다고 힘주어 말했다. 그는 더욱이 대통령의 분명한 명령이 없는 상태에서 어떤 형태로든 전쟁계획을 실행할 수 있는 권한을 통합군이나 특수군 사령관에게 주었다는 이야기는 들어본 적이 없다고 말했다. 그는 만약 그런 권한 위임이 존재한다면 자신이 모를 리 없다고 생각했다.

이 무렵 나는 그런 위치에 있는 장교라면 비밀 엄수를 위해 그런 문제에 대해 그럴 듯하게 거짓말하는 것쯤은 식은 죽 먹기라는 것을 알고도 남을 만큼 충분히 경험을 쌓은 상태였다. 그러나 이 상황에서 그는 뭔가 도움이 되려고 애쓰고 있으며, 내게 진실을 말하고 있다는 판단이 들었다. 뭐든 물어볼 수 있고 그 자리에서 바로 답을 요청할 수 있는 나의 권한은 번디에게서 나온다는 사실을 그는 알고 있었고, 게다가 그가 대통령 보좌관을 속이려 들 가능성은 거의 없었다.

셰퍼드는 백악관의 대통령 지휘본부에서 일하는 다른 사람들에게 내가 제기한 문제들에 대해 물어보겠다고 약속했다. 그런데 그가 물어본 사람들 모두 아는 게 없다고 대답했다. 그러자 그는 핵전쟁이 발발할 경우 핵과 관련한 명령을 하달하는 지하 지휘본부를 직접 방문할 수 있게 주선해주었다. 워싱턴에서 40마일 떨어진 레이븐록산에 자리 잡은 예비 합동 통신소Alternate Joint Communication Center는 그런 지하 지휘체계를 구성하는 곳 중 하나로 합동참모본부의 제2 지휘센터 역할을 했다.[2] 이 밖에 핵 비상사태가 발생할 경우, 정부 민간인 지도자들의 거처로 쓰이게 될 하이포인트와 메릴랜드의 휴양지 캠프 데이비드가 또 다른 산 아래에 있었다.

셰퍼드는 내가 무엇을 알아내든 자기한테도 알려달라고 부탁했다. 하지만 그런 센터의 장교들은 하나같이 그와 같은 권한 위임에 대해서는 아는 게 아무것도 없다고 주장할 따름이었다. 더욱이 그들은 태평양에서는 그런 권한 위임이 존재한다는 믿음이 팽배하게 퍼져 있다는 사실조차 모르는 듯했다. 그런 와중에 셰퍼드가 자기 나름대로 좀 더 조사해봤지만 권한 위임의 증거를 전혀 찾지 못했다고 알려왔다.

나는 태평양에서 갖게 된 믿음은 떨쳐버려야 할 신화에 근거하고 있다고 결론 내렸다. 하지만 이는 잠정적 결론일 뿐 그런 부정적인 조사 결과를 최종 결론으로 삼을 수는 없었다. 셰퍼드와 다른 장교들이 나를 속이고 있는 건 아닌지, 그리고 셰퍼드가 오기 전이라 그가 알 도리가 없고, 또 다른 사람들도 이에 대해 전혀 눈치채지 못하는 가운데, 그러한 재가권이 (실제 편지의 방식인지도 여전히 의심스럽지만) 사령관들에게 넘겨졌을지 판단하는 것은 내 몫이었다.

나는 맥조지 번디가 새로 뽑은 부보좌관 칼 케이슨(본인도 주니어 펠로 출신으로, 하버드 경제학과 교수였던 케이슨은 내 하버드 졸업 논문을 읽어보고 소사이어티 오브 펠로스에 나를 추천해준 인연이 있었다)에게 이런 사정을 보고했다. 나는 내가 맞닥뜨린 난처한 상황에 대해 설명했다. 맨 처음 권한 위임이 이루어진 장소로 추정되는 곳, 최고 지휘권이 행사되는 곳, 즉 워싱턴 지역에서 나는 워싱턴 밖의 누군가가 단독으로 핵공격을 개시할 수 있는 권한을 부여받았다는 소리를 들었다는 사람을 아무도 찾을 수 없었다. 그러나 태평양에서 복무하는 장교들이 그런 권한 위임이 이루어졌다고 믿거나 낮은 차원에서까지도 권한 위임이 실제로 일어나고 있다는 것을 의심할 이유도 없어 보였다.

이런 불일치는 몇 가지 가설을 통해 설명할 수 있었다. 나는 케이슨에게 내 판단으로는 태평양의 장교들이 단단히 오해하고 있을 가능성이 제일 크다고 말했다. 아이젠하워가 보냈다는 편지들은 실은 존재하지 않을 가능성이 매우 컸다. 하지만 내가 보건대 그런 편지가 존재한다는 믿음은 실재했고, 그 믿음은 위험한 결과를 낳고 있어 이를 바로잡을 필요가 있었다. 그와 같은 믿음은 잘못된 선례로 이어져 태평양 지구 총사령부와 기타 사령부들에서 명령계통의 낮은 차원에서까지 권한 위임이 이루어지고 있다는 소문이 돌았는데, 내가 보기엔 그런 권한 위임의 확산이 실제로 존재하는 듯했다(아이젠하워의 편지가 정말로 존재한다면 그런 선례가 잘못되진 않았어도 위험한 결과를 낳기는 마찬가지였다). 어느 경우든 위험한 상황이라는 점은 똑같았기 때문에 케네디가 나서서 해결해야 했다.

한 달여 뒤, 그러니까 1961년 6월 말 아니면 7월 초쯤 행정부 청사 안 케이슨의 사무실에 있을 때였다. 케이슨이 내게 말했다. "그건 그렇고 그 검정 노트를 찾았네."

"무슨 노트 말인가요?" 나는 노트 이야기는 들어본 적도 없었고, 그에게 노트 이야기를 꺼낸 적도 없었다.

"아이젠하워의 편지들이 들어 있는 노트 말일세." 그는 창가 탁자 위에 놓인 루스-리프식(뺐다 끼웠다 할 수 있는) 노트를 가리켰다. 그는 그 안에 아이젠하워가 핵무기를 통제하는 전략공군사령부와 북미 항공우주 방위사령부를 비롯해 현장 지휘관들에게 보낸 편지 복사본이 들어 있다고 말했다. 그의 설명에 따르면 아이젠하워가 직접 서명한 문제의 편지들에는 대통령의 즉각적인 재가 없이도 핵무기 사용 권한을 행사할 수 있는 상황이 조목조목 자세히 명시되어 있었다.

그런 상황에는 워싱턴과 통신이 두절된 상태에서 현장 지휘관들이 판단하기에 신속한 행동이 필요할 때가 포함되었다. 그러나 전적으로 그 경우에만 한정되진 않았다. 아이젠하워가 뇌졸중을 일으켰을 때처럼 대통령이 신체적으로 무력해지는 상황 또한 그것에 포함되었다(이 조항은 1958년 국가안보법 제정으로 명령계통에서 두 번째 순서에 오른 국방장관의 지휘권을 깡그리 무시하고 있다는 느낌을 주지만 문제의 편지들은 원래 1957년에 발송되었다).

실제 편지들을 읽어보게 해달라고 요청해야 마땅했지만 그러지 않았다. 또 어떻게 그 편지들을 입수하게 됐는지 자세한 경위를 캐묻지도 않았다. 그는 내가 내린 결론에 전적으로 동의할 수 없어 계속 조사를 하다가 문제의 노트를 찾게 됐다고만 말했다. "대통령께서는 어떻게 하시겠답니까?" 내가 물었다.

"아무 말씀도 없으시네. 그저 가만히 두고 보시는 중일세."

이것은 내가 듣고 싶은 말이 아니었다. "그러시는 이유가 뭡니까?" 내가 또 물었다.

그러자 케이슨이 말했다. "지금은 케네디 중위가 위대한 장군의 결정을 뒤엎을 때가 아닐세."

'중위'는 2차 세계대전 당시 케네디의 해군 지위(계급)였다. 그는 참가하는 작전마다 전쟁 영웅으로 종횡무진 전장을 누비고 다녔는데, 그 지위는 그가 탄 어뢰정이 일본 구축함의 공격에 두 동강이 난 뒤에 얻은 것이었다. 이제 케네디는 최고 사령관이라 할 수 있지만 어쨌든 그는 유럽 주둔 연합군 최고 사령관으로 복무한 적이 없었고, 케이슨의 말대로 지금은 장군 출신인 전임자의 판단에 이의를 제기할 때가 아니었다.

아직은 '때가 아니었다.' 국내외적으로 상황이 좋지 않았다. 나는 이 문제와 관련된 정치를 이해할 수 있었다. 관료사회를 보아도 그랬고 외교적으로도 그랬다. 피그만에서의 대실패(피그만 침공사건. 1961년 4월 16일 쿠바 혁명정부 카스트로가 사회주의 국가 선언을 하자 다음 날 CIA가 주축이 돼 쿠바 망명자 1,500명으로 '2506 공격여단'을 창설해 쿠바를 침공한 사건—옮긴이) 와 빈 정상회담에서 JFK가 흐루쇼프에게 밀렸다는 보도가 나온 직후라 이해는 갔다. 하지만 그래도 내 마음을 거스르는 것은 어쩔 수 없었다. 그와 같은 반응은 케네디와 국가안전보장회의NSC가 내 눈에는 더없이 심각해 보이는 위험, 즉 권한 위임이 하향 확산되는 문제와 4성 제독이나 장군 이하에서 이루어지는 관리 감독 소홀이 일반화되는 문제에 대해 자세히 조사하지도, 뭔가 조치를 취하지도 않겠다는 의미였기 때문이다. 누가 내 의견을 물었다면 나는 케이슨과 번디에게 이번에는 그 편지들이 더 이상의 권한 위임을 배제하거나 적어도 위임이 제한되도록 확실히 해야 한다고 촉구했을 것이다.

그러나 만약 아이젠하워가 태평양 지구 총사령관과 전략공군 총사령관, 기타 통합군 및 특수군 사령관들을 대상으로 단행했던 권한 위임을 케네디가 철회하려 했다면, 민감한 권한 위임의 하향화라는 문제를 놓고 군과 대치하게 될 가능성이 아주 컸다. 나토의 로리스 노스태드 장군을 비롯해 현장 지휘관들은 비공개 청문회에서 문제제기를 하기 위해 공화당 의원들에게 케네디가 국가안보의 필요 조건을 둘러싸고 군과 완전히 의견을 달리하고 있을 뿐만 아니라 아이젠하워의 결정까지 뒤집고 있다고 누설했을 테고, 이런 이야기는 곧 대중에게도 새어나갔을 것이다.

그 당시 케네디는 지난 몇 달 동안의 사건들 이후 미숙하다는 인상을 지우기 위해 공군참모총장으로 군 내에서도 초강경 인물로 소문난 커티스 르메이 장군을 막 임명한 상태였다. 그러나 로버트 케네디를 비롯해 수많은 옵서버들이 전하는 이야기에 따르면 그 뒤로 케네디는 잇달아 발생한 어떤 사건들로 특정 군 인사들, 그중에서도 특히 르메이가 기본적으로 제정신이 아니거나 극도로 무모하거나 현실 감각이 아예 없다는 인상을 받게 되었다(이러한 사건에는 그 이듬해 1962년 일요일 아침 흐루쇼프가 쿠바에 배치한 미사일을 해체하고 있다고 발표했을 때 대통령은 이대로 밀고 나가 쿠바를 공격해야 한다고 르메이가 강경하게 촉구한 일도 포함되었다). 그러나 1961년 6월 30일 르메이를 공군참모총장에 임명한 사람은 어쨌든 케네디였다.

1961년 가을, 내가 얼 E. 패트리지 장군의 대통령 지휘통제 전담 워킹 그룹에서 일할 때 공군참모총장과 인터뷰하기로 약속을 잡고 이 소식을 케이슨에게 알렸다. 그러자 그는 그 유명한 르메이를 한 번도 만나본 적이 없다며 동석해도 되는지 물었다.

대화 도중에 나는 르메이에게 전략공군사령부 사령관으로서 소련 잠수함이 워싱턴을 기습 공격해올 가능성에 대해 어떻게 생각하느냐고 물었다. 이 질문에 그는 차분한 목소리로 전략공군 총사령관으로서 그럴 경우 자신의 계획을 수행할 수 있는 권한을 갖게 되어 '만족스럽게 생각한다'라고 말했는데, 이는 그해 초에 내가 보고하고 케이슨이 확인한 아이젠하워의 권한 위임을 두고 말한 게 틀림없었다.

그러나 태평양 사령부 밖에서 한 장교를 통해 맨 처음 듣게 된 권한 위임에 관한 이야기를 미처 꺼내기도 전에 르메이는 대화를 내가 한 번도 탐험해보지 못한 영역으로 끌고 갔다. 그는 워싱턴이 공격당하지 않았는데도 적의 공격을 알리는 경계경보가 발령됐다고 가정해보라고 말했다. 그는 우리에게 대통령이 살아 있고 또 교신도 가능하다고 해서 대통령이 꼭 의사 결정 과정에 참여해야 한다는 법이 있느냐고 물었다.

케이슨도 나도 그때까지 그런 질문은 한 번도 들어본 적이 없었다. 우리는 그가 계속하길 기다렸다. 그는 그럴 줄 알았다는 표정으로 물고 있던 시가를 입가에서 씹어 굴렸는데, 전에 그의 참모 장교들 몇몇이 이를 똑같이 흉내 내는 것을 몇 번 본 적이 있었다(언제 봐도 반쯤 피우다 만 시가는 그의 명성에 걸맞게 강인한 인상을 주었다. 나중에야 나는 그가 안면신경마비 증상을 숨기기 위해 시가를 사용했다는 사실을 알게 되었다). 그가 걸걸한 목소리로 과장되게 물었다. "어쨌든 (경보에 근거해 핵전쟁으로 갈지 말지를) 결정할 자격이 누구한테 있느냐는 거요, 기껏해야 한두 달 공직에 있었을까 말까 한 몇몇 정치인들이겠소…… 아니면 그 일을 하려고 평생을 준비해온 사람이겠소?" 그의 입술과 목소리가 '몇몇 정치인들some politicians'이라는 단어 주위에서 비웃듯 이지러졌다. 'p'가 폭탄 터지듯 요란하게 터졌다. 말에 뼈가 있는 듯했다. 이때는 현직 정치인의 대통령 임기가 개시된 첫해로, '케네디 중위'가 피그만에서 사면초가에 몰린 침공군에 대한 공중 지원을 중단한 해로 기록되기도 했다(그리고 나중에 알고 보니 케네디가 새로 생긴 베를린 장벽 철거를 자제한 데 이어 베트남 파병을 거부한 해이기도 했다.[3] 앞서 그는 라오스 파병도 거부했었다). 그렇게 말하는 장군은 몇 년 동안 전략공군사령부 사령관으로 있으면서 1945년 3월 9~10일 도쿄 대공습을 통해 일본 민간인 10만여 명의 희생을 계획하고 지휘했으며, 그 5개월 뒤에는 또 히로시마와 나가사키에 원자폭탄을 투하하라고 명령한 인물이었다.[*]

나는 내가 좀 더 일찍 그 편지들의 존재를 확인할 수 없었던 이유를 끝내 알아내지 못했다. 케이슨이 문제의 노트를 찾고 나서 한참 뒤 당시 해군 대령이던 태즈월 셰퍼드에게 이 문제를 제기했을 때 그는 나를 속이고 있다는 인상을 전혀 주지 않았다. 내가 물었을 때 그는 정말 편지의 존재를 모르고 있었다. 내가 태평양에서 우연히 그 문제와 마주친 뒤 이를 번디에게 알리지 않았다면 백악관에서는 이런 사실을 한동안 모르고 있었을 것이다.

———

한편 백악관과 새로 연을 맺게 되면서 마음에 걸렸던 일을 또 하나 해결할 수 있었다. 1961년 4월 나는 해리 로웬에게 이와쿠니의 상황에 대해 이야기했다. 그의 상관 폴 니츠는 기지의 권리를 비롯해 군의 대외관계를 책임지고 있었다. 그는 민간인 당국자로서 맥나마라 장군 아래서 일하며 미일관계와 내가 전해들은 이와쿠니에서의 조약 위반 가능성 문제를 처리하는 권한을 가지고 있었다. 해리는 그 문제를 니츠에게 서면으로 설명할 생각인데, 사무실 내에서 특별히 보안을 유지할 수 있도록 내가 직접 타이핑해달라고 부탁했다. 그래서 나는 메모를 한 장 타이핑해 거기에 "일급기밀—폴 니츠만 열람 가능"이라는 직인을 찍었다.

---

[*] 이 글의 초고를 쓰고 나서 한참 뒤 존 루벨의 회고록 『명성과 몇몇 유명인들에 대한 회상Reflection on Fame and Some Famous Men』(뉴멕시코, 2009)을 읽었는데, 거기서 그는 대통령의 지휘권을 놓고 토론할 때의 르메이 장군의 말투에 대한 내 기억이 틀리지 않다는 것을 확인해주었다. "내 맞은편 책상에 서 있는 장군을 마주 보고 있을 때 그 일이 일어났다. 왜 그랬는지 모르겠지만…… 내 입에서 '지휘통제'라는 용어가 튀어나왔던 게 분명하다.
르메이는 경멸조로 이렇게 훈계했다. '지휘통제라고! 지휘통제라! 그게 대체 뭔데? 전투원에게 무엇을 할지 할 일을 이야기해주는 게 지휘통제란 말이지. 그리고 그건 직업 군인이 할 일이고. 사람들은 지휘통제권을 행사하는 대통령에 대해 말을 하지. 대통령이 뭐 하는 사람인가?' 그는 '대통령president'의 'p'를 씹어뱉듯 발음했다. '정치인이야. 정치인이 전쟁에 대해 뭘 알겠나? 저~어~언~재~애~앵이 일어나면 누가 대통령을 필요로 하겠나?' 그는 저~어~언~재~애~앵을 길게 곱씹었다. '아무도 필요로 하지 않아. 필요하다면 전쟁이 일어났다고 발표할 때뿐이지(커티스 르메이는 그런 용도로도 대통령을 필요로 하지 않았다), 우리는 직업 군인들일세. 나머지 사람들을 돌보는 건 우리란 말일세'"(65~66쪽).

"(~만) 열람 가능Eyes Only"은 분류 범주가 아니라 이 문건은 관련 기관이나 사무실 전체를 대상으로 하는 일반적 배포용이 아니며, 따라서 따로 복사하거나 제목에 명기한 특정 주소 이외의 그 누구에게도 보여줘서는 안 된다는 처리 지침이었다. 사무실 내에서 특별히 보안에 신경 써야 했던 이유는 특수임무부대Intelligence Support Activity, ISA 직원 대다수가 다양한 군 출신의 현직 장교들이었기 때문이다. 이론상으로 그들이 지금 당장 충성을 바치는 곳은 ISA와 그곳 상관이었지만 현실적으로 그들의 경력은 군대 상관들과의 관계에 달려 있었다. 그들은 그런 채널을 늘 열어놓고 윗사람들이 조금이라도 관심을 보일 것 같으면 뭐든 개인적으로 군 사령부에 알리곤 했다. 이 경우 그런 관행(일본에 주둔한 미군의 핵무기 관리)을 바꾸고 말겠다는 니츠의 결정에 해군이나 해병대가 강하게 반대할 수도 있었기 때문에 차관이 무엇을 하려는지 알아내지 못하도록 최대한 막아야 했다.

나는 미군 함정 산 호아킨 카운티호의 핵무기와 관련해 내가 알고 있는 내용과 그것을 알게 된 경위에 대해 하나도 빠뜨리지 않고 자세히 썼다. 아울러 그 이해득실에 대해서도 남김없이 분석해 첨부했다. 그런 변칙을 처음 듣는 사람이라면 누구든 그렇게 할 수밖에 없는 고도로 기술적인 문제가 있는 게 틀림없다고 생각할 터였기 때문이다. 나는 이를 알고 있는 현장 지휘관들에게 그러한 배치를 뒷받침할 만한 전략적 또는 기술적 근거는 물론이고, 누가 봐도 명백한 외교상의 위험을 상쇄할 만한 군사적 이점 또한 없다고 보고했다.

이와쿠니의 해병대 비행기들이 그토록 신속하게 핵무기에 접근할 수 있었던 이유는 무엇보다도 활주로가 해안 가까이 있었던 데다 해군의 일부인 해병대가 수륙합동작전을 수행했고, 해군은 근처의 전차상륙함을 해병대에 은밀하게 제공할 수 있는 능력과 의지가 있었기 때문이다. 모르긴 해도 공군이었다면 예하 비행기들에 무기를 공급할 목적으로 이와 똑같은 행동을 하려고 들지 않았을 것이다. 예를 들어 핵무기를 실은 KC-97 수송기를 일본의 특정 공군 기지 상공에 계속 띄워두는 것은 현실적으로 불가능했기 때문이다. 그렇다고 이 조치로 이익을 얻는 해군 기지가 그렇게 많은 것도 아니었다. 이러한 조약 위반은 기지 한 곳의 한 줌밖에 되지 않는 무기에만 영향을 미쳤을 뿐이다. 그러나 거기에 따르는 정치적 위험은 마치 이와 관련된 기지가 많을 때처럼 컸다.

니츠는 내 메모를 '채용'했다. 그는 자신의 비서 티머시 스탠리에게 이 문제를 조사하는 임무를 맡겼고, 나는 스탠리의 요청으로 다른 직원들도 볼 수 있도록 보고서를 다시 작성해 올렸다. 마침내 나는 이 문제를 다룬 다양한 보고서들에 접근할 수 있었다. 내가 제시한 내용은 모두 사실로 확인되었다. ISA의 외교 문제 전문가들 또한 이는 미·일 안보조약 서한과 정신의 명백한 위반이라는 점에 이견이 없었다.

이런 반응들로 볼 때 이와쿠니의 상황은 항공모함 입항이나 우리의 비상계획이 실행되고 있을 가능성 같은 부차적 사례와는 대조적으로 비중이 완전히 달랐다. 산 호아킨 카운티호의 정박은 항구적이었다. 이 경우 배가 '육지가 아니라 바다에' 있어 문제 될 게 없다고 말할 수도 없었다. 해안에 바짝 붙어 있어서 어떤 법에 비추어봐도 일본 영토상에 있다는 해석이 나올 수밖에 없었기 때문이다. 보고서의 답들은 또한 굉장히 심각한 외교적 위험이 뒤따르는 만큼 당장 이 상황을 바로잡지 않으면 안 된다고 결론 내렸다.

그런 와중에 새로운 정보가 하나 들어왔다. 1차 상황 조사 중에 직원 하나가 국방장관 핵 특별보좌관 제럴드 W. 존슨을 만나고 왔다고 보고해온 것이다. 존슨은 핵실험 장치와 생산 중인 핵무기를 비롯해 전 세계 모든 핵무기의 흐름과 행방을 파악할 책무를 지고 있는 사람이었다. 특별보좌관은 작전용으로 배치된 전 세계 핵무기의 현재 위치 등이 들어 있는 커다란 루스-리프식 노트를 가지고 있었다. 당연히 일본에 배치되어 있는 핵무기는 하나도 없었다. 무기를 실은 채 그곳에 정박 중인 선박 또한 없었다. 사실 그 노트에는 앞서 내가 설명한 것 같은 상황을 암시하는 내용이 전혀 없었다. 니츠가 보낸 조사관이 그 점을 지적하자 국방장관 직무대리로서 매우 높은 권한을 행사할 수 있는 존슨은 전화기를 집어 들더니 해군 담당자에게 전화를 걸어 사실 확인을 요청했다. 그는 그런 상황은 없다는, 다시 말해 내 이야기가 사실 무근이라는 답변을 들었다.

그런데 니츠의 부하 직원이 내가 언급한 전차상륙함의 이름을 추적하다 해군 기록에서 산 호아킨 카운티호가 오키나와를 모항으로 삼고 있다는 내용을 찾아냈다. 여기저기 쫓아다니며 더 캐물은 결과 그는 해군 보고상에서 그렇게 다뤄지는 까닭은 문제의 선박이 수리와 점검을 위해 3년에 몇 달씩 오키나와에 있을 때를 제외하고 이와쿠니에 영구히 정박하고 있다는 사실을 특별보좌관과 그의 상관에게 숨기기 위해서라는 것을 알아냈다. 무슨 우연의 일치인지 조사가 진행되던 바로 이 시기에 문제의 선박은 오키나와로 돌아가 3년마다 한 번씩 실시되는 점검을 받고 있었다.

국방장관에게 핵무기의 행방을 은폐한다는 것은 관료사회에서는 도저히 용납할 수 없는 아주 괘씸한 위법행위였다. 이 보고서를 읽는 사람이라면 누구나 그렇게 생각할 수밖에 없었다. 백 번을 양보해도 이는 관료사회의 게임 규칙을 완전히 무시한 처사였다. 하지만 분명히 관료주의적 해결책이 있었다. 즉 문제의 전차상륙함을 계속 오키나와에 머물게 하면 그만이었다. 니츠의 부하 직원은 이 문제를 맥나마라에게 알려 당장 조치를 취해야 한다고 권고했다. 곧이어 문제의 선박에 일본으로 돌아가지 말라고 명령하는 내용의 통지문 초안이 작성되어 맥나마라 손에 들어갔다. 맥나마라는 통지문에 서명한 뒤 이를 해군참모총장 알레이 버크 제독에게 보냈다.

해리 로웬은 그 이후 일어난 일을 내게 들려주었다. 통지문이 맥나마라의 손을 떠난 직후 예기치 않게도 니츠는 또 다른 문제로 맥나마라의 집무실에서 열리는 회의에 버크 제독과 함께 참석하게 되었다. 회의가 끝나자 버크는 니츠에게 펜타곤의 다른 구역에 있는 자신의 사무실로 함께 가달라고 요청했다. 사무실에 도착해 버크는 곧바로 자신의 책상에 앉았다. 니츠가 보니 그의 앞에 니츠 혼자서만 볼 줄 알았지, 그런 식으로 복사돼서 돌아다닐 거라고는 생각지도 못했던 나의

'일급기밀—요주의' 메모 복사본이 한 부 놓여 있었다. 제록스 복사기 이전 모델을 이용해 황갈색의 얄팍한 종이에 그대로 옮겨놓은 나의 메모 복사본은 약간 흐릿한 상태였다.

니츠 밑에서 일하는 모 해군 사령관 내지는 대령, 또는 해군 소장이 내 메모를 보고 복사해서 버크 제독에게 전달한 게 틀림없었다. 그의 책상 위에는 맥나마라가 보낸 통지문과 더불어 특수임무부대 조사 보고서 복사본도 있었다.

버크는 자기 책상에 놓여 있는 서류들의 정체를 굳이 설명하는 번거로움을 생략한 채 바로 내 메모와 보고서에 대해 언급하기 시작했다. "그 사람 무척 화가 나 있더군." 니츠가 해리에게 말했다. 버크는 화를 잘 참지 못하는 것으로 유명했지만 이번에는 국방장관 특별보좌관 앞이었다. 니츠는 그런 버크의 태도에 적잖이 놀랐다. 버크는 보고서 관련 사실들을 부인하려고도 현재 상황을 정당화하려고도 하지 않았다. 그가 분노에 차서 내뱉은 말은 간단했다. "일개 민간인이 대체 무슨 생각으로 미국 해군 선박들의 작전에 참견하느냐 말이오?"

사실 이 선박은 우리의 가장 중요한 안보조약 중 하나를 위반하고 있었고, 따라서 엄청난 외교적 위험을 제기하고 있었다. 게다가 무기의 행방과 관련된 조항을 어기고 핵무기를 적재하고 있으면서 국방장관을 고의로 속이고 있었다. 그리고 그 모든 사실들과 관련해 해군은 국방장관 특별보좌관에게 거짓말로 일관하고 있었다. 버크는 이 중 어떤 것도 언급하지 않았고 또 그 점들에 대해 들을 의사도 없었다. 그는 국방장관이 해군에 배를 어디에 두라 말라 한다는 것 자체가 도무지 받아들일 수 없는 일이라고 주장했다.

로웰은 니츠가 이런 식으로 자신을 무시하는 버크의 안하무인에 몹시 충격을 받고 사무실을 나오긴 했지만 해군과 맞붙어보기로 결심했다는 인상을 받았다. 그러나 국방장관 직무대리라고는 해도 그는 버크처럼 직접 지휘하는 위치에 있지는 않았다. 결국 모든 게 맥나마라가 끝까지 자신의 지시를 고수하며 이 문제에 관한 한 니츠를 지지할 것인지의 여부에 달려 있었다. 니츠는 맥나마라한테

가서 이는 아주 시급한 사안이며 버크에게 장관의 지시와 조약을 준수하라고 명령해야 한다고 말했다고 해리가 내게 전했다.

"그래서 어떻게 됐나요?" 내가 해리에게 물었다.

"맥나마라가 지시를 철회하기로 결정했지 뭐. 한발 물러선 거지. 당시 군과 사 사건건 싸우고 있어서 이 문제까지 보태고 싶지 않았던 모양이야."

"맥나마라가 자신이 해군에게 속았다는 사실을 알고 있나요?" 내가 물었다.

"물론 알고 있지. 그래서 처음엔 얼마나 화를 냈는데? 그 때문에 그런 지시를 내렸던 거고." 해리가 말했다.

하지만 버크가 니츠에게 노발대발하고 있다는 소리를 듣고 맥나마라는 싸움을 선별하기로 했는데, 여기에는 핵추진 항공모함의 숫자를 둘러싼 분쟁도 포함돼 있었다. 이 경우 내가 볼 때 십중팔구 해군은 이 문제를 자신들한테 우호적인 의회 위원회에 왜곡되게 흘릴 테고, 그렇게 되면 그는 해군 선박에 이래라저래라 간섭하면서 작전에 지나치게 개입한다는 비난으로부터 자신을 변호해야 하는 상황에 직면하기 십상이었다.

그런데 캘리포니아로 돌아갔을 때 나 또한 랜드연구소 부소장 리처드 골드스타인이 제기한 질문에 직면했다. 그 무렵 르메이 장군은 랜드의 예산을 좌지우지하는 공군 자문위원회 회의에 참석하고 있었다. 골드스타인은 나를 자신의 사무실로 불러 이렇게 말했다. "댄, 믿기 어렵겠지만 르메이 장군한테 쓴소리를 들었네. 버크 제독이 그랬다는데, 구축함 함대 운영과 관련해 자네가 해군에 명령을 내리고 있다는데, 사실인가?"

"네, 뭐라고요?!" 나는 그에게 워싱턴에서 내가 하는 일이라는 게 대부분의 군 장교들에게는 말도 못 하게 건방져 보일 수도 있겠지만 그런 일은 추호도 한 적이 없다고 말했다. 처음에 그 말이 무슨 뜻인지 알아채는 데 1~2초쯤 걸렸던 것 같다. 버크의 이름을 듣고 무슨 이야기인지 알 수 있었다. 내가 자초지종을 설명하자 골드스타인은 이 문제를 더는 거론하지 않았다. 아무도 나를 질책하지 않앉지만 버크가 르메이 장군에게 나를 랜드에서 해임하라고 요청했다는 이야기가 내 귀에 들려왔다.

산 호아킨 카운티호는 핵무기를 실은 채 오키나와에서 다시 이와쿠니로 돌아갔다. 2년 뒤 니츠는 또 한 번 이 배를 움직이려고 시도했지만 1966년 주일 미국대사 에드윈 라이샤워가 누군가 대사관으로 누출한 정보를 통해 이 배의 존재를 알고 철수를 요구한 1966년까지 배는 그 자리에 그대로 머물러 있었다. 에드윈 라이샤워는 자신의 요구가 받아들여지지 않을 경우 사임하겠다고 위협했다. 1967년 문제의 선박은 마침내 오키나와로 돌아갔다.

8장 ─────
'나의' 전쟁 계획

한편, 1961년 봄 내내 나는 해리 로웬이 내게 넘긴 프로젝트에 매달려 있었다. 그는 그의 상관 폴 니츠의 지시로 국방부의 새로운 국가기본안보정책Basic National Security Policy, BNSP 초안을 작성하는 중이었다. 일급기밀로 분류되는 이 정책 문건은 아이젠하워 대통령이 국방부의 전쟁 계획 수립과 관련한 제반 목표 및 지침을 설명하는 정부의 대국민 성명으로 사용하기 시작하면서 연례화됐다.

아이젠하워 행정부 시절 보통 서너 쪽을 넘지 않았던 국가기본안보정책은 존 포스터 덜레스와 합참의장 아서 W. 래드퍼드의 '뉴룩New Look' 정책(1954년 아이젠하워 대통령이 병력을 줄이는 대신 핵무기와 항공력을 증강해야 한다는 취지로 미국 의회에 제출한 신방위 계획—옮긴이)과 '대량보복' 원칙을 담고 있었다. 국가기본안보정책은 재래식 무기 또는 비핵무기와 대비되는 '핵무기'를 유일하지는 않으나 주로 의존해야 할 무기로 보았다. 실제로 이러한 강조는 핵무기를 '재래식'으로 표현하는 아이젠하워 행정부 관료들의 경향을 통해 드러났다. 상원의원 시절 존 F. 케네디는 합참의장 맥스웰 테일러 장군이 '유연한 대응 전략'이라고 명명했던 계획의 골자라고 할 수 있는 '대량 보복'을 비판했다. 따라서 케네디가 대통령에 당선되자 펜타곤에서는 전쟁 계획을 둘러싼 제반 정책 지침이 크게 바뀔 것으로 내다봤다. 다시 말해 그의 당선은 국가 안보 정책 기조의 근본적 변화를 예고했다.

이미 2월에 랜드 사회과학 부서의 빌 카우프먼은 우리 랜드의 동료 허먼 칸이 전면전의 '경련spasm'이라고 분류한 요소(칸은 그 무엇으로도 막을 수 없는 이러한 요소의 특징을 가리켜 '전면전으로 발전할 위험'이라는 뜻의 'wargasm'으로 부르기도 했다)를 제거하기 위해 공군참모부가 내놓은 여러 가지 방안을 주제로 국방장관 맥나마라에게 브리핑을 한 바 있었다. 그전까지 카우프먼은 초기 공격에서 도시는 보류하고 대신 주로 군사 목표물에 초점을 맞추는 지속적이고 통제 가능한 '전쟁 수행' 능력의 개발을 주장했었다.

(르메이는 포함되지 않은) 공군 옹호자들이 보기에, 이는 소련뿐만 아니라 해군 경쟁자들도 목표로 삼는 전략이었다. 어쨌든 폴라리스 잠수함(바닷속에서 탄도 미사일을 발사하는 미국 원자력 잠수함—옮긴이)에서 발사되는 미사일은 공군의 지상 ICBM보다 작았고, 폭격기에서 발사하는 미사일보다도 훨씬 더 작았다. 게다가 GPS 시스템이 나오기 전이라 두 곳(공군 지상기지와 폭격기)에서 발사되는 미사일에 비해 정확성도 현저히 떨어졌다. 비교적 안전한 폴라리스 미사일은 도시를 목표로 삼는 억지 정책에는 적합했지만, 지하 저장고의 ICBM(1961년 당시 소련은 이 무기를 한 대도 보유하고 있지 않았지만 눈 깜짝할 사이에 수십만 대를 확보할 것으로 예상되었다)같이 강화 방어 설비를 갖춘 군사 목표에는 비효율적이었다. 그러한 전략과 관련해 공군 폭격기와 미사일은 유리한 점이 하나 있었다. 그것은 바로 반격 무기로서의 상대적 이점이었다. 즉 소련의 육지에 있는 미사일이 발진하기 전에 파괴함으로써 전면적인 제1격으로 미국이 입게 될 피해를 최소화한다는 것이었다. 당연히 공군 입장에서는 이쪽을 선호할 수밖에 없었다. 이 문제를 다룬 카우프먼의 브리핑을 듣고 나서 맥나마라는 마음이 동한 듯 보였다.

그렇다면 해리가 새 국가기본안보정책의 전면전 항목 초안 작성 업무를 카우프먼(당시 그는 나처럼 워싱턴에서 국방부 국제안보문제 연구원으로 일하고 있었다)에게 맡기는 게 누가 보아도 자연스러웠다. 하지만 어찌 된 일인지 해리 로웬은 그 일을 내게 부탁했고, 카우프먼에게는 제한적 핵전쟁 항목 초고 작업을 맡겼다. 제한적 핵전쟁과 관련한 나의 입장은 반격 무기의 중요성에 대한 카우프먼의 견해보다 로웬의 태도에 더 가까웠다. 나는 로웰이 최종 결과를 받아들일 거라 기대하며, 나 자신의 견해를 다듬고 가능한 한 구체적으로 만드는 과정을 거쳐 초안을 작성하자고 마음먹었다. 로웰 역시 그런 기대를 했던 것이 틀림없다. 그가 내게 내린 유일한 지시는 "지침이라면 이래야 한다는 식으로 당신 생각을 써 봐" 하는 것밖에 없었기 때문이다. 그래서 나는 그 지시에 따랐다.

공군의 '전쟁 수행' 또는 (소련의 공격적인 핵력이 미국에 끼치는 피해를 제한하는) '피해 제한' 개념은 소련과 동유럽 위성국의 군사 목표에 대한 장기적이고 통제 가능한 반격을 전제로 했다. 그러한 반격에는 강화된 미사일 기지와 지휘통제본부에 대한 정확한 공격도 포함되었다. 지상 ICBM과 함께, 이 개념은 레이더 아래로 비행하거나 방공 미사일의 사정거리보다 더 높게 비행함으로써 러시아의 방어망을 뚫고 날아가 미사일보다 더욱 정확하게 폭발력(폭탄)을 실어나를 고성능 폭격기 수의 증가를 요구했다. 따라서 이 개념(나중에 B-1으로 이름이 바뀌는)은 B-70 폭격기 계획에 찬성하는 공군의 입장을 뒷받침했다.

전략공군사령부 수장 출신의 커티스 르메이 장군은 도시 공격을 중시하지 않는 발상 자체를 싫어했다. 그는 공군이 무거운 화물도 거뜬히 운반할 수 있는 크고, 높이 날고, 빠른 폭격기를 보유하길 원했고, 그래서 B-70 계획에 두 팔을 걷어붙였다. 하루는 내 친구 밥 루크먼 중령이 이런 이야기를 해주었다. 펜타곤에서 일하는 한 민간인이 어떤 장성에게 1961년 공군의 제1 우선순위가 B-70 계획의 성공이라는 이야기를 듣고는 그럼 두 번째 우선순위는 뭐냐고 물었다고 한다. 그랬더니 장성은 "두 번째 우선순위는 없습니다"라고 대답했다는 것이다. 이에 대해 루크먼은 내게 이렇게 설명했다. "공군은 우선순위가 하나밖에 없거든."

아울러 반격 전략은 아군 미사일의 정확도 향상을 위해선 단기에 집중적인 노력이 필요하다는 것을 의미하기도 했다. 그것은 당시 공군이 통제하는 지상 미사일에는 호의적이지만 해군의 이동 미사일인 폴라리스 미사일은 탐탁지 않게 여기는 측의 또 다른 목표이기도 했다. 한편 방어력이 강화된 소규모 군사 목표에 대해 정확성이 떨어지는 단점을 상쇄하려면 많은 수의 육지 기반 미사일이 필요했다. 그해가 다 가기 전에 르메이와 (일전에 르메이를 전략공군사령관 자리에 앉혔던) 토머스 파워 장군은 육지 기반 대륙간탄도미사일 미니트맨이 1만 개 필요하다고 요구하고 나섰다.

맥나마라에게 이런 권유를 하면서, 카우프먼은 랜드연구소의 미 공군 스폰서들이 공군이 지휘하는 B-70과 지상 미사일 계획을 지지하는 이유가 무엇인지 그에게 귀띔했을 게 분명하다. 맥나마라가 공군의 반격 임무를 지지하는 주장을 믿었는지 안 믿었는지는 확인할 길이 없다. 랜드의 다른 연구원들은 카우프먼-미 공군 전략을 탐탁지 않게 여겼다. 그러나 랜드 경영진과 분석가들은 공군 고위 지휘부와 국방부의 새 참모진 모두 카우프먼의 브리핑에 열광적인 반응을 보였다는 소식을 듣고 반기는 눈치였다.

나는 거기에 대해 의혹을 품은 사람 중 한 명이었고, 그 점에서는 해리 로웬도 마찬가지였다. 내가 랜드에서 본 수치 자료에 근거하면 미국에 미치는 피해 제한이라는 측면에서 반격이 갖는 이점은 아주 미미했다. 1961년 봄처럼 소련이 머잖아 잠수함 발사 미사일의 지원을 받는 ICBM의 숫자를 엄청나게 늘릴 것이라고 가정했을 때, 일단 전면전이 시작되면 재앙 수준에 이르지 않도록 피해를 제한하기 위해 의지할 수 있는 것은 아무것도 없었다. 그것이 명백해 보였다. 따라서 모든 핵무기 보유 국가들이 어떤 상황에서도 전면적 핵전쟁이 일어나지 않도록 전쟁을 억지하고 예방하는 편이 비교할 수 없을 만큼 유리했다.

그러나 문제는 여전히 남아 있었다. '핵전쟁 억지가 실패한다면?' 카우프먼처럼 나 또한 전면적 핵전쟁이 시작되면 조금이라도 피해를 줄이기 위해 지상에 있는 우리 미사일을 주로 소련 미사일과 공군 기지 같은 군사 목표를 향해 배치해야 한다는 개념에 수긍했다. 하지만 카우프먼이 설명하던 '통제된 반격으로 피해를 제한하는 것'보다는 그가 전에 맥나마라에게 약속했던 '강압' 전략 또는 '도시 배제 전략'의 다른 부분이 내 생각에 상대적으로 더 유망해 보였다. '도시 배제 전략'은 양쪽이 모든 핵무기를 사용하기 전, 특히 도시의 목표물을 향해 하나든, 여러 개든, 전부든 핵무기를 사용하기 전, 가능한 한 빨리 전쟁을 종식하는 것을 목표로 하는 것이었다(나는 한참 뒤에야 이 두 가지 안이 결국 똑같은 전략의 동전의 양면이며, 어차피 실행 불가능하다는 것을 깨달았다).

'도시 배제 전략'이 먹히려면 어느 쪽에 의해서 핵전쟁이 일어나더라도 (가능하면) 적이 미국과 그 동맹국들의 도시를 공격하지 못하도록 억지하는 한편 모든 무기를 투입할 게 아니라면 작전을 그만두도록 적의 지휘 당국을 설득할 수 있어야 했다.

이 두 가지 하위 목표를 달성하기 위해서는 우리의 계획 수립과 작전 수행이 세 가지 성격을 띠어야 했다. 첫째, 우리의 초기 공격에서 적의 도시는 완전히 배제해야 했다. 그래서 이 안에는 '도시 배제' 접근법이라는 이름이 붙게 되었다. 이 경우 우리는 교전 개시 훨씬 전에 우리의 의도를 천명해야 했다. 이는 곧 모든 상황에서 사전에 지시하고 실행하는 도시 파괴 정책, 다시 말해 우리 도시를 목표로 삼는 적에 대해 제한 없이 공격하겠다는 정책과 결별하는 것을 의미했다.

둘째, 사실상 모든 상황에서 보호되고 통제되는 미국 예비군을 유지해야 하며, 따라서 전쟁을 종식할 수 있는 위협 능력을 보유하고 있어야 했다. 그것은 또한 전시의 불가피한 자동 전시전략으로서, 적들이 우리 도시를 파괴할 태세를 갖추지 못하게 억지할 수 있다.

셋째, 양쪽 모두 예비군을 통제하는 동시에 작전을 종료할 수 있는 능력을 갖춘 지휘통제 시스템을 구축하고 있어야 했다. 우리에게는 '출격' 결정 이상의 능력을 발휘할 수 있는 생존 가능한 통제 시스템이 필요할 텐데, 이는 소련도 마찬가지일 것이다.*

---

* 합동참모본부와 미국 공군의 기획자들은 초기 공격에서 모스크바를 위한 보류 옵션을 갖자는 제안에 회의적이고 저항했을 뿐만 아니라, 전면전이 시작될 때 소련의 중앙지휘부를 참수할 기회를 연기하는 것조차 상상할 수 없었다. 이런 장교들에게 반복적으로 제기했던 질문은 다음과 같았다. 만약 첫 번째, 두 번째, 세 번째 원자폭탄이 도쿄를 겨냥하여 (일부가 제안한 대로) 천황을 죽이고 그가 항복 명령을 내리는 것을 막았다면, 1945년 8월 이후 일본군을 상대로 한 전투가 얼마나 오래 지속되었겠는가? 그것은 토론에서 그들이 대답할 수 없는 도전으로 보였고, 실제로

이 가운데 처음 두 가지는 카우프먼이 1961년 초에 맥나마라에게 브리핑한 내용에 포함돼 있었다. 그 뿌리는 프레드 캐플런이 익히 보여주고 있듯이 내가 랜드에 들어가기 훨씬 전으로 거슬러 올라가 버나드 브로디, 앤드루 마셜, 짐 딕비, 찰리 히치 등과 함께 시작된 토론 및 연구에서 기원했다.[1] 랜드에서 두 개념을 접하는 순간 내 마음에 와닿았다. 여기에는 내가 자라온 배경이 크게 작용했다. '도시 배제'는 민간인에 대한 폭력을 극도로 싫어했던 나의 어린 시절 혐오감에서 비롯했다. 가능하면 소련이 우리처럼 대처하도록 유도하고, 우리 예비군은 소련의 도시들을 볼모로 붙잡아둠으로써 전쟁을 종식한다는 개념은 '(무력에 의한) 강압'에 대한 나의 좀 더 최근 연구와도 일맥상통했다. 그 후 나는 기회가 있을 때마다 우리뿐만 아니라 양쪽 모두가 지휘통제 능력을 유지해야 하는 이유의 중요성을 강조하기 시작했다(양쪽 군사 작전가들이 볼 때 이러한 접근법은 극복 불가능한 장애를 안고 있는 것으로 드러났다).

물론 그 당시 나도 해리 로웬도 그런 방법이 적의 계획 수립이나 적대 행위 과정에 바람직한 영향을 미칠 거라는 환상을 품지는 않았다. 하지만 반격 전술에만 초점을 맞출 뿐 전쟁 종식이나 피해 제한에 필요한 메커니즘은 제시하지 못하는 공군 참모부의 전략에 비하면 양쪽의 도시 일부 또는 다수를 구하고, 일단 시작되면 양쪽이 절멸되지 않고 전쟁을 끝내는 등 몇 가지 바람직한 영향을 미칠 가능성이 훨씬 커 보였다.

피해 제한과 전쟁 종식이라는 목표의 결합은 전면전이 시작된 뒤에도 살아남은 미국 최고 당국이 선택할 수 있는 조치가 아직 몇 가지 남아 있을 수 있다는 것을 의미했다. 우리 사회 전체의 생사가 달려 있을지도 모르는 그런 결정의 성격과 급박성을 고려할 때 전면전이 시작되고 나면 대통령 또는 그의 신임을 받는

데즈먼드 볼에 따르면, "모스크바는 1961년 말에 초기 목표물 목록에서 제외되었다"(191쪽). 그러나 나중에 전해진 내용들(299~308쪽과 조지 리 버틀러 장군의 회고록 참조)은 모스크바 보류에 대한 나의 주장이나 선택권 모두, 전략공군사령부(또는 참수에 중점을 둔 민간인 관리들)가 심각하게 받아들이지 않았다는 것을 보여준다. 데즈먼드 볼, 『정치와 군사력 관점: 케네디 행정부의 전략 미사일 프로그램』(버클리: 캘리포니아 대학 출판부, 1981); 조지 리 버틀러, 『흔치 않은 원인: 관습과 대립하는 삶』(덴버: 아웃스커트 프레스, 2016).

누군가가 직접 그런 결정을 내리는 것이 어느 모로 보나 바람직했다(완전히 사전에 계획된 아이젠하워의 '단 하나의' 통합 작전 계획은 이를 필요로 하지 않았다). 그러려면 대통령과 그의 대리인이 물리적으로 온전해야 할 뿐만 아니라, 신뢰할 수 있는 의사소통 능력 또한 유지해야 했다.

그와 동시에 나는 민간인 고위 당국이 전쟁 와중에도 여러 가지 옵션 중 선택할 수 있어야 한다는 주장에서 두 번째, 더 중요한 이점을 발견했다.

그것은 대통령이 전쟁 전에 대통령 자신과 민간인 고문들에게 수립된 전쟁 계획의 자세한 성격을 고지해야 하는 근거를 제시했다.

그리고 나의 계획에는 세 번째 이점이 있었다. 즉 전쟁 중 고위급 당국(민간인 또는 군대)의 지휘 능력이 유지되어야 할 필요성이 인정되고, 이를 달성할 물리적 조치가 확실하게 취해지고 나면, 하급 지휘관이 핵무기를 물리적으로 통제할 가능성을 강력하게 규제하는 조치, 즉 하위 사령관이 실수나 명령에 불응해 임의로 핵무기 사용을 개시하는 것을 원천 봉쇄하는 '핵탄두 안전장치 해제 시스템'이 더는 필요하지 않을 거라는 점이었다.

마지막으로 전면전이 개시될 경우 소련 및 중국 도시 목표물의 즉각적 파괴를 골자로 하는 기존의 계획들을 비판적 시각으로 바라보게 되면서 전략적, 도덕적 측면에서 그런 계획에 이의를 제기할 수 있는 가능성이 열렸다. 지금까지 이러한 계획들은 (특히 민간인에 의한) 이의 제기 불가로 간주되고 있었다. 억지 목적이나 전시 작전을 수행할 대안이 달리 없었기 때문이다.

나의 개인적 바람은 이런 계획들에 대한 고위급 민간인 정밀 조사를 통해 전쟁이 벌어지면 무조건 소련과 중국을 목표로 삼는, 그래서 자동적으로 소련과 중국의 도시들을 대거 공격 목표로 삼는, 정신 나간 짓이 일어날 가능성을 아예 없애거나 아니면 적어도 크게 줄이는 것이었다. 나는 예비 전력(주로 도심을 폭격하는 폴라리스 미사일을 의미함)과 도시에 대한 초기 공격 보류의 중요성을 강조함으로써 우리가 선제공격을 하든 보복공격을 하든 도시에 대한 공격을 완전히 백지화하거나 최소화할 수 있기를 바랐다.

그런 접근법은 1953년부터 형성되기 시작해 1960년 들어 극에 달한 태도에서 탈피해 계획에서뿐만 아니라 준비에서도 대대적인 변화를 단행할 것을 요구했다. 따라서 새로운 국가기본안보정책 초안은 기존의 뉴룩 정책을 단순히 재확인하는 수준에서 지난 몇 년간 굳어진 짧고 모호한 틀에서 벗어나, 상당히 구체적으로 마련되어야 할 것이 분명해 보였다. 뉴룩 정책은 전략적·전술적 핵무기에 대한 의존을 강조했는데, 이는 주로 장기적 차원의 예산 문제 때문이었다. 더욱이 원칙상 국가기본안보정책에 담긴 지시는 정책에 관한 주장이라기보다 공식적인 정의였음에도 불구하고, 이러한 개념 중 일부는 기밀 전략 회의 참여자들에게 너무나 생소해, 이에 대한 저항을 약화시키고 최근 군사 서면에 등장하지 않는 내용을 도입하려면 가능한 몰래 관련 근거를 마련하는 것이 바람직해 보였다.

예를 들어 국방부의 고위급 민간 정책 수립자조차도 (군의 관료주의적인 비밀주의 때문에 이러한 계획과 준비 과정의 세세한 부분에 익숙지 않다 보니) 예비군 유지의 필요성만큼 명백한 뭔가를 최고위급 정책 서류에 굳이 명시할 필요가 있는지 의아해하는 분위기였다. 놀랍게도 그 답은 당시 미국 최고위 차원의 전쟁 계획은 전면전('소련과의 무력 갈등')이 개시되면 작전상 준비되는 대로 가능한 한 빨리 모든 무기의 즉각적 소모를 요구했다는 데 있다. 다시 말해 이런 계획들과 이를 뒷받침하는 훈련 및 준비 모두가 예비군의 유지와 투입을 감당할 능력이 안 됐을 뿐만 아니라 예비군 폐지를 적극 주장하고 있었다는 이야기다.

또한 '전면전'이라는 용어가 지니는 모호성을 피하고자 카우프먼과 나는 우리의 초안에 ('제한된 전쟁' 또는) '국지전local war'과 대비되는 개념으로 (랜드 용어인) '중앙전central war'이라는 개념을 사용하기로 했다. (나중에 맥나마라가 서명한) 내 초안에서 나는 '중앙전'을 '미국과 소련이라는 두 강대국 중 어느 한쪽 또는 양쪽 모두의 본토를 상대로 개시하는, 정부 당국의 의도적인 핵공격과 관련된 전쟁'으로 정의했다. 이는 초창기 논쟁에서 육군과 해군이 제안한, 그러나 공군과 게이츠 국방부 장관, 아이젠하워 대통령은 반대했던 좁은 범위의 전면전 정의와도 약간 비슷했다. 우리의 지침에서 단순히 '소련과의 무력 충돌'로 정의되는 '전면전' 개념은 더는 없었다.

우리의 초안에서 '국지전'은 '그 외 무력 갈등'으로 정의되었다. 그 전의 (소련과의 전쟁과 구별되는) '제한된 전쟁'이라는 합동전략능력기획서의 개념은 폐기되었다. 왜냐하면 우리는 가능하다면 중앙전에서도 소련과의 적대 행위를 제한해야 한다고 주장했기 때문이다.

1961년 4월 7일 늦은 오후, 나는 무척 만족스러워하면서 국가기본안보정책 전면전 항목에서 내가 맡은 첫 번째 초안의 마지막 문장을 썼다.[2] 당시 내가 원고를 타이핑하고 있던 국방부 국제안보문제 외부 사무실 벽에 걸린 시계를 올려다봤더니 오후 5시였던 기억이 난다. 그제야 그날이 내 생일이라는 게 생각났다. 앞으로 남은 생애 동안 이보다 더 중요한 일은 하지 못할 듯했다. 나는 해리에게 오늘이 내 생일이며, 첫 번째 초안을 끝냈다고 말했다. 그는 일은 그만 접고(일찍도 말한다!) 축하해야 한다고 말하면서 나를 데리고 저녁을 먹으러 나갔다.

며칠 뒤 나는 완제품을 손에 넣었다. 목표, 만일의 사태, 필요조건 등을 다룬 이 12쪽짜리 책은 합동전략능력기획서와 그 하위 계획에서 근무하는 군의 정책 수립자들에게 바람직한 변화 방향과 그 이유를 제시하고자 했다.

사전 지식이 없는 독자(국방장관과 대통령을 비롯해 실제로 핵계획을 수립하는 과정 바깥에 있는 사람 모두가 그런 셈이다)에게 이 책에서 제안하는 정책들은 어쩌면 상식적으로 보일 수도 있었다. 문장 하나하나가 당시 기존 계획들이 지니고 있던 몇 가지 기본적인 성격에 대한 도전이었다는 사실만 빼면 실제로도 그랬다. 예를 들면 다음과 같았다.

- 전략적 예비군을 보유해야 한다는 나의 제안은 이전의 계획에 완전히 위배되었다. 이전 계획에서는 폴라리스 미사일을 비롯해 동원 가능한 차량

을 모두 최대한 빨리 미리 정해둔 목표물에 배치했다.

- 믿을 만한 지휘통제 유지의 필요성을 강조한 나의 의견은 지휘계통 상 고위급에서든 하위급에서든 비인가 '조치'가 필요할지도 모른다는 개념과 충돌을 일으켰다. 이 개념에 따르면 지시가 모호하거나 상위 명령계통과의 의사소통이 단절된 상태에서 위기가 발생할 경우 비인가 조치의 가능성이 커진다.

- 기존에도 사고에 대비한 물리적 안전장치가 있긴 했지만, 개별 차량과 관련해서나 사령부 작전과 관련해서는 비인가 행동을 막을 안전장치가 거의 없었다. 나는 그러한 안전장치로 무기를 내보내려면 (핵탄두 안전장치 해제 시 스템처럼) 상위 당국이 보낸 암호를 필요로 하는 부호 자물쇠의 형태를 제안했다.

- 단일통합작전계획은 융통성이 없어서 소련과 중국을 구분하지 못했다. 그때문에 도시에 대한 공격을 피할 수도 연기할 수도 없었다. 마찬가지로 비군사 사상자를 최소화할 수 있는 대안이나 적의 지휘통제 능력을 유지해줄 수 있는 대안 또한 제시하지 못했다. 이와 달리 나는 이 모든 가능성을 고려하는 융통성 있는 계획 수립을 촉구했다.

- 기존의 계획에서는 일단 공군에 인증된 실행 명령이 떨어지고 나면 중지 명령이 들어설 여지가 없었다. 이는 중소의 주요한 도시-산업 센터와 정부 및 군 통제 센터에 대한 전면 공격을 촉발하기 때문에 이런 정책 아래서는 소련 지휘관이나 부대가 미국과 그 동맹국들을 향해 무기를 모두 사용하기 전에 작전을 중단하도록 유도할 만한 기반을 마련할 수가 없었다. 우리 병력을 모두 배치하기 전에 신뢰할 만한 '중지' 또는 '소환' 명령으로 갈등을 제한하거나 종식하려면 안전한 지휘통제 시스템이 필요하다고 제안했다.

이 내용들은 내가 시정하고 싶었던 그 당시 계획들의 몇 가지 한계점과 더불어 모두 메모로 다시 작성해 해리 로웬, 폴 니츠, 맥나마라 국방장관에게 올렸다.

두 번째 메모에서는 나의 초안이 요구했던 변화 가운데 몇 가지를 간추려 열거했다.

- 중앙전에서 유일하고도 자동적 반응인 단일통합작전계획SIOP 폐지
- 중국과 위성국들의 자동적 포함 폐지
- 일부 생존 가능한 병력의 보류 및 적의 도시와 정부, 군사 통제시설의 초기 제외 계획
- 대통령 또는 그에 준하는 권위를 갖는 인물이 지휘하는, 생존 가능하면서 융통성 있는 지휘통제 시스템의 요건
- 처음에는 주요 도시-산업 지역은 제외함으로써 적이 전쟁을 종식하도록 설득하려는 노력
- (핵무기 사용 계획뿐만 아니라) 대규모 갈등으로 치닫는 지역 갈등에서의 재래식 무기 사용 계획 및 준비
- (단일통합작전계획은 차치하고) 중앙전이라는 광범위한 환경에서 단 하나의 경직된 계획을 채택하려는 움직임 또는 중앙전이라는 환경 아래서는 어떤 목표물이든 예외 없이 즉각적이고 자동적으로 파괴해야 한다는 주장의 배제
- 소련과의 중앙전 돌입은 피할 수 없다는 입장의 배제

단기적으로 시행할 수 있는 조치를 정리한 추가 메모와 함께 이런 메모들을 작성해 올린 뒤 나는 맥나마라의 사무실로부터 전략적 대상 계획 수립을 총괄하는 책임자 자격으로, 국방장관이 전략공군 총사령관을 지휘하는 합동참모본부에 보내는 초안을 준비하고, 통제계통의 유연성 도입과 비교적 단기적인 전쟁 계획을 대신할 대안 마련에 필요한 사항들을 분석해 구체적인 권고안을 제시하라는 전

갈을 받았다. 어느 날 오후 나는 얼레인 엔토번의 시스템 분석 사무실에서 그와 함께 나의 지침을 반영하는 '대안들'의 윤곽을 잡았다.[3] 이렇게 잡은 윤곽에 구체성을 부여하는 임무는 랜드 연구원 프랭크 트링클과 데이브 맥가비(오래전부터 얼레인과 빌 카우프먼은 중요한 계산 작업은 이 둘에게 맡기고 있었다)가 맡았다.

나의 첫 번째 초안을 보여주자 합동참모부의 루크먼 대령은 파워 장군에게서 뭔가 유용한 반응을 끌어내려면 내용을 좀 더 손봐야 할 것 같다고 말했다. 특히 파워는 현재의 계획에선 실질적 대안이 전무하다는 지적을 불쾌하게 받아들일 가능성이 크다는 것이었다. (예비군 없이 똑같은 목표물을 상대로 전 병력을 투입한다는 점에서 기존의 내용과 아무런 차이가 없었지만) 결국 그 계획에서도 '대안'이라는 것이 등장했다. 그는 전략공군사령부를 너무 자극하면 안 되니, '질문'을 제기하거나 "이들 계획은 이미 경보, 지리적 고려, 제약 요소, 날씨와 시계의 구체적 상태…… 등의 지속 여부에 따라 다양한 대안을 허용하고 있는바"로 시작되는 문장을 추가하는 방법으로 나의 초안을 손질했다.

국방부 차관 로스웰 길패트릭Roswell Gilpatric의 서명을 받기 위해 다시 작성한 최종 초안[4]은 1961년 5월 5일 '중앙전 계획에 대한 정책 지침'이라는 제목으로 국가기본안보정책 가운데 내가 초안에서 다룬 부분과 함께 합동참모본부 의장에게 보내졌다.[*]

여러 차례 수정을 거친 '나의' 지침은 케네디 아래서 운용 가능한 전쟁 계획의 기초로 자리 잡았다. 이 지침은 나의 검토를 거쳐 1962년과 1963년 국방부 차관 길패트릭에게 제출된 뒤 1964년 존슨 행정부에서 또다시 수정을 거쳤다. 내부자와 학자들은 그 이후로 이 지침이 미국의 전략적 전쟁 계획수립에 중요한 영향을 끼쳐왔다고 말한다.[**]

---

[*] 케네디 대통령은 결국 1961년 본인 명의의 국가기본안보정책BNSP를 발행하지 않았고 남은 재임 기간에도 발행하지 않았다(또한 1962년 월트 로스토가 오랫동안 제안한 초안을 거부하기도 했다). 데즈먼드 볼에 따르면, 리처드 노이슈타트는 맥조지 번디와 의견을 공유하며 BNSP가 대통령의 융통성을 제한할 것이라고 케네디 대통령을 설득했다. 데즈먼드 볼, 『정치와 힘의 수준』, 190n40.

[**] 프레드 캐플런은 이후의 지시와 지침의 계보를 "1961~62년 맥나마라의 단일통합작전계획(SIOP)-63"과 초기 랜드

몇 년 뒤 한 친구에게 내 서른 번째 생일날 전면적 핵전쟁 계획 수립에 필요한 일급기밀 지침 초안을 내 손으로 완성했다고 말하자 그 친구는 인색하게도 "놀랍군"이라고만 말했다. 그래서 나는 또 이렇게 말했다. "정말이라니까. 하지만 내가 바꾸기 시작한 계획을 당신이 봤어야 하는데." 그 이후로 내가 서른 살 때 느꼈던 성취감 같은 성취감은 두 번 다시 맛볼 수 없었다.

연구까지 추적해 올라간다. 프레드 캐플런, 『아마겟돈의 귀재들』. 특히 카터 행정부는 383~384쪽, 레이건은 389쪽.

9장 ——

합동참모본부에 보내는 질문들: 얼마나 많이 죽는가?

1961년 봄, 해리 로웬은 내게 맥조지 번디가 그해 1월에 내 브리핑을 듣고 나서 합참의장에게 전화해 합동전략능력기획서 한 부를 보내달라고 요청했다고 말했다.

의장은 그에게 이렇게 말했다. "아, 그건 밖으로 내보낼 수가 없는데요."

그러자 번디가 말했다. "대통령께서 보고 싶어하십니다."

"하지만 지금까지 한 번도 밖으로 내보낸 적이 없어서요. 안 됩니다."

"제 말 듣고 있기는 한 겁니까? 대통령께서 보고 싶어 하신다고요."

"그렇다면 우리가 직접 브리핑하겠습니다."

번디가 말했다. "대통령은 이해력이 남다른 분이세요. 그냥 간단히 읽고 싶어 하십니다."

해리 말에 따르면 결국 대통령은 합동전략능력기획서도 받고 합동참모본부 직원의 브리핑도 듣기로 둘이 합의한 모양이었다.

국가기본안보정책 초안을 마무리하고 나서 얼마 지나지 않아 국방차관 로스웰 길패트릭의 펜타곤 사무실에서 로웬 및 사무실 주인과 이야기를 나눌 때였다. 길패트릭이 내게 이렇게 말했다. "그건 그렇고 합동전략능력기획서를 결국 구했지 뭔가." 그는 합동참모본부가 그 문건을 백악관으로 보내는 대신 길패트릭의 사무실에서 브리핑을 하는 조건으로 마침내 협상을 끝냈다고 설명했다. 브리핑 자리에는 맥나마라도 있었고, 맥조지 번디는 백악관에서 펜타곤으로 와 참석했다.

나는 그에게 그럼 그 문건을 직접 봤냐고 물었다. 그는 봤다고 대답하면서 브리핑 진행자가 오면서 가져왔더라고 덧붙였다. 나도 볼 수 있느냐고 물었더니 길 패트릭은 우리를 자신의 금고로 안내했다. 서랍이 있는 금고가 아니라 기다란 벽장에 은행의 보관실처럼 육중한 강철 문을 달아 개조한 금고였다. 천장이 높았고, 강화벽에는 '일급기밀' 또는 그 이상의 소인이 찍힌 서류들로 가득한 책장이 줄줄이 늘어서 있었다.

처음엔 합동전략능력기획서JSCP처럼 보이지 않았다. 합동참모본부에서 완성된 문건에 흔히 사용하는 11×14인치 크기의 종이가 아니라 일반적인 8×10인치 종이에 타이핑이 돼 있었기 때문이다. 나는 참모부 측이 국방차관을 위해 특별히 일반 크기의 종이에 다시 타이핑했을지도 모른다고 생각했다. 나는 곧바로 JSCP가 아니고선 어디에서도 나와 있지 않은 중요한 내용, 합동참모본부(합참)가 민간인들에게는 보여주지 않으려고 각별히 신경 쓰는 부분, 바로 '전면전' 개념을 찾기 시작했다.

하지만 없었다. 아무리 찾아봐도 용어를 정리한 부분은 없었다. 다시 말해 '전면전쟁'이나 '제한전쟁' 개념은 없었다. 나는 다시 첫 번째 장으로 돌아가 제목을 읽어보았다. '합동전략능력기획서'라는 말은 없었다. 대신 'JSCP에 관한 브리핑'이라는 글씨만 보였다. 그나마 내가 전에 본 적 있는 초창기 합참의 지침 수준은 넘어선 셈이었다. 그 지침은 합참은 "국방부 사무실과 연락을 주고받으면서 합동전략능력기획서라는 표현이나 그 약자인 JSCP를 사용해서는 안 된다"라고 못 박고 있었다. 따라서 이 제목은 금지된 약자 'JSCP'를 사용함으로써 그 규칙을 어기고 있었다. 아마도 그 이유는 번디가 합참의장에게 건 전화로 볼 때 비밀이 샜다고 판단했기 때문이 아니었을까 싶다. 누군가 적어도 약자는 유출한 게 확실했다. 그러나 합참이 판단하기에 백악관이나 국방부가 약자보다 더 많은 것, 그러니까 그 기획서의 내용과 시사하는 바를 알고 있는지 여부는 아직 확실하지 않았고, 그래서 합참은 아직 포기하지 않고 있었던 것이다.

나는 길패트릭에게 이렇게 말했다. "이건 JSCP가 아닌데요. 그 사람들이 이것만 주던가요?"

한 번 당한 적이 있기 때문에 그는 깜짝 놀란 듯 보였다. 그가 말했다. "그렇다니까. 나한테 JSCP 사본을 한 장 내밀면서 분명히 JSCP라고 말했는데. 아닌 게 확실한가?"

나는 그에게 제목을 보여주었다. "보시다시피 JSCP가 아니잖아요. 이건 그 사람들이 차관님께 드린 브리핑 사본입니다." 나는 그에게 종이의 크기를 언급하면서 누락된 부분에 대해 설명했다. 그들이 두고 간 것은 브리핑 사본이 틀림없었다. 누락된 부분이 더 있을지도 몰랐다.

길패트릭은 화가 나기보다 당황하는 듯 보였다. 그는 이렇게 말했다. "브리핑 자료와 그 문건에서 궁금한 점이 있으면 언제든 물어보라고, 기꺼이 답변해주겠다고 말했단 말일세. 자네가 이걸 갖고 가서 그 사람들한테 보낼 질문 몇 가지를 작성해주겠나?"

나는 브리핑 자료를 로웬의 사무실에 있는 내 방으로 가져와 금고에 넣었다. 그리고 나서 공군참모부 사무실로 내려가 맨 처음 내게 JSCP를 보여준 밥 루크먼 중령에게 다시 한 부 빌릴 수 있는지 물었다. 나는 무엇 때문에 그러는지 그 이유를 설명하지 않았고, 그는 아무것도 묻지 않고 내게 JSCP 사본을 내밀었다.

몇 분 뒤 나는 대통령의 입 역할을 하는 번디와 국방장관도 손에 넣지 못한 문제의 문건을 가지고 내 방으로 돌아왔다. 전에도 그랬듯이 랜드 출신이라 유리한 점이 몇 가지 있었다. 공군참모부는 우리를 자기네 일원으로 생각했다. 이보다 일 년 전 내가 JSCP를 볼 수 있었던 이유도 그 때문이었다. 하지만 이 무렵, 즉 1961년 들어서는 루크먼도 내가 국방장관의 자문으로 일한다는 것을 알고 있었다. 공군참모총장 입장에서 이는 내가 적을 위해 일하고 있다는 것을 의미했을 것이다. 공군에게 국방장관은 해군이나 의회만큼 무서운 적수였다.

내게 뭘 보여주려면 그 전에 그는 직속상관인 글렌 켄트 준장의 동의를 얻어야 했다. 나는 내 친구, 중령이 볼 때 옳은 것이라면 그의 상관이 볼 때도 분명히 옳은 것일 거라고 생각했다. 그들은 공군의 최고위급이 지지하는 정책에 반대해 그 정책이 바뀌길 원했고, 그래서 나를 민간 당국과 소통하는 창구로 활용해 자신들의 상관들에게 압력을 가하고 있었다.

나는 길패트릭의 사무실에서 가져온 브리핑 문건 사본 바로 옆 탁자에 합동전략능력기획서를 올려놓고 그 둘을 한 줄 한 줄 비교하면서 둘 사이의 차이를 조목조목 정리해나갔다. 그런 다음 합참에 제출할 안건들을 작성하기 시작했다. 그때 잡아둔 질의서 윤곽은 아직도 내게 있다.[1] 작업을 마무리하는 데 꼬박 일주일이 걸렸다.

이 가운데 몇몇 질문에서는 전쟁이 개시되면 어떤 상황에서든 그 즉시 도시와 인구를 집단적으로 공격한다는 계획의 근거를 따져 물었다. 그것은 단일통합작전계획SIOP에서 구체화된 '최적 혼합optimum mix' 개념의 한 측면이었다. 나는 다음과 같이 물었다.

- 핵 공급 능력과 동시에 도시-산업 센터 또는 정부 통제(소)가 공격받아야 하는 주된 이유는 무엇인가?
- 최초 공격 대상을 기재한 '최소 필수 목록'에 도시-산업 센터를 포함하는 국가적 근거는 무엇인가? 미국의 목표라는 측면에서 이런 목표들에 대한 공격을 제외하고 그 대신 잔여 병력에 의지해 위의 목록에서 명시하는 목표를 달성할 경우, 예상되는 비용은 얼마인가?
- 위성 국가들 내의 목표물에 대해서는 어떤 배급 방식을 적용할 계획인가? 그 방식은 중소 블록의 즉각적 공격 능력에 어떤 기여를 하게 되나?
- 경계경보 발령 시 투하되는 총 메가톤 수는? 전략경보(전군 비상) 발령 시에는? 핵분열 생성물의 총량은? 공중 폭발과 지상 폭발의 정도는? 전 세계

적으로 예상되는 낙진은? 전 세계적으로 예상되는 사상자는?

- 도시-산업 센터 및 그 외 목표물에 대한 계획된 공격과 소련의 인구 손실을 극대화하기 위한 공격은 어느 정도이며, 정확히 어떻게 다른가?* 공산주의 국가 중국에서는? 전쟁 개시 상황이라는 몇 가지 조건 아래서 그러한 공격의 실행은 미국의 전시 또는 전후 목표에 어떤 영향을 미치게 될까?
- 이 계획은 소련과 공산주의 중국의 인구에 자국 정부의 행위에 대한 책임을 묻는 것이 국가 정책이라는 가정하에 진행되고 있는가? 공산주의 중국의 국민이 소련 정부의 행동에 책임이 있는가?

다음은 SIOP의 또 다른 측면, 즉 계획의 융통성 부족을 지적하는 질문들이었다(브리핑에서처럼 전략공군사령부와 폴라리스 작전 계획의 지침을 이루는 합동전략능력기획서의 '어넥스 C'는 언급하지 않았다).

- 이 계획은 "적대 행위가 시작될 수 있는…… 몇 가지 상황 아래서의 최적 사용"을 전제로 한다. 소련의 기습 (핵) 공격 말고 그런 상황을 예로 들면? 다른 상황이 발생할 경우, 계획된 대응은 어떻게 달라지는가? 단일하고 균일한 대응이 모든 상황에서 최선인가?
- 왜 모든 선택지가 병력의 총비용을 대비하는가? 전략적 예비비를 위한 규정이 없는 이유는 무엇인가?
- SIOP의 실행 도중 적 병력의 항복을 수용할 수 있는 합동참모본부의 능력은 무엇인가? 이 경우에 마련해둔 대비책은 무엇인가? 수용 가능한 항

---

* 1961년 4월 내가 작성한 초안(ellsberg.net 참조)은 길패트릭이 맥나마라 국방정책실장을 위해 5월에 합참에 변경 없이 보낸 것으로, "핵이든 비핵이든, 국가든 전 세계든, 전쟁의 파괴성을 제한하면서 전시 목표를 달성하는 것은 미국의 이익에 부합한다. 구체적으로, 미국은 러시아, 중국 또는 위성국가의 모든 국민에게 자국 정부의 행위에 대한 책임을 묻지 않는다. 따라서 전쟁 발발 시 공산권에서 사망한 사람의 수를 극대화하는 것은 미국의 목적이 아니다" 라고 언급하고 있다.

복 조건을 작성해둔 것인가? 실행 명령이 전달되고 난 뒤, 남은 공격을 중지할 수 있는 능력은 얼마나 믿을 만한가? 항복 조건의 준수 여부를 감시할 대책이 마련돼 있는가?

이 가운데 몇몇 질문은 브리핑만 읽고는 그 누구도 생각해낼 수가 없는 것들이었다. 내가 이런 질문들을 던진 이유는 수취인들에게 길패트릭 밑에서 일하는 누군가가 작전 계획의 문제점을 이미 잘 알고 있다고 경고하기 위해서였다.

- 계획에서 상정하는 조정은 모든 공격 차량이 동시에 실행 메시지를 받는다는 것을 전제로 하는가? 그렇다면 이러한 전제의 근거는 무엇인가? 메시지 수령의 예상 가능한 지연이 조정에 미치게 될 영향은? 아니면, 혼선 방지 계획(6장 참조)에서 서로 다른 바람 방향과 강도가 공격 병력의 각 부분에 미치게 될 영향은?

합동전략능력기획서를 받아보지 못한 길패트릭이 이런 질문을 던지는 것이었기에, 그가 받은 브리핑 문건만 기초해 질문하고 있는 것으로 보이려면 질문의 초안부터 작성해야 했다. 하지만 실제 계획을 아는 사람이라면 그 질문들을 작성하는 사람이 길패트릭이 아니라는 것을 금세 눈치챌 터였다. 합동전략능력기획서 내부 사정과 그 뒤에 숨어 있는 논란들에 대해 아주 자세히 알고 있는 누군가가, 아마도 사본을 들고 길패트릭 앞에 앉아 있다는 것이 분명해 보였을 것이다. 다시 말해 합동참모본부는 합동전략능력기획서 사본이 결국 국방부로 흘러 들어갔다는 것을 바로 알아차렸을 테고, 아울러 군사 전문가(프락치) 내지는 그런 전문가들에게 아주 잘 교육받은 누군가가 국방장관에게 조언하고 있다는 낌새를 감지했을 것이다.

질문이 메시지인 셈이었다. 합참에 들어간 이 질문들은 그들의 절차와 갈등이, 합의와 조치가 이제는 국방부에 낱낱이 드러났다는 소식을 의도적으로 누설하는 것이었다. 나는 그들이 게임이 끝났다고 생각하기를, 그래서 실토하고 즉답을 제시하길 바랐다. 거짓말을 하거나 모면하려고 했다가는 이 질문을 작성한 사람에게 금세 들키고 말 거라는 불안을 심어주길 바랐다(그 누군가는 몇몇 직접적인 창구를 통해 길패트릭에게 답변하는 문제를 둘러싼 내부 논의까지 꿰뚫어 보고 있을지도 몰랐다).

서로 밀접하게 연결된 이 질문들은 누군가가 (군 관계자들의 예전 표현에 따르면) '모든 시체가 묻힌 곳'이라고 말하곤 했던 것처럼, 길패트릭과 일하는 누군가가 알고 있다는 식의 분위기를 전달하도록 고안되었다. 즉 그 누군가는 합동전략능력기획서에 대해서도 잘 알고 그 사본도 가지고 있을 뿐만 아니라 어째서 그런 식으로 작성됐고 논란의 내용이 무엇인지, 문제를 숨기려고 어떤 미봉책을 썼는지 등 합참이 설명하거나 정당화하기가 어렵거나 불가능한 문제들을 모조리 꿰뚫어 보고 있다는 인상을 심으려 한 것이다.

지금 내 손에는 없지만, 당시 내가 길패트릭에게 제출한 최종 메모에서는 질문들이 위에서보다 좀 더 세련되게 표현돼 있었다. 문제의 질문들이 합동전략능력기획서 자체가 아니라 길패트릭에게 준 브리핑 자료에 근거하고 있다는 위장과 보조를 맞추기 위해 서른 개 안팎의 내 질문들은 대부분 브리핑 자료에 있는 진술을 언급한 뒤 그와 관련된 하위 질문들을 제시했다. 첫 번째 질문은 토씨 하나까지 그대로 기억난다.

1쪽에서 각각의 작전 계획은 검토와 승인을 위해 다음 상급 차원의 지휘계통에 제출된다고 나와 있습니다. 그렇다면

a) 국방장관 게이츠의 검토와 승인을 받기 위해 합동전략능력기획서를 그에게 제출했나요?

b) 연간 계획 사이클에서 검토와 승인을 위해 합동전략능력기획서를 국방장관에게 제출하는 시기가 보통 언제인가요?

진실한 대답이 되려면 a)는 '아니요', b)는 '그런 적 없습니다'가 될 터였다. 질문의 초안자가 그 점을 알고 있는 게 분명했다. 하지만 그런 대답에 대해 만족스럽게 설명할지는 분명치 않았다. 갈수록 까다로워지는 나머지 질문에 대해서 제대로 설명할 수 있을지도 역시 불분명했다.

길패트릭에게 질문 목록을 건네자 그는 그 자리에서 한 번 쓱 훑어보더니 고개를 끄덕이며 만족스럽다는 듯 이렇게 말했다. "질문들이 매우…… 예리하구만." 그러고는 좀 더 주의를 기울여 한 번 더 읽으면서 고개를 몇 차례나 가로젓더니 내게 수고했다고 따뜻이 말하고는 수정 없이 자기 서명이 들어간 표지만 첨부해 합동참모본부에 보냈다.

합참과 그 참모진이 이 질문들에 대응할 방법은 없었다. 거짓말을 하거나 회피한다면 들통날 게 뻔했다. 그렇다고 솔직하게 대답한다면 사직서도 동시에 보내야 말이 될 것 같았다. 국가안전보장회의에서 맥조지 번디를 보좌하던 밥 코머는 좀 더 센 반응을 보였다. 백악관 바로 옆 그의 사무실에서 초안을 보여주자 그는 이렇게 말했다. "이 사람들이 일본 장군들이었다면 이 질문들을 읽고 나서 자살해야 했을 걸세."

문제의 질의서를 받은 장군들은 일본인이 아니었다. 그들은 자살하지는 않았지만 의미심장한 메시지를 받았다. 질의서를 보낸 지 몇 시간 만에 합참의장이 해리 로웬에게 전화를 걸어왔다. 해리가 나중에 말해준 바에 따르면 그는 매우 호기심에 찬 목소리로 이렇게 물었다. "우리가 방금 길패트릭에게서 받은 질의서에 대해 혹시 뭐 아는 거라도 있습니까?"

해리가 말했다. "글쎄요."

긴 침묵 끝에 퉁명스러운 한마디했다. "대체 작성자가 누굽니까?"

해리는 말해줄 수 없다고 대답했다. 대화 끝.

수많은 연구 결과에 대해 장관에게 보고하기로 정해진, 그 짧은 마감시한을 무조건 맞추기 위해 군 관계자들이 밤낮없이 일하거나, 시한 연장을 요청했다. 당시 이 문제의 질의서는 '답변 불가'로 분류됐다. 첫 번째 마감시한이 다가오자 참모총장은 연장을 요청했고, 두 번째가 다 끝나갈 때도 또다시 연장을 요청했다. 그렇게 세 차례의 연장 요청이 있었다. 나중에 있었던 회의에서 길패트릭에게 여기에 대해 물었더니 아직도 공식적인 답변을 해오지 않고 있다고 말했다. 참모본부 측은 끝까지 그러지 못했다.

"완벽해." 길패트릭이 말을 꺼냈다. "이대로 마냥 늘어지게 놔두자고. 그 사람들이 새로운 계획을 놓고 우리와 한판 싸워보겠다면 우린 그저 이렇게만 말하면 될 테니까. '음, 그렇다면 어디 그대들의 옛날 계획으로 돌아가서 한번 논의해볼까요.' 그러고는 그 질문들을 다시 꺼내면 되는 거지."

그 사이 국방장관이 국가기본안보정책의 바뀐 지침에 서명해 전쟁 계획 수립 관련 국방부 장관 지침이라는 명칭으로 이를 합참에 보냈고, 이는 결국 새로운 정책으로 자리 잡았다(케네디 대통령은 자기 이름으로는 새로운 국가기본안보정책을 발령하지 않기로 결심했다).

───────

나중에 알고 보니 길패트릭의 요청으로 내가 작성한 질문 중 하나는 다른 취급을 받고 있었다. 그가 합동참모본부에 보낸 질의서의 일부인 그 질문 역시 나머지 질문들과 마찬가지로 전혀 답변을 듣지 못하고 있었다. 그런 상태에서 백악관의 밥 코머가 그 질문을 콕 집어 대통령이 알고 싶어 한다며 합참에 보냈다. 그런데 놀랍게도 신속하고 구체적이면서 언뜻 정확해 보이는 답변이 돌아왔다.

프롤로그에서도 언급했듯이 그 질문은 다음과 같았다. "전면적 (핵)전쟁에 대한 계획이 애초 계획대로 진행된다면 소련과 중국에서만 얼마나 많은 사람들이 목숨을 잃을까요?"

처음에 그 질문을 제기할 때만 해도 루크먼과 그의 공군본부 동료들에게 들은 내용을 바탕으로 나는 합참이 최근의 작전 계획들 때문에 그 질문에 제대로 답할 수가 없다고, 만약 답했다가는 소련과 중국의 대도시를 빠짐없이 포함하고 있는 표적 시스템을 즉각 폐기해야 할 것이라고만 어렴풋이 이해하고 있었다. 별난 추정처럼 보일지도 모르겠지만 내게는 그럴 만한 근거가 있었다. 민간인에게는 광범위하면서도 사실상 특별하기까지 한 전쟁 계획 수립 과정과 계획 자체에 대한 나의 지식에도 불구하고, 나는 그런 추정치를 본 적이 없었다. 루크먼과 크랙 같은 영관급 장교들은 내게 자기들도 그런 건 본 적이 없으며, 따라서 그런 건 아예 존재하지 않는다고 믿고 있다 말했다. 군의 관료주의에 익숙한 사람이라면, 군 기밀이 일반에 누설될까 두려워한 것은 물론이고 기존 계획을 비판하는 군 내부인들이 그 점을 악용해 정말 끔찍한 인사들로 변할까봐 군 관료들이 일부러 조사를 방해하고 있다고 쉽사리 짐작할 터였다.

그래서 나는 합참이 자기들도 그 답을 몰랐다고 인정해야 하지 않을까 생각했다. 아니면 합참은 답변을 제출하기 위해 더 많은 시간을 요청해야 할 것이다. 이렇든 저렇든 합참은 우리가 제안하는 대안에 맞서 자기들의 계획을 옹호하는 데 차질을 빚을 수밖에 없을 듯했다. "뭐라고요? 당신네 계획이 인간의 운명에 미칠 결과를 알지조차 못한단 말인가요?" 내가 소련과 중국에만 해당되는 질문을 작성하여, 그들이 알바니아의 사망자 수를 계산하는 데 시간이 더 필요한 척 할 수 없었던 점은 참으로 당황스러웠을 것이다.

아니면 터무니없이 낮은 수치로 보일 수 있는 답을 성급하게 제시할 가능성도 배제할 수 없었다. 내가 전쟁 계획에서 본 추정들은 예외 없이 그런 특징을 지니고 있었다. 1950년대부터 나온 사망자 수 추정치는 1950년대 초반에는 소련에서만 약 1백만 명이던 것이 몇 년 뒤에는 그 열 배에서 열다섯 배에 이르기까지 다양했다. (그 무렵 이미 히로시마와 나가사키에 투하했던 무기보다 훨씬 강력해진) 원자폭탄 시대에도 터무니없이 낮은 숫자를 읽어야 하다니 쓴웃음이 나왔다. 만약 합참이 어떤 형태로든 추정치를 들고 다시 온다면 수소폭탄이라는 열핵무기 시대에 그것은 상대적으로 비현실적일 거라는 생각이 들었다. 사망자 수를 낮게 잡은 새로운 추정치들 또한 그런 계획을 놓고 흥정을 벌이는 군 내부의 관료주의 사회에서 똑같은 목적을 수행할 터였다. 합참이 현실적인 추정치를 가지고 신속하게 모습을 드러낼 가능성은 거의 없었다.

하지만 내가 잘못 생각하고 있었다. 그 점에서는 아는 것이 많아 내가 종종 조언을 구하곤 했던 영관급 장교들도 대부분 마찬가지였다. 참모본부의 관련 부서가 그런 결과를 추정하는 용도의 그럴싸한 컴퓨터 모델을 보유하고 있었을 뿐만 아니라 하루 이틀 만에 답을 백악관에 제출했기 때문이다. 앞에서도 지적했듯이 그것은 '일급기밀—대통령만 열람 가능'으로 분류돼 있었지만 나는 그 질문을 작성한 당사자였기에 코머는 국가안전보장회의 사무실로 나를 불러 그 기밀 문건을 보여주었다.

답변은 프롤로그에서 제시한 그래프의 형태를 띠고 있었다. 그 그래프는 우리가 공격한 지 처음 몇 시간 만에 2억 7천5백만 명이 사망하고 6개월 안에 3억 2천5백만 명이 죽게 되리라는 것을 보여주었다(나는 부상자와 병자도 포함하는 사상자 수가 아니라 사망자 수만 물었다). 이는 소련과 중국에만 해당하는 수치였지만 반응 속도로 미루어 보건대, 그들은 이미 컴퓨터 모델을 보유하고 있으며, 아마 다른 지역의 추정치도 가지고 있을 듯했다. 예상대로였다. 나는 코머의 요청으로 중소 블록에 인접한 지역들에 해당하는 후속 질문을 작성했고, 합참은 먼젓번처럼 신속하게 포괄적인 추정치를 보내왔다. 이번에는 표의 형태를 띠고 있었다. 우리의 전쟁 계획에 나와 있는 공격, 다시 말해 대부분 도시(물론 도시 그 자체는 목표가 아니었다)와 가까운 위성 국가들의 방공 및 군 시설에 집중되는 공격을 통해 이런 나라들에도 1억 명 안팎의 사망자가 나올 것으로 예상됐다. 바르샤바 조약 지역을 지나 소련으로 향하는 후발 폭격기들에 이른바 '하늘길'을 열어주기 위해 선발 폭격기 편대가 날아가면서 레이더 기지, 방공 시설, 지대공 미사일 기지에 메가톤급 무기를 떨어뜨릴 터였다(존 루벨이 참석한 단일통합작전계획 브리핑 자리에서 하필 러시아로 가는 길목에 레이더 기지국을 보유한 탓에 알바니아가 처한 불행한 운명에 대해 파워 장군이 했던 말을 기억하라). '인질 국가들'에서의 인구 파괴가 보너스로 여겨지진 않았지만, 의도적으로 파괴 효과를 극대화시킨 소련과 중국에서와 마찬가지로 동유럽에서도 다른 곳처럼 핵탄두 대부분이 지상에서 폭발하게 돼 있었고, 이는 낙진을 최대로 발생시킬 것이다.

소련과 그 위성 국가들 및 중국에서의 지상 폭발로 생겨날 낙진은 중소 블록뿐만 아니라 이들 국가와 국경을 마주하고 있는 중립국들, 예를 들어 일본과 파키스탄뿐만 아니라 핀란드, 스웨덴, 오스트리아, 아프가니스탄 같은 나라의 인구들까지 대량으로 살상하게 될 터였다.

바람이 부는 주요 패턴을 감안할 때 핀란드 사람들은 자국 국경 근처 소련 잠수함 기지에서 잇따른 지상 폭발과 그로 인한 낙진으로 사실상 절멸하게 될 터였다. 미국의 공격으로 비롯되는 1억 명이 넘는 이런 사망자 수는 나토와 바르샤바 조약 기구 밖의 이런 나라들 땅에 미국 핵탄두를 단 한 대도 떨어뜨리지 않고도 발생할 터였다.

바르샤바 조약 기구에 대한 미국의 공격으로 인해 서유럽 나토 동맹국들 안에서 나오게 될 낙진 사망자 수는 날씨와 바람 조건에 달려 있었다. 의회 청문회에서 종종 들을 수 있었듯이 '바람이 어디로 부느냐에 따라' 우리의 공격으로 인해 유럽 동맹국에서 최대 1억 명의 사망자가 나올 수 있었다.

내가 의도했던 대로 합참은 "전면적 (핵)전쟁에 대한 계획이 애초 계획대로 진행된다면"이라는 구절을 "미국의 전략군이 먼저 공격에 나서 소련의 선제공격에 방해받지 않고 계획한 대로 임무를 수행한다면"으로 해석했다. 이러한 수치들은 미국의 병력 전부 또는 대부분이 먼저 공격받지 않은 채 무기를 들고 이륙했다는 전제에서 출발했다. 다시 말해 우리 계획 대부분에서와 같이, 이러한 계산에는 소련군의 개입을 불러온 국지적 분쟁의 확대 또는 전술적 경고를 받은 소련의 핵공격을 피하기 위해 전면적 핵전쟁을 개시하는 것은 바로 미국이라는 의미가 함축되어 있었다(하지만 핵공격을 사전에 감지하는 우리의 전술경보 시스템이 오류를 일으킬 수도 있고 반대로 소련이 역시 미국이 공격해온다는 자신들의 오경보에 대응해 공격에 나설 수도 있었다).

"애초 계획대로 진행된다면"이라는 어구는 사실상 우리의 전쟁 계획 전체가 근거하고 있는 전제를 가리켰다. 그 전제란 핵전쟁이 일어날 기미가 조금이라도 보일 것 같으면 우리가 '선수를 칠' 것이라는 점이었다. 적의 핵탄두가 도착하거나 발진하기 전에 우리가 먼저 공격에 나서야 했다.

따라서 합참이 백악관에 보고한 사망자 수는 미국의 제1격이 가져올 것으로 예상되는 결과였다. 참모본부가 제시한 추정치에서 우리의 공격으로 인해 발생하는 총사망자 수는 6억 명에 달하며, 거의 전적으로 민간인 희생자였다. 이는 인류 거의 전체에 맞먹는 숫자였다. 그중 대부분은 하루나 이틀 만에, 나머지는 6개월 뒤에 죽음을 맞이할 터였다.

그리고 이런 수치에는 미국의 핵탄두가 가져올 결과만 포함됐을 뿐 소련의 미국에 대한 또는 미국 및 유럽의 그 동맹국들에 대한 보복 공격이 가져올 결과는 포함되지 않았다. 1961년 6월에 나온 CIA의 정보판단에 따르면 당시 소련은 1백 기가 넘는 ICBM을 보유하고 있었지만 실제로 배치하고 과녁을 맞힐 수 있는 탄두는 극소수에 불과했다. 그런 추정치에 소련의 보복 공격으로 발생하게 될 미국 내 사망자 수 추정치까지 고려하면 매우 효과적인 미국의 제1격 이후에도 수백만 명의 미국인 사망자 수가 추가로 늘어날 것이었다.

육군과 해군이 추정하는 소련의 ICBM이 가져올 사망자 수는 훨씬 적었다. 그러나 모든 추정에 따르면 중거리 미사일 수백 기가 중거리 폭격기와 함께 서유럽과 특히 독일을 겨냥하고 있었다. 미국과 나토의 더없이 성공적인 제1격 이후에도 우리 공격에 의한 낙진이 동쪽으로부터 바람을 타고 도착하기도 전에, 유럽에 대한 소련의 보복은 폭발과 화염, 즉각적 방사능 노출로 인해 서유럽인 사망자 수를 1억 명을 더 늘릴 수 있었다.

1961년 어느 봄날 백악관 별채의 한 사무실에서 내 첫 번째 질문에 대한 답으로 도착한 그 그래프를 들고 살펴보면서 나는 '그들도 알고 있었다'는 것을 깨달았다. 프롤로그에서도 언급했듯 내게 그 그래프는 순수 악 그 자체인 듯했다. 존재해선 안 됐다. 지구상에 그걸 가리키는 어떠한 현실도 일어나서는 안 됐다.

그러나 그 그래프가 다루는 것들은 모두 너무 생생했다. 나는 좀 작은 폭탄들은 더러 직접 본 적이 있었다. 1.1메가톤의 폭발량을 지닌 수소폭탄 하나가 고성능 폭탄 110만 톤과 맞먹었고, 각 폭탄의 폭발력은 2차 세계대전에 사용된 폭탄을 모두 합친 것의 절반에 이르렀다. 나는 오키나와의 카데나 공군기지에서 그런 폭탄이, 명령이 떨어지면 10분 안에 이륙할 태세를 갖추고 비상 대기 중인 1인승 F-100 전투폭격기 밑에 불안하게 매달려 있는 모습을 여러 번 봤다. 한 번은 아직 비행기에 탑재되지 않은 폭탄을 직접 만져보기도 했다. 서늘한 날이었는데도 폭탄의 매끈거리는 금속 표면은 그 안의 방사능 때문인지 뜨뜻했다. 체온 같은 따스함이었다.

이런 핵탄두 3천 개(대부분은 폭발량이 최대 20배에 달하는)가 단일통합작전계획 실행의 첫 단계에서 소련 블록과 중국에 배급될 터였다. 내가 알기로 그중 대부분은 지상에서 폭발할 테고, 그때 발생한 낙진으로 중소 블록뿐만 아니라 동맹국과 중립국을 포함해 그 이웃의 인구들까지 근절할 터였다.

기밀 자료에서 이런 수치를 보는 데 전혀 익숙하지 않기도 했지만 나를 충격으로 몰아넣은 것은 비단 죽음을 가리키는 수치의 크기만은 아니었다. 랜드에 있으면서 나는 소련의 제1격을 억지할 목적으로 미국이 감행하는 보복성 제2격에 의해 피해를 볼 인구수를 추정한 수치들을 거의 모두 읽어보았다. 앨버트 월스테터와 랜드는 제대로 계획된 소련의 진주만식 공격으로 전략공군사령부가 최근에 배치한 보복 병력이 완전히 제거될지 모른다 생각하고 있었고, 그와 비슷한 맥락에서 이러한 연구의 초점은 미국의 보복으로 발생하는 소련의 사상자 수가 소련이 2차 세계대전에서 겪었던 것처럼 많을 수도 있다는 것을 어떻게 입증하느냐였다. 그렇다면 그 수는 2천만 명 안팎에 이를 터였다. 월스테터는 그보다 작을

리는 없다고 주장했고, (나 같은) 그의 조수들은 그 말을 받아들여 이 같은 극심한 위기 상황은 냉혹한 볼셰비키 지도자들을 확실히 단념시킬 것이라고 말했다. 내가 랜드의 연구 논문에서 손상되지 않은 병력에 의한 미국의 제1격이 인간에게 미칠 결과를 추정한 수치를 본 적이 있는지 없는지는 확실치 않다. 허먼 칸을 빼고 랜드에서 그럴 가능성을 생각하는 사람은 거의 없었다.

그러나 태평양과 펜타곤에서 실제 전쟁 계획을 본 이후, 나는 그들이 주로 그런 경우, 즉 선제적이거나 또는 국지전이 확산될 경우 실행할지 모를 미국의 제1격에 초점을 맞추고 있다는 것을 알게 됐다. 어떤 경우든 랜드 분석가들은 제대로 계획된 제1격을 오로지 소련 군대에만 초점을 맞추는 공격이 아니라 초기 단계에서 소비에트(와 중국의) 도시 모두를 목표물로 삼는 공격으로 보았다. 그래서 오래전부터 나는 그런 계획의 실행으로 초래될 파괴가 내가 본 랜드의 추정치들을 넘어 '엄청나고' '끔찍할' 것이라는 점은 알고 있었지만, 구체적인 피해 양상은 생각해본 적도 없고 본 적도 없었다. 다만 생생하게 실감할 뿐이었다.

지난 2년 동안 전쟁 계획들을 읽어보면서 이미 짐작하고 있던 사실이긴 했지만, 문명 세계가 끝날 수도 있다는 소리를 활자로 확인한다는 건 또 다른 충격이었다. 이것은 도시 세계를 파괴하는 계획이었고, 언젠가 실행될 수도 있는 계획이었다. 그러나 내가 보기엔 그 계획을 읽거나 작성한 사람 중 그 누구도 그 점을 인정하지 않는 듯했다.

그런데 합동참모본부도 어쨌든 그 점을 알고 있었다니 나로선 놀라울 따름이었다. 그들은 계획을 수립하면서 내가 생각했던 것처럼 그 결과에 아주 무심했던 것이 아니었다. 그래서 더 나빴다. 충격을 넘어서서 도무지 이해가 되지 않았던 것은 나머지 질문들에 대해선 지연작전으로 일관하면서 이 특별한 답변에 대해서는 그토록 솔직하고, 신속하고, 현실적으로 대응한다는 점이었다.

사직서는커녕 당황하는 기색도, 수치심도, 사과도, 회피도 없었다. 하물며 새 대통령에게 이 답변을 설명해야 한다는 인식조차 없는 듯했다. 나는 생각했다.

바로 이것이 히로시마 이후 16년 만에 미국이 도달하게 된 지점이라고. '대량 학살'이라는 용어로는 한참 부족한 결과를 몰고 올 계획과 준비들이 오로지 대통령의 실행 명령만 기다리고 있었다(그중에는 굳이 대통령의 지시가 없어도 되는 경우도 몇몇 있었다).

이 무렵의 나는 억지력을 둘러싼 논리나 그 정당성을 비판하는 입장이 아니었다. 그 반대로 나는 랜드와 펜타곤에서 동료들과 함께 가장 성공적인 소련의 핵 공격에 대응해 소련이 도저히 용납할 수 없는 피해를 분명히 끼칠 수 있도록 미국의 생존 능력을 확실히 해두기 위해 열심히 일하고 있었다. 그러나 2차 세계대전 당시 소련 시민 사망자 수의 무려 스무 배에 달하는 소련인(과 중국인) 수억 명에 대한 계획적인 학살은, 그와 똑같은 수의 우리 동맹국과 중립국 시민들의 죽음도 불러왔다! 그러한 예상 결과는 우리의 핵계획과 조직체에 속속들이 배어 있는 불합리와 광기와 무모함을 여지없이 드러냈다.

핵겨울이 발견되기 전이긴 했지만, 당시의 계산 능력에 비추어 사망자 수 추정치는 터무니없이 과소평가된 것이었다. 40년 뒤 스탠퍼드 국제안보협조 센터 연구원 린 에덴 박사는 『화염에 휩싸인 전 세계Whole World on Fire』에서 전략공군사령부와 합참의 전쟁 계획 수립자들이 핵시대부터 현재에 이르기까지 미국 또는 러시아의 핵공격이 미칠 파괴적 효과, 즉 불의 효과(처음 핵폭발의 불길이 치솟은 뒤 공기가 시속 200마일의 빠른 속도로 폭발의 진원지를 향해 안으로 밀려든다. 거대한 불에 달궈진 공기는 상승하고 이에 따라 폭발 진원지로 공기가 더 급속히 몰려 들어온다. 이러한 현상은 연료가 다 소진될 때까지 지속하는데, 최고조에 이르렀을 때 불폭풍은 허리케인급의 바람을 일으키고 도시 전체를 초토화시킬 수 있다—옮긴이)에 대한 추정치를 일부러 완전히 누락해왔다는 기괴한 사실을 폭로했다.[2]

할 브로드 같은 전문가들이 수십 년째 그런 결론에 이의를 제기해오고 있는데도 그들은 사망자 수를 폭발이나 낙진에만 근거해 추정하면서 불폭풍 같은 효과는 폭발이나 낙진에 비해 예측하기가 어렵다는 미심쩍은 이유를 들어 그렇게 해왔다(그보다는 불폭풍 효과까지 고려할 경우 지정한 피해 수준을 달성하는 데 필요한 미국 공군의 핵탄두와 차량 수가 줄어들지 모른다는 우려가 끈질긴 관심 부족을 설명하는 좀 더 나은 가설이 아닐까 싶다. 당시 미국 공군의 핵탄두와 차량은 해군의 잠수함 발사 미사일이 아예 필요하지 않을 만큼 그 수가 많았다).

그러나 1960년대 들어서도 열핵무기가 유발하는 불폭풍은 핵전쟁에서 발생하는 사망자 수의 가장 큰 원인으로 지목됐다. 전략 핵무기를 감안할 때 불폭풍의 피해 범위는 폭발에 의한 피해 범위의 두 배에서 다섯 배에 이를 터였다. 아무리 1961년이라지만 중소 블록에 대한 미국의 계획된 공격 그 자체만으로 생겨나는 사망자 수를 좀 더 현실적으로 잡으면 내가 손에 들고 있던 그래프에 표시된 숫자의 두 배는 될 것이었다. 다시 말해 총사망자 수가 10억 명이 넘는다는 뜻이었다. 지구 인구의 3분의 1, 그렇다면 무려 30억 명에 달했다.

더욱이 우리의 계획된 제1격이 향후 22년 동안 미치게 될 간접적 효과에 대해서는 아무도 주목하지 않는 듯했다. 그 효과는 우리의 공격으로 도시가 영향 받을 것이 분명하지만 소홀히 해온 결과, 즉 연기에서 비롯됐다. 실제로 참모본부와 그곳 입안자들은 불을 무시하면서 불이 있는 곳엔 연기가 있다는 것 또한 무시했다. 그러나 우리의 생존을 위협하는 것은 일상적인 불에서 나는 연기, 다시 말해 아무리 큰 불이라 해도 낮은 대기층에 머물러 있다가 비로 씻겨 내려가는 연기가 아니라 우리의 핵무기가 표적으로 삼은 도시들에서 일으킬 불폭풍에서 생겨나 높은 대기층으로 밀려 올라가는 연기다(16장 참조).

이 엄청난 불폭풍에서 발생하는 맹렬한 상승기류는 성층권에 수백만 톤의 연기와 그을음을 밀어 올릴 것이다. 그 많은 연기와 그을음은 비에 씻겨 내릴 겨를도 없이 순식간에 지구를 에워싸 지구 주변에서 십 년 넘게 햇빛 대부분을 차단하는 담요 역할을 할 터였다. 그렇게 되면 전 세계적으로 햇빛이 줄어들고 기온이 낮아져 수확이 완전히 멈추면서 전부는 아니겠지만 (채소를 먹고 사는) 거의 모든 인간(과 동물이) 굶어 죽게 될 터였다.[3] 남반구 인구는 핵폭발의 거의 모든 직접적 영향으로부터, 심지어 낙진으로부터도 살아남을지 모르지만, 기아로 거의 전멸할 테고 (합참이 직접적 효과를 통해 이미 예측한) 유라시아를 비롯해 아프리카와 북아메리카 인구도 마찬가지일 터였다.

자신들의 계획된 공격으로 인해 발생하는 불폭풍이 전 세계에 기근을 가져와 인류 거의 전체의 죽음으로 이어질 것이라는 예측을 못 했다고 해서 합참을 탓할 수는 없었다. 그 죽음의 숫자가 1960년처럼 30억이었든 오늘날의 70억이든 어쨌든 핵겨울 현상은 쿠바 미사일 위기가 지나고 십 년 뒤에야 비로소 환경과학자들이 예측하고 나섰으니 말이다.

그럼에도 그들이 준비해온 전면적 열핵전쟁이라는 이 유례없는 생태 실험이 환경에 미칠 영향을 어째서 좀 더 활발하게 탐구하지 않았는지에 대해서는 물을 수 있다. 다시 말해 과학자들이 이런 위험을 맨 처음 제기한 지 삼십 년이 더 지났고, 그들의 계산이 과학적으로 부정확하다는 결론이 난 지 십 년이 더 지났는데도, 여전히 도시 근처에서 수백 개가 넘는 핵폭탄을 터뜨려 상부 성층권에 수많은 연기와 그을음을 밀어 올리고 결국엔 우리 자신까지 포함해 지구상의 거의 모두를 굶어 죽게 하는 대안을 고집하는 이유가 무엇인지에 대해서는 물을 수 있다.

그러나 1961년에 이미 이 모두를 알았다 해도 그 봄날 아침 내가 들고 있던 그 래프에 대한 나의 반응이 달라지지는 않았을 것이다. 더욱이 합참의 그 뻔뻔한 추정치는 비상 병력은 그 어느 쪽에서도 사용될 리 없다는 확신(더 나쁘게 말하면 현실적인 희망)은 사실무근이라고 내게 말하고 있었다. 나중에 밝혀졌듯 미국인들은 일단 작동되면 5억 명이 넘는 사람들을 죽일 거라는 걸 알면서 그런 기계를 만들어놓고는 이 사실을 대통령에게 서슴없이 보고하고 있었다. 그런 인간들은 대통령이 지시하면, 또는 앞에서도 언급했듯이 굳이 대통령이 아니더라도 상관의 지시가 있으면 망설임 없이 스위치를 잡아당길 터였다.

그리고 대통령들에 대해 말할 것 같으면, 몇 달 전 드와이트 아이젠하워는 이 복합 대량 학살 기계의 청사진에 은밀히 서명했다. 나아가 그는 주로 예산상의 이유를 들어 러시아와의 전쟁에서 다른 계획은 없어야 한다고 요구하기까지 했다. 그는 유일무이한 이 전략 작전 계획을 승인하긴 했으나, 내가 이제야 이해한 이유로 그 계획이 가져올 결과에 대해 개인적으로 질겁하는 반응을 보였다고 전해졌다. 새 대통령의 질문에 그렇게나 신속하게 대응하면서 합참은 케네디가 자신들에게 사임이나 불명예 퇴직을 지시하는 일은 없을 것이며, 기계(인류 종말 기계) 해체를 지시하는 일도 없을 것으로 가정했다(나중에 밝혀졌듯이 그들의 추측은 옳았다).

이들 대통령 중 이러한 계획의 실행 명령을 실제로 내리고 싶어 한 이는 분명 아무도 없었으며, 그 점에서는 후임자도 마찬가지일 터였다. 그러나 그들 모두 이러한 시스템의 존재를 허용함으로써 초래되는 위험들을 인식하고 있었음이 틀림없었거나, 아니면 인식하고 있어야 했다. 그들은 불의의 사고나 오경보, 의사소통 단절, 하위 사령관들의 오판으로 인한 소련의 비인가 행동, 미국의 위협에 맞선 소련의 어리석은 조치, 동독이나 그 외 동유럽에서 발생하는 민중 봉기의 확산 등 만약의 사태에 대해 곰곰이 생각해보고 그 앞에서 두려움에 떨어야 했다. 특히 후자의 경우 그동안 억눌려 있던 힘이 통제 범위를 벗어나 예측할 수 없는 방향으로 풀려나기라도 하면 개인이 나서서 선제공격을 확대하거나 개시하는 결과로 이어질 수도 있었다.

아이젠하워는 이런 위험을 인간과 그 외 모든 형태의 생명체에 부과하기로 선택했다. 케네디와 그 뒤의 존슨과 닉슨도 내가 알기로는 마찬가지였다. 파멸을 부르는 그런 '주요 공격 선택권'이 카터에서 레이건을 거쳐 조지 H. W. 부시에 이르기까지, 다시 말해 냉전이 끝날 때까지 미국 대통령들에게 제시된 선택지 중 하나였다는 증거가 한둘이 아니다.[4] 미니트맨(미국을 대표하는 대륙간탄도미사일—옮긴이) 미사일 4백 대가 비상 대기 중이었고, 비상 대기조 하나만으로도 핵겨울을 초래하고도 남을 트라이던트 잠수함 발사 미사일이 거의 같은 수로 비상 대기 중인데도 그때 이후로 대통령의 선택권과 관련해 일반에 알려진 것은 거의 없다.

더욱이 나는 1961년에 이미 현존하는 도덕적, 물리적 재앙의 가능성, 다시 말해 핵폭발과 낙진을 통해 지구 절반 규모의 대량 몰살을 기꺼이 꾀하려는 우리 정부의 태도가 정도를 벗어난 미국인 또는 특히 미국다운 현상의 산물만은 아니라고 확신했다. 내가 옳았다. 몇 년 뒤 쿠바 미사일 위기라는 굴욕과 흐루쇼프의 실각을 겪고 난 러시아인들이 우리의 파괴적 능력을 그대로 흉내 내기 시작하면서 경우에 따라선 능가하기 시작했다. 1960년대 말에 이르러 러시아인들은 결국 성공을 거두었다. 그때 이후로 인류 종말 기계는 두 대가 존재해왔다. 둘 다 높은 경계 태세로, 오경보가 울릴 가능성과 선제사용의 유혹에 노출되어, 1960년대 초반의 위험보다 두 배는 더 위험한 상황에 놓이게 되었다.

확실히 미국인 특히 미 공군의 계획 수립자들은 폭탄을 터뜨려서, 특히 일본에서 민간인들에게 폭탄을 터뜨렸기 때문에 전쟁에서 이겼다고 믿는 유일한 사람들이었다. 그러나 핵시대는 결국 그러한 악마의 유혹, 즉 민간인 대부분을 섬멸할 수 있는 작전 능력으로 적을 저지하거나, 물리치거나, 처벌하려는 악마의 유혹을 많은 국가들 손에 안겨주었다. 1961년 봄까지 4개국이(곧 5개국에 이어 현재는 9개국이) 엄청난 대가를 치르고 그 능력을 사들였다. 이런 미국의 기획자들 및 대통령과 비슷한 인간들이 방금 말한 핵무기 국가들에서 일하면서 도시를 핵무기로 공격한다는 이런 계획을 양산하고 있었다.

나는 개인적으로 미국의 핵 기획자들 중 상당수를 알고 있었다. 하지만 이 사망자 수 도표로 미루어 볼 때, 내가 생각했던 것만큼 그렇게 잘 아는 것은 아니었다. 보통 수준에서든 특이한 수준에서든 그들은 악하지 않았다. 그들은 유능하고 애국심이 강한 그저 평범한 미국인들이었다. 확신하건대 그들은 다르지 않았다. 다시 말해 러시아에서 똑같은 일을 하는 사람들이나 훗날의 미국 행정부나 기타 핵무기 보유국에서 똑같은 책상에 앉아 있게 될 사람들보다 더 나쁘지 않았다.

나는 내가 아는 기획자와 분석가들 대다수를 좋아했다. 폭탄을 설계하는 랜드의 물리학자와 (나처럼) 전략을 연구하는 경제학자들뿐만 아니라 바로 이런 계획에 몸담고 일하는 사람들, 주중에는 나와 업무 이야기를 하고 저녁이면 같이 맥주를 마시는 영관급 장교들에 이르기까지. 내가 보고 있던 것은 비단 미국의 문제나 초강대국의 문제만이 아니었다. 열핵시대로 진입하는 호전적인 전쟁 국가의 시대에서 그것은 종 전체의 문제였다.

내가 백악관을 떠나고 나서 몇 년 뒤, 맥조지 번디는 ≪포린 어페어스Foreign Affairs≫에서 이렇게 썼다.[5] "여기든 소련이든 실제 정치 지도자들의 실제 세상에서 어떤 나라의 한 도시에 수소폭탄 하나를 안기려는 결정은 파멸을 부르는 실수로 인식될 것이다. 열 개의 도시에 떨어지는 열 개의 폭탄은 인간의 역사를 넘어 하나의 재앙이 될 것이다. 그렇다면 백 개의 도시에 떨어지는 백 개의 폭탄은 생각할 수조차 없다."

냉전 마지막 해에 허버트 요크는 로스앨러모스와 함께 미국 핵무기 제조의 양대 산맥을 이루는 로런스리버모어 국립연구소(그는 이 연구소 초대 소장이었다)와의 한 대담에서 번디의 말을 인용했다.[6] 그 자리에서 요크는 합리적으로 적을 억지하려면 얼마나 많은 핵무기가 필요하겠느냐는 질문을 제기했다. 누군들 안 그러겠는가마는 번디의 판단에 동의하며 그는 질문에 "1, 10, 100…… 100보다 1에 더 가까운 범위 어딘가"라고 대답했다.

1986년에 미국은 핵탄두 23,317기, 러시아는 40,159기를 보유해, 핵무기는 두 나라 합해 63,836기에 달했다.[7]

10장 ———
베를린과 미사일 격차

1961년 6월 초 길패트릭이 합동참모본부-전략공군사령부의 기존 전쟁 계획에 대한 나의 수정안을 합동참모본부에 보내고 나서 딱 한 달 뒤 그들의 끔찍한 계획이 곧 실행될지도 모른다는 가능성이 갑자기 불거졌다. 6월 3~4일에 열린 흐루쇼프와 케네디의 비엔나 정상회담에서 흐루쇼프는 (스푸트니크 발사 후) 1958년 아이젠하워 대통령에게 제시했다가 아이젠하워의 비타협적인 태도 앞에서 결국 철회할 수밖에 없었던 최후통첩을 갱신했다.[1] 이제 그는 동독과의 평화조약 체결과 관련해 그해 말부터 베를린을 거쳐 동독으로 가는 모든 길목에 대해 검문을 재개하겠다고 또다시 경고하고 있었다.

이는 우리가 화물 검사 권리를 비롯한 저들의 협상 조건을 받아들이지 않을 경우 우리의 출입을 막으려 들 것이라는 의미였다. 그렇게 되면 독일민주주의공화국을 소련의 꼭두각시가 아니라 별도의 주권국가로 인정하는 사태에까지 이를 수도 있었다. 우리의 맹방인 독일연방공화국의 서독 수상이면서 독일 국가를 대표하는 합법성은 오로지 서독에만 있다고 주장하는 콘라드 아데나워에게 이는 도저히 받아들일 수 없는 일이었다.

미군 수송대가 동독인들의 요구를 들어주거나 서독으로 돌아가자는 것이 아니라, 그대로 뚫고 지나가려고 했다가는 바로 뒤에 완전무장한 소련군 사단이 버티고 있는 독일 군대와 마주치기 십상이었다. 그렇게 대면하게 되면 전면전으로 치닫기 쉬웠고, 미국은 그런 사태에 대비해 여전히 오직 한 가지 계획만 가지고 있었다. 흐루쇼프는 케네디 대통령이 상황을 그렇게까지 밀어붙이지는 않을 거라고 자신했다.

베를린 위협은 비엔나 회담이 끝날 즈음에 나왔다. 정확히 말하면 케네디가 펜타곤의 수많은 군 장교들이 말도 안 된다고 여겼던 주장을 흐루쇼프에게 제기하고 난 뒤였다. 케네디는 굳이 말하자면 두 나라의 핵력은 '대등하다'고 간주될 수 있다고 말했다. 그러자 흐루쇼프는 사실 자신의 장군들은 러시아가 더 세다고 말했다고 하면서 이러한 인정에 매우 흡족해했다.

1961년 봄에도 공군은 여전히 러시아의 군사력을 케네디의 발언이 아니라 흐루쇼프의 발언을 인정하는 듯한 방향으로 예상하고 있었다. 하지만 그렇더라도 흐루쇼프 앞에서 미국 대통령이 (그들이 수적으로 엄청나게 열세라고 평가하고 있는) 미국의 전략 병력이 러시아를 능가하기보다 대등하다고 공개적으로 표현하는 것에 공군은 크게 실망하지 않을 수 없었다. 이러한 '인정'은 협상에서 흐루쇼프의 입지를 강화했기 때문이다. 그들은 이것이 협상 과정과 관련해서 케네디의 순진한 태도와 성격상의 결함을 동시에 보여주는 것이라고 생각했다. 육군 및 해군과 마찬가지로 공군은 대통령이 이와 같은 냉전 위기 상황에서 강경하게 밀고 나가기를 원했다.

하지만 그렇다고 공군은 소련과 미국의 전략적 균형에 대한 대통령의 이해가 실은 잘못됐고 우리가 우세하다는 것을 대통령이 확신하게 만들어, 회담장에서 그들이 원하는 방식으로 대통령이 꼿꼿한 자세를 취하게 할 수도 없었다. 예상되는 소련의 위협 규모에 기초해 작성되는, 미국 미사일 전력 규모를 둘러싼 주요한 결정은 아직 내려지지 않았다. 소련이 ICBM에서 우세하다는 주장은 사실 공군에서 흘러나온 것이었다. 이러한 주장에 힘입어 케네디는 대통령 선거전에서 우리의 미사일 계획에 박차를 가함으로써 '미사일 격차'를 없애겠다는 공약을 내건 바 있었다. 만약 공군이 육군과 해군 정보부가 몇 년 동안 은밀하게 말해오던 내용, 즉 전략 능력과 숫자 면에서 실은 소련이 엄청나게 열세이며 그러한 상황이 바뀔 기미는 전혀 보이지 않는다는 이야기를 기꺼이 받아들였다면 미사일 전력의 증강이 필요하다는 인식이 약화되어 결국 케네디 행정부의 바람대로 병력 규모가 근본적으로 줄어들었을지도 모른다.

여름 내내 위기 분위기가 고조되면서 이러한 딜레마는 공군을 점점 압박했다. 국무장관을 지내고 행정부 내 고위 자문 자격으로 베를린과 관련한 계획 수립에 막강한 영향력을 행사하고 있던 딘 애치슨Dean Acheson은 우리의 (베를린) 접근권에서 어떠한 변화도 인정할 수 없다며 베를린에서 꿋꿋이 버텨야 할 필요성을 강력하게 촉구하고 나섰다. 애치슨은 처음에는 핵무기를 사용하지 않고도 군사적으로 이러한 권리를 방어할 수 있어야 바람직하다고 강조했다. 하지만 이와 동시에 그는 러시아의 우수한 재래식 병력에 직면했을 때는 대통령이 기꺼이 핵무기를 사용하겠다고 협박함으로써 결국 접근권을 보장받을 수 있을 거라고 똑같이 강조했다. 나아가 그는 대통령이 필요하다면 언제든 핵무기를 사용하겠다고 결심을 굳히지 않는 한, 이러한 위협만으로는 신뢰를 주기 어렵다고 주장했다.

그 여름 존 F. 케네디가 번디만 동석한 자리에서 사적으로 그렇다면 핵무기를 어느 선까지 사용해야 하느냐고 묻자[2] 애치슨은 선택해야 할 시기가 도래하기 훨씬 전에 대통령 자신이 그 질문을 던져보고 곰곰이 생각해보라고 대답했다. 그러면서 "대통령은 어떤 결정을 내릴지 사전에 스스로 명확한 결론에 이르러야 하며, 그 결론이 무엇인지는 누구에게도 이야기해선 절대 안 된다"라고 덧붙였다. 분명히 애치슨은 케네디의 개인적 결론이 새어나가기라도 하면 흐루쇼프를 억지하지 못할까봐 불안해하고 있었다. 돌이켜 보니 번디는 애치슨이 대통령의 질문에 "유일하게 남은 대안이 핵전쟁을 개시하는 것이라면, 결국 패배와 서베를린의 상실을 받아들이는 것이 올바른 최종 선택일 것이다"라고 대답했으리라 믿었던 것 같다.

나도 거기에 진심으로 동의했을 것이다. 애치슨처럼 나 역시 가능하다면 베를린에서 우리의 입지를 유지하는 것이 매우 중요하다고 생각했다. 하지만 그렇다 해서 유럽이나 그 외 다른 지역에서의 핵전쟁이 정당화될 수 있다고는 절대로 믿지 않았을 것이다. 그리고 의식적으로 나는 결코 실행돼서는 안 된다고 생각하는 위협에 의지하는 정책을 싫어했다. 해리 로웬과 군비 규제 전문가인 랜드의 젊은 연구원 모턴 할페린 같은 랜드 동료 몇 명과 함께 나는 제한적이든 전면적이든 미국이 핵전쟁을 개시하는 것은 재앙이라고 믿었다. 우리는 정말 그렇게 느꼈다. 하지만 그것은 미국의 분명한 방위 정책과 나토의 전략에 위배되는 입장이었다. 왜냐하면 그 정책과 전략이라는 게 소련의 대규모 재래식 공격에 맞서 핵 선제사용이라는 위협을 기꺼이 실행하겠다는 태도에 주로 의지하고 있었기 때문이다. 그리고 내게는 로버트 맥나마라도 이 문제에 관해서는 우리와 생각이 같다고 믿을 만한 확실한 이유가 있었다.

7월 초 얼레인 엔토번이 합동참모본부의 전쟁 계획 지침에 관한 나의 작업 결과도 논의할 겸 맥나마라와 간단하게 점심을 같이하는 자리를 마련했다. 내가 작업한 결과는 맥나마라가 이미 승인해서 합참에 보낸 상태였다. 우리는 그의 사무실 책상에서 점심을 먹었다. 원래 예정은 30분이었지만 한 시간가량이나 더 길어졌다. 나는 맥나마라에게 내가 대통령 이름으로 작성한 질문들, 그중에서도 특히 중소 블록에 대한 계획된 공격이 우리의 유럽 동맹국들에 미치게 될 여파를 묻는 질문에 합참이 보내온 놀라운 답변에 관해 이야기했다. 처음에 나는 선제 사용에 대한 나의 이단적 견해를 꺼낼 의도가 전혀 없었지만, 대화 중간에 그가 먼저 그 문제를 제기했다.

그는 유럽에서 제한적 핵전쟁 따위는 없다며 이렇게 말했다. "(핵전쟁이 벌어지면) 유럽인들에게는 전면적 전쟁, 전면적 근절이 될 걸세!" 이 말을 하면서 그는 차갑고 컴퓨터처럼 정확한 전문가라는 명성이 무색할 만큼 엄청난 열의를 보였다. 더욱이 그는 이른바 '제한적 사용'이 유럽에 국한되어 있고, 따라서 미국과 소련이 전면적 핵전쟁을 촉발해 삽시간에 재앙 수준으로까지 치닫게 하는 일은 없으리라 가정하는 것은 어불성설이라고 생각했다.

상황 인식도 비슷하고 그런 상황을 바꾸려는 생각도 절실하여, 적어도 이 문제에 관한 한 어느 누구에게도 이처럼 강한 동질감을 느낀 적은 없었다. 30년 뒤 맥나마라는 자신의 회고록 『뒤돌아보며In Retrospect』에서 케네디 대통령과 그다음의 존슨 대통령에게 어떤 상황에서도 핵전쟁을 개시해선 안 된다고 몰래 조언했다고 밝혔다.* 그는 내게 그런 말을 하진 않았지만, 그날 점심에서 그가 했던 모든 말에 그런 의미가 내포돼 있었다. 나는 그가 실제로 그런 조언을 했고, 또 그것이 올바른 조언이었다고 믿어 의심치 않는다. 그러나 이는 (내가 그를 위해 초안을 작성한 연설을 비롯해) 공직에 있던 기간 내내, 동맹에게 우리의 지도력을 보여주는 기반으로 그가 나토 관리들에게 끊임없이 해대야 했던 미친 '확약', 즉 미국은 언제든 (핵무기를) 선제사용할 용의가 있다는 발언과 직접적으로 모순되었다.

점심 식사가 거의 끝나갈 무렵 맥나마라의 보좌관 애덤 야몰린스키도 조용히 우리와 동석했다. 우리가 맥나마라의 사무실을 나설 때 애덤이 나를 옆에 있는 작은 방으로 데리고 가더니 맥나마라가 점심시간을 그렇게 오래 끄는 모습은 본 적이 없다고 말했다. 장관이 자기가 여태껏 들어본 그 누구하고의 대화보다도 나와의 대화에 솔직하더라면서. 애덤이 내게 이런 말을 한 의도와 내가 지금 그 말을 반복하는 목적은 그의 다음 말에 무게를 싣기 위해서다. "맥나마라 장관이 선생한테 한 말은 이 방 밖의 그 누구한테도 말하면 안 됩니다."

내가 의회와 합참의 반응이 두려워 그러느냐고 물었더니 그는 이렇게 대답했다. "그래요. 자칫 탄핵으로 이어질 수도 있으니까 말입니다." 나는 그에게 알았다고 말했다. 하지만 그는 그 점을 좀 더 분명히 짚고 넘어가고자 했다. "누구한

---

* 로버트 맥나마라, 『뒤돌아보며』(뉴욕: 빈티지 북스, 1996), 345쪽: "1960년대 초…… 케네디 대통령 그리고 존슨 대통령과의 긴 사적인 대화에서, 저는 조건 없이, 어떤 상황에서도 핵무기 사용을 시작하지 말라고 권했습니다. 저는 그들이 제 권고를 받아들였다고 믿습니다. 그러나 기존 NATO(북대서양조약기구) 정책에 어긋나기 때문에 그들과 저는 우리의 입장을 공개적으로 논의할 수 없었습니다." 이와 함께 제임스 G. 블라이트, 브루스 J. 앨런, 그리고 데이비드 A. 웰치, 『위기에 처한 쿠바: 카스트로, 미사일 위기, 그리고 소련 붕괴』(뉴욕: 팬테온, 1993), 262쪽과, 데보라 샤플리의 맥나마라 인터뷰, 『약속과 권력: 로버트 맥나마라의 삶과 시대』(보스톤: 리틀 브라운 앤 컴퍼니, 1993), 595~596쪽 참고.

테도요. 내 말은 그러니까 해리 로웬도, 그 누구도 안 된다는 겁니다." 그제야 비로소 나는 이해했다. 보나마나 그는 해리가 비밀도 털어놓는 나의 가장 가까운 친구라는 것을 알고 있었다. 누구한테도 말해선 안 된다는 말을 내가 듣긴 했지만, 특별한 언급이 없는 한 민감한 정보도 예사로 교환하는 확실한 동료라는 것을 그도 잘 알았다. 나는 누구한테도, 심지어 해리한테도 맥나마라가 한 말을 이야기하지 않았다. 하지만 내가 그러했듯 (이 이야기를 들었다면) 그도 용기를 얻었을 텐데. 나는 애덤에게 한 가지 물어봤다. "이 문제와 관련해 케네디 대통령의 생각과 장관의 생각이 다릅니까?"

애덤은 엄지와 검지를 들어 한 치의 틈도 없이 바싹 붙이더니 "요만큼도 다르지 않습니다"라고 말했다.

장관의 집무실을 나서면서 로버트 맥나마라의 판단은 내가 크게 신뢰할 만한 가치가 있다고 생각했다. 내 눈으로 확인했듯이 그는 세계의 가장 큰 위험에 대한 올바른 시각을 가지고 있었고, 또 그 위험을 줄일 수 있는 힘과 결단력도 가지고 있었다. 그리고 그와 그의 보좌관은 그 일을 해내고 싶다면 다른 사람에게 깊은 속내를 보여줘선 안 된다는 것쯤은 알고 있었다.

———

1961년 7월 25일, 케네디 대통령은 베를린 사태와 관련해 강경한 연설에 나섰다. 연설에서 그는 만약의 대치 상황에 대비해 예비군을 소집하고, 국민들에게 핵전쟁이 정말 일어날지도 모른다고 경고하며, 국가 차원의 낙진 대피 프로그램을 촉구했다. 이에 앞서 허먼 칸은 제1격 위협이 신뢰를 주려면 낙진 대피소 덕분에 보복 공격에도 우리가 얼마든지 살아남을 수 있다는 것을 보여주거나 적어도 그렇게 믿고 있어야 한다고 주장했다. 그러려면 칸의 말처럼, 대피소만 있으면 아무 문제 없을 거라 믿는 듯 행동하면서 사람들이 대피소를 짓도록 격려해야 했다. 당시 맥조지 번디가 이런 말을 했던 게 기억난다. "허면 칸 때문이 아니더라도, 우린 이러고 있을 테지." 이 말은 제1격을 감행하겠다고 위협하고 있거나 그렇지 않으면 작동이 잘 되는 대피소에 의지하고 있거나…… 그것 말고 달리 우리가 뭘 할 수 있겠냐는 뜻이었다. 어쨌거나 핵전쟁이 일어나게 되면 나름대로 도움이 될지도 모르는 신중한 조치였다고 생각한다.

그러나 당시 대통령이 낙진 대피소를 언급한 데에는 칸이 제시한 이유 말고 다른 이유는 없었다. 만약 그해에 핵전쟁이 일어났다면 그 이유는 베를린 접근권을 유지하려는 우리의 노력이 우리가 핵무기 사용을 시작하도록 이끌었기 때문일 것이다. 이는 거의 확실하게 미국이 (최후의 수단으로) 전면전에 의지하겠다는 뜻이었다. 케네디 행정부는 그의 정책이 지니는 핵 위험이 미국의 선제사용 또는 선제공격과 관련이 있다는 것을 미국 대중에게 분명히 밝히지 않았다. 연설문 작성자가 칸이었다면 달리 썼을지도 모르지만 말이다.

그럼에도 케네디의 연설은 낙진 대피소에 대한 광란에 가까운 관심과 각 가정에 이를 판매하는 것과 관련하여 엄청난 상업적 관심을 불러일으켰다. 랜드의 경제학 부서 책임자이자 나를 고용한 장본인인 찰리 히치는 실제로 자기 집 뒷마당에 낙진 대피소를 설치했다(내 기억이 맞는다면 그 대피소는 결국 와인 보관소로 용도가 전환됐다). 원자력위원회의 윌리드 릭비도 그 뒤를 따랐다. 알고 봤더니 그의 대피소는 그 이듬해 쿠바 미사일 위기가 한창이던 때에 전소되고 말았다. 그러자 레오 실라르드는 이를 두고 신이 존재할 뿐만 아니라 유머 감각까지 지니고 있다는 것을 입증해주는 사건이라고 평했다. 잡지 ≪라이프Life≫ 지면에는 스스로 대피소를 지을 만한 선견지명이 없어 남의 집에 지어진 낙진 대피소에 슬쩍 끼려는 이웃들과 이를 내쫓기 위해 '우리 집' 대피소에 기관총을 설치하는 문제의 도덕성을 둘러싼 토론 내용이 실리기도 했다. 가톨릭과 개신교의 몇몇 신학자들은 기독교 윤리관에 비춰 봤을 때 가족을 그런 식으로 보호하는 게 옳다고 결론 내렸다.

강경한 케네디의 입장에 대해 흐루쇼프는 8월 13일 동베를린 주변에 장벽을 짓기 시작하는 것으로 반응했다. 장벽 건설은 동독에서 서독으로 숙련된 노동자와 그 가족이 유출되는 일이 중단되는 효과를 가져왔다. 이러한 유출은 소련 체제가 당장 서베를린의 위상을 바꿔야 할 만큼 극심한 압력으로 작용하고 있었다. 그러나 흐루쇼프는 베를린 접근 통제권을 동독에 넘겨주기 위한 연말 마감시한을 철회하지 않았다. 우리는 이를 결국 전쟁에 이를 수밖에 없는 국면이 전개되고 있는 것으로 보았다.

———

1961년 8월 말, 나는 오마하에 있는 전략공군사령부SAC 본부를 방문했다. 내가 루크먼 중령의 도움을 받아 작성한 뒤 맥나마라가 SAC 최고사령관 토머스 파워 장군에게 보낸 지침에 대한 SAC의 반응을 알아보기 위해서였다. 파워가 받은 전문電文은 내가 작성한 전쟁 계획 지침에 기존 SAC의 계획 및 운영을 적용할 방법을 가능한 한 빨리 찾도록 촉구하고 있었다. 이듬해까지 전면 시행하려면 시간이 촉박했다.

나는 SAC 전쟁기획부 책임자 데이브 리브먼 대령과 이야기를 나눴다. 그가 루크먼과 함께 공군 기획부 사무실에 자주 들렀을 때 안면을 튼 뒤로 그와는 일도 여러 번 같이 한 사이였다. 리브먼은 처음에는 약간 망설였지만 결국은 다들 내 지침을 승인했다고 말했다. 그러면서 그는 '이걸로 충분히 일할 수 있다'라는 게 파워 장군로부터 풍겨 나오는 그곳 오마하 분위기라고 덧붙였다. 내가 듣기에 좋은 소식이었다. 방문하기 전에는 그런 기대는 아예 하지도 않고 있었다(이제 와 하는 말이지만 파워 장군이 내 지침을 그렇게 마음에 들어했다니 크게 걱정하지 않아도 될 뻔했다).

대화 도중에 그는 베를린 사태와 관련해 케네디 대통령이 보인 결단력과 배짱 부족에 자신은 물론이고 전략공군사령부 동료 대부분이 무척 불만족스러워하고 있다고 말했다. 그러면서 군에서는 대통령이 핵전쟁이 일어날 가능성을 두려워하는 것으로 인식하고 있다고 말했다. 비록 자신의 상관인 파워 장군의 성화에 못 이겨 합동참모본부가 대통령에게 '최악의 경우' 베를린을 놓고 전면전으로 갈 수밖에 없다고 전하며, '소련에 대한 선제공격으로 미국이 감수해야 하는 사망자 수는 1천만 명 미만일 것'이라고 장담했지만 말이다.

안심시키기 위해 한 '사망자 수 1천만 명 미만'[3]이라는 말이 허먼 칸을 제외한 대다수 사람들이 아니라 한 전략공군사령부 장교의 입을 통해 나온 것이긴 했지만 그렇게 낮은 추정치를 듣고 나조차도 깜짝 놀랐다. 그때 나의 반응은 이랬다. "1천만 명이라고요? 그건 대도시 뉴욕의 인구 아닙니까! 뉴욕이나 LA에 대형 핵탄두 한두 개만 떨어져도 그 정도는 얼마든지 나올 수 있는 거 아닌가요. 파워 장군이 어째서 그렇게 낮게 잡은 겁니까?"

"음, 장군께선 그렇게 믿고 있고, 합참은 대통령에게 그렇게 이야기했습니다. 합참은 대통령에게 러시아 사람들과 협상을 진행하면서 최악의 상황이 닥칠 경우, 자신의 위협을 뒷받침할 능력이 그 정도까지 있다는 걸 그가 알고 있어야 한다고 이야기했습니다." 리브먼이 말했다.

누가 봐도 그들은 서유럽의 우리 동맹국들 사상자는 계산에 넣지 않고 있었다. 소련이 유럽의 사정거리 안에 중거리 미사일 수백 개를 가지고 있었을 뿐만 아니라 중거리 폭격기도 우리가 예측했던 것보다 훨씬 더 많이 보유하고 있었는데도 말이다(나중에 미국 정보기관이 소련의 대미국 공격 능력은 과대평가하면서 유럽과 영국을 겨냥한 소련의 핵전력은 과소평가했다는 것이 명확해졌다. 특히 소련은 독일 문제의 마지막 해결책으로 서독에 폭격으로 연기 나는 깊은 구덩이를 낼 수 있는 중거리 미사일 전력을 확보하고 있었다). 더욱이 소련은 서유럽, 북아프리카, 영국, 일본 등 전 세계에 흩어져 있는 우리의 해외 기지를 전부 아우르는 수준의 미사일과 폭격기 또한 생산, 배치해놓고 있었다. 이런 목표물을 향해 소련이 공격해올 경우, 거리상 우리 병력이 선제공격을 할 수도 없어 이들 지역의 인구는 사실상 전멸에 이르고 말 터였다.

게다가 합참이 그 전에 대통령에게 보고했듯이 소련 블록에 대한 우리의 공격으로 발생하는 낙진만으로도 서유럽 사망자가 수억 명에 이르는 것은 물론이고 그 외 소련과 중국에 인접한 지역에서도 또다시 수억 명의 사망자가 나올 수 있었다. 그러나 합참은 대통령이 미국의 선제공격과 소련의 보복으로 발생하는 동맹국과 중립국 민간인의 죽음에 그다지 관심을 갖지 않을 것이라고는 속단하고는 거기에 대해 아예 언급조차 하지 않았다.

서류상의 기록만 놓고 보면 그들이 옳을 수도 있었다. 억지력을 저울질하면서 유럽과 북아프리카, 아시아의 사상자 수는 계산에서 완전히 제외하는 것이 그때나 지금이나 미국 전략가들의 습관이었다. 그리고 내가 아는 한 대통령이나 민간인 관료가 이를 문제 삼은 예는 전무하다. 지금 와서 생각하면 놀라운 논평이 아닐 수 없다.

리브먼의 사무실에서 시작된 대화 막바지에 이르러 우리는 CIA가 6월에 발표한 최근 소련의 미사일 상황에 대한 추산을 놓고 토론하고 있었다. 1961년 중반 현재, ICBM은 50기에서 100기였다.[4] 미공군 정보 참모는 여기에 동의하지 않았다. 그는 1962년 중반까지 예상되는 숫자가 300기인 점으로 미루어 '최소한' ICBM 120기, 어쩌면 그 이상이 있다고 믿었다. 마찬가지로 국무부 정보 책임자도 현재 75기에서 125기의 미사일이 있지만 '어쩌면' 200기일 수 있으며, 일 년 안에 150기에서 300기로 늘어날 것으로 보았다.

육군과 해군의 정보 부서에서도 반대 의견을 나타내는 각주가 나왔다. 소련이 1960년 중반부터 1961년 중반까지 겨우 '몇 기의' 미사일만 배치해왔다고 주장했다는 점에서 위 공군 장교의 생각과는 많이 달랐다. 나는 6월 7일에 발행된 펜타곤의 국가정보판단National Intelligence Estimate, NIE을 읽었는데, 인쇄된 형태의 이 외부 평가서를 보기는 그때가 처음이었다. 아이젠하워 행정부의 결정으로 랜드 같은 외주 기업은 1958년부터 NIE 수령 대상에서 제외됐기 때문이다. 그때부터 랜드 직원들은 소련의 공격력 평가를 공군의 정보판단에만 의지해야 했다. 우리는 공군의 추산이 CIA의 추산보다 더 높은 경향이 있다는 것을 알고 있었다. 미사일 격차와 관련해 공군과 견해가 완전히 다른 육군과 해군의 이설異說을 둘러싼 소문도 여러 차례 들은 적이 있었다. 공군 장교들은 이런 이설을 반역 행위로 간주했다. 그들은 미사일에 들어가는 공군의 예산을 최소화하려는 단 하나의 이유로 육군과 해군이 동화 같은 이야기를 옹호하고 있으며, 심지어 그로 인해 국가 안보가 위험에 빠질지라도 육군과 해군은 기꺼이 용인할 수 있다고 보았다. 그들이 무엇에 대해 이야기하고 있는지를 공식 문건을 통해 보기는 이번이 사실상 처음이었다.

육군과 해군은 차치하고 정보 당국도 6월의 소련 ICBM 보유 대수 추정치를 가장 낮게 잡아, 당시 작전 중이던 미국의 아틀라스와 타이탄 미사일 40기보다 약간 더 많거나 아니면 그 두 배일 것으로 내다보았다. 다시 말해 우리보다 세 배에서 다섯 배 이상으로는 보지 않았다. 그렇다면 문제는 소련이 300기 이상을 보유하게 되는 시기였다. 이 300이라는 숫자는 우리의 ICBM 기지뿐만 아니라 미국과 해외에 있는 전략공군사령부 기지의 미사일만으로 감당할 수 있는 수준으로 대체로 동의하고 있는 숫자였다. 이와 관련해 토머스 파워 장군은 의회에서 허먼 칸이 예측하던 대로 소련은 1960년이면 중요하고도 위험한 무기를 보유하게 될지도 모른다고 증언한 바 있었다. 그 시기를 둘러싸고 CIA는 (1961년) 6월 현재 1963년 중반이면 상위 수준에 이를 것으로 보았고, 국무부는 1962년 중반이면 상위 수준에 이를 것으로 보았다. 이에 비해 공군은 1962년 중반까지 약 300기, 1963년 중반이면 약 500기, 1965년이면 1,000기로 똑 부러지게 추정했다.

이 추정치를 근거로 공군은 엄청난 규모의 병력 증강을 요구하고 나섰다. 당시 맥나마라는 아직 배치도 안 된 채 지하 격납고에서 대기 중인 고체 연료 미사일, 즉 ICBM 미니트맨의 향후 전력 규모를 둘러싼 질문에 직면해 있었다. 맥나마라는 자기가 1,000기 정도로 목표치를 낮게 잡고 있다는 걸 펜타곤 내부에서는 인정할 수가 없었다. 1,000기는 그의 개인적 목표였다. 파워 장군은 르메이의 지원을 업고 10,000기를 요구하고 있었다. 맥나마라는 대통령에게 우리는 사실 400

기 이상은 필요하지 않지만 자기가 의회를 무사히 통과하고 '살해되지 않아도 되는' 최소한의 숫자가 1,000기라고 말했다.[5]

1962년은 소련의 제1격에 대한 미국의 보복이 공군 기지와 미사일 기지에 전적으로 의존하는 마지막 해로, 그러한 기지들은 2백에서 3백 기가량의 소련 ICBM의 손쉬운 목표물이었다. 그 뒤로는 (잠수함 발사 폴라리스 미사일을 제외하고) 미국이 추진하는 대규모 숫자의 ICBM 지하 격납고를 제1격으로 제대로 파괴하려면 소련에게 ICBM 수천 기가 필요할 터였다. 다시 말해 1962년은 소련이 보통 수준보다 높은 가능성으로 적의 무장해제라는 최대한의 효과를 꾀할 수 있는 제1격 공격력을 기대해봄 직한 마지막 해였다.

하지만 공군이 CIA의 낮은 추정치를 계속해서 반박하는 이유가 무엇이냐는 나의 질문에 리브먼은 상당히 구체적인 이유를 제시했다. "우리는 그냥 믿지 못하는 겁니다. 저들이 그보다 많이 가지고 있다는 증거가 차고 넘치니까요." 그러고 나서 그는 다시 이렇게 덧붙였다. "노인(그의 상관인 파워 장군)은 저들이 얼마나 가지고 있다고 생각하는지 아십니까?"

나는 답을 기다렸다.

"1,000기입니다. 저들이 1,000기를 가지고 있다고 확신하고 있어요. 지금 당장은 말이지요."

나는 잠시 생각한 다음 이렇게 물었다. "그 노인께서 그 가운데 정확한 위치를 알고 있다고 생각하는 미사일은 몇 개나 된답니까?" 나는 파워가 저들이 보유하고 있다고 생각하는 1,000기 중에서 전략공군사령부가 현재 겨냥할 수 있다고 생각하는 미사일이 몇 대인지 묻고 있었다.

"200기쯤이요."

"200기요." 나는 그의 말을 되풀이했다. 지금도 생생히 기억나는데, 나는 잠시 멈췄다가 이렇게 말했다. "그럼 그 위치를 잘 몰라서 제대로 겨냥하지 못하는 ICBM이 약 800기라는 소리네요?"

그는 고개를 끄덕였다.

나는 말했다. "그게 어째서 미국의 제1격으로 발생하게 될 사상자가 1천만 명 미만이라는 추정치와 부합합니까?"

긴 침묵이 있었다. 리브먼은 눈을 가늘게 뜨고서 입을 잔뜩 오므렸다. 그러고 나서 말했다. "매우 재미있는 질문이군요. 그런 질문은 지금 처음 듣는 것 같네요." 그는 잠시 더 생각하더니 입을 열었다. "선생께서 그 질문을 제기하면 좋을 사람이 있습니다."

그는 나를 전략공군사령부 본부의 지하 깊숙한 곳으로 데리고 내려가 전략공군사령부 항공정보판단부 책임자 조지 J. 키건 주니어 대령에게 소개했다. 리브먼은 내게 그를 '정말 똑똑한 사람'이라고 설명했는데, 펜타곤에서 이미 '미사일 격차의 아버지'로 그의 이름을 들어본 적이 있었다(그는 그런 칭호를 두고 다투는 몇몇 인물 중 한 명이었다. 1970년대 후반 들어서는 '죽음의 빔beam 격차'[6]의 열렬한 옹호자로 나서기도 했다. 이는 '유도된 에너지, 하전 입자선'의 우위를 놓고 미소가 벌이는 경쟁을 가리키는 용어로 이 경쟁에서 그는 소련이 앞서고 있다고 주장했다).

리브먼은 불빛이 희미한 지하 사무실에서 다른 대령 두세 명과 함께 있던 키건에게 조금 전 내가 재미있는 질문을 하나 제기했다고 말했다. 그의 요청으로 나는 그 질문을 똑같이 던졌다. 키건은 대답하지 않았다. 대신 리브먼이 보여줬던 반응과 거의 똑같이 반응했다. 그러고는 무표정한 얼굴로 나를 쳐다보면서 이렇게 말했다. "재미있는 질문이군요. 음……."

짧은 침묵 끝에 내가 말했다. "만약 당신이 베를린 문제와 관련해 러시아에 강경한 입장을 취하길 대통령에게 바란다면, 대통령에게 그가 소련 미사일 1,000기를 마주하고 있다고 말하면 안 되는 거 아닙니까?"

이 말에 키건은 허리를 펴고 꼿꼿이 앉더니 충격과 불신이 가득한 표정으로 말했다. "설마 우리보고 추정치를 날조하라고 말하는 건 아니겠지요?"

그는 나를 뚫어지게 쳐다보았고, 나도 그를 뚫어지게 되쏘아보며 혹시 비꼬아 말한 건 아닌지 그의 얼굴을 살폈지만 그런 기색은 조금도 없었다. 그는 '공군의 견적인'이라는 널리 퍼진 평판, 무엇보다도 숫자 부풀리기의 명수라는 전략공군 사령부 평판에 대해서는 전혀 신경 쓰지 않는 듯했다. 하지만 이를 두고 같이 웃음을 나눌 순간은 아닌 것 같았다.

"물론 아닙니다. 절대 아닙니다." 내가 말했다(날조라니? 나는 "제기랄, 절대 아니지!" 라고 말하고 싶었다).

"하지만…… 불확실성의 범위가 있다고 했을 때, 그 숫자 범위에서 상단만 강조 하는 건 어느 모로 보나 최선이 아닌 것 같습니다만." 나는 조심스럽게 덧붙였다.

곧이어 리브먼이 나를 데리고 나왔다.

———

하버드 시절 내게 교섭이론을 가르쳐준 스승 톰 셸링이 선보이는 정치-군사 시뮬레이션 게임이 9월에 베를린에서 있었다. 이 무렵 셸링은 펜타곤의 주문으 로 그런 게임을 꽤 많이 운영하고 있었다. 이런 게임에는 최고위급 인사들이 주 로 참가했는데, 그중에는 군인 또는 민간인 출신의 전현직 관료들도 더러 있었 다. 예를 들면, 곧 합참의장이 되고 나중에 베트남 주재 대사가 되는 맥스웰 테일 러 장군도 그런 참가자 중 한 명이었다. 이 당시에도 그는 백악관에서 케네디의 최고위급 군사 고문이었다.

게임은 일종의 지휘소 훈련인 셈이었다. 탁자에 둘러앉아 있으면 게임 관리자 셸링이 보낸 가상 전보가 각자 앞으로 전달됐다. 그러고 있으면 우리가 마치 전 쟁 상황실에서 독일과 그 외 다양한 병력 주둔지에서 실시간으로 보내오는 일련 의 메시지를 받고 있는 듯한 느낌이 들었다. 지금도 기억나는데, 그때 받은 전보 중 하나는 베를린 자유대학교에서 학생들이 우리의 군사 조치에 항의해 시위를 벌이고 있다는 내용이었다(그로부터 바로 1년 뒤, 월트 로스토와 나는 쿠바 미사일을 놓고 벌어지는 실제 위기상황에서 똑같은 내용의 실제 전문電文을 읽게 된다. 12장 참조).

　1961년 게임은 다양한 단계로 이루어진 우리의 베를린 탐색 작전과 이에 대한 소련 측의 격퇴로 구성돼 있었다. 다른 건 거의 기억나지 않지만 내가 속한 미국 측 블루팀으로 하여금 핵무기 사용 결정을 내리도록 하기가 굉장히 어려웠다는 기억은 난다. 핵무기 사용이야말로 우리의 실제 계획의 핵심이었지만 말이다. 그 게임은 너무도 명백히 재앙 일색으로 이루어져 우리 편 그 누구도 그 일을 빨리 할 수 있으리라 상상하지 못하는 듯했다. 내게 보기에 그것은 '단지 게임'이 아니었다. 셸링이 설계한 다른 시뮬레이션에서처럼 참가자들은 게임에 푹 빠져들었고, 현실처럼 생생한 긴박감과 긴장감이 흘렀다(사실 1년 뒤 발생한 쿠바 위기는 이 게임에 참여한 우리들에게 익숙한 느낌을 주었다).

　음, 뭐, 상관없다. 핵전쟁을 개시하는 것 말고 다른 생각은 아무것도 하지 않는 관리들과 함께 일하고 싶은 사람은 없을 테니까. 다만 그 게임이 베를린으로 무조건 밀고 들어간다는 우리의 유사시 계획에 비현실적 요소가 많다는 것을 암시했다는 점만은 지적하고 싶다. 다시 말해 그 계획은 그저 허세일 뿐이었다는 이야기다. 아니면 허세를 부려야 했거나. 왜냐하면 소련이 모든 가용 병력을 이용해 동독으로의 접근을 차단한다면, 그 계획들이 요구하는 것처럼 게임 참여자가 핵전쟁 개시를 꺼리는 것이 전쟁 계획을 수행하는 것보다 훨씬 현명해 보였기 때문이다. 그러나 허세가 아닌 것으로 드러날 가능성 또한 아주 많았다. 왜냐하면 전장에서 수적으로 우세한 몇몇 미군 부대가 미국과 나토 고위 사령부의 바람을 어기고 자기 방어나 복수를 위해 명령 없이 핵무기를 사용할 수도 있었기 때문이다. (전략공군사령부의 전략 무기와 마찬가지로) 그런 전술 핵무기에는 그런 돌발적 행동을 사전에 차단하는 잠금 장치가 없었다.

　그 게임에서 가장 선명하게 기억나는 부분은 게임이 끝나고 하버드 법학과 교수 출신으로 국무부 법률 자문을 맡고 있던 에이브 체이스Abe Chayes와 그 건물을 걸어 나오던 장면이다. 어스름 속에서 그는 나를 보며 이렇게 말했다. "우린 베를린을 떠나야 하네.”

나는 아무 말 없이 물끄러미 그를 쳐다보았다. 그러자 그가 다시 입을 열었다. “이곳에서의 우리의 위치는 그야말로 불안정하지. 이 게임이 보여주고 있잖나. 그곳을 지킬 방도가 우리에겐 없어.” 국가 안보 기관들에게 그것은 상상할 수 있는 최악의 이설異說이었다. 그전에도 그 후에도 나는 그런 소리를 들어본 적이 없었다. 그러나 전통적 군사 용어로 말하자면, 의문의 여지가 없었다. 나토는 서베를린을 지킬 수 없었다. 그곳은 소련 군대에 포위당한 채 동독 한가운데 있었을 뿐만 아니라 그곳을 에워싸고 있는 병력은 소련군 최정예였다. 그 근방에는 소련군 22개 사단이 있었고, 그 대부분은 우리가 그곳에 투입할 수 있는 그 무엇과도 비교도 안 될 만큼 엄청난 화력을 자랑하는 최신형 탱크로 무장한 탱크 사단이었다. 그리고 그곳에서 핵전쟁의 막이 오르게 된다면 소련군은 (당장 사용 가능한) 전술 핵무기를 수도 없이 가지고 있었다. 군사적 측면에서 그들과 효과적으로 대치할 가능성은 전무했다.

소련이 1개 사단 병력을 서베를린으로 보내 그곳에 주둔 중인 우리의 소규모 병력을 사실상 체포하거나 전투 끝에 잔존자를 포로로 붙잡는다면 이에 대응할 계획이 있기는 한지, 나는 한 번도 들어본 적이 없었다. 지금 와서 돌이켜 보면 그런 만일의 사태가 발생하는 경우를 우리는 아예 생각조차 하기 싫어했던 것 같다. 우리는 소련이 1948년처럼 베를린으로 통하는 모든 길목을 차단하기 위해 또다시 동독을 봉쇄할지 모른다고 생각했고 그것이 우리가 상정한 유일한 도전이었다. 그러나 만약 그런 사태가 빚어진다면 이번에는 항공로 봉쇄도 뒤따를 터였다. 군사적 측면에서 소련이 그렇게 하지 못하게 효과적으로 막으려면 핵전쟁 개시의 위협에 기대는 수밖에 없었다.

물론 거기까지 이르는 데에는 일련의 단계가 있을 터였다. 폴 니츠는 펜타곤에서 베를린 위기와 관련해 유사시 계획 수립 업무를 총괄하고 있었다. 그런데 그런 계획들을 보면 대개 봉쇄 여부를 시험하기 위해 처음에는 2개 소대나 1개 중대 같은 소규모 미군 병력을 접근로를 따라 보내보고 만약 저지당하면 1개 대대 병력을 보내는 방안을 상정하고 있었다. 만약 봉쇄 병력이 대대 규모 이상이면 여단이나 연대를 보낼 수도 있었다. 그러나 내가 알기로 그런 제안들은 모두 거기서 멈췄다.

그 지점에서 우리는 아이젠하워의 '전면전' 정의와 마주하게 되었다. 1961년 중반 펜타곤이 소련군과의 대규모 충돌에 대비해 가지고 있던 유일한 계획이자, 아이젠하워로부터 넘겨받은 계획은 소련에 대한 전면적 핵공격이었다. 이와 관련해 로스웰 길패트릭은 그런 위기가 닥친다면 맥나마라와 자신은 예전 계획을 버리고 새로운 계획을 세울 생각이라고 내게 말한 적이 있었다. 그러나 정말로 무엇을 할 수 있었을까? 바르샤바 조약기구 영토로 들어가는 공격 작전을 위해 설립한 나토의 계획은 단순히 동맹의 성격과 상황적 현실에 따라 설계된 것이 아니었다.

케네디와 맥나마라는 시간을 두고, 동독으로 진격하는 소련의 대규모 공격 병력에 맞서, 재래식 방어에서 출발하는 '유연한 대응' 개념을 나토에 도입했다. 거기에는 대재앙이 바로 코앞에 있다고 위협해 소련이 물러나도록 하기 위해, 신중하게 고른 목표물에 핵탄두 한두 개를 떨어뜨리는 '시위용' 핵 발사도 포함될 수 있었다. 맥나마라는 그의 사무실에서 가진 점심 식사 자리에서 자신은 그런 방법은 절대 추천하지 않을 것이라는 뜻을 내비쳤다. 그리고 앞에서도 말했듯이 훨씬 나중에 그는 실제로 자신은 케네디 대통령과 존슨 대통령에게 어떤 상황에서도 핵무기를 먼저 사용해선 안 된다고 조언했다고 밝혔다. 그는 둘 다 자신의 생각에 동의했다고 말했다. 그렇다면 그것은 맥나마라의 개인적인 허세였다. 그러나 그런 정신 나간 무모한 시위가 양측의 강력한 핵공격을 촉발할 가능성이 내 눈에는 명백해 보였다. 나는 우리 동맹국들도 같은 생각이길 희망하는 수밖에 없었다.

따라서 내게는 스스로 듣기에도 무모한 소리를, 우리의 실제 전략만큼이나 터무니없는 소리를 늘어놓는 것 말고는 체이스에게 서베를린의 방어 불가능성에 대해 답할 길이 없었다. 어쨌든 (소련 및 동독과 협상하지 않고도!) 서베를린을 지킬 수 있는 방법이 하나 있긴 했다. 1958년 흐루쇼프의 1차 최후통첩 이후로 우리가 줄곧 의지해왔고, 다음 세대 또한 계속해서 의지하게 되는 방법이었다. 그것은 다름 아니라 우리의 실전 베를린 계획을 실행하겠다고 협박하는 것이었다. 우리가 실행하겠다고 협박하던 그 계획은 펜타곤의 한 회의론자 동료가 가장 적절하게 설명하지 않았나 싶다. 그는 이렇게 말했다. "갈수록 규모를 늘려 탐색조를 보낸다 이거야. 그리고 나서 다들 감감무소식이면 (핵) 경고 사격을 하는 거지. 그런데도 아무 효과가 없으면 세상을 날려버리는 거야."

그것이 바로 우리가 하는 짓이었다. 체이스는 사실상 이것은 좋은 계획이 아니라고 말하고 있었다. 좋은 계획은커녕 그가 보기엔 그저 허세였다. 위협으로 먹히기엔 신빙성이 턱없이 부족했고, 실행되는 날엔 바로 대재앙이었다. 서베를린을 지키는 일이 그럴 만한 가치가 있진 않았다. 나는 그 문제로 논쟁하고 싶지 않았다. 그렇다고 나도 방금 한 그의 말에 동의한다고 말할 준비가 돼 있는 것도 아니었다. 그건 나 자신을 향해서도 쉽게 나오지 않는 말이었다. 열일곱 살 때 겪고 나서 해병대에서 복무하던 20대 시절과 냉전 신념에 의해 더욱 굳어진 베를린 봉쇄에 대한 나의 기억이 그러기엔 여전히 너무 강했다.

그와 동시에 우리가 의존하고 있는 위협을 실제로 실행한다는 생각은 내게 너무도 끔찍했다. 그런데 믿을 수 없게도, 1961년 8월, 우리의 공식적 정보판단에 따르면 전략 핵무기에서 우리가 소련보다 열세인 그 시점에 우리는 그런 위협을 가하고 있었다. 펜타곤이나 행정부 내 누구도 서로 겨루는 현실 앞에서 미국이 실제로 제1격을 개시한다는 발상을 진지하게 생각할 리 없었다.

그랬다. 앤디 마셜은 일 년 전 내게 대뜸 "미사일 격차는 없을 것"이라고 말했고, 맥나마라는 2월에 가진 비공식 기자회견에서 (귀인 때문이 아닌 것으로 판단되는) 미사일 격차는 없다고 말했다.[7] 자신의 발언이 기사화되자 그는 방금 미사일 격차 해소 운동에 뛰어든 대통령을 곤혹스럽게 하고 싶지 않다며 사의를 표명했지만 대통령은 아랑곳하지 않았다. 그러나 맥나마라가 틀렸을 수도 있었다(사실 그는 이임을 앞둔 아이젠하워 행정부의 국방장관 토머스 게이츠의 판단을 믿고 있었다).

육군과 해군이 일부러 턱없이 낮춰 잡은 추정치를 제외하고, 가장 낮은 추정치(우리가 보유하고 있는 ICBM이 40기라면 소련은 45기)를 보면 두드러진 격차가 전혀 눈에 띄지 않았지만 비엔나 정상회담이 끝나고 며칠 뒤에 나온 6월 7일 자 국가정보판단을 비롯해 정보계의 대다수 의견은 미사일 격차를 소련에 유리하게 추정하고 있었다.

———

1961년 9월 마지막 주에 국방부 시스템 분석 보좌관, 얼레인 엔토번과 국방부 국제안보문제ISA의 해리 로웬이 내게 새로 나온 국가정보판단에 대해 귀띔해주었다. 놀라웠다. 육군과 해군의 추정가들이 국가정보판단에 반대하는 각주를 통해 2년째 말해오고 있던 내용(소련은 ICBM을 '몇 개만' 가지고 있다)을 기본적으로 공식화했다는 점에서 그랬다. 목격된 숫자는 실은 '4'였다. '목격된', 이게 중요한 비밀이었다. 얼레인도 해리도 처음엔 새로 나온 정보 보고서가 어떤 형태의 정보를 반영했는지에 대해 함구했지만, 며칠 뒤 펜타곤에서 토론하다가 무심코 튀어나와 본의 아니게 내게 알려준 꼴이 되고 말았다. 이번엔 단순히 생산 능력을 추산하거나 소련의 '요망 사항' 또는 모호한 전자 정보에 근거한 '추정치'가 아니었다. 당시 우리의 최고 비밀 정보 시스템인 코로나 위성 프로그램이 플레세츠크의 한 기지에서 미사일 네 기를 발견하고 사진까지 촬영한 것에 근거한 것이었다(이 프로그램의 암호명은 '디스커버리'였는데, 1960년 소련이 CIA 소속 U-2 정찰기를 러시아 상공에서 격추해 조종사 개리 파워스를 억류하기 전까지는 비밀에 부쳐두었던 U-2 정찰기 프로그램을 대체한 것이다). 티우라탐의 미사일 시험 단지에 있는 시범 발사기지 한두 곳을 제외하고 소련 어디에서도 미사일 발사 장치가 목격된 적은 없었다.

실제 사진에 근거한 '확고한' 정보라는 점에서 이것은 요즘의 이른바 방호소요 구분Sensitive Compartmented Information, SCI,* 즉 일급기밀보다 한 차원 더 높은 정보였다. 그런 정보에 접근하려면 일급기밀보다 더 높은 키홀Keyhole: K 승인이 필요했는데, 그 당시 나는 그와 같은 자격이 없었다. 그 시절 일급기밀보다 더 높은 승인이 필요한 정보가 존재한다는 것은 그만큼 비밀이 엄수되어야 한다는 뜻이자 그 자체로도 하나의 정보였다. 정보 접근 승인이 떨어진 누군가가 그렇지 않은 사람에게 이런 비밀에 대해 귀띔해준다는 것은 극히 이례적인 일이었다.

보안 위반에 대한 벌칙은 무분별한 행동이 발견된 뒤 몇 분 안에, 특별 승인 자격을 소지한 사람들의 컴퓨터 명단에서 즉시 삭제되는 식으로 내려졌다. 그것은 정부 내 국가 안보 회의에서 중요한 역할을 하는 사람들, 다시 말해 이러한 정보에 접근해 자기들끼리 자유롭게 이야기할 수 있는 사람들 명단에서 배제되는 것을 의미했다. 그러한 제재는 비밀 유지에 엄청나게 큰 도움이 됐다. 승인과 관련해서든, 정보 수단과 관련해서든, 정보 내용과 관련하여 언론 유출은 아예 없었다. 의도했든 의도하지 않았든 아무리 가까운 동료라 해도 특별 승인 자격이 없는 사람에게 규율을 어기는 일(정보를 유출하는 일)은 일어나지 않았다. 거기에 예외는 거의 없었다.

어쩌다 보니 나는 몇몇 그런 예외적 위반을 통해 혜택을 누리게 됐다. 어느 날 밤 펜타곤 구내식당에서 공군 참모부 기획부의 어니 크래그 대령과 이야기를 하다가 그에게 새로운 미사일 추정치의 근거와 관련해 뭔가를 물었을 때였다. 그는 대답을 하다 말고 나를 보면서 이렇게 물었다. "T와 K 취급 승인이 있나요?"

내가 없다고 말하자 크래그는 이미 너무 많은 걸 말해버렸다는 것을 깨달았는지 조개처럼 입을 다물어버렸다.

크래그의 질문은 위반 사항 제1번이었다. 나중에 내가 그런 승인을 받으면서

---

* 특수한 공용 통제에 관련된 모든 정보자료와 자재를 말하며, 현재와 장래의 공용정보 수집계획 및 구분화된 공용 제도가 정식적으로 확립되었거나 확립될 최종 자료의 취급규제를 표시하는 것(『군사용어사전』, 일월서각)—옮긴이.

들은 주의사항에 따르면, 대화하는 상대방이 이런 정보를 취급할 자격이 있는지 의심스러웠다면 그 사람에게 이런 승인의 존재를 드러내는 암호 문자를 절대 언급하지 말았어야 했다. 만약 그가 정말로 이런 문제들에 대해 토론하길 원했다면 잠시 양해를 구하고 전화기 앞으로 가서 펜타곤 특별 번호로 전화를 걸어 암호로 자신의 신분을 밝힌 뒤 전화선 너머 관리에게 "대니얼 엘스버그가 T나 K 취급 승인이 있습니까?"라고 물어봤어야 옳았다. 만약 그가 전화를 건 통제실의 컴퓨터 검색 결과가 아니라는 답을 내놓았다면, 그는 자리로 돌아와 조용히 화제를 바꾸면 됐을 터였다.

만약 답이 '그렇다'였다면 그는 자리로 돌아와 내 자격이 확인됐다고 말하고는 상대방에게 전화기로 가서 똑같은 과정으로 자신의 취급 승인 여부도 확인해보라고 권했을 것이다. 나와 개인적으로 친분이 있는 공군 기획부 소속의 제복 차림 대령에게 그것은 불필요해 보였을지도 모른다. 그러나 이론상으로 그가 어딘가에서 약자 'T'와 'K'를 들었거나 어쩌면 그 성격까지도 간파하고는, 일부러 허세를 부리며 나를 속여 자신은 접근할 수 없는 토론에 끌어들였을 수도 있었다.

그런 가능성 때문에 이런 복잡한 절차가 필요했던 것이고, 듣는 귀가 많은 공공장소에서 '탤런트Talent(U-2 사진의 암호명)'와 '키홀Keyhole(정찰 위성 프로그램과 사진들을 가리키는)'의 첫 글자만 언급해야 했던 것이다. 들리는 것만큼 세심한, 이 두 차례 통화 절차는 이후 내가 취급 승인 소지 여부가 불확실한 사람과 이야기를 할 때면 수없이 연습해야 했던 것이다. 정부의 의사결정('일급비밀'보다 높은 방호요소구분SCI)과 관련된 방대한 양의 정보가 국민, 의회 및 정부 관계자에게 장기간 비밀에 부쳐질 수 있었던 것은 이와 같은 절차를 어겼을 시 접근, 관여와 승격에서 바로 배제되는 제재가 가해졌기 때문이다. 그래서 정보가 취급 승인을 받은 수백 명, 수천 명에 이르는 개인들에게 알려지는데도 수십 년 동안, 수세대 동안 유출되지 않을 수 있었다.

"모든 것은 유출되기 마련이다. 결국엔 ≪뉴욕 타임스≫에 모두 나온다"라는 진부한 우스갯소리는 경험상 사실이 아니다, 특히 방호요소구분의 경우에는. 그것은 종합적인 기밀 유지 시스템의 효율성을 감추고 유지하기 위해 고안해낸 변명이다(에드워드 스노든은 이렇다 할 혐의점도 없는 전 세계의 미국 시민과 그 외 시민들을 대상으로 이루어진 지극히 위헌적이고 불법적인 저인망 감시를 비롯해 수많은 방호요소구분을 폭로한 최초의 인물이다. 수천 명의 국가안보국NSA 직원들은 십 년 전부터 그런 대규모 감시와 그 범죄성에 대해 알고 있었다. 하지만 그 사실을 폭로한 사람은 그 말고는 아무도 없었다. 스노든은 현재 망명 중이다. 아마 평생 그러지 않을까 싶다).

아이러니하게도 두 번째 위반은 그럴 것 같지 않은 사람에 의한 것이었는데, 랜드에서는 오래전부터 '정보 취급 승인'을 받은 것으로 알려져 있던, 보통은 매우 입을 굳게 다물고 있는 동료가 그 주인공이었다. 크레그가 말실수를 한 뒤 나는 워싱턴 D.C.에서 컨설팅 일을 하는 친구에게 'T'와 'K'의 뜻을 물어보았다. 그랬더니 그 친구는 흔쾌히 말해주었다.

돌이켜 보면 그 친구가 그랬다는 게 놀랍다 못해 당황스럽기까지 하다. 거의 어긴 적이 없는 규칙을 위반했다는 것은 둘째치고 그 친구 성격하고도 영 맞지 않는 행동이었기 때문이다. 더욱이 그 친구는 나도 SI(특수 정보, 다시 말해 신호 정보, 통신 감청, 그 외 전자 신호 취급에 필요한) 승인과 비롯해 여타 승인을 받도록 노력해보라는 말까지 했다. 그 셋(T, K, SI)이 한데 모이면 통신 및 정찰 정보를 출력할 수 있는 이른바 '전 출처 접근권all-source access'이 나왔다.

일급기밀 취급 승인에다 SI와 T, K까지 있는 사람들은 '전 출처 접근권'으로 기존의 취급 승인을 모두 갖는다는 이야기가 있었고, 거의 다들 그 말을 믿었다. 하지만 그것은 또 다른 핑계였다. 실은 이보다 높은 취급 승인이 수두룩하게 있었다.

예를 들어 U-2나 그 후임자 또는 정찰 위성이나 비밀 작전 등을 둘러싼 실제 작전과 의사 결정 과정을 비롯해 특수 프로그램에 대한 '운용' 승인으로 알려진 특별 접근 프로그램Special Access Programs, SAPs의 존재는 '전 출처 접근권'만 있는 사람들에게는 알려지지 않았다. 1964~65년 국방차관 특별 보좌관으로 일하면서 나는 이런 취급 승인을 열두어 개 가지고 있었다. 예를 들어 'Ideal'(I)은 U-2 프로그램의 운용과 그 사용 및 우선순위와 관련된 의사결정에 관한 정보 취급에 필요한 승인이었다. 이러한 승인의 존재와 그것이 다루는 내용은 T 취급 승인만 소지한(그래서 U-2 사진은 볼 수 있는) 훨씬 더 많은 사람에게는 비밀로 남아 있을 것이다.

소련의 미사일 능력을 둘러싼 새로운 추정치의 신뢰도와 관련해 내가 마지막으로 입수한 중요한 단서는 (나중에 알았지만 얼레인 엔토번과 마찬가지로 당시 펜타곤의 그 지위에 있으면서 전 출처 접근권은 물론 그 외 수많은 취급 승인을 가지고 있던) 해리 로웬이 칼 케이슨의 백악관 사무실에서 칼과 얼레인, 그리고 몇몇 CIA 간부들과 나눈 대화를 다시 내게 전달하는 과정에서 나왔다. 해리는 그때 자신들은 코로나 위성이 찍은 네 기의 소련 ICBM과 의심은 가지만 그런 미사일은 코빼기도 보이지 않는 다른 기지들의 실물 사진을 돌려보고 있었다고 말했다. 해리에 따르면 그중 한 명이 웃으면서 이렇게 말했다. "이 사진들은 값으로 치면 10억 달러는 될 거야." 그러자 다른 누군가가 대답했다. "실제로 그 정도 들었어."

해리가 내게 의심스러운 모든 기지들과 진짜 미사일이 있는 기지 한 곳의 사진이 확보돼 있다고 말한 것이 세 번째 위반이었다. 크래그가 내게 던진 T와 K에 관한 질문과 취급 승인에 대한 내 친구의 설명과 더불어 그것으로 모든 게 분명해졌다. 내가 본 새로운 국가정보판단NIE은 그저 '일급기밀'일 뿐이었다. 새로운 NIE는 소련의 ICBM 전력戰力과 관련해, 새롭게 밝혀져 놀라운 공표까지 하도록 이끈 최신 증거가 무엇인지를 설명하기는커녕 은근슬쩍 내비치지조차 않고 있었다. 산타모니카의 내 동료들은 새 NIE에 접근하지 못할 가능성이 컸다. 그러나 설령 읽었다고 해도 당시의 나처럼 믿어야 할지 말지를 판단하는 데 필요한 충분한 근거를 얻지 못했을 것이다.

내가 이렇게까지 시시콜콜 따지는 이유는 공군 추정치나 심지어는 CIA 추정치(육군 및 해군의 추정치를 제외한)에 의지해온 사람이 보기엔 도저히 믿기 어려운 이 새로운 추정치의 신빙성이 정부 안팎의 국가 안보 부서에서 일하는 대부분의 사람들은 있는지조차 모르는 정보에 달려 있었다는 것을 강조하기 위해서다. 관료주의 안에 있던 내가 '비인가 폭로,' 즉 내부 유출을 통해 알게 된 그 내용은 지난 몇 년 동안의 나의 관심과 업무의 기초를 이루어온 틀과 정면으로 충돌했지만, 그래도 나는 그것을 믿었다.

그것은 몇 년 동안 내가 읽고 참여해온 기밀 분석과 연구 전체를 사실상 무위로 만들고 말았지만 비단 숫자의 문제만은 아니었다. 소련이 최초의 ICBM 실험 발사 이후 3년 동안 더 많은 미사일을 생산하고 배치할 수 있었다는 것이 분명해 보이므로, 이 새로운 추정치는 소련이 히틀러처럼 세계 정복 사업을 추진하고 있다는 근본적인 전제에 의심을 불러왔다. 아니, 사실상 무너져 내렸다.

공군 정보 장교가 6월 정보판단의 낮은 수치에 대해 반대 의견을 제시하면서 지적했듯이 세계를 지배하려는 목적은 그것의 주된 장애물, 즉 미국과 미군 전략공군사령부를 무장해제하는 능력을 가능한 한 빨리 습득하도록 소련을 엄청나게 독려했을 수도 있었다. 내가 아는 한 랜드 동료들과 내가 펜타곤에서 마주친 사람들도 하나같이 소련의 목표를 둘러싼 그의 가정에 동의했다.

> 미연방정보국USAF 정보 참모는 세계 지배를 달성하겠다는 소련의 결의가 군사 능력의 확실한 우위 없이는 주요 걸림돌, 미국을 궁극적으로 제거한다는 목표가 달성될 수 없다는 사실 인식을 키워왔다고 믿는다.[8]

그것이 그들의 의도였다면 1963년 이전에 이런 능력을 추구해야 했을 것이다. 1959~62년의 기간은 그들에게는 협박이든 실제 공격용이든 미사일로 그런 무장해제 능력을 확보할 유일한 기회였다. 그 뒤로 우리는 지하 격납고의 아틀라스와 미니트맨 미사일과 폴라리스 잠수함 발사 미사일 수를 늘리는 사업을 추진하기 시작했다. 따라서 미국이 대응한다 해도 소련은 치명적인 피해는 면할 정도로 미국을 철저히 무장해제시킬 수 있다고, 소련이 보통 수준의 자신감을 갖기조차 영원히 어려울 것이었다.

그런 목표에 비춰 봤을 때 1960~61년의 미사일 네 기는 전략적으로 0과 마찬가지였다. 물론 그 네 기로 워싱턴과 전략공군사령부 본부를 공격할 수도 있을 테지만 저들을 근절할 수 있는 전략공군사령부 대응 능력을 무장해제하지도 마비시키지도 못할 터였다. 소련이 자살성 제1격을 개시해 도시 한두 개는 칠 수 있을지도 몰랐다. 하지만 미 대륙 전체를 초토화할 수 있는 제2격 미사일 능력은 없었다.

지상의 한 기지에서 목격된 소련의 작전 미사일 네 기는 표면도 얇고 연료도 액체였다. 휘발성이 강해서 저장이 불가능한 액체 연료는 적재하는 데만도 몇 시간이 걸릴 터였다. 미국 미사일 탄두 단 한 대만으로도, 심지어 몇 마일 밖에 떨어진다 해도 그 네 기를 거의 확실하게 파괴할 수 있을 터였다. 1961년 베를린 위기가 최고조에 이르렀을 당시, 미국의 공격에도 살아남을 수 있는 미사일 능력이라는 측면에서 소련은 억지력이 전혀 없었다.

흐루쇼프는 자국의 미사일 생산 속도에 대해 완전히 허세를 부리고 있었다. 그는 소련에선 미사일을 '소시지처럼' 찍어내고 있다고 말했다. 유럽과 우리의 해외 기지 사정거리 안에 있는 중거리 미사일에 대해서는 그 말이 사실이었다. 하지만 ICBM에 대해서는 명백한 거짓말이었다. 더욱이 이는 그가 그런 힘을 달성할 수도 있는 유일한 기간에 자신의 제1격 능력에 신빙성을 부여하려고 일부러 요란을 떨었다는 것을 의미했다.

그의 목표에 대한 우리의 가정은 이제 완전히 의문에 휩싸였다. 아니, 그래야 마땅했다.

나의 첫 반응은 새로운 추정치를 볼 수 있는 권한이 랜드 동료들에게 공식적으로 부여되지 않았음에도 불구하고 그들에게 이 놀라운 사건 전개를 가능한 한 빨리 알려야 한다는 것이었다. 나는 산타모니카로 날아가 랜드에서도 보기 드물고 나로서는 처음인, 일급기밀 브리핑 일정을 잡았다. 주요 보고서를 제외하고 랜드에서 이루어지는 업무는 거의 모두가 기밀 수준이었다. 비서진과 관리팀을 포함해 그 건물의 모두가 일급기밀 취급 승인을 받아야 했지만, 일급기밀 승인 절차를 써야 할 경우는 별로 없었다.

랜드 직원들은 기밀 절차에 대한 규정을 매우 진지하게 받아들였다. 이곳 분위기는 (펜타곤에서 국무부나 백악관으로 가는 누군가의 서류 가방 안에서까지) 돌아다니는 문건 대부분이 일급기밀인 워싱턴의 사무실들과는 사뭇 달랐다. 랜드에서 이루어진 일급기밀 브리핑은 오직 초청자만 참석 가능했는데, 랜드 보안 요원이 출입구에 버티고 서서 참석자의 이름과 클립보드의 명단을 대조해 랜드연구소의 한 방으로 들여보냈다. 이런 절차는 내가 워싱턴에서 결코 경험하지 못한 것이었다.

랜드 동료들이나 공군 청중에게 '브리핑'은 연구와 그 결과를 구두로 전달하는 주요한 방법이었다. 이런 자리에는 스탠드에 걸리거나 슬라이드로 투사되는 그래프나 블루포인트가 늘 따라다녔다. 그건 내 스타일이 아니었다. 나는 어느 사무실에 가든 하나씩 꼭 있는 칠판을 사용하지 않았다. 나는 수직으로 걸린 표면 위에서는 잘 생각하질 못한다.

그러나 이번에는 다들 명단에서 자기 이름을 확인한 뒤 자리에 앉자 나는 이런 말로 시작했다. "허먼 (칸)이 여러분은 늘 도표가 있어야 한다고 해서 이번 한 번은 몇 개 만들어봤습니다." 내가 만든 도표들이 스탠드 위에 걸려 있었다. 나는 도표마다 맨 위와 맨 밑에 빨간 잉크로 '일급기밀'이라는 글씨를 직접 써넣기까지 했다.

첫 번째 도표. "네, 버지니아, 미사일 격차가 있습니다."

나는 다음 도표로 넘겼다. "현재 약 10 대 1의 격차를 보이고 있군요."

그러고 나서 세 번째. "우리가 유리합니다."

건물 한쪽 끝 랜드의 대형 회의실 한 곳을 가득 채우고 앉은 40개 부서의 수장, 최고 관리자, 주요 연구원들로 이루어진 청중으로부터는 아무런 반응도 나오지 않았다. 그들은 어리둥절한 표정으로 묵묵히 기다렸다. 나는 설명했다. 가장 최근의 정보판단에 따르면 소련이 플레세츠크 기지에 액체 연료로 추진되는 ICBM을 정확히 네 기 배치하고 있다고. 그 무렵 우리는 아틀라스와 타이탄 ICBM을 약 마흔 기 보유하고 있었다. 여기에는 우리가 소련의 사정거리 내에 있는, 그리고 연간 약 120대씩 추가되는 중거리 탄도미사일Intermediate-Range Ballistic Missile, IRBM은 포함되지 않았다. 소련의 사정거리 안에 있으면서 연간 약 60대씩 추가되는 폴라리스 잠수함 발사 미사일도 마찬가지였다. 따라서 ICBM만 놓고 보면 그 숫자는 10(40기) 대 1(4기)로 우리에게 유리했다.

그다음에 이어진 열띤 토론을 한마디로 요약하면 이랬다. 즉 아무도 나를 믿지 않았다. 아무도. "그 사람들이 그걸 어떻게 압니까?"라는 게 토론 주제였다. 나는 말할 수가 없었다. 그들은 뒤늦게, 그러니까 작년이 되어서야 U-2 프로그램에 대해 알게 됐다. 그것도 흐루쇼프가 개리 파워스Gary Powers를 격추했기 때문에 알게 된 것이었다. 그가 붙잡히기 전 랜드 직원 중 아주 극소수의 사람만 탤런트(T) 취급 승인을 받은 상태였고, 그 한 줌밖에 안 되는 사람들은 좀스러울 정도로 규정을 지키면서 랜드의 다른 그 누구에게도 그런 프로그램의 존재를 일절 내비치지 않았다.

마찬가지로 (나도 승인을 받으면서 나중에야 알게 된 사실인데) 랜드 엔지니어 중 여섯 명 안팎이 키홀(K) 취급 승인을 가지고 있었다. 실제로 그들은 처음에 비행기에서 시작해 열기구, 그다음 U-2, 뒤이어 위성에 이르기까지 국가의 항공 정찰 사업을 촉진하는 데 중요한 역할을 담당해오고 있었다. 비록 (코로나가 가장 최근의 경로상에서 소련의 의심 가는 미사일 기지를 빠짐없이 만족할 만한 수준으로 정찰했다는 사실을 반영하는) 최근의 결과는 듣지 못했다 하더라도 그들은 새로운 정보판단이 어디에 근거하고 있는지 금세 눈치챘을 것이다. 그들 중 누구라도 그날 나의 청중으로 왔을 법도 하건만 그들은 아무 말이 없었다.

"CIA는 우리가 이걸 믿어야 한다고 생각하나 본데, 그 이유가 뭡니까?" 나는 그 질문에 대한 답을 알고 있어서는 안 됐다. 나는 문제가 되는 정보판단의 근거를 폭로해 (그해 말로 예정된) 취급 승인을 받을 기회를 위험에 빠뜨리고 싶지 않았다. 청중 가운데 적어도 한 명, 즉 앨런 캐츠는 U-2 프로그램에 대해 잘 아는, 나아가 그 프로그램이 ICBM을 한 기도 발견하지 못했다는 것까지 꿰뚫고 있는 정찰 전문가였다. 그러나 그는 위장과 은폐, 그리고 주의 따돌리기로 소련이 우리의 정찰을 따돌렸을 가능성을 제기하는 랜드 명의의 보고서를 여러 편 써오고 있었다. 그는 증거를 면밀히 살펴보기 전에는 어떤 사실이든 잘 안 믿는 경향이 있었다(최고 경영진을 제외하고, 나를 포함한 나머지 대부분의 사람들은 모르고 있었지만 그는 코로나 프로그램에서 중요한 역할을 맡고 있었다). 우리 중 나머지는 소련이 폭격기와 상당한 수의 미사일로 즉시 공격해올지도 모른다는 불안 속에서 지난 몇 년을 보내고 있었다.

어쩌면 소련 미사일이 가까운 미래에 수백 기에서 수천 기 수준으로 불어날 것이라는 공군의 추정치를 심각하게 받아들이는 사람은 거의 없었을지도 모른다. 그러나 그들은 그보다 좀 더 중간 입장인 CIA의 추정치에 대해 이미 들은 터라 (내가 제시한) 수치가 너무 낮다고 생각하고 있었다(육군과 해군의 소문난 '추정치'는 경멸할 가치조차 없었다). 우리 모두 "미사일 격차는 없다"라는 맥나마라의 단언에 대해 읽긴 했지만 랜드의 그 누구도 거기에 관심을 보이지 않았다. 그리고 그 주장은 기껏해야 소련은 우리가 1961년에 배치한 40기의 ICBM보다 훨씬 더 많이 보유하지는 않은 것 같다는 이야기일 뿐이었다. 그렇다 하더라도 우리의 분석에 따르면 폭격기와 잠수함 발사 공격과 연계할 경우 그 정도로도 전략공군사령부를 마비시키고 남았다.

워싱턴에서 실제 국가정보판단을 본 극소수의 사람들(랜드연구소에서 더는 근무하지 않는)은 1959년, 1960년, 1961년 소련의 ICBM 보유 대수를 '겨우 몇 기 정도'로 예측해, 육군과 해군이 공식적으로 반대 의견을 제기한 각주에 대해 알고 있었다. 만약 그 수치를 봤다면 그들도 틀림없이 펜타곤에 있는 나의 공군 동료들과 똑같이 반응했을 것이다. 다시 말해 육군과 해군이 무모하다 못해 거의 위험한 수준으로까지 추정치를 낮추고 있다고 믿었을 것이다.

랜드의 소련 최고 전문가들 중 두 사람이 아널드 호어릭과 마이런 러시였다. 아널드는 나중에 나중에 CIA 소련 정보판단 책임자가 됐고 마이런 러시는 붉은 광장에서 열리는 퍼레이드나 기타 공식 행사에 참석하기 위해 한자리에 모인 크렘린 관리들의 사진 순서를 연구함으로써 흐루쇼프가 최고 권력자로 부상할 것이라고 혼자 예측해 일약 유명해졌다. 그것은 'Kremlinologist(러시아 연구가)'라는 용어를 생겨나게 한 일종의 비전秘傳과도 같은 정보였다. 1959년 이 둘은 소련이 이르면 1959년(다시 말해 지금 당장) 상당한 제1격 능력을 확보하게 해줄 ICBM 관련 긴급 계획을 추진하고 있을 가능성이 크다고 전에 없이 다급하게 경고하는 일급기밀 보고서를 공동으로(앞에서도 말했듯이 랜드에서는 드문 일이었다) 작성했다. 그 근거로 두 사람은 그 문제를 둘러싼 흐루쇼프의 발언을 하나도 빠짐없이 면밀히 분석한 결과를 제시했다. 둘은 볼셰비키는 허세를 부리지 않는다는 가정에서 출발했다. 그러한 전제 아래에서, 로켓이니 소시지 제조니 하는 흐루쇼프의 비유는 그가 전에 예언했고 현재는 주장하는 그 능력에 이미 도달했음을 말해준다는 것이었다.

두 사람의 예상은 빗나갔다. 흐루쇼프는 허풍을 떨고 있었다. 그것이 새로운 추정치가 말하고 있는 내용이었다. 호어릭과 러시 본인들이 바로 그 뒤에 출간된 일급기밀 보고서에서 인정했듯이 그것(새로운 추정치)은 정확했다.[9] 그러나 랜드의 많은 사람들은 초기의 보고서들을 믿었고 나의 브리핑만으로 그런 흐름을 바꾸기엔 역부족이었다.

더욱이 문제의 추정치는 1956년 이후 전략공군사령부의 취약성에 관한 랜드의 핵심 논문들과 충돌을 일으키면서 그 타당성을 근본적으로 일축하고 있었다. 랜드의 연구 논문들은 하나같이 폭격기 공격과의 연계에서 중요한 역할을 할 수 있는 소련 ICBM 전력의 규모가 불확실하다는 전제에서 출발했다. 1957년 이후

'미사일 격차missle gap'라는 용어가 널리 사용되기 시작한 뒤로 앨버트 월스테터는 자신의 연구 결과들을 그렇게 설명하는 것에 줄곧 반대해왔다. 그는 그러한 공격들은 미사일과 연계하거나 심지어 미사일 없이도, 성능 좋은 소련 폭격기와 잠수함 발사의 가능성을 전제로 하고 있다는 점을 강조했다. 그는 '억지력 격차deterrent gap'라는 용어를 더 좋아했다. 그러나 억지력 격차 또한 없었다. 지금까지도 없었고, 앞으로도 그럴 터였다.

이 점을 인정한다는 것은 곧 랜드가 일련의 엉뚱한 문제들을 둘러싸고 지나친 긴박감에 사로잡혀 국가 안보와 무관한 일에 강박적으로 매달리고 있다는 결론에 직면한다는 뜻이었다. 그것은 어떤 기관에 몸담은 인간들이 쉽게 받아들일 수 있는 인식이 아니다. 랜드가 만약 조금이라도 그런 적이 있었다면 이를 받아들이는 데 몇 년은 아니더라도 몇 달은 걸릴 터였다. 건물이나 예산에서 훨씬 더 커졌지만, 랜드가 예전의 특권이나 사명감은 다시 회복하기 어렵겠다는 것이 내가 받은 인상이다. 나의 이전 동료들 대부분은 전과 다름없이 한동안 전략공군사령부의 취약성에 계속 초점을 맞췄지만 새로운 추정치의 신뢰성과 타당성에 대해서는 의문을 제기했다.

마찬가지로 공군과 특히 전략공군사령부도 미국이 베를린 사태에서 어느 정도 강경한 자세를 보여야 한다는 합동참모본부의 생각에는 동의하는 듯했지만, 막상 새로운 수치를 받아들이는 것은 내켜 하지 않았다. 하지만 랜드와 공군은 소련이 미사일 전력을 늘릴 것으로 내다봤다. 그러나 1963~64년(특히 흐루쇼프가 실각하고 브레즈네프가 등장한 이후)부터 시작된 그러한 증강은 1958~62년이었다면 가능했을지도 모르는 전략상의 우위를 결코 약속할 수 없었다.

그사이 베를린 위기는 여전히 매우 심각해 보였다. 핵전쟁 가능성을 심각하게 제기함으로써 여론을 유리하게 몰아가려는 대통령의 시도는 오히려 역효과를 낳았다. 민간의 낙진 대피소 사업을 장려하기로 한 그의 결정은 엄청난 논란만 몰고 오면서 판단 착오로 드러났다. 러시아인들은 평화조약에 서명하고 베를린 접근 통제권을 동독인들에게 넘겨주겠다고 거듭 단언했다.

랜드의 사고 흐름을 바꾸려는 시도가 불발로 끝나고 머릿속에서는 베를린 게임과 에이브 체이스의 결론이 여전히 생생한 가운데 9월 말에 다시 워싱턴으로 날아가는 도중 내게 어떤 생각이 하나 떠올랐다. 다름 아니라 '베를린에서의 우리의 전망을 바꾸려면 이 새로운 정보판단을 어떻게 활용하면 좋을까?'라는.

서베를린은 여전히 소련이 통제하는 지역 깊숙이 자리하고 있었다. 케네디의 수용으로(심지어는 안심하기까지 하며) 베를린 장벽 건설이 시작됐다. 흐루쇼프의 시각에서 그것은 베를린을 통한 동독 주민들의 탈출이라는 급박한 문제를 해결하는 열쇠였다. 게다가 나중에 드러났듯이 장벽 설치는 동독 체제 안정이라는, 따라서 동유럽에서의 소련의 지위 강화라는 그의 장기적 문제를 해결하는 열쇠이기도 했다. 하지만 당시만 해도 흐루쇼프는 그 점을 보지도 인정하지도 않았다. 하물며 서구는 더 말할 것도 없었다. 연말부터 동독으로 통하는 길목에 대한 검문을 재개하겠다는 흐루쇼프의 최후통첩은 여전히 그대로였으며, 군사적 수단을 통해 우리의 접근권을 유지하려는 우리의 시도를 겨냥한 그의 경고 또한 여전히 그대로였다.

이제 갑자기 이 두 가지 위협 모두 미국과 전략적으로 '대등하다'라는 엄청나고도 오래된 그의 허세에 근거하고 있는 듯 보였다. 최근 들어 소련 기록 보관소에서 발견된 문서들은 당시 그가 나토의 우리뿐만 아니라 바르샤바 조약기구 동맹국에까지 이러한 대등성에 대해 허세를 부리면서 자신의 위기관리와 도발적인 외교의 위험성을 둘러싼 불안을 잠재우려 했다는 것을 보여준다.[10]

그렇다면 그의 허세가 결국 들통났고, 따라서 최후통첩과 협박을 철회해야 한다는 것을 그에게 알려야 하지 않을까? 나는 이러한 기조에 따라 제안서를 작성하기 시작했다.

11장 ———

두 연설 이야기

'미사일 격차'라는 망령은 오랫동안 랜드와 국방부의 내 동료들에게 들러붙어 떨어질 줄을 몰랐다. 이 망령이 환상에 지나지 않았다는 폭로는 모든 것에 새로운 관점을 제시했다. 그랬다면 전략 무기의 대규모 증강을 꾀하는 우리의 계획을 전면적으로 재평가했을 테고, 그 결과 파멸로 치달을 수밖에 없는 군비 경쟁도 피할 수 있었을지 모른다. 현실은 그렇지 못했다. 내가 알고 있는 사람 중 그 누구도 단 한순간도 그런 생각을 하지 않았다. 하지만 단기적으로는, 특히 베를린 문제에 관해서는 다른 기회를 제공했다.

맨 처음 든 내 생각은 케네디 대통령이 이 새로운 상황 인식을 흐루쇼프 총리에게 직접 전달해야 한다는 것이었다. 흐루쇼프의 모욕감과 패배를 인정하기 싫어하는 마음을 최소화해줄 사적인 비밀 창구를 활용하면 그럴 수 있었다. 나는 기본적으로 케네디에게 보여줄 메모 두 장을 작성했다. 그 메모들이 케네디한테 전달되게 하려고 일단은, 그해 봄 (권한)위임 문제로 만나 이야기한 적이 있는 맥조지 번디의 핵문제 보좌관 칼 케이슨에게 건넸다.

10월 9일 내가 그에게 건넨 두 장의 메모 중 하나는 케네디가 흐루쇼프 또는 그의 대리인에게 할 말을 정리한 것이었다.[1] '흐루쇼프의 교육을 위한 제안'이라는 제목의 또 한 장은 대통령에게 첫 번째 메모를 설명하기 위해 작성한, 즉 흐루쇼프에게 보내는 메시지의 취지를 분명히 짚고 넘어가기 위한 것이었다.

흐루쇼프에게 우리가 그의 패를 정확히 알고 있다는 것을 분명히 알리는 것이 목적이었던 만큼 대통령에게 4(ICBM 대수)라는 숫자뿐만 아니라 플레세츠크 기지의 정확한 좌표까지 이야기하라고 제안했다. 아예 쐐기를 박기 위해 저들이 이미 두세 차례 미사일 발사 시험을 한 티우라탐 시험장 좌표도 포함할 수 있었다. 거기에 내포된 메시지는 이랬다. "그동안 '대등하다'느니 '우월하다'느니 헛소리를 잘도 늘어놓았는데 이제 그만해도 된다. 우리가 당신 속셈을 다 알아버렸으니까. 이제 당신이 얻을 건 거의 없고, 그나마 겨우 조금 손에 넣은 것도 취약하긴 마찬가지다. 그러니 베를린에서 우리를 골탕 먹이겠다는 소린 그만해라. 당신도 알고, 우리도 알듯이 당신은 그럴 처지가 못 되지 않느냐." 실제로 그렇게 썼다는 것은 아니고, 그렇게 전달하고 싶었단 이야기다.

케이슨은 내 메모들을 읽고 같이 이야기해보자고 제안했다. 그는 백악관에서 약속 장소인 워싱턴의 모처로 차를 몰고 와 나보고 타라고 말했다. 그러면서 자신의 상관인 대통령에게 정보 이론에서 쓰이는 용어를 적용하며 이렇게 덧붙였다. "이보게, 댄, 이곳 창구의 성격을 고려해야지. 케네디는 절대…… 절대 그렇게 이야기하지 않을 거야." 그가 케네디를 비판하는 의미에서 이렇게 말했는지 아니면 대통령의 스타일에 동의하는 뜻으로 이렇게 말했는지는 확실치 않았다. 그는 그저 똑같은 말만 되풀이했다. "생각할 수도 없는 일이야. 케네디는 흐루쇼프한테 그런 식으로 이야기하려 들지 않을 걸세."

하지만 소련이 미국보다 전략적으로 우위에 있거나 대등하다는 그들의 주장을 우리가 믿는다는 전제 아래서 이 문제에 접근해선 안 된다고, 소련 사람들에게 어떤 식으로든 알리는 일은 내게 여전히 중요해 보였다. "이러한 주장이 진짜가 아니라는 걸 알고 있으니 실행할 준비도 안 된 그런 위협에 쓸데없이 매달리지 말라." 이것이 내가 흐루쇼프에게 전달하고 싶었던 최소한의 메시지였다. "이런 위협에 매달릴수록 진짜 위험해져서 일이 걷잡을 수 없게 돌아갈 수도 있다." 그러나 나는 케이슨으로부터 케네디는 흐루쇼프한테 그런 이야기를 직접 하려

들지 않을 것이다, 그의 대리인과 직접 대면하는 식이든, 아니면 개인적 메시지를 통해서든 마찬가지일 것이라는 이야기를 들었다.

그러고 나서 하루 이틀 뒤 나는 국방장관 보좌관 애덤 야몰린스키의 펜타곤 사무실을 다시 찾았다. 나는 여전히 랜드 연구원이었고 공군과의 계약에 따라 랜드에서 돈을 받고 있었지만, 펜타곤과 국무부에서 문서 작업과 기안 등의 일을 하느라 워싱턴에서 벌써 반년 넘게 보내고 있었다. 애덤은 케네디가 육군 대학에서 선보일 연설 초안을 작성하는 중이라고 말했다. 몇몇 업체에 초안을 작성해 백악관으로 보내라고 요청해두었고, 그는 맥나마라를 통해 보낼 초안을 작성하고 있었다. 그는 나에게 자신이 작성한 초안을 살펴보고 꼭 들어가야 할 게 있으면 뭐든 추가해달라고 부탁했다. 그것은 대통령에게 나의 메시지를 보낼, 그것도 이렇듯 공공연하게 보낼 수 있는 또 다른 기회였다.

나는 메모에서 다뤘던 주제 중 많은 부분을 집어넣었다. 어투는 물론 흐루쇼프에게 직접 말하는 방식이 아니라 대중 연설에 맞췄다. 나는 그 내용을 메모지에 손으로 써서 애덤에게 건넸다. 그러자 그는 "이거 정말 좋은데요!"라고 소리쳤다. 그는 그 모두를 맥나마라를 위해 작성하고 있던 초안에 집어넣었다. 얼마 있다가 그는 이렇게 말했다. "맥나마라가 마음에 들어 합니다. 벌써 백악관에 보냈어요."

며칠 뒤 나는 케이슨이 말한 대통령의 스타일을 확인시켜주기라도 하려는 듯 어투가 더욱 온건해진 케네디의 연설을 읽었다. 그는 내가 전한 내용은 그 어떤 것도 사용하지 않았다. 그래서 나는 나의 메시지를 전달할 창구로 케네디는 단념했다.

그리고 (워싱턴에서 지내는 동안 내가 대부분의 시간을 보냈던) 국방부 국제안보문제에서 폴 니츠의 특별 보좌관으로 일하는 내 친구 티모시 스탠리를 찾아갔다. 스탠리는 그해 초 전쟁 계획과 씨름할 때도 같이 일했고 그 전에 이와쿠니의 전차상륙함에 관해 작성한 메모도 손봐주었었다. 국방차관 사무실 입구 맞은편의 조그만 방이 그의 사무실이었다(3년 뒤엔 나도 니츠의 후임 존 맥노턴의 특별 보좌관 신분으로 이 사무실에서 지내게 된다). 스탠리는 로스웰 길패트릭의 연설문을 작성하는 중이라고 말했다.

나는 티모시에게 내가 맨 처음 손으로 쓴 메모를 건네면서 이렇게 말했다. "케네디가 보라고 쓴 건데 하나도 사용하질 않았더라고. 원한다면 자네 연설문에 사용해도 돼." 그는 내가 쓴 메모를 읽었다. 전체 연설문이 아니라 요점만 추려 몇 장으로 정리한 메모에는 이런 내용도 있었다. "우리 병력은 배치 및 엄호 상태가 아주 좋아서 기습 공격으로는 우리를 효과적으로 무장해제시킬 수 없다." 티모시는 그 부분을 읽고 나서 바로 나를 올려다보더니 그다음 문단을 큰 소리로 읽기 시작했다.

소련이 우리 병력을 기습 공격한 뒤에도, 미국이 반격할 수 있는 파괴력은 손상을 전혀 입지 않은 적국의 병력이 우리에게 타격을 입히겠다고 위협하는 제1격의 공격력과 맞먹거나 능가할 정도로 엄청날 것입니다. 요컨대, 우리는 적어도 소련이 제1격으로 입힐 수 있는 타격만큼이나 광범위한 제2격 능력을 가지고 있습니다. 따라서 소련이 심각한 핵 갈등을 유발하는 일은 없을 것이라고 우리는 자신합니다.

그는 놀라는 얼굴로 이렇게 물었다. "이게 사실이야?" 나는 말했다. "나를 믿어, 팀, 사실이야. 세상일이 다 그런 거야." 소련의 무기고에 대해 내가 방금 알게 된 것에 근거한 이 특별한 계산은 아주 간단했다. ICBM 네 기! 전략 폭격기 150대 남짓!

새로운 국가정보판단이 어느 한쪽의 공격 전후로 미국과 소련 병력을 비교한 적이 전혀 없다 하더라도, 나는 (펜타곤 용어로) '핵교환*'의 '실체평가'에 자신 있었

---

* 쌍방에서 실행하는 핵공격—옮긴이.

다. 물론 오랜 세월 미사일 격차를 귀가 따갑게 듣거나 전략공군사령부의 취약성에 관한 랜드의 기밀 보고서를 읽으며 지낸 사람에게는 놀랍게 보이겠지만. 나는 관료들이 그 연설문을 돌려 읽으며 검토하는 과정에서 그 점이 분명히 드러날 거라고 확신했다.

문제는 행정부가 지금까지 그런 적이 한 번도 없었다는 점을 감안할 때, 길패트릭이 그렇게 말하도록, 그런 폭로를 하도록 과연 내버려두겠느냐는 것이었다. 티모시는 그런 폭로를 하라는 지시를 받지 못했고, 내가 처음 봤을 때 그의 초고는 모든 관리들이 거의 모든 연설문에 담았던 표준적인 문안으로 이루어져 있다. 즉, 우리의 예비 병력 및 공격 병력이 얼마나 늘어났는지 같은 군사력 증강과 여기에 덧붙여 베를린에 관한 몇 마디 등이 전부였다. 첨삭 과정에서 그는 나의 요점을 거의 모두 추가해 초고의 어조와 태도를 완전히 바꿔놓았다. 나의 표현 일부는 들어가지 않았지만 다음은 거의 그대로였다.

공산주의자의 행동을 억지하거나 공산주의자의 공갈 협박에 저항하는 우리의 능력에 대한 자신감은 양측의 상대적 군사력을 냉정하게 평가한 결과에 근거하고 있습니다. 우리는 소련 지도부가 이보다 현실적인 시각이 부족한게 아닌가 의심스럽습니다. 물론 저들의 과장된 주장만 듣고서는 그 점이 더러 긴가민가할 때도 있지만 말입니다. 소련이 엄격한 안보를 군사 무기로 사용하고 있기는 하지만, 철의 장막은 우리가 크렘린의 허풍을 액면 그대로 받아들이게 할 만큼 난공불락은 아닙니다.

분명한 사실은 이 나라가 적들의 섣부른 움직임을 자멸로 몰고 갈 정도로 치명적인 핵 보복력을 가지고 있다는 것입니다.

그것이 핵심이었다. 크렘린과 나토의 정통한 귀에 들어가도록 하려고 내가 의도한 메시지는 "우리는 저들이 허세를 부리고 있다는 것을 알아차렸다!"였다. 그리고 미국과 유럽의 대중에게 보내는 메시지는 이랬다. "우린 베를린에 머물고 있고, 전쟁은 없을 겁니다." 나는 그것을 흐루쇼프의 허세로 부르기로 했다. 게다가 심지어는 누차 반복 강조하기도 했다.

　　자유세계, 특히 나토 동맹의 유럽 회원국들을 겨냥한 소련의 엄포와 위협은 앞서 언급한 미국의 핵 우위라는 엄연한 사실을 기반하여 평가되어야 합니다.

그리고 마지막 문단을 통해 베를린 접경에서 우리의 정찰이 방해받을 일은 없을 것이라는 새로운 자신감을 드러내며 우리의 책무를 마음껏 강조했다.

　　미국은 분쟁을 폭력으로 해결하려 하지 않습니다. 그러나 우리의 권리와 의무에 따르는 강력한 개입이 폭력 갈등으로 이어져야 한다면 당연히(이제 나는 더이상 이렇게 믿지 않는다) 미국은 패배할 의사가 없습니다.

길패트릭은 1961년 10월 21일 이 연설을 선보였다.[2] 당시 《뉴욕 타임스》에서 인용한 연설문에는 위의 문단들뿐만 아니라 내가 쓴 다른 문단들도 포함돼 있었다. 실제로 거기에 인용된 모든 구절과 그 이후에 나온 거의 모든 언론 매체 기사나 학술적 논문들은 내가 제안하고 작성한 내용을 다룬 것이다.

이 책의 부제와 관련해 이 자리에서 하나 고백할 게 있다. 1960년대에 핵계획 수립과 관련된 일을 하고 나서 수십 년이 지나는 동안, 나는 핵 제1격의 위협이나 위기 시의 선제사용을 제안한 적이 없고 그런 데 관여한 적도 없다고 말했을지 모르겠다. 나는 그러한 주장에 대해서 거짓말 탐지기도 통과할 수 있었다고 자신한다. 그러나 이 말은 아마도 거짓일 것이다. 길패트릭의 연설문 초고에서 내가 말하려고 했던 것은 소련이 이웃에 배치한 무장 병력을 움직여 베를린 접경을 따라 확대된 우리의 정찰을 막는다면, 그런 병력을 겨냥한 미국의 핵무기 선제사용이라는 미증유의 위험을 감수하게 될 것이라는 점이었다. 더욱이 나는 소련이 단거리 핵무기를 아무리 많이 가지고 있다 한들, 그들은 대응할 엄두도 못 낼 거라는 확신을 우리가 갖고 있다고 암시까지 하고 있었다. 왜냐하면 우리는 전략 무기라는 차원에서 소련을 무장해제시키고 초토화할 수 있는 '핵 우위'를 최대한 활용할 것이기 때문이다.

어떻게 내가 1961년 가을에 스스로 작성한 연설문 초안이 암시하는 것들을 알아차리거나 기억하지 못할 수 있을까? 글쎄, 대부분의 인간이 스스로 한 행동의 거슬리거나 불쾌한 측면은 인식하지도 기억하지도 못하는 것과 비슷한 이치라고 결론 내려야 할 듯하다. (에이브 체이스를 제외하고) 나와 함께 일하는 사람들이 모두 그랬듯이 나 또한 서베를린을 지키길 원했다. 그와 동시에 나의 절친한 동료들처럼 규모가 어떻든 핵전쟁을 개시해 이 목표를 달성하고자 했다면 아마 소스라치게 놀랐을 것이다. 그러나 나로서는 이해할 수 없는 일이었지만 흐루쇼프와 동독을 인정하기로 타협한다면 모를까, 핵무기로 위협하면서 제1격의 핵공격으로 전쟁을 확대할 준비가 언제든 돼 있다는 의사를 표명하는 것 말고는 동독에 배치된 소련의 재래식 및 핵무기로부터 베를린을 보호할 장치가 전무했다.

그러려면 처음부터 끝까지 허세를 부려야 했다. 새로운 정보(소련의 ICBM 숫자와 관련된)의 아찔한 행복감 때문이었는지 몰라도, 내게 그것은 먹힐 수밖에 없는 허세처럼 보였다. 그러다 보니 그것이 어찌 됐든 선제공격과 선제 핵위협이라는 사실을 인지하지 못했거나 잊어버리고 말았다.

소련은 모르는 채로 그냥 넘어가지 않았다. 길패트릭의 연설이 있고 나서 그 이튿날 로디온 말리놉스키Rodion Malinovsky 국방장관이 모스크바에서 열린 제22차 공산당 회의에서 다음과 같이 말했다.

(길패트릭이) 버지니아기업인협의회의 한 모임에서 필시 케네디 대통령의 인가도 없이 미국의 힘을 마구 휘두르며 무력으로 우리를 위협했습니다.[3] 이 최

근의 위협에 대해, 이 하찮은 연설에 대해 무슨 할 말이 있겠습니까? 오로지 한 가지밖에 없습니다. 그런 협박에 겁먹을 우리가 아니다!라고요.

저들은 독일 평화조약을 체결하고 서베를린의 비정상적인 상황을 종결하자는 우리의 제안에 무력으로 대응하겠다고 협박하고 있습니다.…… 사태를 현실적으로 평가해보자면, 제국주의자들이 소비에트연방과 사회주의 국가들에 대한 기습 핵공격을 획책하고 있다는 확신이 들 수밖에 없습니다.

나는 소련 국방장관이 내 말에 그렇게나 즉각적이고 직접적이며 방어적인 태도로 반응하는 것을 보고 쾌재를 불렀다. 그는 내가 쓴 글을 내 의도에서 살짝 빗겨나 소련식 과장법으로 해석하고 있었다. 어쨌든 내가 보기에 그는 우리가 '기습 핵공격'을 감행할 의사도 계획도 없다는 것을 알고 있었다. 연설은 미국의 제1격 능력이나 의도와 관련해 그 무엇도 분명히 말하지 않았다. 그리고 문제가 되는 그 논평의 기안자인 나는 어떤 상황에서도 핵전쟁이 일어나는 것을 보고 싶지 않았다.

말리놉스키가 볼멘소리로 불평하던 그 '위협'이란 대체 무엇이었을까? 그의 말에 따르면 그것은 어떤 종류의 핵공격을 지칭하는 것이 아니라, 단지 무력 위협일 뿐이었다. 좀 더 정확히 말하면, (그 위협은) 동독이 서베를린로 향하는 우리의 접근을 봉쇄하려고 시도한다면 우리는 재래식으로 무장한 수비대와 함께 강제로라도 헤치고 나아가겠다는 경고였다. 내가 생각하기에 우리는 근거 없는 소련의 핵 우월성 주장과 그 지역에서의 그들의 재래식 전력의 우위에 근거해 우리를 베를린에서 몰아내겠다는 위협에 구멍을 내고 있었을 뿐이다. 그러나 지금에 와서 나도 인정하듯이 내가 쓴 글에 대해 말리놉스키가 제기한 주장에는 내가 생각했던 것 그 이상이 있었다.

그렇다면 케네디 대통령은 이런 협박에 어떻게 대응했을까? 그 연설의 탄생 배경을 설명하는 사람들은 대부분 내가 쓴 글의 취지를 대통령의 구상과 관련지어 바라본다. 이와 관련해 역사가 마이클 베슐로스는 다음과 같이 지적했다.

> 대통령, 번디, 러스크, 맥나마라가 길패트릭과 손잡고 기업인협의회 연설문
> 을 완성했다.[4]…… 연설문 초안 작업은 대니얼 엘스버그가 맡았다.

실은 그렇지 않았다. 위의 관리들 모두 최종 원고가 채 나오기도 전에 결재했고, 아마도 그 전에 그들 일부 혹은 모두가 우리의 전력戰力 증강과 상대적 우위에 대해 강경한 발언이 들어가기를 독려했을 것이다. 내가 사무실에 들렀을 때 팀 스탠리가 바로 그와 관련된 내용을 작성하고 있었기 때문이다. 아마도 길패트릭을 비롯해 그들 중 어느 누구도 나의 역할에 대해 알지 못했을 것이다. 그전에도, 그후에도 아무도 나와 의견을 교환하지 않았다. 연설문 작성과 관련해 따로 업무를 배정받은 적도 없었다. 실제 사건의 진행 순서는 위에서 설명했다. 계속해서 베슐로스는 소련의 ICBM 네 기의 정확한 좌표를 흐루쇼프에게 보여주자는 나의 제안을 비롯해 그 전에 내가 체이스와 주고받았던 생각까지 정확하게 지적한다. 그러나 내가 연설문 초안 작성 업무를 맡았다는 그의 지적은 부정확하다. 그런 일은 아예 없었다. ≪뉴욕 타임스≫ 해설 기사에서와 마찬가지로 베슐로스가 대조표에서 인용하고 있는 연설문의 다섯 구절은 내가 원래 케네디 대통령을 염두에 두고 손으로 써 스탠리에게 넘겨준 메모에서 나온 것이었다.

원저자로서의 자긍심 때문에 이런 말을 하는 것이 아니다. 위에서도 언급했듯이 이 경우에 내가 팔을 걷어붙이고 추진하던 일을 내 스스로 반세기 넘게 잘못 해석하고 있었다고 생각하니 마음이 편치 않기 때문이다. 당시에도 그랬고, 그후로도 한참 동안 그랬듯이 나는 내가 베를린 접근권과 관련해 우리의 '권리와 의무'를 행사하기 위해 우리가 재래식 무기로 당당하게 행동하겠다고 경고하고 있을 뿐이라고 생각했다. 나는 우리가 소련의 핵 허풍 따위에 움츠러드는 일은 없을 것이라고 말하고 있었다. 그러나 그들은 베를린에서든 그 밖의 어디서든 핵

을 먼저 사용하겠다고 협박한 적이 한 번도 없었다. 그런데, 우리는 그러고 있었다. 흐루쇼프의 허풍이 실은 우리의 핵 선제사용 위협에 대항하기 위해서라는 데까지는 생각이 미치질 않았다. 독일에서 재래식 무기에 관해선 확실한 우위에 있는 소련에 대응하기 위해 우리는 이런 위협에 기대고 있었던 것이다. 나는 자신도 모르게 어느새 그런 핵위협에 동참하고 있었다.

상관없었다, 나는 군중의 한 사람이었을 뿐이므로. 그러나 돌이켜 보면 그보다 훨씬 더 나빴다. 일 년 뒤의 시각에서 보면 나의 계획과 나의 도발적인 말들은 재앙에 가까웠다. 하지만 당장은 확실치 않았다. 오히려 그 반대였다. 당시에는 그런 위협이 놀라운 속도로 효과를 발휘하는 듯했다. 동독과의 평화조약 체결과 동독으로 통하는 출입로의 전면 통제에 관한 흐루쇼프의 최후통첩이 공산당 회의 기간에 철회됐다는 사실을 처음 알았을 때만 해도 나와 펜타곤의 몇몇 동료들은 길패트릭의 연설이 이런 결정을 이끌었다고 생각했다. 생각만 해도 매우 흐뭇했다. 그 후로도 오랫동안 나는 내가 1961년의 베를린 위기를 종식하는 데 기여했다고 여겼다.

거의 40년 뒤 내 친구 시모어 허시가 쓴 한 구절이 내 주의를 끌었다. 시모어 허시는 흐루쇼프가 길패트릭의 연설이 있기 나흘 전 공산당 회의 개회식 연설에서 "1961년 말까지 미국은 독일과 전후 평화조약을 타결해야 한다는 자신의 최후통첩을 공개적으로 철회했다"라고 전하며, 그렇다면 "길패트릭의 연설은 소련의 후퇴에 대한 케네디의 반응인 듯했다"[5]라고 썼다(이 사실을 접하고 나는 당황하지 않을 수 없었다).

마이클 베슐로스는 그보다 훨씬 전에 다음과 같이 지적했다.

길패트릭에게 이 연설을 해달라고 부탁함으로써 케네디는 국내에서의 자신의 정치적 입지를 강화하고 미국의 우방들을 안심시켰을 뿐만 아니라 크렘린과 전 세계에서의 흐루쇼프의 지위를 도발적으로 약화시켰을 수도 있었다.[6]

서기장(흐루쇼프)의 국내 및 국외 전략은 소련의 핵력에 대한 환상을 불러일으키는 데 근거하고 있었다. 이제 전 세계가 임금님에게는 옷이 없다는 것을 알게 된 만큼, 흐루쇼프는 소련의 힘에 넋이 나갔던 제3세계와 어쩌면 소련의 동맹국들까지도 모스크바에 등을 돌리기 시작할지 모른다는 가능성을 염두에 두고 있었던 것이 틀림없다.…… 흐루쇼프가 소련의 힘에 대해 환상을 만들어낸 것은 무엇보다도 미국이 자기 나라를 동등하게 대하도록 하기 위해서였다. 이제 보니 케네디는 그를 모욕하기로 작심했던 것 같다.

흐루쇼프의 첫 번째 반응은 연설이 있고 나서 이틀 뒤 30메가톤급 핵 실험에 이어 사상 최대 규모인 58메가톤급 핵 실험을 잇달아 강행하는 것이었다.

30메가톤 규모의 폭발과 말리놉스키의 강경 발언은 공산당 회의 대표들을 일시적으로 위로했을지 모르겠지만 길패트릭의 연설이 흐루쇼프에게 제기한 실로 심각한 문제들은 그대로 남아 있었다.[7] 바로 그 점이 흐루쇼프에게 소련과 미국의 핵균형을 둘러싼 전 세계의 인식을 바꾸려면 뭔가 굉장한 일을 해야 한다는 압력을 가했다.

그러고 나서 베슐로스는 다음과 같이 결론 내린다.

그 연설은 적을 너무 위험한 구석으로 몰아가서는 안 된다는 대통령 자신의 원칙을 침해했다. 케네디는 흐루쇼프가 그 연설을 어떻게 받아들일지 충분히 생각하지 않았다.

그 연설에 찬성한 고위 공직자들은 어땠을지 몰라도 나는 그 말이 맞다고 생각한다.

흐루쇼프는 대통령이 소련이 열세라는 사실을 굳이 들춰내, 그것도 중요한 공산당 회의의 와중에 자신을 공개적으로 망신시키려고 결심한 이유가 뭔지 정말 궁금했을 것이다.[8] 그 연설이 소련을 노린 미국의 제1격을 알리는 전조였을까?

흐루쇼프는 크렘린과 군대의 비판 세력이 소련군 전력의 대규모 증강에 반대해온 자신의 입장을 이제 그만 내려놓으라고 요구해올 것이라는 점을 알고 있었다. 길패트릭의 연설과 우위를 과시하려는 케네디의 다른 노력들 때문에 움직이기 시작한 세력들은 흐루쇼프에게 핵전력의 균형을 다시 맞추기 위해 빠르고 값싼 방법을 찾도록 강요했다.…… 흐루쇼프가 실제로 그렇게 말했는지는 불확실하지만, 미국 대통령은 길패트릭의 연설을 재가함으로서 불장난을 하고 있었다.

몇 달 만에 흐루쇼프는 모욕을 되갚아주고 균형을 회복할 빠르고 값싼 방법을 생각해냈다. 그러나 그것이 1962년 쿠바에 핵무기를 배치하는 주된 목표나 이유는 아니었다(13장 참조).

그럼에도 1961년 10월 나는 쿠바 미사일 위기로 달려가는 차바퀴에 기름칠을 하는 내 역할을 다하고 있었다.

———

랜드에서 박사 학위 논문을 쓰며 반년을 보내고 나서 1962년 6월 초 나는 맥나마라 옆 사무실을 찾았다. 애덤 야몰린스키를 만나기 위해서였다. 그는 맥나마라가 모교인 앤아버 미시간 대학교에서 7월에 있을 졸업식 때 발표할 연설 문안을 작성하고 있다고 말했다. 맥나마라는 이 자리에서 5월 5일 아테네에서 열린 나토 회의 연설 내용에서 기밀 사항을 뺀 버전을 선보이기로 결정했다.[9] 나토 연설문은 빌 카우프먼이 작성했다고 애덤이 내게 말했다.

애덤은 빌의 연설문을 꽤 많이 손질해놓고 있었다. 그는 내게 자신이 작성한 초안을 건네며 읽어보고 논평해달라고 부탁했다. 나도 우주일급기밀(나토의 일급기밀)로 분류돼 있던 출처 자료, 즉 아테네 연설문을 부탁해 받았다. 맥나마라는 우리 나토 동맹국들의 귀에 들어가도록 처음으로, 랜드에서 카우프먼에 의해 개발된 '도시 미포함', 반격, 강압적 전략 등을 펼쳐놓았다. 이는 맥나마라가 그 전년前年에 채택한 나의 전쟁 계획 지침의 기저를 이루는 개념들이기도 했다. 미국은 동맹국을 향한 대규모 공격에서 비롯된 핵전쟁에서, "우리의 주요 군사적 목표는 도시-산업 목표물을 위협할 수 있는 예비군을 확보하면서, 민간인이 아닌 적의 군사력을 파괴하는 것"으로 결론지었다고 그는 말했다. 이는 소련에게 매우 강한 동기로 작용해…… 동맹국의 도시 목표물을 회피하는, 이와 유사한 전략을 채택하도록 유도할 것이다. 그렇게 되면 전쟁의 와중에도 사회의 기본 구조를 유지할 수 있다는 최고의 희망을 품을 수 있을 것이다.

야몰린스키의 앤아버 연설문 초안을 아테네 연설문과 비교해봤더니 마음에 안 드는 점들이 꽤 있었다. 이를 최소화하려면 카우프먼의 원래 원고대로 접근 논리를 좀 더 분명히 설명해야 할 듯했다. 애덤이 작성한 원고는 나토와 소련의 군 병력 및 그 능력과 관련한 기밀상의 수치를 필연적으로 빼놓았을 뿐 아니라, 일반 청중에게 다가가려고 노력하는 과정에서 어쨌든 지금까지의 미국 전략 계획에서 확연히 벗어난 새로운 접근법의 근거가 모호해진 듯했다.

둘째, 나는 연설이 동맹국들의 관계에 미치는 외교적 영향력에 대해서도 의문을 제기했다. 그것은 아테네 연설문에도 똑같이 적용됐다. 처음에 카우프먼은 새로운 전략을 주제로 나토에서 선보이게 될 기밀 연설과 관련해 지침을 거의 받지 못한 상태에서, 외교를 내세워 샤를 드골이 건설하고 있던 프랑스의 독자적인 핵 전력을 은근히 꼬집기로 했다. 연설은 양측 도시의 민간인 피해 방지를 목표로 하는 전략의 지휘통제권을 한 곳으로 몰아야 하는 이유를 강력하게 제기했다. 도시 지역은 초기 공격에는 큰 타격이 없지만, 미국이 예비로 남겨둔 병력에 의해 위협을 받았다. 드골은 미군과 협력할 의사가 전혀 없었고, 프랑스군은 몇몇 소련 도시, 그중에서도 특히 모스크바만 겨냥하는 것으로 알려져 있었다. 카우프먼은 대놓고 프랑스군을 지목하진 않았지만, 핵전쟁에서 동맹국들의 사회 기본 구조를 유지할 수 있는 가장 좋은(또는 유일한) 기회로 여겨지는 미국의 전략에 그러한(동맹국의) 병력이 제기하는 모순에 주의를 환기했다. 개전과 더불어 프랑스가 모스크바와 그 외 몇몇 도시들을 독자적으로 공격한다는 것은 '우리의 인질, 즉 소련 도시들의 파괴'를 의미하며, 그렇게 되면 소련도 동맹국들의 도시에 똑같은 공격을 퍼부어 재앙으로 치닫게 될 터였다.

여기에다 카우프먼은 영국까지는 아니라 하더라도 프랑스를 기분 나쁘게 하려고 작정했는지 사람들이 생각하는 연합군에 대한 특성까지 추가했다. "간단히 말해 제한된 핵능력에 기대 독자적으로 작전에 나서는 것은 위험하고 비용도 많이 드는 데다 노후화되기 쉬우며 억지력으로서의 신뢰성도 부족하다."

대중 연설도 아니고 회원국들끼리의 기밀 연설에서조차 두 동맹국을 쓸데없이 모욕해서 뭘 얻겠다는 건지 이해할 수가 없었다. 그러나 (동맹국의) 개별 병력의 역할에 대한 비판과 공격적 언어는 야몰린스키의 원고에서도 여전했다.

이 점을 문제 삼자 애덤은 앤아버 연설문은 이런 식으로 쓰라는 맥나마라의 지시에 따른 것이라고 말했다. 맥나마라는 카우프먼의 글의 뼈대와 구체적인 언어를 좋아했다. 그는 아테네에서 프랑스를 물고 늘어지며 아주 기뻐했고, 그 점에 대해 프랑스가 유감스러워했다는 것을 알면서도 앤아버에서도 또 그러길 원했다(그가 왜 그랬는지에 대해서는 나도 알 길이 없었다. 아마도 카우프먼처럼 그도 드골에게 화가 나 있었던 게 틀림없다).

아무래도 이 주제는 대중 연설에는 적합하지 않다는 생각이 강하게 들었다. 심지어 우리의 동맹군 사령관들조차 핵전쟁이 일어나면 미국은 과연 어떻게 대처할 것인지에 대해 구체적으로 들은 바가 하나도 없었다. 어쨌든 커티스 르메이 장군은 십 년 넘게 그런 문제들을 민간인 관료들뿐만 아니라 합동참모본부에까지 최대한 비밀로 하고 있었다.

나는 애덤에게 말 그대로 이런 이야기를 처음으로 듣는 미국 대중은 경악할 거라고 말했다.

나의 반응을 좀 더 설명해야 할 듯하다. 그랬다, 나는 그 전해에 바로 이 전략의 수립에 도움을 주기 위해 기울인 내 노력에 자부심을 가지고 있었다[그 주 초에 합참이 처음으로 길패트릭의 재가를 얻기 위해 올린 새로운 합동전략능력기획서(JSCP)-63을 길패트릭을 대신해 내가 검토했는데, 1961년 내가 제안하고 그가 승인한 변화들이 적어도 언어상으로는 거의 모두 포함돼 있었다]. 그것은 당시 내 눈에 명백히 훨씬 더 나빠 보였던 아이젠하워 시대의 계획을 거부하고 대신 다른 계획을 제시하고 있었기 때문이다.

더욱이 1961년 봄 나는 합동전략능력기획서가 소련이 유럽에 비핵 공격을 해올 경우 사용하겠다고 분명히 밝힌 것에 대한 지침을 작성하고 있었다. 하지만 나는 그 지침이 실은 보복 성격의 제2격 계획으로 이용될 거로 생각했다. 그때까지도 소련이 전략 미사일 전력에서 우세하거나 제2격 능력에서 대등하다고 믿고 있었기 때문이다. 어느 쪽이 됐든 우리 동맹의 약속과는 상관없이, 제1격으로까지 격상될 가능성은 사실상 배제했다. 따라서 극단적인 상황에 대비한 '나의' 계획은 소련의 기습 공격에 대해, 내 기준에서 가장 덜 끔찍하게 대응하는 것이었다.

이런 취지에서 전망은 굳이 좋게 보일 필요도, 또는 심지어 '견딜 만하게' 보일 필요도 없었으며, 내 눈에도 절대 그렇지 않았다. 자칫 대재앙으로 이어질 가능성이 높아 보였다. 그것이 작전 계획으로 받아들여지려면 당시 내가 제안하고 있었듯이 기존의 계획을 포함해 활용 가능한 그 어떤 대안보다 덜 끔찍해 보이기만 하면 됐다. 그 전략은 훨씬 더 나쁘고 훨씬 더 확실한 재앙을 피할 수 있는 방법을 제시하는 듯 보였다.

이는 대중을 안심시키려는 목적의 메시지가 아니었다. 당연히 그런 메시지를 공식적으로 내보낸 적은 단 한 번도 없었다. 그러나 1962년 대중의 귀에 훨씬 더 나쁜 소리로 들릴 것 같았다. 아테네에서 열린 (비공개) 나토 회의의 청중에게 전달한다는 맥락에서, 그리고 1961년 9월경에 알게 된 힘의 엄청난 불균형이라는 견지에서, 이제 맥나마라는 이 계획을, 소련이 서유럽을 공격할 경우 미국이 나토에 한 장기 약속을 이행하기 위한 미국의 제1격 전략으로 묘사하고 있었다.

나토의 고위급 청중은 그럴 경우(하지만 우리가 어떻게 대처하기로 계획을 세웠는지에 대해서는 자세히 들어본 적이 한 번도 없었다) 반드시 소련을 공격할 것이라는 미국의 의사 표명을 수도 없이 들었다(혹자는 그들이 요구한 것 아니냐고 말하지도 모르겠지만). 그러나 유럽(미국 대륙이 아니라)에 대한 소련의 대규모 비핵 공격은 거의 자동적으로 소련에 대한 미국의 전면 핵공격을 촉발할 것이며 그렇게 되면 소련은 전력을 다해 미국에 보복 공격을 가할 것이라는 사실이 미국 대중의 주의를 끈 적은 한 번도 없었다.

마찬가지로 미국 대중은 1961~62년 소련의 능력이 미국 본토와 관련해 얼마나 제한적이었는지에 대해서도 들어본 적이 없었다. 1961년 말 케네디 행정부가 "미사일 격차는 없다"라고 인정했고, 또 (나의 입김이 들어간) 길패트릭의 연설은 전략 핵무기에서 우리가 소련보다 월등히 우수하다고 암시하기까지 했지만, 당시 소련의 ICBM 전력이 얼마나 보잘 것 없었는지에 대해 대중들은 공식적으로든 비공식적으로든 들어본 적이 없었다. 사실 그러한 차이의 현실적 의미는 오늘날까지도 대중의 의식 속에 들어온 적이 없다. 리처드 로즈처럼 권위 있는 학자조차 1995년 들어서도 여전히 소련이 1961년 당시 ICBM을 40기 넘게 보유했다고 쓰고 있었다.[10] 이는 그들의 실제 보유 대수보다 열 배가 넘는 숫자였다.

아테네에서 맥나마라는 기밀 유지의 원칙 아래, 소련이 유럽을 침공할 경우 우리에게는 전쟁에서 살아남을 확실한 대비책이 있으며, 우리가 늘 말했듯이 그 경우 핵 제1격으로 응수하겠다는 약속을 기꺼이 수행할 것이라는 의사를 표명함으로써 우리의 군사 동맹국들을 안심시키고자 했다. 아울러 이와 관련해 나토 동맹은 소련 도시들과 지휘통제본부를 전쟁 초반에 공격함으로써 전략을 망치고 실행 불가능하게 만들지 모를 독립적 군대(특히 프랑스)의 증대를 독려하기보다 미국의 방식에 의지해야 한다(고 말했다).

우리 동맹국들에게 그 계획이 아무리 실현성 없어 보였다 할지라도 맥나마라의 단호한 어조와 미국이 계획 추진에 수십억 달러를 투자하고 있다는 사실은 그중 일부에게 맥나마라가 실제로 그 계획을 믿고 있고, 소련이 도발할 경우 그 계획을 실행할 것이라는 확신을 심어주었을지 모른다. 아니면 적어도 소련은 그와 같은 인상을 받았을 수도 있었고, 그래서 소련을 겁주어 서유럽을 침해하지 못하게 예방하는 효과를 냈을 수도 있었다(만약 맥나마라와 카우프먼이 그런 논리가 프랑스를 움직여 핵 억지력 추구를 그만두게 할 만큼 설득력이 강하다고 생각했다면 내가 볼 때 그것은 순전히 오산이었고, 사실 그러지도 못했다)

그러나 이런 잠정적인 이익들이 아무리 그럴싸해 보였다 할지라도 미국 대중에게, 그것도 제1격이라는 맥락에서 이런 전략을 공표할 수는 없었다. 아테네 연설문과 야몰린스키의 초안 어투는 미국 정부는 핵전쟁에서 강압적 전략, 즉 소련 도시들은 피하되 소련의 군사력을 공격하면서 예비군으로 그들을 위협하는 전략의 결과에 자신이 있다고 강하게 암시하는 듯했다. 그런 자신감은 기괴하고, 어설퍼 보일 수밖에 없었다.

나중에 들어보니 빌 카우프먼도 기밀로 분류된 아테네 연설의 골자를 대중 연설의 형태로 미국 대중과 전 세계에 제시한다는 생각에 나와 똑같은 반응을 보였다는 것을 알게 됐다. 야몰린스키가 그에게 이번 행사를 위해 (아테네) 연설문을 기밀(문서) 분류에서 해제해달라고 부탁했지만 그는 거절했다. 그는 내가 느꼈던 그 모든 이유 때문에 그래선 안 된다고 생각했다. 그래서 야몰린스키가 직접 그 일을 했던 것이다.

야몰린스키의 초안을 읽고 나서 그에게 원고를 돌려주면서 나는 최대한 단호하게 이 연설이 세상에 나와선 안 된다고 생각한다고 말했다. 맥나마라는 졸업식 연설에 어울리는 다른 주제를 찾아야 할 터였다. 이런 이야기를 애덤의 사무실에서 하고 있는데 국무장관이 직접 전화를 걸어왔다. 애덤이 전화를 받고 말했다. "네, 장관님. 지금 제 바로 옆에 대니얼 엘스버그가 서 있습니다. 제 초안을 읽었는데 마음에 안 드는 모양입니다. 이 연설을 절대로 해서는 안 된다고 생각하고 있습니다."

전화선 너머로 맥나마라의 목소리가 들리긴 했지만 뭐라고 말하는지는 알 수 없었다. 애덤이 맥나마라에게 내가 누군지 상기시키지도 않고 권위자로 내 이름을 거론했던 것이 어렴풋이 기억났다(나는 6개월이나 워싱턴을 벗어나 있었고, 맥나마라를 직접 만난 것은 그보다 6개월 전 딱 한 번뿐이었다). 애덤은 "네, 알겠습니다"라고 말하고는 전화를 끊었다. 그리고 내게 이렇게 말했다. "장관께서 그렇다면 선생 생각대로 써보라고 말씀하시는군요."

제기랄. 그것은 내가 원하던 일이 아니었다. 특히 합동전략능력기획서에 대해 논평하느라 하룻밤을 꼬박 새고 난 뒤에는. 그러나 거절할 명분이 없었다. 맥나마라로부터 직접 어떤 요청을 받기는 이번이 처음이었다. 나는 이런 연설이 절대 대중에게 노출돼서는 안 된다고 생각했고, 애덤은 내게 맥나마라가 아테네 연설의 기조를 그대로 유지하기를 원하고 있으며, 특히 내가 난감해했던 프랑스에서의 균열을 포함한 특정 부분은 꼭 집어넣길 원한다고 분명히 밝혔는데, 바로 그점이 문제였다.

애덤은 자기 사무실에 있는 책상 하나를 내게 내주었고, 나는 일하기 시작했다. 카우프먼의 연설문과 손질을 많이 거친 애덤의 수정본을 다시 비교해보니 역시 빌의 원고가 언어 구사력도 한 수 위였고 논리도 좀 더 분명했다. 적어도 내가 볼 때는 그랬다. 나는 그 둘을 한 부씩 복사해 애덤의 문단을 빌의 문단으로 대체하는 작업에 들어갔다. 이때는 PC는 고사하고 자동 삭제 및 수정 기능이 있는 (IBM의) 실렉트릭 타이프라이터가 나오기도 훨씬 전이었다. 비서들이 흰색 수정액으로 지운 다음 그 위에 다시 타이핑하는 방법으로 꽤 많은 양의 복사물 내용을 수정했다. 나는 가위를 들고 빌의 원고 중에서 표현이 좋아 보이는 부분을 오려낸 다음 애덤의 원고에서 끼워 넣을 곳을 잘라내고 그 부위에 오려낸 부분을 테이프로 붙였다. 그러고 나서 애덤의 원고를 부문별로 다시 배치해놓고 문장과 문단의 위치를 바꾸거나 필요하다고 생각되는 설명을 보충해 넣었다.

그 일을 하면서 애덤보다 내가 맥나마라가 더 좋아할 만한 주장을 제시한다고 생각했다. 만약 맥나마라가 그 주장을 마음에 들어 한다면, 연설을 하기로 예정된 날까지 우리에게는 한 달의 여유가 있었다. 그 정도면 정말 괜찮은 일을 하기에 충분한 시간이었다. 하지만 끝내 그들을 설득하지 못한다면 이 일은 완전히 나쁜 생각이 되고 말 것이다.

나는 야몰린스키에게 내가 아테네 연설을 일반에게 알리는 것을 꺼리는 이유를 대충 설명했다. 하지만 맥나마라는 그 이유를 듣지 못했다. 그것은 그가 내게 요청한 사항이 아니었다. 결과적으로 나는 그가 원하는 원고를 쓸 시간도, 그와는 완전히 성격이 다른, 내가 생각하기에 좀 더 적절한 내용의 원고를 아예 처음부터 작성할 시간도 확보하지 못했다. 그래서 이제 와 돌이켜 보자니, 결국 나는 나쁜 선택을 하고 말았다. 즉 부분적으로 빌이 쓴 원고의 도움을 받아가며 애덤의 초안을 그저 편집만 했던 것이다.

결국 내가 손에 쥔 것은 애덤의 원고보다 읽기가 좀 낫다고는 해도, 사실 애덤의 연설문 초고보다 빌의 아테네 연설문에 더 가까운 것에 지나지 않았다. 내가 그렇게 반대했던 어조와 핵심 내용은 전혀 고쳐지지 않은 채였다(아마도 수면 부족이 나의 비판 능력에 타격을 주지 않았나 싶다). 그래도 원래 원고에서 전면 핵추진론이라고 생각되는 부분은 들어냈다. 하지만 나중에 밝혀졌듯이 그것만으로는 턱없이 부족했다.

그러고 나서 4년 뒤인 1966년에 맥나마라가 두 가지 가능성을 비교하는 가상 핵전쟁 연구 결과를 발표하겠다고 했을 때도 나는 또다시 그러지 말라고 나섰다. 그 결과에 따르면 양측이 군사 목표물에만 공격을 한정했을 경우 예상되는 사망자 수는 미국과 소련이 각각 2천5백만 명, 유럽은 그보다 다소 적을 것으로 나왔다. 하지만 양측이 도시-산업 목표물도 공격할 경우 예상되는 사망자 수는 미국이 7천5백만 명, 소련이 적어도 1억 명, 유럽이 1억 1천5백만 명으로 나왔다. 그는 이렇게 말했다. "어느 경우든 암울한 결과인 건 마찬가지만 그래도 첫 번째가 두 번째보다 낫군."

중앙집중적 통제 아래 있는 미국의 전략이야말로 미래의 핵전쟁에서 두 번째보다 첫 번째 결과를 달성할 수 있는 가장 좋은, 또는 유일한 기회라는 그의 주장은 "우리 판단으로, 우리 사회를 보존하면서 적군을 파괴하는 것이…… 아예 실현 불가능한 목표는 아니다"라는 전에 했던 그의 단언을 뒷받침했다.

그가 제시한 두 가지 수치 조합과 더불어 이 마지막 구절은 (결국 근본적으로 오판으로 밝혀지긴 했지만) 이 새로운 전략에 기대어 사회를 유지한다는 전망을 크게 벗어나는 것 같지 않았다. 55년 뒤 (기밀에서 해제된) 이 추정치들을 읽어보면 이런 발표가 어떻게 청중 자격으로 아테네에 모인 냉담한 군사 전문가들을 안심시킬 수 있었는지 상상하기 어렵다. 어쨌든 미시간 대학교 졸업반 학생들이나 그 외 랜드나 합참의 기밀 연구 결과에 익숙하지 않은 청중이 듣기에 적합하지 않은 내용인 것만은 분명했다. 나는 아직 공격받지 않은 소련 도시들을 '인질'로 칭하는 등의 너무 노골적인 표현도 빼버렸다.

이튿날 아침, 나는 몇 군데는 내 손으로 써넣고 나머지는 오려 붙여 완성한 연설문을 어떤 원고든 전광석화 같은 속도로 다시 타이핑할 수 있는 사무실 비서들 중 한 명에게 건넸다. 말끔하게 타이핑된 원고를 애덤에게 주었더니 그는 "좋군요"라고 말한 뒤 원고를 맥나마라에게 보냈다. 그러고 나서 얼마 뒤 아직도 잠자러 호텔로 돌아가지 못하고 있던 내게 애덤이 말했다. "장관께서 좋다고 하십니다. 이걸로 연설할 겁니다."

나는 정색을 하고 이렇게 말했다. "잠깐만요! 그건 하룻밤 만에 대충 쓴 초안에 불과하잖아요! 우리에겐 4주가 있잖습니까. 그 정도면 고치기에 충분한 시간이에요."

애덤이 말했다. "그럴 필요 없습니다, 장관께선 이걸로 결정하셨으니까. 만족해하세요. 이 문제로 마음을 바꾸지 않으실 겁니다. 어쩔 수 없어요." 나는 찜찜했지만 털어버렸다. 그리고 호텔로 돌아가 잠을 청했다.

7월은 재앙이었다. 프랑스인들은 자기네 군대를 깔아뭉개는 맥나마라의 발언이 버젓이 방송을 타는 것을 보고 당연히 노발대발했다. 논객들과 미국 대중의 반응을 말하자면 내가 예상했던 것만큼 나빴다. 흐루쇼프의 반응은 반세기가 지나서야 알렉산드로 푸르젠코와 티모시 나프탈리의 『흐루쇼프의 냉전Khrushchev's Cold War』을 통해 알게 됐다. 그해 5월 흐루쇼프는 (나의) 길패트릭의 연설에 대한 반응의 일환으로 비밀리에 미사일을 쿠바에 보내기로 결정했다. 푸르젠코와 나프탈리에 따르면 소련 정보부는 (우리는 대개 소련인들이 나토에 침투해 있어 나토 회의에 상정되는 연설은 모두 비밀 창구를 통해 소련으로 흘러든다고 생각했는데, 뜻밖에도) 아테네 연설을 놓친 모양이었다. 그러나 앤아버 연설문을 읽고 흐루쇼프는 맥나마라의 발언 내용에 불편한 심기를 나타냈다.[11]

맥나마라가 한 말은 소련 지도자들의 심기를 거슬렀다.[12] 맥나마라 국방장관이 앞으로 나토는 소련의 도시 대신 군사 시설을 노려야 한다고 설명했기 때문이다. 미국 정부가 이런 주장을 하고 있던 이유는 프랑스와 영국, 서독이 통제하기도 비효율적이고 어려울뿐더러 소련의 우려만 불러일으키는 독자적 핵전력을 설치하지 못하도록 막고자 했기 때문이다. 오로지 미국 군대만이 소련 미사일 기지를 공격할 만큼 기술적으로 정교했다. 그러나 흐루쇼프가 들은 것은 어찌 된 영문인지, 맥나마라가 핵전쟁을 덜 피비린내 나는 것처럼 보이게 해서 한결 받아들이기 쉽게 하려고 노력하고 있다는 이야기였다. 7월 1일 (최고 간부회) 모임에서 새로운 베를린 공세의 개요를 설명하고 나서 몇 분 뒤 흐루쇼프는 맥나마라에게 욕설을 퍼부어댔다. "도시를 공격하지 않겠다니, 그게 어디 말이 되는 소리냐고! 저들의 목적이 대체 뭐지?" 그가 물었다. 평소에도 종종 그러듯 흐루쇼프는 자신의 질문에 스스로 대답했다. "사람들이 핵전쟁이 일어날 거라는 생각에 익숙해지도록 하려는 게지."

열흘 뒤 흐루쇼프는 "핵전쟁과 그로 인한 몇백만 하고도 또 몇백만의 죽음을 합법화"하려고 한다며 앤아버 연설을 대놓고 공격했다.[13] 그는 또 미국 내의 기지들이 대도시나 그 근처에 있다는 점을 들어 그 연설이 미국 국민을 현혹하고 있다고도 말했다. "대량학살무기의 희생물이 되는 것은 무엇보다도 민간인이 될 것입니다."

흐루쇼프가 옳았다. 그 점을 강조하기라도 하듯 겨우 석 달 뒤에 발생한 위기(12장 참조)에서 전략공군사령부 비행기들이 비상 대기 상태에 들어갔고, 핵무기를 탑재한 이 비행기 중 상당수가 대도시 근처 민간 공항에 배치돼 이 도시들을 제1순위 목표물로 만들었다. 1969년 10~11월에 닉슨 행정부 아래서도 똑같이 일이 발생했다. 한편 프랑스는 모스크바를 여전히 주요하고 즉각적인 목표물로 설정한 가운데, 도시를 목표물에서 배제하는, 통제되고 '강압적인' 전쟁 전략의 가능성을 전면 부인하며 핵 억지력을 그대로 밀고 나갔다(여전히 변함이 없었다는 점에서는 전략공군사령부의 작전 계획도 마찬가지였다. 아래를 참조할 것).

그럼에도 흐루쇼프는 맥나마라의 앤아버 연설을 그 전의 길패트릭의 연설처럼 자신을 겨냥한 제1격 위협으로 들을 수밖에 없었다(맥나마라가 아테네에서 나토 동맹국들에게 비밀리에 말했던 제1격 보장에 대한 이면일 수도 있다). (내가 손본) 새로운 연설은 그 전에 내가 쓴 연설에 대해 영리하지만 무모한 반응을 보이도록 그를 부채질한 게 틀림없었다. 앤아버 연설이 있던 7월 당시, 소련의 중거리 탄도 미사일은 미국의 전략적 우위 주장과 베를린에서의 (핵) 선제 사용 또는 제1격 가능성에 대해 경고하기 위해 이미 카리브해로 향하고 있었다.

12장 ──

쿠바 미사일 위기

1962년 10월 22일 월요일, 미국 국민 대부분과 함께 나 역시 텔레비전을 통해 소련이 쿠바에 '공격적인' 탄도 미사일을 설치하고 미국을 공격할 태세를 갖추고 있다고 발표하는 존 F. 케네디 대통령의 모습을 지켜보았다. 그는 또 수요일 아침에는 미국이 쿠바를 봉쇄할 것이라고 말했다. 정확히 말하면 그는 '격리'라는 단어를 사용했다. '서반구의 어떤 국가가 됐든' 쿠바에서 단 한 기라도 미사일이 발사되는 날에는 즉각 '소련에 대한 전면적인 보복 대응'이 이어질 것이라고 했다.

마지막 몇 마디는 무모하게 들렸다. '전면적인 보복 대응'이라니? 그것은 단일 통합작전계획, 즉 전면적 핵전쟁 계획을 의미했다. 거기에 나는 걸려들고 말았다. 18개월 전 그 계획에 필요한 지침을 작성한 장본인이 바로 나였기 때문이다. 누군가, 이 경우 쿠바인들이 아무한테든 미사일 한 발을 발사하면 소련에 제1격을 날린다? 나는 연설문 작성자가 자기가 무슨 말을 하고 있는지 과연 알기나 하는지 의심스러웠다.

나는 전화기로 가서(당시 나는 캘리포니아 말리부의 내 집에 있었다) 펜타곤의 해리 로웬에게 전화를 걸었다. 나는 그에게 물었다. "거기서 도움은 좀 받습니까?"

그가 말했다. "이리로 오게, 내일." 나는 이튿날 아침 일찍 출발하는 비행기 편을 예약하고 짐을 꾸렸다.

화요일 오후 늦게 해리의 사무실로 갔더니 그는 내게 그간의 상황을 간략하게 설명해주었다. 국가안보회의 행정위원회Executive Committee of the National Security Council, ExComm라는 명칭의 주요 각료 모임이 지난 한 주 동안 대통령과 함께, 더러는 대통령 빼고 하루에도 몇 차례씩 만나 대책을 논의했던 모양이었다. 각 부처 직원들로 구성된 서너 개의 업무조가 그들을 지원하고 있었다. 그 중심에 있는 펜타곤 업무조는 내가 도착하기 아마도 일주일 전부터 공습과 침공에 필요한 계획을 조율하고 있었다.

해리는 내게 이렇게 말했다. "미사일 서른여덟 기가 우리의 반격 능력에 무슨 짓을 할 수 있는지 메모로 작성해주게." 그러면서 준중거리 탄도미사일Medium-Range Ballistic Missile, MRBM과 중거리 탄도미사일Intermediate-Range Ballistic Missile, IRBM의 사정거리가 동그라미로 표시돼 있는 지도를 한 장 건넸다. 워싱턴과 오마하 둘 다 MRBM의 사정권 안에 있었는데, 그중에는 이미 작동에 들어간 미사일도 있었다. 맨 처음 든 내 생각은 그것은 곧 워싱턴 지역과 오마하에 있는 오펏 공군기지의 전투 사령부, 다시 말해 전략공군사령부 본부가 매우 짧은 경고 시간 뒤에 공격당할 수도 있다는 것을 의미한다는 것이었다. 길어야 몇 분. 사실상 경고라고 할 수도 없는 짧은 시간이었다. 그것이야말로 가장 중요한 효과였다. 그것은 소련이 참살에 자신감을 가질 수도 있다는 뜻이었다. 그러나 나는 펜타곤에서도 대부분 모르는 비밀을 알고 있었다. 다름 아니라 살아남은 우리의 대규모 병력이 실행할 전면적이고 신속한 보복을 저들이 피하지 못할 것이라는 사실 말이다. 이는 권한위임 덕분이다.

우리의 지휘본부를 대상으로 육상 기반 기습을 감행하는 이러한 능력은 대수롭지 않게 볼 것이 아니었다. 그러나 새삼스러울 건 없었다. 저들은 잠수함 발사 순항 미사일로 이러한 능력을 달성했을 가능성이 컸다. 따라서 우리는 워싱턴이나 오펏을 지킬 수 있으리라 기대하지 않았다. 바로 그 점이 펜타곤이 지하뿐만 아니라 해상과 공중까지 포함해 대체 가능한 전투 사령부 체제를 고안해낸 이유이자, 아이젠하워와 케네디가 권한을 위임했던 이유이기도 했다.

전략공군사령부 제2격 능력을 향한 위협에 대해, 해리는 폭격기들이 서른 곳이 넘는 민간 공항을 비롯해 이미 널리 분산 배치돼 있다고 말했다(소련이 우리의 도시들을 공격할 의사를 접도록 최대한 동기를 부여하는 것을 골자로 넉 달 전 앤아버에서 공표된 계획에 대해선 더 말할 필요 없을 것이다).

미사일 서른여덟 기는 작은 전략 무기치고 상대적으로 큰 확장성을 의미했다. 그들은 러시아에 사일로 기반 신형 ICBM, 즉 SS-7을 배치하기 시작했다. 해리 말로는 아마도 60개 기지가 건설되고 있었지만, 그 가운데 운영 중인 기지는 열 곳밖에 없었다.

플레세츠크의 SS-6 네 기와 함께 그것은 소련의 제1격 미사일 전력이 밤사이 적어도 두 배 또는 그보다 훨씬 더 늘어났다는 뜻이었다. 하지만 그렇다고 해서 저들이 먼저 공격해올 경우 그들이 전면적 초토화를 피할 수 있을 것이라는 뜻은 여전히 아니었다. 전략공군사령부 기지가 하나만 살아남아도 의심의 여지가 없이 그럴 수 있을 테고, 게다가 한 곳 이상 살아남을 것이 분명하기 때문이다. 저들은 우리의 현장 병력 말고도 해상의 폴라리스 미사일과 항공모함, 살아남은 아틀라스와 타이탄 미사일의 공격을 받게 될 터였다. 50기에서 100기에 이르는 미사일 가지고는 그들에게 (적의) 무장을 해제할 만큼 강력한 제1격 전력을 부여하진 못했다. (보안이) 강화되지 않은 고정된 기지에 배치돼 있던 취약한 중거리 탄도미사일(봉쇄 때문에 전달되지 않은)도 제2격 능력을 제대로 발휘하지 못하긴 마찬가지였다. 우리가 만약 이동식 준중거리 탄도미사일을 모두 찾아내지 못한다면, 저들의 보복 능력에 조금 도움이 되긴 할 것이다. 물론 소련이 쿠바에 미사일 기지를 두게 될 경우, 그들의 최신 무기고에서 이런 무기를 대량으로 가져와 순식간에 배치할 수도 있었다. 또한 100기가 넘는 중거리 탄도미사일은 저들의 제1격 능력에 큰 차이를 만들어낼 수도 있었다. 며칠 만에 양쪽이 각각 수억 명까지는 아니더라도 수천만 명에 이르는 사망자 수를 '받아들일' 각오가 돼 있을 것으로 가정하고, 우리는 대충 이 비슷한 계산을 내놓았다.

우리에게는 케네디가 참석한 국가안보회의 행정위원회(엑스콤) 회의 내용을 녹음한 테이프라는, 특이한 형태의 쿠바 미사일 위기 기록이 있다.[1] 몇 년 뒤 글로 옮겨 적은 테이프 내용을 읽고 맥나마라가 2차 엑스콤 회의에서 내가 일주일 전에 했던 말과 아주 비슷한 말을 했다는 것을 알았지만 나는 하나도 놀라지 않았다. 그 자리에서 그는 이 미사일들이 우리의 안보에 결정적으로는 고사하고 의미심장하게라도 영향을 미치는 일은 없을 것이라고 단언했다. 그러면서 대통령에게 이렇게 말했다. "아주 솔직하게 말씀드리지요.[2] 제가 생각할 때 군사적 문제는 없습니다…… 이건 국내 정치 문젭니다."

합동참모본부는 동의하지 않았다. 그들은 쿠바를 공격하고 싶어 안달이었다. 그러나 맥나마라와 나는 쿠바에 있는 미사일은 어쨌든 몇 달 뒤면 소련에 모습을 드러낼 마흔 기 이상의 ICBM에 비해 우리에게 그렇게 큰 영향을 미치진 않을 거라고 생각했다. 일 년 전부터 전략공군 최고사령관은 소련이 이미 우리를 겨냥하는 ICBM을 이미 천 기나 보유하고 있다고 주장해왔다. 그런 위협에 비하면 마흔 기, 쉰 기, 백 기는 아무것도 아니었다.

국무부의 월트 로스토가 지금부터 2주 뒤, 그리고 그 이상의 '장기 계획'을 검토하는 실무팀에 합류해달라고 요청해왔다(2주밖에 안 되는 기간에 '장기'라는 명칭을 사용하다니 농담처럼 들리겠지만 당시는 '위기' 상황이었다). 해리도 나를 자신의 단기 침공 계획 수립팀에 집어넣었다. 내가 아는 한 이런 실무팀 중 두 곳에 중복해서 속해 있던 사람은(그것도 외부 연구원 신분으로는) 나밖에 없었다. 해리의 상관 폴 니츠는 우리가 만약 쿠바를 공격해서 소련이 베를린을 봉쇄할 경우 우리의 대응 계획을 세우는 또 다른 팀을 관할하고 있었다.

나는 듀퐁플라자호텔에 묵고 있었다. 그 시절 랜드 사람들은 늘 그곳에 묵었다. 그러나 우리는 거의 24시간 내내 일하고 있었다. 수요일과 목요일 밤이면 나는 니츠의 사무실에 있는 가죽 소파에서 새우잠을 잤다.

목요일 아침마다 로스토의 실무팀에서는 열두 명이 넘는 사람들이 국무부의 기다란 탁자에 둘러앉아 쿠바의 미사일과 방공기지 건설을 자세히 다룬 CIA의 일일보고서 말고도 봉쇄 라인과 관련해 사건사고를 다룬 펜타곤 보고서와 엑스콤의 정보요청서, 그 밖에 위기 대응과 관련해 전 세계 대사들이 보내온 전문電文을 읽었다.

나는 일 년 전 참여한 베를린 게임에서 보았던 가상 전문 두 개와 내용이 말 그대로 거의 같은 전문 두 개를 읽었다. 당시의 그 게임에서처럼 학생들이 베를린 자유 대학교에서 우리의 행동에 항의하고 있었고, 두 번째 보고서에서는 대규모 군중이 델리 주재 미국 대사관 주변에서 폭동을 일으키고 있었다. 마침 월트 로스토가 내 의자 뒤를 지나가기에 나는 그에게 앞서 말한 전문 두 개를 건넸다. 그는 재빨리 전문을 읽었다. 내가 말했다. "베를린 게임이 얼마나 현실감이 있었는지 보여주는군요." 그가 전문을 도로 건네며 말했다. "아니면 이게 얼마나 현실감이 없는지." 그의 표현이 나보다 나았다.

우리는 그 실무팀에 있으면서 각료급 엑스콤 회원을 본 적이 거의 없었다. 그들은 거의 연속으로 백악관 아니면 국무부에서 회의를 하고 있었다. 한번은 토요일 아침이었는데, 재무장관 C. 더글러스 딜런이 엑스콤 회의 휴식 시간을 이용해 로스토의 실무팀에 들렀다. 그는 나를 몰랐지만 내가 있는 쪽을 보면서 이렇게 물었다. "대체 뭘 제안하고들 있는 겁니까? 그자(흐루쇼프)가 물러나게 하려면 그에게 뭔가 제안할 게 있어야 해요."

그 말에 나는 소리를 버럭 질렀다. "우리는 그자의 그 빌어먹을 미사일을 공격해선 안 된다고 제안하고 있습니다!" 그는 못 믿겠다는 듯한 표정으로 나를 쳐다보더니 코웃음을 치며 가버렸다.

그런 성격의 실무팀에서, 또는 나중에 드러났듯이 엑스콤에서는 위계질서가 잘 지켜지지 않는다 해도, 이는 너무 경솔한 짓이었다. 도발적이고 나답지 않은 행동이었다. 나는 그 기억이 하나도 자랑스럽지 않다. 더욱이 이제야 고백하건대 나의 그런 행동에는 위기가 어떻게 끝나게 될지, 또는 끝나야 하는지에 대한 나의 기대치가 반영돼 있었다.

소련이 (미국의) 봉쇄에 도전하지 않기로 한 수요일부터 그 주 내내 나는 흐루쇼프가 우리 쪽에 실질적으로 그 어떤 양보도 하지 않고 후퇴해야 한다고 생각하고 있었다. 그는 다음 주 월요일이나, 화요일, 아니 그보다 더 빠르지는 않더라도 충분히 진격 태세에 돌입해 있는 미국 침공군의 총구를 내려다보고 있었다. 카리브해의 모든 차원, 즉 공중에서도, 해상에서도, 지상에서도, 재래식 무기에서도 우리 쪽 화력이 소련보다 우세했다. 그리고 내가 아는 우리 중 그 누구도 재래식 무기의 불균형을 바로잡기 위해 흐루쇼프가 그가 배치하고 있는 핵미사일을 전투에 사용하도록 허락하리라 생각지 않았다.

그러한 재래식 무기의 우위가 유럽이나 베를린, 튀르키예 또는 나토에서는 완전히 거꾸로였다. 그러나 (그곳에서는) 우리가 전략 핵무기에서 엄청난 우위에 있었기 때문에 나는 그가 거기에서도 핵을 사용할 엄두를 차마 내지 못할 거라고 생각했다. 내가 보기에 딜런은 1950년대에 우리 모두를 불안에 떨게 했던 소련 우위라는 개념이 얼마나 허황된 것인지 제대로 알지 못하는 것 같았다.

나는 흐루쇼프가 절박해 보이는 이러한 조치를 취한 것은 다름 아니라 저 극심한 핵 불균형을 시정하기 위해서라고 추정하고 있었다. 그러나 그는 도를 넘어섰다. 사실 어찌 보면, 그것은 더욱 동등한 조건에서 베를린을 놓고 흥정하기 위한, 또는 새로운 위협을 가하기 위한 준비였을지도 모르며, 한번 시도해볼 만한 가치가 있었다. 물론 나는 굳이 그럴 필요까지는 없다고 생각했지만.

그것은 니츠와 해리의 생각이기도 했다. 그리고 합참의 생각이기도 했다. 다른 점이 있다면, 합참은 쿠바를 공격하길 원했고 나는 그러지 않았다는 점이었다. 나는 미사일도 굳이 내보낼 필요까지는 없다고 생각했다. 심지어 나는 (쿠바에 배치된) 미사일을 제거하지 않아도 된다고 생각했지만 어떤 위험(어리석게도 나는 대수롭지 않게 여겼다)을 감수하더라도 그곳에서 미사일을 내보내기로 한 대통령의 결의를 이해할 수는 있었다.

미사일 배치로 케네디는 국내 정치적 문제에 직면하게 되었다. 케네디 대통령이 미사일이 날아오고 있으며 실제로 도착했다는 공화당의 주장을 공개적으로 거부한 뒤, 소련이 자신에게 한 약속을 어긴다면 아주 심각한 문제가 발생할 거라고 소련에게 분명히 경고하고 나서 벌어진 일이었기 때문이다.[*] 만약 흐루쇼프가 자신의 경고에 따라 행동하지 않는다면 공화당은 옳다구나 하고 대통령을 어리석을 뿐 아니라 나약하다고 비난할 터였다.

그 당시만 해도 나는 대통령이 외교 정책을 표명할 때 국내 정치를 얼마나 중요하게 고려하는지 아직 인식하지 못하고 있었다. 그러나 이러한 상황을 둘러싼 대외 정치는 케네디가 이 위기에서 그때까지 무엇을 하고 있었는지 설명해주기에 충분했다.

소련의 이 (합법적이긴 하지만) 도발적인 움직임 앞에서 그가 자신의 경고로부터 한 걸음 뒤로 물러났다면 나 역시 유럽의 우리 동맹국들처럼 흐루쇼프가 대담한 데 비해 케네디는 소심하다는 인상을 받았을 것이다. 그들은 흐루쇼프가 앞으로 케네디의 경고나 위협을 믿지 않을까봐, 그리고 흐루쇼프의 그런 판단이 틀리지 않았을까봐 두려워했을 것이다. 우리의 동맹국들 입장에서는 베를린 문제에서 케네디는 뒤로 물러날 가능성이 높지만 흐루쇼프는 그렇지 않다는 위협이 달갑지 않았을 터였다.

그래서 전쟁 행위인 만큼 봉쇄는 평화 시 불법이었지만(케네디는 우리가 늘 불법으로 몰았던 1948년 소련의 베를린 봉쇄와 비슷하다는 인상을 주지 않기 위해 '격리'라는 단어를 사용했다) 나는 케네디가 국내에서의 이유뿐만 아니라 동맹국들의 불안을 고려해 대담성을 보여주는 것이 중요하다는 것에 충분히 공감할 수 있었다. 나는 베를린

---

[*] 1964년 쿠바 위기(ellsberg.net 참조)에 대한 내 연구기록에 따르면, 1962년 10월 16일 오전 7시 30분경, 소련 미사일의 존재에 대해 이야기했을 당시 임박한 위기에 대한 맥나마라의 반응은 다음과 같았다고 애덤 야몰린스키는 내게 말했다. "이는 그 선을 그은 게 얼마나 어리석은 일이었는지를 보여주지. 나는 그 일에 반대했어." 야몰린스키에 따르면(1964년 5월 16일), 1962년 화요일 아침, 맥나마라는 "만약 JFK가 선을 긋지 않았다면 위기도 없었을 것"이라고 생각했다. 나는 애덤이 1964년에 한 다음의 말에 주목한다. "나는 그렇게 호출될 가능성이 많다고 생각했다면, JFK가 그토록 확고하고 정확한 약속을 했을 것 같지 않다고 생각한다. 그는 정치적인 이유만으로 이를 공개했다."

사수를 진지하게 받아들였다. 쿠바 침공이나 미사일 공격에 동의하지 않았듯이 그런 사태가 일어날 거라는 생각도 하지 않았다. 하지만 설령 우리가 쿠바 침공이나 미사일 공격, 둘 중 하나를 선택했다 해도, 나는 흐루쇼프가 그 갈등을 확대할 수 있을 것이라고는 보지 않았다.

그 목요일 오후 로스토는 나를 데리고 국무부에서 펜타곤으로 돌아왔다. 그곳에서 그는 CIA 쿠바 전문가를 만나기로 되어 있었다. 그는 석유와 기타 석유 제품까지 아우르는 봉쇄 확대에 관심을 보였다. 그는 쿠바 경제가 멈춰서기까지 현재의 석유 공급량으로 얼마 오래 버틸 수 있는지 알고 싶어했다. 6주, 그가 들은 대답이었다.

그 대답에 그는 흥분했다. 아니 그 이상이었다. 그는 그것은 쿠바에 '똑딱거리는 시계'를 의미하게 될 것이라고 말했다. 로스토의 장기(2주) 실무팀에 복귀해 나는 그에게 제출할 중요한 메모를 작성하기 시작했다. 나는 6주 뒤에 울리는 경보는 우리가 직면하고 있는 기간과는 아무 상관이 없는 듯하다고 말했다. 미사일은 며칠 안에 가동될 것으로 예상되었고, 내가 속해 있던 또 다른 실무팀, 즉 로웰의 국가안보문제 실무팀은 그다음 화요일을 침공 개시일로 진지하게 고려하고 있었다.*

나아가, 케네디가 흐루쇼프에게 보내는 메시지로 이어진 그날 아침 엑스콤 회의 내용으로 미루어 보았을 때, 미사일 관련 작업을 중단하고 뒤이어 미사일도 제거하라고 우리가 소련에게 요구하면서, 마감 시한을 두지 않았다는 점을 나는

---

* 칼 케이슨에게 들은 내용에 따르면 전시에 로스토는 적에게 흘러 들어가는 석유 보급을 중단해야 한다고 거듭 강조했던 모양이었다. 2차 세계대전 당시 로스토는 (케이슨과 함께) 런던 사령부의 경제학자 중 한 명으로 있으면서 아군의 전략적 폭격은 독일의 전시 생산(시설) 파괴를 목표로 삼아야 한다고 권고했다. 그때 이후로 로스토는 독일의 정유 및 저유 시설을 집중적으로 폭격하지 못한 것을 '그 전쟁에서 놓친 제일 아쉬운 기회'라고 생각했다.
  쿠바 미사일 위기가 끝나고 4년 뒤 베트남 전쟁이 한창이던 1966년에 로스토는 하노이 근처의 석유 시설에 대한 공격을 밀어붙이는 데 성공했다. 롤링선더라는 이름 아래 북베트남을 겨냥해 이루어진 폭격 작전은 그러나 별 효과를 거두지 못했다. 그는 그 작전이 북베트남의 전쟁 노력을 종식시키는 데 결정적인 역할을 할 것이라고 예측했지만 실은 그렇지 못했다. 공격은 거의 효과가 없었다. 그 무렵 북베트남은 이미 보급 시설을 여기저기 분산시켜놓은 상태였다. 1962년 로스토에게 직접 들은 내용으로 미루어 보면 그는 〈닥터 스트레인지러브〉의 잭 D. 리퍼 장군이 적의 체액으로 묘사할 법한 것을 차단해야 한다는 강박에 어느 정도 사로잡혀 있던 듯하다.

로스토에게 보낸 메모에서 지적했다. 나는 소련이 철수하길 원한다면 그 과정에 시간제한을 분명히 두어야 한다고 주장했다. 예를 들면 6주보다 훨씬 짧고 며칠에 더 가까운 기간 정도로 말이다.

나중에 글로 옮겨 적은 회의록을 보면, 이튿날 아침 CIA 국장이자 엑스콤의 공화당 매파인 존 매콘이 똑같은 권고를 하고 있었음을 알 수 있고, 실제로 그다음 날 밤 로버트 케네디는 소련 대사 아나톨리 도브리닌에게 48시간이라는 최후통첩을 전달했다. (매콘과 달리) 나는 최후통첩이 실행되는 것을 원치 않았으나, 그렇다고 소련이 거기에 이의를 제기하리라고 예상하지도 않았다.

그러나 고백하건대 소련이 거기에 이의를 제기한다면 어떻게 해야 할지에 대해서는 생각해본 적이 없었던 것 같다. 당시 나는 서른한 살이었고, 화력에서 열세인 지도자는 그런 위협에 물러날 수밖에 없을 것이라고 너무 자신하고 있었다. 그리고 흐루쇼프가 사흘을 연달아 그렇다고 확인해주는 듯했다. 곧 살펴보겠지만 그가 그렇게 했던 이유에 대해 잘못된 결론을 끌어낸 사람이 나뿐만은 아니었다(수많은 나의 선배들, 로스토와 엑스콤의 몇몇 관료들, 예를 들면 맥나마라, 번디, 존슨, 테일러 등도 3년 뒤 호치민에 그 잘못된 교훈을 적용했다).

금요일 저녁, 나는 흐루쇼프가 보낸, 여섯 부분으로 이루어진 긴 전문電文을 읽었다. 우리 두 나라 사이의 핵전쟁은 있을 수 없으며, 케네디가 침공하지 않겠다고 약속하면 쿠바에서 미사일을 철수하겠다고 제안하는 듯한 내용이었다. 그것은 어느 정도 내가 기대하고 있던 것이었다. 그날 밤 나는 사흘 만에 처음으로 호텔로 돌아가 제대로 잠을 잤다. 대부분의 다른 사람들과 마찬가지로 나 또한 위기가 끝나가고 있다고 생각했다. 케네디가 이 제안을 받아들이는 데 아무 문제가 없는 듯했다.

내가 알기로 우리가 쿠바를 침공하지 않겠다고 약속하는 것은 절대 양보가 아니었다. 내 생각에 우리는 미사일만 제거된다면 쿠바를 침공할 의사가 전혀 없었기 때문이다. 내가 예측하기에, 흐루쇼프는 자신의 모험으로 아무것도 얻지 못한 채 퇴각하기 시작했다는 사실을 덮기 위해 체면치레용이자 무의미한 '요구'를 하고 있었다.

그러나 이튿날 아침 완전히 모순돼 보이는 메시지가 도착했다. 메시지는 침공하지 않겠다는 약속뿐만 아니라 튀르키예에 있는 우리 중거리 탄도미사일(공식적으로는 나토의 중거리 탄도미사일)도 철수할 것을 분명히 요구하고 있었다.

그럼에도 나는 이를 흥정 마지막 순간에 흐루쇼프가 필사적으로 한번 쳐보는 몸부림이라고만 생각했다. 하루 전 보낸 매우 개인적인 메시지로 보아 흐루쇼프는 자신이 처한 견디기 힘든 상황을 현실적으로 파악하고 있는 듯했다. 내가 볼 때 (나토)동맹을 깨면서까지 굳이 미사일 거래를 벌일 필요가 없었다. 엑스콤 회원들도 거의 생각이 같았다. 몇 년 뒤 문서화된 회의록에서 우리에게로 새어나온 이야기에 따르면, 엑스콤 회원 거의 모두가 대통령이 그러지 않기를 강력하게 촉구했다고 한다. 그리고 펜타곤에 있는 우리가 보기에 (흐루쇼프의) 그 제안 때문에 이틀 뒤로 예정된 미국의 공격을 늦출 조짐은 전혀 없는 듯했다. 오히려 그 반대였다.

처음부터 케네디 대통령은 그가 쿠바에서 미사일을 공격해야 한다면 소련이 십중팔구 튀르키예의 우리 미사일을 공격해 보복할 것이라고 생각했다(르메이 장군의 생각은 달랐다. 내가 르메이에게 동의한 것은 이때뿐이었다). 10월 27일 토요일로 잡은 공격 일자가 다가오면서 해리 로웬은 맥나마라 장관으로부터 소련이 튀르키예에 배치된 나토 명의의 미국 미사일에 비핵 공격을 감행할 경우 미국의 대응책을 여러 가지로 강구해 엑스콤에 제출하라는 지시를 받았다.

해리는 내게 전화를 걸어 이 일을 같이하자고 요청했고, 우리 둘은 그의 책상 양쪽 끝자리를 하나씩 차지하고 앉아 노란색 패드에 최대한 빨리 써 내려갔다. 첫 번째로 제시된 대안은 "미국의 추가 대응 없음"이었다. 이는 사실상 '퉁치자'는 이야기로 튀르키예에서 파괴되는 미사일이 있으면 그것은 쿠바에서 파괴된 미사일 때문이니 그쯤에서 적의를 끝내는 게 어떻겠느냐는 제안이었다. 그렇게 시작하면서 우리는 약간 자부심을 느꼈다. 그 시대의 자문가들치고 그런 걸 정책 대안으로 내놓을 만한 배짱이 있는 사람이 거의 없었기 때문이다. 한 사람, 딘 애치슨은 예외였다.*

그다음 대안은 소련의 공격 무기가 발사된 비행기 또는 미사일 기지를 요격한다는 것이었다. 우리는 이 두 가지 대안(첫 번째는 채택될 가능성이 거의 없었다)이 사실상 최선이라고 생각했다. 확전으로 번질 가능성이 없는 대안은 이 둘밖에 없었기 때문이다. 그러나 우리는 권고안이 아니라 대안의 범위를 제시하라는 요청만 받았을 뿐이었다.

나머지는 모두 합참이 좋아할 만한 것들로 오름차순으로 나열하면 다음과 같았다. 소련의 중거리 탄도미사일 기지 한두 곳을 택해 보복 공격하거나, (특히 소련이 튀르키예의 우리 폭격기 기지도 공격했을 경우) 그 지역의 소련 공군 기지 몇 곳을 택해 보복 공격하기. 여기에 탄도 미사일이나 순항 미사일이 아니라 미국 비행기를 사용할 경우, 합참은 그 지역의 지대공 미사일과 방공 시설도 공격해야 한다고 주장할 터였다.

소련의 대응이 있을 경우, 또는 합참의 권고안에서처럼 대응이 없다 하더라도 미국은 그 지역의 기지, 미사일 기지, 방공 시설을 공격할 수 있었다. 아니면 심지어 파워 장군과 르메이 장군이 소련을 향한 전면 공격을 권고할 수도 있었다.

그것이 결국 이런 상황, 즉 소련과 미국의 병력 사이에 갈등이 벌어졌을 때, 최근까지 운용되던 아이젠하워의 전면적 계획, 단일통합작전계획-62가 요구했던 것이었다. (내가 작성한) 케네디의 지침이 그 계획을 바꿔놓았다는 점은 확실했

---

* 쿠바 미사일 위기 당시 백악관 고문으로 일했던 시어도어 소렌슨은 어느 인터뷰에서 "나는 우리가 러시아 전문가이자 냉전 전문가인 딘 애치슨 전 국무장관을 데려왔을 때 그가 공습을 권했던 일을 아주 똑똑히 기억한다"라고 말했다. 그리고 누군가가 "장관님, 우리가 쿠바에 있는 소련 미사일을 폭파시키면 그들의 반응은 어떨까요?"라고 말하자 애치슨은 이렇게 말했다. "그들은 튀르키예에 있는 나토 미사일 기지를 폭격해야 한다고 느낄 겁니다." 그리고 또 다른 누군가가 말했다. "그럼 우리는 어떻게 해야 할까요?" 애치슨이 답했다. "아, 우리 나토 협약에 따라 우리는 소련 내부의 미사일 기지를 폭격할 의무가 있겠지요." "아, 그러면 소련은 무엇을 할까요?" "글쎄요." 애치슨이 말했다. "그때쯤 우리는 지도자들이 냉정함을 되찾아 대화를 시작하기를 희망할 테죠." 그 방에는 냉기가 돌았습니다. 시어도어 소렌슨의 인터뷰 참조: nsarchive2.gwu.edu//coldwar/interviews/episode 10/sorensen2.html.

다. 그렇지만 그것은 나토 정책 문건에서 늘 명시해온 내용과 아주 비슷했다. 즉 튀르키예 한 곳에 대한 공격은 모두에 대한 공격이므로 미국에 대고 직접 공격한 것처럼 대응해야 마땅했다.

그리고 나토 기획자들과 각국 정상들은 강대국인 조국을 피난처 취급하는 유럽에서의 전쟁 수행이라는 개념에 여전히 반감을 가졌다. 그들은 억지력을 소련이 동맹국 중 한 곳을 공격해오면 이에 대응해 미국이 소련에 즉각적이고 전면적인 공격을 개시하는 전략으로 간주했다(어쨌든 불과 며칠 전 케네디 대통령은 미국을 겨냥한 중거리 탄도미사일이 쿠바에서 단 한 대만 발사돼도 '소련에 전면적 보복을 가하겠다'라고 약속했다).

반면 나토는 계획을 수립하고 정책을 결정할 때 우리가 상정한 대안의 전제와 일치하는 상황, 즉 소련 동맹국의 영토에 주둔해 있는 소련군을 향해 미국이 전투를 개시하는 상황을 단 한 번도 고려한 적이 없었다. 그런 공격에 대한 소련의 제한적 보복에는 대응을 자제하는 것이 적절해 보였을지도 모른다. 그러나 전략공군사령부나 미국 공군, 합동참모본부가 보기에는 그렇지 않았다.

보나 마나 르메이는 (전략공군사령부가 몇 년째 예측하던 수준으로 소련이 마침내 미사일 전력을 증강하기 전에) 소련을 무장해제해야 하는 경우가 생긴다면 1962년 쿠바 미사일 위기가 바로 그때이자 어쩌면 마지막이라고 지적했을 것이다. 도발의 내용이 무엇이든, 우리 유럽 동맹국의 시각이 무엇이든 전략공군사령부와 르메이, 나아가 어쩌면 합동참모부 전원이 보기엔 나토 동맹국에 대한 소련의 공격은 참기 힘든 경우가 될 터였다.

나는 설령 우리가 쿠바의 소련 미사일을 공격한다 하더라도 소련이 위험을 감수하면서까지 튀르키예의 우리 미사일을 공격할 가능성은 거의 없다고 봤다. 우리는 왜 케네디가 다르게 생각하는지 이해할 수 없었다. 왜 그는 쿠바의 소련 미사일을 공격할 경우 소련이 튀르키예나 베를린을 겨냥한 무력시위로 이에 대응할 거라고 확신했을까? 우리가 보기에 케네디는 1960년 '미사일 격차' 없애기 운동을 벌인 뒤로 전략적 균형이 실제로 무언지, 또는 그것이 의미하는 바가 뭔지 제대로 파악한 적이 없는 듯했다.

나도 봤고, 그도 필시 봤듯이 카리브해에서 흐루쇼프는 재래식 무기와 마찬가지로 전략 핵전력에서도 열세였다. 내가 볼 때 그것은 그가 물러서야 한다는 것을 의미했다. 그 전날 밤 내가 읽은, 흐루쇼프가 케네디에게 보내는 긴 내용의 사적인 전보電報는 그가 그 점을 이해하고 있다고 말해주었다. (나중에 밝혀졌듯이) 엑스콤의 몇몇 다른 인사들은 흐루쇼프가 전전긍긍하고 있다고 읽었지만(딘 애치슨은 지면을 통해 그것을 '넋두리에 가까운' 것으로 설명했다[3]) 나는 그가 냉철하고 현실적이라고 보았다. 흐루쇼프는 땅에 발을 딛고 있었고, 도박에서 진 시점이 언제인지 잘 알고 있었다.

흐루쇼프가 화요일의 위협과 정반대로 봉쇄 라인에 이의를 제기하지 않기로 결정한 10월 24일 수요일 아침 이후, 나는 쿠바에서 소련 미사일을 제거하기 위해 굳이 공습을 감행할 필요는 없다고 생각하고 있었다. 해리도 같은 생각이었다. 그러한 가능성이 몰고 올 파장을 파악하기 위해 토요일에 둘이 함께 일할 때도 내 생각은 마찬가지였다.

나는 목요일 아침에 나온 언론인 월터 리프먼의 제안, 즉 튀르키예에 있는 우리 미사일을 처분하자는 제안 또한 고려할 필요가 없다고 생각했다. 이는 나토와의 연대라는 이유를 들어 내가 강력하게 반대했던(알고 보니 엑스콤의 대다수도 그랬던 모양이었다) 대안이었다.

토요일 아침 메시지에서 흐루쇼프는 리프먼의 제안을 받아들이는 듯 보였지만 나의 시각은 바뀌지 않았다. 니츠는 그것이 아마도 전날 밤 밝힌 흐루쇼프의 양보 의사에 반대하는 크렘린의 강경파들이 그에게 억지로 강요한 마지막 흥정 시도일 것이라는 엑스콤의 입장을 우리에게 중계했다. 흐루쇼프가 통제력을 여전히 쥐고 있다면 그는 그것(제안)을 기각할 수도 있었다. 그리고 케네디는 튀르키예의 우리 미사일에 대해서는 일절 언급하지 않은 채 금요일 밤 메시지(미국이 불침공을 약속하면 쿠바에서 미사일을 철수하겠다)를 유력한 제안으로 받아들이고, 대신 강경한 거래 요구는 무시하기로 조용히 결정한 듯했다.

이 모두는 토요일 아침 이후로 통신이 두절됐던 쿠바 상공의 전략공군사령부 U-2 한 대가 소련의 유인 지대공 미사일에 격추됐다는 사실이 오후 들어 점차 확실해지면서 의문에 휩싸였다. 그리고 미국 측에서는 케네디 대통령의 결정에 따라 대응하지 않기로 했다. 이는 그가 합참에 한 확약, 즉 정찰기 격추는 상대편 공군 기지에 대한 미국의 즉각적 공격으로 이어질 것이라는 말에 위배되는 것이었다. 대통령의 과묵한 태도 또는 우리와 함께 일하던 몇몇 군인들의 생각처럼 당황스러울 만큼 나약한 대통령의 태도는 소련이 (U-2에 대한 공격이 확인되기 전에 보낸) 그의 최신 제안을 받아들이는 것을 방해하지 않으려는 희망 때문인 것으로 설명됐다.

그러나 엑스콤이 크렘린의 반응을 기다리는 사이, 그리고 각 실무팀이 이제 이틀 뒤로 예정된 공습 및 침공 계획과 계속 씨름하는 사이 더욱 불길한 조짐이 국방부 국제안보문제 사무실에 당도했다. 해리에게 새로운 임무가 떨어졌고, 그는 그 공을 내게 넘겼다. 이번에는 맥나마라에게서 직접 내려온 것이었다.

나는 튀르키예 주재 우리 대사 레이먼드 헤어와 나토 주재 우리 대사 토머스 K. 파인레터에게 보낼 전문電文 작성을 맡았다. 튀르키예에서 미국 중거리 탄도미사일을 제거하고 그 대신 지중해 동부의 나토에 배치된 폴라리스 잠수함으로 '대체'하겠다는 대통령의 결정을 전달하는 내용이었다. 내가 볼 때 이 전문의 목적은 두 대사에게 이런 취지로 내린 대통령의 결정이 곧 발표될 가능성이 높다는 것을 알리기 위해서였다.

해리가 전달한 간단한 지시는 위기가 고조될 경우 튀르키예가 소련의 표적이 되는 것을 막을 수 있고, 폴라리스 잠수함은 취약한 피뢰침에 불과한 중거리 탄도미사일보다 튀르키예나 나토에 가해질 공격을 억지하는 능력이 더 뛰어나다는 점을 튀르키예에 알려야 한다는 것이었다.

나는 무척 당황했다. 나는 미사일 거래, 즉 튀르키예와 쿠바에서 동시에 미사일을 없애는 미사일 거래를 주제로 튀르키예와 나토에 주재하는 우리 대사들과 주고받은 전문電文들을 보아왔다. 대사들은 만약 이 거래가 성사될 경우 튀르키예는 물론 나토의 다른 정부들과의 관계에도 대단히 파괴적인 영향을 미칠 것으로 판단했고 나는 그 생각이 전적으로 옳다고 확신했다.

헤어는 한 차례 이상의 전문에서 튀르키예는 중거리 탄도미사일의 보유를 자랑스럽게 여기고 있으며, 공격 목표가 되는 것을 두려워하기보다 이 미사일들로 인해 자기들이 나토 군사태세의 '최전방'을 담당하게 됐다는 점에 특히 자부심을 가지고 있다고 말했다. "이것은 이제 튀르키예 미사일입니다"라고 헤어는 말했다. (미국이 통제하는 것으로 추정되는 탄두의 소유권은 아니겠지만) 실제로 미사일 '소유권'은 공식적으로 튀르키예에 넘어간 상태였고, 따라서 미국의 일방적인 반환 요구는 합법성이 의심스러웠다. 튀르키예는 미사일을 포기하고픈 바람이나 의사가 전혀 없었다. 하물며 소련의 위협 아래서는 더더욱 그랬다.

게다가 미국이 소련의 위협 앞에서 나토로부터 '자기네' 무기를 거둬가는 것으로 보일 경우, 나토 전체가 미국이 자국의 안보라는 이해관계 때문에 유럽 '방어'를 희생하는 것으로 인식할 터였다. 당시 백악관과 맥나마라는 이런 가능성에 대해 일절 내색하지 않았지만 그러한 결정은 미국 대륙을 위협하는 쿠바의 소련 미사일을 제거하는 조건으로 나토 미사일을 내주는 것으로 비치기에 십상이었다. 미사일이 공격당하는 것을 막기 위해 (그리고 은밀하게, 튀르키예에 의해 발사되는 것을 막기 위해) 그들이 취한 이러한 '예방 조치'는 그 자체로 암시 이상의 역할을 했다.

샤를 드골과 다른 이들은 이러한 결정을 전부터 드골이 해오던 말, 즉 안보와 관련해 미국이 유럽의 이익을 자국의 안보 인식보다 우위에 둘 것이라고 믿어선 안 된다는 말을 확인시켜주는 것으로 받아들일 터였다. 늘 미국의 패권으로 연결됐던 동맹의 지도력은 드골 또는 프랑스와 독일 연합에 무색해질 수도 있었다. 그렇게 되면 동맹 자체가 와해될 수도 있었다.

내가 볼 때는 이 모두가 말이 됐다(당시에는 몰랐지만, 그날 아침 맥조지 번디 등이 케네디에게 이와 똑같은 주장을 제기하면서 공개 교환(거래)에 대한 흐루쇼프의 토요일 아침 제안을 수용하겠다는 의사를 적어도 지금 당장은 철회하라고 설득했다. 그럼에도 나는 그 조치의 정당성을 최대한 입증하라는 맥나마라의 지시에 따라 단지 미국만이 아니라 튀르키예의 이익에도 부합되는 조치처럼 보이게 하려고 언어에 상당히 공을 들였다. 그런 행동은 미국과 나토 동맹에 대한 튀르키예의 신뢰를 무너뜨릴 것이라는 헤어의 보고서를 뻔히 보고도 말이다.

보통 나는 글을 매우 빨리 쓰는 편이었고, 그것이 랜드 연구원 신분으로 D.C.에서 내가 하는 일의 주된 부분이었지만 이번에는 고통스러울 만큼 속도가 더뎠다. 나는 문장과 문장을 타이핑했다가 종이를 갈기갈기 찢어버리고 다시 시도하기를 반복했다. 내가 쓰고 있는 글의 내용을 믿을 수가 없었고, 그러고 있는 게 싫었다. 그것은 관료의 일이었다. 즉 개인적으로 아무리 마음에 들지 않아도 위에서 지시한 입장을 자세히 설명해야 했다. 그러나 나는 관료도 직원도 아닌, 랜드 연구원이었다.

못 하겠다고 말하고 여차하면 이 건물에서 나가 캘리포니아로 돌아갈까도 생각해봤지만 곧 내 마음속에서 그 생각을 내보내버렸다. 그럴 경우 해리 로웬은 물론이고 니츠와 맥나마라도 크게 당황할 터였다. 특히 해리는 나를 그곳에 데려와 내가 믿을 만하다고 보증해준 사람이었다. 나는 그들을 위해서가 아니라 그를 위해 일하기로 했다.

그러나 어디에도 마음 둘 데가 없었다.

정말 괴로웠다. 케네디와 맥나마라를 떠올리면 "저들이 망치고 있다"라는 생각밖에 들지 않았다. 대통령은 튀르키예에서 미사일을 치우려 하고 있었다. 그는 그날 아침 흐루쇼프가 요구한 거래를 하려고 했다. 그는 승리의 문턱에서 쿠바뿐만 아니라 베를린에서도 굴복함으로써 나토 동맹을 깨고 패배를 맛보려 하고 있었다. 나는 흐루쇼프가 곧 양보할 것이라고 확신했다. 케네디는 그럴 필요가 없는데도 참담하게도 뒤로 물러나고 있었다.

어느 순간 니츠가 내가 글을 쓰고 있는 책상으로 다가와 물었다. "어떻게 돼가고 있나?"

평소답지 않게 나는 그 질문에 솔직히 대답했다. "잘 안 돼요. 더디네요." 절망스러웠을 뿐만 아니라 매우 피곤했던 기억이 난다. 내 머리는 겨우 돌아가고 있었다. 다들 지치기 시작했다. 나는 그에게 말했다. "튀르키예 사람들이 조목조목 따지고 들 법한 어설픈 논리를 내가 쓰고 있다는 걸 참을 수가 없어요." 지금은 자랑스럽지 않지만 그때 나는 '튀르키예 사람들'이라는 말에 국수주의적 뉘앙스를 가득 담아 진지하게 말했다.

"어쩌겠나, 참아야지"라고 말하고 그는 가버렸다.

나는 참았다. 30분 뒤 해리가 다가와 나를 고통에서 꺼내주었다. 그는 맥나마라가 직접 전문을 작성했다고 말했다. 당황스러웠다. 니츠가 그에게 아직 안 됐다고 말한 게 틀림없었다. 그러나 나는 마음이 놓였다. 해리가 집에 가라고 해서 나는 호텔로 돌아갔다.

호텔 방으로 돌아와 화장실 세면대를 두 손으로 꼭 잡고서 그 위의 거울에 비친 내 얼굴을 봤을 때 스친 생각들을 나는 한 번도 잊어본 적이 없다. 내 뒤쪽의 침실에만 불이 켜져 있어 주변은 반쯤 어두웠다. 나는 일종의 공포를 느끼고 있었다. 방금 전까지 내가 조국을 부끄럽게 만드는, 그 어떤 수치스러운 거래의 일부였다는 느낌이 들었다. 거울을 들여다보는 내 머릿속에 이런 말이 크게 울렸다. "다시는 이곳으로 오지 말자. 다시는 이런 지위에 있지 말자. 해리도 명령을 받는 입장이고 또 그게 해리 일이니까 어쩔 수 없이 했고, 또 지금도 하려고 애쓰고 있지만 더는 해리 때문에 일하지 말자. 이제 됐어. 다시는 이 도시에 돌아오지 말자."

나는 옷을 벗고 침대에 쓰러졌다. 그 이튿날 일요일 아침에 나는 느지막이 일어났다. 호텔에서 아침을 먹고 10시쯤 펜타곤의 국제안보문제 사무실로 어슬렁거리며 갔다.

다들 어리벙벙한 표정으로 축하하고 있었다. 한 시간 전 모스크바발 라디오 방송에서 흐루쇼프가 쿠바에서 미사일을 제거하고 있다는 발표를 내보냈던 것이다. 그가 그 전날 오후의 케네디의 제안을 수용한 것이었다. 튀르키예의 미사일에 대해선 아무런 언급이 없었다.

지난밤 내가 기대했던 것과 매우 비슷했다. 물론 나도 그 소식을 듣고 기뻤지만 다른 사람들처럼 놀라지도 않았고, 승리감에 취하지도 않았다. 모두가 그랬듯이 나 역시 안도감을 느꼈지만 다른 이유 때문이었다. 다름 아니라 맥나마라가 작성한 전문電文이 아무런 영향도 미치지 못했기 때문이다. 나는 전문이 나갔는지 확인해보았다. 나가지 않았다. 그래서 내가 본 대로 곤경을 면할 수 있었던 것이다.

그 시각 나토 장관들은 회동 중이었고, 곧이어 미국이 굳건히 버텨 승리를 거둔 데 대해 모두가 기쁜 마음으로 축하한다는 보고서가 나왔다. 튀르키예인들은 특히 행복해했다.

13장 ———

쿠바: 실제 이야기

흐루쇼프는 철수했다. 공격 위협에 그는 (나와 대부분의 미국인이 의미 없다고 생각하는 쿠바를 침공하지 않겠다는 약속 말고는) 케네디 대통령으로부터 그 어떤 양보도 받아내지 못한 채 봉쇄를 받아들였을 뿐만 아니라 미사일도 제거했다. 해리 로웬과 나는 이 대결 구도에서 핵전쟁이 터질 가능성은 극히 낮다고 확신했다. 내가 보건대 케네디 대통령과 엑스콤(국가안보회의 행정위원회)의 그의 부서장들도 그런 자신감을 공유하고 있었다. 실제로 나의 노트들은 위기로 치달았던 그 두 번째 주의 순간들을 고스란히 보여준다. 해리는 내게 이런 말을 했었다. "내가 볼 때 행정위원회는 핵전쟁 가능성을 매우 낮게 잡고 있어. 물론 아직도 실제보다 열 배는 부풀려서 100분의 1로 잡을지도 모르지만." 자기 같았으면 그 가능성을 '1,000분의 1'로 잡았을 거라고 그는 말했다.

그러나 위기가 끝나고 하루 뒤인 10월 29일 월요일에 그는 내게 방금 자신의 상관 폴 니츠가 우리가 쿠바 미사일을 공격할 경우 핵전쟁이 벌어질 가능성을 매우 높게 잡고 있었다고 말하더라고 알려왔다. 니츠는 자신의 위험 추정치가 엑스콤에서 제일 낮았을 거라며, 나머지는 모두 더 높게 잡았을 것으로 믿고 있었다.

해리는 그에게 가능성을 얼마로 잡고 있었는지 물었다. 니츠의 대답은 "10분의 1"이었다.

그 월요일 해리에게서 이 소식을 듣고 나의 반응이 어땠는지 나는 지금도 생생히 기억한다. 그것은 두 가지로 나타났다.

첫째 얼떨떨했다. 그들은 그 위험을 왜 그렇게 높게 잡았을까? 니츠는 누구보다도 새로운 정보판단에 익숙했다. 일반 대중과 마찬가지로 그와 다른 이들 역시 엑스콤의 새로운 정보의 함축된 의미를 제대로 파악하지 못했을까, 아니면 완전히 믿지 않았을까?

그러고 나서 두 번째 반응은 약간 늦게 나왔다. "10분의 1이라고? 핵전쟁⋯⋯ 우리가 하고 있는 일이 그거였다니?!"

엑스콤에 제시한 우리의 권고 사항에는 다음이 포함돼 있었다.

- 소련 전함과 무력 충돌 위험이 보이면 무조건 봉쇄로
- 소련 잠수함이 부상할 수밖에 없게 만들 것
- 쿠바 상공의 고고도 및 저고도 정찰 비행
- 핵무기가 수반되는 중대한 사고 위험에 대비해 대규모 공중 경계
- 비행기 몇 대가 연이어 요격되고 토요일에는 한 대가 격추당했지만 정찰을 계속할 것
- (저들의 허세에 우리가 속아 넘어갔다면) 전면 침공 및 공습 준비

(유엔 안보리가 승인하는 전쟁 행위가 아닐 경우) 위험한 공중 경계를 제외하고 나머지는 국제법에 비추어 모두 불법이었고, 유엔헌장 위반이었다. 더욱 중요한 것은 이 하나하나가 모두 적어도 소련과의 재래식 무력충돌로 이어질 수도 있었다는 점이다. 나 또한 국제 정치 관점에서 이런 대치 상황이 발생하면 무력충돌의 위험이 매우 높다는 일반적 지혜를 용인하고 있었다. 다시 말해 특정 위험을 정당화할 준비가 돼 있었다. 따라서 핵을 사용하지 않는 위협에는 준비가 되어 있었고, 재래식 전쟁의 위험까지도 어느 정도는 기꺼이 감수할 각오가 돼 있었다. 간단히 말해 나는 미국 국무부를 위해 일하는 냉전주의 전사였다. 토요일 밤 불필

요한 미사일 거래에 대한 나의 감정은 특히 더 그랬다.

그런데 10%로 추정되는 핵전쟁 가능성을 기꺼이 받아들인다고?…… 튀르키예 미사일의 거래를 피하기 위해서?

나에게 일을 시키는 이 사람들은 대체 누구란 말인가? 다들 제정신이 아니란 말인가?

나중에 로버트 맥나마라는 10월 27일 당시의 자신의 심경을 다음과 같이 토로했다. "흐루쇼프가 미사일 철수를 발표한 일요일, 바로 전날 토요일[1]…… U-2 한 대가 격추당했는데…… 토요일 저녁 백악관을 나서던 때가 기억난다. 내가 보는 마지막 일몰이 될지도 모른다고 생각했다. 그다음에 어떤 일이 일어날지 아무도 알 수 없었으니까."

핵전쟁은 거의 일어날 리 없다는 나의 믿음에서 내가 그렇게나 멀리 벗어나 있었단 말인가? 그들이 옳았던 것일까?

대답은 둘 다 '그렇다'이다. 1962년 10월 27일 토요일, 하마터면 문명을 종말에 이르게 할지도 모를 일련의 사건들이 꿈틀대고 있었다. '하마터면'이라면 어느 정도 가까웠을까? 고작 한 뼘 정도였다.

나는 무력충돌을 피할 수 없을지 모른다고 믿었지만, 양측 지도자 모두, 즉 흐루쇼프와 케네디 둘 다 무장 갈등만은 피하기로 굳게 마음먹고 있었다. 실제로 둘 다 전쟁에 돌입하기보다 필요하다면 상대방의 조건에 맞춰줄 각오가 돼 있었다. 그럼에도 둘은 각각 전쟁 위협을 가함으로써 더 나은 흥정을 끌어내기를 희망했다. 더 나은 거래를 위해, 각자 속으로 정해둔 합의 조건을 위해 둘은 몇 시간 또는 며칠쯤은 미룰 용의가 있었다. 한편 그 시간 동안 그 둘의 부하들은 (그들이 협상 게임에서 순전히 허세를 지지하고 있다는 사실을 까맣게 모른 채) 멈출 수 없는 일련의 사건을 촉발하는 군사 행동을 취했고, 결국 인류 종말 기계를 작동시키는 방아쇠를 당겼다.

알림: 반세기가 넘게 나는 이 위기를 제대로 이해하고 거기서 교훈을 얻기 위해 나름대로 최선을 다해왔다. 그 사건 이후 지금 이 순간까지 미국과 러시아 양쪽에서 몇십 년 넘게 계속해서 공개되고 있는 각종 파일과 더불어 다른 많은 사람들의 연구 성과 또한 현재에 이르는 나의 사건 인식에 중요한 영향을 미쳐왔다. 이 장에 딸린 미주(와 머리말의 쿠바에 관한 미주)를 보면 그 점이 명확해질 것이다. 그러나 나는 관련 자료들을 주로 나의 핵위기 기밀 연구 관점에서 읽었다. 핵위기 상황에 내가 직접 참여하기도 했거니와 핵(전쟁) 위험이 당시 내가 생각했던 것보다 훨씬 더 컸었던 이유가 무엇인지 이해하고 싶었기 때문이다.

나는 나의 웹사이트(ellsberg.net/Doomsday/cubanmissilecrisis)에 그 위기에 관해 내가 가지고 있는 파일을 가능한 한 많이 올릴 작정이다. 그리고 지금 당장은 아니더라도 그동안 쿠바 미사일 위기를 연구하면서 얻었다고 생각되는 교훈과 지금까지의 나의 결론을 뒷받침하는 증거들만 따로 모아 이 정도 분량의 책을 써볼 생각도 있다. 그러나 여기서 그 증거를 제시하거나 나의 결론이 옳다고 주장할 생각은 없다. 다음에 등장하는 내용은 나의 추론이다. 미리 말해두건대 그중에는 학자들한테도 낯설고 어쩌면 논란의 여지가 많은 부분도 꽤 있을 것이다. 그리고 이 책의 목적을 위해 핵전쟁의 실제 위험과 관련된 부분에 주로 초점을 맞추고자 한다.

그런 이유로 공식적 위기의 처음 9일과 그 배경은 그냥 넘어갈 예정이다. 그리고 1961년뿐만 아니라 1962년, 나아가 그 후 10년 혹은 20년 동안의 나의 상황 인식은 중요한 사안마다 거의 예외 없이 결함이나 착오가 있었다는 점을 미리 밝혀둔다. 특히 쿠바에 은밀히 미사일을 배치하려 했던 흐루쇼프의 동기와 관련해서는 더 그렇다. (길패트릭의 연설과 그 외 다른 경로를 통해 드러난) 전략적 불균형을 좁히는 것이 그가 비밀 정책을 추진했던 유일하거나 주된 이유는 아니었다. 그런데도 나뿐만 아니라 사실상 모든 학자와 언론인이 십 년 넘게, 중요한 부분에서는 몇 십 년이 넘도록 그렇게 추측했다.

1975~76년, 카스트로 정권을 무너뜨리려 했던 1962년 대규모 몽구스 작전을 비롯한 미국의 비밀 작전을 파헤친 상원 처치 위원회 보고서가 나왔고,[2] 그로부터 12년 뒤 역사가 제임스 허시버그가 1962년 당시 쿠바 침공을 앞두고 나온 유사시 계획과 군사 훈련을 추적, 탐사해 연구 결과를 내놓았다. 이 두 보고서가 나온 뒤에야 나는 1962년 미국의 공격 재개로 곧 "쿠바를 잃게 될 것"이라는 생각에 괴로웠다는(특히 1970년 회고록에서 밝힌) 흐루쇼프의 주장을 뒷받침하는 타당한 근거를 알게 되었다.* 그러한 현실적 강박관념이 케네디가 자신의 자문단에게 의뭉스럽게 제기한 "흐루쇼프가 대체 왜 이러는 겁니까?"라는 질문에 대한 답변의 주요 부분을 차지했다. 이 점은 (회원 대부분이 몽구스 작전과 침공을 위한 10월 초의 유사시 계획에 찬성했다는 혐의가 짙은) 엑스콤 회의 내용을 녹음한 케네디의 테이프에서도 여러 차례 확인할 수 있었다. 이 부분과 위기의 초기 국면과 관련된 그 밖의 사안들에 대한 내 생각을 좀 더 자세히 알고 싶다면 나의 웹사이트(ellsberg.net/Doomsday/cubanmissilecrisis)를 참고하기 바란다.

———

봉쇄가 시작되고 난 이튿날, 10월 25일 목요일 흐루쇼프는 자신의 노력이 실패했다고 판단하고 쿠바에서 미사일을 제거하기로 결정했다. '해적 행위'에 저항하겠다고 위협하기는 했지만, 그는 봉쇄에 이의를 제기하길 원하지 않았다. 공해에서 소련과의 무장 갈등도 불사하겠다는 케네디의 태도로 미루어 미사일을 철

---

* 흐루쇼프는 회고록에서 다음과 같이 썼다. "예를 들어, 불가리아를 공식 방문했을 때, 한 가지 생각이 머리를 계속 두드렸다: 우리가 쿠바를 잃으면 어떻게 될까?…… 뭔가를 하기에 너무 늦기 전에 미국이 모르게 쿠바에 핵탄두를 탑재한 미사일을 설치할 생각을 한 것은 내가 불가리아를 방문했을 때였다." 니키타 흐루쇼프, 흐루쇼프의 기억, 에드워드 크랭쇼의 소개, 해설 및 메모, 번역 및 편집. 스트로브 탤벗(뉴욕: 밴텀 북스, 1970), 546쪽.

수하지 않을 경우 미국이 공격해올 가능성이 높다고 생각했기 때문이다. 그렇게 되면 결국 카리브해를 훨씬 벗어나는 소련의 대응이 요구돼 전면전의 위험이 더욱 터지게 될 터였다. 흐루쇼프는 이 일에 뛰어들긴 했지만 그런 위험과 직면하길 바란 것은 아니었다.

목요일 아침, 모스크바에 있던 그의 희망은 가능한 체면을 잃지 않고, 노력한 결과로 뭔가를 보여주면서, 좀 더 구체적으로 말하자면 최소한 불침 약속을 받거나 가능하다면 튀르키예 미사일 교환을 보장받고 철수하는 것이었다. 어쩌면 이탈리아와 영국에 배치 중인 중거리 탄도미사일이나 튀르키예에 주둔 중인 미군 병력의 철수, 심지어 베를린에서의 양보까지도 가능할지 몰랐다. 그사이에 그는 쿠바에 있는 자신의 군대를 계속 압박해 계속 미사일을 설치하게 했다. 짐작건대 그의 목표는 미국의 미사일 공격 가능성을 높임으로써, 다시 말해 케네디가 협상에 나서야 할 필요성을 높임으로써 막판 협상의 조건을 조금이라도 개선하려던 게 아니었을까 싶다.

이러한 전략은 미사일 가동이 준비되기도 전에 미국 군대가 공격해올 수 있다는 점에서 위험했다. 그 뒤에는 바로 침공이 따라올 가능성이 높았기 때문에 미사일과 기타 장비들이 미연에 방지하려던 바로 그 사건을 흐루쇼프가 촉발하고 마는 셈이 될 수도 있었다. 반면 그가 강수를 두면 둘수록 케네디는 외교적 해결책을 모색할 가능성이 컸다. 그리고 케네디 측으로부터도 그가 그런 방향으로 기울고 있다는 '사적인' 암시도 있었다.

10월 22일 대통령의 연설이 있고 난 날 아침, 로버트 케네디는 서로 다른 두 개의 창구를 통해 언론인으로 위장해 활동하던 소련 정보부 요원 게오르기 볼샤코브에게 자기 형은 쿠바 미사일을 철수하는 조건으로 튀르키예에서 나토 미사일을 제거할 용의가 있다는 전언을 보냈다.[3] 이 메시지가 과연 흐루쇼프에게 이르긴 했는지, 만약 그랬다면 그 시기가 언제쯤이었는지는 확실하지 않다. 그러나 소련 대사 아나톨리 도브리닌이 1990년에 밝히게 되듯이 로버트 F. 케네디는 목

요일 밤 사적으로 만나는 자리에서 그에게도 똑같은 메시지를 전달했다(그날 아침
월터 리프먼은 그런 거래를 제안하는 칼럼을 발표했다. 4분 세기 동안 리프먼은 간섭하기 좋아하는
인물로 묘사됐지만, 소련은 그가 케네디의 승인 아래 글을 쓰고 있다고 믿을 만한 이유가 충분했다.
이 경우도 마찬가지였다).[4]

이를 근거로 흐루쇼프는 최고 간부회의에서 케네디에게 미국이 불침 약속을
하고 쿠바와 튀르키예에서 '공세적 무기'를 제거하면 위기는 해결될 수 있다고 제
안하는 메시지를 보낼 것을 지시했다. 그러나 이 메시지는 금요일에 발송되지 않
았다. 발송되기 전 다양한 출처로부터 걱정스러운 조짐이 나왔기 때문이다. 특히
카스트로에게서 침공이 24시간 이내에, 또는 이틀 안으로 임박했다는 말이 흘러
나왔다. 그럼에도 불구하고 흐루쇼프는 최고 간부회의에 출석해 다시 똑같은 지
시를 내렸다. 이번에는 불침 약속으로 충분하다는 내용의 좀 더 긴 메시지였다.
튀르키예에 대한 언급은 없었다. 암호화와 전송, 해독 과정을 거치느라 지연되는
바람에 금요일 아침에 발송되었는데, 메시지가 백악관과 펜타곤 각 부서에 도착
한 것은 그날 저녁이 돼서였다.

케네디 형제와 엑스콤 회원 대부분은 행복하게 메시지를 읽고는 마음을 놓으
며 그날 밤 잠자리에 들었다(침공하고 싶어 몸이 근질거리던 합동참모들은 그렇지 않았다. 어
떤 경우든 불침 약속은 그들이 제일 싫어하는 것이자 이 위기의 해결책으로는 최악이었다. 그들은 침
공은 어차피 함께하게 되어 있다는 식으로 정당화하지 않았을까 싶다). 그러나 토요일 아침 모
스크바에서 흐루쇼프는 침공이 임박했다는 사실에 의문을 품고 더 나은 거래를
시도해보기로 결정했다. 이렇게 해서 최고 간부회의의 동의 아래 그는 먼저 작성
한 메시지에 튀르키예 미사일과의 교환을 제안하는 내용을 첨부해 발송했다.

이 두 번째 메시지가 도착하자 토요일 아침 엑스콤 회의에 혼란과 실망이 드
리워졌다. 흐루쇼프가 강경파에 의해 밀려나기라도 했단 말인가? 한참을 토론한
끝에 쿠바를 침공하지 않겠다는 약속에 근거해 이 위기를 해결하기로 동의하면
서, 케네디는 이 두 번째 편지를 무시하고 먼젓번 메시지에 반응해야 한다고 결

론 내렸다. 이제 아무도 이런 대응이 미사일을 내보내기에 충분하리라는 희망을 감히 품지 못했다. 합동참모본부와 맥나마라도, 케네디도. 이제 케네디는 아무리 전날 밤 흐루쇼프가 자신이 제안한 내용을 수용하는 것처럼 보인다 해도 저들이 자신의 가장 최근 제안을 받아들일 가능성은 없다고 생각했다.

토요일 아침 미국 U-2 한 대가 그날 아침 쿠바 상공에서 소련 지대공 미사일 SAM에 격추됐다는 사실이 최종 확인되자 엑스콤은 이를 흐루쇼프의 고의적인 확전 시도로 보았다. 다시 말해 소련의 입장이 강화되고 있으며, 따라서 저들은 위험을 무릅쓰는 한이 있더라도 전날 밤만 해도 받아들일 것처럼 보였던 조건을 수용하지 않을 것이라는, 추가적 신호로 해석했다.

그러나 1962년 10월 28일 일요일 아침 일찍, 모스크바 라디오는 흐루쇼프가 케네디의 제안을 전면 수용해 불침 확약을 받는 조건으로 미사일을 철수하기로 결정했다는 방송을 내보내기 시작했다. 예상을 벗어난 이 신속한 결정에 다들 깜짝 놀랐다. 첫 번째로 나온 추측은 흐루쇼프가 자신에게 유리한 조건을 확보하겠다는 생각을 그냥 버렸다는 것이었다.[5] 이를 두고 딘 애치슨은 나중에 흐루쇼프의 '배짱 상실'이라고 표현했다. 그 주 내내 케네디의 단호한 태도가 승리를 거둔 듯했다. 이는 그의 공적 및 사적인 발언에서뿐만 아니라 봉쇄와 급박한 침공 준비에서도 드러났다. 거기서 얻은 교훈은 "꿋꿋이 버티면서 만반의 준비를 하라, 그러면 소련은 뒤로 나자빠질 것이다"였다.

그로부터 7년 뒤 『13일Thirteen Days』이라는 제목으로 나온 사후 회고록에서 로버트 케네디가 토요일 밤 자신은 도브닌 대사를 만나 48시간 안에 미사일을 철거하지 않으면 미국이 강제로 철거하겠다는 최후통첩이나 다름없는 메시지를 전달했다고 밝히면서 이 사건은 새롭게 조명되기 시작했다.[6] 여기에는 사적 거래나 다름없는 제안도 첨부됐다. 즉 쿠바에서 미사일을 철거하면 튀르키예의 미사일도 4~5개월 안에 철거하겠다, 단 소련은 이를 밖에다 떠들지 말고 혼자만 알고 있어야 한다는 내용이었다.

위기가 침공으로 이어지지 않고 흐지부지 끝나자 극심한 실망에 빠진 군 지휘관들에게 이 마지막 내용은 케네디의 나약함과 '양보'를 입증하는 또 하나의 증거였다. 다른 사람들은 어쨌든 협상과 타협의 효과가 현실적 교훈이라고 생각했다. 엑스콤 전 회원들은 1982년 ≪타임Time≫에 기고한 공동 사설에서 위기가 빨리 해결된 것은 흐루쇼프에게 은밀히 제시한 양보 덕분이라고 주장했다.[7] 그때 이후로 이 은밀한 제안이 대결의 종식에 중요한 영향을 미쳤다는 추측이 대세를 이루어왔다.

그러나 그것은 사실이 아니었다. 구두 합의를 문서로 확실히 못 박아달라는 도브리닌의 그다음 날 제안을 로버트 케네디가 거부했을 정도로까지 비밀주의를 고수했던 미국의 태도는 철수라는 굴욕을 누그러뜨리기 위한 방편으로, 흐루쇼프에게 사실상 아무것도 내주지 않았다는 것을 의미했다. 그는 최고 간부회의에서 이 거래에 대한 공로를 인정받을 수조차 없었다. 하물며 비겁하게 항복했다며 그를 조롱하는 중국인들에게는 더 말할 나위도 없었다. 그 후 흐루쇼프가 로버트 케네디의 협박과 제안이 전화에 이어 문서의 형태로 도착하기도 전에, 이미 최고 간부회의에 양보하기로 한 자신의 결정을 통고했다는 사실이 밝혀졌다. 먼저가 됐든 나중이 됐든 나는 로버트 케네디의 이 약속이 흐루쇼프의 결정에 무슨 영향을 미쳤을 것이라고는 생각지 않는다.

그렇다고는 해도 속 빈 강정에 지나지 않았던 비밀 거래 제안과 마찬가지로 로버트 케네디의 최후통첩 또한 흐루쇼프의 갑작스러운 양보를 전적으로 설명해주지는 못했다. 그 최후통첩은 협상에 필요한 시간을 최소한 하루 또는 어쩌면 이틀쯤 벌어주었다. 정해진 마감시한은 48시간이었지만 로버트 케네디가 '요구한' 시간, 즉 흐루쇼프가 공개 교환(쿠바 미사일과 튀르키예 미사일 사이의)에 대한 최근의 요구를 고수하거나 되풀이할지를 결정하는 데 주어진 시간은 24시간이었다. 그 시간을 그는 왜 자신의 제안을 갱신하거나, 아니면 적어도 그 제안에 즉답해달라고 요청하는 데 쓰지 않았을까?

모스크바에서도 몇몇은 그 일요일에 전에 없던 조급함에 깜짝 놀랐다. 흐루쇼프의 연설문 작성자였던 표도르 부를라츠키는 그날의 세세한 장면을 다음과 같이 기억했다. "이번에는 다들 아주, 아주 초조해했어요." 부를라츠키는 평소 친하게 지내던 10월 28일 메시지 작성자들에 대해 내게 이렇게 말했다. "이번 편지는 크렘린이 아니라 정치국에서 작성했어요. 흐루쇼프의 시골 저택에서 극소수가 작성했지요. 작성을 끝내자마자 원고를 부리나케 라디오 방송국으로 보냈어요. 그러니까 차로 매우 빨리 보냈어요. 사실 그 차가 가는 도중에 문제가 생기는 바람에 얼마간 지연됐어요. 차가 도착하니까 방송국 책임자가 직접 계단을 뛰어내려와 차 안에 있던 남자의 손에서 원고를 낚아채고선 계단을 뛰어 올라가 바로 방송에 내보냈지요." 부를라츠키는 사람들이 그토록 서둘렀던 이유를 모르겠다고 말했다.

사실 모스크바의 그런 긴박한 분위기에는 그럴 만한 이유가 있었다. 핵위기 발생 시 정부간 의사소통을 주제로 내가 진행하던 관계부처 합동의 극비 연구 과정에서, 그 이유 중 하나를 1964년 로버트 케네디에게서 직접 들었다. 그는 내게 자신의 회고록에서 밝힌 것보다 훨씬 더 자세하게 말해주었다. 그는 형의 지시로 1962년 10월 27일 토요일 저녁 법무부에서 도브리닌을 만나 그날 있었던 미국 정찰기에 대한 공격이 미칠 파장이 심상치 않을 듯하다는 사실을 일깨우며 그와 비밀 회담에 들어갔다고 말했다.

"난 이렇게 말했지, '당신들이 선수를 쳤고, 그건 매우 심각한 문제요'라고." 그는 도브리닌에게 했던 말을 내게 그대로 옮겼다. "그러면서 대통령이 군부의 조언을 어기고, 비단 군부만이 아니라, 어쨌든 그 공격에 군사적으로 대응하지 않기로 했지만, 그(도브리닌)에게 비행기에 대고 또 발사하는 날에는 우리도 가만히 있지 않겠다고…… 우리는 계속해서 쿠바 상공에 정찰기를 띄울 거라고, 아니 띄워야 한다고 말했지. 비행기가 한 대라도 더 맞으면 우리는 그 비행기를 향해 총질한 기지가 아니라 지대공 미사일과 비행기는 물론 어쩌면 모든 미사일까지 날려버릴 거라고. 그리고 나면 그다음엔 침공이 뒤따를 거라고."

나는 로버트 케네디에게 이렇게 물었다. "마감시한을 확실히 제시했습니까?"

그가 말했다. "물론이지, 48시간으로."

나는 확실히 해두고 싶었다. "그래서 그가 저들에게 48시간이라는……."

그가 바로 끼어들어 내 말을 바로잡았다. "그들이 조만간 비행기를 또 쏘지 않는다면 말이지. 그럴 경우 우리는 바로 실행할 거라고."

"그러니까 서로 다른 두 가지 위협 또는 경고가 있었던 거군요." 내가 말했다. "저들이 이틀 안에 미사일을 철거하지 않으면 우리가 그것들을 제거하겠다는 게 그중 하나였고요. 물론 그건 비행기가 또 요격당하거나 격추되지 않는다는 가정 아래서요. 하지만 만약 우리가 비행기를 또 잃게 되면, 그 즉시 공격을 개시하겠다는 것이 다른 하나였던 거군요."

그가 말했다. "맞아."

토요일 아침 쿠바 상공에 있던 U-2 비행기의 격추는 누가 봐도 위기의 확산을 알리는 불길한 조짐이었다(나중에 알고 보니, 그것은 냉전 기간을 통틀어 소련 군대가 미국 군인을 살해한 첫 번째이자 유일하게 의도적인 사례였다). 그러나 U-2 말고도 우리는 음속 돌파음으로 공포를 자아내며 매일 두 시간 간격으로 쿠바 상공을 종횡으로 선회하는 저공 정찰기도 띄우고 있었다. 쿠바의 대공포는 7만 피트 상공의 U-2에는 미치지 못했지만 저공 정찰기는 요격할 수 있었다. 그럼에도 쿠바인들은 흐루쇼프의 성화에 못 이겨 토요일 아침 이전까지는 발사를 삼가고 있었다.

토요일 카스트로가 마음을 바꾸면서 이러한 패턴도 바뀌었다. 미국의 정찰기들이 임박한 침공을 준비하고 있다고 확신한 카스트로는 흐루쇼프의 경고를 무시하고 방공포 부대에 발사를 지시해 저공으로 비행하고 있던 정찰기 한 대에 피해를 입혔다. 카스트로를 흐루쇼프의 조종을 받는 꼭두각시라고 여겼던 엑스콤에 분위기로 미뤄 봤을 때, 쿠바가 소련의 재가 없이 그런 행동을 취했다고 생각하는 사람은 분명 그 가운데 아무도 없었을 것이다. 그와 동시에 소련의 유인 지대공 미사일이 문제의 U-2를 요격해 격추했다. 10월 27일 자 백악관 회의 녹취록에도 분명히 나와 있듯이 참석자 중에 그 두 건의 발사가 고의적인 확전 기도, 즉 흐루쇼프의 지시 변화를 의미한다는 것에 이의를 제기한 사람은 아무도 없었다.

사실 부를라츠키에 따르면 "흐루쇼프는 소련 장교들에게 도발하지 말라는, 쿠바에서 절대 먼저 공격하지 말라는 매우 강력하고 매우 구체적인 지시를 내리고 있었다." 특히 앤더슨 소령의 U-2를 파괴한 지대공 미사일의 발사는 자신의 경험에 비추어 "흐루쇼프와 소련 고위 지휘부의 지시 없이 전격적으로 이루어졌다. 사실 그것은 명령 위반이었고, 흐루쇼프는 미국의 반응을 매우 우려했다"라고 그는 전했다. 이 모두는 위기가 끝나고 몇십 년 뒤 다른 참석자들의 증언과 소련의 파일을 통해 사실로 드러났다.

미국 자문단 중 아무도 이런 가능성을 예상하지 못했으므로, 토요일 저녁 로버트 케네디의 임무는 어느 정도는 흐루쇼프를 설득해 그 자신의 확전 결정이 지니는 위험성을 인식하고, 당장 이튿날로 예정된 저공비행을 시작으로 정찰기에 대한 추가 공격을 자제하도록 하는 것이었다.

이러한 경고는 허세가 아니었다. 10월 27일 자 녹취록을 보면, 그날 오후에 있었던 백악관 회의의 합의 내용을 소련 측에 정확히 전달했다는 것을 알 수 있다 (합동참모본부는 케네디가 우리 비행기에 대한 공격에 즉각 보복하지 않기로 결정했다는 소식에 이미 노발대발하고 있었다). 로버트 케네디는 그날 밤 백악관으로 돌아와 다음과 같이 썼다. "대통령은 낙관적이지 않았다. 그건 나도 마찬가지였다.[8] 그는 공군 예비군 산하 24개 부대 수송 비행대에 전시 근무 태세에 들어가라고 지시했다. 이는 곧 침공에 대비하라는 지시나 마찬가지였다. 그는 희망을 버리진 않았지만 이제 희망은 흐루쇼프가 향후 몇 시간 안에 자신의 경로를 수정하는 것에 달려 있었다. 그것은 희망이었지 예상이 아니었다. 예상되는 것은 군사적 대치 상황이었다. 화요일 아니면 (일요일)……."

그러나 그 경고는 대통령과 그의 자문단이 알지도 못하고 상상조차 할 수 없었던 의도 때문에 의도했던 것보다 더 큰 파장을 몰고 왔다. 그 이유는 아주 간단했다. 경고가 엉뚱한 곳으로 방향을 잡았던 것이다. 비록 흐루쇼프가 (당시엔 의심스러웠던) 지대공 미사일 발사를 미래에는 통제 가능하리라 기대했을지 몰라도, 저공으로 날고 있는 비행기를 위협하는 쿠바의 대공포 부대원들은 어떻게 해볼 도리가 없다는 것을 잘 알고 있었다. 그들은 미국의 보복을 자극하지 않으려는 소련의 바람과 상관없이 쿠바 영공의 주권을 지키기로 결심한 피델 카스트로의 직접 지시에 따라 토요일 아침 발사에 들어갔다.

이와 관련해 카스트로는 1984년 태드 슐츠에게 이렇게 말했다. "저공비행기에 발사하라고 지시한 건 우리였소.[9]…… 우리는 (소련에) 그저 우리 생각을, 저공비행에 반대한다는 의사를 전했고, 그리고 나서 우리 포대에 발사하라고 지시했던 거요." 쿠바 포병들은 그전에는 살아 있는 목표물을 쏘아본 적이 단 한 번도 없었는데, 토요일 하루가 지나면서 그들은 점차 (목표물에) 근접하고 있었다. 나중에 카스트로는 일요일에는 적어도 한 대는 맞힐 수 있겠다는 확신이 들었다고 말했다.

U-2 격추에 대해 말하자면 처음에 흐루쇼프는 어떻게 이런 일이 일어났는지 즉각 이해되지 않았다. 그가 아는 것이라고는 그 일이 자신의 인가 없이, 자신의 바람을 어기고 일어났다는 사실이었다. 그는 카스트로의 영향력 아래 그 일이 일어났다고 잘못 생각하고는 그 이튿날 그를 비난했다. 알고 보니 그 명령은 그 지역 지대공 미사일 사령관인 한 장군에게서 나온 것이었다. 그는 쿠바 주둔 소련군 최고 사령관 이사 플리예프의 재가 없이는 발사하지 말라는 명령을 받았지만 난생처음 저공으로 비행하는 정찰기를 향해 미친 듯이 포를 쏘아대는 쿠바 대공포 부대원들의 행동에 너무 흥분한 나머지 그만 자제력을 잃고 말았다. 그래서 침공이 진행 중이고 플리예프에게 연락하기는 그른 것 같다고 판단하고 자신의 재량권으로 발사 명령을 내렸던 것이다.

나중에 흐루쇼프의 아들 세르게이가 나한테 말했듯이 이 사건은 그의 아버지에게는 하나의 전환점이었다. 그는 상황이 자신의 통제권을 벗어나기 시작했다는 것을 알고 있었다. 그는 카스트로를 제어할 수 없었고, 이제 소련의 유인 지대 공 미사일이 자신의 통제 아래 있었는지도 의심해야 했다. 도브리닌으로부터 로 버트 케네디와의 회동에 대한 설명(들었어도 그의 걱정과 빨리 조치를 취해야 한다는 조급 증만 가중시켰을 뿐이었다)을 듣기 전에도 흐루쇼프는 미국의 저공비행 정찰기들이 일요일 동이 트자마자 열두 시간이 채 안 되는 거리에 있는 쿠바 상공에 진입하 는 순간 확전 가능성을 생각하지 않을 수 없었다. 그렇게 되면 소련은 심각한 수 준의 사상자를 내게 될 뿐만 아니라 지대공 미사일을 포함한 미사일 전부를 잃을 수도 있었다. 이를 피할 수 있는 방법이 있다면 단 하나, 케네디의 토요일 밤 제 안을 수용하겠다고 발표하고 또 다른 격추와 그에 이은 보복이 발생하기 전에 미 사일을 해체하는 길뿐이었다.

이런 사실 대부분을 나는 1964년 기밀 연구를 진행하기 시작하면서 알게 됐 다. 이 정도면 케네디가 자기 동생을 보내 통고한 24시간 또는 48시간이라는 마 감시한이 다가오기도 전에 흐루쇼프가 손을 턴 이유를 설명하기에 충분한 듯했 다. 그러나 흐루쇼프는 알고 케네디는 몰랐던 훨씬 더 중요한 이유가 있었다. 당 시 흐루쇼프가 공개하지 않기로 결정한 다음의 사실들은 (나를 포함해) 어떤 미국인 에게도 공개되지 않은 채 25년 넘게 비밀로 남아 있었다. 첫째, 쿠바에 주둔 중이 던 소련군의 숫자는 우리가 맨 처음 추측했던 것처럼 7천도, 위기 막바지에 CIA 가 추정했던 것처럼 17만도 아니라 4만 2천 명이었다.[10] 둘째, 지대공 미사일과 탄도 미사일 말고도 그들은 핵탄두를 포함해 1백여 점이 넘는 전술 핵무기를 보 유하고 있었다.

우리가 아는 한 흐루쇼프는 핵탄두를 탑재한 전술(또는 현재까지 전략) 핵무기를 소련 밖으로 내보낸 적이 없었다.* 그런데 그뿐만 아니라 최고 간부회의 또한 모

---

* 사실 흐루쇼프는 1958년 12월 중거리 탄도미사일 12기를 동독에 배치했는데, 이는 그해 말까지 서베를린에 대한 연합군의 접근을 동독군에 넘기겠다는 그의 위협과 일치한다. 이것은 그가 1956년 수에즈 위기 동안 거짓으로 주장 했던, 런던과 파리 사거리의 미사일 탄두를 가지고 있다는 것을 의미했다. 그러나 미국이 무력으로 접근권을 유지 하는 경우, 짐작건대 핵전쟁 위험에 실체를 부여하는 것이 목적이었으나, 흐루쇼프는 미국과 나토뿐 아니라 자신 의 대통령, 심지어 위성국 동독의 수장인 발터 울브리히트에게도 이 배치를 비밀로 했다. 1959년 철수해버린 이 배

스크바의 직접 지시가 없어도 침공해오는 함대에 맞서 이를 사용할 수 있는 권한을 지역 사령관들에게 위임하기로 동의하기까지 했다.

(중앙의 정치 세력이 군을 통제해야 한다는 개념에 강박처럼 집착하는 것으로 알려진 소련인들의) 그러한 권한 위임을 미국 정보부의 분석가와 관리들은 사실상 상상할 수조차 없었다. 그런데 케네디의 10월 22일 연설 이전에 진행됐던 (미사일) 배치 기간 내내 (소련) 최고 간부회 전원이 이에 동의했다. 범위가 제한된 이 전술 핵무기들은 플로리다에 이를 수도 없고 미국의 다른 지역을 위협할 수도 없었다. 그래서 일찍이 세르게이 비류조프 장군이 중거리 탄도미사일은 머리 위의 정찰기를 야자수 보듯 여길 거라며 흐루쇼프를 안심시켰던 것처럼, 아둔하게도 최고 간부회가 현지 소련군 사령관들이 침공군에 맞서 이를 사용하더라도 전면전으로까지 확대될 리 없다고 믿는 바람에 일이 그렇게 되지 않았나 싶다. 케네디의 10월 22일 연설 이후 이 사전 인가는 철회됐지만, 소련군 사령관들은 전투가 한창인 와중에 모스크바와의 교신이 끊길 경우 모스크바의 명백한 지시가 없이는 발사하지 말라는 새로운 명령을 꼭 지키지 않아도 되는 것으로 이해했다(토요일 아침의 지대공 미사일 사건은 바로 그래서 일어난 것이었다).

로버트 맥나마라는 삼십 년이 지난 1992년에 이 이야기를 듣고 이렇게 말했다. "사실 어떤 일이 일어났을지 생각할 필요도 없어요. 전 세계에 끔찍한 재앙이 닥쳤을 테니까.[11]⋯⋯ 미군이 핵탄두 대응 없이 전술 핵무기에 공격당했을 수도 있다는 걸 누가 믿었겠소, 아무도 안 믿었지. 그러면 그 끝이 어디였겠소? 완전한 재앙이지."

흐루쇼프는 그 무기들이 거기 있다는 걸 알고 있었지만 케네디도 그 사실을 알고 있다고 믿을 이유는 없었다. 그 무기들은 억지력으로서가 아니라 침공하는 함대에 맞서는 방어 목적을 띠고 있었다(위기 때 혹은 그 후에 우리 정찰기가 찾아낸 무기는

치는 2001년까지 서방세계에 전혀 알려지지 않았다. 알렉산드르 푸르셴코와 티모시 나프탈리, 『흐루쇼프의 냉전』 (뉴욕: W.W. 노턴 & 컴퍼니, 2006), 194, 208~209, 211~213, 442쪽 참조.

단 한 대, 아마 핵탄두 없이도 사용이 가능해 '양용兩用'으로 간주됐던 무기밖에 없었다). 그럼에도 흐루쇼프는 일요일 새벽이 밝아오면 저공비행 정찰기들이 쿠바 상공에서 비행을 재개할 테고, 카스트로가 스스로 방어 조치라 여기는 행동을 취하려 들면 이를 막을 도리가 없을 것이며, 저 비행기들 중 한 대라도 격추되는 순간 미국은 지대공 미사일 및 다른 미사일을 공격하는 것은 물론이려니와 (무슨 일이 닥칠지 전혀 모르는 채로 참전하게 된) 침공군을 보낼 것이라는 점을 알고 있었다. 침공은 보나마나 양측의 핵교환을 촉발할 테고, 이는 곧 소련에 대한 미국의 대규모 핵공격으로 확산될 터였다.

미사일을 해체하라는 흐루쇼프의 지시는 로버트 케네디의 최후통첩 마감시한을 36시간 남기고 쿠바에 도착했다. 해체는 새벽 5시부터 시작됐다. 속도가 더딘 외교 창구를 건너뛰고 라디오 방송국까지 질주해가며 이루어진 공중파 발표는 그보다 몇 시간 뒤에 나왔다.

흐루쇼프는 본인이 예상했던 대로 쿠바식 룰렛게임에서 갑자기 발을 뺀 대가로 정치적으로 혹독한 대가를 치러야 했다. 그러나 판이 다 돌 때까지 하루를 더 기다리지 않고 그렇게 한 것은 누가 봐도 현명한 처사였다. 훗날 흐루쇼프는 자국 군대가 맞닥뜨릴지 모를 위험으로부터 갑자기 군대를 빼내기로 한 자신의 결정을 설명하면서 그 토요일 밤에 대해 이렇게 말했다. "불타는 냄새가 공중에서 맴돌았다."[12]

케네디 대통령과 그의 동생 로버트 케네디는 쿠바의 반항이나 지대공 미사일 사령관의 불복종 또는 쿠바섬의 전술 핵무기와 관련해 흐루쇼프가 무엇을 했는지 끝내 알지 못한 채 죽었다. 그러나 그 토요일 오후 두 지도자가 더 나은 조건을 확보하기 위해 실랑이를 벌이며 여전히 합의를 미루고 있는 동안 둘 다 까맣게 몰랐던 그 이상의 일이 벌어지고 있었다.

소련 지대공 미사일이 미국 U-2를 격추한 날, 핵어뢰로 무장한 카리브해의 소련 잠수함 한 대는 자신들이 미국 구축함들에 공격받고 있다고 믿었다.

미국 구축함 비일호의 수중 음파 탐지병이 잠항 중인 소련 잠수함 B-59를 탐지하고 '훈련용' 폭뢰를 발사하기 시작한 시각은 10월 27일 오후 4시 59분이었다. 항공모함 한 척, 구축함 다섯 척이 카리브해의 좁은 수로 안으로 사냥감을 몰아넣고 잠수함을 향해 항복의 표시로 위로 부상해 정체를 밝히라는 신호를 보내기 시작했다. 아니면 산소와 전력이 다 떨어져 배터리를 충전하기 위해서라도 위로 떠오를 수밖에 없을 때까지 기다릴 수도 있었다.

수면 위의 함대 승무원들은 소련 목표물을 상대로 난생처음 실물 대잠수함 훈련을 한다는 사실에 의기양양해하고 있었다. 수면 위 함선들에 타고 있던 그 누구도, 이런 괴롭힘을 지시한 엑스콤의 그 누구도 지금 자신들이 화를 돋우고 있는 폭스트롯급 디젤 잠수함이 단 한 방이면 그 함선들 몇 척 또는 전부를 파괴할 수 있는 10에서 15킬로톤 위력(히로시마에 투하된 원자탄의 위력)의 핵탄두를 장착한 어뢰로 무장하고 있다는 사실을 알기는커녕 의심조차 못 했다. 그리고 그 잠수함의 지휘관과 승무원들은 자신들이 공격받고 있다고 믿기 시작했다.

이와 같은 (적대적) 만남을 극도로 우려한 케네디 대통령에 의해 봉쇄는 사흘 전부터 개시된 상태였다. 10월 24일 수요일 오전 10시에 열린 엑스콤 회의는 소련 잠수함과 관련한 신호 처리 문제에 대해 발표했다. 나중에 로버트 케네디는 이때를 위기의 가장 긴박한 순간으로 묘사했다.

같은 시각 봉쇄가 발효되면서 전략공군사령부는 냉전 기간을 통틀어 처음이자 유일하게 경계 수준을 방위준비태세Defence Condition, DEFCON 3에서 임박한 핵전쟁에 대비하는 단계 바로 아래 수준인 데프콘 2로 전환했다.[13] 전략공군사령부 최고 사령관 토머스 파워 장군은 소련을 겁주기 위해 자신의 재량권으로 이러한 변경을 실행하라는 명령을 암호화도 하지 않은 채 내보냈다. 전 세계에서 거의 1,500대에 이르는 전략 폭격기가 핵무기를 탑재한 채 비상 대기하고 있었다. 그리고 처음으로 전략공군사령부의 8분의 1이 계속 돌아가며 공중 경계 태세에 들어갔다. 즉 핵으로 무장한 폭격기 한 대가 임무를 끝내고 착륙하면 또 한 대가 이륙하는 과정이 쉴 새 없이 반복됐다.

맥나마라는 엑스콤 회의에서 공격 무기를 운반하는 것으로 추정되는 선박 두 척이 봉쇄선으로 다가오고 있으며, 각 선박마다 주변에 잠수함들이 있다고 말했다. 계획은 구축함이 그 잠수함 중 한 척을 가로막는 것이었다. 맥나마라와 테일러 장군은 전날 밤 새로운 신호탄을 소련 측에 보냈다고 설명했다. 잠수함에 부딪힐 뿐 아무 해도 입히지 않는, 사실상 수류탄이나 다름없는 훈련용 폭뢰를 떨어뜨림으로써 우리는 잠수함에 어서 부상하라는 신호를 보내게 될 터라는 것이었다. 맥나마라와 테일러 장군은 소련 측이 그 메시지를 받아 전달했을 것으로 추정하지만 확신할 수는 없다고 말했다(참고로 카리브해에 있던 잠수함 네 척의 함장들 모두 나중에 인터뷰에서 그런 메시지는 일절 받은 적이 없다고 밝혔다).

그날 아침 자신의 손으로 쓴 기록에서 로버트 케네디는 이렇게 말했다.

이 몇 분이 대통령에게는 가장 걱정스러운 시간이었다.[14] 그는 한 손을 얼굴께로 올려 입을 막더니 주먹을 꽉 쥐었다. 두 눈은 긴장해서인지 거의 회색빛이었다. 우리는 탁자 너머로 서로를 멀뚱멀뚱 쳐다보기만 했다.

나중의 설명에서 그는 대통령의 말을 인용했다.

"러시아 잠수함과의 첫 만남(교전)을 피할 수 있는 방법이 그것 말고는 없다는 겁니까?"[15]

"없습니다, 우리 함선들이 너무 위험합니다. 대안은 없습니다." 맥나마라가 말했다.

로버트 케네디가 지켜본 바에 따르면 당시 상황은 다음과 같았다.

우리는 최종 결정의 시점에 도달해 있었다.[16]…… 나는 우리가 막다른 벼랑 끝에 서 있다는 느낌이 들었다.…… 1천 마일 떨어진 광활한 대서양 위에서, 이제 몇 분만 있으면 최종 결정이 내려질 예정이었다. 케네디 대통령은 일련의 사건들을 시작하긴 했지만, 그는 더는 상황을 통제하지 못했다.

바로 그때 중앙정보국 국장 존 매콘이 봉쇄선으로 다가오던 소련 선박 여섯 척이 수중에서 갑자기 멈췄거나 경로를 바꿨다는 확신을 가지고 끼어들었다. 로버트 케네디는 계속해서 이렇게 설명한다. "회의는 지루하게 계속 이어졌다.[17] 하지만 다들 다른 사람처럼 보였다. 잠시 세상은 정지했고, 이제 다시 돌아가고 있었다."

하지만 생전의 로버트 케네디도 그랬고 엑스콤의 다른 누구도 수십 년 동안 모르고 있었을 뿐, 진실의 순간은 다만 늦춰졌을 뿐이었다.

24일 수요일에는 진로 방해는커녕 잠수함들에 신호를 보낸 적조차 없었다. 대통령은 우리가 흐루쇼프로부터 귀환 명령을 받은 선박을 공격하는 일이 없도록 그날은 쉬라는 지시를 내렸다. 그러나 해군은 지치지도 않고 며칠째 계속해서 그 지역의 소련 잠수함들을 뒤쫓았다. 맥나마라가 대통령에게 설명했듯이 그들을 괴롭혀 그 지역을 떠나지 않고는 못 배기게 만들기 위해서였다.

그다음 주에도 해군 구축함, 항공모함, 헬리콥터들이 카리브해로 파견된 네 척의 폭스트롯 잠수함 가운데 세 척의 위치를 시간대별로 정확히 찾아냈다. 그 가운데 가짜 폭뢰 '신호'에 반응해 수면 위로 올라와 정체를 밝히는 잠수함은 단 한 척도 없었다. 알고 보니 그중 어떤 선박도 간헐적으로만 교신이 되던 모스크바로부터 이런 취지의 정보를 수령한 적이 없다 보니 폭발을 신호로 해석하지 못했던 것이다. 물론 폭발 경험을 무해한 것으로 여긴 적도 없었다.

실은 세 척 모두 어느 시점부터 자신들이 공격받고 있다고 믿기 시작했다. 이들 잠수함 중 두 척에서 지휘관이 '특수 무기', 즉 히로시마 규모의 핵폭발력을 갖는 어뢰를 보복 대응하기 위해 준비해놓으라고 지시했다(승무원들은 자신들이 무얼 운반하고 있는지 들은 적이 없었기 때문에 핵 어뢰를 그저 '특수 무기'라고만 지칭했다). 이런 사건이 10월 30일에 또 일어났다. 전 세계가 위기가 끝났다고 결론 내린 지 이틀이 지났을 때였다. 소련 잠수함들을 부상하게 만들려는 미국의 감시와 노력은 11월 20일 봉쇄가 끝날 때까지 계속됐지만 잠수함들은 전쟁 개시 여부와 관련해 아무런 메시지도 받지 못한 채 여전히 탐지를 피해 다니고 있었다.

엿새 전(10월 24일) 일시적으로 탐지되어 케네디 대통령이 한 손을 입으로 가져가게 만든 잠수함 B-130은 니콜라이 슘코프 함장이 지휘하고 있었다. 10월 30일 구축함에 발각되자 B-130은 순간적으로 잠항을 시도했지만 디젤 엔진 두 개가 결딴난 상태라 매우 더디게 내려갈 수밖에 없었다. 구축함이 바로 잠수함 머리 위를 지나갔는데, 뱃머리의 소나 돔이 겨우 몇 미터 차이로 잠수함 갑판의 전망탑을 놓치고 말았다. 슘코프는 구축함이 자기들을 들이받고는 나중에 사고로 둘러대려는 것은 아닌지 의심했다.[18] 그게 아니면 그들은 이미 전쟁 중에 놓여 있다는 뜻이었다.

슘코프에 따르면 폭뢰 하나가 선체에 직격으로 떨어져 폭발하면서 깊이조절핸들을 망가뜨렸다. 그와 동시에 그는 잠수함 격실 한 곳으로부터 누수(나중에 수리함)가 발생하고 있다는 보고를 받았다. 이에 대해 슘코프는 나중에 있은 인터뷰에서 이렇게 말했다. "그들이 수류탄을 터뜨리는 순간 나는 그들이 우리를 폭격하고 있다고 생각했어요."[19]

피터 허치사우즌(쿠바 미사일 위기 당시 미 해군 구축함 블랜디호의 전열 장교로 복무했으며, 그때의 경험을 바탕으로 해전 관련 책을 몇 권 출간했다─옮긴이)의 설명을 빌리면, 슘코프는 특수 무기가 들어 있는 발사관을 포함해 어뢰관 네 개를 개방하라고 명령했다. 개방하고 나면 그다음에는 발사였다. 곧이어 전방 어뢰관의 특수 무기 보안 장교가 그에게 전화를 걸어 이렇게 경고했다. "함장님, 해군참모부 특수무기국의 특별 지시 없이는 어뢰를 무장할 수 없습니다."

슈코프는 그의 말을 막았다.[20] "빌어먹을, 왜 귀관의 작은 전화로 사령부에 전화를 걸어 물어보지 그러나? 아니면 백 미터 아래 바닷속에서는 작동이 안 되나?" 그는 그 젊은 장교에게 지시했다. "이봐, 자넨 들은 대로만 하면 돼. 허가는 내가 알아서 할 테니." 대화가 끝나자 슈코프는 다른 사람들이 듣지 못하게 에제크 프롤로프의 팔을 잡아당기며 이렇게 속삭였다. "나는 그 무기를 무장하거나 발사할 생각이 없네. 그럴 거면 우린 그 무기를 가지고 올라가겠지. 그 대화는 저치 들으라고 그랬던 걸세." 그는 수심 측정기를 살피고 있던 '잠폴리트'(공산당 정치 장교)를 턱으로 가리키며 말했다. "무슨 일이 일어나건 상관없이 저치는 내가 하려던 일이든 하려고 하지 않았던 일이든 모두 보고할 걸세."

프롤로프는 잠시 함장을 쏘아보다가 알겠다는 듯 천천히 고개를 끄덕였다. 함장은 특수 무기 발사를 준비하는 척하면서 빠져나갈 핑계를 만들고 있었을 뿐 실은 그 무엇도 발사할 생각이 없었다. 잠폴리트는 그 모두를 보고할 터였다, 단 그들이 살아남는다면.

이 이야기가 의미심장하게 들린다면 그것은 다음과 같은 점을 암시하고 있기 때문이다. 슈코프는 자신의 상관들 손에 들어갈 정치 장교의 보고서에 모스크바로부터 어떠한 승인도 받지 않았음에도 특수 무기를 사용하려고 했던 것처럼 보인다면 그편이 오히려 자신에게 유리할 것으로 믿고 있었다. 네 명의 함장이 항구로 돌아가 받은 대접을 고려하면 그와 같은 판단이 타당했을지 모른다. 대접은 그들이 생각했던 것보다 훨씬 더 냉담했다. 그도 그럴 것이 그 네 명 중 세 명은 미국 대잠수함 부대에 발각된 뒤, 질식사하거나 특수 무기를 비롯한 무기를 사용하기 위해 잠항하는 대신 병력의 총구 아래 결국 수면 위로 떠오르는 쪽을 택했기 때문이다. 항구로 귀환하고 나서 그다음 날 그들은 "지휘관 또는 인사권자의 명령이나 문건 또는 지시 위반을 명백히 가려내기 위해" 소집된 위원회에 출석해 보고했다.[21] 네 명의 지휘관들은 "수면으로 떠오름으로써 비밀 엄수의 조건을 어겼다"라는 이유로 특히 비판받았다. 아니면 위원회의 몇몇 다른 상관들이 지적했 듯, 수면 위로 떠오르느니 그런 상황에서는 차라리 명령서를 어겼어야 했다. 모 스크바로부터 인가를 받지 못했을지라도 그들은 '특수 무기'를 시작으로 각종 무 기를 사용했어야 마땅했다.

미국 학자들과 전직 관리들은 그로부터 사십 년이 지나서야 처음으로 이 후자 의 선택도 하나의 가능성이었다는 사실을 들었다. 맥나마라의 지시와 해군의 관 행에 따라 소련의 잠수함에 강요하던 상황에 대해 소련이 이런 식으로 대응한다 는 건 그들이 상상조차 할 수 없는 일이었다. 더욱이 미국 정보부와 의사 결정권 자들은 소련 잠수함이 핵탄두로 무장하고 있는 줄도 몰랐다.

한편 잠수함들은 그 상황에서 타당한 판단을 하기가 어려웠다. 이 잠수함들은 폭스트롯급이었다. 다시 말해 이 잠수함들은 북해용이었다. 다들 따뜻한 바다에 는 한 번도 와본 적이 없는 데다 통풍구도 고장 나 있었다. 잠수함 주 격실의 온 도는 섭씨 60도였다. 잠수함에서 가장 서늘한 곳은 어뢰실 바로 옆으로 섭씨 45 였다. 승무원들은 기운을 되찾기 위해 몇 분씩 교대로 그곳을 드나들었다. 위로 올라가 산소를 보충하고 시원한 공기도 쏘일 수 없었기 때문에 이산화탄소가 증 가하고 있었다. 승무원들은 쓰러지기 시작했다.

2002년 위기 40주년을 기념하는 아바나 회의에서 소련 잠수함 B-29에서 특수 신호를 담당했던 정보 장교 바딤 오를로프는 로버트 맥나마라, 맥조지 번디, 그 리고 대잠수함 공격을 담당한 소련 알파 그룹 출신의 해군 장교들이 포함된 청중 을 앞에 두고, 독 안에 든 쥐 또는 우리에 간힌 토끼의 관점에서 그 토요일 오후 의 물밑 상황을 다음과 같이 묘사했다.

얼마간 우리는 그들을 매우 성공적으로 따돌릴 수 있었습니다.[22] 하지만 미 국인들도 호락호락하지 않았습니다.…… (10월 27일 토요일 오후 4시 59분부터) 그들 은 우리를 에워싼 채 공격 훈련을 하는지 폭뢰를 떨어뜨리며 포위망을 좁혀왔습니다. 폭뢰가 선체 바로 옆에서 폭발했습니다. 금속 통 안에 앉아 있는데 누가 큰 망치로 계속 때려대는 듯한 느낌이었습니다.……

격실 온도는 섭씨 45~50도였고, 엔진실은 60도가 넘었습니다. 공기 중 이산화탄소 농도도 심각한 상태에 이르렀습니다. 사실상 사람에게는 치명적인 수준이었지요. 당직 장교 가운데 한 명이 기절해서 쓰러지더니 두 번째, 세 번째도 줄줄이 그 뒤를 이었습니다.…… 마치 도미노처럼 쓰러지고 있었지요. 하지만 우리는 계속 버티면서 도망 다녔습니다. 거의 네 시간 동안 이런 고통을 겪었습니다. 미국인들은 훈련용 수류탄(폭뢰)보다 더 강한 무언가로, 아마도 훈련용 폭뢰 같은 것으로 우리를 맞췄습니다. 우리는 올 것이 왔구나, 다시 말해 끝이라고 생각했습니다.

이러한 공격을 받고 나서 완전히 녹초가 된 사비츠키는 무엇보다도 작전 참모와 연락이 안 되자 노발대발했습니다. 그는 핵 어뢰를 담당하는 장교를 불러 전투태세를 갖추라고 명령했습니다. "저기선 벌써 전쟁이 시작됐는지도 모르는데 우린 여기서 재주넘기나 하고 있다니."[23] 발렌틴 그리고리예비치 사비츠키가 자신의 명령을 정당화하려고 애쓰며 감정에 북받쳐 소리쳤습니다. "지금 당장 저들을 날려버리자고! 우리는 죽겠지만 저들도 모두 가라앉게 되겠지. 우리 해군을 욕되게 하지 말자!"

오를로프의 설명은 계속 이어진다.

하지만 우리는 핵 어뢰를 발사하지 않았습니다. 사비츠키가 화를 가라앉혔던 거지요. 부함장 바실리 알렉산드로비치 아르키포프와 정치 장교 이반 세메노비치 마슬레니코프와 상의한 끝에 그는 수면 위로 올라가기로 결정했습니다.

하지만 여기에는 뒷이야기가 더 있다. 특수 무기를 발사하려면 최소한 장교 두 명, 함장과 정치 장교, 이 경우 마슬레니코프의 동의가 필요했다. 오를로프에 따르면, 마슬레니코프는 사비츠키의 발사 명령에 동의했다. 또 다른 잠수함 같았으면 이것으로 충분했을 터였다. 이 두 잠수함은 특수 무기를 발사하려면 반드시 있어야 하는 열쇠를 반씩 나눠 가지고 있었다(어뢰 옆의 특수 무기 장교도 열쇠를 가지고 있었다).

그러나 이 잠수함에서는 세 번째 동의가 필요했다. 여단 참모장 바실리 아르키포프가 동승하고 있었기 때문이다. 아르키포프는 사비츠키와 계급이 같았지만 잠수함의 지휘 체계에서는 함장인 사비츠키 다음이었다. 그럼에도 여단에서의 지위 때문에 이 결정에서 아르키포프의 동의도 필요했다. 그리고 그는 그 결정에 반대했다. 그는 사비츠키와 마슬레니코프도 알고 있었지만 그런 상황에서는 무시하기로 했던 근거, 즉 모스크바가 인가하지 않았다는 점을 근거로 그렇게 했다.

아르키포프가 다른 잠수함(예를 들어 미국인들에게 위치가 한 번도 노출되지 않았던 B-4)에 배치됐더라면 미 해군 항공모함 랜돌프호와 그 주변의 구축함 전부가 몇 분 만에 이루어졌을 사비츠키와 마슬레니코프의 합의에 따라 핵폭발로 파괴됐을 가능성이 높다. 아니면 파괴되지는 않았다 해도 치명적인 방사능 물에 흠뻑 젖는 바람에 피격 후 거의 곧바로 승무원 전원이 사망했을 것이다.

해군의 다른 지휘관들과 엑스콤 관리들에게는 이러한 폭발의 출처가 풀리지 않는 수수께끼였을 것이다. 그 지역에 있는 잠수함 중에 핵탄두를 운반하는 잠수함은 없다고 믿고 있었기 때문이다. 그 결과 이 대잠 공격 부대의 핵 파괴 원인을 그때까지 발사 현장을 한 번도 들킨 적이 없는 쿠바의 준중거리 미사일로 지목했을 것이다. 그렇게 되면 케네디 대통령이 10월 22일 발표한 사건은 소련에 대한 전면 공격으로 이어지고 말았을 것이다.

사비츠키와 아르키포프는 이제 둘 다 유명을 달리해 더는 증언할 수 없다. 그러나 아르키포프의 미망인 올가 아르키포프는 생전에 남편이 하마터면 핵 어뢰를 발사할 뻔했다고 말했다고 전한다. 만약 그랬다면 우리는 아마 이 책을 읽고 있지 못할 것이다. 1962년 10월 27일 일몰을 두 번 다시는 보지 못할지도 모른다는 로버트 맥나마라의 두려움이 실현됐을지도 모른다. 2012년 올가 아르키포프는 남편 바실리 알렉산드로비치가 십 년 전 아바나 회의 이후 '세계를 구한 남자'[24]로 알려지게 된 점을 당연히 자랑스럽게 여겼다.

그러나 그 토요일에는 그보다 훨씬 더 큰 일이 벌어지고 있었다.

그날 오전 맥나마라가 합동참보부 참모들과 함께 전차를 타고 있는 동안, 파워 장군 수하의 미국 전략공군사령부 U-2 한 대가 소련 영공으로 들어갔다는 말이 나돌았다. 알고 보니 그 비행기는 항로를 이탈한 기상 관측기였다. 우리 대부분은 (나는 대통령도 그러했을 거라고 추정하는데) 파워 장군이 게임을 하고 있으며 그 역시 그의 상관인 르메이처럼 개전을 원한다고 생각했을 것으로 추측했다.

(1975년 공군 장군 데이비드 버치널과의 한 구두 역사 인터뷰에 따르면) 이 소식을 받자 맥나마라는 "몹시 흥분한 채 '이는 소련과의 전쟁을 뜻한다'라고 소리치며" 펜타곤 회의실을 뛰쳐나갔다. 위기가 절정으로 치달았던 시점에 러시아인들은 이 비행기가 전면 공격에 대비하는 정찰기라고 생각했을지도 모른다. 10월 28일 쿠바의 미사일 기지의 해체에 동의한다는 것을 골자로 케네디에게 보낸 메시지에서 흐루쇼프는 미국 불청객이 "하마터면 핵 폭격기로 오인돼 운명적 단계로 우리를 내몰았을지도 모른다"[25]라는 우려를 표명했다.

당시 U-2 조종사는 극지방 상공의 오로라에 혼돈을 일으켜 방향을 잘못 잡았다. 자신의 실수를 깨달았을 즈음엔 그는 소련의 추코트 반도 상공에 있었다. 연료가 다 돼가자 조종사는 미그기들이 자신을 가로막고 격추시키려고 뒤따라오고 있다는 사실도 모른 채 기수를 돌려 몇 분째 계속해서 활강 비행했다. 한편 알래스카 공군 사령부는 U-2를 보호하기 위해 재빨리 F-102A 전투기를 움직였다. 미그기가 아니라 극지방 상공을 넘어오는 러시아 폭격기 상대용으로 설계된 이 전투기들은 핵 공대공 미사일로만 무장하고 있었다. 다행히 전투기들은 미그기와 맞닥뜨리지 않았고, U-2는 안전하게 귀환했다.

국무부 정보조사국 국장 로저 힐스먼은 이 사건 소식이 도착했을 때 우연히 백악관에 있었다. 그는 잔뜩 겁에 질린 채 안으로 뛰어 들어가 대통령에게 U-2 한 대가 러시아 상공에 있는데 미그기들한테 쫓기고 있다고 말했다. 케네디는 흔들의자에 앉아 있다가 매우 침착하게 옛날 해군 농담으로 대응했다. "어딜 가나 죽어라 말을 안 들어먹는 개자식들이 있기 마련이지."[26]

토요일 흐루쇼프가 쿠바에 주둔 중인 자신의 군대에 대한 통제력을 상실하고 있다고 믿을 만한 근거가 있었다면 똑같은 이유로 흐루쇼프 또한 상대방의 상황 통제력을 의심해볼 만했다. 그날 밤 회의에서 로버트 케네디는 도브리닌에게 무엇보다도 이렇게 말했다. "(외교를 선호하는 사람들은) 추진력을 잃고 있어요.…… 이 과정을 멈추기가 쉽지 않을 겁니다. 장군들은 싸움을 하고 싶어 몸이 근질거리고 있어요.[27] 그들은 개전을 원합니다." 도브리닌의 보고를 통해 흐루쇼프가 받아들인 메시지는 이 위기가 계속 확대된다면 케네디는 쿠데타에 직면할지도 모른다는 것이었다.

———

그랬다, 인간 세상은 1962년 10월에 하마터면 끝장날 뻔했다. 그 위험성은 당시에도, 40여 년 뒤에도 미국 고위직의 그 누가 상상했던 것보다도 컸다. 그 위험성은 내가 생각할 수 있었던 것보다 분명히 훨씬 더 컸다. 이는 서로 대립하는 두 지도자가 무모하거나 잠재적인 위험에 둔감했기 때문이 아니었다. 실은 둘 다 본인들도 의식하지 못했을 정도로 신중했고, 전 세계나 그들의 동료 대부분이 짐작했던 것보다 훨씬 더 신중했다. 더욱이 둘 다 핵전쟁이라는 개념을 극도로 싫어했다. 그 둘에게 핵전쟁은 문명의 종말이자 인류의 종말을 의미했다.

세상의 운명이 어떻게 될지 모르는 그 끔찍한 10월 27일, 토요일 밤 로버트 케네디는 그날 저녁 대통령 집무실에 있던 형의 심경을 다음과 같이 묘사했다.

그를 가장 괴롭히고, 전쟁이 일어날지 모른다는 가능성 때문에 그 어느 때보다 훨씬 더 그를 두려워하게 만든 것은 이 나라와 전 세계 어린이들에게 죽음이라는 망령이 닥칠지 모른다는 생각이었다.[28] 이 대치 국면에서 아무런 역할도 없고, 발언권도 없고, 심지어 아무것도 모르는 어린아이들이 다른 사람들과 마찬가지로 목숨을 잃을지도 몰랐다. 그들은 결정을 내릴 기회도, 선거에서 투표할 기회도, 공직에 출마할 기회도, 혁명을 이끌 기회도, 자신의 운명을 결정할 기회도 영영 갖지 못하게 될 수도 있었다.

동일한 조건에 놓인 흐루쇼프도 그런 위험성을 보았다. 10월 26일 대통령에게 보내는 사적인 편지에서 그는 다음과 같이 썼다.

대통령 각하, 우리와 귀측은 전쟁의 매듭을 묶은 밧줄 끄트머리를 잡아당기면 안 됩니다.[29] 우리 둘이 잡아당기면 당길수록 매듭은 더욱 단단해질 것이기 때문입니다. 매듭이 너무 단단해져서 그것을 묶은 사람조차 매듭을 풀 힘이 없어서 잘라야 할 수밖에 없을 때가 올지도 모릅니다. 그것이 무엇을 의미하게 될지는 굳이 설명하지 않아도 될 듯합니다. 각하께서도 우리 두 나라가 처분하게 될 끔찍한 무기가 무언지 너무도 잘 알고 계시니 말입니다.
따라서 그 매듭을 팽팽하게 당겨 전 세계를 열핵전쟁의 파국으로 내몰 의도가 없다면, 밧줄의 끄트머리를 쥐고 있는 힘을 느슨하게 푸는 데 그치지 말고 그 매듭을 풀 조치를 취합시다. 우리는 그럴 준비가 돼 있습니다.

둘 중 아무도 쿠바의 가치를 낮은 수준의 핵전쟁 위험일지라도 정당화할 만큼 높게 보지 않았고, 그래서 둘 다 위기를 평화롭게 해결할 방안을 모색하기로 마음먹었다. 앞서도 지적했듯이 사실 나는 두 지도자 모두 자신의 공개 선언에 반하는 행동을 했으며, 특히 케네디의 경우 자신에게 상황을 통제하는 힘이 있는 한 개전은 없다고, 어떤 상황에서도 미국과 소련 군대가 무장 갈등을 빚게 놔두지 않겠다고 자문들 몰래 단단히 결심했던 것으로 보고 있다. 나는 두 지도자 모두 공개적으로 대치한 초반 국면부터 (케네디의 경우에는 그보다 더 일찍) 상황이 실제 전투로 확대되도록 놔두느니 필요하다면 상대방의 조건을 들어주는 한이 있더라도 위기를 끝낼 결심을 하고 있었다고 믿는다. 그럼에도 세계는 하마터면 핵전쟁을 치를 뻔했다.

두 지도자 모두 자신의 군대에게는 도발적인 행동을 수행하라고 지시하고 있었다. 소련 측에서는 쿠바에 미사일을 배치해 발사 태세로 가동하는가 하면 카리브해로 초계 잠수함을 보내기도 했다. 미국 측에서는 쿠바 침공에 필요한 만반의 준비를 갖추고 위협적인 저공 정찰기로 쿠바 상공을 압박하는가 하면 소련 잠수함들을 괴롭혔다. 둘 다 실제로는 받아들이려고 했던 것보다 더 좋은 조건을 확보할 속셈으로 갈등 해결책을 놓고 실랑이를 벌였고, 그러면서 위기를 조금씩 연장하고 있었다. 만약 케네디가 자신의 자문들에게 '매우 합리적'이라고 주장했던 토요일 아침 흐루쇼프의 제안에 대해 미국의 공식적 반응이 나오기 전에, 즉 일요일 오전에 흐루쇼프가 느닷없이 굴욕적인 미사일 철수를 단행하지 않았더라면 어느 모로 보나 그날 오후쯤엔 전면전에 이르는 도화선에 불이 붙었을 가능성이 높았다.

얼마나 높았을까? 소련 잠수함에서 다른 둘의 의견을 묵살하려는 한 남자의 예측 불가능한 결정만큼 또는 처음으로 살아 있는 목표물을 향해 발사하던 날 쿠바 대공포 부대원들이 보여준 오발률만큼 높았다. 100분의 1보다 훨씬 더 높았고, 그날 니츠의 10분의 1보다도 높았다. 그런데도 나뿐만 아니라 다른 미국인들도 삼십 년 동안, 어떤 경우에는 사십 년 동안 그 사실을 모르고 있었다. 하지만 세계는 여전히 이 역사의 교훈을 제대로 받아들이지 않고 있다. 그럴 의도가 전혀 없었던 사람들에 의해, 인류의 역사를 끝내게 될까봐 움찔했던 사람들 때문에, 아니면 자신이 본 것의 위험성을 미처 인식하지 못했던 사람들로 인해, 엄청나고, 어처구니없는 위험에 처하게 되었던 이 역사를 통해 우리는 배워야 한다.

이 사건에서 내가 얻은 주요한 교훈은 핵무기가 인류의 존재에 미치는 위험은 유엔 안보리 상임이사국들보다 덜 '책임감 있게' 다루거나 세계를 위협하는 '불량한' 또는 '불안정한' 국가들로 핵무기가 확산될 가능성에만 머물러 있지 않으며, 마찬가지로 이스라엘, 인도, 파키스탄, 북한 등 좀 더 최근에 핵무기를 보유하게 된 군소 국가들의 변덕에만도 있지 않다는 것이다.

쿠바 미사일 위기의 진정한 역사가 드러내는 것은 미국과 러시아라는 초강대국 지도자들 손에 들려 있는 대량 핵무기의 존재는, 심지어 그 지도자들이 우리가 보아온 것처럼 책임감 있고 인간적이고 신중하다 하더라도, 당시에도 그랬고 지금도 그렇듯이 문명의 생존에 견디기 힘든 위험을 제기한다는 점이다.

지난 이십 년 동안 많이 감축했지만, 지금에 비하면 훨씬 규모가 작은 핵력을 각각 주관하던 두 나라 지도자는 소름 끼치게도 하마터면 그런 힘을 사용할 뻔했다. 위기 초반에는 전혀 생각지도 못했던 일이었다. 운명의 며칠 동안 케네디와 흐루쇼프는 열핵무기로 무장한 군대를 앞세워 옥신각신하면서 개인적으로는 각자 패배를 인정할 준비를 하고 있었지만 '아직은 아니다'라고 생각했다. 둘의 협상이 하루만 더 길어졌어도 당시 살아 있던 인간들은 거의 모두 죽었을 테고, 지금까지 살아 있다 하더라도 그 수는 손가락에 꼽았을 것이다. 그러나 2차 세계대전 이후 우리에게 그런 상황에서 좀 더 책임감 있게, 좀 더 신중하게 행동했을 대통령이 있었더라면? 지금 우리에게 그런 대통령이 있다면? 러시아는?

상대방이 모르는 것을 알고 있다는 이점에 힘입어, 때맞춰 마침내 패배를 인정한 사람의 말을 끝으로 인용을 마무리할까 한다. 위기가 끝나고 몇 달 뒤 흐루쇼프는 노먼 커즌스에게 당시 자신의 대응에 대해 다음과 같이 설명했다.

내가 군사 고문들에게 계속 버텨도 5억 인구가 죽는 일 따위는 없을 거라고 장담할 수 있냐고 물었더니 다들 나를 정신 나간 사람 보듯, 더 나쁘게는 반역자 보듯 쳐다보았다.[30] 그들이 보고 있던 가장 큰 비극은 우리나라가 황폐화되고 모든 것을 잃을지도 모른다는 것이 아니라, 중국이나 알바니아가 양보나 나약함을 이유로 우리를 비난할지도 모른다는 것이었다.

그래서 나는 스스로에게 이렇게 말했다. "이 빌어먹을 미치광이들. 미국이 쿠바 정부를 전복할 의사가 전혀 없다고 나를 안심시킬 수 있으면 내 미사일을 철거하지." 그리고 그 일은 실제로 일어났고, 이제 나는 중국 사람들과 알바니아 사람들에게 욕을 먹고 있다.……

사람들은 내가 종이호랑이에 맞서는 걸 두려워했다고 말한다. 말도 안 되는 소리다. 내 삶이 끝나는 마지막 순간, 우리의 위대한 조국과 미국이 완전히 폐허가 됐음에도 소련의 국가적 명예는 온전하다는 것을 안다고 한들, 무슨 소용이 있겠는가?

인류 종말 기계 방아쇠 위에서 손가락이 맴도는 사람이라면 누구에게나 마지막 문장, 아니 인용문 전체는 곱씹어볼 만한 가치가 있다.

2부

지구 멸망의 길

14장 ──
도시 폭격하기

인류 종말의 날에 이르는 길은 어디서부터 시작됐을까?[1]

그것을 가능하게 만든 핵분열 폭탄, 즉 원자폭탄 메커니즘을 맨 처음 생각해낸 것은 이론 물리학자들이었다. 그 뒤 뉴멕시코의 앨러머고도 사막에서 실험이 이루어졌다. 폭탄의 잠재력은 히로시마와 나가사키에서 마침내 세상에 드러났다. 그러나 그 전에, 하늘에서부터 도시에 불을 지르고 민간인을 불태우는 행위가 전쟁 수행에서 용인될 뿐만 아니라 필요하기까지 하다는 생각은 언제부터, 어떻게 가능해졌을까? 대체 어떤 의식 변화가 이루 말할 수 없는 전쟁 범죄로 간주하던 것을 세계를 선도하는 민주주의 국가의 공식적인 정책으로 바꿔놓은 것일까?

그러한 변화는 핵시대가 공식적으로 새벽을 맞이한 때보다 먼저 찾아왔는데, 2차 세계대전에서 일어난 두 가지 중요한 사건에 근거했다. 첫 번째는 공군력이 승리에 이르는 열쇠라는 몇몇 군사 전문가들의 믿음이었다. 두 번째는 도시, 다시 말해 도시 주민들을 거리낌 없이 합법적인 군사 목표로 여기는 민간인 지도자와 공군 사령관들이 늘어났다는 점이다. 이 두 사건은 각기 자기만의 특별한 역사를 지니고 있다.

유럽을 전쟁터로 삼은 2차 세계대전의 발발했을 때 그때까지 전쟁에서 당연하고 합리적이라고 여겼던 인간의 양심에 무언가 기준이 마련돼야 하지 않겠느냐는 제안이 나온 일이 있었다. 1939년 9월 1일 히틀러가 폴란드를 침공한 날, 다시 말해 2차 세계대전이 공식적으로 발발한 날 프랭클린 D. 루스벨트 대통령은 교전국 전체를 상대로 다음과 같이 호소했다.

"지난 몇 년 동안 지구 곳곳에서 전쟁이 맹위를 떨치는 과정에서 인구 밀집 지역에 있는 무방비 상태의 민간인들을 상대로 무자비한 공중 폭격이 자행됐습니다.[2] 방어 능력도 없는 수많은 사람을 남녀노소 가릴 것 없이 불구로 만들고 죽음으로 몰아넣어 문명인들의 가슴을 아프게 하고 인류의 양심에 크고 깊은 충격을 주고 있습니다.

지금 세계가 비극적 대참화를 맞고 있는 시기에 인류가 이러한 형태의 야만에 계속 의지해야 한다면, 지금 일어난 적대 행위에 아무런 책임도 없고, 심지어 멀리 떨어져 있어 참여조차 하지 않은 수십만 명의 무고한 사람들이 목숨을 잃게 될 것입니다.

따라서 나는 적대 행위에 공개적으로 참여하고 있는 모든 정부에게 어떤 경우에도, 어떤 상황에서도 민간인이나 무방비 상태의 도시를 공중에서 폭격하지 않겠다고 약속할 것을 호소합니다. 교전 상대국들 또한 이와 동일한 전쟁 규칙을 철저히 지킬 것이라는 인식 아래, 다급하게 호소하는 바입니다. 이에 대해 즉시 답변해주시기 바랍니다."

바로 이튿날 영국은 (독일에 대해 공식적으로 전쟁을 선포하기 전이었지만) 그러겠다고 약속하면서 영국과 프랑스는 "민간인들의 생명을 보호하겠다는 확고한 결의를 하고 교전을 치를 것이며"[3] 군대 지휘관들에게 "가장 엄밀하고 좁은 의미의 군사 목표물 외에는" 폭격을 금지하라는 지시를 이미 확실히 전달했다고 선언했다.

곧이어 독일도 비슷한 대답을 보내왔다. 실제로 이때까지만 해도 교전국 정부 중 누구도, 적어도 최고위급 차원에서는 고의로 도시에 폭격을 가한다는 계획이나 의도는 갖고 있지 않았다. 물론 그런 계획을 세운 적도 없었다. 거기에는 아돌프 히틀러의 정부도 포함돼 있었다.

루스벨트의 메시지는 전쟁의 새로운 행동 규범을 촉구한 것이 아니었다. 오히려 그와 정반대로 국제 관계의 불문율의 일부, 즉 국제 규범으로 간주하고 있었던 것의 중요성을 재확인한 것이었다. 최근 들어 파시스트 국가들이 이를 위반하여 광범위하고도 강력하게 규탄받고 있었던 것이다.

영국이 루스벨트에게 보낸 답변에는 "1938년 6월 수상이 의회에서 분명히 밝힌" 다음의 세 가지 원칙이 포함돼 있었다. "① 민간인을 폭격하거나 고의로 공격하는 것은 국제법에 위배된다. ② 공중에서 조준하는 표적은 합법적인 군사 목표물이어야 하며 확인 가능해야 한다. ③ 그런 군사 목표물을 공격할 때는 부주의로 인근의 민간인을 폭격하는 일이 없도록 합리적인 주의를 기울여야 한다." 영국은 이 세 가지 원칙을 국제연맹 총회에 상정했고,[4] 1938년 9월 30일에 국제연맹은 만장일치로 이를 결의안으로 채택했다.

그런데도 영국 공군의 중요한 소수 장교들(폭격 사령부)과 미육군 공군부대USAAF는 이러한 국제 규제를 어기고 한 세대에 걸쳐 공업지대와 민간인들을 목표로 삼는 훨씬 더 광범위한 폭격 전략을 준비해오고 있었다. 그들은 루스벨트의 이런 다자간 합의를 속박으로 느끼고 유감스럽게 생각했다. 그러나 아무도, 영국은 물론 히틀러도 루스벨트가 호소를 통해 맹렬히 비난했던 도시 폭격을 먼저 시작한 것으로 보이고 싶어 하지 않았다.

루스벨트가 지적한 "지난 몇 년 동안의······ 무자비한 공중 폭격"은 1937년 상하이를 비롯한 중국 도시들에 대한 일본의 폭격과 1937~38년 이탈리아와 독일 파시스트 군대의 바르셀로나, 그라노예르스, 게르니카 등 스페인 도시들에 대한 폭격을 가리키고 있었다. 실제로 5년 전인 1932년 1월 일본 비행기는 상하이의 공동 조계지租界地를 폭격해 1천 명의 사망자를 냈다. 이를 두고 바버라 투크먼은 앞으로 익숙해질, 민간인에 대한 최초의 전시 폭격이라고 말했다.[5]

1937년 4월 6일 독일 콘도르 비행단의 게르니카 도심지 폭격(독일의 역할은 은밀했고, 당시 독일 정부는 이를 부인했다)은 그 후 피카소의 그림으로 형상화되면서 그런 공격으로 고통받는 민간인들을 상징하는 사건으로 자리 잡았다. 그러나 당시 미국에서 가장 유명한 작가 어니스트 헤밍웨이의 직접 경험을 담은, 그러나 거의 알려지지 않은 한 편의 글만큼 도시 폭격에 대한 일반인의 도덕적 혐오감을 잘 표현한 것도 없다. 1938년 7월에 나온 이 글은 지금도 아는 사람이 거의 없다. 그가 소련 신문 《프라우다》의 요청으로 쓴 이 글은 러시아어로 출간됐고, 그의 영문 원고는 44년 동안이나 묻혀 있었기 때문이다.[6] 그의 글은 피카소가 그보다 일 년 전 화폭에 옮겨놓았던 초현실적인 이미지를 언어로 고스란히 전달한다. 그 가운데 주요 문장을 하나 소개하면 다음과 같다. "지난 15개월 동안 나는 파시스트 침략자들이 스페인에서 자행한 살인을 지켜보았다." 여기서 헤밍웨이는 파시스트들이 바르셀로나의 노동자들 주택과 마드리드의 영화관을 폭격하는 장면을 직접 보고 그것을 묘사하고 있었다.

두 다리는 비틀리고 두 팔은 엉뚱한 방향으로 구부러진 채 얼굴에는 횟가루를 뒤집어쓰고 살해당한 아이들. 뇌진탕으로 죽어 잿빛으로 변한 얼굴과 쓸개가 터지면서 입에서 시퍼런 액체를 흘리며 누군지도 알 수 없게 죽어간 여인들, 이런 시체들을 보고 있으면 어떤 때는 이들이 피투성이의 넝마 뭉치 같다는 생각이 들기도 한다. 때로 미치광이 도살자가 죽은 동물을 닥치는 대로 토막 내듯 마구 절단해버린 시체들도 보인다. 이를 보고 있으면 미워해야 할 대상은 다른 사람들이 아니라 바로 이런 짓을 하는 이탈리아와 독일의 살인자들이라는 것을 절감하게 된다.

······ 영화를 보러 온 군중을, 그것도 사람들이 나오는 오후 6시에 광장을 집중적으로 폭격하는 것은 곧 살인이다.

······ 비누를 사려고 줄을 지어 길게 늘어선 여자들을 포탄이 때린 모습이 보였다. 그 가운데 네 명이 살해당했다. 그중 한 여인은 몸통이 날아가 돌벽에 부

딪혔는데, 피가 그 돌벽 깊숙이 들어가 나중에 분사기噴砂機로 씻어내리려고 해도 씻기지 않았다. 또 한 시체는 시커먼 꾸러미들처럼 어지럽게 여기저기 흩어져 있었고, 부상 당한 사람들은 신음하거나 비명을 지르고 있었다.

자신이 보고 있는 것은 아무리 전시라 하더라도 범죄요 살인이라는 헤밍웨이의 도덕적이고 감정적인 반응은 그 시대의 일반적인 가치를 반영한 것이었다. 그것은 일 년 전 루스벨트 대통령의 호소를 밑받침했던 바로 그 가치였다. 실제로 미국과 영국 정부는 이후 전개되는 전쟁 내내 자국민에게 끊임없이 이런 가치를 천명했다. 하지만 그것은 갈수록 부정직해져갔다.

어쨌든 1939년 9월의 합의는 지켜지지 않았다. 1940년 대공습으로 알려진 히틀러의 전격적인 런던 폭격은 명백한 위반이었다. 그러나 대공습 이후 일 년 만에 영국의 민간 및 군사 지도자들은 주로 작전상의 이유로 국민에게는 비밀에 부쳤지만, 런던 공격 때 히틀러가 사용했던 전술을 채택하고 확대했다. (히틀러의 전술이) 1942년 초부터 시작한 독일에 대한 공격의 주요한 토대가 된 것이다. 얼마 뒤 역시 작전상의 이유로 미국도 이 대열에 합류했다(그것은 새롭게 발견된 이런 전술의 효과 때문도 아니고 미육군 공군부대 지휘관들이 그런 '테러'공격에 대한 초기의 반감을 무시했기 때문도 아니었다. 나쁜 날씨나 야간에는 다른 전술을 구사하기가 어려웠기 때문이었다). 특히 1945년 초부터 일본에서는 민간인 사상자를 최대한 많이 낼 것을 목적으로 한 도시 공격 전술이 사용되었는데—루스벨트는 이를 '인간의 야만'이라고 불렀다— 이 전술은 커티스 르메이 장군이 지휘하는 폭격기 부대가 수행하는 공격의 유일한 형태로 자리 잡았다.

이러한 정책은 영국과 미국 국민들에게는 전쟁 내내 비밀에 부쳐졌다. 대중이 보기에는 처칠과 루스벨트에 이어 트루먼 역시 비전투원, 즉 민간인은 의도적 공격에서 제외한다는 바로 그 예전 원칙을 지키고 있었던 것으로 보였기 때문이다. 그것은 거짓말이었다.

그 대신 민주주의와 진보를 표방하는 이 두 정부는 2차 세계대전의 와중에서 민간인을 폭격하는 히틀러의 전술을 몰래 채택하고는 폭격 작전에서 전투원과 비전투원의 차이를 없애버렸다. 그들은 그들의 후계자들이 오늘날까지도 공공연히 지지해오고 있는 '정의로운 전쟁'이라는 교의教義, doctrine의 원칙들을 거부하고 있었다. 어떻게 해서, 왜 이렇게 됐는지는 오늘날의 핵전쟁 계획을 이해하는 데 중요한 열쇠가 된다.

———

17세기 들어 휘호 흐로튀우스Hugo Grotius를 시작으로 국제법 전문가들에 의해 성문화된 '정의로운 전쟁'의 원칙은 더욱 파괴적이었던 과거의 종교 전쟁, 특히 독일에서 일어난 30년 전쟁을 보고 사람들의 생각이 '문명화되고' 있음을 반영해 준 것이었다. 이 전쟁 규약은 무엇보다도 비전투원의 의도적인 살해를 금지하고 있었다. 이는 남자는 모조리 죽이고 여자와 아이들은 죽이거나 노예로 삼는가 하면 때로 희생자들의 두개골로 탑을 쌓기까지 하면서 도시를 쑥대밭으로 만들었던 칭기즈칸과 티무르 같은 야만인들의 전쟁과 대비를 이루었다.

17세기를 지나 19세기에 이르러 세계는 아우구스티누스가 가톨릭교회의 입장에서 맨 처음 주창한 뒤 중세 들어 토마스 아퀴나스가 정교하게 다듬었던 이러한 개념을 채택하는 것을 지켜보았다. 이른바 정전론正戰論은 전쟁이 합법적으로 수행되어야 할 조건jus ad bellum(전쟁수행조건)을 확립했다. 합법적인 전쟁이 성립되려면 보통 국가를 수호한다거나 결정권자의 선언이 있어야 하는 등의 정당한 이유가 있어야 했다. 그리고 전쟁을 수행하는 정당한 수단에 관한 조건jus in bello도 있었다. 다시 말해 어떤 종류의 폭력은 사용할 수 없도록 제한하는 규제가 있었다. 기독교 국가의 어떤 군주도 이를 명령할 수 있고, 기독교인인 어떤 병사도 복종해야만 하는 규제가 있었다. 가톨릭의 이런 교의는 개혁교회 대부분에 의해 채택되었으며, 이어 국제법으로까지 받아들여져 세속화되었다.

합법적인 권위를 지닌 어떤 주체가 정당방위의 목적이라 해도 적에게 폭력을 함부로 사용할 수 있는 것은 아니었다. 폭력은 전투원과 비전투원의 확실한 차이를 존중해야 했다. 다시 말해 비전투원, 본질적으로 민간인은 의도적 공격에서 철저히 배제돼야 했다.

대체로 이러한 원칙들이 2차 세계대전이 일어날 때까지 계속 지켜졌다. 1939년 루스벨트는 여러 교전국들에게 전시에 마땅히 지켜야 할 문명화된 행동 원칙들을 일깨우면서 국제법이라는 규범을 지키라고 호소했다. 비록 일본이 중국에서, 독일이 스페인에서 이런 원칙들을 명백히 위반하고 있긴 했지만, 여러 교전국들이, 심지어 나치까지도 공식적으로는 이런 호소를 공식적으로 받아들이려 하고 있었다는 것은 놀랄 일이 아니었다.

그러나 2차 세계대전이 일어나기 이미 오래전에 전쟁의 성격에서 이러한 규범을 지키려는 엘리트들의 노력을 허물어뜨리는 뭔가가 일어나고 있었던 것도 사실이다. 흐로튀우스 이후 1세기가 지나 일어난 프랑스 혁명은 사상 처음으로 대규모 징병제를 가져왔다. 중세 이후 초창기의 전쟁들은—특히 야만적이었던 종교 전쟁을 제외하고는—소규모의 용병, 주로 군주나 일종의 군벌 또는 소국 밑에서 일하던 외국인들끼리 치르는 싸움이었다. 프랑스 혁명은 애국심이라는 정신, 즉 대의명분을 추구하는 열정을 전쟁에 도입했다. 이 열정은 그 전 몇백 년 동안은 불가능했던 방식으로 온 국민을 동원할 수 있게 해주었다.

이와 거의 때를 같이해 산업화의 새벽이 밝아오면서 대규모 인원을 무장하고 수송할 뿐만 아니라 대포에 이어 나중에는 개틀링 건(여러 개의 총신을 가진 초기의 기관총—옮긴이)과 기관총까지 보급하는 여유가 생겨났다. 특히 남북전쟁에서 처음 사용된 철도는 전쟁의 범위와 정도, 파괴력을 엄청나게 높여놓았다. 이러한 발전이 한꺼번에 작용하면서 국민 전체가 국가와 국가 사이의 전쟁에 휘말릴 가능성이 갈수록 커졌다.

이 모두가 합쳐져 치명적인 씨앗을 심게 되었고, 그것은 점차 전략 폭격 이론 이란 꽃으로 피어났다. 즉 군사 작전에 어떤 식으로든 도움을 줄 수 있다는 이유로 적국의 거의 모든 시민을 합법적 군사 목표물로 보는 개념이다. 그 개념은 탄약을 만드는 전시 산업 종사자들뿐만 아니라 철강, 에너지, 석탄, 석유, 수송, 통신 등 전쟁 기계에 재료를 대는 기초 산업 종사자들에게도 적용됐다. 그 결과 전투원과 비전투원의 차이가 흐릿해졌다. 하지만 이러한 변화가 미치는 영향이 바로 나타난 것은 아니었다.

이런 달라진 사고가 맨 처음 적용된 사례 중 하나가 조지아주를 종횡으로 누비며 농작물과 점포, 사회 기반 시설을 닥치는 대로 파괴했던 셔먼(남북전쟁 당시 북부군의 남서부사령관—옮긴이)의 행군이었다. 셔먼은 종종 "전쟁은 지옥이다"라고 말한 것으로 기억되는데, 이는 그저 말뿐이 아니었다. 그의 전쟁 이론은 전쟁을 하루 빨리 끝내려면 적이 최대한 지옥에 가까이 가도록 만들어야 한다는 것이었다. 비록 유럽에는 야만적인 행동으로 비쳤지만, 그가 전쟁에 도입한 혁신, 즉 군대가 애틀랜타시를 공격하도록 허락해 가게 대부분을 파괴하고 도시 전역에 불을 지른 전략은 오늘날까지도 남부에서 두고두고 회자된다. 그리고 나서 그는 애틀랜타에서 바다로 이동하면서 가는 곳마다 점포와 들판과 군수 보급품을 파괴했다. 이러한 조치에는 한편으로는 자신에게 반대하는 군대의 보급품을 파괴하려는 목적도 있었지만, 또 한편으로는 매우 노골적이고도 공공연하게, 조지아 주민에게 벌을 주고 분리 독립을 지지하거나 자신들의 지도자가 전쟁을 계속하도록 허락한 데 대해 그만한 대가를 치러야 한다는 것을 깨닫게 하려는 목적도 있었다.

전면전의 시대에 앞서 이처럼 적의 경제와 사회 질서를 향해 대규모 군사 공격을 가한 선례가 있긴 했지만, 여전히 대체로 전통적인 백병전의 형태를 띠었던 1차 세계대전에서는 이러한 전략이 시행된 적이 거의 없었다. 1차 세계대전에서 군사 작전 때문에 사망한 사람들은 대부분 군인이었다. 전 세계적으로 6천5백만 명으로 추정되는 병력 가운데 9백만에서 1천3백만 명 사이의 군인들이 전사했다.

수많은 병사들과 그들을 이끄는 장군들의 마음속에선 전시 구속력의 토대가 되는 전투원과 비전투원의 구분이 갖는 도덕적 중요성이 이때부터 이미 퇴색하고 있었다. 1차 세계대전에 참전한 군인들은 프랑스와 벨기에 들판 곳곳에 널브러진 군인들의 주검을 보면서 이 사람들이 비록 군복을 입고 있긴 했지만 대학살에 가깝다고 생각했다.

1916년 7월 1일 솜Somme 전투에서는 첫날 영국군 2만 명이 죽었고, 4만 명이 다치거나 실종됐다. 전투 개시 후 몇 달 만에 양쪽에서 1백만 명이 넘는 사상자가 나왔다. 전선은 때로 이쪽 또는 저쪽으로 몇 마일씩 이동했다. 이듬해 파스샹달 전투에서 더글러스 헤이그 장군은 포격으로 방벽이 모두 파괴된 플랑드르 지방의 허허벌판으로 부하들을 보냈다. 우기가 오면서 들판은 몇 피트 깊이의 진흙 수렁으로 변했다. 포탄이 떨어져 파인 곳은 모조리 물웅덩이가 되고 말았다. 더러 더 크게 파인 곳은 성인 남자가 빠져 죽을 수 있는 깊이의 작은 호수로 바뀌기도 했다. 그것은 양쪽 모두에게 말 그대로 통과 불능의 장애물이었다. 몇백 야드를 사이에 두고 양쪽이 모두 철조망 바리케이드를 친 채 기관총들을 겨누면서 대치하고 있었다. 그런데도 헤이그는 후방의 본부에 앉아 전선의 그런 상황을 거의 알 리 없는 작전 참모의 조언에 따라 몇 날 며칠, 몇 달 계속해서 이 진창을 지나 철조망 뒤 기관총을 겨누고 있는 지역으로 부하들을 내몰았다. 그리하여 아침마다 1만 명의 병사들이 죽어갔다.

공군은 전쟁터 상공을 날아다니면서 다양한 역할을 수행했다. 정찰 비행을 하고, 포대의 위치를 알아내며, 때로는 비행기에서 수류탄을 투하하기도 했다. 그러면서 어쩔 수 없이 저 아래 진창에서 죽어가는 군대를 내려다볼 수밖에 없었다. 악취 나는 참호 속에서 대포를 피하려고 몸을 옴츠리고 한 달 동안이나 제자리에 머물며 싸워야 하는 고통을 겪으면서 그들은 이보다 좀 더 나은 전쟁 수행 방식은 없는 것인가, 생각하지 않을 수 없었을 것이다.

그런 공군과 대형 비행기의 설계자 및 제작자들에게 대답은 분명했다. 즉 이

전쟁이 끝나기 전에 비행 거리도 더 길고 폭탄도 더 많이 실을 수 있는 비행기를 만들어내는 것이었다. 그런 비행기라면 철조망 상공은 물론 교착 상태에 빠진 전선 너머로까지 이동해 군대를 지원하는 민간 경제까지 공격할 수 있을 터였다. 바로 이것이 이른바 전략 폭격이라는 비전이었다. 장거리 폭격기로 전선 위를 통과하거나 전선을 우회해 멀리 있는 적 지상군 후방의 목표물을 공격하는 것이었다.

이탈리아의 장군 줄리오 두에Giulio Douhet는 이런 개념을 맨 처음 옹호하고 나서 인물 중 한 명이었다. 나중에 무솔리니 밑에서 잠시 항공국장을 지내기도 했던 그는 폭격기 제작자 조반니 카프로니의 오랜 협력자였다. 두에는 수많은 원칙을 내놓았는데, 가히 '교리'라 불릴 만큼 항공병들은 이를 신앙에 가까운 집념과 열정으로 신봉했다. 두에의 이론에 대한 이러한 믿음은 일종의 숭배의 대상이라 할 만했으며, 항공병이 갖춰야 할 자격 요건이자 증표였다.

그러한 원리 중 하나는 폭격기의 특성상 엄청난 힘으로 먼저 공격하는 쪽이 압도적으로 유리하다는 것이었다. 맨 처음 무엇을 공격해야 하는지에 대해서는 논란의 여지가 많았지만 두에는 비단 전쟁 수행 능력만이 아니라 상대방의 의지를 아예 꺾어 놓는 이른바 '사기 효과'를 이유로 들어 도시 폭격을 강조했다.

두에의 권고는 국제법으로 구체화된 정전론正戰論 정의 원칙, 그중에서도 특히 비전투원에 대한 의도적 살해를 금지하는 조항에 명백히 위배되었다. 그럼에도 이탈리아의 두에, 영국의 트렌처드 경, 프랑스 주둔 미국 항공단장 빌리 미첼 장군 같은 항공병 출신들에게는 공군력을 '전략적' 사용한다는 개념이 더 나은 전쟁 수행 방식을 의미했다.

유럽 대륙의 국가들에서 군대는 육군이 지배하고 있었지만, 육군은 지상전이 빠지기 십상인 전장의 교착 상태를 피해갈 방법이 될 수 없었다. 나치 독일은 프랑스를 기습 공격할 때, 지상군 사령관이 탱크와 근접 지원 항공기를 함께 결합한 연합 병력을 사용함으로써 상당히 좋은 효과를 본 것으로 드러났다. 그러나 몇몇 항공병들은 공군력을 제대로만 사용한다면 그 자체만으로 전쟁을 승리로 이끌거나 적어도 승리의 결정적인 요소가 될 수 있다고 생각했다.

(미국을 비롯한 모든 당사국들에게 대형 항공기를 팔고자 했던 카프로니의 격려에 힘입어) 두에가 꿈꾸었던 것은 1톤 이상의 폭탄을 싣고 적진 깊이 침투해 적의 수도와 기타 대도시에 이를 투하할 수 있는 폭격기를 만드는 것이었다. 두에와 몇몇 사람들의 생각은 수백 톤에서 수천 톤에 이르는, 상대적으로 적은 양의 폭탄을 공중에서 투하하여 적의 중심부를 완전히 해체하고 공포를 일으켜 그 지도자들에게 전쟁을 끝내라는 엄청난 정치적 압력을 가하는 것이었다. 필요하다면 폭탄의 양을 좀 더 늘려 대도시들을 아예 없애버릴 수도 있었다.

다른 사람들은 거의 모두 이를 비양심적인 야만 행위로 간주했지만, 이런 전략을 제안했던 항공병들은 공군으로 독립하여 육군의 작전권에서 벗어나길 간절히 원했다. 그들은 보병과 포병이 항공 전력의 잠재력을 이해하지 못한다고 생각했다. 기계에 대해서도 알지 못하고, 장거리 중폭격기로 무엇을 할 수 있는지 알아볼 눈도 없다고 생각했다. 더욱이 이 사람들이 하늘에 띄우고 싶어 했던, 효율적일 것으로 생각했던 폭격기는 엄청나게 비쌌다. 이는 아주 부자 나라에서만 그런 폭격 병력을 유지할 수 있으며, 그런 나라에서조차 탱크, 대포, 전함을 필요로 하는 다른 군대와 재원을 놓고 경쟁해야 한다는 것을 의미했다. 그래서 초창기부터 항공병들은 공군으로 아예 따로 독립해 나가서 독자적인 관료 체제를 확립해 제 몫의 예산을 따낼 수 있는 토대를 마련해야 한다는 강박에 사로잡혀 있었다.

둘째로 독립을 정당화하기 위해 그들은 더 높은 수준의 지휘권과 예산권을 원했다. 전쟁터에서의 전투 행위와 별개로 항공력의 전략적 임무가 지니는 결정적 잠재력에 대한 자신들의 믿음을 뒷받침할 수 있는 더 높은 수준의 지휘권과 예산권을 원했다. 그들은 무거운 폭탄을 싣고 장거리를 비행할 수 있는 비행기가 충분히 확보되면 전쟁을 효과적이고 신속하게 끝낼 수 있다는 믿음을 주변에 열심히 전파했다. 그것은 한 번도 검증된 적이 없을뿐더러 뒷받침할 만한 증거도 없는 이론이었다. 하지만 두에의 이론은 전 세계 각국의 항공병들에게 매력적인 것으로 보였고, 영국과 미국의 정치 지도자들은 마침내 이러한 목적을 띠는 군대를 창설한다는 생각을 받아들이게 된다.

여기서 '전략적'이라는 단어는 전쟁터의 목표라고 묘사되는 것을 넘어서, 공군의 독립적인 역할을 가리키는 말로 사용되었다. 전쟁터에서 공군이 수행하는 역할을 '전술적 폭격'으로 불렀는데, 이는 육군과의 긴밀한 협조 속에서 이루어졌다. '전략적'이라는 단어의 새로운 용도는 전략 핵무기를 가리킬 때도 사용되었다. 다시 말해 주로 장거리용의 무거운 핵탄두에는 전략 핵무기라는 명칭을, 단거리용의 비교적 위력이 낮은 핵탄두에는 전술 또는 '전장' 핵무기라는 명칭을 사용했다. 어쨌든 두 가지 명칭 모두 이러한 공군 군사력의 원칙, 즉 적의 경제나 시민 사회를 겨냥한 전략에서 나온 것이다.

이 전략은 두 가지 점에서 군사적으로 확실히 효과를 발휘하는 것으로 인식되었다. 아주 초창기에 두에와 '영국 공군의 아버지' 트렌처드는 모두 전쟁에서 이기기 위해서는 전쟁을 지원하는 민간인들의 사기와 의지를 아예 꺾어놓아야 한다고 주장했다. 특히 트렌처드는 적의 생산력 파괴도 중요하다고 강조했다. 2차 세계대전 이전부터 미국 공군에서는 그 이론이 다른 형태로 힘을 발휘했다. 즉 민간 영역이긴 하지만 전투 능력과 직접 관계가 있는 산업 목표물, 예를 들어 비행기 공장을 골라 정확히 타격해야 한다는 것이었다.

미국인들은 자신들이 개발한 노든 조준경이 극도의 정확성을 가지고 폭격할 수 있게 해준다고 믿었다. 그들은 자신들의 정확한 폭격을 '피클 통 폭격'이라고 부르면서 피클 통에도 정확히 폭탄을 떨굴 수 있다는 자만심을 유감없이 드러냈다. 실제로 그들은 특정 산업 시설뿐만 아니라 특정 건물의 특정 모서리를 맞히는 훈련을 하기도 했다. 그러면서 자신들은 평균 1백 야드 미만의 이른바 원형 오차 확률Circular Error Probability, CEP, 즉 오차 거리로 폭탄을 떨어뜨릴 수 있다고 믿었다. 다시 말해 그들은 특정 지점을 겨냥한 폭탄 중 절반은 그 지점을 중심으로 1백 야드 안쪽에 떨어지고, 절반은 그 바깥쪽에 떨어진다고 보았다. 낮은 고도의 비행기에서 투하하는 상대적으로 위력이 낮은 당시의 폭탄 상태를 감안할 때 이는 상당히 높은 명중률이었다. 대체로 1백 야드 거리에서 투하하는 5백 파운드짜리 폭탄 한 개는 목표물에 별다른 피해를 입히지 못할 수도 있었다. 그러나 CEP 100야드는 투하하는 폭탄의 수가 충분하다면 그보다 가능성이 크다는 것을 의미했다.

아울러 미국인들은 두에의 또 다른 전제, 즉 충분한 수로 공격해오는 폭격기를 막을 수 있는 것은 사실상 아무것도 없다는 개념 또한 중요하게 생각했다. 이와 관련해 영국 수상 스탠리 볼드윈은 1932년 "폭격기는 언제나 뚫고 나갈 것이다"라고 말했다. 미국인들은 노든 조준경의 정확성이 적의 방공망이 미치지 않는 아주 높은 고도에서도 폭격을 가능하게 해줄 것이라고 믿었다. 어쨌든 그들은 적국의 산업이나 민간인의 사기에 결정적인 영향을 미치려면 소수의 폭격기로도 뚫고 나가야 한다고 생각했다.

물론 민간인들은 미리 정한 목표물이 아니었다 해도 살해될 가능성이 컸다. 몇몇 폭탄은 목표물로 삼은 공장을 빗나갈 수 있었다. 그러면 그 공장에서 일하던 민간인들은 죽을 것이다(항공병력 옹호자들은 산업 전쟁이라는 면에서 공장 노동자들은 비전투원이 아니라고 부인할 테지만). 그러나 민간 목표물을 직접 노리는 공격은 경제를 방해하려는 목적이 됐든 사기를 떨어뜨리려는 목적이 됐든 초기의 교전 원칙을 노골적으로 위반하는 것이었다.

하지만 이 전략가들은 속으로 이러한 종류의 공격이 도덕적으로 정당하다고 생각했다. 민간인과 군인을 세심하고 꼼꼼하게 가려내느라 전쟁 당사국 모두 1차 세계대전을 되풀이하게 되는 것보다는 민간인을 다수 죽이더라도 전쟁을 빨리 끝내는 것이 더 낫다고 생각했다. 다시 말해 이러는 것이 가장 인간적이며, 현대전을 수행할 때 쓸 수 있는 유일하게 도덕적인 방법이라고 그들은 굳게 믿었다. 이러한 접근법에서 보면 양측 모두 전반적으로 훨씬 더 적은 사망자를 내게 될 터였다.

이러한 정당화는 폭격이 상대적으로 적은 수의 폭탄으로 신속하고도 효과적으로 이루어질 것이라는 가정에 근거하고 있었다. 그리고 그런 믿음 뒤에는 영국과 미국의 입안자들이 가지고 있던 다음과 같은 몇 가지 다른 믿음이 자리 잡고 있었다.

- 영국과 미국의 폭격기는 주간의 방어 비행에서 입는 손실률을 보전할 수 있다.
- 영국과 미국 폭격기는 주간에 적의 기지와 공장을 파괴하는 데 아무 무리가 없을 만큼 정확하게 폭격할 수 있다.
- 영국과 미국 폭격기는 필요하다면 야간에도 적의 도시와 산업 목표물을 정확하게 찾아낼 수 있으며, 여전히 공장을 파괴할 수 있다.
- 미국의 경우, 대공포 포격 위로 집단 편대를 이루어 비행하는 B-17 편대는 굳이 장거리 요격기의 엄호를 받지 않고도 적 전투기를 따돌리고 주간의 낮은 손실률을 유지하기에 충분할 만큼의 무장을 갖추고 있다(실제로 B-5 비행 편대는 '날아다니는 요새'로 불렸다).
- 유럽 대륙의 악천후 속에서도 미국의 폭격기는 구름 한 점 없는 애리조나 사막 상공에서 보여줬던 것과 똑같은 '피클 통' 정확성을 발휘할 수 있다.
- 그런 정확성으로 미국 폭격기는 독일 산업 네트워크의 중요한 병목점과 취약점을 파괴하여 전시 산업에 심대한 타격을 줄 수 있다.
- 야간에 출격하는 영국 폭격기는 고폭탄과 소이탄의 사용을 통해 독일 인구 상당수의 '가옥을 없앰으로써' 싸울 의지를 무력화하며,
- 따라서 폭격을 받는 독일 국민(나중에는 일본의 국민도)의 사기는 중국이나 스페인, 영국에서 증명됐던 것보다 훨씬 더 취약해진다.

전략 폭격의 옹호자들이 신조처럼 떠받들던 이러한 가정은 2차 세계대전 개시

몇 년 만에 완전히 틀린 것으로 입증됐다. 그럼에도 폭격은 계속됐을 뿐만 아니라 엄청나게 증가했다.

———

전쟁 발발 후 처음 2년 동안(미국인들이 유럽의 전쟁터에 발을 들여놓은 것은 1943년이 되어서였다) 영국은 폭격에 총력을 기울였다. 실은 1940년 됭케르크에서 어쩔 수 없이 대륙에 있던 군대를 철수하고 나서 영국이 취할 수 있는 유일한 형태의 공격이 폭격이었다. 효과가 있든 없든 여기에는 정치적 동기가 크게 작용했다. 1941년 히틀러가 러시아에서 일찌감치 성공을 거두자 그가 전쟁에서 승리할 것이라는 확신이 전 세계에 퍼져 있었는데, 영국은 이런 일반적 확신에 반격을 가해야 했다. 1940~41년 영국 입장에서는 잠재적 동맹군인 미국에 자신들이 전력을 다해 싸우고 있으며, 따라서 지원해줄 가치가 있는 우방이라는 것을 보여줄 필요가 있었다. 마찬가지로 1941년 중반 이후에는 동부 전선에 비할 바는 아니지만, 자신들이 독일군과 힘겹게 싸우고 있다는 것을 소련에 보여줄 필요가 있었다. 전략폭격사령부는 이런 메시지를 전달할 수 있는 군의 유일한 창구임을 자처했다. 1941년 말에 미국이 공격당한 뒤에도 영국은 자신들을 돕는 것이 미국 스스로 재무장을 하는 것 못지않게 중요하다는 것을 미국에 보여줄 필요가 있었다.

1차 세계대전에서 영국 항공군에 독립적 지위를 부여하는 데 성공한(미국의 경우에는 미육군 공군부대가 1947년 미국 공군USAF으로 편제되면서 비로소 독립적 지위를 얻었다) 트렌처드 경은 전략 폭격은 적의 산업 시설뿐만 아니라 주민의 사기도 노려야 한다는 두에의 주장에 동의했다[두에가 사용한 '사기'는 도덕적 효과'라는 의미를 부수적으로 포함했는데, 이는 20대 1의 물리적(폭력적) 효과를 뜻했다. 이는 독자들에게 특별한 인상을 남긴다. 왜냐면 그것이 언급하는 도덕적 목표는 의도적으로 민간인을 죽이는 것을 포함하기 때문이다]. 그래서 1939년 9월 2일, 루스벨트가 민간인을 폭격하지 않겠다고 호소한 이튿날 영국이 맺은 협정은 폭격 사령부가 1942년 초에 가동한 4엔진 랭커스터와 같은 중폭격기를 생산하기 위해 실제로 준비하고 있던 것에 상당한 제약이었다.

한편 히틀러는 전략 폭격이라는 교리를 믿지도 않았을뿐더러 실행에 옮기려고 준비한 적도 없었다. 실제로 그는 4발 폭격기를 한 대도 갖고 있지 않았다. 이 폭격기는 영국과 미국이 1930년대부터 설계에 들어간 것과 비슷한 종류의 중폭격기다. 독일, 프랑스, 러시아, 이탈리아의 유력한 군 장교와 정치 지도자들은 이런 교리들을 보고 이렇게 말했다. "말도 안 되는 소리, 민간인들은 그렇게 쉽게 무너지지 않아. 비용이 너무 많이 드는 데 비해 얻는 건 그리 많지 않을 것이야. 비행기를 띄우려면 군부대와 탱크의 긴밀한 지원이 있어야 해."

영국과 미국 공군의 시각에서 보면 이는 아전인수식의 편협하고 시대착오적인 생각이었다. 그러나 돌이켜 보면 그게 옳았다. 비용과 효율성 측면에서 영·미 공군의 교리는 잘못된 것이었다. 어쨌든 영국과 미국만 장거리 폭격용 중폭격기 개발에 착수했다. 그리고 이것은 히틀러의 공격에 맞선 대응이 아니었다. 히틀러가 권좌에 오르기 훨씬 전부터 추진된 사업이었다.

히틀러는 전쟁 초반에는 주거니 받거니 하는 식의 공격을 원하지 않았다. 그럼에도 전쟁 개시 후 처음 몇 달 동안 그의 비행기들, 즉 단거리 및 준중거리 폭격기들은 그의 군대가 포위하고 있던 바르샤바 도심을 공격했다. 고의적으로 민간인들에게 피해를 주는 행위를 놓고 지난 2백 년 동안 발휘돼온 법적 규제에는 엄밀히 따지면 현실적인 예외가 하나 있었다. 즉 포위당하고도 항복하지 않는 도시, 자신을 지키는 도시에 대해서는 일벌백계 차원에서, 나아가 항복을 받아내기 위해 대포로 폭격을 가할 수 있었다. 히틀러는 바르샤바 공습을 포위 작전의 일환으로 간주했다. 다만 이번에는 대포를 동원하지 않고 공중에서 작전을 수행했다는 점이 다를 뿐이었다. 따라서 나치는 그달 초 루스벨트에게 한 약속을 어긴 것이 아니라 지켰다고 볼 수 있다, 그것도 성실하게. 그럼에도 독일은 그의 무자비함을 보여줘 겁을 먹게 하려는 목적으로 급강하 폭격기들이 바르샤바 도심과 육로로 도망가는 난민들을 향해 공격을 퍼붓는 모습을 영화로 제작해 널리 알렸다(히틀러와 독일 국민들은 이러한 선전이 성공을 거둔 대가를 나중에 톡톡히 치러야 했다).

하지만 히틀러는 전투 지역을 벗어난 도시들에 대해서는 '전략' 폭격을 개시하길 원하지 않았다. 그는 영국이 거기에 대비하고 있다고 생각했다. 그는 독일의 도시들이 영국의 폭격에 취약하다고 여기고 있었고, 독일 국민의 사기와 지지를 굳이 그런 종류의 폭격을 통해 시험하고 싶지 않았다. 이듬해 그는 프랑스 침공에 이어 런던 대공습을 앞두고 자신의 명백한 허가 없이는 어떤 도시도 공격해선 안 된다는 명령서에 서명했다.

실제로 전쟁이 개시되고 처음 여덟 달 동안 양측은 도시를 대상으로 한 보복 공격은 피하는 게 좋겠다고 생각했다. 폴란드 침공 이후에도, 그리고 1940년 봄 내내 영국 최고 사령부는 '장갑을 벗어 던지고 본격적으로 싸울' 준비가 되어 있지 않았다. '장갑을 벗어 던지라'는 어휘는 영국이 트렌처드가 원하던 대로, 그리고 그의 친구 윈스턴 처칠이 원하던 방식대로 전략폭격사령부에 폭격기를 사용할 수 있는 권한을 부여하면서 제시한 말이었다(처칠은 1919년 트렌처드가 공군참모총장이었을 때 공군장관 겸 전쟁장관으로 그의 상관이었다).

히틀러는 바르샤바 공격을 통해 '저항하는' 도시의 운명이 어떤 것인지 보여주고자 했다. 마찬가지로 1940년 5월 14일 독일군이 로테르담 도심을 공격했을 때도 도시는 포위 상태였다. 물밑 협상이 진행되고 있긴 했지만, 네덜란드는 여전히 항복하길 거부하고 있었다. 독일 지상군 사령관 루돌프 슈미트 장군은 폭격을 요구했다. 그런데 폭격기들이 오는 도중에 그는 출격 요청을 철회했다. 네덜란드군이 곧 항복해올 것 같았기 때문이다. 그러나 때가 너무 늦은 뒤였다. 폭격기 절반이 그 메시지를 전달받지 못했다. 슈미트는 돌아가라는 신호로 시뻘건 불꽃을 피워 올렸지만 조종사들은 이를 알지 못한 채 로테르담 도심을 파괴했다. 이 일로 독일군은 네덜란드 국민에게 사과했는데, 이런 사과는 드문 사례였다.

처음에 네덜란드 언론은 3만 명이 죽었다고 보도했다. 실은 1천 명이 조금 안

되는 사망자였다. 그럼에도 사망자 수가 부풀려지면서 엄청난 충격을 불러일으켰다. 영국은 루스벨트에게 한 약속도, 그때까지 충실히 따르고 있던 정책도 앞으로는 지키지 않겠다고 선언했다. 로테르담 폭격 다음 날인 5월 15일 영국 내각은 인구 밀집 지역의 전략적 목표물을 타격하는 폭격기를 전쟁 개시 후 처음으로 독일로 보냈다. 바야흐로 장갑을 벗어 던진 것이었다.

나는 전략 폭격이라는 현상을 오랫동안 추적해왔다. 처음엔 나치의 런던 공습에 충격을 받았고, 그 후 공군이 후원하는 랜드연구소의 기밀 연구를 접하게 되었다. 랜드에서 읽었던 프레드 샐러거의 『전면전으로 이르는 길: 2차 세계대전의 확산The Road to Total War: Escalation in World War II』은 전략 폭격 움직임을 가장 잘 설명한 책 중 하나로 내게 깊은 영향을 주었다. 기밀로 분류되지 않은 랜드의 문서 R-465-PR은 일반에는 1969년부터 공개되기 시작했지만 나는 그보다 십 년 전쯤 내부 문건으로 그 보고서를 처음 읽었다.

나는 이 문제로 프레드 샐러거와 많은 이야기를 나누었다. 그는 2차 세계대전을 통해 핵확산이 진행되면 재래전이 핵전쟁으로 바뀔 수도 있다는 점을 시사하는 교훈을 찾고 있었다. 그는 어떻게 하면 그런 전쟁을 제한하고 통제할 수 있는지에 특히 관심이 많았다. 그의 주제 중 하나는 방금 언급한 로테르담의 폭격 사례에서처럼 오해, 오독, 지휘 및 통제 실패로 인해 빚어지는 확전의 빈발성이었다. 불과 나흘 전에 취임한 윈스턴 처칠은 그 사건을 영국 공군이 독일의 민간인 지역을 폭격할 수 있게 허용하는 방아쇠 겸 구실로 사용했다. 이와 관련해 그는 1940년 7월 8일 항공기 생산장관에게 다음과 같이 말했다. "(히틀러를) 끌어내려 주저앉힐 방법이 하나 있어요. 뭐고 하니 우리나라의 중폭격기들이 나치의 조국에 공격을 퍼부어 완전히 초토화하는 겁니다.[7] 우리는 이 수단을 사용해 저들을 압도할 수 있어야 합니다."

그럼에도 영국 대중과 관리 대부분은 이 새로운 영국의 정책은 호혜성이라는 원칙 아래서 사용돼야 한다고 생각했다. 처칠은 이렇게 말했다. "이것이 저들에게 갚아줄 방법입니다. 우리가 그렇게 하는 것은 합법적이며, 또한 우리의 의무이기도 합니다. 그자가 이런 형태의 전쟁을 시작한다면 우리도 똑같이 나가야 합니다."

독일이 프랑스와 저지대 국가를 공격한 날에 비행기들은 독일의 대학 도시인 프라이부르크를 폭격했다. 이를 두고 나치는 무방비 상태의 도시를 먼저 폭격하는 일은 없을 것이라는 약속을 어겼다며 연합군을 비난했다. 그러나 그 폭격은 프랑스의 목표물을 폭격하러 가다 항로를 잘못 들어선 독일 공군 비행기들의 실수였다(사건에 책임 있는 독일군 사령관들이 1980년 이러한 실수와 거짓 보고를 인정하기까지 40년이 걸렸다).

값비싼 대가를 치러야 하는 그런 실수는 1940년 8월 24일 밤에도 되풀이됐다. 당시에도 독일 폭격기들은 템스 강변의 정유 시설을 공격하려다가 항로를 이탈해 런던 주택가를 폭격하고 말았다. 이때까지도 히틀러는 여전히 보복을 삼가는 태도를 보이며 나중을 위해 여지를 남겨두긴 했지만, 런던에 단 한 발의 폭탄도 떨어지게 해서는 안 된다는 아주 엄중한 명령을 내렸다. 그럼에도 이 최초의 공격이 있고 나서 바로 이튿날인 8월 25일 영국은 처음으로 베를린 공격에 나섰고, 그 뒤로 열흘 동안 여섯 차례의 공격이 더 이어졌다.

5차 공격 뒤부터 히틀러는 이렇게 말하기 시작했다. "계속 이런 식으로 나온다면 우리는 그 일백 배를 돌려주겠다.[8] 이 폭격을 멈추지 않는다면 우리는 런던을 공격할 것이다." 처칠은 계속 공격했고, 첫 공격이 시작된 지 2주 뒤인 9월 7일, 독일의 대공습이 시작됐다. 런던을 목표로 한 이 의도적인 첫 공격은 영국의 베를린 공격에 대한 히틀러의 반응이었다. 이를 런던을 노린 독일의 의도적 공격이라고 믿는 데 따른 반응이 그다음에 나온 영국의 공격이었다.

전략 폭격이 시작되면서 영국에서는 민간인의 사기를 노려야 한다고 믿는 쪽과 미국인들의 신조라고 부를 수 있는 것을 여전히 고수하는 항공 막료幕僚(심지어 전략폭격사령부까지 포함해) 사이에 약간의 의견 대립이 있었다. 후자는 공격해야 하는 대상은 사람들 그 자체가 아니라 산업이라는 생각을 강하게 밀어붙였던 빌리 미첼 장군과 관계가 깊었다. 문제는 영국이 이미 1940년 초에 방어는 무시해도 되며 폭격기는 어떤 상황에서도 뚫고 나갈 것이라는 두에의 개념에 의문을 품기 시작했다는 점이다. 주간 레이더에 걸려 소실되는 비행기가 너무 많아 영국은 야간 폭격으로 전환할 수밖에 없었다.

처음에 독일은 야간에 요격기를 띄울 만한 능력이 거의 없었다. 그래서 영국 비행기들은 야간에는 매우 안전했다. 그런데 야간 폭격으로 전환하고 나서 얼마 안 돼 문제가 드러났다. 야간에는 공장을 식별하거나 공격할 수 없을뿐더러 중소규모의 도시는 찾아내기가 무척 어렵다는 것이었다. 영국의 야간 운항 능력은 보름달이 훤하게 떴을 때조차 생각했던 것보다 훨씬 더 떨어지는 것으로 밝혀졌다.

이런 운항 수단은 시간이 지나면 나아진다고 하더라도 문제는 또 있었다. 설사 적당한 도시를 찾는다고 해도 대공포의 맹공격을 피하면서 그 도시 안의 특정 목표를 찾아내 폭탄을 떨어뜨린다는 것은 불가능했다. 나중에 나온 항공사진 촬영 정찰 결과는 이 비행기들이 떨어뜨린 폭탄의 3분의 1이 목표물과 5마일의 거리가 떨어져 있다는 것을 보여주었다.

프리먼 다이슨Freeman Dyson은 물리학자이자 핵폭탄 설계자로 2차 세계대전 때는 젊은 수학자 신분으로 영국의 폭격 작전을 분석하는 업무를 맡기도 했다. 정찰기가 찍어온 항공사진들은 목표물과 관련해 실제로 폭탄 피해를 입은 지역이 어디인지를 보여주었다. 브리핑 담당자들은 상급 사령부에 올릴 결과 보고서를 작성하면서 목표가 됐던 공장 주변의 지도에 지름 3마일의 원을 그려 넣었다. 그는 당시 누군가가 이렇게 말했던 것을 생생히 기억한다. "보다시피 저 원 안에 떨어질 폭탄은 그렇게 많지 않아요.9 아마도 5마일 원을 사용해야 할 겁니다."

아무리 고폭발성이고 심지어 겨우 몇백 야드 거리에서 폭발한다 하더라도 500 내지 750파운드급 폭탄 하나로는 목표물에 기본적으로 아무 영향도 미치지 못했다. 따라서 폭탄이 1마일에서 5마일 밖에 떨어질 경우 표적이 된 사람들은 자신들이 공격받고 있다는 사실조차 모를 가능성이 컸다. 이러한 결과에 대한 분석은 이 공장, 저 공장을 전부 파괴했다거나 공장의 특정 건물을 방금 파괴했다고 하는, 폭격기 승무원들의 보고서에 근거하고 있었다. 그 뒤 스핏파이어 전투기에 촬영정찰 임무가 따로 부여되면서 폭격기들이 우연의 일치가 아닌 이상 목표로 하는 대상을 한 번도 제대로 맞히지 못하고 있다는 분석이 나왔다.

1941년 여름, 미국은 아직 전쟁에 본격적으로 뛰어들기 전이었지만 러시아는 바야흐로 나치의 공격을 받고 있었다. 그런 가운데 영국은 독일을 계속 폭격하길 간절히 원했다. 야간에 개별 공장을 파괴하기란 불가능하다는 것을 깨닫고 영국인들은 다른 종류의 목표물로 눈을 돌렸다. 정유 시설을 맞춰야 할지 아니면 볼베어링 공장을 맞춰야 할지를 놓고 고민하는 대신 영국 공군은 목표물을 운송 수단으로 바꿨다.

이러한 목표물은 전략 폭격 이론이 처음 수립될 당시부터 중요하게 여겨져 왔다. 그러나 이 특정한 시기에 운송 수단이 주된 목표물이 됐던 이유는 철도 터미널, 조차장操車場, 환승역은 도시 한가운데 있었기 때문이다. 이런 대상을 목표물로 삼을 경우 굳이 명중하려고 애쓸 필요 없이 그저 뭔가를 맞히기만 하면 됐다. 마을 가장자리에 있는 공장을 겨냥했다가 폭탄이 허허벌판에 떨어질 일이 없었기 때문이다. 그리고 일명 '보너스' 효과도 있었다. 민간인이긴 해도 어쨌든 적인 사람들을 죽이는. 적어도 그중 일부는 전시 노동자들일 터였다.

의사 결정권자와 기획자들 가운데 몇몇은 그런 적 주민을 노려야 한다고 믿었지만 1941년까지도 그와 같은 의견은 영국 공군 내에서 여전히 소수였을 뿐이다. 이와 관련해 샐러거는 영국 공군의 역사를 다룬 글에서 다음과 같이 설명한다.

전략 폭격이 시작되면 민간인들이 죽을 확률이 높았다.[10] 병원, 교회, 문화 시설 등이 공격받게 될 터이므로. 공군 참모 부총장 리처드 피어스가 표명했듯이 공군 참모부는 그것은 불가피할 뿐만 아니라 바람직하기도 하지만, 여전히 발전소나 철도 조차장 또는 석유 공장 같은 군사 목표물을 공격하려는 의도의 부산물일 뿐이라고 믿었다.

한마디로 민간인을 죽이는 것은 괜찮거나 심지어는 잘하는 일이기도 했지만 그런 사람들을 죽이겠다는 '의도'가 있어서는 안 됐다. 바꿔 말해 발전소를 목표로 공격 의도를 드러내는 것은 상관없었다. 한편,

전략폭격사령부는 최고 사령관 찰스 포털이 표명했듯이 1940년 9월에 이미 인간이라는 이 부산물이 주요 또는 최종 산물이 돼야 한다고 믿고 있었다.[11] 그는 이것은 그전에 독일이 보여준 행동(런던 대공습)을 통해 이미 정당화됐으며, 그래서 나온 전략으로 앞으로도 더욱 정당성을 인정받게 될 것이라고 믿었다.

(이상하게도 영국민의 사기 또는 생산력을 노린 런던 대공습이 사실상 실패로 끝났는데도 이러한 믿음은 좀처럼 수그러들지 않았다.)

샐러거는 대도시의 경우 물자 파괴를 주요 목표로 삼으라는 1941년 말 영국의 새로운 지침을 인용한다. 그 지침은 전략폭격사령부에 "소이탄의 비율을 높이고 공격의 초점을 소방 인력이 손쓸 수 없을 만큼 대형 화재를 일으켜 불이 사방으로 번지도록 하는 방향으로 맞추라"[12]라고 지시했다. 이와 관련해 샐러거는 이렇게 논평한다. "공군 참모부는 민간인 공격을 대놓고 선호하는 것에 여전히 망설였지만, 영국 도시의 민간인들을 죽이는 데 아주 성공적이었던 것으로 입증된 독일의 전술은, 적어도 기꺼이 채택했다."

같은 시기에 나치 선전장관 요제프 괴벨스는 독일인들이 테러 급습이라고 부르는 것의 끔찍한 효과를 아주 상세히 선전하고 있었다. 그의 주장을 적의 선전으로 치부하기란 쉬웠다. 그러나 수많은 민간인이 폭탄과 소이탄 아래서 죽어가고 있는 점령지 또는 독일 본국의 주교들로부터도 확실한 증언이 쏟아져 나오고 있었다. 매우 정확한 그런 증언들을 토대로 미국 예수회 신부 존 포드와 영국인 반전주의자 베라 브리튼은 당시 일어나고 있던 일들을 강력히 규탄했다.[13] 그러나 미국인이나 영국인 대부분은 그들의 설명과 연합군의 폭격 정책에 대한 비난을 믿지 않았다. 그런 이야기가 나올 때마다 영국과 미국 당국 모두 강력히 부인했기 때문이다.

전쟁이 끝날 무렵 의회에서 이런 정책을 둘러싸고 의문이 제기되자 미국과 영국 당국은 번번이 이런 식으로 대응했다. "맞습니다, 전쟁에서는 무고한 사람들도 더러 죽습니다. 그것이 전쟁의 본질입니다. 전쟁에서 그런 일은 늘 있었습니다. 무고한 사람들이 죽는다는 것은 실로 통탄할 일이지만 이런 종류의 작전을 시작한 것은 독일인들입니다. 그들은 전쟁을 벌이고 있습니다. 그들이 전쟁을 시작했고 자기들이 우리에게 준 것을 돌려받고 있습니다."

물론 죽임을 당하는 민간인들은 '우리의 처분에 맡긴' 사람들이 아니었다. 독일 국민이 자기 나라의 정책을 민주적으로 통제하지 못한다는 사실은 쉽게 무시됐다. 히틀러가 이겼을 때 독일 국민은 그의 정책에 손뼉 치는 것으로 비쳤고, 그것은 대부분 사실이었다. 따라서 유감스러운 일이긴 했지만, 독일 국민은 응당 벌을 받아야 했다. 다만 "우리는 우리의 기본적인 가치관에 따라 대공포의 사격을 무릅쓰면서 군수 공장, 석유 비축분, 항만 시설 등을 가능한 한 정확히 공격하고자 할 뿐 민간인 사상자를 최소화하기 위해 최선을 다하고" 있었다.

이는 거짓이었다. 그럼에도 불구하고, 1941년까지 영국 수뇌부 가운데 다수가 자신들이 실제로 무슨 짓을 하고 있으며, 왜 그런 짓을 하고 있는지 잘 모르고 있었다. 그런데 그들이 스스로를 기만하는 행위를 멈추는 때가 도래했다. 물론 대중에게는 남은 전쟁 기간 내내 계속해서 거짓말을 일삼았지만. 중요한 의미에서 현대전의 시대는, 다시 말해 우리가 지금 사는 핵 위험기의 바로 전 단계는 1942년 2월 14일에 시작됐다.

상하이와 게르니카 등 세계 곳곳에서 우리가 목격한 도시 폭격이 그날 시작된 것은 아니었다. 그러나 주요 산업 강국이 전쟁을 치르는 주된 방법으로 도시 인구를 의도적으로 폭격하는 것은 1942년 2월 14일에 시작됐다고 말할 수 있다. 1959년 랜드연구소의 내 사무실에서 읽은 샐러거의 원고를 통해 내가 처음 접한 영국의 지시에 따르면 그렇다. 공군 참모부가 내리고 나중에 합동참모본부와 민간의 방위위원회에서 공식화한 그 지시 사항은 다음과 같았다.

전략폭격사령부 귀하
귀하가 펼치는 작전의 주된 목적은 이제 적의 민간 인구, 그중에서도 특히 산업 노동자의 사기에 초점을 맞춰야 할 것입니다.[14] 이러한 목표를 고려해 선별한 목표 지역 목록을…… 첨부합니다.

목록에서 명시한 주된 목표는 루르-라인 지방의 중요한 도시 네 곳이었다.* 도시를 목표물로 지목하기는 이때가 처음이었다. 공장도, 특정 구역도 아니라 도시였다. 당시의 고폭탄으로는 도시 전체를 파괴할 수 없었다. 그러려면 비행기 몇백 대가 수시로 오가며 폭격 임무를 수행해야 했다. 핵무기는 비행기 한 대만으로 도시 전체를 파괴하는 것이 가능하게 만들었고, 전쟁 이후 핵무기 계획이 등장하기 시작하면서 도시 전체를 목표로 삼게 됐다. 그러나 그러한 관행은 이 지시문과 '공습은 도시 또는 특정 목표물을 대상으로 이루어져야 한다는 것에 대해 오해가 없길 바랐던' 공군참모총장이 손으로 쓴 별첨 자료와 더불어 시작됐다.

---

* 이 지시에 대해 샐러거는 "독일 도시들에 대해 집중적인 공중 공습을 펼치려는 의도라는 것에는 거의 의문의 여지가 없었다"라고 평했다.

그는 다음 주에 지휘권을 맡게 될 전략폭격사령부 신임 사령관 아서 해리스 장군에게 연필로 다음과 같은 지시문을 써 전달했다.

참조 사항. 새로운 폭격 지침.[15] 조준점은 시가지, 예를 들어 조선소나 비행기 공장이 아니라…… 아직 숙지되지 않았다면 확실히 숙지할 것.

샐러거는 "해리스 공군 중장의 생각도 같았기 때문에 그가 이러한 지시의 의도를 오해했을 가능성은 거의 없었다"라고 지적한다. 나중에 '폭격기 해리스'라는 별명으로 알려지게 되는 그는 몇 년째, 특히 코번트리시(2차 세계대전 당시 독일군의 공습으로 철저히 파괴됐던 영국의 공업도시—옮긴이)에 대한 독일의 공격을 감탄하며 연구한 뒤로 특정 산업만 파괴한다는 생각은 실행도 불가능할 뿐만 아니라 이렇다 할 효과도 거두지 못할 것이라고 믿었다. 그는 자신의 폭격기들은 넓은 지역만 공격할 것이며, 그러는 편이 개별 공장을 파괴하는 것보다 생산성 면에서 효과적일뿐더러 이것이, 그러니까 독일의 도시를 가능한 한 많이 파괴하는 것이 전쟁을 수행하는 올바른 방법이라고 믿었다.

(공중전 역사가) 웹스터와 프랭클린은 이 지침이 등장한 1942년 2월 14일을 '공중전의 역사가 잉태된 날'이라고 일컫는다.[16] 비교하면 독일 공군의 런던 공습이 보잘것없어 보였을 만큼 독일에 대한 맹습이 시작됐다는 점에서 이는 맞는 말이었다.

9개월에 걸친 대공습 기간에, 영국과 미국은 영국에 떨어진 폭탄의 양의 100배에 달하는 폭탄을 독일 도시에 투하했다. 결국, 수백 톤의 폭탄이 독일에 떨어졌고, 50만 명 이상의 독일인, 다시 말해 민간인이 목숨을 잃었다.

처음으로 민간인이 매우 조밀하게 거주하는 도시 지역을 개별 공격 및 전체 작전의 주된 목표로 지목하는 폭격 명령이 내려졌다.[17] (노르망디 침공 지원처럼) 불가피한 방향 전환을 제외하고 그것은 남은 전쟁 기간 줄곧 전략폭격사령부의 주된 목표로 남아 있게 됐다.

남은 전쟁 기간에 영국이 투하한 폭탄 대부분은 외곽에 위치하는 경향이 있는 공장이나 군사 시설이 아니라 도심과 시가지에 집중됐지만, 고위 장교들은 해마다 의회와 대중 앞에 나와 이 점을 계속 부인했다.

민간인 살해에 관해선 의도보다 실행이 먼저였지만, 의도의 변화는 큰 차이를 가져왔다. 독일이 런던 대공습에서 했던 것보다, 또는 영국이 1941년 말까지 하려고 시도했던 것보다 훨씬 더 많은 사람을 공중에서 죽이는 것이 가능해졌다. 1942년 2월 14일 결정은 바로 그렇게 하라는 영국 측의 승인이자 지시였다.

15장 ———
도시 불태우기

 야간 도시 공습이 본격적으로 개시되고 나서 얼마 지나지 않아 영국 공군은 주택을 목표로 삼았을 때조차 고폭탄은 바람직한 효과를 내지 못한다는 점에 주목했다. 우선 그들은 노동자들이 거주하는 시가지를 주로 선택했다. 이곳은 주택들이 서로 다닥다닥 붙어 있어 불이 빨리 번질 뿐만 아니라 폭탄이 한 집을 피해 가더라도 또 다른 집을 맞힐 것이기 때문에 피해 여파도 클 것이라는 이유에서였다. 마당이 있어 집들이 서로 떨어져 있는 중산층이나 상류층의 교외 지역에서는 그런 효과를 기대하기 어려웠다.

 그들은 도시를 파괴하는 데에는 고폭탄이 아니라 불이 더 좋은 방법이라는 것을 깨닫기 시작했다. 실제로 지발성 고폭탄은 소방수들을 겁주어 소이탄이 처음 지상을 맞췄을 때 그 뒤를 쫓아가지 못하게 막는 역할로 주로 기여하게 됐다. 이 무렵 영국 공군은 물로는 끌 수 없는 마그네슘-테르밋 폭탄을 사용하고 있었다. 이 폭탄의 경우 불길을 잡으려면 모래를 사용해야 했다. 물은 불길을 더욱 거세게 만들거나 아니면 폭발을 초래할 뿐이었다. 그러나 소방수들이 모래로 빨리 대응하면 끌 수 있었다.

 1943년 영국 공군은 그 전부터 제기돼왔던 이론, 즉 도시를 파괴하는 가장 좋은 방법은 적절히 설계된 과학기술과 전술을 활용해 자연의 힘을 풀어놓는 것이라는 생각을 시험해보기로 했다. 구체적으로 말하면 '불폭풍', 즉 해당 지역의 바람을 바꾸어놓을 불을 일으켜 그 일대의 날씨를 확 달라지게 만들 수 있는지 알아보기로 했다. 비행기를 무더기로 보내 정해진 지역을 소이탄으로 폭격할 경우 작은 불길이 동시에 너른 지역 곳곳에서 일어날 터였다. 그렇다면 처음에는 고폭탄을 투하하는 것이 도움이 될 것이다. 고폭탄은 구조를 해체해 발화하기에 좋은 조건을 조성할 뿐만 아니라 소방차의 거리 진입을 막을 것이기 때문이었다. 그러려면 소방 당국이 손쓸 엄두가 나지 않을 만큼 작은 불을 많이 내야 했다. 작은 불이 화르르 번지면서 서로 합쳐지면 결국엔 큰불이 되기 마련이었다. 그러면 도시 전체가 걷잡을 수 없이 화염에 휩싸이게 될 터였다.

그렇게 되면 과열된 공기가 강한 상승기류를 타고 순식간에 위로 올라가 지상에 저기압을 형성하면서 주변 지역으로부터 바람을 빨아들이게 될 것이다. 사실상 불은 스스로 기류를 형성하면서 바람 패턴을 바꿔놓을 터였다. 그리고 새로 유입되는 산소가 화덕 위의 풀무처럼 이 불에 먹이를 공급하면서 도시 전체를 일종의 용광로로 바꿔놓을 것이다. 수많은 시도 끝에 고모라 작전의 일환으로 1943년 7월 27일 밤에 감행된 함부르크 공습에서 마침내 성공이 찾아왔다. 이 효과로 온도가 섭씨 800도 넘게 올라갈 수 있다는 게 입증됐다. 시속 150마일이 넘는 속도로 사방에서 불어오는 바람을 먹이 삼아 점점 불어나는 불의 원 안에 있던 사람들은 모두 죽었다.

대피소에 있던 사람들은 굳이 열이 아니어도 숨이 막혀 죽었다. 이 온도에서는 시멘트의 탄산칼슘 성분이 분해되는 것은 물론 규산염 모래 또한 녹아내릴 수 있어 건물이 붕괴하기 쉽다. 소방수들은 아스팔트가 녹는 바람에 꼼짝달싹 못 했다. 소방 장비가 거리 곳곳에 박혀 그들의 이동을 막았기 때문이다. 불길을 피해 도망치던 사람들은 아스팔트에 갇힌 채 그 자리에서 불붙은 횃불이 되고 말았다. 복사열은 화염을 내뿜지는 않았지만, 그 강도가 어찌나 셌던지 방화대와 거리를 넘어 이곳저곳을 누비며 이 죽음의 지역에 불길을 퍼뜨렸다. 이날 함부르크에서는 약 4만 4천 명의 민간인이 사망했다.

공습이 끝나고 대피소 상황 조사에 나섰던 한 독일인 의사는 다음과 같이 보고했다.

기름투성이의 끈적이는 시커먼 덩어리 형태로 누워 있는 시체가 종종 눈에 띄었다.[1] 의심의 여지 없이 지방 조직이 녹아서 그렇게 된 것이었다.…… 다들 바싹 쪼그라들어 옷이 너무 커 보였다. 소이탄에 쪼그라든 시체들이었다.…… 재만 조금 남아 있는 지하층들이 많아 이 경우에는 사상자 수를 그저 추정만 할 뿐이었다.

이런 전술이 얼마나 용의주도했는지는 프리먼 다이슨의 다음 증언을 보면 알 수 있다.

나는 함부르크 공습 시간에 맞춰 영국 공군 전략폭격사령부 본부 건물에 도착했다. (1943년) 7월 24일 밤 우리는 4만 명을 죽였는데 잃어버린 폭격기는 열두 대밖에 없었다. 지금까지 우리가 거둔 최고의 성과가 아닐 수 없었다. 역사에서 처음으로 우리는 불폭풍을 만들어냈다. 이 폭풍은 대피소 안에 있던 사람들까지 죽였다. 사상자 수는 불폭풍 없이 똑같은 규모로 공격할 때의 약 열 배에 이르렀다.

이날까지도 불폭풍이 왜 또는 어떻게 시작되는지 아무도 알지 못했다.[2] 대공습을 감행할 때마다 우리는 불폭풍을 일으키려고 애썼지만 단 두 번만 성공했다. 한 번은 함부르크에서, 또 한 번은 2년 뒤 드레스덴에서. 아마도 그런 일은 폭격이 해당 지역 기상에 이미 존재하고 있던 불안정성을 풀어놓을 때 일어나는 듯하다. 또 다른 곳에서 그는 이렇게 말한다.

드레스덴 불폭풍은 최악이었지만 어떻게 보면 그저 우연일 뿐이었다.[3] 우리는 드레스덴을 공격했던 힘의 열여섯 배로 베를린을 공격했다. 우리는 매번 불폭풍을 일으키려고 시도했다. 드레스덴의 경우 모든 게 우리가 의도했던 대로 딱딱 맞아떨어졌다는 것을 제외하면 특이할 만한 점이 하나도 없었다. 골프 경기로 치면 홀인원 같았다. 안타깝게도 드레스덴은 군사적으로 별로 중요하지 않았고 살육도 전쟁에 심대한 영향을 미치기에는 시기상으로 너무 늦은 뒤였다.

영국 공군은 1945년 2월 13일 재의 수요일 밤에 마그네슘 폭탄으로 드레스덴을 공격했다. 미국 폭격기들은 그 이튿날인 밸런타인데이와 모레 주간에 폭약과 소이탄으로 공격했는데, 연기와 두꺼운 구름층 사이로 무차별 폭격을 실시했다.

커트 보니것은 『제5도살장Slaughterhouse-Five』에서 드레스덴 공습을 초현실적으로 묘사한다.[4] 사실 그는 전쟁 포로 시절 밤에 포로들을 가둬두던 도살장에서 지낸 경험이 있었다. 아침이면 그는 커다란 생강 과자 크기로 줄어든 시체들로 가득한 대피소를 치우러 나갔다. 역시 섭씨 800도가 넘는 불폭풍의 열에 수분이 모조리 빠져나가버린 시체들이었다.

독일에서 일곱 번째로 큰 도시 드레스덴은 그전까지는 한 번도 공격당한 적이 없었다. 이곳은 대대로 대학 도시였고, 특히 그 당시에는 독일로 진격해오는 러시아 군대를 피해 도망쳐온 난민들로 북새통을 이루었다. 그렇다 보니 몇 명인지 숫자도 제대로 파악 안 된 사람들이 드레스덴의 공공건물과 주택들을 가득 메우고 있었다. 공습으로 얼마나 많은 사람들이 죽었는지는 아직도 정확히 알려지지 않았다. 다만 10만 또는 심지어 50만 명이라고 추정했을 뿐이다. 2016년에 내가 드레스덴을 방문했을 때, 이제 연구자들은 약 2만 5천 명으로 잡았던 경찰의 초기 집계가 정확했던 것으로 보고 있다는 이야기를 들었다. 선전을 위해 괴벨스가 그러한 추정치에 0을 하나 더 추가했고, 25만이라는 숫자에 전 세계가 크게 경악했다. 함부르크의 불폭풍 때 4만에서 5만이 죽은 것에서 시작해, 독일의 다른 도시들에서 발생한 사망자 수보다 많긴 했다.

당시 드레스덴 공습을 둘러싸고 불거진 엄청난 논란은 한편으로는 그렇지 않아도 전대미문의 학살 현장이 실제보다 부풀려졌기 때문이고, 또 한편으로는 유럽에서의 전쟁이 이제 거의 끝나가는 마당에 이 공격은 굳이 필요하지 않다고들 생각했기 때문이다. 그러나 여기에는 영국 공군 브리핑 장교의 발언을 "연합군 공군 사령관들은 사람들의 오랜 바람대로 히틀러의 파멸을 앞당기기 위해 고의로 독일의 인구 중심지를 테러 폭격하기로 했다"[5]라는 취지로 옮겨 전한 AP통신의 1945년 2월 18일 자 기사도 크게 한몫했다.

공식 발표문에서 '테러 폭격'이라는 문구는(브리핑 장교는 실제 이런 단어를 사용하지 않았지만 완곡하게 '사기'가 폭격 목표 가운데 포함되어 있음을 확인했다) 영국과 미국의 고위 지휘관들, 특히 공보 정훈 장교들의 진땀을 쏙 빼놓았다. 그들은 고국의 청중에게 이 용어를 사용하지 않으려고 주의에 또 주의를 기울이고 있었다. 오랫동안 나치의 선전에서 써먹은 말인데다, 소수의 종교계와 의회의 '지역 폭격' 비판가들 사이에서도 사용된 용어이기 때문이었다. 그들은 공포를 앞세워 위협하려는 의도는 고사하고 전술이나 표적 선정과 관련해서도 그 어떤 변화도 없다고 부인했다(물론 어떠한 변화도 없다는 말은 정확했다. 1945년 2월 3일 유럽 주둔 미국 공군 사령관 스파츠 장군은 레이더의 안내를 받는 폭격기 9백 대를 보내 베를린을 무차별 폭격했다.[6] 불폭풍을 일으키는 데에는 실패했지만, 이 폭격으로 민간인 2만 5천 명이 사망한 것으로 집계됐다).

2월 21일 클라리온 작전(미국 비행기 수천 대가 영국 공군과 함께 하이델베르크, 괴팅겐, 바덴바덴 같은 소도시를 비롯해 독일, 오스트리아, 이탈리아 등지를 누비며 표적이 눈에 띄는 대로 폭탄을 떨어뜨리고 저공비행으로 폭격했던 작전)을 하루 앞두고 스파츠는 휘하 장군들에게 이렇게 말했다. "이 작전이 주민을 거듭 목표물로 삼거나 그들을 겁주려는 의도를 가졌다는 인상을 주지 않도록 각별히 신경 써야 할 것이오." 다음 날 스팀슨 Stimson 전쟁 장관은 기자들에게 "우리 정책은 주민들에게 테러 폭격을 가한 적이

절대 없습니다"라고 말했다.[7]

이런 소동에 5년 전 '절멸' 공격 개념을 지지하기 시작한 뒤로 전략폭격사령부의 전술에 한결같이 힘을 실어줬던 처칠 수상은 1945년 3월 28일 자신의 군사 참모에게 폭격기 해리스와 의견을 달리한다는 것을 밝히는 비밀 각서를 보내기에 이르렀다.

> 내가 볼 때 단지 공포를 퍼뜨릴 목적으로, 물론 다른 핑계를 대고 있긴 하지만, 독일 도시들을 폭격하는 문제를 재고해야 할 때가 온 것 같습니다.[8]……
> 드레스덴의 파괴는 연합군의 폭격 행위에 여전히 심각한 의문을 제기합니다.…… 아무리 강한 인상을 남긴다 해도 공포와 고의적 파괴 행위에만 집중하기보다 당면한 전투지대 뒤편에 있는 석유와 통신 같은 군사 목표물에 좀 더 집중할 필요가 있을 듯합니다.

공군 참모부도 해리스도 처칠의 이 변절을 순순히 받아들이지 않았다. 다음 날인 3월 29일, 해리스는 공군장관에게 다음과 같은 내용의 답장을 보냈다.

> 나는…… 현재 고려 중인 견해가 이와 비슷하다고 생각합니다.[9] '과거에 우리는 독일 도시들을 공격하면서 누가 뭐래도 떳떳했다. 그러나 그렇게 하는 것은 늘 불편했고, 어쨌든 독일이 당하고 있으므로 이제 이런 공격의 고삐를 적당히 늦춰도 되지 않겠는가.' 나는 이런 입장에 한 번도 동의한 적이 없습니다. 다른 전쟁 행위와 마찬가지로 도시 공격 또한 전략적으로 정당하지 않으면 용인될 수 없습니다. 그러나 그 방법이 전쟁을 빨리 끝내고 연합군 병사들의 목숨을 보전하는 데 도움이 된다면 전략적으로 정당합니다. 그 방법이 이런 효과를 내지 못할 것이라는 점이 확실히 입증되지 않는 이상 그것을 포기할 권리가 우리에게는 없습니다. 나는 개인적으로 남아 있는 독일 도시를 모

두 합쳐도 우리 영국군 병사 한 명의 뼈만 한 가치도 없다고 생각합니다.

참모총장들로부터 나온 이러한 생각과 압력에 밀려 처칠은 나흘 뒤 공군 참모부에 보낸 먼젓번 내부 문건을 철회하고 '공포'니 '고의적 파괴'니 하는 어구를 빼고 다시 작성한 문건으로 대체했다.

———————

프랭클린 루스벨트와 윈스턴 처칠이 참석한 1943년 카사블랑카 회의에서 영국은 계속해서 야간 폭격을 맡고 미국은 주간의 정밀 폭격에 집중하면서 공동 작전을 펼쳐나간다는 합의가 이루어졌다. 카사블랑카에서 처칠은 미국을 설득해 영국 공군의 야간 지역 폭격에 참여하게 하려고 무진 애를 썼지만, 합동참모부가 이를 거부했다. 당시 미국 공군 장교들은 자신들과 동맹 관계인 영국이 하고 있는 행동을 대량학살로 간주했다.

게다가 그들은 노든 조준경만 있으면 자기네 고공 폭격기들이 영국이 전쟁 초반에 하려다가 실패한 것을 주간에 할 수 있다고 계속 믿었다. 그것은 다름 아니라 독일의 주요 산업 목표물을 공격해 불구로 만드는 것이었다. 영국은 이런 믿음에 회의적이었고, 한참 뒤 직접 촬영정찰에 나서고 나서야 미국은 영국이 옳았다는 것을 깨달았다. 초특급 비밀 노든 조준경(개발비가 맨해튼 계획의 절반 수준으로 들었다)은 목표물을 조준하려면 맨눈으로 관측해야 했다. 다시 말해 구름 사이로는 조준이 불가능했다. 실제 전투 상황에서 미국 폭격수들은 종종 구름 사이에 숨어 대공포와 전투기를 피하느라 정작 고고도 '정밀' 폭격에서 목표로 삼고 있는 것은 하나도 맞히지 못하고 있었다.[10] 미국 폭탄이 실제로 지상에 떨어질 때의 양상과 도시 주민들에게 미치는 영향은 영국의 지역 폭격과 크게 다르지 않았다.

더욱이 주간에 전투기의 호위도 없이 독일 깊숙이 침투해 급습을 감행하려다

보니 공중에 뿌리는 손실이 엄청났다. 1943년 8월 17일 슈바인푸르트와 레겐스부르크에서 미국은 폭격기 346대 가운데 60대를 잃었고, 너무 심하게 훼손돼 두 번 다시 비행에 나설 수 없게 된 폭격기도 60대가 넘었다. 잃는 비행기 수가 너무 많다 보니 현상 유지가 어려워지고 있었다. 슈바인푸르트 볼베어링 공장을 겨냥한 10월의 2차 급습에서도 미국은 또 60대를 잃었다. 이는 출격 나간 비행기의 22퍼센트에 해당하는 숫자였다. 그 후 4개월 동안 공습이 중단됐다.

따라서 미국 공군도 야간 폭격에 의지하기 시작했다. 그리고 적절한 때에 그들은 영국이 3~4년 전에 배운 교훈에 주목했다. 즉 대규모 지역을 빼고는 야간에는 아무것도 맞힐 수 없다는. 그러나 1942년 이후 완전히 돌아선 영국 공군과 비교하면 미국 공군은 1945년 봄까지도 지역 폭격으로 완전히 전환한 상태가 아니었다. 하지만 악천후에 구름 사이로 이루어지는 '깜깜이 폭격'이 갈수록 많아지면서 특정 공장이나 도시의 좁은 구역을 목표로 삼는 척할 수도 없었다.

미국인이나 영국인의 독창성에 기대 화재로 도시 인구를 전멸시키는 기법은 평화 시의 전문적인 지식을 완전히 뒤집어 사용하면서 생겨났다. 화재 확산 방지에 일가견이 있던 화재보험사 임원들은 그 과정을 뒤집어 적용하는 데서도 창의성을 입증해 보였다. (나중에 정부에서 나와 같이 일하기도 했던) 월트 로스토와 칼 케이슨 같은 미국 경제학자들은 경제가 어떻게 작동하고 서로 협력하는지, 병목의 집결지는 어디이며, 따라서 폭격을 통해 어떻게 해체될 수 있는지에 관련된 분야의 전문가로서 런던 공군 본부에 파견됐다. 이는 결국 전략폭격사령부가 비밀리에 탐구하고 있던 주제, 즉 '어떻게 하면 한 사회를 파괴할 수 있는가'와도 일치했다. 작전 분석가들은 가장 효과적이면서 비용 대비 효율이 높은 방법으로 독일 노동자와 그 가족들을 산 채로 불태우려면 폭약과 소이탄을 어떤 비율로 섞어야 하느냐는 질문에 주목하기 시작했다.

다시 말해 도시 불태우기는 과학 연구 과제가 되어갔다. 유럽에서 사용하던 M-50 테르밋 소이탄은 관통하는 힘이 너무 셌다. 일본에서 이 소이탄은 구조 전체를 뚫고 들어가 그 아래 지면에 불을 지를 때가 많았다. 일본의 경우 가장 효과적인 무기는 하나의 포장 용기에 여러 개를 담아 투하했던 소형 소이탄 M-69였다. 포장 용기는 소이탄 38개를 무작위로 떨어뜨리도록 설계돼 있었다. 소방수들을 저지, 방해할 목적으로 떨어진 지 몇 분에서 몇 시간 뒤에 폭발하는 지발성 고폭탄도 포함됐다. 사람들은 이런 소형 테르밋탄이나 네이팜탄이 떨어지면 일단 멀찍이 피해 있다가 모래로 끄면 된다는 데 점차 익숙해졌다.

이번에는 커티스 E. 르메이를 역사 앞에 소환할 차례다. 드레스덴이 미국과 영국에 공격당하고 있을 무렵 미육군 항공대 사령관 햅 아널드와 부사령관 로리스 노스태드는 일본에서의 폭격 전략을 재고하고 있었다. 그들은 드레스덴에서와 같은 화염 폭격이 바람직한 방향이라는 데 미심쩍어하면서도, 르메이가 자신들 편이라고 굳게 믿었다.

일본 처리 문제와 관련해 이는 미국 공군의 새로운 개념이 아니었다. 오히려 그 반대였다. 1923년 간토 대지진의 여파와 그로 인해 도쿄와 요코하마에서 발생한 화재는 폭격이 일본에 미칠 영향을 연구하던 공군 이론가들의 관심을 끌었다. 일 년 뒤인 1924년, 빌리 미첼 장군은 대지진의 파급 효과를 면밀히 살펴본 뒤 일본 도시들은 '혼잡한' 데다 '종이와 나무 또는 그 외 불붙기 쉬운 재료'로 지어졌기 때문에 미국의 공습이 '결정적인' 역할을 하게 될 것이라고 보고했다. 1930년대에 미첼은 "이 도시들은…… 세계가 이제껏 보아온 것 중 가장 큰 규모의 공중 목표물을 형성하고 있으며…… 소이탄 발사체는 도시를 순식간에 잿더미로 만들 것"이라고 말했다.[11]

1930년대의 대일본 항공 작전과 관련해 전술항공전학교에서 내놓은 연구 결과들은 유럽의 '정밀' 폭격 전략과 달랐다. 당시 일본은 적국이 아니었다. 그러나 이때의 연구 결과들은 1941년 11월 15일, 그러니까 진주만 공습이 있기 3주 전 조지 마셜 장군이 로버트 셔로드와 어니스트 K. 린들리를 비롯해 워싱턴의 유력 언론인 일곱 명을 불러 '오프 더 레코드'로 진행한 브리핑에 반영됐다. 브리핑이 끝나고 그들은 마셜 장군이 다음과 같은 취지의 발언을 했다고 보도했다. 일본과 전쟁하게 되면 "우리는 인정사정없이 싸울 것이다. 지체 없이 날아다니는 요새 (B-17)를 급파해 일본의 종이 도시들에 불을 지를 것이다. 민간인 폭격과 관련해서도 한 치의 망설임도 없을 것이다.[12] 그 전쟁은 전면전이 될 것이다."

이와 관련해 역사가 존 다우어는 이렇게 설명한다. "나흘 뒤인 11월 19일 마셜은 휘하 참모에게 역시 명료한 어조로 인구가 조밀한 일본 도시들의 나무와 종이 구조물을 태워버릴 소이탄 공격에 적합한 비행기들을 수배하라고 지시했다."

1923년에 일본에서 발생한 대지진 및 불폭풍과 맞먹는 것을 만들어내겠다는 이 장기적인 비전에도 불구하고 일본의 종이와 나무 주택을 마침내 사정거리 안에 두게 됐을 즈음 (1944년 10월 당시 마리아나 제도에 근거지를 두고 있던) 제21 전략폭격 사령부는 일본의 산업 목표물, 특히 비행기 산업을 겨냥해 여전히 정밀 폭격을 추구하고 있었다. 이곳 사령관 헤이우드 S. 한셀 준장은 주간 고고도 정밀 폭격이라는 공군의 원칙을 확립한 인물 중 한 명이었다. 한셀은 도덕적으로 불편하고 군사적으로 불필요하다는 이유를 들어 화염 폭격에 반대했다. 그러나 그를 대신해 워싱턴의 항공대 참모부에서 일하게 된 노스태드 소장은 정밀 폭격보다 화염 폭격에 의한 대량파괴를 선호했다. 1945년 1월 6일, 노스태드는 괌에 있는 한셀의 본부를 방문해 그를 전격 해임하고 그 대신 르메이를 그 자리에 앉혔다.

르메이 장군은 신체적으로 매우 건장한 사람이었다. 엄격한 규율을 중시했던 그는 부하들로부터 매우 큰 신임을 얻으며 사령관으로서 두각을 나타냈다. 무엇보다도 그는 유럽 파견 항공대 복무 시절 대공포가 불을 뿜어대도 회피 동작을 취하지 않고 밀집 대형으로 비행하는 전술을 도입했다. 누구든 대형을 이탈하는 날엔 기지로 돌아와 군사재판을 받아야 했다. 그는 앞장서서 선두 기체에 탑승하는 적도 많았다(큰 대가를 치러야 했던 레겐스부르크 급습 때도 그랬다가 B-17기 146대 가운데 24대를 잃었다). 뒤따라가는 사람들은 그가 폭탄을 투하하면 이를 신호로 일제히 각자의 폭탄을 투하해야 했다. 이는 한마디로 기지로 돌아와 또다시 위험을 감수할 필요 없이 대공포의 사격을 뚫고 그대로 직선으로 비행하면서 목표물을 파괴한다는 개념이었다. 본인 말을 빌리면, 그는 대공포의 맹공격을 뚫고 직선으로 비행하는 배짱과 능력 때문에 '철바지'로 알려지게 됐다. 반복 임무는 갈수록 불필요해졌고, 손실률도 전반적으로 떨어졌으며, '회피 기동은 없다'가 제8 항공대 전체의 규칙으로 자리 잡았다.[13]

제21 전략폭격사령부를 넘겨받고 나서 몇 주 동안 계속 지켜본 끝에 르메이는 그 전에 그의 상관들이 그랬듯이 B-29로 강철 구조물과 교량을 정밀 폭격하는 한 셀의 방법은 효과가 없다는 결론을 내렸다. 그는 상관들의 요구를 반영해 소이탄으로 시험 가동에 들어갔고, 상당히 인상적인 결과를 얻을 수 있었다. 그렇게 하라는 명령을 직접 받진 않았지만, 그는 전력을 다해 도쿄를 불태우기로 결심했다.

1945년 3월 9~10일 밤으로 예정된 도쿄 공습을 준비하면서 그는 직접 선두 기체를 몰고 출격하고픈 마음이 굴뚝같았지만 그 대신 자신의 휘하에 있는 토머스 파워 장군을 보내야 했다. 르메이는 포로로 붙잡힐지도 모르는 위험을 차마 스스로에게 부과할 수가 없었다. 파이어크래커(폭죽)라는 암호명 아래 원자폭탄 투하 작전이 곧 있을 예정이었기 때문이다. 그 사실을 아는 사람은 그의 전장에서 거의 그 혼자밖에 없었다(7월 초 폭격이 예정된 도시 명단에서 4개 도시가 제외됐는데, 그 이유는 원자폭탄의 치명성을 최대한 보여주려면 손상을 입지 않은 도시가 목표로 적당했기 때문이다).

르메이는 끝없는 테이프를 토대로 소설가 매킨리 캔터와 함께 회고록『르메이의 임무Mission with LeMay』[14]를 집필했다. 무려 600쪽에 이르는 이 책에서 르메이는 시종일관 일인칭 화자 시점에서 의식의 흐름 기법을 충실히 지키며 이야기를 풀어나간다. 루스벨트가 도시 폭격을 잔인하고, 비인간적이며, 야만스럽고, 미개하다고 성토한 지 불과 6년 만에, 우리가 얼마나 멀리 왔는지를 이보다 더 잘 보여주는 것도 없다.

르메이는 전쟁을 통틀어 미국 공군 사령관이 감행한 가장 대담한 도박이라는 평과 함께 자신에게 용기 있다는 명성을 안겨준 전술적 고민에 대해 꽤 자세히 이야기한다. 그는 일본은 독일과 달리 저고도에서는 대공포 능력이 떨어진다고 결론 내리고는 낮게 비행하면 많은 성과를 달성하는 동시에 비행기 손실도 대폭 줄일 수 있다고 판단했다. 만약 그가 틀렸다면, 다시 말해 일본의 대공포 능력이 상당한 것으로 드러난다면 그는 많은 비행기를 잃게 될 뿐만 아니라 그의 시도 또한 르메이의 엄청난 실수로 역사에 기록될 터였다.

공습 직전 그가 승무원들에게 하달한 지시는 그때까지의 폭격의 역사에서 전에 없이 특이했다. 엄청난 크기의 B-29는 고고도에서 매우 빠른 속도로 밀집 대형을 이뤄 비행하면서 원격 조종되는 총으로 전투기를 상대하도록 설계됐다. 그날 밤 그가 지시한 전술은 승무원들이 한 번도 들어본 적이 없는 전술이었다. 편대 비행을 해선 안 됐다. 고고도로 올라가서도 안 됐다. 다른 비행기들이 제 자리를 잡을 때까지, 그리하여 도시 상공에 엄청난 줄의 대오가 형성될 때까지 연료를 바닥내가며 선회 비행을 해서도 안 됐다. 그 대신 가장 빠른 직선 항로로 기지에서 목표 도시까지 지그재그로 비행할 예정이었다. 따라서 엄청난 양의 연료를 절약할 수 있을 터였고, 이는 곧 폭탄을 더 실을 수 있다는 뜻이었다.

무엇보다도 예상을 뒤엎는 지시는 비행기에서 기관총과 탄약을 들어내고 폭탄용으로 1.5톤을 또 확보한다는 것이었다. 이러한 전술을 통해 그는 총 334대에 이르는 비행기의 폭탄 적재량을 50퍼센트 넘게 늘릴 수 있을 것으로 기대했다. 비행기 한 대당으로 치면 주로 소이탄으로 이루어진 폭탄을 6톤에서 8톤씩 싣게 되는 셈이었다.

르메이는 아널드 장군에게 자신의 계획을 알리지 않기로 결정했다. 따라서 임무가 실패하더라도 그의 상관은 비난받지 않아도 될 터였다. B-29기 개발은 아널드가 특히 애지중지하던 사업이었다. 그는 B-29가 공군의 미래를 여는 열쇠라고 보았다. 그러나 이 비행기를 개발하고 생산하는 데 맨해튼 계획보다 더 많은 돈이 들어갔고, 기술상의 결함 때문에 유럽 전장에는 투입되지 못하고 있었다. 마찬가지로 일본 상공의 날씨(계속 흐렸다)와 고고도에서는 시속 2백 마일로 불어대는 제트 기류 때문에 오든 가든 정확한 폭격이 불가능해 들어간 돈에 비해 보여주는 게 별로 없었다.

워싱턴에 있는 르메이의 상관들은 무엇보다도 B-29기가 태평양 전장에서 큰 일을 하면서 전략 폭격을 계속할 수 있다는 걸 입증하길 바랐다. 그래야 공군의 독립적 지위를 확보하고 전쟁 이후에도 전략 폭격을 계속 밀고 나갈 명분이 설 터였기 때문이다. 르메이가 상관들에게 알리지 않은 것은 민간인에 대한 의도적인 화염 폭격이 아니었다. 그것은 그들이 원하는 것이었고, 그래서 자신을 거기에 보냈다는 것을 그는 잘 알고 있었다. 마지막 순간까지 그가 숨기려고 했던 것은 자신이 구사하게 될 과격한 전술이었다. 값비싼 비행기와 승무원들에게 위험할 수도 있는, 그러나 그들이 원하는 결과를 얻으려면 아마 꼭 필요한 그런 전술. 그는 실패 가능성까지 포함해 그 전술에 대한 책임은 모두 혼자 지기로 마음먹었다.

캔터가 옮겨 기록한 책에서 르메이는 당시의 상황을 다음과 같이 반추한다(말줄임표와 이탤릭체는 원문에서 그대로 따왔다).

나는 지금 주요 지역의 수많은 전략 목표물에 대해 생각하고 있다.[15] 포탄을 만드는 하토리 공장 주변에 사는 사람들. 그것이 그들이 산업을 퍼뜨리는 방법이다. 어른들을 도와 온종일 일하는 꼬마들. 컬럼비아에서 엡워스 연맹(1889년 설립된 감리교 청년 단체—옮긴이) 오락 시간에 여성 회원들이 게이샤 분장을 한답시고 뜨개질바늘과 할머니의 낡은 빗을 머리에 꽂고 기모노를 입었던 것처럼 일본에서는 아직도 기모노를 입는지 궁금하다.……

골조의 90퍼센트가 나무다. 맙소사, 정보보고에는 95퍼센트로 나와 있었던 것 같은데! 가만, 판지 같은 거로 만든 저건 뭐라고 부르지? 쇼지, 그렇군.……

어떤 무기든 나쁜 점이 있으면 좋은 점도 있기 마련이다. 하지만 지금 선택을 한다면, 그리고 화염 폭탄을 종류 불문하고 얼마든지 사용할 수 있다면 나는 어느 한 종류만 고집하지 않을 것이다. 물론 마그네슘이 가장 뜨거운 불을 만들면서 네이팜탄이 하지 못하는 일도 척척 해낼 테지만. 하지만 네이팜탄은 훨씬 더 멀리까지 튀어 나간다. 그래서 섞어야 한다. 인화성이 높은 목조 건물에만 투하해선 안 된다. 석조 건물에도 투하해야 한다. 마그네슘이 쓸모가 있는 곳이 바로 그런 구조물이다.……

어떻게 포장을 하든 어쨌거나 엄청나게 많은 민간인이 죽게 될 것이다. 몇천 하고도 또 몇천. 하지만 일본 산업을 파괴하지 않으면 부득이하게 일본을 침공해야 할 것이다. 일본 침공에서는 미국인들이 또 얼마나 많이 죽게 될까? 가장 낮게 잡아도 5십만 명은 될 듯싶다. 1백만이라고 말하는 사람들도 더러 있다.……

우리는 일본과 전쟁 중이다. 우리는 일본에게 공격당했다. 일본인을 죽이길 원하는가, 아니면 차라리 미국인이 죽게 놔둘 텐가?……

시동을 걸라. 가자.

민간인 사상자는 유감스럽지만 '가정 공장' 파괴를 목표로 한 공격의 불가피한 부작용이었다는 르메이의 1965년 술회는 독일 도시들을 소이탄으로 뒤덮었을 때 주택과 산업이 목표였다는 것에 대한 영국의 완곡어법만큼이나 솔직하지 못했다(게다가 1944년 후반 일본은 가정 공장 시스템을 이미 버린 상태였다). 세월이 한참 지나 펜타곤에서 베트남 문제를 다룰 때였다. 나는 당시 나의 상사였던 존 T. 맥노턴의 절친한 친구이자 고문으로 하버드 법대 교수 출신이었던 로저 피셔로부터 도쿄 공습 때 괌에서 르메이 장군의 '기상 장교'로 근무했었다는 이야기를 들었다. 그 말에 나는 흥미를 보이며 그에게 그날 밤을 어떻게 기억하고 있는지 물었다. 그는 이렇게 말했다. "평소처럼 그날도 목표물 상공의 예상되는 기상 상태를 브리핑했는데, 그가 나로서는 생전 처음 듣는 질문을 하더군. 그는 이렇게 물었네. '그렇다면 지면에서의 바람 강도는 얼마나 될 것 같은가?' 나는 고고도에서의 바람은 정찰 비행을 통해 충분히 예측할 수 있으며, 풍선을 떨어뜨릴 경우 중간 고도에서의 바람까지도 예측할 수 있지만 지면에서의 바람 상태는 알 수 없다고 설명하기 시작했지. 하지만 그가 중간에 끼어들어 대뜸 이렇게 묻지 뭐겠나? '사람들이 불길을 피하지 못할 정도가 되려면 바람이 얼마나 세게 불어야 하나? 그 정도로 바람이 세게 불겠느냐 이 말이야?'"

"그래서 뭐라고 하셨나요?"

"무슨 말을 해야 할지 난감하더군. 그걸 내가 어떻게 알겠냐. 뭐 그 비슷하게 우물거리고는 그 자리를 나와 숙소로 돌아갔지. 부관더러 그를 상대하라고 하고는 그날 밤 다시는 그 옆에 가지 않았네. 우리 작전의 목적이 가능한 한 많은 사람을 죽이는 것이라는 생각이 그때 처음 들었지."

폭격기 조종사들은 브리핑에서 르메이의 지시를 듣고 모두 깜짝 놀라는 표정을 지었다. 믿을 수가 없었다. 총도 없이 저고도로 비행하라니 당연히 그럴 만했다. 이런 지시는 들어본 적이 없었다. 그는 자신이 선두에서 지휘하지 않고 그들만 보내기가 싫다고 말했다. 하지만 그들은 갔다.

이번에도 르메이의 회고록 내용이다.

도쿄 화재로 인한 상승기류가 우리 비행기들을 마치 탁구공처럼 하늘로 튀겨 올렸다.[16] 불길이 최고조에 이르고 나서 들어오는 B-29는 저 뜨거운 상승기류에 잡히고 말 것이다. 처음에 폭격기들은 5천 피트 상공에서부터 9천 피트 상공까지 줄곧 비틀거렸다. 그러나 불길이 하늘 높이 치솟으면서 폭격기들은 12만 피트에서 15만 피트 상공으로 밀려 올라갔다.

도쿄 소방서장에 따르면 상황은 30분 만에 통제를 벗어난 모양이었다. 바싹 마른 소나무에 폭발성 산불이 붙는 것 같았다. 맹렬한 기세로 달려드는 불길은 순식간에 소방차 아흔다섯 대를 집어삼키며 소방대원 125명의 목숨을 앗아갔다.

하늘을 환하게 밝히는 불길이 항공병들의 시야에 들어왔다. 그들은 150마일 떨어진 곳의 구름층이 마치 피를 잔뜩 머금은 솜뭉치처럼 보였다고 말했다. 일본 위에 드리운 것처럼 보이는 새벽은 거짓이었다.

도쿄 화재는 (보통 그렇게 묘사되긴 하지만) 사방의 바람을 특정 지역으로 끌어당기는 전형적인 불폭풍은 아니었다. 지상에서 바람이 불고 있었다. 피셔가 그 바람을 예측할 수 있었다면 르메이는 자신의 질문에 매우 확실한 답을 찾을 수 있었을 것이다. 바람의 효과는 그가 필요로 하는 것보다 훨씬 셌다. 일본인들은 이 바람을 빨간 바람이라는 뜻에서 아카카제라고 불렀다. 바람은 시속 28마일로 매우 빠르게 불었다. 이는 불길이 바람보다 먼저 움직이면서 불폭풍과 비슷한 일종의 대화재를 일으켰다는 뜻이다. 기획자들은 전부터 해일처럼 너울거리는 이런 불을 낼 수 있길 희망했지만 그러려면 바람 상황이 정확히 맞아떨어져야 했다. 이날 밤이 딱 그랬다.

이 이동하는 불꽃 벽은 몇백 피트 상공까지 치솟았다. 그런 가운데 복사열과 눈에 보이지 않는 적외선을 내뿜으며 앞에 사람이 있으면 사정없이 쓰러뜨려 불길이 채 닿기도 전에 불태워버렸다. 이번 불도 함부르크와 드레스덴을 휩쓸었던 불폭풍과 똑같은 양상을 보였지만 바람이 풀무 역할을 하면서 온도를 그 두 경우보다 훨씬 높은 섭씨 약 980도로 올려놓았다. 대피소에 있다가 질식사를 피해 거리로 나온 사람들은 녹아내리는 아스팔트에 갇혀 오도 가도 못한 채 그 자리에서 횃불이 되고 말았다. 베네치아처럼 도쿄도 운하가 깔려 있었다. 어머니들은 열기를 피하려고 아이들을 데리고 운하로 달려갔다. 작은 운하들은 펄펄 끓기 시작했고, 수천 명을 가족 단위로 삶아 죽였다.

그날 밤 8만 명에서 12만 명 사이의 사람들이 목숨을 잃었다. 폭격기 승무원

중 상당수가 불길보다 1마일 높은 5천 피트 상공에서부터 산소마스크를 착용했다. 살이 타면서 나는 들큼하고 역겨운 냄새 때문에 속엣것을 게워내지 않으려면 그래야 했다.

르메이의 말을 계속 들어보자.

우리의 적들에 대한 추측이나 만화 또는 사설과 달리 나는 인명 피해를 놓고 웃지도 고소해하지도 않는다.[17]

다만 나는 『육군 항공대 2차 세계대전Army Air Force World War Ⅱ』 5권 627쪽을 인용하고자 한다. 거기 보면 이렇게 나와 있다. *"도쿄의 물리적 파괴와 인명 손실은 로마⋯⋯ 또는 서구에서 대화재를 겪은 그 어떤 곳보다 그 정도가 심했다. 런던 1666⋯⋯ 모스크바 1812⋯⋯ 시카고 1872⋯⋯ 샌프란시스코 1906⋯⋯ 오로지 일본만 1923년 도쿄와 요코하마에서 지진과 화재가 발생하면서 아주 끔찍한 재앙을 겪었다. 일본에서든 유럽에서든 전쟁을 통틀어 인명과 재산을 그토록 심하게 파괴한 공습은 없었다."*

이탤릭체 표시는 내가(르메이가) 했다.

아널드 장군은 내게 이런 전보를 보냈다. "축하하네. 이번 임무는 자네 승무원들이 뭐든지 해낼 배짱이 있다는 것을 보여주었네." 멋진 전보였지만 그걸 듣고 우쭐해하며 앉아 있을 순 없었다. 나는 인간으로서 할 수 있는 한 빨리 출동하고 싶었다.

르메이는 이후 열흘 밤 동안 일본의 주요 산업 도시들을 모조리 쓸어버릴 수 있을 거라고 생각했다. 그리고 그는 그다음으로 가장 인구가 조밀한 도시 열일곱 곳을 연달아 불태우기 시작했다. 그다음에는 또 쉰 곳을.

———

새로운 작전은 미국 대중에게는 비밀이 아니었다. (실제로는 도쿄 화염 폭격이 있고 나서 이틀 뒤인 3월 12일에 나온) 1945년 3월 19일 자 《타임》은 전술, 소이탄 적재량, 작전의 의도 등을 정확히 보도했다. 다음은 「불새의 비행Firebirds' Flight」이라는 제목으로 나간 머리기사 중 일부다.

> 지난주 미국 비행사들의 꿈이 마침내 실현되었다. 그들은 도쿄와 나고야에 화염 폭탄을 실컷 투하하는 기회를 누렸을 뿐만 아니라 불이 제대로 붙기만 하면 일본 도시들은 가을 낙엽처럼 잘 탄다는 것을 입증해 보였다.

《타임》은 도시 면적 가운데 15제곱마일이 완전히 파괴됐다는 르메이의 말을 인용하며 다음과 같이 지적했다.

> 이 비슷한 규모의 소이탄 공격은 일찍이 없었다. 최대 소이탄 200톤이 소요된 독일 공군의 런던 '대공습'도 1제곱마일밖에는 불태우지 못했다. 커티스 E. 르메이 장군의 마리아나 불새들은 완전히 다른 수준이었다.

이 기사에는 일본인 사상자 수를 집계한 수치가 나오지 않았지만 그 이유가 적의 죽음에 대한 미국인들의 민감한 반응 때문은 아니었다. 같은 호의 또 한 기사는 「쥐새끼 박멸가들Rodent Exterminators」이라는 제목 아래 네이팜탄과 화염방사기로 참호와 벙커에서 일본 군대를 몰아내는 태평양 미군의 성공을 다루었다.

5월에 도쿄 공습이 더 있고 나서 《뉴욕 타임스》는 도쿄 민간인 사상자 추정치가 실은 부풀려졌다고 보도했다.[18] 기사는 '르메이, 도쿄가 지워졌다고 말하다'라는 세 줄짜리 제목 아래 또 다음과 같은 제목을 따로 뽑아 붙였다.

51제곱마일이 전소되다

도쿄를 향한 여섯 차례의 B-29 공격

르메이, 대파괴 현장 사진으로 추정치에 무게 실어

1,000,000명의 일본인이 화재로 사망한 것이 확실시 됨

존 W. 다우어는 첨부 기사에서 다음과 같이 지적한다.

안쪽 페이지 열한 번째 문단의 정말 놀라운 사망자 수 추정치를 보면 부제목이 실은 자제하고 있다는 것을 알 수 있다.[19] 이와 관련해 ≪타임스≫는 "1,000,000명 또는 심지어 그 두 배에 이르는 천황의 백성이 사망했을 가능성이 있다"라고 보도했다. 이어 기사는 여섯 차례에 걸친 공습 날짜와 소실된 B-29 숫자에 초점을 맞췄다.

도쿄 사망자 수 추정치는 열 배에서 스무 배 가까이 부풀려졌지만 지금 와서 돌이켜 보면 그토록 믿기 어려운 일본 민간인 사망자 수를 어떻게 아무렇지 않게 보도할 수 있었는지 더욱 이해하기 어렵다. 머리기사로서의 자격조차 갖추지 못했다고밖에 볼 수 없다.

나중에 트루먼이 기사를 통해 원자폭탄의 실제 사용 여부를 놓고 단 한순간이라도 망설이거나 밤잠을 설친 적은 없었다고 말했을 때 나를 포함해 많은 미국인이 이상하게 생각했다.[20] 결국 그는 그것은 도덕적 문제였고 실은 괴로울 만큼 어렵고 힘든 결정이었지만 달리 방법이 없었다고 말하고 싶었을지도 모른다. 그것이 어떻게 도덕적으로 아무 문제가 안 될 수 있단 말인가?

그러나 그 뒤로도 트루먼은 당시에도 지금도 많은 미국인들이 이해하기 힘든 이야기를 가끔 했다. 즉 오래전부터 우리는 비핵 화염 폭격 공격 과정에서보다 더 많은 사람을 죽여왔다는 것이었다. 그리고 그것은 트루먼에게뿐만 아니라 그의 전임자였던 루스벨트에게도 사실이었다. 1945년 8월까지 꽉 찬 5개월 동안

미 육군 항공대는 가능한 한 많은 일본 민간인을 고의로 죽이고 있었다.

원자폭탄은 좀 더 능률적으로 그 일을 했을 뿐이다. 원자폭탄 하나면 폭탄 3백 개가 3월에 한 일을 너끈히 해치울 수 있었다. 그런데 우리에게는 똑같은 일을 하는 폭격기가 3백 대 있었고, 그중 약 67대는 히로시마에 앞서 밤이면 밤마다 이 도시 저 도시에서 똑같은 일을 하고 있었다. 미국 전략폭격 조사는 전쟁 직후 "여섯 시간을 기준으로…… 지금까지 기록된 그 어떤 공격에서보다 많은 사람이 죽었을 가능성이 크다"[21]라고 보고했다.

스팀슨이 1947년 2월 ≪하퍼스Harper's≫에 게재한 글 「원자폭탄 사용 결정The Decision to Use the Atomic Bomb」은 높은 영향력에 비해 처음부터 끝까지 호도하는 내용 일색이었다. 맥조지 번디가 소사이어티 오브 펠로스에 있으면서 스팀슨을 대신해 쓴 이 글은 존 허시의 1946년 8월 ≪뉴요커≫ 보도 기사 「히로시마」의 파급력을 잠재우는 목적의 맞불용이었고, 트루먼의 민간인 또는 군사 고문 가운데 도시에서의 원자폭탄 사용 가능성을 놓고 도덕적으로 고민한 사람은 단 한 명도 없었다는 허시의 주장에 반격을 가하는 데 성공했다.[22] 그 도덕적 문지방은 넘어선 지 이미 오래였다. 사실 공직 사회 안에서는 다른 이유로 전쟁이 끝나기 전에 시간 맞춰 준비된다면, 과연 원자폭탄을 사용해야 할 것인가를 놓고 논쟁은커녕 토론조차 없었다.

폭탄을 투하하기 전에 일본이 항복했다면 그 이유 중 하나는 아마도 7월에 포츠담에서 나온 소식, 즉 소련이 8월 8일을 기해 일본에 선전포고하기로 했다는 소식 때문이었을 것이다. 소련은 포츠담 선언에 서명하길 원했지만 거부당했다. 만약 서명이 허락됐더라면 그 자리에서 소련은 일본과의 중립적인 관계는(더불어 일본과 미국을 연결하는 중재자로서의 역할도. 우리는 중간에서 가로챈 통신문을 통해 일본이 더 나은 항복 조건을 얻기 위해 소련에 기대고 있다는 사실을 알았다) 끝났다고 발표했을 것이다. 또 다른 마무리는 연합참모본부와 번스를 제외하고 사실상 민간인 고문 전원이 추천한 방법으로 (8월에 소련이 전쟁에 뛰어들기 전에) 일본인들에게 미국이 의도했던 대로 제국 헌법과 히로히토 천황을 그대로 둬도 된다고 알리는 것에서 출발했을 지도 모른다. 스팀슨의 글에서는 고위급 내부자라면 누구나 알 수 있는 이런 가능성 중 어느 것도 언급되지 않았다.

'폭탄 투하 결정'을 둘러싸고 70년 동안 계속된 대중 논쟁은 사실상 엉뚱한 방향으로 흘러왔다. 전쟁이 터지면 그런 결정을 하기 마련이라는 잘못된 전제 위에서 논쟁이 진행돼왔기 때문이다. 인간들의 도시를 불태우는 것과 관련해 1945년 봄에 이루어진 결정은 조금도 새삼스럽지 않았다.

원자폭탄은 표적화나 전략 또는 전쟁 양산의 시대를 새로 열지 않았다. 화염에 의한 도시 주민의 근절은 1940년 이후 영국에서 그랬듯이 미국의 공중전 수행 방식으로 자리 잡은 지 이미 오래였다.

따라서 프랭클린 루스벨트와 해리 트루먼 행정부 시절 참모총장을 지낸 윌리엄 D. 리히William D. Leahy 제독이 전후 회고록에서 밝힌 원자폭탄 투하를 둘러싼 견해에는 반어적 의미가 담겨 있다.

> 히로시마와 나가사키를 상대로 한 이 악랄한 무기의 사용은 우리의 대일본전에 사실 아무 도움도 되지 않았다는 것이 나의 생각이다.[23] 효과적인 해상 봉쇄와 재래식 무기를 사용한 폭격의 성공으로 인해 일본은 이미 패망한 상태였고 항복할 준비가 돼 있었다.
>
> 앞으로 닥칠 원자폭탄 전쟁의 치명적 가능성은 소름이 끼칠 정도다. 그것을 처음 사용하는 순간 우리는 이미 중세시대 야만인들의 윤리 기준을 채택한 것이다. 나는 그런 식으로 전쟁을 일으키라고 배우지 않았으며 여자와 아이들을 죽이는 방법으로는 전쟁에서 이길 수 없다.

리히 제독이 임기가 한 달밖에 남지 않았던 그의 직속상관 루스벨트에게든 그 다음 상관 해리 트루먼에게든 일본의 여자와 아이들을 죽인 4개월 전 일에 대해 이런 견해를 피력했다는 기록은 없다. 일본 민간인을 노린 그런 식의 직접적 공격은 루스벨트, 스팀슨, 리히 아래서 시작됐다. 그들의 부하 르메이 장군은 당시의 상황을 이렇게 설명했다. "3월 9~10일의 그 밤 우리는 히로시마와 나가사키 두 곳에서 흔적도 없이 사라져버린 사람들을 다 합친 것보다 더 많은 사람을 그을리고, 삶고, 구워 죽였다."[24]

르메이는 화염 폭격이 일본인들을 항복 지점까지 몰아간 만큼 원자폭탄은 전혀 필요하지 않았다고 굳게 믿었다. 후자의 견해가 비단 공군 사령관들에게만 한정된 것은 아니었지만 해군 사령관들은 당연히 잠수함 봉쇄의 효과에 더 많은 강조점을 두었다. 폭탄이 승리의 필수조건은 아니었다[25]는 견해에는 리히, 킹, 니미츠, 할시 제독뿐만 아니라 아이젠하워, 맥아더, 아널드 장군도 동의했다(아이젠하워와 할시는 원자폭탄 사용은 도덕적으로 비난받을 짓이라는 리히의 견해 또한 공유했다). 다시 말해 1945년 미국 육군의 5성 장군 여덟 명 가운데 일곱 명이(즉, 7월에도 여전히 침공이 필요했을지도 모른다고 믿었던 육군참모총장 마셜 장군만 빼고) 원자폭탄이 침공을 막는 데 꼭 필요하지는 않았다고 믿었다. 마찬가지로 미국 전략폭격 조사(태평양 전쟁 편)는 1946년 7월 (주로 폴 니츠가 작성한 보고서에서) 다음과 같이 결론 내렸다.

> 모든 사실을 자세히 살펴본 결과를 토대로 살아남은 일본 지도자들의 증언에 비추어 볼 때 원자폭탄이 투하되지 않았다 하더라도, 러시아가 참전하지 않았다 하더라도, 침공을 계획하거나 고려하지 않았다 하더라도 1945년 12월 31일 이전에 확실히, 아울러 모든 가능성으로 보아 1945년 11월 1일 이전에 일본은 항복했으리라는 것이 본 조사의 견해다.[26]

그것이 사실이든 아니든 미국 육군 항공대는 민간인을 대거 불태워 죽임으로써 태평양 전쟁에서 이겼다고 믿으며 전쟁에서 빠져나왔다. 그것은 커티스 르메이의 결론이기도 했다. 반면 그의 민간인 상관 트루먼과 스팀슨은 삶이 끝나는 순간까지 자신들의 지휘 아래에 있던 사령관들과 군대가 의도적으로 비전투원을 표적으로 삼아 전쟁법을 어긴 적은 한 번도 없었다고 부인했다. 르메이가 볼 때 그것은 의미상의 문제를 제기했다. 역사가 마이클 셰리와의 긴 인터뷰에서 그는 이렇게 말했다. "무고한 민간인은 없다.[27] 그것은 그쪽 정부 편에 서서 우리와 싸우는 민중이고 우리는 무장한 적군하고만 싸우는 것이 아니다. 그래서 무고한 방관자를 죽이는 것에 나는 그다지 개의치 않는다."

1960년대 초 랜드 동료이자 친구인 샘 코헨이 내게 (우리의 ICBM 개발을 추진한) 버니 슈라이버 장군이 사령관으로 있을 때 공군 시스템 사령부 회의에 참석해 르메이에게 "대형 탄두의 필요조건이 뭐라고 생각하십니까?"라고 물은 적이 있다고 말했다. 이 말은 곧 당신이 필요로 하는 최대 산출량은 얼마냐는, 다시 말해 어느 정도면 충분하겠느냐는 뜻이다. 르메이는 "러시아용 폭탄 한 발"이라고 대답했다.

뒤이은 토론에서 샘은 자신은 의도하지 않은 희생자를 줄이려면 한국전과 같은 제한된 전쟁에서 상대적으로 활용도가 높은 소형 폭탄 개발에 주력해야 한다고 주장했다고 말했다. 그는 '중성자탄의 아버지'로 알려지는 것을 좋아했던 물리학자이자 폭탄 설계자였다. 코헨에게 다정한 아버지 같은 감정을 품던 르메이는 그를 바로 옆 빈방으로 불러 그의 어깨에 팔을 두르고 이렇게 말했다. "샘, 전쟁은 사람들을 죽이는 걸세. 우리가 충분히 죽여야 상대방이 포기한다 이 말일세."

트루먼, 아이젠하워, 케네디, 존슨 대통령은 그들이 여기에 찬성했든 아니든 르메이 장군의 이런 시각을 잘 알고 있었다. 어쨌든 그들은 그를 핵전쟁 계획과 실행력을 총괄하는 자리에 앉혔고, 그는 미국 전략공군 사령관에 이어 공군 참모총장으로 15년 동안 있으면서 그런 시각을 구체화했다.

16장

한 나라 죽이기

1945년 8월, 원자폭탄은 민간인 학살이 자행되는 길고 비밀스러운 전쟁 패턴에 간단히 장착되었다. 원자탄 공격은 그와 같은 패턴에 정당성을 부여하는 듯했다. 원자탄을 맞고 거의 곧바로 대일본전의 갑작스러운 종식이 이어진 데다 (우리가 일본의 통신문을 몰래 가로챘다는 사실을 알 리 없는) 대중과 군대 입장에서는 그것 말고 다른 방법으로는 그러한 결과를 달성할 수 없다고 생각했기 때문이다. 어쨌든 폭탄을 배달한 군대는 전쟁이 끝나자마자 아무 어려움 없이 다른 군대들로부터 독립했고, 별다른 저항 없이 커티스 르메이 장군과 토머스 파워 장군이 번갈아 가며 창설하고 지휘했던 전략공군사령부 밑에 들어가 2차 세계대전 마지막 6개월 동안 완성된 '근절 전술'에 전념하기 시작했다.

그러나 이제 어떤 적을 상대해야 한단 말인가? 2차 세계대전이 끝나면서 미국에 군사적으로 도전할 만한 인구와 군대, 산업 및 과학의 힘을 갖춘 나라는 오로지 한 곳밖에 남아 있지 않았다. 사실상 전대미문의 전시 파괴와 사상자를 겪긴 했어도 그 나라는 바로 소련이었다. 더욱이 소련은 히틀러만큼이나 무자비한 독재자와 나치당보다 더 응집력 있고 유능한 당의 일당 지배를 받고 있었다. 이 무렵 소련은 이미 유럽의 절반을 장악한 데다 나머지 절반도 넘볼 수 있는 군사력을 지니고 있었다. 트루먼 행정부의 고위 관리들은 갈수록, 그리고 다양한 동기를 갖고 소련이 그런 속셈을 내보이고 있다는 공포를 채택해 조장하기 시작했다.

맨해튼 계획을 총괄하던 레슬리 그로브즈Leslie Groves 장군에게 이러한 시각은 하나도 새로운 게 없었다. 1944년 초에 폴란드 출신의 물리학자 조지프 로트블랫은 로스앨러모스에서 그로브즈와 저녁 식사를 하다가 열렬한 반공주의자인 장군인 그에게서 자기가 볼 때 이 계획은 언제나 소련을 겨냥하고 있었다는 이야기를 듣고 깜짝 놀랐다. 육군 항공대Army Air Corps도 같은 생각을 하고 있었다. 항공대는 종전 뒤에도 여전히 대규모 상태를 유지하는 전략폭격기 부대와 결과적으로 공군의 독립을 정당화해줄 표적을 찾던 중 소련으로 눈을 돌렸다.

1945년 8월 30일, 일본이 항복한 지 2주 만에 항공대 부참모장 로리스 노스태드 장군은 그로브즈 장군에게 향후 원자탄 공격의 목표로 모스크바를 위시해 '소련 주요 도시' 15곳과 레닌그라드를 비롯해 '소련 선두 도시' 25곳을 알아보고 이를 파괴하는 데 필요한 원자폭탄 숫자까지 일일이 특정한 문건을 보냈다.[1] 예를 들어 모스크바와 레닌그라드는 각각 여섯 개씩 필요했다.

그러나 1945년까지만 해도 미국에는 이만한 수의 원자폭탄이 없었다. 그해 말을 기준으로 미국이 보유하고 있던 원자폭탄은 두 개였다. 1946년 6월 30일(회계연도 말) 당시 원자폭탄 비축량은 아홉 개였다. 1947년 11월에 나온 소련을 상대로 한 최초의 공식적인 전쟁 계획은 소련 도시 스물네 곳을 공격하는 데 폭탄 서른네 개가 필요하다고 명시하고 있었다. 그러나 당시 미국 무기고에는 열세 개밖에 없었고, 그나마 완성된 상태의 폭탄은 일곱 개밖에 되지 않았다. 전쟁 기획자들은 그 사실을 모르고 있었다. 그것은 초특급 비밀이었다. 해리 트루먼 대통령도 1947년 4월 3일 폭탄 숫자에 대해 공식적으로 브리핑을 받기 전까지는 그 사실을 모르고 있었다. 그는 폭탄 숫자가 너무 적다는 걸 알고는 경악을 금치 못했다.[2]

두 달 전 합동참모본부는 전쟁장관과 해군장관에게 원자탄 무기 공급이 미국의 안보 요건을 충족하는 데 '부적절하다'고 말했다. 1948년 말까지 생산된 무기는 모두 나가사키형 플루토늄 내파형 폭탄(구형으로 배열된 폭발물이 폭발하면서 엄청난 압력으로 핵분열 물질을 내파하고, 핵분열성 물질의 밀도가 높아져 임계량에 도달하면 연쇄분열이 일어난다—옮긴이)으로 많은 부분에서 수동식이었으며 '실험실 무기'로 간주됐다.[3] (그해 사용할 수 있는 무기 아홉 개 가운데 두 개를 써버린) 1946년 여름의 비키니 환초 실험에 대한 평가에서 합동참모본부는 "핵분열 물질의 부족으로 인해 폭탄은 도시 산업 시설을 목표로 삼는 '전략' 무기로 사용해야 할 것 같다"라고 결론 내렸다. 그러나 당시 육군 항공대의 연구개발을 책임지고 있던(그리고 그 자리에 있으면서 랜드 사업Project Rand의 발족을 적극적으로 지원하기도 했던) 르메이 장군은 보고서의 주된 결론을 다음과 같이 요약했다.

1. 가까운 미래에 사용 가능할 것으로 예상하는 원자폭탄은 수적으로 상대국의 군사력을 무력화하고 사회적, 경제적 구조를 와해할 수 있다.[4]
2. 다른 대량살상무기와 연동해 사용할 경우, 인간이 만든 물질세계의 흔적만 남긴 채 지구 곳곳에서 인구수가 줄어들 수 있다.

1947년 10월, 사실상 참모총장이었던 윌리엄 D. 리히 제독의 지시로 합동참모본부가 보낸 장기적인 폭탄 수요에 관한 보고서가 바야흐로 폭탄 생산의 모든 측면을 총괄하고 있던 원자력위원회Atomic Energy Commission, AEC에 도착했다. 회고록에서 밝혔듯이 2년 전 트루먼의 참모총장으로 있으면서 리히는 "그것을 처음 사용하는 순간 우리는 이미 중세시대 야만인들의 윤리 기준을 채택한 것이다. 나는 그런 식으로 전쟁을 일으키라고 배우지 않았으며 여자와 아이들을 죽이는 방법으로는 전쟁에서 이길 수 없다"라고 믿었기에 나가사키와 히로시마 두 도시에 대한 폭탄 투하를 개인적으로 개탄했다. 그런데 이제 그는 원자력위원회에 "군의 수요로 볼 때" 약 100개의 도시 목표물에 투하할 "나가사키 폭탄 수준의 파괴력을 지닌 원자폭탄 약 400개가 필요하다"라고 보고하고 있었다. '한 나라 죽이기'(권고 사항을 준비하던 공군 참모들 사이에서 생겨난 개념)에 필요한 그런 능력을 달성하는 목표 일자는 1953년 1월 1일이었다.[5]

1948년 중반 들어 공군은 비축량을 고려해 계획을 세우고 있었지만, 당시의 비축량은 합참이 적절하다고 생각하는 수준에 한참 못 미쳤다. 이 당시 공군의 계획은 폭탄 쉰 개로 도시 스무 곳을 공격하는 것이었다.[6] 1948년 6월 30일 기준으로 무기고에 있는 폭탄은 총 쉰 개였다.[7] 이 가운데 모스크바는 여덟 개, 레닌그라드는 일곱 개면 될 터였다.

르메이 장군은 1948년 10월 전략공군사령부 수장 자리에 올랐다. 그는 비상전쟁계획Emergency War Plan, EWP을 만들었고, EWP는 전략공군사령부가 "상황이 허락한다면 단 한 차례의 대규모 출격으로 원자폭탄 비축량을 모두 배달할 수 있을 정도로 능력을 키워야 한다"라고 촉구했다. 1차 목표는 도시 산업 단지와 정부 통제 센터가 될 터였다. 2차 목표에는 석유 생산이 포함돼 있었다. 그 가운데 2/3가 소련 도시 열여섯 곳에 있었다. 계획대로라면 공군은 원자폭탄 133개로 소련 도시 지역 70곳을 공격할 예정이었다.[8] 이 계획으로 공격 목표가 된 도시 70곳에서 270만 명이 죽고 추가로 4백만 명의 사상자가 발생할 것으로 집계됐다.[9]

일 년 뒤인 1949년 10월, 비상전쟁계획은 목표물 관련 부록을 통해 폭탄 220개로 도시 목표물 104곳을 공격하는 한편 재공격에 대비해 무기 72개를 예비로 확보해야 한다고 촉구했다. 여기에 필요한 폭탄 292개는 1950년 6월 30일이면 준비가 가능했다. 원자력위원회는 이제 1948~49년 베를린 봉쇄와 1949년 8월 소련의 제1차 원폭 실험 이후 증액된 세 가지 예산으로 나가사키형 폭탄을 생산하고 있었다. 펜타곤 용어로 '핵 부족'의 시대는 바야흐로 '핵 풍부'의 시대에 자리를 내주고 있었다. 한 나라를 죽이는 데 필요한 폭탄 400개는 목표일을 2년 앞당겨 1951년 1월 1일 무기고에 입고됐다.[10] 그러나 이 무렵 핵무기를 필요로 하는 목표물은 공군 기획자들이 보기에 몇 배로 늘어나 있었다.

핵시대가 도래하고 처음 4년 동안 합참과 새로 독립해 나온 공군과 새로 창설된 전략공군 사령부는 재래식이든 원자든 미국 본토에 군사적으로 아무런 위협도 제기하지 않는 나라를 공격할 계획을 세우고 있었다. 훗날의 용어를 빌리면 이것이 바로 제1격 계획이었지만 당시에는 그런 생각을 하지 못했다. 제2격을 가할 수 있는 적이 없었기 때문이다.

미국은 원자무기를 독점하고 있었고, 트루먼 대통령과 그로브즈 장군은 (둘 다 핵과학자는 아니었지만 누가 물어보면) 그런 상태가 한 세대 넘게 지속될 것으로 내다보았다. 둘은 어리석게도 비밀리에 진행한 구매 및 외교 사업을 통해 전 세계의 고급 우라늄 공급원을 통제하는 데 성공했다고 믿고 있었다(나중에 그로브즈는 동독의 고급 우라늄 원석 공급원은 소련이 장악하고 있었는데도 이를 간과했다고 말했다[1]). 두 사람이 보기에 그 사업은 중요한 '원자 비밀'이었다. 트루먼이 처음으로 나토가 주축이 된 서유럽 방위에 전념하게 하려고 상원의 동의를 얻으려고 애쓴 것은 그런 잘못된 믿음에서였다.

한편 과학자들은 우라늄 공급, 연구, 에너지화에 필요한 핵분열 물질의 농축 및 보유에 대한 국제적 통제가 필요하다고 주장하고 있었다. 그들은 이미 1945년에 그렇게 하지 않으면 향후 4년 안에 소련이 폭탄을 보유하게 될 것이라고 예견했다. 아니나 다를까, 4년 뒤인 1949년 9월에 미국 정찰기가 소련이 나가사키형 플루토늄 내파형 폭탄을 실험했다는 증거를 포착했다(사실 그것은 로스앨러모스에서 암약했던 소련 스파이 클라우스 훅스가 제공한 청사진을 토대로 만든 나가사키형 폭탄의 복제품에 지나지 않았다). 트루먼, 그로브즈, 의회, 미국 대중, 나토 동맹국들은 충격에 빠졌다.

그러나 합참은 당황하지 않았다. 그들은 곧 소련이 미국을 위협할 만한 배달 수단이나 충분한 무기를 갖추려면 몇 년 더 있어야 할 것이라고 정확히 평가했다. 그럼에도 전략공군사령부의 최우선 공격 대상은 도시-산업 지역에서 장차 미국과 그 동맹국들로 향하게 될 소련의 원자무기와 관련된 표적 시스템으로 넘어갔다. 이것은 미국 핵무기의 긴급 공격 대상이 거의 무제한으로 늘어났다는 것을 의미했다. 무엇보다도 비행장이 문제였다. 소련에는 비행장이 1,100개나 되는데다 대부분 도시나 도시 근처에 있었다. 1953년 르메이 장군은 소련 전역에 산

재해 있는 핵 생산시설을 포함해 핵공격에 사용될 수 있는 비행장을 409곳으로 지목했다.[12]

1949년 가을 들어 핵분열 물질의 생산이 다시 가속화됐다. 계속 늘어나는 표적과 표적을 실어 나를 무기를 공격할 탄두를 공급하기 위해서였다. 1953년 초 트루먼이 공직에서 물러날 무렵 미국 무기고에는 이미 입고됐거나 곧 입고 예정인 핵무기가 1천 점 있었다. 두 번째 임기가 끝나고 아이젠하워 대통령은 케네디 행정부에 핵무기 1만 8천 점을 넘겨주었다.

표적 시스템은 기본적으로 1950년대 초반의 상태를 유지하고 있었지만, 핵무기는 수적으로 열여덟 배나 증가한 상태였다. 게다가 그 중 상당수가 평균 위력이 나가사키 폭탄과 맞먹는데도 이제는 '전술' 무기로 분류됐다. 하지만 전략공군사령부와 해군이 싣고 다니는 1만 점이 넘는 전략 핵무기의 이러한 성격 변화가 인간의 생존에 어떤 영향을 미칠지에 대한 평가는 아직 시작조차 되지 않고 있었다. '핵'의 의미는 미국과 전 세계 사람들은 아무것도 모르는 가운데 이처럼 매우 은밀하게, 그러나 의도적으로 바뀌었던 것이다. 존 F. 케네디 대통령이 1961년에 물려받은 핵 무기고의 무기 대부분은 1945년 일본에 투하했거나 나중에 비키니와 네바다에서 실험했던 것과 같은 '원자atomic' 무기가 아니었다. 다시 말해 우라늄이나 플루토늄 같은 중원소 동위원소의 핵분열 원리를 적용해 만든 폭탄이 아니었다. 1950년대 초반까지만 해도 핵무기라고 하면 그런 원자폭탄이 전부였다. 그러나 1961년으로 접어들면 전략공군사령부의 모든 무기가 사실상 '열핵' 무기, 즉 수소폭탄이었다. 수소 중동위원소의 핵분열을 이용한 수소폭탄이 1952년 11월 최초로 실험에 성공했다.

그해 초 내게는 수수께끼로만 보였던 것을 설명해준 것이 바로 이러한 변화였다. 케네디 행정부의 합동전략능력기회서JSCP 지침을 작성하기 위한 자료 조사차, 1950년대의 JSCP와 관련한 일급기밀 서류를 검토하다가 전면전 발생 시 예상되는 소련의 사상자 수를 집계한 1950년대 초반 몇 년간의 자료를 보게 됐다.

이상하게도 핵시대 치고 그 수치가 '낮아' 보였다. 몇백만에서 1천만, 그러고 나서 1천3백만…… 1955년까지 대략 그런 식이었다. 하지만 그해부터 그 이듬해인 1956년까지는 갑자기 열 배로, 그러니까 1억 5천만 명으로 껑충 불어나 있었다. 나중에 랜드 분석가들이 지적했듯이 이번에는 아예 자릿수가 달라져 있었다. 나는 이미 알고 있었지만 1961년 합참의 사망자 수 추정치는 소련 블록에서만 2억 명이 넘었다. 왜 이렇게 증가했을까? 왜 하필 그때였을까?

프롤로그와 9장에서 설명했듯이 충격과 함께 당시 내 머릿속에서는 이런 질문들이 떠올랐다. 기획자나 의사 결정권자들은 어떻게 그리고 왜 이런 사망자 수 증가를 제안했을까? 러시아인 수천만 명을 죽이고도 남을 원자폭탄 4백 개로 '한 나라를 죽이는 것'만으로는 억지력을 보장하기에 충분한 파괴력이 아니라는 것일까? 아니면 소련의 지상 침공에 대항하거나 선제적으로 대응하겠다고 나토에 제시한 우리의 약속을 이행하기 위해, 이 정도의 추가적인 '부차적 피해'는 피할 수 없다는 것일까? 도대체 무슨 근거로 그런 판단에 이르렀던 말인가?

불과 1년 사이에, 우리가 러시아를 상대로 전쟁을 했을 때 예상되는 사망자 수가 2차 세계대전 당시 소련의 사망자 수보다 훨씬 적은 수(비록 몇 년이 아니라 며칠, 몇 달 동안이긴 하지만)에서 인간의 역사상 유례가 없는 수준으로 증가한 이유는 아무리 봐도 설명되지 않았다. 적어도 위에서 제시한 이유 때문은 아니었다. 그보다 훨씬 단순했다.

우리의 공격이 가져올 결과에서 그런 극적인 변화가 군이 필요할 이유가 없었다. 전쟁 기획자들은 다름 아니라, 계속 늘어나고 있긴 하지만 기본적으로는 동일한 표적 시스템에 핵시대 도래 후 처음 10년 동안 대세를 이루었던 원자폭탄 대신 새롭게 등장한 수소폭탄, 즉 열핵무기를 적용하려는 전략공군사령부SAC의 의도를 반영하고 있었던 것이다. 그래서 사망자 수가 그 전의 열 배 이상으로 잡히고 말았다. 몇백만의 몇십 배가 아니라 몇백 배가, 아마도 십억 명이 주로 수소폭탄에서 발생하는 방사성 낙진 때문에 죽어갈 터였다. SAC 무기고에는 2차 세계대전에 사용됐던 원자폭탄 위력의 천 배에 이르는 수소폭탄이 수백 개나 있었다.

이러한 변화는 누가 그것이 필요하다고 판단했기 때문에 도입된 것이 아니었다. 이유는 간단했다. 즉 똑같은 목표를 향해 발사했을 때 값은 더 싼 데 비해 위력에서는 기존의 폭탄을 훨씬 앞지르는 새로운 폭탄이 더 높은 효과를 낼 수 있었기 때문이다(사상자 수가 이처럼 폭발적으로 늘어난 또 한 가지 요인으로 1950년대 말과 1960년대 초의 핵폭탄은 거의 모두 지상에서 폭발하도록, 다시 말해 엄청난 방사성 낙진과 중소 블록의 '보너스' 사상자를 야기하도록 설계돼 있었다는 사실을 들 수 있다. 하지만 이 사상자 수에는 유감스럽게도 우리의 동맹국과 중립국들도 포함돼 있었다).

미국 때문에 발생하게 될 이러한 사망자 수 추정치는 철저히 비밀에 부쳐졌다. 그래서 SAC와 펜타곤 내에서조차 1950년대 후반 들어 '핵전쟁'의 의미가 극적으로 바뀌었다는 사실이나 어쩌다 바뀌게 됐는지, 그 경위를 아는 미국인은 정부 밖에서든 안에서든 매우 드물었다. 아이젠하워 대통령은 네바다와 유타 '주민들'에게 미칠 영향이 뻔히 보이는데도 열핵 무기의 대기 실험이 미국 본토에서 진행될 수 있도록 하기 위해 핵무기와 그 여파를 둘러싼 변화를 가능한 한 대중에게 꼭꼭 숨겼다. 그는 원자력위원회 위원장 고든 딘에게 '열핵,' '융합,' '수소' 같은 용어를 기자 회견문과 연설문에서 빼고 계속해서 '분열'과 '융합'을 혼동하도록 놔두라고 지시했다.[13] 그런데 합동참모부와 아이젠하워 대통령은 자신들이 준비하고 있는 일 때문에 유라시아에 닥칠지 모를 끔찍한 결과에 대해 알고 있었다. 1961년 봄 나는 이 사실을 발견하고는 적잖이 놀랐다.

아이젠하워는 1960년대 말 (과학 고문 조지 키스티아코프시키가 보고한) 단일통합작전계획-62의 '과잉 치사' 가능성에 깜짝 놀랐다.[14] 그는 프레젠테이션을 보면서 자신의 해군 보좌관에게 "무서워 죽을 뻔했다"라고 말했다. 그럼에도 그는 그 계획을 승인하고 케네디한테 넘겼다. 1961년 7월 1963년의 핵교환이 몰고 올 결과에 대해 브리핑을 받고 케네디는 충격에 휩싸인 채 회의실을 나가면서 이렇게 말했다. "그런데도 우린 스스로를 인간이라고 부른단 말이지!"[15] 그러나 그는 그 말을 합동참모본부도 아니고 대중도 아니고 국무장관 딘 러스크에게 했다. 그리고 그 '선택'은 그의 짧은 임기 내내, 린든 존슨의 임기 내내 변함이 없었다.

닉슨 대통령도 1969년 1월 몇 시간 만에 러시아인 9천만 명을 죽음으로 내모는 대규모 핵공격 말고는 달리 선택의 여지가 없는 단일통합작전계획에 대한 브리핑을 처음 받고 역시 깜짝 놀랐던 것으로 알려졌다.[16] 그의 국가안보 보좌관 헨리 키신저는 그러한 계획은 '정치적으로 그럴듯한,' 즉 충분히 신빙성 있는 위협이 되지 못한다고 말했다.[17] 그해 늦봄 한 회의 석상에서 그는 어떻게 "맨정신으로…… 8천만 명을 죽일 결정을 내릴 수 있습니까?"라고 물었다. 그러나 그 후 8년에 걸쳐 그 계획에 덜 죽이는 선택을 추가하려던 그의 노력은 (그보다 먼저 시도했던 로버트 맥나마라와 마찬가지로) 거의 아무런 결실도 거두지 못했다.

1973년, 보람도 없이 좀 더 제한적이고 신빙성 있는 제안을 모색하던 도중 키신저는 또 다른 회의 석상에서 이렇게 못 박았다.[18] "8천만 명을 죽이는 선택밖에 없다는 것은 곧 부도덕의 극치를 뜻합니다"(사실 그것만이 그 계획에서 유일한 선택지는 아니었다. 다른 선택지들은 모두 더 많은 사람들을 죽였다). 그러나 도덕성을 둘러싼 그의 개인적 판단은 몇십 년 뒤 기밀이 해제될 때까지 미국 대중에게 알려지지 않은 채 비밀로 남아 있었다. 포드, 카터, 레이건 대통령은 '제한된 핵전'을 대안으로 제시하며 재앙의 규모를 조금이라도 줄여보려고 다각도로 노력했지만 전략공군사령부 마지막 사령관 리 버틀러 장군이 나중에 폭로했듯이 오마하와 펜타곤의 전쟁기획자들은 작전 계획에서든 그들이 바라고 계획했던 전면전에 대비한 훈련에서든 이런 제안을 진지하게 고려한 적이 한 번도 없었다.[19]

물론 이 관리들이나 민간인, 군인 가운데 이런 계획을 수행할 수밖에 없게 되는 상황이 발생하길 바랐던 사람은 아마 아무도 없을 것이다. 그러나 그들은 그런 일이 일어날 확률이 0보다 크다는 것 또한 알고 있었다. 그렇다면 그런 일은 언제든 일어날 수 있었다. 다만 그 위험이 최대한 멀리 있기를 바랄 뿐이었다.

그러면서 그들은 거의 모두를 죽일지도 모르는 인류 종말 기계를 자기들이 주

관한다고 생각하지 않았다.* 그럼에도 대통령과 합동참모들이 의식하고 있던 위험에는 단일통합작전계획이 실행될 가능성이 아무리 작아 보인다 해도 북반구의 조직화된 사회, 곧 도시의 종말과 그곳 주민들 거의 모두의 죽음이 포함돼 있었다.

영국 역사가 에드워드 B. 톰슨이 음울하지만 깔끔하게 정리해 보여줬듯이 이러한 결과가 '모든 생명체의 절멸'을 의미하지는 않을 것이다.[20] 그러나 "우리의 문명은 절멸하게 될 것이다. 노력과 문화 각 분야에서 지난 2천 년의 대차대조표를 그려보면 각 항목의 총합마다 마이너스 부호가 붙게 될 것이다."

생각해보니 1961년부터 소련에서뿐만 아니라 미국에서도 책임 있는 당국자들이 줄곧 그런 결정을 내리고 있었다. 8년 뒤 베트남 전쟁 때도 마찬가지였다. 저항해야 옳았지만 그래도 이해는 됐다.** 그 후에 이어지는 핵시대 역사를 공부하면서 문명과 심지어 우리 종마저 위험해질 가능성은 비단 북반구에만 한정되지 않으며, 철저히 비밀에 부치고 있어 알려지지 않았을 뿐 맨해튼 계획의 시작 단계부터 이미 예견돼 있었다는 것을 알게 됐다.

---

* 서론에서 언급했듯이, 수소폭탄의 아버지 에드워드 텔러는 양측의 무기고에 있는 수천 개의 열핵무기가 어떻게 사용되든 '기껏해야 지구 인구의 4분의 1을 죽일 수 있다'라고 강조하곤 했다. 1982년 캘리포니아 입법부의 한 위원회 주최로 로스앤젤레스에서 열린, 양자 간 핵무기 동결에 대한 찬반양론 청문회에서 내가 제기한 질문에 대해 이 말을 한 적이 있다. 내가 이전 진술에서 그 용어를 제시하지 않았음에도, 그는 '절멸' 가능성을 일축하고 있었다. 그는 아무런 반박도 없이 내가 한 말을 되풀이했지만, 이 부분에서만큼은 그의 확신에 의문을 제기하지 않을 수 없었다. 그는 거의 '모든' 사람을 죽이는 일은 '불가능'하다고 강조하며 반복했다.

** 대니얼 엘스버그, 『전쟁에 관한 논문』(뉴욕: 사이먼 앤 슈스터, 1972), 10~12쪽: 내 생각에 이 전쟁은, 심지어 이렇게 뒤늦은 단계에서도, 저항할 필요가 있을 뿐 아니라, 이해될 필요가 있다. …… 나는 대중의 인식뿐만 아니라 전직 관료, 급진적 비평가, 언론인 또는 학술 전문가 등 소위 '전문가'에 의한 최고 수준의 분석에 한계가 있음을 말하고 있다. 나를 포함한 누구도 우리가 인도차이나 사람들에게 우리가 한 일과 관련해, 오랫동안 우리가 그리하도록 인도한 힘, 제도, 동기, 신념, 그리고 결정에 대해 충분히 이해하고 있지 않은 것 같다. 누구도 그 과정에 대해 성공적으로 반대를 불러오거나 효과적으로 변화시킬 만큼 적절히 이해하고 있는 것 같지 않다. 심지어 이해가 부족해 지난 25년 동안 진행되어온 방식과 관련된 주요 수수께끼와 논쟁을 해결하려는 지적 도전도 하지 못하고 있다. …… 한 가지 문제는 분석가 가운데 개인적으로 여러 차원에서 명령 체계와 데이터를 경험한 사람이 거의 없다는 것이다. 또 다른 문제는, 예를 들어 미국 외교정책과 관련된 국내 정치 문제와 같은 분야에 전문적 연구가 상대적으로 부족하다는 것이다. 무엇보다도, 관료적 의사 결정 과정에 관한 중요한 데이터는 엄중히 보호됐으며, 소수의 분석가(나는 그중 한 명이었다)로 접근이 제한되어있으며, 공개적으로 거짓말을 했다. …… 나는 이 전제를 반복한다. 더 잘 이해하고자 하는 노력은 저항의 승리, 곧 전쟁이 끝날 때까지 미룰 수 없다(지속적인 저항이 완벽한 이해를 기다릴 수 있는 것보다 더). …… 1969년 가을부터 나는 의회와 미국 국민에게 '펜타곤 페이퍼'로 알려지게 된, 문서와 분석을 공개하기 시작했다." 이 모든 것이 우리의 핵정책에도 적용된다. 서론에서 설명한 대로, 1972년 첫 재판이 끝난 뒤 발표한 핵 문제에 대한 '또 다른 펜타곤 페이퍼'는 핵시대에 대한 국민의 이해에 이바지하고자 쓴 글이다.

구체적으로 말하면 위력이 핵분열 무기의 1천 배에 이르는(그리고 궁극적으로 값은 더 싸면서 수는 더 많은) 열핵무기의 가능성은 처음부터 맨해튼 계획 과학자들의 마음속에 도사리고 있었다. 그중 몇몇은 이를 도전의식과 흥미를 불러일으키는, 불가피할 뿐만 아니라 바람직하기까지 한 가능성으로 보았고, 또 몇몇은 괴로워하며 어떻게든 막고 싶은(그러나 결국 그러지 못했던) 위험으로 바라보았다.

그러나 맨해튼 계획 최고 이론가들이 수소폭탄을 개발하기로 마음먹은 바로 그 순간, 그러니까 1942년 7월의 그날 오후 지구상의 모든 생명체가 전과 비교하면 그럴 가능성이 훨씬 줄어들긴 했지만, 훨씬 더 다급하고 거의 상상할 수조차 없을 만큼 심각한 위협에 직면하게 됐다. 그들은 은밀히 그 위험을 받아들였다.

거의 알려지지 않은 이 이야기는 고위 차원에서 불확실성 아래 이루어지는 의사 결정, 그중에서도 특히 비밀주의라는 덮개 아래 이루어지는 의사 결정과 관련해 우리 인간들은 당연히 인정하기 싫어하지만, 우리 지도자들에게 내재하는 그 무언가를 드러내 보여준다. 다음 장에서 우리는 핵재앙을 걸고 도박도 불사하는, 궁극적인 재앙으로 이어질 수도 있는 크고 작은 위험을 아무렇지도 않게 감수하는 핵 초강대국 최고위 관리들의 흔쾌성을 마주하게 될 것이다.

17장

인류 종말의 날을 무릅쓰고(I): 대기 발화

　앞에서 살펴보았듯이 '인류 종말 기계'가 생겨난 배경에는 도시를 기꺼이 대량 파괴의 합법적 목표물로 간주하는 흔쾌성이 자리 잡고 있었다. 우리의 동맹국 영국은 이미 1942년에, 우리의 지도자들과 공군은 1945년에 이 개념을 전면적으로 받아들였다. 그러나 이러한 기계를 만들고 유지하는 것은 '한 나라 죽이기'의 범위를 훨씬 넘어서서 엄청나다 못해 막대하기까지 한 위험을 기꺼이 감수하려는 어떤 인간들의 흔쾌한 의지에 기댄 것이었다. 그리고 이러한 경향은 살아 있는 목표물을 대상으로 최초의 원자폭탄 실험을 실행하기 전에 드러났다.

　1941년 늦겨울, 엔리코 페르미는 에드워드 텔러에게 이제 막 구상하기 시작한 핵분열 폭탄의 천 배가 넘는 위력을 자랑하는 핵융합 폭탄의 가능성에 대한 자기 생각을 이야기했다. 가장 가벼운 원소인 수소 원자가 서로 융합해 엄청난 양의 에너지를 방출하게 하려면 어마어마하게 강한 열이 필요할 터였다. 태양의 중심부에서는 지속적인 열과 압력에 의해 수소 융합이 저절로 이루어진다. 만약 지구상에서도 수소 융합이 가능하다면 그 과정을 시작하는 데 막대한 양의 열과 압력이 필요할 터였다. 우라늄 같은 무거운 원소의 원자 분열로 에너지가 발생하는 원자폭탄이라면, 막대한 열과 압력을 공급하는 역할을 할 수 있을지 몰랐다.

　페르미와 가진 이러한 토론은 텔러의 가슴에 도무지 꺼질 줄 모르는 불을 지폈다. 맨해튼 계획의 와중에서도 이러한 집착에 너무 매달려 지내다 보니 로버트 오펜하이머에게 찍혀 '미래의 초강력 무기'를 연구하는 하급 부서로 밀려나는 바람에 그는 전쟁 전의 원자무기 개발에는 별로 기여하지 못했다.

텔러가 열핵융합 발화로 이어질 수 있는 과정을 설명하려고 검은 칠판을 수식으로 가득히 메운 것은 1942년 7월 맨해튼 계획 1차 회의 두 번째 날이었다.[1] 캘리포니아 대학교 버클리 캠퍼스의 한 강의실에서였다. 혹시 모를 불청객을 막기 위해 출입구를 잠근 것은 물론이고 창문에까지 두꺼운 철망을 쳐놓고 있었다.

먼저, 그는 참석자 모두가 이론상으로 이해할 수 있는 과정을 제시해 보였다. 즉, 단일 중성자에 의해 U-235 원자가 분열하기 시작하고, 분열하면서 두 개 이상의 중성자를 방출하게 되는 원리를 설명했다. 그러고 나면 연속적으로 핵분열과 중성자 방출의 연쇄반응이 시작할 테고, 천 분의 일 초 만에 TNT 1톤보다 1천 배나 더 강력한 폭발을 일으킬 것이다. 그것은 그들의 주요 프로젝트가 목표로 삼고 있는 최종 결과이기도 했다.

그러나 페르미와의 대화가 계기로 작용해 그날 텔러가 선보이기에 이른 프레젠테이션의 핵심은 이 과정에서 축적될 열을 계산하는 것이었다. 두 개 이상의 수소 원자 융합을 가로막는 저항을 극복할 수만 있다면 또다시 1천 배가 넘는 (TNT의 수백만 배가 넘는) 에너지 방출로 이어질 거라는 것이 그가 보여주고자 한 것이었다.

그러나 그 수식은 그날 그 자리에 모인 석학들에게 또 다른 무언가를 보여주었다. 텔러가 재빨리 지적한 그 무엇이었다. 과학자들은 다듬어지지 않은 거친 추론으로 텔러가 어지럽게 잔뜩 휘갈겨 쓴 칠판을 쳐다보았다. 그토록 강렬한 열, 태양의 중심부보다 훨씬 더 강한 열은 수소 원자의 융합으로만 끝나지 않을 터였다. 물속의 수소 원자들과 공기 중의 질소 원자 사이에 존재하는 쿨롱 장벽(두 핵의 정전기적 상호작용 때문에 생긴 에너지 장벽. 핵융합 반응이 일어나기 위해선 이 퍼텐셜 장벽을 넘어야 한다—옮긴이)을 무너뜨릴 수도 있었다. 이는 사실상 즉각적으로 대양의 수소를 한꺼번에 발화시키고 지구 대기를 불태울 수도 있었다. 1초도 안 되는 시간에 불타오르고 난 뒤, 지구는 영원히 불모의 바윗덩이가 되어 자전과 공전을 계속할 터였다.

그날 버클리에 모인 사람들은 그 누구도 원자 폭발의 이론적 가능성을 의심하지 않았다. (문제는 이를 실제로 구현하게 할 기술이었는데, 2차 세계대전에서 실제로 사용하기에는 아무래도 불가능할 듯했다.) 예를 들어 핵분열 연쇄반응이 전면 폭발로 이어지기에 충분할 만큼 질량을 오래 유지할 수 있을까? 이제 문제는 폭탄 제조에 도전하는 것만이 아닌 듯했다. 그런 폭탄을 만든다는 것 자체가 썩 좋은 생각이 아닐 수도 있었다.

그들은 텔러의 계산식을 단계별로 검토하기 시작했다. 그리고 곧이어 실수를 하나 발견했다. 아슬아슬하게도, 그는 냉각 속도, 즉 열의 대기 전파 속도와 관련된 과정 일부를 염두에 두지 않았던 것이다. 그러나 이러한 실수를 바로잡았어도 끔찍한 반응이 일어날 수도 있는 가능성은 여전히 남아 있었다.

이 프레젠테이션에 참석한 사람들 가운데는 한스 베테Hans Bethe도 있었다. 그는 그들 중 가장 뛰어난 이론 물리학자로 나중에 태양의 열핵반응 연구로 노벨상을 받기도 했다. 그의 첫 직감은 이 결과가 '불가능'하다는 것이었다.

그러나 다른 사람들은 그 결과에 대해 가타부타 아무 말이 없었다(누엘 파 데이비스는 이 일화와 관련해 다음과 같이 썼다. "확신이란 누구 다른 사람의 계산에 의존할 필요가 없을 때의 마음 상태를 가리킨다"). 특히 참석자 가운데 가장 위대한 실험 물리학자였던 페르미는 불가능하다는 베테의 견해에 동의하지 않았다. 결국 오펜하이머는 그 계획을 총괄하고 있던 아서 H. 콤프턴Arthur H. Compton에게 이 위험을 당장 알리기로 했다. 그러나 모든 걸 보류해야 했다. 콤프턴은 가족과 함께 미시간의 어느 호숫가에서 휴가를 즐기고 있었다. 오펜하이머는 전화로 간신히 그와 연락이 닿아 근심 어린 목소리로 콤프턴에게 당장 자신을 만나러 와야 한다고 말했다. 그는 이유는 말할 수 없었다. 둘은 오펜하이머가 다음번 기차를 타기로 합의했다(당시 그 계획에 꼭 필요한 과학자들은 안전상의 이유로 비행기 탑승이 금지돼 있었다). 그다음에 일어난 일을 콤프턴은 자신의 회고록에서 이렇게 자세히 설명했다.

나는 그날 아침을 평생 잊지 못할 것이다.[3] 철도역에서 오펜하이머를 차에 태워 평화로운 호수가 보이는 호숫가로 내려갔다. 거기서 나는 그의 이야기를 들었다. 그의 팀이 발견한 것은 핵융합 가능성, 즉 수소폭탄 원리였다. 여기에는 당시에는 아직 알려지지 않았던 엄청난 위험이 도사리고 있었다. 수소 원자핵, 즉 양성자는 불안정하며, 매우 높은 온도에서는 결합되어 헬륨 원자핵이 될 수 있다. 그러나 원자폭탄의 온도가 아무리 높아도 수소를 폭발시키는 데 필요한 온도에 미치지 못한다면? 그리고 수소라면, 바다의 수소는 어떤가? 원자폭탄의 폭발이 대양의 폭발을 유발한다면?

이게 다가 아니었다. 공기 중의 질소 또한 정도가 덜하긴 하지만 불안정하다. 대기 중의 원자 폭발이 질소 폭발을 촉발한다면?

어느 것 하나 가볍게 넘길 수 없는 질문들이었다. 만에 하나 원자폭탄이 대기 중의 질소나 대양의 수소 폭발을 일으키게 된다면? 그렇다면 그 결과는 최악의 재앙일 터였다. 인류에게 마지막 커튼을 드리울 수도 있는 위험을 무릅쓰느니 차라리 나치의 노예가 되는 편이 더 나을 듯했다!

잠시 뒤로 물러나 저 마지막 가정을 생각해보자. 충분히 합리적으로 보인다. 어떤 이는 당연한 것 아니냐고 말할지도 모르겠다. 그러나 나치와 2차 세계대전에 관한 셀 수 없이 많은 책에서도, 공식적 기록에서도, 회고록에서도, 역사 이론서에서도 이 비슷한 말을 본 적이 없는 것 같다. 신문 사설에서도 독자 투고란에서도 마찬가지였다. 나치의 점령보다 더 나쁜 것이라니?

나치의 노예가 되는 것은 미국인들에게는 사실 곧 닥쳐올 위험이 아니었다. 하지만 그들의 전시 동맹국인 영국인과 러시아인들에게는 그러했다. 1942년 6월 스탈린그라드 전투를 불과 6개월 앞두고 나치는 유럽 전체를 장악하는 데 성공했을 뿐만 아니라 러시아에서도 승리는 떼어놓은 당상처럼 보였다. 콤프턴이 이런 판단을 내릴 당시 나치는 점령지의 폴란드인 2백만 명과 유대인 6백만 명을 살해하는 과정을 막 시작한 상태였다. 그 밖에도 소련의 군인과 민간인들 2천7백만 명을 상대로 살해를 시작하고 있었다. 그런데도 나치의 노예로 사는 것보다 더 나쁜 일이 과연 있을 수 있단 말인가?

음, 있었다. 콤프턴은 지구상의 생명을 끝장내게 될지도 모르는 가능성을 걸고는 그 어떤 일도 해선 안 된다고 판단했다.

놀랍게도 이러한 가능성을 대하는 히틀러의 반응 또한 다르지 않았다. 이보다 불과 몇 주 전인 1942년 6월에 독일 군수 장관 알베르트 슈페어는 전쟁 중에 원자폭탄 사업을 추진해봐야 그렇게 큰 이득이 없다는 히틀러의 견해를 분명히 밝혔다. 거기에는 히틀러가 2년으로 정한 마감 시한 안에는 성공하지 못할 것이라는 예측도 작용했지만, 또 다른 이유도 있었다. 슈페어는 이렇게 말했다.

사실 하이젠베르크 교수는 핵분열이 아주 완벽하게 통제될 수 있는지, 또는 연쇄반응이 계속될 것인지에 대한 나의 질문에 끝내 어떤 대답도 하지 않았다.[4] 히틀러는 자신의 지배 아래 놓인 지구가 이글거리는 별로 변할지도 모른다는 가능성을 분명히 달가워하지 않았다.

이런 논의가 있고 나서 슈페어는 "핵물리학자들의 의견에 따라 우리는 핵폭탄 개발 사업을 철회하기로 했으며…… 마감 시한에 대해 다시 물어봤더니 3~4년 안에는 이렇다 할 성과를 얻을 수 없다는 이야기를 들었다"라고 전했다.

그달 들어 독일이 원자폭탄 사업을 접기로 결정했다는 사실을 알지 못한 채, 그리고 지구가 (원자탄의 폭발로 인해) 아주 잠깐 빛을 터뜨리고 난 뒤 영원히 불모의 바윗덩이로 변할지도 모른다는 가능성을 마주한 채, 콤프턴과 오펜하이머는 "대답은 하나밖에 없다는 데 의견의 일치를 보았다. 오펜하이머의 팀은 자신들이 얼은 계산 결과를 가지고 앞으로 나아가지 않을 수 없었다. 즉 우리의 원자폭탄이 대기나 바다를 폭발시킬 리 없다는 확실하고 믿을 만한 결론에 이르지 않는 한 이 폭탄을 만들어선 절대로 안 된다는 것이었다."[5]

인간이 한 번도 직면해보지 못한 가능성과 마주한 상태에서 어떤 사람은 이것이 불가피한 판단이었다고 생각하고 싶어할 것이다. 하지만 나중에 드러난 바로는 전혀 그렇지 않았다. 사실을 말한다면 콤프턴 자신은 전적으로 이런 생각만 갖고 있었던 것이 아니었다.

맨해튼 계획은 (말하자면) 전속력으로 계속 추진되고 있었다. 그런데 추가적인 계산과 부분적인 실험 결과, 모든 의심을 걷어내고 '대기 발화(대기 폭발—옮긴이)'의 가능성이 없다고 입증됐기 때문은 아니었다. 몇몇 과학자들은 이런 결과는 일어날 수 없다는 베테의 계산, 좀 더 정확히 말하면 그의 초기 직감을 믿게 됐을지도 모르지만, 나머지는 그렇지 않았다.

불확실한 기초 위에서 작업이 재개된 가운데 몇 달이 지났지만, 최악의 재앙이 일어날 '가능성은 없다'라고 장담할 수 있는 사람이 베테를 포함해 아무도 없었다. 이 계획을 맡고 있던 사람은 콤프턴이었는데, 그가 이 계획을 수행해나갈 분명한 조건으로 설정해놓았던 것이 언뜻 합리적으로 보이는 이 '가능성 없음'이었다. 물론 그런 일이 벌어질 것 같지는 않았다. 그렇다고 불가능한 것도 아니었다.

그런 위험의 소지는 얼마나 낮았을까? 그 위험은 어떤 의미에서 '무시해도 될 정도'였을까? 인류 전체를, 지구상의 생명체 모두를 죽일 수도 있는 위험을 무릅써도 괜찮을 만큼 낮았을까? 훗날 소설가 펄 S. 벅과 가진 인터뷰에서 콤프턴은 위의 내용과 거의 비슷한 이야기를 했고, 그다음 3개월 동안 작업이 어떻게 진행되고 있는지 다음과 같이 전했다.

과학자들은 핵융합의 위험을 논의했지만, 의견의 일치는 없었다.[6] 이번에도 콤프턴이 앞장서서 최종 결론을 내렸다. 그는 만약 계산 결과, 원자폭탄 폭발로 지구가 증발할 가능성이 대략 1백만분의 3이 넘는 것으로 나오면 작업을 중단하겠다고 말했다. 계산 결과 그보다 약간 낮은 수치가 나왔고, 작업은 계속 이루어졌다.

뭐라고? '1백만분의 3'이라는 상한선은 대체 어디서, 어떻게 나왔으며, 과연 무슨 뜻일까? 이 경우 그것은 다음을 의미했다. "(가능성이) 낮다. 아주 낮다. 그러나 우리는 정확히는 알지 못한다." 선임 이론가 대부분은 그 확률이 매우 낮다고 굳게 믿었지만, 확률이 0은 아니었다. 그 위험이 (작업을 계속해도 괜찮겠다는 결정을 끌어내기 위해 그가 만들어내다시피 한 상한선인) 1백만분의 3을 넘지 않는다고 믿게 되자 콤프턴은 처음의 반응과 달리 가능성이 '아예 없지는 않지만' 연구를 재개해도 될 만큼 낮다고 결론 내렸다. 다른 사람들도 모두 그 말을 따랐다. 이와 관련해 피터 굿차일드는 다음과 같이 지적했다. "베테의 계산이 대기 발화를 적어도 당분간은 '머나먼 가능성'으로 밀쳐버리자 과학자들은 (핵분열 폭탄 설계라는) 당면한 문제로 돌아갔다."[7]

여기서 '당분간'은 실제로 폭발물을 터뜨리기 전에 (콤프턴이 처음에 오펜하이머에게 요구했듯이) 가능성이 0이라는 것을 증명하는 계산 결과가 나오길 기다렸다는 의미다. 그러나 실험 전에 그런 계산 결과는 끝내 나오지 않았다.

그런데도 대기 발화 문제를 다룬 글들을 보면, 거의 모두가 이들 이론가들의 첫 토론에서 위험이 처음 제기된 후, 폭발 장치를 작동시키기 전에 그럴 가능성은 0으로 입증된 것으로 설명하고 있다.

그러나 실은 그렇지 않은 것으로 알고 있다. 나는 맨해튼 계획의 공식 기록자(역사가)인 데이비드 호킨스로부터 직접 들어 이를 잘 알고 있다. 호킨스는 사업 초창기부터 임용돼 극비 사항이던 그 과정을 계속 기록한 사람이다. 1982년 콜로라도 대학교에서 그를 만났을 때 그는 기밀이 해제된 자신의 기록 '1945년의 역사'에서 자주 인용되는 부분에 대해 이렇게 설명했다. "대기 발화의 불가능성

impossibility은 과학과 상식의 추정에서 나온 것입니다."[8] 그는 여기서 '불가능성'은 가능성이 아예 없다는 것을 의미하지는 않는다고 설명했다. 그것은 '현실적 목적에 비추어 무시해도 될 정도의' 확률을 의미했다. 즉 작업을 계속해도 아무 문제가 없다는 것을 의미한다는 것이었다.

그는 연구를 진행하면서 "트리니티 기지에서의 실험 전후처럼 관계자들을 대상으로 많은 인터뷰를 한 적은 없었다"라고 말했다. 문제는 계획을 주도하는 사람들과 나머지 연구자들 사이에서는 그 주제에 대해 더 이상의 논의가 없었다는 점이다. "위에선 그걸 계속 무시하는 수밖에 없었어요. 젊은 연구자들은 그 계획의 시작 단계부터 마지막까지 그 가능성을 계속 재발견했고요." 그 문제를 들고 굉장히 근심스러운 표정으로 선배 이론가를 찾아갈 때마다 그들은 "우리도 예의 주시하고 있네. 조심스럽게 살피고 있으니 걱정하지 말게"라는 이야기를 듣곤 했다는 것이다.

그는 트리니티 기지나 히로시마 또는 나가사키에서 핵폭발이 있기 전, 이 가운데 어디에서도 대기 발화 가능성이 0이라는 계산 결과가 나온 적은 없었다고 힘주어 말했다. 설령 그런 계산 결과를 얻었다 할지라도 그들 중 실험주의자들은 계산은 얼마든지 잘못될 수 있으며 뭔가 중요한 것을 빠뜨렸을 수도 있다고 생각했을 것이다. 첫 번째 실험을 앞둔 날 밤 엔리코 페르미의 생각도, 심지어 에드워드 텔러의 생각도 그러했을 것이다.

1945년 7월 17일 새벽의 트리니티 실험에 대해 전해지는 이야기로는 그 전날 밤 페르미가 대기 발화가 발생할지를 놓고 내기해도 좋다고 제안했다고 한다. 당시 그는 이렇게 말했다. "이제부터 두 가지 가능성, 즉 ① 폭발이 뉴멕시코를 불태울 것이다. ② 폭발이 전 세계에 불을 지른다'를 놓고 내기를 해볼까 합니다."

애석하게도 그날 밤 페르미가 배당률을 각각 얼마로 제시했는지는 전해지지 않는다. 페르미와 함께 실제로 돈을 건 사람이 있는지, 그렇다면 배당률은 얼마로 제안했는지는 영영 알 수 없을 듯하다. 다만 페르미가 대기 발화에 건 배당률은 1백만분의 3보다 훨씬 높지 않았을까, 추론해볼 수 있다. 어쨌든 그렇게 낮은 확률을 토대로 돈을 걸겠다고 제안하지는 않았을 테니까.

이 사건과 관련한 여러 설명은 당시 맨해튼 계획을 담당하고 있던 군 장교 그로브스 장군이 페르미의 제안 소식을 듣고 화를 냈다고 전한다.[9] 그 때문에 사병들이 동요할까봐 불안했던 것이다. 그는 폭발이 생각보다 규모가 커서 오펜하이머와 그 외 참관인들을 흔적도 없이 날려버릴 때를 대비해 보도 자료까지 손수 준비해놓고 있었다. 보도 자료에는 그저 '우연한 폭발'이라고만 언급돼 있었다. 그는 페르미의 내기 소식에 일부에서 "우리는 뉴멕시코를 잃었다"라는 골자의 다른 보도 자료가 필요하다고 생각할까봐 내심 걱정했다(만약 페르미가 내건 두 번째 조건, 지구 생명체의 종말이 내기에서 이긴다면 보도자료는 필요 없을 것이다). 그러나 곰곰이 생각해본 결과 그로브스는 페르미가 농담을 하고 있다고 결론지었다.

그가 보인 반응을 보고 페르미의 내기 제안을 '긴장을 누그러뜨리려는 농담'으로 해석하는 글들이 많다. 그러나 이 특이한 장난이 과연 어떻게 긴장을 해소할 수 있었는지는 분명치 않다. 그 과정 전체와 핵폭탄 실험을 취재했던 《뉴욕 타임스》의 윌리엄 로런스 기자는 당시뿐만 아니라 나중에도 "과학자 가운데 상당수가 그가 농담을 하고 있다고 생각하지 않았다"라고 말했다. 정말 그랬다. 수많은 글이 맨해튼 계획에 참여한 과학자들, 그중에서도 특히 젊은 과학자들 다수가 그날 밤 무척 불안해했다고 전한다. 그들 가운데는 그럴 만한 가능성이 보이는 현상에 직접 맞닥뜨렸거나, 윗선으로부터 형식적인 장담밖에 들을 수 없었던 사람들도 있었을 것이다.

피터 굿차일드의 설명대로 대기 발화 가능성을 둘러싼 페르미의 불확실한 표현은 농담도, 마지막 순간의 떨림도 아니었다.

실험을 몇 주 앞두고 엔리코 페르미가 또다시 대기 발화 가능성을 제기하자 텔러 일행은 부랴부랴 준비에 들어갔다.[10] 그의 팀은 계산에 착수했지만, 컴퓨터가 도입되기 전의 이런 프로젝트가 다 그렇듯이 여기엔 가정을 단순화하는 작업도 들어 있었다. 시간이 지나도 결과는 매번 '아닌 것'으로 나왔지만, 페르미는 그들이 내세운 가정에 여전히 불만을 나타냈다. 그는 극도의 열熱이라는 새롭고도 특이한 조건 아래서 뜻밖의 재앙으로 이어질지도 모르는 현상을 미처 발견하지 못한 건 아닌지를 놓고 불안해했다.

굿차일드의 설명에 따르면 핵실험이 점점 다가오자 텔러는 "들어줄 사람이 있으면 그게 누구든 상관없이 그런 현상에 대한 가정을 시험해보려 했다." 실험을 몇 시간 앞둔 저녁에도 그는 오펜하이머의 조수 로버트 서버를 붙잡고 그러고 있었다(서버는 그 가능성을 처리하려면 위스키 한 병을 들고 오는 게 좋겠다고 충고했다).
1982년 토머스 파워스는 스탠 울람Stan Ulam과 한 인터뷰를 보도했다. 울람은 1951년 텔러와 함께 수소폭탄을 만든 사람이다. 그 내용을 보면 그날 밤 페르미가 느꼈던 불안이 어느 정도였는지 비로소 실감할 수 있다. 울람은 다음과 같이 말했다.

트리니티 실험이 있기 전 물리학자 조지 브라이트는 핵폭탄이 지구의 전체 대기에 불을 지를 확률을 계산하는 일을 맡았다.[11] 그럴 가능성은 매우 낮지만 어쨌든 울람은 '그 위험성은 무한하다.…… 페르미도 똑같은 계산을 했다'라고 말했다. 그는 확신하기를 원했다. 이론상 핵폭발로 인해 온도가 올라가면 대기 중의 질소가 한꺼번에 발화할 수도 있었다. 페르미가 확인한 결과 브라이트의 계산에는 오차가 없었다. 그런 온도는 자연에서는 존재하지 않는다. 트리니티 실험이 예정된 앨라모고도까지 운전해 가는 동안 페르미는 농담처럼 이렇게 결론 내렸다. '만에 하나 대기에 불이 붙으면 그건 기적이겠지. 기적이 일어날 확률은 10퍼센트쯤 되려나.'

프로젝트의 마지막 단계를 감독하는 임무를 맡고 있던 물리학자 샘 앨리슨이 확성기로 "10, 9, 8……"을 세고 있을 때 또 한 명의 젊은 물리학자는 그 과정을 중단하는 단추를 누를지 말지 결정하는 책임을 맡고 있었다고 데이비스는 전한다. 마지막 몇 초를 남겨두고 젊은 물리학자는 오펜하이머에게 돌아서서 이렇게 말했다. "이게 작동이 안 돼서 멈추지 못하면 어쩌죠?"

그러자 오펜하이머는 그를 차갑게 쏘아보며 말했다. "자네, 괜찮나?" 앨리슨이 "……5, 4……" 계속 카운트다운을 하는 동안 그는 잠시 생각하고 나서 데이비스에게 '페르미의 불안'에 대해 이야기했다. 지난 6개월 동안 프로젝트가 예정대로 진행되고 있는지 확인하는 것이 오펜하이머가 그에게 내린 임무였다. 그러나 이제는 "누가 시켜서 한 일일 뿐이라고 말할 정당한 사유가 없었다. 무슨 권리로 인간이라는 종을 죽여 없앨지도 모르는 실험에 참여했단 말인가?" 몇 초 뒤지하 벙커를 뒤흔드는 폭풍의 물결에 이어 엄청난 빛이 일더니 마침내 잠잠해지자 앨리슨이 중얼거렸다. "아직 살아 있네……. 대기 발화는 없고."[12]

폭발 지점으로부터 10마일 떨어진 곳에서 이를 지켜보고 있던 사람들도 몇 초동안 두려움에 떨다가 똑같은 이유로 똑같이 안도감을 느꼈다. 그중에는 국가발전개혁위원회NDRC 위원장 자격으로 맨해튼 계획을 감독하던 하버드대 총장 제임스 코넌트James Conant도 있었다. 확성기를 통해 앨리슨의 마지막 카운트다운이 울려 나오는 순간 코넌트는 그로브즈에게 "몇 초가 이렇게 길 줄은 상상도 하지 못했다"라고 속삭였다. 그의 말을 직접 들어보자.

그리고 나서 백색 섬광이 몇 초 동안 하늘을 가득 메우는 듯했다. 나는 상대적으로 순식간에 번쩍 비췄다 사라지는 빛을 예상했었다. 엄청난 빛에 그저 망연자실할 수밖에 없었다. 순간적으로 든 내 생각은 뭔가 잘못됐고, 몇 분 전 농담 삼아 언급했던 바로 그 '대기의 열핵 변환'이 실제로 일어났구나, 하는 것이었다.

그 순간 그의 머리에 떠오른 생각은 "온 세상이 화염에 휩싸였구나"였다.[*]

간단히 말해 앨라모고도에서 실행된 첫 트리니티 실험으로 로스앨러모스의 선임 과학자들과 그들의 직속 상관들 사이에 도박하는 분위기가 형성됐다. 그것은 지구 표면과 대기와 바다 깊숙한 곳에서 살아가는 살아 있는 모든 생명체의 운명을 건 도박이었다. 주목할 만한 점은 이 도박 결과에 스스로 책임을 떠맡은 사람은 과학자들밖에 없었다는 사실이다. 지금까지 남아 있는 문건이나 기록된 기억으로 미루어 볼 때 1942년 7월 오펜하이머가 콤프턴에게 처음 문제를 제기한 이후 3년 사이에, 1945년에도 이 대기 발화 가능성이 대통령이나 워싱턴의 어떤 사람에게, 다시 말해 맨해튼 계획 밖의 사람에게 알려졌다는 증거는 없다.

이런 사실이 당시 최고위 민간인 관료들에게 알려졌더라면—1942년 같은 달에 슈페어를 통해 히틀러에게 알려졌듯이—그들은 과연 어떻게 반응했을까? 만약 루스벨트 대통령이 알았더라면 처음에 콤프턴이 그랬던 것처럼 그 가능성이 아무리 낮다 하더라도 이 일은 절대로 받아들일 수 없다는 반응을 보였을까? 아니면 그 직후의 콤프턴처럼 원폭 개발 사업을 재개해도 될 만큼 위험이 충분히 낮다고 판단했을까?

아마도 후자였을 것이다. 유독 그 연구만 그 당시와 그 뒤 몇 년 동안 문제가 됐기 때문이다. 어쨌든 1942년 과학자들은 과학자들대로 독일이 우리보다 먼저 폭탄을 개발할지도 모른다고 불안해하고 있었고, 정책 입안자들은 입안자들대로, 원자폭탄 없이도 독일이 이길지 모른다고 걱정하고 있었다. 그러나 대기 발화 가능성을 아직 완전히 잠재우지도 않은 채 1945년 7월 폭발 실험을 강행하기에 이르렀을 때 그중 어느 것도 여전히 사실이 아니었다.

만약 트루먼 대통령이나 전쟁부 장관 헨리 스팀슨이 자칫 지구상의 모든 생명

---

[*] 눈이 멀 정도로 강렬한 백색 섬광이 덮칠 때 제임스 코넌트 근처에서 그 실험을 목격한 과학자의 딸에게서 전해 들었는데, 나중에 그는 그때 맨 처음 든 생각이 "페르미가 옳았다"라는 것이었다고 한다. 나는 콜로라도 대학교(볼더 캠퍼스)의 한 리셉션장에서 이 이야기를 듣고 이 문제에 관심을 두기 시작했고 며칠 뒤 데이비드 호킨스와 이야기하게 됐다.

체가 영원히 사라질 수도 있다는 점을 미리 알았더라면, 페르미의 '10%'는 둘째치고 100만분의 3보다 나은 확률을 요구했을까? 사실 그들은 독일에서 열린 포츠담 회담에 참석해 소련과의 협상에서 유리한 위치에 서게 해줄 소식을 기대하며 보고서를 기다리던 중 실험이 성공했다는 소식을 전해 들었다. 하지만 불안해하는 이유에 무지했으니 샘 앨리슨처럼 안도감을 느꼈을 리도 없었다. 마찬가지로 그들은 몇몇 과학자들이 이 결과의 장기적 영향을 두고 계속 불안해하는 이유에 대해서도 아는 게 없었다. 하물며 일본에서 곧 있을 인간을 대상으로 한 실험에 대해서는 더더욱 무지했다.

그러한 우려의 일부는 앞으로 더 있을 폭발로 사망에 이르게 될 사람들과 관련 있었다. 앨리슨은 실험이 끝나고 지구상의 모든 인간이 불타 없어질지도 모른다는 두려움이 걷히기가 무섭게 그 생각 때문에 또 마음이 무거웠다. 그는 괴로움을 이기지 못하고 이렇게 말했다. "아, 코넌트 총장님, 저들이 이걸 넘겨받아 일본인 수백 명을 튀겨 죽이려고 해요."[13] 이는 세 자릿수, 즉 천 배나 낮게 평가한 것이었다.

5월 31일 회의에서 오펜하이머는 첫 번째 폭탄이 약 2만 명을 죽일 것으로 추산했다.[14] 곧이어 예상 사망자 수는 그 네 배로 늘어났지만, 도쿄 화염 폭격으로 하룻밤 사이에 산 채로 불타 죽은 십만 명에 비하면 훨씬 적은 숫자였다. 최고위 민간인과 군 관료들은 커티스 르메이 장군이 민간인 사망자 수 규모를 그 몇 배로 늘리도록 기꺼이 허락했고, 이후 몇 달 동안 철저한 시험대에 올랐다. 그들은 모두 그 시험을 통과했다. 마찬가지로 7월 말 들어 과학자들도 지구상의 생명체 모두를 태워 없앨지도 모르는 가능성을 충분히 낮게 잡는(페르미에게는 그렇게 낮지 않았다) 대담성을 보여주었다.

알베르트 슈페어에 따르면, 그렇다고 히틀러가 놀랐을 것 같지는 않다.[15] 1942년 6월 히틀러는 '세상 물정도 모르고 이 세상의 모든 비밀을 밝히려는 충동에 사로잡힌 과학자들이 언젠가 지구에 불을 지를지도 모른다'라는 농담을 하곤 했다.

그러나 히틀러는 '그런 일이 일어나려면 많은 시간이 걸릴 거라고, 자기가 살아 있는 동안에는 그런 일은 없을 거라고 말했다.' 아니나 다를까, 그는 트리니티 실험이 있기 불과 십 주 전에 스스로 생을 마감했다.

1945년 7월 그 도박을 감행한 사람들은 '미친 과학자'의 고정관념과는 거리가 먼 듯했다. 하지만 오랫동안 알려지지 않았던 역사의 이 부분을 찬찬히 들여다보면 그런 생각(미친 과학자)이 현실과 그렇게 동떨어져 있지는 않다는 것을 알 수 있다. 그들은 당연히 그 특별한 내기에서 자기들이 이기리라 예상했지만, 그와 동시에 자기들이 장기적으로 인류의 생존을 위험에 빠뜨리는 도박을 하고 있다는 것 또한 (이번에도 민간인 상급자들보다 아마 더 잘) 알고 있었다.

첫째, 그 가운데 (전부는 아니고) 몇몇은 전시에 경고도 없이 도시를 상대로 폭탄을 사용하는 행위는 더 말할 필요도 없고, 소련 및 국제기구와의 공조도 없이 미국이 일방적으로 진행하는 핵실험이 전후 소련과의 필사적인 핵무기 경쟁을 불러올 것이라고 확신하고 있었다. 둘째, 거의 모두가 그런 경쟁은 향후 몇 년 안에 양측의 열핵무기 생산으로 이어질 것으로 내다보았다. 이는 2차 세계대전에서 가장 큰 폭발력을 가진 폭탄의 1백만 배에 이르는 위력을 갖는 폭탄이 수천 개에 이르게 된다는 소리였다. 이 두 가지 가능성이 동시에 전개된다면 인간의 문명은 언제고 파괴될 수밖에 없을 터였다. 4천 년을 이어온 도시 세계의 전소. 그리고 그 가능성은 100만분의 3보다 훨씬 높은 것이었다.

제임스 코넌트는 워싱턴으로 돌아와 자신의 상관인 배너바 부시에게 보여줄 트리니티 실험 보고서를 작성했다. 그는 인류의 파멸 현장에 참여했다는 처음 몇 초의 느낌이 언젠가 실현될지도 모른다는 말로 결론을 마무리했다. "그때 처음 받은 인상은 아직도 너무 생생하다. 개기일식 같은 우주 현상. 세상의 종말이 온 것처럼 갑자기 하늘이 온통 백색 섬광으로 뒤덮이는. 어쩌면 그때 내가 받은 인상은 앞으로 있을 일의 전조에 지나지 않았는지도 모른다!"

그 섬광에 대한 조지 키스티아코프스키의 반응도 코넌트와 매우 비슷했다. 그

는 폭발 지점 10마일 밖에서 그 광경을 목격한 ≪뉴욕 타임스≫ 기자에게 그 섬
광을 "인간이 상상할 수 있는 인류 종말의 날에 가장 가까운 것"이라고 말했다.

하지만 그것은 착각이었다. 그보다 3년도 더 전에 엔리코 페르미는 에드워드
텔러의 상상력에 불을 지핀 바 있었고, 그 뒤 9년 동안에 걸쳐 그들이 앨라모고
도에서 목격한 것보다 천 배는 더 가까운 위력을 가진 폭탄 연구가 집요하게 이
루어졌다. 그것이야말로 '인류 종말의 날'에 더 가까이 다가간 것이었다.*

---

* 1954년 미국이 최초로 실험한 투하용 수소폭탄의 위력은 15메가톤이었다. 이는 2차 세계대전에서 가장 규모
가 컸던 초대형 폭탄의 1백만 배가 넘는 위력이다. 지금까지 실험된 핵탄두 중 가장 규모가 큰 것은 58메가톤으로
1961년 소련이 터뜨린 수소폭탄이었다. 이 핵탄두의 위력은 처음에 예상했던 최대 위력 6메가톤의 250%에 이르렀
다. 여기에 뜻하지 않은 풍향의 변화까지 가세하면서 심각한 수준의 방사성 낙진이 마셜 제도 주민들과 폭발 지점
에서 멀리 떨어져 있던 일본 어선 선원들(그중 한 명은 사망했다)을 오염시켰다. 인간에게 미치는 심각한 여파와 더불어
폭탄의 위력을 그렇게 낮게 잡았던 이유는 트리니티 실험 당시 페르미가 대기 발화 가능성과 함께 염려했던 과학적
실수, 즉 미처 예측하지 못한 반응 때문이었다. 로스앨러모스의 폭탄 설계자들도 중성자 생성과 수소 연료에 들어
있는 동위원소의 하나인 리튬-7의 수율에 대한 폭발 반응의 기여도를 무시했거나 혹은 너무 낮춰 잡았다. 리튬-7
은 비교적 비활성인 것으로 여겨졌으나 건식 열핵 폭발dry-fuel thermonuclear detonation이라는 전례 없는 환경 아래
서는 그렇지 않은 것으로 증명되었다.

18장 ───
인류 종말의 날을 무릅쓰고(Ⅱ): 지옥의 폭탄

1942년 7월, 에드워드 텔러는 맨해튼 계획 오찬 모임에 앞서 열린 U.C. 버클리 회의에 참석하러 가기 위해 절친한 친구 한스 베테와 함께 기차에 몸을 실었다. 여행 중에 그는 베테에게 "핵분열 폭탄이 그만하면 괜찮기도 하고, 지금으로서는 확실한 대안이긴 하지만 우리가 정말 생각해야 할 것은 핵분열 무기를 이용해 중수소를 발화시킬 가능성, 즉 수소폭탄"이라고 말했다.[1] 바로 이것이 텔러가 버클리 르콩트 홀에서 대기 발화 가능성을 소개하며 칠판에 펼쳐놓았던 개념이었다. 그 자리에 참석한 이론가들은 남아 있는 4주의 회의 기간 대부분을 텔러의 '슈퍼' 개념을 토론하며 보냈다. 그리고 그중 몇몇은 불길한 예감에 휩싸였다.

이와 관련해 굿차일드는 다음과 같이 전했다.

> 한스 베테는 그들의 토론 주제에 대해 대충은 알고 있던 아내와 (그리고 이름을 밝히지 않은 한 물리학자와) 나눈 대화를 이렇게 기억했다.[2] 요세미티 국립공원에서 산책하던 중 아내가 이 일을 정말 계속할 생각이냐고 물었다. "나는 하기로 했다"라고 말했다. 베테에게 '슈퍼'는 끔찍한 것이었지만 그 개발은 독일의 위협과 나아가서는 핵분열 폭탄과 불가분하게 연결돼 있었다. 열핵반응을 일으키려면 결국은 반드시 필요한 것이었다. 또 독일 때문에도 그들은 핵분열 무기의 개발에 전념하지 않을 수 없었다. '슈퍼' 자체와 관련된 도덕적 갈등은

당분간 보류할 수 있었다.

그러나 1945년 6월, 뉴멕시코에서 실시한 트리니티 실험을 한 달 앞두고 (워싱턴의 정책 결정자들과 달리) 실험하려는 것이 잠재적인 수소폭탄 발화장치(방아쇠 역할)가 된다는 것을, 바꿔 말해 소련과의 열핵무기 경쟁을 일으키는 발화장치가 된다는 것을 이해한 과학자들 중 몇몇은 그와 관련된 도덕적 갈등(딜레마)을 더는 미룰 수 없다고 판단했다. 로스앨러모스에서는 핵분열 폭탄의 생산 및 실험을 목전에 두고 마지막 기술적 문제를 처리하느라 다들 정신이 없는 가운데 맨해튼 계획 산하 시카고연구소의 몇몇 과학자들은 뒤늦게야 핵무기가 가져올 장기적 결과에 주목했다. 그들은 레오 실라르드가 강력한 영향력을 행사하는 가운데 제임스 프랑크가 위원장을 맡은 위원회를 통해 활동했다.

그들은 끝내 대통령에게 이르지 못한 한 보고서에서 소련이 실험에 직접 참여하지 않은 상태에서 사전 경고도 없이 일본에 핵무기를 사용할 경우 핵무기의 국제 관리는 거의 불가능할 것이라고 결론 내렸다. 그렇게 되면 필사적인 무기 경쟁이 불가피해질 테고, 그 결과 미국은 머잖아 통제를 벗어난 열핵무기를 보유한 적들과 마주하게 될 터였다. 그들 중 몇몇은 트루먼 대통령에게 보내는 청원서에서 선견지명이 있었는지 "다른 나라의 도시들뿐만 아니라 미국의 도시들도 갑작스러운 소멸의 위험에 계속 놓이게 될 것"이라고 예고했다.[3]

뒤에서 이러한 청원을 주도적으로 추진한 사람은 실라르드였다. 맨해튼 계획 참여자 중 다수가 '핵무기의 사용이 설사 전쟁을 빨리 끝내고 미국 군대의 목숨을 구한다 해도' 도덕적 이유에서뿐만 아니라 문명의 장기적 생존을 고려해서라도 일본에 핵무기를 사용해 이 과정을 시작해선 안 된다고 대통령에게 경고하고자 애썼다.

그러나 '여러 경로를 통해' 올려보낸 그들의 청원서는 맨해튼 계획 책임자였던 레슬리 그로브즈 장군의 방해 공작 때문에 중간에서 막히고 말았다. 청원서는 폭탄이 투하되고 나서까지 대통령은 고사하고 헨리 스팀슨 전쟁부 장관에게조차 가지 못했다. 투하 결정을 전후해 일본에 대한 핵공격의 장기적 결과를 둘러싼 과학자들의 우려가 트루먼 대통령에게 전달됐다는 기록은 어디에도 없다. 하물 며 미국 대중에게는 더더욱 전달될 리가 없었다.

전쟁이 끝날 무렵 과학자들의 청원서는 대중의 접근을 막기 위해 기밀로 재분 류된 채 십 년 넘게 그 존재조차 알려지지 않았다. 계획에 참여했던 몇몇 과학자 들은 나중에 인정받지 못하고 지위를 잃을까봐, 박해를 받을지도 모를까봐 일찌 감치 비밀주의 관료들의 요구를 좇아 무엇보다도 중요한 이 문제를 대중이 모르 도록 하는 데 협조한 것을 후회했다.

물리학자 유진 라비노비치도 그 가운데 한 명이었다. 프랑크위원회 조사위원 으로 활동하다가 전쟁이 끝나고 ≪원자 과학자 회보Bulletin of the Atomic Scientists≫(표 지에 '인류 종말의 날' 시계를 실었었다)를 창간, 편집하기도 했던 사람이다. 사실 그는 5 월에 독일이 항복한 뒤, 대열에서 이탈해 미국 대중에게 원자폭탄의 존재와 그것 을 일본에 사용하려는 계획을 알리고 나아가 그러한 행동의 도덕적 의미와 장기 적 위험에 대한 과학자들의 견해를 알릴 생각을 적극적으로 했었다.

유진 라비노비치는 1971년 6월 28일 자 ≪뉴욕 타임스≫에 기고한 편지를 통 해 이를 처음으로 공개했다. 그날은 하필 내가 보스턴 연방법원에 출두하는 날이 어서 그날 나는 그 편지를 보지 못했다. 그리고 그 후로도 한동안 보지 못했다. 사실 그 편지가 공개되기 13일 전부터 아내와 나는 법원의 명령으로 ≪뉴욕 타임 스≫와 ≪워싱턴 포스트≫의 연재 기사가 중단되자 FBI를 피해 지하로 숨어다니 며 신문사 열일곱 군데에 펜타곤 문서를 배포하느라 정신이 없었다.

라비노비치는 펜타곤이 주축이 된 미국의 베트남전 개입 역사를 다룬 ≪뉴욕 타임스≫의 폭로 기사에 고무받아 처음으로 다음과 같이 자기 생각을 공개하기 에 이르렀다는 말로 편지를 시작했다.

히로시마와 나가사키에 원자폭탄이 투하되기 전 나는 여러 날 잠 못 이루는 밤을 보내야만 했다. 나라도 나서서 평판 좋은 신문사를 통해 미국 정부가 국민들에게 상의도 하지 않고 운명적인 행동을 하려 한다는 것, 즉 핵무기를 최초로 사용하려 하고 있다는 것을 미국인들에게 알려야 하지 않을까 하는 생각 때문이었다. 25년이 지난 지금 그렇게 했어야 했다는 생각을 한다.

다시 읽어봐도 여전히 조금 놀라운 내용이다. 나 또한 그의 생각에 동의한다. 그의 말대로 그렇게 하는 게 옳았다. 그랬다면 물론 (그의 편지가 공개됐을 당시의 나처럼) 박해와 감옥행에 직면했을 테지만 미국 대중에게 운명적인 결정을 알리고 그 짐을 짊어지는 것이 한 시민이자 한 인간으로서 당연한 도리였을 것이다(그는 미국 대중이 다른 결정을 요구하리라고는 꿈에도 생각하지 않았다고 훗날 말했다).

1949년 가을, 또 한 번의 진실의 순간이 수소폭탄에 이르는 길에 찾아왔다. 에드워드 텔러는 7년을 힘들게 노력하고도 원자폭탄으로 열핵 연료를 발화시키는 문제를 푸는 데서 여전히 진전을 보이지 못하고 있었다. 그러나 소련이 핵분열 폭탄 실험에 성공했다는 9월의 발표 직후 텔러는 여전히 로스앨러모스에 조언을 해주고 있던 맨해튼 계획의 저명한 이전 일원들 몇몇을 불러모아 수소폭발 개발을 전담할 팀을 꾸림으로써 소련에 대한 '우위'를 확보하고자 했다.

1949년 10월, 오펜하이머가 위원장을 맡고 있던 원자력위원회 산하 총괄자문위원회General Advisory Committee, GAC는 이 계획안을 승인해달라는 요청을 받았다. 위원들은 만장일치로 가장 강력한 표현을 사용해 그 요청을 거절했다. 모두가 "어떻게든 이 무기의 개발을 피할 수 있기를" 희망했고,[4] 그래서 한목소리로 "우리 모두 미국이 솔선해서 이 개발을 앞당기는 모습을 보길 원하지 않는다. 굳이 지금 그 개발에 총력을 기울이는 것은 옳지 않다는 데 우리 모두 동의한다"라고 말했다. 이 우선순위의 사업 계획을 거절한 이유로는 비용, 실현 가능성, [상대적으로 규모가 작은 전술 핵분열 무기에 필요한 트리튬(수소의 동위원소 중 하나로 질량수 3의 인공

방사성 원소—옮긴이)을 비롯한] 희소 금속 자원의 대체 사용 등과 같은 현실적 문제가 제기됐다. 소련이 먼저 개발하든 않든 핵공격을 억지하는 데에 꼭 그런 무기가 필요한 것은 아니라는 데 모두가 동의했다. "다량으로 비축된 우리의 원자폭탄을 이용한 보복은 슈퍼 폭탄을 사용할 때에 비해 상대적으로 효과가 높을 것이다."[5]

그러나 그들은 여기서 한참 더 나가 미국은 사실상 전례 없이(더욱더!) 그런 무기를 개발하지 않겠다고 약속해야 한다고 촉구했다. "다수는 이 약속이 전폭적이어야 한다고 생각한다.[6] 다른 사람들(엔리코 페르미와 I. I. 라비Rabi)은 이 약속이 그러한 개발을 포기하자는 우리의 제안에 대한 소련 정부의 반응에 따라 달라져야 한다고 생각한다"라고 밝혔다.

약속의 형태를 놓고 논쟁이 벌어졌는데, 참석한 위원들은 너나 할 것 없이 도덕적 문제를 제기했다. 임박한 무기개발 문제를 앞에 두고 이를 반대하는 여타의 공식 기밀 문건 어디에서도, 이런 도덕적인 이의 제기는 본 적이 없는 것이었다 (예를 들어, 이런 도덕적인 이의 제기는 베트남 전쟁 당시 미국의 정책 결정을 다룬 7천 쪽에 이르는 펜타곤 문서에서 어디에서도 찾아볼 수 없는 것이었다). 내가 알기로 미국 정부를 앞에 두고 내부자들이 그런 표현을 써가면서까지 비난한 기밀 계획안은 이것 말고는 없었으며, 그런 비난을 받아 마땅한 계획안 또한 없었다.

여러 주요 부속 문서는 코넌트가 작성하고 하틀리 로, 시릴 스미스, L.A. 두브리지, 올리버 버클리, 오펜하이머가 서명했다. 그중 일부를 인용하면 다음과 같다.

우리의 권고는 본 계획안에 내재하는 인류에 대한 극심한 위험이 이 개발로 얻을 수 있는 그 어떤 군사적 이익보다 전적으로 더 중대하다는 우리의 믿음에 근거하고 있다.[7] 이 폭탄은 초강력 무기라는 점을 분명히 인식해야 한다. 다시 말해 이 무기는 원자폭탄과는 범주가 완전히 다르다. 그런 초강력 폭탄을 개발하는 이유는 폭탄 하나로 방대한 지역을 초토화할 수 있는 능력을 갖추기 위해서일 것이다. 그런 폭탄의 사용은 엄청난 수의 민간인을 살육하는 결과를 가져올 것이다. 우리는 초대형 슈퍼 폭탄의 폭발이 가져올 방사능이 전 세계에 미칠 영향을 우려한다.

페르미와 라비는 (수소폭탄)개발을 무조건 진행하지 않겠다고 약속하기보다는 조건부 약속을 권고했다. 그러나 그들은 긴급 무기개발 계획뿐만 아니라 슈퍼 핵 폭탄(수소폭탄―옮긴이) 자체를 반대하는 이유를 밝히는 데에서는 조금도 거리낌이 없었다.

본질적으로 그것은 군사 목적에만 한정되는 것이 아니라 실질적 효과 면에서 대량 살상 무기와 다름없다.[8] 그런 무기를 사용하는 것은 비록 그 대상이 적국의 주민이라 하더라도 한 인간에게 개별성과 존엄성을 부여하는 윤리적 배경에 비추어보아 절대로 정당화될 수 없다.

이 무기의 파괴력에는 한계가 없다는 사실로 미루어 그것이 존재한다는 사실과 그것을 제조하는 지식 자체가 인류 전체에게 위험이다. 어느 모로 보나 그것은 악랄한 물건임이 틀림없다.

이런 이유로 우리는 미국 대통령이 미국 대중과 나아가 전 세계에 그런 무기의 개발에 착수하는 것은 기본적인 윤리 원칙에 비추어 잘못된 것으로 생각한다고 말해야 한다고 믿는다.

그러나 국무장관 딘 애치슨과 원자력위원회 위원장 루이스 스트라우스Lewis Strauss는 여기에 동의하지 않았다. 그 점에서는 민주당 상원 외교관계위원회 위원장과 양원 합동 원자력위원회 위원장도 마찬가지였다. 1월 31일 해리 트루먼 대통령은 원자력위원회에 "이른바 수소폭탄, 즉 슈퍼 폭탄을 포함해 모든 형태의 원자력 무기에 대한 작업을 계속하라"라고 지시했다고 발표했다.[9]

이에 총괄자문위원회GAC는 "이 시점에서 이러한 정책을 공개하려면 슈퍼 폭탄의 기밀부터 해제하라"라고 권고했다.[10] 그러나 그러한 권고 또한 개발에 착수하지 않는다는 서약의 과정을 밟아야 하는 것이었다.

오펜하이머와 코넌트는 이 중요한 문제에서 자신들의 의견이 계속 무시되자 GAC 위원직을 사퇴할까 생각했지만 애치슨이 이를 말렸다. 왜냐하면 대중이 그 계획에 반대하는 의견이 있다는 사실을 알게 되거나, 그렇다면 왜 반대하는지 그 이유를 궁금해할 것을 원치 않았기 때문이다. 그래서 둘은 그만두지 않았다. 트루먼의 결정에 앞서 역시 개발을 강력하게 반대했던 페르미와 한스 베테도 GAC에 그대로 남아 전처럼 활발하게 자문 역할을 수행했다. 내가 알기로 그 사업에서 손을 뗀 사람은 아무도 없었다. 그런데 세월이 한참 지나 예외가 한 명 있었다는 것을 알게 됐다. 놀랍게도 그 사람은 바로 나의 아버지였다.

앞에서도 잠깐 이야기했듯이 나의 아버지는 전쟁 때 폭격기와 거기 들어가는 엔진을 생산하는 공장의 설계를 맡아 일했다. 전쟁이 끝나고 아버지는 워싱턴 핸퍼드의 플루토늄 생산 시설 증축을 감독해달라는 제안을 받아들였다. 그 사업은 처음엔 듀폰이 맡아 시행하다가 얼마쯤 지나자 제너럴일렉트릭이 원자력위원회와 계약을 체결하고 그 일을 맡았다. 그 사업에서 구조 담당 수석 엔지니어 일을 맡기 위해 아버지는 몇 년째 다니던 앨버트 칸의 엔지니어링 회사를 그만두고 훗날 '지펠스 & 로세티' 회사가 되는 곳으로 옮겼다. 나중에 아버지에게 들은 이야기에 따르면 그 엔지니어링 회사는 당시 전 세계에서 건설 계약 건수가 가장 많았고, 그가 맡았던 프로젝트는 전 세계에서 규모가 가장 컸다고 한다. 나는 이런 '최상급'이라는 표현을 들으며 자랐다.

핸퍼드 프로젝트를 맡고 아버지는 처음으로 정말 많은 월급을 받았다.

그러나 내가 집을 떠나 하버드에서 2년째 지내는 사이 아버지는 '지펠스 & 로세티'를 그만두었다. 당시에는 그만둔 이유를 나는 전혀 몰랐다. 그 후 아버지는 일 년 가까이 회사를 떠나 있었다. 그러다 그 회사 전체의 구조 담당 수석 엔지니어로 다시 복직했다. 그리고 나서 거의 30년이 지나 아버지가 89세가 됐을 때 나는 아버지에게 예전에 '지펠스 & 로세티'를 떠났던 이유가 뭐냐고 물었다. 아버지의 대답에 나는 깜짝 놀랐다. 아버지가 말했다. "나더러 수소폭탄을 만드는 일에 참여하라고 하지 뭐냐."

1978년에 소화하기에는 너무 놀라운 발언이었다. 그해 나는 지미 카터 대통령이 유럽에 보내자고 제안하고 있던 소형 수소폭탄, 즉 중성자탄의 배치를 반대하는 운동에 나서고 있었다. 중성자탄의 경우 폭발로 인한 파괴 반경보다 중성자의 방출로 인한 살상 반경이 훨씬 더 넓다. 좋은 점은 공중폭발 중성자탄은 낙진을 거의 만들어내지 않는다는 것이다. 대신 중성자가 구조물이나 장비, 차량은 그대로 놔둔 채 건물이나 탱크 안팎의 사람들을 죽이게 된다. 소련 사람들은 재산은 건드리지 않고 사람들만 죽이는 이 중성자탄을 가리켜 '자본주의 무기'라고 비웃었다. 그러나 그들 또한 이 무기를 실험했으며, 다른 나라들도 그러했다.

그 무렵 나는 20년 가까이 그런 개념의 폭탄 개발이나 실험에 반대해오고 있었다. '중성자탄의 아버지'로 불리는 것을 좋아하는 랜드의 내 친구이자 동료인 샘 코헨에게 들은 이야기 때문이었다. 그는 내가 그런 무기의 전략적 의미를 평가해주길 원했다. 그러면서 그 무기의 배치를 촉구하는 자신의 활동에 내가 힘을 실어주길 희망했다. 그 친구에게는 대단히 실망스러웠겠지만, 나는 무기의 특성에 대한 그 친구의 솔직한 설명을 검토하고 나서 그 친구에게 이를 개발하거나 보유하는 것은 너무 위험한 것이라고 말해주었다.

나는 치명적인 결과를 가져오긴 해도 범위가 제한적이고 언뜻 통제 가능해 보이는 저출력 전술 무기라는 인식 때문에 자칫 전쟁에서 이 무기를 사용해도 되겠다는 착각을 가져올까봐 두려웠다. 그 결과 미국이 '제한적 핵전쟁'에서 이 무기를 먼저 사용하게 될까봐 걱정스러웠다. 그렇게 되면 이 무기의 사용을 둘러싸고 곧 경쟁이 일 테고, 그러다 보면 광범위한 낙진을 발생시키는 그보다 규모가 훨씬 더 큰 '더러운' 무기를 이 무기(중성자탄)로 바꾸는 교환으로 이어질 가능성이 컸다. 당시 우리 무기고에는 전략 핵무기가 잔뜩 들어 있었고, 소련이 가진 것도 모두 그런 것이었다.

아버지와 그런 대화를 나눈 그해(1978), 나는 로키 플래츠 핵무기 생산 시설로 오가는 철도 운행을 방해한 혐의로 콜로라도에서 네 번이나 체포당했다. 이곳에선 수소폭탄에 사용할 플루토늄 방아쇠(플루토늄 핏PIT, 핵탄두 안에 들어가는 폭발물로 방아쇠 역할을 한다—옮긴이)를 생산하고 있었고 중성자탄에 필요한 플루토늄 핵도 곧 생산할 예정이었다. 그렇게 체포된 날 중의 하나가 1978년 8월 9일 나가사키의 날이었다. 로키 플래츠에서 생산된 '방아쇠'는 실은 원자폭탄, 즉 1945년 그날 나가사키를 초토화했던 것과 같은 플루토늄 핵분열 폭탄에 들어가는 핵 부품이었다.

수천 개에 달하는 미국의 수소폭탄, 즉 우리의 전략군을 무장하는 열핵분열 폭탄은 기폭제로 각기 나가사키형 원자폭탄을 필요로 한다. 내가 볼 때 이 간단한 사실을 알고 있는 사람은, 바꿔 말해 원자폭탄과 수소폭탄의 차이를 아는 사람은, 즉 지난 15년 동안 열핵무기고에서 무슨 일이 있었는지를 제대로 이해하는 사람은 미국인 백 명 중 한 명도 채 안 될 것이다.

나가사키와 히로시마의 초토화된 모습을 보여주는 낯익은 사진들 때문에 핵전쟁에 대한 우리의 이미지는 터무니없이 왜곡돼 있다. 그런 사진들은 오늘날의 현대 핵무기를 터뜨리는 뇌관 역할을 하는 폭탄에 맞았을 때 사람과 건물에 어떤 일이 일어나는가만 보여준다.

이런 무기에 들어가는 플루토늄은 워싱턴주 핸퍼드와 조지아주 서배너강 유역에서 생산되어 콜로라도 로키 플래츠에서 핵무기의 구성 요소로 들어가는 것이었다. 8월 9일 시인 앨런 긴즈버그와 나는 다른 많은 사람들과 함께 플루토늄 폭탄이 5만 8천 명의 목숨을 앗아간(1945년 말을 기준으로 하면 약 십만 명이 사망했다) 날을 기리는 날에도 어김없이 문을 연 폭탄 공장의 업무를 방해하기 위해 공장 입구를 봉쇄했다.[11]

나는 아버지와 수소폭탄의 관계에 대해선 그 전에 들어본 적이 없었다. 사실 아버지는 베트남전이 끝난 이후 나의 반핵 활동이나 그 밖의 나의 행동주의에 대해 별로 관심이 없었다. 나는 아버지에게 '지펠스 & 로세티'를 떠난 이유를 좀 더 자세히 이야기해달라고 청했다.

"나더러 수소폭탄 재료를 생산할 대형 공장 설계를 책임져달라고 하더구나." 아버지는 당시 듀폰이 핸퍼드 단지를 건설한 경험을 살려 원자력위원회와 계약을 체결할 예정이었다고 말했다. 그렇다면 새버너강 유역의 생산 단지였을 것이다. 나는 아버지에게 그때가 언제였냐고 물었다.

"49년 말이었지."

나는 아버지에게 이렇게 말했다. "아무래도 아버지가 날짜를 착각하고 계신 것 같아요. 그때 벌써 수소폭탄 이야기를 들었을 리가 없어요. 너무 일러요." 공교롭게도 때마침 나는 수소폭탄 논쟁과 총괄자문위원회 보고서를 다룬 허브 요크의 최근 저서 『자문가들The Advisors』(1976)을 읽고 있던 때였다. 총괄자문위원회가 수소폭탄 사업 문제로 회의를 열었을 때가 1949년 10월이었다. 나는 아버지에게 이렇게 말했다. "트루먼이 강행하기로 한 게 1950년 1월이었어요. 그동안 모든 게 철저히 비밀에 부쳐져 있었고요. 아버지가 49년에 그 얘길 들었을 리가 없어요."

그러자 아버지가 말했다. "글쎄다, 그 사업을 계속하려면 누군가 공장을 설계해야 했겠지. 내가 바로 그 누군가였다. 전쟁이 끝나고 나서 나는 핸퍼드 프로젝트의 구조 엔지니어링을 총괄했다. 내겐 Q증명[미국 에너지국(당시에는 원자력위원회)에서 발급하는 일급기밀 접근권—옮긴이]이 있었다."

아버지에게 Q증명(핵무기 설계와 비축량 자료에 접근할 수 있는 권한에서 톱 시크릿보다 높은 AEC 증명)이 있었다니 금시초문이었다. 한때는 나도 1964년 랜드를 떠나 국방부로 자리를 옮긴 후 톱 시크릿보다 높은 특별 접근권 10여 개와 함께 이 증명을 가지고 있었다. 아버지가 보안 증명을 가지고 있었다니 의외였지만 핸퍼드에서 일하려면 당연히 필요했을 것이다. 나는 아버지에게 이렇게 말했다. "그래서 지금 1949년 우리가 수소폭탄 개발을 고려하고 있었다는 사실을 아는 사람은 로스앨러모스와 총괄자문위원회 밖에서는 아버지가 유일한 축에 들었을 거라고 말씀하시는 거예요?"

아버지가 말했다. "아마도. 어쨌든 1949년 말이 맞아. 그때 그만뒀거든."

"왜 그만두셨어요?"

"난 수소폭탄을 만들고 싶지 않았다. 원자폭탄보다 천 배나 위력이 강할 거라는데, 너 같으면 그걸 만들고 싶겠냐!"

나는 그 일이 89세에 이른 아버지의 기억 속에서 아마 맨 위에 있을 것 같다는 생각이 들었다. 아버지는 (원자폭탄보다 1천 배나 위력이 크다는) 그 비율을 정확히 기억하고 있었다. 그것은 오펜하이머와 다른 과학자들이 1949년 보고서에서 예측했던 비율과 같았다.[12] 그들이 옳았다. 그리고 나서 약 5년 뒤에 있은 최초의 투하용 수소폭탄 폭발은 히로시마 폭발의 천 배의 위력을 기록했다.

아버지는 계속 말을 이었다. "나는 원자폭탄 일도 하고 싶지 않았다. 하지만 나 또한 러시아인들에게 맞서려면 그게 있어야 한다고 생각했고, 그래서 그 일을 하긴 했다만 기분 좋게 일했던 적은 한 번도 없었다. 그런데 그보다 천 배나 센 폭탄을 만들 건데 나더러 또 그 일을 하라지 뭐야. 그래서 바로 내 사무실로 돌아가 차석 엔지니어에게 이렇게 말했지. '저들이 미친 게 분명해. A-폭탄(원자폭탄)을 만들더니 이젠 H-폭탄(수소폭탄)을 만들겠다니 원. Z-폭탄을 손에 넣을 때까지 알파벳 순서대로 나가기라도 할 모양이지'라고 말이야."

내가 말했다. "아, 그런데요, 현재까진 N(중성자탄을 가리킴—옮긴이)까지밖에는 못 갔어요."

그러자 아버지가 말했다. "내가 참을 수 없었던 게 또 하나 있었다. 그런 걸 짓다 보니 방사능 폐기물이 많이 생기는 거야. 폐기물 용기 설계는 내 소관이 아니었지만 내가 알기로 결국 방사능이 새어나갈 게 뻔했지. 그런 폐기물은 영원히 치명적이잖니. 방사능 폐기물은 그 수명이 2만 4천 년을 간다니까."

이번에도 아버지는 정확한 숫자를 제시했다. 그래서 내가 말했다. "아버지는 기억력이 참 좋으세요. 그보다 훨씬 더 길 수도 있겠지만 플루토늄 반감기는 그쯤 돼요."

아버지의 눈에 눈물이 그렁그렁 맺혔다.[13] 아버지는 쉰 목소리로 말했다. "내 나라의 일부를 영원히 오염시키는, 그래서 그곳을 몇천 년 동안 아무도 살지 못하는 불모지로 만들 수도 있는 일에 참여하고 있다는 생각을 하면 참을 수가 없었다."

나는 아버지의 말을 곰곰이 되씹어본 뒤 함께 일하던 사람 중에 아버지처럼 회의를 품은 사람이 또 있었는지 물어보았다. 아버지는 알지 못했다. "당시 그만둔 사람은 아버지 혼자뿐이셨어요?" 아버지는 그렇다고 말했다. 아버지는 생애 가장 좋은 직장을 떠난 뒤로 다른 곳으로 눈을 돌리지 않았다. 한동안 저축해둔 돈으로 생활하면서 틈틈이 컨설팅 일을 하곤 했다.

나는 오펜하이머와 코넌트에 대해 생각해보았다. 그들은 둘 다 히로시마에 원자폭탄을 투하하라고 권유한 사람들이었다(그들이 이렇게 권유했던 그달 나의 아버지는 회사에 사표를 냈었다). 하지만 오펜하이머와 코넌트는 페르미와 라비와 함께 내부적으로는 '슈퍼 폭탄'의 개발을 극단적인 표현을 써가며 반대한 사람들이기도 했다. 그들의 말에 따르면 그 폭탄은 '파괴력이 본질적으로 무제한인…… 인류의 미래를 위협하며…… 인류 전체에 위험을 주는…… 어느 모로 보나 사악한 물건이고…… 주민을 말살하는 정책을 원자폭탄보다 훨씬 심하게' 수행하는 '대량학살 무기'였다.[14] 그러나 그들의 이런 말에도 불구하고 당시 핵 기득권층으로서 누려온 지위를 잃어버릴 위험을 무릅쓰고 대통령이 인류를 위험에 빠뜨리고 있다는 전문가의 판단을 미국 대중과 공유했던 사람은 이들 중 아무도 없었다. 에드워드 텔러와 스탠 울람이 1951년 초에 슈퍼 폭탄을 만들 계획을 내놓았을 때 반대 의사를 표명한 사람은 이들 중 아무도 없었다.

나는 아버지에게 다른 사람들은 하지 않는 행동을 굳이 하기로 결심한 이유가 뭐냐고 물었다. 그랬더니 아버지는 "너 때문이었다"라고 대답했다.

도무지 말이 되지 않았다. 그래서 나는 다시 물었다. "무슨 말씀이세요? 우린 이 문제로 이야기를 나눈 적이 없잖아요. 전 처음 듣는 소린데요."

아버지는 말했다. "한참 됐지. 내 기억에 네가 책을 한 권 들고 들어와 울던 날이었다. 히로시마에 관한 책이었는데, 넌 '아버지, 이 책 읽어보셨죠. 전 이렇게 나쁜 이야기는 처음 읽어봐요'라고 말했지."

나는 그 책은 아마도 존 허시의 1946년 책 『히로시마』였을 거라고 말했다. 하지만 그 책을 아버지에게 보여준 기억은 나지 않았다.

"그래. 나도 읽어봤는데, 네 말이 맞았다. 원자폭탄 일을 하는 것에 대해 영 불편하게 느껴지기 시작한 게 마침 그 무렵이었다. 그런데 또 수소폭탄 일까지 하라고 하니까 더는 버틸 수가 없더구나. 나갈 때가 됐다는 생각이 들었다."

나는 아버지에게 상사들한테 그만두는 이유를 말한 적이 있는지 물었다. 아버지는 몇몇 사람에게 이야기했는데, 공감하는 것 같은 눈치였다고 했다. 실제로 일 년이 채 안 돼 그 회사 사장이 아버지한테 전화해 회사 전체의 수석 구조 엔지니어로 복직해 달라고 말했다고 한다. 이제 제너럴일렉트릭과의 계약은 취소됐으니(이유는 말하지 않았다) 원자력위원회나 폭탄 제조와 관계된 일을 할 필요가 없을 거라고 했다는 것이다. 그래서 아버지는 은퇴할 때까지 그 회사에서 일했다.

나는 마지막으로 말했다. "아버지, 그동안 왜 이런 이야기를 안 하셨어요? 끝까지 아무 말씀도 안 하실 참이셨나요?" 아버지의 대답은 이러했다. "아, 내 가족들한테도 말을 할 수가 없었다. 너는 아직도 (기밀에 접근할) 정부의 승인을 얻지 못한 상태였잖니."

───────

1958년, 그러니까 나의 아버지가 자신에게 부여된 권한을 포기한 지 십 년 후에 나는 드디어 국가기밀 취급 승인을 얻기 시작했다. 두고 보니 그런 승인은 결국 쓸모가 있었다. 1969년 그 덕분에 나는 일급기밀 펜타곤 문서에 접근할 수 있었고, 이를 복사해 랜드연구소 내 사무실 금고에 보관하고 있다가 상원 외교관계 위원회에 이어 신문사 열아홉 군데에 그 사본을 보낼 수 있었다.

그러나 그보다 10년 전을 돌아보면 기밀에 접근할 수 있다는 것은 다른 중요한 의미에서 나에게 실패를 가져다준 원인이기도 했다. 나뿐만이 아니었다. 우리에겐 미국의 비밀정보 평가, 특히 공군의 기밀이 노출되어 있었는데, 바로 그 정보 때문에 나와 랜드연구소의 동료들은 1950년대 후반기를 소련의 기습공격에 따른 핵전쟁을 막아야 한다는 다급함 속에 사로잡혀 지내야 했던 것이다. 소련이 '미사일 격차$_{gap}$'를 이용하여 기습공격을 할지도 모른다는 잘못된 주장 때문이었다. 미국이 미사일 능력에서 뒤처졌다는 이런 추측은 나치의 원자폭탄 계획에 불안을 감추지 못했던 초기의 맨해튼 계획이나, 좀 더 최근의 예로는 사담 후세인이 대량파괴무기를 보유하고 있다는 소문을 둘러싼 2003년의 우려처럼 현실적 근거가 전혀 없는 것이었다.

나와 랜드의 내 동료들은 그릇된 문제에 매달려, 실체도 없는 헛된 위협에 맞서 강박증 환자처럼 열심히 일하면서 본인들은 말할 것도 없고 다른 사람들까지 핵무기를 추구하는 두 초강대국이 제기하는 실제 위험(그런데 우리가 그 위험을 더욱더 악화시키고 있었다)을 직시하지 못하게, 세상을 좀 더 안전하게 만들어줄 중요한 기회를 잡지 못하게 방해하고 있었던 것이다. 의도한 것이 아니었지만 변명의 여지없이 우리는 우리나라와 이 세상을 덜 안전하게 만들어놓았다.

핵무기를 둘러싼 우리의 태도와 정책, 그리고 그 결과에 대해 쉬쉬하거나 거짓말로 일관하는 공직 사회의 행태는 인류의 생존을 위협할 뿐이다. 나는 이 점을 오래전에 깨우쳤다. 전 세계가 진정으로 인류 종말 기계를 해체시키고 궁극적으로 핵무기의 폐지를 향해 나아가려면 무엇보다도 우리의 핵정책을 근본적으로 바꾸어야 한다. 이를 이해하려면 우선 새로운 눈으로 핵시대의 진짜 역사를 바라볼 필요가 있다. 다음 장에서는 그 숨겨진 역사에 대해 살펴보고자 한다.

19장 ———

스트레인지러브strangelove의 역설

"그래요, 하지만 인류 종말 기계가 지닌 문제점은 놓쳐버리고 말 겁니다. 당
신들이 계속 비밀로 덮어둔다면 말이죠! 왜 세상에 알리지 않았나요, 왜?"
—스트레인지러브 박사

참여과학자모임Union of Concerned Scientist 사무총장을 지낸 대니얼 포드는 1982년
『단추The Button』라는 꼼꼼한 조사가 돋보이는 책을 출간했다. 당시 그는 이 책에
"핵 단추를 누르는 손가락은 몇 개일까?"라는 부제를 달았는데, 이 제목이 암시
하는 질문에 대해 그는 어떤 공식적인 논평도 얻지 못했다. 논리적으로도 시사해
주는 바 있고, 여러 사람이 암시하거나 추측했듯이 핵 단추를 누를 수 있는 권한
을 공식적으로 사전에 위임해주는 일이 실제로 존재했을까, 아니면 존재하지 않
았을까? 이와 관련해 포드는 레이건 행정부의 국방차관 도널드 래섬으로부터 이
런 답신을 받은 적이 있다. "만약의 사태에 대비한 계획들이 있지만, 자세히는 말
씀드릴 수 없습니다." 이어 그는 그 정도가 펜타곤이 그 주제에 대해 말할 수 있
는 모든 것이라고 언급했다. 그러고는 이 방면에 아주 정통한 오스트레일리아 출
신의 방위 분석가 데즈먼드 볼에게서 들은 말을 인용했다. "이는 아마도 가장 철
저히 지켜지고 있는 비밀 중 하나일 겁니다."[1]

정말 그랬다. 포드가 조사에 나서기 25년 전인 1960년에도 포드의 질문은 나

에게도 대답하기 어려운 아주 민감한 비밀이었다. 그것은 아마도 미국의 군 체계 안에서 가장 철저히 지켜지고 있던 비밀이었을 것이다. 물론 나는 미국 대중이나 세계에 누설하지 않겠다는 보안 약속을 지켰고, 그 결과 그런 사전 권한 위임은 존재하지 않는다는 미국 최고 당국의 새빨간 거짓말에 십 년이나 동조한 셈이 되고 말았다. 당시만 해도 그래야 되는 줄 알았다.

그런데 여기에는 놀라운 역설이 있었고, 지금도 있다. 어째서 그 사실이 철저히 비밀에 부쳐져 왔을까, 무엇보다 우리의 적들에게도?

어쨌든 대통령이 권한을 위임하는 가장 설득력 있고 타당한 목적은 소련(지금은 러시아)이 워싱턴 D.C.에 '참수斬首(적의 수뇌부 또는 지휘부를 제거한다는 뜻―옮긴이)' 공격을 감행해도, 다시 말해 대통령을 공격해도 우리의 보복력을 마비시킬 수 없게 하는 것이었다. 하지만 보복력을 유지하는 것보다 더 중요한 것은 상대방이 그 현실을 이해하고 인식하고 믿어 의심치 않게 하는 것이었다. 그렇지 않으면, 적이 위기에 처하거나 미국의 공격을 받고 있다는 소식(거짓일 수도 있는)에 직면했을 경우, 미국 대통령 권한의 위임을 반신반의한 나머지 자신들이 살아남을 최선이자 유일한 기회는 미국의 수도와 주요 지휘본부를 상대로 참수 공격을 감행하는 것뿐이라는 희망을 품을 수 있다는 것이다. 그런 무모한 행동을 차단하려면 무엇보다도 적에게 그런 희망은 헛될 뿐이며, 우리의 지도부를 파괴해봐야 그들은 미국의 보복 공격을 피할 수 없어 초토화를 모면키는커녕 그 피해를 줄일 수조차 없을 것이라는 확신을 주어야 했다. 그런 점에서는 권한 위임을 둘러싼 비밀주의도, 위임에 대한 부인도, 그에 대한 소문을 확인해주지 않는 것도 모두 오히려 그 반대의 효과만 가져올 수도 있을 것이었다.

물론 소련이 그런 권한 위임이 존재한다고 확신했을 리는 없었을 것이다. 권한 위임이 정말 존재한다는 미국 대통령의 발언조차 그들을 믿게 하지는 못했을 것이다. 그러나 (미국의 대중이 누차 들어온) 권한 위임이 존재하지 않는다고 선언하는 것은, 그리고 대통령이나 그 승계자만 핵공격을 가할 수 있는 '축구공'을 갖고 다니는 정책은 소련의 전략 기획자들로 하여금 일종의 선제공격만이 자신들을 살아남을 수 있게 하고 심지어 승리하도록 해준다는 희망만 부추기는 결과를 낳을 수 있었다. 권한 위임이 없는 상태에서 발생하는 미국에 대한 참수 공격은 미국의 보복 능력을 마비시키거나 최소한 보복 공격의 지연을 가져올지 모르기 때문이다. 어쨌든 모스크바를 최우선 목표로 강조하는, 우리 비밀주의 군사 기획의 논리는 그러했다.

그와 같은 소련의 계획은 단지 추측만이 아니었다. 포드도 지적했듯이 "소련 전략가들은 (적의) 국가 및 군사 지휘 통제, 그중에서도 특히 전략 무기의 지휘 통제 본부를 와해시켜야 하는 이유를 주제로 광범위하게 글을 써왔다." 그는 이러한 목표를 자세히 기술한 소련의 한 논문을 인용했다. 이 논문이 나온 1966년만 해도 소련은 우리의 미니트맨 미사일을 모두 상대하기에는 미사일 수가 턱없이 부족했지만, 이때부터 1백 곳에 이르는 우리의 미니트맨 제어센터를 노리고 20 메가톤급 핵탄두를 탑재한 SS-9 미사일을 배치하기 시작했다.[2] 그러한 접근법으로 미루어 볼 때 소련은 펜타곤과 워싱턴 지역의 고위 민-군 지휘부도 노렸을 게 틀림없다.

미국의 권한 위임을 둘러싼 비밀주의는 그와 같은 계획 수립을 조장했을 뿐만 아니라 위기 발생 시 미국이 공격해오길 가만히 기다리느니 차라리 이러한 계획을 실행하는 것이 더 낫다는 자포자기식 희망을 부추길 수도 있었다. 다시 말해 그러한 비밀주의는 위기를 맞았을 때 소련의 참수 공격을 억지하는 능력을 오히려 떨어뜨렸을 뿐이다.

그러나 카터와 레이건 아래서 상황은 훨씬 더 나빠졌다. 합동참모본부와 전략 공군사령부가 오래전부터 모스크바와 소련의 지휘 통제 체계 전체를 공격하고 싶어 했다는 사실은 아이젠하워 시절부터 포드에 이르기까지 줄곧 극비로 남아 있었다. 그러나 1977년 초와 특히 1978~80년에 들어와 잦은 기밀 유출과 공식 발표를 통해 카터 대통령 아래서의 전략핵 계획 목표는 소련 지휘계통을 참수하는 것이라는 점이 수면 위로 드러나기 시작했다.[3] 여기에는 카터의 국가안보 보좌관 즈비그뉴 브레진스키의 입김이 크게 작용했다. 레이건 행정부에 들어와서도 이에 대한 강조와 공개가 계속 이어졌다.[4] 다시 말해 권한 위임을 통해 소련의 참수 공격을 무력화한다는 우리의 계획에 대한 비밀주의는 이제 소련 지휘부 참수라는 우리의 의도에 대한 홍보와 맞물려 돌아가기 시작했다. 실제로 '참수'라는 용어가 공식 목표의 하나로 대중에게 널리 알려지게 된 시기는 카터 재임기 후반이었다.

펜타곤 관리 레오 슬로스는 카터 행정부가 출범하던 1977년 핵작전에 관한 지침을 다시 새롭게 만드는 임무를 맡았다. 몇 년 뒤 그는 나에게 "내가 맨 처음 한 일"은 펜타곤의 일급기밀 파일 금고에서 내가 1961년 나의 서른 번째 생일에 완성했던, 그 옛날의 전면적 핵전쟁 계획 지침을 꺼내는 것이었다고 말했다. 그는 그 내용을 기억하고 있었다. 그는 내가 작성한 지침이 자기 업무의 출발점이었다고 말했다. 그렇다면 그는 곧 그 지침에서 철저히 벗어나야 했을 것이다. 그 초기의 지침에 따르면 미국의 강압적 정책의 가장 중요한 부분은 양쪽이 모두 전멸하지 않는 방향으로 전쟁을 끝내는 것이었으며, 그러기 위해서는 적의 지휘구조에 대한 공격을 삼가는 것이었다. 그러나 슬로스가 나중에 썼듯이 이를 검토한 결과 "미국의 핵 배치 정책은 갈수록 적의 병력과 '정치-군사 지도부…… 소련의 지휘구조'를 공격의 표적으로 하는 것을 강조하고 있었다."[5]

포드는 전 전략공군사령부 최고 사령관 브루스 K. 할러웨이Bruce K. Holloway 장군이 1980년에 쓴 글을 인용했다. 즉 미국의 전쟁 목표에는 "우리의 생활방식이 손상되는 것을 방지하고," "미국의 피해를 제한하며," "성공적인 협상을 가능하게 할 정도로까지 소련의 국가 및 지휘기구를 약화시키는 것"을 포함하고 있다는 것이었다. 이런 목표 달성과 관련해 "(소련) 지휘 통제 체계를 심각하게 손상시키는 것이…… 매우 중요한 비중을 차지한다"라고도 했다.[6]

그런데 처음부터 적의 지휘부를 파괴하는 것만큼 '성공적인 협상'을 결정적으로 방해하는 걸림돌도 없을 터였다. 적의 지휘부가 파괴되고 없다면 누구와 이 '협상'을 진행한단 말인가? 그렇다면 작전을 지휘하거나 '거래'를 성사시키거나 공격을 종료할 수 있는 적의 능력을 어디까지 남겨둬야 할까? 이는 1961년 내가 제기한 질문들이었다. 전략공군사령부는 이런 질문들의 논리를 아마 단 한 순간 도 받아들이지 않았을 것이다. 그 점에서는 할러웨이 장군도 마찬가지였다. 계속 해서 포드는 할러웨이 장군의 1980년 메모를 인용했다. "정치 및 군사 통제기구 의 전반적 약화가 표적의 주된 목표가 되어야 한다. 우리가 먼저 공격하든 소련 의 공격에 대응하든(다시 말해 선제응징공격을 하든) 상관없이 이는 전체 계획에서 절 대적 우선권을 갖는다. 먼저 공격할 경우 엄청난 우위를 점하게 될 것이며, 최고 위 정치 및 군사 통제를 최대한 약화시키는 데 주안점을 두게 될 것이다."

이러한 전략이 성공하려면 우리와 달리 소련은 권한을 위임하지 않아야 했다. 권한 위임이 이루어질 경우 저들은 자기네 상급 사령부에 대한 우리의 공격에 엄 청난 반격을 가해올 터였다. 이와 관련해 할러웨이는 이 문제에 관한 한 소련은 미국보다 보수적이라는 자신감을 분명히 드러냈다.[7] "소련 체제에는 고도로 중앙 집권화된 통제가 있어서 지휘 통제 체계가 심각하게 방해받을 경우 핵전쟁에서 든 기타 형태의 전쟁에서든 군대의 효율성이 매우 심각하게 훼손될 가능성이 크 다. 소련에 주요 피해를 입히는 안은 달성하기가 쉽지 않을 것이며 지금보다 더 양질의 정보(더욱더 양질의 정찰과 한층 더 은밀해진 투입)가 필요할 테지만 이는 충분히 가능한 일이다. 더욱이 반드시 그래야 한다. 생존 보장이라는 전쟁 목표를 달성 할 수 있는 표적화 전략이 이것 말고는 달리 없기 때문이다."

다시 말해 교전 초기에 소련 지휘체계의 '참수'를 꾀하는 전략이 전 전략공군사 령관을 비롯해 군 수뇌들 사이에서 강한 설득력을 발휘해온 이유는 이 전략이 소 련 군대를 무력하게 만들어 미국이 핵전쟁에서 살아남을 수 있게 해줄지도 모른 다는 희망을 갖게 해주기 때문이었다. 그리고 그것을 가능하게 하는 접근법은 이 말고는 없다는 믿음 때문이었다. 나머지 전략은 모두 (현실적으로) '승산 없는' 대안이거나 좀 더 심하게는 '생존을 불가능하게 하는' 접근법으로 치부된다. 그럼에도 절박한 상황에 대비해야 할 경우(나아가 열핵전쟁에서의 승리 또는 생존이라는, 헛된 목표 달성에 필요한 수많은 정확한 미사일 예산을 공군과 해군에 지원할 경우) 희박할지라도, '그나마 확실한' 전멸 방지 가능성은 저항하기 어려운 매력을 지닌다.

소련은 여기에 그리 놀라지 않았을 것이다. 의심의 여지 없이 그들은 우리의 계획에서 그 점을 당연한 것으로 여겼다. 맥나마라는 1962년의 앤아버 졸업식 연설에서 모스크바를 공격 대상에서 제외할 가능성을 공공연하게 발표하기도 했지만, 그것은 결국 하나의 대안일 뿐이었다. 소련 군사 기획자들은 그와 같은 발언을 거의 믿지 않았던 듯하다. 왜냐하면 1960년대 후반 들어 소련은 미니트맨 통제 센터를 겨냥해 SS-9을 배치하는 동시에 모스크바에 난민 수용소 75곳과 함께 (1만 명이 넘는) 군 장교와 공산당 지도자들이 사용할 지하 벙커 2천 개를 건설하기 시작했기 때문이다.[8] 이 중에는 지하 수백 미터 깊이에 만든 벙커도 더러 있었다[우리는 지하 센터를 늘리는 데 소련만큼 철두철미하지 않았기 때문에 〈닥터 스트레인지러브〉에서 벅 터긴슨 장군이 걱정했던 '갱도 격차a mine-shaft gap(소련과 미국의 핵미사일 보유량을 비교해 그 격차를 설명하는 용어인 미사일 격차에 빗댄 풍자적 용어—옮긴이)'라는 것이 실제로 있었다.]

그러나 십 년 뒤 미국이 바로 이 대피소의 파괴에 다시금 집착하게 되면서 이에 대한 언론의 새로운 관심은 자신들이 끝까지 살아남아 보복을 지시할 것이라는 소련 지도자들의 자신감을 약화시키는 데 초점이 맞춰졌다. 그래서 선언된 것이 계획을 다시 세워 군사 능력을 새롭게 증강하는 것이었다. 즉 각개 목표 재돌입 다탄두 미사일Multiple Independently targetable Reentry Vehicle, MIRV 기능을 가진 수많은 ICBM들을 배치하는 것이었다. 하나의 미사일에 여러 개의 핵탄두를 실어 각각 다른 목표물들을 공격하게 하는 것이었다. MIRV 덕분에 이제 우리의 미니트맨과 잠수함 발사 탄도미사일은 다목표 탄두를 탑재하고 갈수록 견고해지며 그 수가 증가하는 소련의 미사일 기지뿐만 아니라 소련의 수많은 지하 지휘소를 정확히 공격할 수 있게 되었다. 게다가 더욱 커진 위력에 더해 다목표 공격 능력과 고도의 정확성을 갖춘 트라이덴트 잠수함 미사일의 존재는 소련의 미사일 기지뿐만 아니라 지휘부를 겨냥한 공격이 아무런 사전 경고도 받을 수 없을 만큼 아주 짧은 시간 안에 아주 가까운 거리에서 이루어질 수 있다는 것을 의미했다.[*]

사실 철통같은 방어시설을 갖춘 지하 지휘본부를 파괴할 수 있는 그런 핵탄두를 대량으로 구입, 배치하는 주된 이유는 그때나 지금이나 소련(지금은 러시아) 지도자들에게 우리가 먼저 선제적으로 공격하든 아니든 최초의 교차 공격에서든 그들이 살아남지 못할 것이라는 확신을 심어줌으로써 어떤 상황에서도 제1격을 고려하지 못하도록 막는 데 있었다.[9] 이런 능력들을 감안할 때 고위 소련 장교들이 불시의 공격을 받고 실제로 벙커에 도달할 가능성은 작았으며, 그들의 대피소들이 우리의 공격에 살아남을 확률 또한 극히 낮은 것이었다. 이런 명백한 사실과 더불어, 참수 계획을 실행하려는 카터 행정부와 레이건 행정부의 노력을 일부러 더욱 부각해 보여줬던 언론 보도는 소련 지도자와 기획자들에게 어떻게든 억지 수단으로서의 보복력을 유지해야 한다는 절박감만 심어주었을 뿐이다. 그런 능력을 유지하려면 소련의 미사일 우위를 당연하게 여기던 시대에 우리가 했던 일을 소련 또한 그대로 되풀이하는 수밖에 없었다. 즉 발사 권한을 하급 사령관들에게 위임하거나 고위 사령관들이 경보 즉시 발사에 필요한 계획을 세워야 했을 것이다. 그렇지 않으면 북미 항공우주 방위사령관 로런스 커터 장군 같은 몇몇 군사령관들이 선호한 것처럼 컴퓨터에 의한 공격을 실행하는 것이었다. 이와 관련해 허버트 요크는 다음과 같이 설명했다.

커터 장군은 내게 탄도미사일 조기경보 체제를 가능한 한 빨리 완성해야 하며, 기지마다 여분의 경보 능력을 충분히 확보하려면 이를 확대해야 한다고

---

[*] 오바마 행정부 시절인 지난 8년간 SLBM의 하드 타겟 킬 능력은 탄두의 정확도가 향상된 "슈퍼 퍼지Super-Fuzes"를 도입함으로써 크게 향상되었다." 한스 M. 크리스텐슨 외, "미국의 핵군 현대화가 어떻게 전략적 안정성을 해치고 있는가", 원자력 과학자 회보, 2017년 3월 1일, thebulletin.org/how-usnuclear-force-modernization-undermining-strategic-stability-burst-height-compensating-super10578.

말했다.[10] 미사일 공격을 조기에 알리는 절대적으로 신뢰할 만한 경보 체제를 갖추려면 이를 확대해야 한다는 것이었다. 기본적으로 나도 거기에 동의했다.

거기서 멈췄더라면 좋았을 테지만 그는 그러지 않았다. 정확히 기억나지는 않지만 어쨌든 그는 계속해서 말했다. 과도하다 싶게 높은 수준의 신뢰성을 갖추고 마침내 경보 체제를 ICBM 발사 버튼에 직접 연결했을 때에 이르면, 오경보는 발생하지 않을 것이라는 거였다.

나는 깜짝 놀랐다. 나는 그에게 우리는 우리의 반응을 자동화하지도 않을 것이며, 경보 체제를 발사 버튼에 바로 연결하지도 않을 것이라고 잘라 말했다. 요컨대 우리는 '경보 즉시 발사' 전략으로 가지 않는다는 것이었다. 특히나 의사 결정 과정에서 대통령을 배제하는 그런 전략으로 갈 수는 없었다.

커터는 차갑게 대답했다. "그렇다면 차라리 지금 항복하는 게 낫겠군요."

카터 행정부 시절 새삼스럽게 참수 작전을 강조하는 입장을 처음 접하고 나는 이런 식의 언론 보도는 소련으로 하여금 경보 즉시 발사와 권한 위임을 결합하도록 압박할 뿐인 것 같아 은근히 걱정했다. 하지만 할러웨이 같은 전략가들은 이러한 압력에도 불구하고 소련의 볼셰비키들은 중앙집권화된 통제 방식을 버리지 않을 것이라는 요행수를 노리고 있었다. 그러나 그들은 착각하고 있었다. 레이건 행정부 들어서도 이러한 입장을 계속 유지하고 더욱 강화하자 소련은 내가 예상했던 대로 서둘러 반격 태세에 들어갔다. 그리고 미국인들과 마찬가지로 핵전쟁 억지라는 시각에서는 이해할 수 없게도 자신들의 이러한 노력을 계속해서 철저히 비밀에 부쳤다.

냉전이 끝나고 미국과 소련의 전쟁 기획자들 간에 상호교류 가능성이 활짝 열리자 미국의 미니트맨 통제 장교 출신으로 나중에 지휘 통제 분야의 전문가가 된 브루스 블레어Bruce Blair는 소련이 모스크바 본부들을 파괴하는 미국의 공격에 확실하게 복수를 보장해주는 정교한 체제를 설계함으로써 참수 위협에 대응했다고 밝혔다. 암호명이 페리미터Perimeter였던 문제의 대응책은 비공식적으로는 '데드 핸드Dead Hand'(카드 게임에서 카드가 너무 많이 또는 너무 적게 딜링됐거나 또는 다른 잘못이 발생한 상황을 가리킴—옮긴이)를 뜻하는 러시아어로 알려져 있었다. 모스크바에서 한참 떨어진 지하 깊숙한 곳의 벙커에 배치된 하급 장교들이 다양한 채널과 지진, 전자파, 적외선, 방사능 등 여러 가지 형태의 증거를 통해 모스크바가 핵공격을 받았고, 그래서 모스크바와 통하는 모든 형태의 교신이 단절됐다는 소식을 접했다고 가정해보자. 그럴 경우 그들은 미사일을 발사할 수 있는 권한을 위임받게 되며, 이렇게 발사된 ICBM은 통과 경로상에 있는 ICBM 기지마다 발사 신호를 보내게 된다. 소련 미사일은 지상의 장교들에게 발사 권한 위임을 전달할 뿐만 아니라 그들을 우회해서도 미사일을 발사할 수 있게 돼 있었다.

초기의 이 시스템 설계에 따르면 모스크바에서 신호를 보내면, 비상 로켓이 '자동적으로' 발사하게 돼 있었다. 여러 기지에 배치된 인간들의 판단이나 개입을 필요로 하지도 허용하지도 않았다. 다시 말해서 이것은 인류 종말 기계가 마침내 전면적으로 구현된 것이었다. 미래학자인 허먼 칸이 『열핵전쟁』에서 상상력을 통해 선보인 바로 그 장치이다. 자동화를 통해 그 신뢰성을 확보해내며, 엄청난 파괴력을 통해 궁극적인 억지력을 획득한다고 믿은 그런 장치였다. 소련의 이 시스템이 계속 작동했는지 아니면 공격받을 가능성이 평소보다 커보이는 위기 때만 작동했는지에 대해서는 의견이 분분하다. 그러나 소련의 이 시스템이 냉전 이후 현재까지 계속 현대화됐다는 데에는 이견이 없다.

칸의 인류 종말 기계는 각기 다른 도시들이 거의 동시에 공격을 받았을 때 자동 메커니즘이 작동하게 돼 있었지만, 페리미터 시스템은 모스크바 한 곳만 공격당해도 작동하게 돼 있었다. 이 시스템이 작동하면 모스크바 한 곳에서만 핵폭발이 일어나도 핵겨울이 시작될 수 있다는 의미였다.

〈닥터 스트레인지러브〉에서 스탠리 큐브릭은 이런 상황을 잘 보여주었다. 이 작품 속에서 러시아 지도자는 미국 대통령에게 이렇게 통보한다. "(미국 비행대의 지휘관이 허락을 받지 않은 채 행동한 결과로) 미국의 B-52 폭격기 한 대가 소련에 있는 목표물을 향해 나아가고 있다. 그런데 미국 대통령이 이 폭격기를 성공적으로 소환하는 데 실패한다면 어떻게 될까? 비행기가 폭탄을 투하하라는 명령을 받으면 미국 전략공군사령부의 실제 작전계획에 나와 있는 것처럼 대통령도, 그 누구도 할 수 있는 일이 아무것도 없다. 폭탄 투하는 소련의 자동 '둠스데이 머신(인류 종말 기계)'을 작동시키게 되고 이것은 결국 지구의 모든 생명을 파괴해버릴 것이다." 소련이 시스템을 이렇게 설계한 이유는 미국이 소련의 핵전쟁 지휘부들을 성공적으로 파괴했다 하더라도 결국 그것은 스스로의 파멸을 불러오고야 말리라는 것을 확실하게 하기 위한 것이라고 소련의 지도자는 설명한다. 스트레인지러브 박사는 통역 겸 인류 종말 기계에 대한 정보 전달자로 전쟁 상황실에 와 있는 소련 대사에게 핵전쟁 억지가 목적이라면 이런 사실을 미국에 미리 알려야 하지 않았냐고 따진다.

"그런데도 당신들이 그걸 계속 비밀로 묻어둔다면 '둠스데이 머신'이 존재하는 가장 중요한 이유는 영영 사라지고 마는 겁니다! 왜 사람들한테 얘길 하지 않았나요, 왜?"

그러자 대사는 이렇게 대답한다. "월요일 당대회에서 발표할 예정이었소. 박사도 알다시피 서기장은 사람들을 깜짝 놀라게 하는 걸 좋아하니까요."[11]

물론 풍자다. 그러나 페리미터를 설치할 당시 소련은 이를 세상에 알릴 생각이 전혀 없었다. 그리고 실제로도 소비에트 공화국이 존재하는 동안에는 이런 사실을 외부에 일절 내비치지 않았다(현재 러시아는 자신들이 여전히 그 인류 종말 기계를 보유하고 있다고 인정한다. 아래를 참조하라).

소비에트의 비밀스러운 페리미터 시스템을 설계한 발레리 야리니치Valery Yarynich는(수십 년 동안 미국의 군축 문제에 대한 자문역을 맡았다) 2012년 12월에 사망했는데,[12] 그는 이 시스템이 다른 대안, 즉 모스크바에 있는 고위 관리들이 경고를 보낼 때만 즉시 발사하게 돼 있는 그런 대안보다 안전하다고 생각했다. 물론 그의 접근법 역시 우리 시스템처럼 경보 즉시 발사하게 되어 있는 것이다. 이는 소련 미사일이 발사되기도 전에 파괴되는 것을 막고, 아직 발사되지 않은 미국 미사일을 곧바로 선제공격할 수 있게 하기 위한 것이었다. 그러나 소련의 페리미터 시스템은 경보 신호가 '정확한 것처럼 보일' 경우에도 모스크바의 소련 지휘관들이 경보 즉시 발사 명령을 내려야 하는지 결정해야 할 또 다른 압력의 여지를 아예 제거해버렸다는 것을 뜻했다. 그렇게 해놓지 않으면 모스크바의 지휘관들 자신이 곧 괴멸되고 말아 미국의 공격에 보복 한번 제대로 해보지 못하는 사태에 이를 수 있기 때문이었다.

하지만 《워싱턴 포스트》 모스크바 지국장을 지내고 『데드 핸드』라는 저서를 집필하면서 야리니치를 여러 차례 인터뷰했던 데이비드 호프먼은 그의 사망 소식을 전하며 다음과 같이 애도를 표했다.[13]

몇 년 뒤 야리니치는 자신이 생애를 바쳐 완성시킨 바로 그 공멸의 시스템에 대해 깊은 회의를 나타냈다. 한번은 내게 '데드 핸드'를 비밀에 부치다니 어리석기 짝이 없다고 말하기도 했다. 그런 보복 시스템은 상대방이 그 존재를 알았을 때에만 억지력으로서 의미를 갖는다고 했다. 다시 말해 그는 특히 냉전이 끝난 마당에도 이처럼 일촉즉발의 긴장 상태를 계속 유지하면서 이런 방법으로 핵을 억지하는 것이 옳은지 회의를 갖기 시작했다. 그는 그러다 사고나 실수로 인해 핵무기가 발사되지는 않을지 노심초사했다. 야리니치는 침묵을 지키지 않았다. 그는 자신의 통찰력과 우려를 전 세계와 나누기로 결심했다.

그러는 데에는 용기가 필요했다. 소련이 무너지고 나서도 러시아에서는 그런 주제를 둘러싼 논의가 여전히 조심스러웠다. 1990년대 초반…… 야리니치는 언젠가 미국과 러시아 두 나라가 지휘-통제의 비밀을 공유하게 될지도 모른다는 꿈을 품었다. 그는 그런 날이 오면 훨씬 적은 핵탄두를 가지고서도 전쟁 억지에 이를 수 있다고 확신했다. 그는 또한 미사일을 발사 준비 상태에 놓아두어서는 안 된다는 데에도 찬성했다. 그는 끊임없이 자신의 생각을 설명했지만 두 나라 정부는 관심을 보이지 않았다. 핵 지휘-통제를 맡은 제사장들은 서로 마음을 터놓을 준비가 돼 있지 않았다. 여기서도, 러시아에서도.

소련과 미국이 마련한 이런 조치들이 지닌 가장 중요한 문제는 꼭 그렇게 된다고 장담할 수는 없지만, 다음과 같은 결과를 가져올 가능성이 크다는 점이다. 즉 히로시마형 핵분열 무기가 고의든 또는 『페일 세이프Fail Safe』(유진 버딕과 해리 윌러가 함께 지은 미·소 핵공격에 관한 소설로, 1964년에 영화로 만들어졌다—옮긴이)나 〈닥터 스트레인지러브〉에 나오는 것처럼 착오에 의한 공격의 결과든, 아니면 독립된 테러리스트 개인이 저지른 결과든 상관없이 워싱턴과 모스크바 어느 한쪽 상공에서 핵무기가 단 하나만 터져도 인류 문명과 대부분의 다른 종이 종말을 맞을 가능성을 오랫동안 크게 키워왔다는 점이다. 이것은 핵겨울을 불러올 수 있는 양국이 잘못된 경보에도 반응하여 상대방의 수도와 지휘 시스템을 공격할 준비를 갖추고 있는 한 피할 수 없는 결과다. 그들은 잘못된 경보일 때에도 적을 공격하는 쪽이 실제 적이 공격하기를 기다리고 있다가 한 개 이상의 자국 목표물이 당하는 결과보다는 자국이 입는 피해를 줄여줄 것이라는 착각에 빠져 있다.

그렇다면 여기서 반세기 넘게 위세를 떨쳐온 실제 상황에 대해 좀 더 자세히 알아보자. 전면전이 개시되면 그것이 어떻게 시작되었든, 양쪽 모두 초기에 상대방의 '군 신경계', 즉 지휘 및 통제 본부, 그중에서도 특히 머리와 두뇌에 해당하는 국가 지휘본부를 공격할 준비를 갖추고 있고 또 실제로도 공격할 의도를 가지고 있다. 이는 자국의 완전한 파괴를 피하면서 상대방의 보복 능력을 먼저 제압해 마비시킬 수 있는 유일한 희망으로 자리 잡았다. 반면 상대방 입장에서 이는 어떻게든 막아야 하는 일이다. 그러나 상대방이 최고 수준의 한참 아래로까지 권한을 위임하는 데 실패하지 않는 한 이것은 전적으로 자살행위나 다름없다. 왜냐하면 사실 양쪽 모두 권한을 위임하고 있으며, 상대방에 대한 참수 계획은 근거

없는 헛된 희망일 뿐이기 때문이다. 그러나 미국과 소련은 냉전 동안 자국 국민들과 동맹국들, 나아가 전 세계를 공포에 떨게 할지도 모른다는 우려 때문에 둘 중 어느 쪽도 권한 위임 사실을 인정하지 않았고, 따라서 상대방의 이런 희망을 꺾지 못했다.

이러한 상황에서 달라진 것이 하나 있다면 도널드 트럼프 행정부가 출범한 지 몇 주 지나 러시아 뉴스 매체들이 페리미터 시스템이 계속 존재하고 있었다는 사실을 인정하기 시작했다는 점이다. 예를 들어 ≪프라우다≫는 2017년 2월 2일 자 기사에서 전략미사일군 사령관 세르게이 카라카예프 중장이 5년 전 러시아 언론사와 한 인터뷰에서 다음과 같이 말했다고 보도했다. "예, '페리미터' 시스템은 존재합니다.[14] 이 시스템은 계속해서 경계태세 중입니다. 혹시라도 보복공격이 필요할 경우 사람들이 아니라 이 시스템에서 공격 명령이 나올 수도 있습니다." 이어 ≪프라우다≫ 기사는 이렇게 설명했다. "따라서 지휘본부로부터 공격을 취소하라는 신호가 없을 경우 지하 격납고, 이동 발사대, 전략기, 잠수함 등에서 핵폭탄이 실린 미사일이 미리 입력해놓은 표적을 향해 발사될 것이다. 일반적으로…… 한 가지는 확실히 알려져 있다. 인류 종말 기계는 전혀 신화가 아니다. 그것은 실제로 존재한다."

2017년 트럼프 대통령의 취임식이 있은 지 열흘 뒤 ≪프라우다≫는 "미국은 국가의 핵 능력을 강화, 확대해야 하며 군비 경쟁에 뛰어들어야 한다"라는 그의 발언을 인용한 뒤 다음과 같이 보도했다.[15] "얼마 전 러시아연방은 모스크바에 대한 핵공격을 격퇴하고 적에게 보복성 열핵 공격을 가하는 훈련을 실시했다. 작전 도중 러시아는 '인류 종말 기계' 또는 '데드 핸드'로 알려진 페리미터 시스템을 시험 가동했다. 시스템은 러시아의 상황을 평가하고 적에게 보복의 일격을 날리라는 명령을 자동으로 내린다. 따라서 누구든 러시아를 공격하려 했다가는 살아남지 못할 것이다."

달라지지 않은 게 있다면 위협적인 러시아의 지휘 통제 시스템에 대한 미국의 집착이다. 블레어와 야린스키의 폭로를 비롯한 여러 폭로가 있었는데도 마치 그런 것이 있지 않거나 그것을 믿지 않는 듯한 태도를 보여왔다. 미국은 2016년 12월 23일 양당의 지지 속에서 2017년 회계연도 국방 수권법을 통과시키고 오바마 대통령이 서명한 바 있다.[16] 그런데 이 국방 수권법에는 하나의 조항이 포함되어 있었다. '러시아와 중국의 정치 및 군사 지도력의 생존 가능성, 명령과 통제, 그리고 정부 프로그램과 활동의 지속 가능성'에 관해 미국국가정보국Office of the Director of National Intelligence과 전략사령부의 보고서 제출을 의무화하는 조항이었다. 러시아와 중국의 지도자는 각각 미국의 핵전쟁 계획에서 중요한 요인으로 작용하기 때문에 미국의 전략사령부는 "그들의 지휘, 통제, 의사소통 시스템이 어떻게 작동하는지에 관해 자세히 설명하고…… 위 보고 내용에 관한 사령관의 견해를 의회의 관련 위원회에 제출하도록" 이 법 조항은 요구하고 있었다. 앞에서 인용한 ≪프라우다≫의 보도 기사들은 둘 다 트럼프 행정부 출범 2주째에 모습을 드러냈으며, 페리미터는 앞으로도 계속 필요하다는 설명을 통해 그보다 몇 주 전에 통과된 이 법의 이런 조항들에 숨김없는 반응을 보였다.

미국의 참수 계획과 능력은 페리미터 시스템뿐만 아니라 러시아의 (있을 수 있는 오)경보 즉시 발사를 부추기다 못해 거의 강요하는 분위기다. 이 경우 미국의 고위사령부는 자신들이 즉시 공격당할 것이라는 예상 아래, 그리고 적이 모든 무기를 발사기 전에 적의 사령관을 참수해버릴 것이라는 희망으로 행동하며, 하급 지휘관들은 고위사령부와 연락이 되지 않을 경우, 위임받은 발사 권한에 의해 행동한다.

1980년에도 표명했듯이 할러웨이 장군은 그와 같은 참수 전략을 씀으로써 미국의 제1격은 미국의 생존을 위해서도, 승리를 위해서도 제2격에 비해 훨씬 좋은 결과를 가져다줄 것이라는 확신이 있었다. 다른 형태의 선제공격에 희망이 없다는 점에서는 그가 옳았다. 그러나 참수 공격을 통해 공멸을 성공적으로 피할 수 있다는 희망은 그저 희망일 뿐 실은 아무 근거가 없었다. 그건 지금도 마찬가지다. 현실적인 결론은 미국과 소련의 핵공격 교환은 두 나라뿐만 아니라 전 세계에 글자 그대로 대재앙을 불러올 것이라는 점이다. 그러나 정책 입안자들은 핵 선제사용이나 핵전쟁 확산의 위협에 의지하고 있는 우리의 외교 및 국방 정책을 바꿀 의사가 전혀 없는지, 그런 위협은 별거 아니라는 듯 행동해왔다. 언제든 전 지구 생명의 종말을 가져올 방아쇠를 당길 준비가 되어 있다는 듯이 말이다.

비슷한 이유들 때문에 중국, 영국, 프랑스, 이스라엘, 인도, 파키스탄, 북한 등 다른 핵무기 국가들에서도 은밀한 (핵무기 발사) 권한 위임이나 '데드 핸드' 같은 시스템이 존재할 가능성이 매우 크다. 이는 다시 말해 이 중 어느 나라가 됐든 수도나 중앙군사작전 본부에서 히로시마 규모의 폭발이 발생하는 순간 대기 중인 무기의 전면 발사 사태로 이어질 가능성이 크다는 뜻이다. 차이가 하나 있다면 현재로서는 이들 국가 중 누구도 전면적인 핵겨울을 초래할 능력이 적다는 점이다. 그러나 (북한을 제외하고) 이 중 어느 두 나라가 핵폭탄을 교환한다고 가정했을 때 십 년에 걸쳐 전 세계적인 햇빛 감소와 농산물 수확의 손실을 촉발할 수 있으며, 그 결과 핵 기근이 일어나 10억에서 20억 명이 넘는 사람들이 굶어 죽을 수도 있다.[17]

스트레인지러브의 역설은 미국과 러시아에만 해당하는 게 아니다. 새로 핵무기를 획득한 나라 모두가 무기 시스템과 지휘 통제 장치에서 취약성을 면할 수 없을 것이며, 그 군대로부터 핵무기를 사용할 수 있는 권한을 위임하라는 똑같은 압력을 받게 되고, 그런 위임 사실을 세상에 비밀로 해두려는 똑같은 동기에 맞닥뜨리게 될 것이다.

새로 핵무기 개발에 성공한 국가가 하나 더 늘어난다는 것은 단순히 핵전쟁을 일으킬 수 있는 손가락 하나가 더 늘어난다는 것만을 뜻하는 것이 아니다. 세계는 무책임하거나 무모한 제3세계 지도자의 손가락을 우려한다. 더구나 그 손가락은 이런 지도자들을 대신해 멀리 떨어진 전초기지에서 근무하는 (위임받은) 군 장교들 중 한 명의 손가락이 될 수도 있다.

요점을 다시 한번 정리하면 이렇다. 핵무기는 믿을 만한 것이 못 된다. 무엇보다도 인류 종말 기계는 전면적인 형태든 부분적인 형태든 신뢰할 수 있는 것이 못 된다. 그리고 이는 '미친' 제3세계 지도자들에게만 해당하는 것이 아니다.

20장 ──────

선제 사용 위협: 우리의 핵무기 사용에 부쳐

1972년 4월 25일 미국 대통령 집무실 대화를 녹음한 테이프 중엔 대통령 리처드 닉슨과 국가안보 보좌관 헨리 키신저가 계속되는 북베트남의 공세를 놓고 나눈 다음의 대화 내용이 들어 있다.

> 대통령: 나는 아직도 제방堤坊을 없애야 한다고 생각하네. 그러면 사람들이 익사할까?
>
> 헨리 키신저: 약 2십만 명쯤 될 겁니다.
>
> 대통령: (골똘히 생각하다 사무적으로) 아니, 아니, 아니…… 차라리 핵폭탄을 쓰는 게 낫겠군. 그거 가지고 있지, 헨리?
>
> 키신저: (대통령처럼 조심스럽게) 제 생각에 그건 너무 과한 듯합니다.
>
> 대통령: (의외라는 투로) 핵폭탄, 그게 자넬 신경 쓰이게 하나? 크게 생각하게, 헨리, 제발.

닉슨이 그런 큰 생각을 품은 건 이때가 처음이 아니었다. 이와 관련해 닉슨의 전 비서실장 H. R. 홀더먼은 워터게이트 사건에 연루돼 복역하던 중에 쓴 회고록에서 1968년 대통령 선거운동 당시 닉슨은 베트남 전쟁을 종식시키기 위해 자신이 세운 계획 중 많은 것들을 자신과 공유했다고 밝혔다.

닉슨은 베트남 전쟁을 끝내고 싶어 했을 뿐만 아니라 임기 첫해에 끝낼 수 있으리라고 절대적으로 확신했다.[1]…… (적에 대한) 위협이 열쇠였다. 그리고 닉슨은 자신의 이론을 대변해줄 어구도 새로 만들었는데, 그것은 도처의 닉슨 혐오자들에게 즐거운 미소를 가져다줄 것이 확실했다. (1968년 닉슨의 대통령 선거운동 기간 중) 연설문을 작성하느라 온종일 씨름하고 난 뒤 우리는 안개 낀 해변을 따라 걷고 있었다. 닉슨이 말했다. "난 이걸 광인 이론Madman Theory이라고 부를까 하네, 밥. 나는 북베트남인들이 내가 전쟁을 끝내기 위해서라면 뭐든 할 각오가 돼 있다는 걸 믿게 만들고 싶네. 그자들한테 내가 공산주의라면 치를 떤다는 말을 살짝 흘리기만 하면 되네. 한번 화가 났다 하면 아무도 날 못 말린다고. 그리고 내가 핵 단추에 손을 갖다 대고 있으니 이틀 뒤 호치민은 평화를 애걸하기 위해 직접 파리로 올 것이라고."

1978년에 이 글을 처음 접했을 때 나는 내가 이 미친 계획에, 아니면 적어도 그가 만들어낸 어구에 빌미를 제공했을지도 모른다는 생각에 마음이 몹시 불편했다. 나는 헨리 키신저가 1959년 하버드에서 개최한 세미나에 참석해 두 차례 강의를 한 적이 있었다. 그중 한 번은 '광기의 정치적 사용'이라는 제목으로 강의했다. 그 강의는 그해 봄 '강제强制의 기술: 경제 분쟁과 전쟁에서의 위협 연구'라는 전체 제목 아래 이루어진 협상 이론에 관한 연속 강의의 일부였다.

나는 이 강의에서 내가 도달한 반직관적인 주장을 실증해 보이기 위해, 누구든 핵보유국 또는 그 동맹국들 중 한 곳에 핵공격을 개시하겠다고 신빙성 있게 위협하는 일은 쉽지 않은 도전이라는 점을 지적했다. 결국 이는 대규모 자살행위를 부르는 위협과 다름없기 때문이다. 이러한 위협을 실행했을 때 그 결과는 너무나 무시무시하기 때문에 상대방의 굴복을 이끌어내기 위해 그 신빙성 수준이 아주 효과적일 (높을) 필요까지는 없다. 하지만 동시에 위협하는 쪽에게도 엄청난 결과를 가져오므로 조금이나마 믿을 만하게 위협을 가하는 일은 그 자체로 쉽지 않은 도전이었다.

위험하기는 하지만 나는 이 문제를 풀 수 있는 해결책의 한 가지 가능한 예로 히틀러를 들었다. 히틀러가 의도적으로 자신의 미치광이 평판을 이용했다는 것이다.[2] 2차 세계대전 당시 히틀러는 다른 나라를 침공하기 전에 적에게 겁을 주기 위해 자신에게 광기가 있으며, 충동성, 무모성, 분노 등 도무지 종잡을 수 없는 성격을 가진 사람이라는 나쁜 평판을 이용했다. 그의 휘하 장군들의 예상과는 반대로 그의 그런 협박은 보란 듯이 성공을 거둬 라인란트 지역, 오스트리아, 주데텐란트 지역, 체코슬로바키아를 피 한 방울 흘리지 않고 점령할 수 있었다. 결국 광기 어린 예측 불가능성이라는 이미지가 먹혀들었던 것이다. 그러나 히틀러의 경우엔 단지 이미지만 그랬던 게 아니라 상당 부분 실제로 그러했다. 실제로 그는 제정신이 아닌 데다가 극도로 무모하고 공격적이었다. 그러나 나는 그런 식의 접근법은 미국 지도자에게 설득력이 있을 리 없으며 어떤 상황에서도 결코 권장할 만한 접근법이 아니라고 생각했다.

홀더먼의 회고록을 읽으면서 나는 닉슨이 적어도 그의 '광인 이론'이라는 명칭과 어쩌면 그 개념까지도 키신저로부터 가져온 게 아닐까 하는, 다시 말해 한 다리 건너 내게서 가져간 게 아닌가 하는 우려를 잠깐 했었다.[3] 그러나 그 대목을 다시 자세히 읽어보니 다행히도 홀더먼은 닉슨과의 이 대화 날짜를 1968년으로 잡고 있었다. 그렇다면 닉슨이 1969년 가을 처음으로 헨리 키신저를 만나기 전이었다. 어쨌거나 좋든 나쁘든, 사실 좋을 건 없지만 리처드 닉슨은 키신저나 나와 상관없이 이 무모한 정책을 채택하려 했던 것이다.

더 정확히 말하면 핵위협을 통해 베트남에서 아무도 모르게 야심 찬 목표를 달성하겠다는 그의 생각은 좀 더 권위 있는 출처, 즉 드와이트 아이젠하워로부터 나온 것이었다. 알다시피 닉슨은 아이젠하워 행정부에서 8년 동안 부통령으로 재직했다. 홀더먼이 닉슨의 광인 이론을 다룬 앞의 대목에서 언급했듯이 닉슨은 "아이젠하워 대통령이 또 다른 전쟁을 끝내기 위해 취한 행동에서 그와 같은 것을 보았다. 아이젠하워가 백악관에 입성할 당시 한국전쟁은 교착 상태에 빠져 있었다. 아이젠하워는 서둘러 교착 상태를 끝냈다. 그는 당장 휴전 조약에 서명하지 않으면 북한에 핵폭탄을 떨어뜨리겠다는 말을 비밀리에 중국에 전했고, 중국은 휴전을 요구하며 한국전쟁은 끝났다"(닉슨은 2차 세계대전 당시 연합군 총사령관을 지낸 아이젠하워가 광기를 내비칠 필요는 없다고 생각했다. 하지만 닉슨 자신은 핵위협에 신빙성을 부여하기 위해 굳이 광기를 암시할 필요가 있다고 생각했다. 홀더먼에 따르면 닉슨은 20년에 걸친 자신의 강경한 반공 발언 또한 북베트남인들에게 자신이 말한 것을 실제로 행동에 옮길 것으로 생각하게 만들 것이라고 믿었다[4]).

핵위협이 한국에서 휴전을 (불안하게도 70여 년째 이 상태가 유지되고 있다) 달성하는 데 중요한 역할을 했다고 믿은 사람은 비단 닉슨만이 아니었다. 아이젠하워도 그러했다. 전 백악관 비서실장 셔먼 애덤스는 훗날 아이젠하워에게 한국에서 마침내 휴전이 이루어지게 된 경위에 대해 묻자 아이젠하워가 다음과 같이 대답했다고 전했다. "핵전쟁의 위험 때문이지." 그는 조금의 망설임도 없이 이렇게 말했다. 공산주의자들이 휴전 조약을 지키지 않으면 우리로서는 굳이 국지전을 고수할 필요가 없다고 말해주었지. 저들은 전면전도 핵공격도 원하지 않았거든. 그것 때문에 그들의 행동을 통제할 수 있었던 거고."[5] 아이젠하워 밑에서 국무장관을 지낸 존 포스터 덜레스John Foster Dulles도 이와 비슷한 설명을 내놓은 바 있다.

그런 위협이 중국의 의사 결정권자들에게 실제로 작용했는지, 또는 미국이 그런 위협을 가한 것이 사실인지의 여부는 여전히 불확실하며 논란도 적지 않다. 확실하고도 중요한 점은 리처드 닉슨을 포함한 아이젠하워 행정부가 그런 위협이 성공을 거뒀다고 여겼다는 사실이다. 이런 믿음을 가지고 있었기에 아이젠하워와 덜레스는 위기 때마다 거듭 위협에 의지했다. 덜레스는 1956년 이런 위험 감수 전략을 칭찬하는 자축성 발언을 하면서 초창기의 이 같은 위협이 가져다준 역할의 중요성을 강조하고, 처음으로 (아슬아슬한 상태로까지 밀고 가는) '극한 위기 정책'(벼랑 끝 작전'이라 부르기도 한다—옮긴이)이라는 용어를 선보였다. 덜레스는 냉전 기간 내내 메아리친 냉전 용어들을 사용하면서 다음과 같이 말했다.

> 어떤 사람들은 우리가 전쟁 일보 전까지 갔었다고 말합니다.[6] 물론 우리는
> 전쟁 직전까지 갔었습니다. 전쟁에 돌입하지 않으면서 전쟁 직전까지 가는 것
> 은 능력이며 필요한 기술입니다. 이 기술을 완전히 익히지 못하면 불가피하게
> 전쟁에 들어갈 수밖에 없습니다. 전쟁으로부터 도망치려고 할수록, 벼랑 끝으
> 로 가는 걸 두려워할수록 지게 돼 있습니다.

그리고 닉슨이 대통령직을 떠난 직후 알게 된 것이지만, 이 전략은 덜레스와
아이젠하워에서 끝난 것이 아니었다.

1974년 9월 닉슨의 사임 직후 헨리 키신저의 보좌관을 지낸 로저 모리스는 잡
지 ≪워싱턴 먼슬리Washington Monthly≫에 실린 글에서 닉슨이 1969년 10~11월
북베트남에 대한 핵공격 계획을 수립하도록 지시했다고 처음 폭로했다. 모리스
는 백악관 '옥토버 그룹October group'에 참여한 바 있는데, 이 모임에서 그의 상관
키신저는 북베트남에 "야만적이고 잔인한 타격"을 가할 계획을 수립하라고 지시
했다고 한다. "작은 사류국가"인 북베트남을 파멸에 이르게 하는 그런 타격이었
다. 그 기사를 읽고 나서 모리스에게 자세한 설명을 요청했더니 그는 북베트남에
대한 자세한 핵공격 계획이 담긴 서류철을 읽어보았는데, 그 가운데는 위성사진
과 함께 북베트남의 몇몇 핵공격 목표물들이 들어 있었다고 했다. 이 가운데 한
곳은 중국에서 들어오는 물자를 옮겨 싣는 기지로, 중국 국경에서 1마일 반밖에
떨어져 있지 않았다. 이곳에 대한 핵공격은 중국에 강력한 '신호'를 보내게 될 터
였다. 또 다른 유력한 핵 목표물 후보는 북베트남에서 라오스의 호치민 협로峽路
로 이어지는 무지아령Mu Gia Pass이었다.

1969년 10월에 진행되고 있던 이 계획에 대해 당시 나는 전혀 모르고 있었다.
시점으로 따지면 내가 국방부 문서를 막 복사하기 시작했을 때였다. 만약 그 사

실을 알았더라면 깜짝 놀랐을 것이다. 물론 북베트남의 공세가 계속될 경우 3~4
년쯤 뒤에는 핵무기 사용을 촉발하게 될지도 모른다고 이미 우려하고 있었지만,
닉슨이 재임 첫해부터 그렇게 나올 줄은 예상하지 못했다. 이해 9월 국가안보회
의를 떠난 헨리 키신저의 참모이자 내 친구이기도 한 모턴 핼퍼린으로부터 들은
바에 따르면, 닉슨은 베트남에서 무조건 철수할 계획을 세우는 것이 아니라 (국민
의 기대와는 정반대로) 표면상의 승리라도 거둘 심산으로 전쟁을 확대하겠다고 협박
하고 있다고 했다.

  그러면서 핼퍼린은 캄보디아에 대한 비밀 폭격도 이미 진행되고 있다고 말해
주었다. 닉슨은 유권자와의 약속에도 불구하고 린든 B. 존슨이 하려고 했던 것
이상의 행동을 기꺼이 할 준비가 돼 있다는 것을 북베트남에 보여주기 위해 그
런 것이라고 그는 말했다. 그 밖에도 단순한 으름장이 아니라 실제로 행동에 나
설 것이라고 위협했는데, 그 가운데는 캄보디아와 라오스에 있는 '보호구역' 공
격, 하이퐁에 기뢰 매설하기, 중국 국경에 이르는 북베트남 도시들에 대한 무제
한 폭격, 북베트남에 대한 침공 등이 포함돼 있었다. 그리고 5월 초엔 소련 대사
아나톨리 도브리닌을 불러 닉슨이 내건 조건이 충족되지 않을 경우, 핵무기 사용
도 불사할 것이라는 취지의 경고를 보냈다고 핼퍼린은 말했다. 그러나 당시 우리
중 누구도 닉슨이 임기 첫해 가을에 이를 실행에 옮길 준비를 하리라고는 상상하
지 못했다.

  핼퍼린에게서 대통령이 비밀리에 야심 찬 목표를 세우고 있고 그 목표를 이루
기 위해 확전을 서슴지 않겠다고 위협하고 있다는 뜻밖의 이야기를 듣고 나자 일
급기밀 국방부 문서를 복사해야겠다는 나의 결심은 더욱 확고해졌다. 내가 보건
대 그의 협박은 성공할 수 없고, 그 대신 지상전이 연장되고 공중전이 확대되면
서 양쪽 모두 사상자만 늘어나기 십상이었다. 만약 당시 닉슨이 핵공격을 곧 시
작할 것이라고 위협하고 있다는 사실을 내가 알게 되었더라면, 나아가 이와 관련
한 문건을 하나라도 손에 넣었더라면 나는 펜타곤 페이퍼 대신 이를 폭로했을 것

이다(폭로된 국방부 문서는 닉슨이 대통령에 취임하기 전 1968년까지를 다루고 있다).

나중에, 그러니까 1971년 문제의 펜타곤 페이퍼가 출간되자 헨리 키신저는 내가 닉슨의 핵위협과 계획에 대해 알고 있을 뿐만 아니라 이를 뒷받침할 문건까지 가지고 있을지도 모른다는 두려움에 사로잡혔고, 그로 인해 결국은 나를 '무슨 일이 있어도 막아야만 하는 미국에서 가장 위험한 사람'으로 간주하기에 이르렀다.[7] 머리말에서도 언급했듯이, 나에 대한 백악관의 범죄(나의 폭로 문건을 회피하기 위해 닉슨 행정부가 벌인 정확히 의도된 행동들)가 예기치 않게 폭로됨으로써 탄핵을 앞둔 닉슨은 사임하기에 이르렀고, 닉슨의 사임 9개월 뒤에 전쟁이 끝났다.

닉슨이 1969년 광인 이론을 실행에 옮기지 못하게 막아선 것은 그의 위협과 계획이 새어나갔기 때문도, 북베트남이 거기에 굴복했기 때문도 아니었다.[8] 닉슨 본인도 회고록에서 밝혔듯이 그 이유는 2백만 미국인이 10월 15일 평일에 전국의 일터와 학교 문을 닫고 전쟁에 항의하는 '모라토리엄'(당시 총파업의 다른 이름)에 참여했기 때문이었다. 11월 중반에는 워싱턴에서의 시위에 초점을 맞춘 또 다른 시위가 이틀 일정으로 잡혀 있었다. 닉슨의 말대로 첫 번째 시위의 규모를 감안할 때 북베트남에 대한 그의 최후통첩은 실패할 게 뻔했다. 북베트남인들은 그가 이런 유례없는 대중 저항에도 아랑곳하지 않고 그와 같은 공격을 계속 이어나갈 수 있다고 믿지 않을 것이었다.

이즈음 그는 북베트남을 공격한다는 계획을 아무도 모르게 포기했다. 그러나 전략공군사령부의 전 세계적 경계태세는 그달 말까지 계속 유지했다. 소련 정보 당국에는 일부러 눈에 띄게, 반면 미국 대중에게는 비밀에 부친 채 경계태세를 유지했다. 이는 핵위협이 소련과 북베트남의 눈에는 신빙성 있어 보이게 하고 미국 대중은 모르게 하려는 의도에서 비롯된 것이었다.

맥나마라는 1968년에 사고 때문에 중단한 공습 경계를 다시 살려 전략공군사령부 폭격기를 24시간 비상 대기시키는 등의 조처를 했는데, 그와 같은 경계태세는 사실상 소련에 이런 메시지를 전달하기 위한 것이었다. "당신네 동맹국이 우리의 조건을 들어주지 않는다면 우리는 핵무기로 그들을 칠 준비가 돼 있다. 우리가 그래야 한다면. 어떤 식으로든 핵으로 대응할 생각은 하지 마라. 우리는 선제공격을 통해 즉각 대응할 만반의 태세를 갖추고 있다." 이는 결국 1950년대 초반 이후 미국 전략무기의 주된 목적이 무엇인지를 생생하게 보여주는 예였다. 미국이 소련이나 그 동맹국들에 대해 선제先制로 전술 무기를 사용했을 때 소련이 이에 대응하여 보복 공격하는 것을 확실하게 저지하겠다는 것이었다. 즉 소련이 전술 무기를 사용해 어떤 식으로든 핵대응을 해온다면 전략공군사령부가 소련을 상대로 전면적인 제1격에 나설지도 모른다고 위협함으로써 소련의 보복을 억지하는 것이 그 목적이었다.

나는 1969년은 물론이고 그 뒤 5년 동안에도 이런 사실을 까맣게 모르고 있었다. 백악관과 펜타곤의 몇몇 말고는 사실상 아는 이가 없었다. 따라서 1969년 시위에 참여한 시민 수백만 명 가운데 그 누구도 자신이 미국의 핵공격을 반세기 넘게 '유예'시키는 데 일조했을지도 모른다는 사실을 알지 못했다.

1969년 당시의 핵무기 선제 사용 계획을 둘러싼 로저 모리스의 폭로 기사를 읽고 나서 모리스로부터 좀 더 자세한 내용을 들은 지 몇 주쯤 지난 1974년의 일이었다. 나는 파키스탄 출신의 정치과학자이자 반전 활동가로 나의 친한 친구인 에크발 아흐마드에게 내가 들은 이야기를 들려주었다. 그러자 에크발은 자신은 1972년 12월 파리에 있으면서 북베트남의 협상팀과 이야기를 나누고 있었다고 했다. "평화가 임박했다"라는 키신저의 확약에도 불구하고 북베트남에 대한 크리스마스 폭격이 진행되고 있을 때였다. 에크발은 북베트남 협상단 대표 수안 투이가 협상 기간 중 헨리 키신저로부터 열두 차례에 걸쳐 북베트남에 핵공격을 가하겠다는 위협을 받았다고 내게 말해주었다. "douze menaces nucleaires(열두 차례의 핵위협)"이었다는 것이다.

"그럼 그쪽에서 그 리스트를 갖고 있겠네요!"라고 내가 묻자 에크발은 그렇다고 했다. 이튿날 아침 수안 투이의 상관 르둑토를 만나 이야기해보니 그 점이 더욱 분명해졌다고 에크발은 말했다. 그는 전날 투이로부터 들은 이야기를 그대로 전했더니 르둑토는 아니라는 듯 고개를 흔들며 "Treize(열세 번)"라고 말한 뒤 "불운의 숫자"라고 덧붙였다고 했다.

　다른 아웃사이더들과 마찬가지로 나 역시 이처럼 5년을 무지한 채로 지냈다는 사실을 알고서도 전혀 놀라지 않았다. 나는 정부의 내부자들이 중요한 비밀을 심지어 다른 관료들에게까지 얼마나 잘, 또 얼마나 오래 숨길 수 있는지를 대부분의 사람들보다 더 잘 알고 있었으니까 말이다. 하지만 이번 경우는 내가 잘 알고 있다고 생각했던 사안, 즉 기밀에 대해서도 예외적인 접근 권한을 가지고 있다고 생각했던 두 분야, 곧 베트남과 핵정책이었다. 내가 그동안 닉슨의 베트남 전략에서 핵이 차지하는 비중을 너무 낮게 평가하고 있었다는 것을 1974년에야 깨닫고는 조금 충격을 받았다.

　이런 사실들은 내게 어려운 질문을 던져주었다. 내가 이런 사실에 대해 모르고 있었다면 나는 또 무엇을 모르고 있었던 것일까? 핵 제1격 계획, 오경보, 불안정, 위기 등의 문제에 사로잡힌 나머지 나는 얼마나 많은 것을 놓치고 있었을까? 특히 다른 대통령들의 핵 선제 사용 위협 가운데 내가 모른 채 넘어갔거나 대수롭지 않게 여긴 경우는 몇 건이나 될까? 조지 W. 부시 행정부에서 국방장관을 지낸 도널드 럼스펠드가 훗날 '알려지지 않은 미지未知, unknown unknowns'라고 부르게 되는 것들이 내게는 갑자기 '알려진 미지known unknowns'가 돼 있었다. 나는 그 후 40년 넘게 계속해온 조사를 시작했다. 그 결과 우리 제1격 전략군의 기능 및 우리의 동맹들을 지원하는 차원에서 이루어지는 전술 무기 선제 사용 위협과의 관계에 대한 나의 인식은 완전히 바뀌었다.

　나는 미국의 선제 사용 위협의 역사를 다시 돌아보기 시작했다.[9] 먼저 학자나 언론인이 저작물이나 회고록에서 '주장'했거나, 또는 소문을 근거로 제시한 위협 사례들을 한데 취합했다. 그리고 그동안 기본적인 패턴을 완전히 파악하지 못한 채 주로 기밀 자료에 의지해 연구했던 사건들을 다시 조사했다. 역사가 대부분은 입증할 기록이 부족하다는 이유로 이런 주장들을 경시하거나 완전히 무시했다. 그러나 시간이 한참 흐른 뒤 몇십 년 전 사건이 기밀 해제가 되어 관련 기록들이 찔끔찔끔 흘러나오면서 그런 주장이 온당했으며, 위협이 실제로 있었고 그 여파 또한 작지 않았다는 게 드러났다.

제1격 계획 또는 핵권한 위임의 경우에서처럼 초창기에 연구자들이 활용할 만한 기록이 부족했던 이유는 그런 위협이 존재하지 않아서가 아니라 그를 둘러싼 체계적이고 장기적인 비밀 엄수 때문이었다. 이런 비밀주의는 심지어 정부 부서 내에서도 횡행했다. 대통령의 핵위협 언급을 둘러싼 비밀주의는 비밀 작전이나 암살 계획을 둘러싼 비밀주의보다 그 정도가 약간만 덜할 뿐이다. 그 결과 학자들은 그런 위협의 존재를 아예 몰랐거나, 높은 수준에서 진지하게 고려하여 반영하는 데 지나치게 회의적이었다.

여기 그 예가 있다. 해리 트루먼 미국 대통령은 (한국전쟁 당시 미 해병대가 초신저수지에서 중공군에게 포위당하고 며칠 뒤 열린) 1950년 11월 30일 기자회견에서 한국에서 원자폭탄 사용을 적극적으로 고려하고 있는지 여부를 묻는 질문에 "원폭 사용은 지금까지 늘 적극적으로 고려돼왔다"라고 대답했다.[10] 그러자 그 뒤로 몇십 년 동안 거의 모든 역사학자는 트루먼의 이 발언을 놓고 실제 의사 결정과는 아무 관계가 없는, 준비 없이 즉흥적으로 한 경솔한 발언이었다고 결론 내렸다.

실은 그렇지 않았는데도 말이다. 대통령이 의도적으로 그런 발언을 했던 것 같지는 않다(그날 오후 백악관에서 대통령의 발언을 철회하려고 했던 점으로 미루어 미리 심어놓은 질문이 아니었던 게 분명했다). 그러나 합동참모본부 내에서는 핵무기 사용을 둘러싼 의견이 분분한 가운데 핵무기를 써야 한다는 고려가 적극적으로 이루어지고 있었고, 트루먼 아래서 합참의 일부 또는 전부가 실제로 핵공격을 권유했던 적이 한 번 이상 있었다. 이 모두가 몇십 년 넘게 사실상 완전한 비밀 엄수를 통해 은폐되고 있었다(다만 트루먼 자신이 한 차례 위반한 것은 제외해야 한다).

나는 1950년의 그 기자회견을 생생히 기억한다. 당시 나는 열아홉 살로 대학 2

학년을 마치는 대로 한국에 파병될 것으로 예상하였다(그런 예상 속에서 나는 약혼녀에게 내가 전쟁터로 떠나기 전에 결혼하자고 청했다. 우리는 가을 학기와 봄 학기 사이의 크리스마스 휴가철에 결혼했다. 하지만 그 이듬해 봄 대학생 징병 유예 제도가 새로 생기면서 나는 학업을 계속할 수 있었고, 졸업한 다음에도 영국에서 일 년 동안 대학원 과정을 밟을 수 있었다. 그 뒤 나는 자원해서 해병대에 입대했다). 오래전부터 나는 트루먼의 발언에는 학자들이 알고 있는 것 이상의 그 무언가가 있는 게 아닌가 하는 의문을 품고 있었다. 그리고 새로 시작한 연구를 통해 주목할 만한 것을 발견했다. 마침내 모습을 드러낸 핵무기에 대한 분석과 비상 시 계획에 관한 방대한 양의 기록을 통해 비밀 엄수 시스템이 아주 효과적으로 작동되어왔다는 것을 확인할 수 있었다. 그리고 합동참모본부가 히로시마 원폭투하 이후 겨우 5년 만에 한국전쟁에서 원자폭탄 사용을 검토하고 있었고, 해리 트루먼은 비록 그들보다 덜 마음 내켜 했지만, 내부 논의와 계획 수립에서 그것을 배제하지 않았다는 것을 알 수 있었다.

마찬가지로 맥아더 장군도 한국전에서 핵무기 사용을 권고했다는 사실은 1951년에 이미 알려진 바 있었다(그는 한 하원의원에게 핵무기 사용을 권고하고 전쟁을 중국으로까지 확대해야 한다고 주장했는데, 이것이 공개되자 이후 트루먼에 의한 떠들썩한 해임으로 이어졌다). 그러면 트루먼의 뒤를 이은 드와이트 아이젠하워도 (맥아더가 여전히 제안하고 있던) 원자폭탄을 사용해야 한다는 그런 생각에 관심을 보였을까? 그 당시뿐만 아니라 그 뒤로도 오랫동안 학자를 비롯해 대부분의 사람들은 (자신은 일본에 대한 원자폭탄 사용을 반대했었다고 공언해온) 드와이트 아이젠하워가 한국을 핵 전쟁터로 만드는 사안과 관련해 트루먼과 별다른 입장 차이를 보였다고 생각할 수 없었다.

그랬다. 아이젠하워는 1963년에 출간한 회고록 1권에서 십 년 전 자신은 한국에서의 전쟁이 '질질 끌도록' 놔둘 수는 없으며 전통적인 지상 공격은 희생이 너무 클 것으로 판단했다고 말했다.[11] "첫째, 우리가 본격적인 공세로 전환할 경우 전쟁은 한국 밖으로 확대될 수밖에 없을 터였다.…… 결국 공격 비용과 희생이 지나치게 많이 드는 것을 피하려면 핵무기를 사용하는 방법밖에 없었다. 이 필요성은 내가 대통령 당선자 신분으로 아직 뉴욕에서 생활하고 있을 때 맥아더 장군이 내게 제안한 것이었다."

나는 아이젠하워 행정부 초기인 1953년 2월 11일에 열린 국가안전보장 회의에 대한 다음의 기록을 읽고는 깜짝 놀랐다.[12] 당시의 회의 내용이 기밀 해제가 되기까지는 거의 20년이 걸렸다.

(대통령은) *개성 지역에 전술 핵무기 사용을 고려해야 한다는* 견해를 밝혔다 (이 지역은 트루먼 행정부가 휴전협상의 첫 장소로 정한 보호구역으로 약 28제곱마일에 이르렀다. 마크 클라크 장군에 따르면 "이곳엔 군대와 물자들이 꽉 들어차 있었다"). 이 지역은 이런 종류의 무기에 좋은 목표였다. 어쨌든 대통령은 어디가 끝인지도 모를 길을 무작정 갈 수는 없다고 덧붙였다. 브래들리 장군은 보호구역의 종료와 관련해 우리 동맹국들과 대화를 시작하는 것이 바람직하다고 생각했지만, 핵무기의 사용 가능성을 주제로 삼는 것은 현명하지 못하다고 생각했다.

덜레스 장관은 원자폭탄의 사용을 둘러싼 도덕적 문제와 억제 요인, 핵무기를 다른 무기들과 구분해 특별한 범주로 떼놓는 데 성공한 소련의 사례를 언급했다. *우리가 나서서 이 잘못된 구분을 깨부수어야 한다는 것이* 그의 생각이었다.

대통령은 우리의 동맹국들과 반드시 외교 협상을 시작해야 한다고 덧붙였다. 그는 이 협상에 우리와 우리 동맹의 자존심이 걸려 있으며, 만약 그들이 우리의 핵무기 사용에 반대하면 공산주의자들을 퇴출시키는 데 필요한 3개 사단 이상의 병력을 지원하라고 요청할 생각인 듯했다. 그러나 결론을 말하면 대통령은 군사 계획이나 공격 무기와 관련해서는 우리 동맹국들과 그 어떤 논의도 하는 데 반대했다.*

---

* 아이젠하워의 회고록에서 이에 해당하는 논의 부분을 보면, 동맹과 미국 대중들에게 미국의 첫 핵 사용을 기정사실로 할지를 고려하는 문제와 관련해, 이후 대통령(리처드 닉슨, 당시 아이젠하워의 부통령)들의 태도를 잘 드러내는 발언에 대해 편드는 듯한 태도를 보인다.

리처드 닉슨 부통령은 국가안전보장 회의 때마다 그랬듯이 이때도 열심히 귀 기울이며 배우고 있었다. 그는 1954~55년뿐만 아니라 1958년에도 공직에 있었다. 1958년 아이젠하워는 중국 공산주의자들이 장제스의 군대가 점령하고 있는 중국 본토 근처의 진먼섬을 침공하려고 시도할 경우 중국에 대해 바로 핵무기 사용 계획을 세우라고 합동참모본부에 지시한 바 있는데,[13] 그때에도 그는 공직에 있었다. 이 장 서두에서도 지적했듯이 닉슨은 그의 멘토들이 성공적이었다고 믿었던 이러한 위협을 자신의 대통령 재임 시절에 적용하려고 했다. 간단히 말해 닉슨은 '크게 생각하는' 첫 번째 대통령이 아니었고 마지막 대통령도 아니었다.

영국의 사학자 E. P. 톰슨은 "핵전쟁은 '상상도 할 수 없다'는 말이 진실이었던 적은 한 번도 없었다.[14] 그렇게들 생각해왔고 그 생각대로 되어왔다"라고 말했다. 여기서 그가 말한 것은 1945년 8월 히로시마와 나가사키 주민들을 몰살시킨 해리 트루먼 대통령의 원자폭탄 사용을 가리킨 것이었다. 그런데 더욱 주의를 기울여야 할 점은 미국 대중 절대다수와 더불어 이런 공격을 지시한 대통령이 이와 같은 핵공격을 대대적인 성공으로 간주했다는 사실이다. 그런 생각이 거듭되었고 실행으로 이어졌다.

미국 정부 내의 군사 기획자들은 지난 70여 년 넘게 계속해서 핵전쟁에 대해 생각해왔다. 주로 미국이나 미국 군대 또는 동맹국들에 대한 소련의 핵공격을 억

"만약 우리가 거대하고 새로운 형태의 공세를 결정한다면, 이 새로운 정책은 동맹국들이 동의해야 할 것이다. 가장 중요한 것은 핵무기 사용의 제안일 것이다. 이런 점에서 미국의 견해는 늘 동맹국들의 견해와 다소 차이가 있었다. 예를 들어, 영국인들에게 당시 전쟁에서 핵무기를 사용하는 것은 심대한 결정이었을 터이다. 당시에도, 그리고 지금도 여전히 남아 있는 내 느낌은, 미국이 주둔국이 되지 않는 한, 현재 전 세계에서 유지되고 있는 (미국의) 군사적 약속을 지속하기 불가능하리라는 것이다. 우리가 핵무기를 보유하고 있지 않고, 필요할 때 그것을 사용할 의지도 없다면 말이다. 그러나 당시 미국이 핵무기를 사용하기로 한다면, 그것은 우리 자신과 동맹국에 굉장히 불편한 감정을 불러일으켰을 것이다. 하지만 총공세가 성공한다면, 그로 인한 균열은 제때 복구될 수 있을 것으로 생각했다." 강조가 추가됨. 아이젠하워, 『백악관 시절, 1953~1956: 변화를 위한 명령』(가든 시티, 뉴욕: 더블데이, 1963), 180쪽.

지하거나 거기에 대응하기 위한 것이었다. 하지만 그것만은 아니었다. '필요할 경우' 핵전쟁 준비 태세에 돌입하는 것은 유럽뿐만 아니라 아시아와 중동에서의 기본적이고 장기적인 미국 대외 정책과 위기 선언 및 행동의 근간을 이루어왔다.

거의 모든 미국인이 "나가사키 이후로는 핵무기를 사용한 적이 없다"라고 생각하지만, 이는 완전히 착각이다. 미국의 핵무기는 그동안 많이 쌓아놓기만 했을 뿐 소련이 미국에 대해 핵무기를 사용하지 못하게 억지하는 단 한 가지 기능 말고는 사용한 적도 사용할 수도 없다는 것은 사실이 아니다. 미국 대중에게는 비밀로 해두면서 미국의 핵무기는 매우 여러 다른 용도로 사용돼왔기 때문이다.

앞에서도 지적했듯이 미국의 핵무기는 직접적인 대치 상황에서 방아쇠를 당길지 말지 생각하며 권총을 누군가의 머리에 겨눌 때와 똑같은 방식으로 사용돼왔다. 어떤 타입의 총기 소유자는 어떤 상황에서 굳이 방아쇠를 당기지 않고도 최선의 방법으로 그 총을 사용할 줄 안다. 바로 그것이 그들이 총기를 소지하는 이유이며, 언제라도 사용할 수 있도록 계속 장전을 해두는 이유이다. 프랭클린 루스벨트 이후 미국의 역대 대통령들은 핵무기를 소지하고 있으면서 가끔 그런 동기에 따라 행동해왔다. 쉽게 말해 어떤 요구가 충족되지 않으면 핵공격을 개시하겠다고 위협해왔다는 말이다.

냉전 기간은 물론이고 그 이후까지 확대된 이 시기의 오랜 비밀의 역사[15]는 핵무기의 선제 사용—즉 전통적인 군사 갈등이 확대되어 핵공격을 시작하는 것—이 대통령의 합법적이고 정당한 '선택'이라고 가정해왔는데, 이는 상징적인 말도, 수사학적 말도 아닌 그 이상의 것이었다. 실제로 트루먼에서 클린턴에 이르는 미국의 역대 대통령들은 재임 기간 중 어느 시점에 (핵전쟁이 아닌) 갈등 상황이나 위기가 계속되었을 때—대개는 극도의 비밀 속에서—합동참모본부와 전술 또는 전략적 핵전쟁을 '즉시' 시작할 수 있도록 계획을 세우거나 준비를 하도록 위협해야 한다는 압박을 느꼈다.

이러한 진술이 낯설고, 놀랍고, 아무리 봐도 믿기 어렵다는 거 잘 안다. 그래서 조금이라도 이해를 돕기 위해 현재 기록상으로 확인할 수 있는 20세기 후반 50년 동안의 실제 핵위기 대부분을 아래에 간단히 정리해보았다. 조지 W. 부시부터 도널드 J. 트럼프에 이르는 좀 더 최근의 핵위협 사례는 그다음에 다룰 예정이다.*

1. 1945년 8월의 히로시마와 나가사키 원폭 투하 때는 일본이 항복할 때까지 더 많은 폭탄을 투하하겠다고 위협했으며 또 그럴 준비도 되어 있었다.

2. 1948년 6월 베를린 봉쇄가 시작되자 트루먼은 영국과 독일 기지들에 '핵무기를 사용할 수 있는' B-29를 배치했다[16](미국 행정부는 소련이 베를린으로 가는 항공로는 봉쇄할 수 없었던 이유가 이러한 조치 때문이라고 간주했다).

3. 중국이 한국전쟁에 개입하자 트루먼은 1950년 11월 30일 기자회견을 열어 미국은 원자무기 사용을 적극적으로 고려하고 있다고 경고했다(실제로도 그러했다).

4. 1953년 아이젠하워는 한국전쟁의 해결을 강요하고 유지하기 위해 중국을 상대로 은밀하게 핵위협을 가했다.[17]

5. 미 국무장관 덜레스는 1954년 디엔비엔푸 전투에서 베트남군에게 포위당한 프랑스 군대를 구출하기 위해 프랑스 외무장관 비도에게 전술핵무기 2기(어쩌면 3기)를 제공하겠다고 비밀리에 제안했다.[18]

6. 1954년 9월~1955년 4월의 제1차 진먼섬 위기 당시 아이젠하워와 덜레스는 진먼섬과 마쭈 열도 연안을 지키기 위해서는 마지막 수단으로 핵무기가 필요할 것이라는 국제적 합의를 이끌어냈다.[19] 덜레스는 이런 위기가 협상을 통해 타결된 것은 수많은 성명과 조치를 통해 이런 결의가 중국에 전달됐기 때문으로 해석했다.

---

* 이 책의 미주에 보면 회고록과 기타 공개 자료에서부터 최근에 기밀 해제된 문건에 이르기까지 몇십 년에 걸친 (비밀주의와 부인이 있었음에도) 누구나 쉽게 접근할 수 있는 참고 자료가 나와 있다.

7. 1956년 수에즈 위기 당시 닉슨은 영국과 프랑스에 대한 소련의 일방적 행동을 억지하기 위해 "폭탄의 외교적 사용"(닉슨의 표현)을 고려했다.[20]

8. 1958년 레바논 위기 당시 아이젠하워는 합동참모본부에 이라크의 쿠웨이트 유전 장악을 막는 데 필요하다면 핵무기 사용을 준비하라는 지시를 비밀리에 내렸다.[21]

9. 1958년 아이젠하워는 합동참모본부에 중국 공산주의자들이 진먼섬 침공을 시도할 경우 중국에 핵무기를 사용하는 계획을 세우라고 비밀리에 지시했다.[22]

10. 1958~59년 베를린 위기.[23]

11. 1961~62년 베를린 위기.[24]

12. 1962년 쿠바 미사일 위기.[25]

13. 미국의 전략 핵전쟁 계획에서 일정한 역할을 담당하는 병력을 시위하듯 배치하거나 경계태세에 들어가게 하는 등 '핵전력을 여러 차례 과시'했다.[26] 이는 적들에게 계획적으로 보여주기 위한 것이었으며, 의도적으로 '핵무기 사용 시그널(신호)'을 보내기 위한 것이었다.

14. 1968년 합동참모본부가 존슨 대통령에게 베트남 케산에서 포위된 해병대를 구하려면 핵무기가 필요할 수도 있다고 권고했다는 내용의 보고서를 놓고 신문 지면과 상원에서 무수한 공개적 토론이 벌어졌다.*

15. 1969~70년 닉슨의 관리들은 중국의 핵능력에 대한 소련의 공격을 억지하기 위해 단호히 대처하겠다고 은밀히 협박했다.[27]

16. 1969~72년 닉슨은 헨리 키신저를 통해 핵무기 사용 가능성을 비롯한

---

* 허버트 챈들러, 『대통령을 해체하다』(프린스턴, NJ: 프린스턴 대학 출판부, 1977), 89~91쪽. 이와 함께 윌리엄 C. 웨스트모어랜드 장군의 회고록, 윌리엄 C. 웨스트모어랜드, 『어느 군인의 보고』(뉴욕: 더블데이, 1976), 338쪽 참조. "만약 워싱턴의 관료들이 하노이에 '메시지'를 보내는 데 그렇게 열중했다면, 소형 전술 핵무기는 하노이에 뭔가 설득력 있게 다가왔을 것이다. 2차 세계대전 동안 일본에 떨어진 두 개의 원자폭탄이 일본 관리들을 설득했던 것처럼, 그리고 한국전쟁 중에 원자폭탄이 의미 있는 협상을 수락하도록 북한을 유도했던 것처럼 말이다. 베트남에 몇 개의 소형 전술 핵무기를 사용하거나, 심지어 그것으로 위협을 했다면 베트남 전쟁은 빨리 끝났을지 모른다."

대대적인 확전 가능성을 북베트남에 은밀하게 전달했다.[28]

17. (닉슨에 따르면) 1971년 인도-파키스탄 전쟁 당시 인도에 적대적인 중국이 개입할 경우 소련이 이에 대응하는 것을 억지하기 위해 여러 차례 위협을 가했으며, 핵 능력을 갖춘 해군을 배치했다. 여기에는 인도가 파키스탄에 대해 더 이상의 군사적 압력을 가하지 못하도록 억지하려는 목적도 있었던 것으로 보인다.[29]

18. 1973년 10월 아랍-이스라엘 전쟁 당시 닉슨의 NSC(국가안전보장회의)는 SAC(전략공군 사령부)에 비상대기령을 내렸다.[30] 이는 소련이 이스라엘의 전투원들을 갈라놓을 목적으로 지상군을 투입해 일방적으로 개입하는 것을 막으려는 조치였다. 이로써 미국은 소련의 도발에 무력으로 맞대응하겠다는 위협과 함께 여차하면 전면적인 핵전쟁으로 나아가는 것도 불사하겠다는 의지를 확고하게 표명했다.

19. 1976년 8월 19일 포드 대통령은 한국의 비무장 지대에서 발생한 '도끼 만행 사건'에 대응해 핵무기를 사용할 수 있는 데프콘 3를 발령했다.[31] 아울러 "괌에서 황해로 북상해 곧장 평양으로 향하도록" B-52 폭격기를 띄우는 심상치 않은 무력시위도 벌였다.

20. 1980년 1월 국방장관 해럴드 브라운, 국무부 아시아 담당 차관보 윌리엄 다이스, 그 외 대변인들이 미국의 대중동 정책인 '카터 독트린' 설명에 나섰다[32](아래 참조).

21. 1980년 8월 백악관과 합동참모본부는 이란 국경에서 이루어지는 소련의 은밀한 군비 증강이 이란에 대한 침공으로 이어질 경우에 대비해 소련에 은밀하지만 명백하게 핵경고를 표명한 데 이어 당면한 전술 핵무기 사용 가능성을 심각하게 고려했다(한 군사 전문 잡지와 《뉴욕 타임스》 기사에서는 이 사건을 자세히 다루었지만, 미국 대중과 심지어 학자들에게는 지금도 거의 알려지지 않은 채로 남아 있다. 참고로 당시 대통령 언론 담당 비서관 조디 파월은 이 사건

을 가리켜 '쿠바 미사일 위기 이후 가장 심각한 위기'라고 표현했다).[*]

22. 1981년 1월 레이건 대통령은 핵 관련 조항을 비롯해 카터 독트린의 핵 심사항을 재확인했다.[33]

23. H. W. 부시 행정부는 1991년 1월 사막의 폭풍 작전 당시 미국은 공식적 인 루트를 통해 이라크의 '부당한 행동'에 핵무기로 대응하겠다고 위협 했다.[34]

24. 1995년 클린턴 행정부는 (1994년 전통적 공격 위협에 이어) 북한이 핵 원자로 사업을 계속 추진할 경우 핵무기를 사용하겠다고 은밀하지만 명백한 위협을 가했다.[**]

25. 1996년 클린턴 행정부의 국방장관 윌리엄 페리는 리비아 타르후나의 지하 화학무기 시설에 대해 핵공격을 가할 수도 있다고 공개 경고했다.[***]

___

[*]   리처드 핼러런은 1986년 9월 2일 「워싱턴 논의: 생각할 수 없는 일에 대해 리더가 생각하는 법」이라는 제목의 기 사를 《뉴욕 타임스》에 실으며, 1980년 8월 백악관 토론에 대해 보도했다. 기사는 국방부 장관 및 합참의 개입과 관련해 벤저민 F. 셔머의 인터뷰, 「1980년, 페르시아만을 위해 미국은 핵무기를 쓸 준비가 되었는가?」(1986년 9월, 《 국제군사저널》)를 바탕으로 작성되었다. 출처까지 포함된, 매우 중요하고 권위 있는 셔머의 기술은 핼러런의 기사를 제외하고는 거의 완전히 무시되어왔다. 셔머는 사실상 알려지지 않은 1980년의 이 위기에 대해 "쿠바 미사일 위기 이후 가장 심각한 핵위기"라는 백악관 관리들의 말을 인용했다. 행정부 관리들은 소련을 명백한 위협이 성공적이 라고 생각했다. AP, 로키 마운틴 뉴스, 1986년 8월 27일, NBC 뉴스를 언급하며 다음 소식을 알렸다. NBC는 정보 소식통을 인용해, '1980년 8월, 이란이 미국인 인질을 잡고 있는 동안, 석유 자원이 풍부한 소련의 페르시아만 공 격이 목전에 처해 있다고 생각된다'라고 전했다. NBC 방송은 당시 합참의장이었던 데이비드 존스 장군의 말을 다 음과 같이 인용했다. "소련이 이란에 대규모로 진출하기로 했다면, 재래식 무기 능력으론 미국이 소련을 막을 수 없 었다. …… 당시 상황(카터 독트린이 발표된 지 8개월)이 지난 시점으로는 지금과 마찬가지로 만약 소련이 그 지역에 대규모 공세를 취하기로 한다면, 아마도 소련을 저지하기 위해 핵무기 사용을 고려할 수밖에 없을 터이다. 카터의 비서관 이었던 조디 파월이 NBC에 한 말이다." 핵위기가 발생했던 1980년 대통령 선거운동 기간 이후 6년이 지난 1986년 에 이러한 진술이 나왔다는 것을 주목하라. 그것은 당시 완전히 비밀에 부쳐졌고 보고되지 않았으며, 아이젠하워의 회고록을 제외하고 그 어떤 대통령의 회고록에서도 언급되지 않았다. 카터의 회고록에서도 마찬가지였다.

[**]   노리스와 크리스텐슨, "미국의 핵위협," 70, 1997년 3월 13일, 미 상원 군사위원회 앞에서 이뤄진 유진 해비거 미국 전략군사령관(스트래컴)의 의회 증언 인용, 그는 '불량국가가 대량살상무기(WMD)를 사용하는 것을 막는데, 미국의 핵 무기가 어떤 억지력으로 작용하느냐?'라는 질문에 '내 견해로는 매우 큰 역할을 한다'라며 '북한이 그들의 원자로에 서 벗어나지 못하고 있던 1995년에 미국의 핵 이용 위협이 북한에 전달되었다'라며 해비거는 이후 (2004년 8월 12일, 크리스텐슨과의 대화에서) 다음과 같이 설명했다. '북한에 전달된 메시지는 명시적이었다.'

[***] 노리스와 크리스텐슨, "미국의 핵위협: 그때와 지금," 로버트 번스를 인용, "미국 리비아," AP, 1996년 4월 23일, 그리고 "미국이 묻혀 있는 목표물을 타격할 수 있는 유일한 핵무기 옵션," 《제인스 디펜스 위클리》, 1996년 5월 1일, 3. 후자의 머리기사에서 알 수 있듯이, 클린턴 대통령 임기 아래, 이 에피소드는 대량살상무기(또는 사담 후세인과 같은 불량 지도자)를 보유하고 있을지 모를, 강화된 벙커 기지를 파괴하기 위해 핵무기의 '필요성'을 알렸다(WMD는 걸프 전을 통해 널리 공개되었다). 이러한 요구는 이라크 전쟁에서 다시 발생했고, 2004년 이후 이란의 지하 핵 에너지 시설에 대한 핵공격 계획으로 이어졌다. 이는 힐러리 클린턴과 도널드 트럼프를 포함한 가장 최근의 민주당 및 공화당 대 선후보들(버락 오바마는 제외하고)이 협상할 때 테이블 위에 놓여 있어야 한다고 주장하는 '핵옵션'의 예시이다. 특히 트 럼프 대통령 시절 2017년, 북한과 협상할 때 그러했다.

위의 목록과 아래서 다루게 될 좀 더 최근의 사례들을 보면 지난 70년 동안 끊임없이 핵위협을 적극적으로 고려하고 사용하면서 "핵외교"를 뒷받침해왔다는 사실을 알 수 있다.[35] 방아쇠를 당기지 못하게 한 요인이 무엇이었든, 여러 기록들은 한국전쟁이나 베트남 전쟁에서처럼 교착 상태에 빠져 있는 전쟁에서도 핵무기를 사용하겠다는 위협을 강력하게 제기했다는 것을 보여주고 있다. 사람들은 핵무기는 사용해서 안 된다는 '금기'가 있다고 말하지만, 그것은 근거가 없는 것이다.[36] 사람들이 핵무기에 대해 말하는 것과는 반대로 "핵무기가 사용되지 않는다는 전통" 같은 것은 없다.[37] 아주 다행스럽게도 핵무기로 '공격'을 하지 않은 오랜 전통이 있을 뿐이라고 말하는 것이 타당할 것이다.

이유가 무엇이든 간에 위에서 살펴본 1945년 이후의 핵위협 또는 계획 가운데 실제로 실행된 경우는 단 한 건도 없다. 그렇다면 그 모두가 허세였고 협박이었다는 말인가? 아니면 핵무기 그 자체만으로도 성공을 거두었다는 뜻일까? 거의 확실히 그 가운데 몇몇 경우는 의식적인 허세요, 위협이었다. 그러나 몇몇은 확인하기가 어렵다. 최종 내부 논의 자료로 미루어 볼 때 그중 모두가 허세였다고는 생각되지 않는다. 특히 아이젠하워와 닉슨의 경우는 확실히 아니었다. 그러나 위의 목록에 나와 있다는 사실만 가지고는 대통령이 '필요하다고 생각했을 때' 그런 위협이나 계획을 정말 실행하고자 했는지의 여부나, 위협이 통하지 않았을 경우에 실제로 무엇을 어떻게 했을지를 섣불리 판단할 수 없다. 이런 문제들에 관한 증거는 많은 경우 분명히 존재하지만, 신뢰성 면에서 그 정도가 다양하며 어떤 경우에도 결정적이지 않다. 이러한 질문들은 심지어 대통령들이 그 자신에게 대답해주기 어려울 수 있다.

핵위협이 성공한 경우도 있었을까? 그 누구도 확실히 알 수 없다. 몇몇 경우에는 협박을 받았는데도 상대방이 다르게 행동했을 수도 있다. 그런가 하면 또 어떤 경우에는 핵경고와는 전혀 관계없는 이유로 진로를 수정한 경우도 있었다. 그럼에도 위협이 효과적이었다고 봐도 좋은 경우가 더러 있었다. 여기서 주목해야 할 점은 행정부의 몇몇 고위 관리들은 상대방이 그와 같은 결론에 동의하든 안 하든 이런 위협이 효과적이었다고 판단했다는 것이다.

예를 들어 위의 목록에서 두 번째 사례가 그랬다. 1948년 베를린 봉쇄가 시작되자 트루먼은 당시 '핵 폭격기'로 알려져 있던 B-29를 영국에 보냈다. 그런데 이는 거의 확실히 의식적인 엄포였다. 처음에 파견한 폭격기는 핵무기를 운반할 수 있도록 적절하게 개조되기 전이었고, 당시 상대적으로 작았던 미국의 무기고 폭탄 가운데 미국 밖에 있는 핵폭탄은 단 한 개도 없었기 때문이다. 그러나 트루먼 행정부 관료들은 옳든 그르든 소련이 육로만 봉쇄하고 동독 기지에 있는 소련 전투기나 대공포를 동원해서 서베를린에 대한 우리의 공중 보급을 차단하지 않은 이유는 B-29가 상징하는 위협 때문이라고 결론 내렸다. 이에 대해 역사가 그레그 허큰은 다음과 같이 지적한다.

> 행여 미국이 러시아를 '자극해' 군사 행동에 돌입하게 할까봐 일 년 내내 전 전긍긍해온 (국무장관 조지) 마셜조차 이제는 미래에 대한 낙관주의를 표명했다.[38] 그가 (국방장관 제임스) 포리스털에게 털어놓은 바에 따르면, 그의 이런 태도 변화는 어느 정도는 "소련은 전쟁이 일어나면 미국이 정말로 그들에게 원자폭탄을 사용할 거라고 처음으로 진지하게 생각하기 시작했다"라는 믿음 때문이었다.

그리고 나서 1958~59년과 1961~62년 흐루쇼프가 서베를린 봉쇄 위협을 재개했을 때 이제는 열핵무기로 가득한 미국의 무기고는 더는 제한돼 있지 않았고, 그중 수천 기가 유럽에 배치돼 있었다. 소련 군대에 둘러싸여 있는 서베를린의 지위를 바꿔보려 했던 흐루쇼프의 시도가 연달아 좌절에 부딪혔던 이유는 십중팔구 군사 조치를 통해 이를 강제로 밀어붙일 경우 핵전쟁이 일어날지도 모른다는 두려움 때문이었던 것으로 보인다. 그러나 서베를린이 소련 위성 체제의 영향력 아래 들어가는 것을 막는 데 성공한 대가는 미국 판 인류 종말 기계의 설치와 유지였다. 결국 이 기계는 소련(러시아) 판 인류 종말 기계를 불러왔고, 이 두 기계는 어느 한쪽이 됐든 양쪽 다가 됐든 언제고 지상의 인명 대부분을 끝장내고야 말 가능성을 오늘날까지도 지속시키고 있다.

내가 여기서 강조하고 싶은 것은 몇몇 대통령은 자신의 위협이 성공했다고 믿었을 뿐만 아니라 1945년 이후로는 모든 대통령이 임기 내내 현재 또는 미래의 핵 선제 사용 위협이 합법적이고 효과적이며 심지어는 필요하다고 믿는 것처럼 행동해왔다는 점이다. 사석에서는 어떤 상황에서도 핵무기 사용에 반대했을 것 같은 인물들까지도 그러했다. 여기에는 존 F. 케네디와 린든 B. 존슨(이 두 대통령 아래에서 국방장관을 지낸 로버트 맥나마라도 함께)도 포함돼 있었다. 이들이 핵위협의 신빙성과 효율성을 유지, 강화해야 한다고 생각하게 된 데에는 한편으로는 공직에 있을 때의 개인적 경험이, 또 한편으로는 외교 엘리트와 일부 동맹국, 국내 정적들로부터의 압력이 동기로 작용했던 것 같다.

1984년 연두교서에서 로널드 레이건은 "핵전쟁은 승리할 수도 없고 절대 일어나서도 안 된다"라는 입장을 확고히 밝혔다.[39] 그가 말하지 않은 것은, 그리고 다른 모든 대통령과 마찬가지로 그의 말처럼 행동하지 않은 것은 "핵전쟁을 위협해서도, 준비해서도 안 된다"였다. 선제공격 준비나 핵 선제 사용 또는 제1격 준비는 지난 70년 동안 전략 핵무기 '현대화' 사업의 본질이었다. 오바마 대통령과 트럼프 대통령은 우리의 군사-산업-의회 복합체를 살찌워온 이 사업을 1백 년까지로 늘려놓았다.

미국의 국가안보를 위해, 그리고 동맹국들 사이에서 미국의 지도력을 유지하기 위해 핵위협을 가하고 실행하는 능력이 반드시 필요하다는 믿음은 대통령마다 '핵 선제 사용 포기no-first-use, NFU' 약속을 공식화하길 거절해온 이유다. 미국 대통령들은 중국이 미국에 대해 핵 선제 사용 포기 선언을 하라고 거듭 촉구할 때마다 거절해왔다. 참고로 중국은 1964년 1차 핵실험 때 핵 선제 사용 포기를 선언했으며, 인도는 1998년 2차 핵실험 때 포기를 선언했다.[40] 소련은 1982년부터 1993년까지 포기를 선언했다.[41] 특히 미하일 고르바초프는 1991년 10월 5일 임기 종료를 몇 달 앞두고 포기를 재차 확약하면서 미국에도 동참하라고 제안했지만, 부시 행정부는 그날 그의 다른 제안들만 받아들였을 뿐 여느 때처럼 이 제안은 거절했다.

마찬가지로 미국은 핵 선제 사용 포기 약속을 핵확산 중지의 필수 불가결한 토대로 삼으려는 전 세계 대다수 국가의 청원에 찬물을 끼얹었다. 1995년의 핵확산금지조약 확대 회의와 2000년 이후의 확인 회의 때도 그러했다. 더욱이 미국은 소비에트 연방과 바르샤바 조약기구가 해체되고 (그 회원국이었던 나라들이 나토에 가입하고) 난 뒤에도 기존의 전략을 고수하면서 나토는 앞으로도 계속해서 핵 선제 사용 위협을 합법화해야 한다고 주장해왔다. 미국은 최근 이라크, 북한, 이란과 대치하고 있는 상황에서도 핵무기를 선제 사용할 수 있다고 위협했는데, 미국의 이런 고집스러운 태도는 핵무기의 추가적 확산을 막고 이를 비합법화하는 데 미국이 효과적으로 지도력을 발휘할 기회를 없애버렸다.

미국과 나토의 핵 선제 사용 정책이 미국과 그 맹방들을 전 세계의 여론으로부터 도덕적, 정치적으로 고립시켜왔다는 사실을 아는 미국인은 거의 없다. 나아가 나토가 오랫동안 계획한 핵무기 선제 사용 정책과 트루먼 이후 역대 미국 대통령들이 표명하거나 과시해 보인 핵전쟁 개시 적극성에 대해 규탄하는 유엔 총회 결의안을 채택할 때 회원국 대부분이 사용했던 신랄한 언어에 익숙한 미국인도 거의 없다.

레이건이 미국의 핵 선제 사용 위협을 페르시아만으로까지 대놓고 확대하는 1980년의 카터 독트린을 재천명한 뒤인 1981년 12월 유엔 결의안 36/100, 즉 핵재앙 방지선언이 채택됐다.[42] 그런데 이 결의안은 카터 독트린을 정면으로 반박할 뿐만 아니라 은근히 비난하기까지 했다. 결의안은 전문에서 이렇게 선언했다. "핵무기 선제 사용을 허용하거나 세계를 재앙으로 몰아넣는 행동을 허용하는 선언은 종류 여하를 불문하고 인간의 도덕적 기준 및 유엔의 드높은 이상과 양립할 수 없다."

유엔 결의안 36/100 본문은 다음과 같이 선언한다. "핵무기에 최우선으로 의존하는 국가와 정치인은 인류에 반하는 가장 중대한 범죄를 저지르는 것이다. 핵무기 선제 사용을 결정하는 정치인에게는 그 어떤 합리화나 변명도 용납되지 않을 것이다." 82개국이 이 선언에 찬성표를 던졌다. 미국의 무거운 압력에 못 이겨 41개국은 기권했고, 미국과 이스라엘, 나토 회원국 대부분을 포함한 19개국은 반대했다.

전 세계 국가 대부분이 '인류에 반하는 가장 중대한 범죄'로 규정한 미국 정부의 핵위협 가운데 일부는 카터 독트린의 경우처럼 암묵적으로 미국 대통령의 발언을 두고 말한 것이다. 그런데 미국의 대통령들은 공개적으로 핵경고를 할 때조차도 그 핵위협의 성격과 내용이 무엇인지 밝히는 일이 거의 없었다. 그것을 밝히는 일은 보좌진과 그 밖의 관료들에게 맡겨졌다. 특히 정책 성명이나 그 전개가 '진정 무슨 의미'를 갖는 것인지를 밝히는 것은 언론인들에게 맡겨졌다. 내용을 권위 있게 누설하는 방식으로 말이다. 1981년 1월 카터 정부의 국방장관 해럴드 브라운이 퇴임을 앞두고 가진 인터뷰에서 한 발언이 그 좋은 예다. 당시의 발언에서 브라운 장관은 '3차 세계대전의 위험'이야말로 (1979년 말 아프가니스탄을 침공한) 러시아가 1980년대 내내 이란 북부나 그 외 중동의 다른 지역으로 이동하지 못하게 붙잡아두는 역할을 하게 될 것이라고 말했다. 한 달 뒤 레이건 대통령은 같은 말을 되풀이했는데, 1981년 레이건 행정부가 내보낸 이런 종류의 경고 신호는 그해 말 유엔 결의안 36/100의 채택을 불러왔다.

그러나 레이건과 달리 카터 대통령은 일 년 전 중동 지역을 겨냥한 '독트린'을 발표하는 연두교서에서 그런 표현을 대놓고 사용하진 않았지만, 해당 정책이 지닌 핵요소에 대해서는 충분히 설명하고 넘어갔다. 연설 몇 주 전후로 백악관은 워싱턴 토크쇼와 주요 신문 지면을 이 '독트린'에 대한 배경설명과 공식 대변인들의 설명으로 가득 채워놓았다. 허가받고 정보를 누설한 것도 있었다. 추후 소련이 페르시아만 지역으로 이동할 경우 '군대를 비롯해 필요한 모든 수단을' 사용하겠다는 대통령의 약속은 사실 미국이 전술 핵전쟁을 개시할 수도 있다는 메시지를 담고 있는 것이라고 이 모든 매체가 전했다.

1980년 1월 23일에 카터가 연설한 직후 (나중에 레이건의 고위 관료로 등용되는) ≪뉴욕 타임스≫의 리처드 버트는 펜타곤의 비밀 논문 「이 지역(중동) 군대에 대한 정부 수행의 가장 광범위한 연구」를 볼 기회를 얻었다. 대통령의 경고를 뒷받침해주는 논문이었다. 그가 요약한 대로라면 논문은 "미국 군대는 소련의 이란 북부 진주를 저지할 수 없으며 따라서 그곳에서 갈등이 발생할 경우 '전술' 핵무기 사용을 고려해야 한다"라고 결론짓고 있었다[43](내가 랜드에서 근무할 때인 1959~60년 그곳의 비밀 시뮬레이션 전쟁 게임 또한 정확히 이와 똑같은 결론에 이르렀다는 사실을 나는 똑똑히 기억한다).

문제의 1979년 논문은 펜타곤에서는 '월포위츠Wolfowitz 리포트'로 알려져 있었다[그렇다. 그 폴 D. 월포위츠. 당시 카터 행정부의 국방부 지역 프로그램 담당 차관보로 있다가 나중에 조지 W. 부시 행정부에서 국방부 차관(2001~2005)으로 재직했고, 이라크 침공 때는 이를 기획하고 지휘했던 바로 그 인물]. 소문대로라면 월포위츠의 논문은 '인도양의 선박들에서 발사되는 크루즈 미사일에 전술 핵탄두를 탑재하는 것을' 고려하고 있었다.[44]

번지르르한 말 잔치와 허세, 그리고 군의 분석과 계획, 권고에도 불구하고, 심지어 앞에서 번호를 매겨 일목요연하게 정리한 일람표에도 불구하고 여느 때와 마찬가지로 1980년에도 의문은 여전히 남아 있었다. 즉 러시아인들이, 아니 누구도 미국 대통령이 도전을 받았을 때, 비록 전쟁이 지역에만 한정된 것이라 할지라도 상대편 군대와 더불어 지역 인구까지 절멸시킬 수 있는 위험을 감수하면서까지 핵위협을 정말 실행에 옮길 수 있다고 믿었을까? 미국 대통령이 그런 대량학살을 지시할 수도 있다는 것이 과연 가능한 일인가?

카터의 연설이 끝난 뒤 그의 의중을 국민에게 전달하고 이런 질문에 대답해주는 것은 국무부 공보 담당 차관보 윌리엄 다이스가 하는 공식 업무였다. 버트의 펜타곤 논문 유출 사건이 있고 나서 하루 뒤에 가진 흥미로운 텔레비전 토론회에서 다이스는 다음 질문들에 명쾌하고도 똑 부러지게 대답했다.[45]

> 질문: 핵전쟁에서 우리가 선수 칠 생각은 없는 겁니까?
> 다이스: 네, 없습니다.
> 질문: 어쩌면 우리가 먼저 공세를 취할 수도…….
> 다이스: 그 문제에 대해서는 어떤 논평도 하지 않겠습니다. 하지만 소련 사
>   람들은 역사에서 이 끔찍한 무기가 인간에게 투하된 적이 있으며 투하
>   지시를 내린 사람은 두 번 다 미국 대통령이었다는 사실을 잘 알고 있
>   습니다. 따라서 저들은 판단할 때 이 점을 고려해야 할 것입니다.

정말로 소련 사람들은 그 두 차례의 공격을 생생하게 기억했다. 1945년 8월 6일 이후로 그들은 핵무기를 처음으로 사용한 데는 일본인들 못지않게 자신들에게 겁을 주려는 목적도 갖고 있다고 믿어왔는데, 거기에는 그럴 만한 이유가 충분했다. 그리고 이를 넘어서서 그들은 그 이후의 미국의 핵무기 사용에 대해 사람들이 알고 있는 것보다 더 많이 알고 있었다. (미국의 국민 대중과 달리) 소련인들은 이를 잘 알았다. 미국 관리들이 알려줬고 심지어는 때때로 백악관이 노골적인 핵 위협을 가해왔기 때문이다. 핵공격을 준비하고 있다거나 핵경고가 알려지면 미국 자신이나 동맹국들, 또는 미국 의존국들이 공격 대상이 될 수 있기 때문에 미국은 핵무기 사용문제를 비밀로 취급해왔는데, 그럼에도 백악관은 때때로 핵무기를 사용할 수 있다는 위협을 소련에 가해왔던 것이다.

더욱이 소련인들은 1946년 초에 러시아에 핵공격을 할 수 있는 미국 전략공군 사령부SAC가 창설됐다는 사실을 기억하고 있었다. 그때는 미국 대통령과 군 수뇌부가 소련은 십 년 안에 작전용 핵무기 시스템을 갖출 가능성이 희박하다고 공

공연히 선언한 다음이었다. 나토 창립 초기, SAC의 유일한 사명은 (베를린과 서유럽뿐만 아니라 중동의 석유도 보호하는 차원에서) 소련에 대해 미국이 제1격을 위협하거나 실행하는 것이었다. 다시 말해 SAC의 임무는 미국 또는 그 밖의 지역을 향한 핵 공격을 억지하거나 보복하기 위한 것이 결코 아니었으며, 당시만 해도 이는 물리적으로 불가능했다.

미국의 외교 정책에서 핵이 어떤 비중을 차지하는지 그 숨겨진 진실을 알아야 하는 쪽은 러시아 사람들이 아니라 우리다. 위 일람표의 마지막 세 가지 사례가 보여주고 있듯이 그 비중은 냉전이 끝나고도, 1990년대 이후로도 사라지지 않았다. 물론 20세기에도 끝나지 않았다. 현재 시점으로 눈을 돌려보자. 2005~2006년 퓰리처상 수상에 빛나는 언론인 시모어 허시가 '재래식 핵무기와 전술 핵무기를 모두 사용하는 대규모 대이란 공습에 대비한' 미국의 비상 계획에 대해 쓴 기사가 몇 편 있었다.* 2006년 4월 10일 조지 W. 부시 대통령은 그날 나온 허시의 ≪뉴요커≫ 기사를 '억측'이라고 몰아세웠다. 그러나 2006년 4월 18일 대통령 기자회견장에서 핵계획에 관한 허시의 보고서가 불러일으킨 국제적 관심을 반영하기라도 하듯 다음과 같은 문답이 오갔다.**

기자: 대통령께서는 이란에 대해 언급하실 때, 그리고 어떠한 외교적 노력

---

* 필립 지럴디Philip Giraldi, 「딥 백그라운드Deep Background」, ≪아메리칸 컨서버티브American Conservative≫, 2005년 8월 1일. 시모어 허시Seymour Hersh, 「라스트 스탠드Last Stand」, ≪뉴요커≫, 2006년 4월 10~17일, 그리고 「이란 플랜스」, ≪뉴요커≫, 2006년 7월 10~17일. 지럴디는 전술 핵무기가 강화되거나 지하 깊숙이 있어 재래식 무기로는 들어낼 수 없는 핵무기 개발 장소를 위한 것으로 의심된다고 말했다. 허시는 또한 군 고위급이 계획된 공습의 실행 가능성 및 결과에 회의적이며 합참이 보유한 핵 옵션에 대해서도 강한 반대 의사를 보였다고 보고했다. 그 결과, 2005년 7월 백악관은 "나탄즈에서 이란의 우라늄 농축 계획을 파괴하기 위해 핵 장치의 사용을 포함하는 폭격 계획을 철회했다"라고 보고했다. 전직 정보부 고위 관리는 허시에게 "부시와 체니는 핵계획에 매우 진지했다"라며 "민간인 관료들은 군인들에게 배신감을 느낀다"라고 말했다.
** 스콧 세이건에서 인용한 「선제 사용 금지 사례」, ≪서바이벌 5≫, 3호(2009), 174쪽. 원본 비디오에서 보이는 대로 내가 강조해 덧붙임. 2006년 4월 18일 백악관 공보비서실이 발표한 「부시 대통령은 롭 포트먼을 OMB 국장으로, 수전 슈워브를 USTR로 지명한다」라는 제목의 원본 비디오 참조. 2006~2008년 이란을 언급하며 정치인들이 모든 옵션이라는 문구를 사용했을 때, 이 문구는 '이란과의 직접 협상, 정기적인 외교 관계, 미국의 공격에 대한 보장, 무역 확대 등을 제외한 모든 것'을 의미했다. 오바마는 이란 핵협상으로 그러한 전통을 깨며 이란 협정을 파기하겠다고 위협해온 트럼프를 비난했다. 그리고 북한 및 아마도 이란과 관련해서 이전에 제한되었던 '모든 옵션'의 의미를 재개했다.

을 기울이고 있는지 설명하실 때, 어떤 선택도 가능하다고 말씀하시는데요. 거기에 핵공격 가능성도 포함됩니까? 대통령님의 행정부가 염두에 두고 있는 게 혹시 그거 맞습니까?

대통령: (단호하게) 어떤 선택도 가능합니다.

그때부터 이란의 핵 프로그램에 대한 반응과 관련해 다른 사람들도 그 공식('어떤 선택도 가능하다'는 것―옮긴이)을 사용했는데, 그 공식에서 모호성은 자취를 감췄다. 2008년 대통령 선거 기간에 그 공식을 사용한 사람 가운데는 민주당의 유력한 대권 후보 세 명, 즉 힐러리 클린턴, 버락 오바마, 그리고 존 에드워즈도 포함돼 있었다.* 그리고 2007년 6월 5일 CNN 텔레비전 토론회에 참석한 공화당 후보 아홉 명 가운데 다섯 명, 즉 루돌프 줄리아니, 미트 롬니 주지사, 던컨 헌터 하원의원, 제임스 길모어 버지니아 주지사, 존 매케인 상원의원도 포함돼 있었다.[46]

공화당 후보들이 받은 질문은 "이란이 핵폭탄을 보유하게 되는 사태를 막는 데 필요하다면 이란에 대해 선제 핵공격을 가할 용의가 있느냐?"라는 것이었다. 전술 핵무기와 관련된 질문에 대해서는 어떤 선택도 가능하다는 구호가 되풀이됐다. 아마 이란인들을 제외하고는 아무도 눈치채지 못했을 테지만 이들은 이런 견해를 밝히면서 대통령이 이란과의 '협상'에서 핵무기를 사용하는 것에 찬성하고 있었다.

(쿠치니크를 제외하고) 민주당 후보들도 이러한 핵사용에 찬성했다. 민주당의 가장 유력한 대통령 우승 후보인 힐러리 클린턴은 2007년 8월 경쟁자 버락 오바마가 파키스탄을 공격할 방법을 열거한 선택지에서 핵 대안을 뺐다는 소식을 처음 접하고는 얼굴에 '보일 듯 말 듯 희미한 미소'를 지은 것으로 보도되었다. 그리고 그

---

* 예를 들어, 2007년 1월 이스라엘에서 열린 허즐리야 회의에서 에드워즈는 "이란이 핵무기를 절대 얻지 못하게 하려면, 우리는 모든 옵션을 테이블 위에 두어야 합니다. 다시 한 번 말씀 드리죠. 모든 옵션은 테이블 위에 있어야 합니다." 그의 서면 기록에서 그가 한 말을 강조함. 론 브라이너트, "에드워즈: '이란은 세계가 물러서지 않을 것임을 알아야 한다'," 있는 그대로의 이야기 Raw Story, 2007년 1월 23일.

녀는 자신 있게 상대방의 숨통을 끊어놓을 행동에 들어갔다. 그렇지 않아도 힐러리는 그때까지의 선거전에서 오바마가 대통령직을 감당하기에는 너무 순진하고 경험이 미천하다며 그를 공격하고 있던 차였다. 그리고 그녀는 오바마에 대한 자신의 주장을 뒷받침해주는 증거를 얻은 것이다.

오바마는 AP 기자로부터 만약 테러리즘과 알-카에다 지도자 오사마 빈 라덴을 무찌를 수 있다면 아프가니스탄과 파키스탄에서 핵무기를 사용할 용의나 의사가 있느냐는 질문을 받은 적이 있다. ≪유에스에이 데일리_{USA Daily}≫의 보도에 따르면 오바마는 다음과 같이 대답했다. "어떤 상황에서든 핵무기를 사용한다면 그것은 우리의 큰 실책이 될 겁니다."[47] 그리고 잠시 뜸을 들이고는 "특히 민간인이 관련돼 있을 경우에는 더욱 그렇습니다"라고 말했다. 그는 재빨리 또 이렇게 덧붙였다. "좀 더 자세히 들여다볼까요? 지금까지 핵무기에 관한 토의는 한 번도 없었습니다. 그건 선택지에 포함돼 있지 않았습니다.……" 그 대답이 전술 핵무기의 사용 가능성에도 적용되느냐는 질문에 그는 그렇다고 대답했다(그는 아프가니스탄과 파키스탄을 염두에 두고 있었다. 클린턴과 존 에드워즈처럼 이란의 경우에는 그 역시 선택지에 그 대안을 집어넣고 있었다). AP 기사는 계속 이어졌다.

힐러리 클린턴은 오바마가 가설을 늘어놓고 있을 뿐이라며 동료 상원의원인 그를 꾸짖었다.

"모름지기 대통령이라면 핵무기 사용이나 비사용에 대해 논의할 때는 항상 매우 신중해야 합니다.…… 대통령이라면 핵무기의 사용 또는 비사용과 관련해 성급한 일반론을 펴선 안 된다고 생각합니다."

2007년 힐러리 클린턴은 선두주자였고, 일반적으로 공유된 느낌은 이번 라운드에서는 그녀가 이겼다는 것이었다. 그런 그녀에게 분명한 것은 실제의 대통령 또는 대통령이 될 자격이 있는 사람은 그가 누구든 어떤 경우에도 전술 핵무기를

'사용하지 않을 것'이라고 말해서는 안 된다는 것이었다. 로이터통신은 힐러리 클린턴의 토론회 발언이 "모름지기 대통령이라면 선택지 가운데서 핵카드를 제외하는 짓은 **절대로** 하지 않는다"[48]라는 것을 뜻하는 것이라고 풀이했다.

두말할 필요도 없이 바로 이것이 그녀가 전달하고자 했던 내용이다. 그리고 그것은 핵시대의 미국 대통령이 가야 할 길이며, 지금까지 모두가 그래왔다.

그것은 비단 대통령들뿐만 아니라 의회의 야심 찬 의원들을 비롯해 대통령 자리를 탐내는 대권 도전자들에게도 적용된다. 핵공격을 시작하거나 시작하겠다고 위협하는 것은 미국 대통령이 가진 '합법적인 선택권'이 아니라고 주장한다면 그것은 현재 또는 미래 대통령의 협상력을 약화시키는 것이 될 터이므로 미국에선 어느 당에서도 이런 주장을 펴는 사람을 대선 후보로 내세운 적이 없었다. 그것은 다른 나라의 지도자도 마찬가지일 것이다. 예컨대 러시아의 블라디미르 푸틴도 마찬가지다.

이러한 기록은 가장 최근의 미국 대통령 선거전, 즉 2016년 대선 기간에도 그대로 유지됐다. 당시 도널드 J. 트럼프는 핵 선제 사용 선택권을 거부하지 않겠다(찬성하겠다)고 하여 상당히 비우호적인 논평과 당혹감을 불러온 바 있었다. 2016년 3월 30일 위스콘신 그린베이 지역의 한 공개 토론회에서 크리스 매튜스는 트럼프와 이런 문답을 주고받았다.

> 매튜스: 중동 사람들에게 우리는 그 누구에게도 핵무기를 사용하지 않을 것이라고 말씀하실 수 있습니까?
> 트럼프: 그런 말은 하지 않겠습니다. 내가 쥐고 있는 카드(패) 중 그 어떤 것도 섣불리 내버리는 일(테이블 위에서 치워버리는 일)은 하지 않을 겁니다.[49]
> 매튜스: 유럽은 어떻습니까? 유럽에서도 사용하지 않을 생각이신가요?
> 트럼프: 어떤 카드든 섣불리 내버리는 일은 없을 겁니다.

매튜스: 그렇다면 유럽에서 핵을 사용할 수도 있다는 말씀인가요?

(웃음)

트럼프: 아니오, 그렇진 않습니다. 하지만 카드를 내버리지는 않을 거라는…….

매튜스: 글쎄요, 그냥 이렇게 말씀하시면 되지 않습니까. "나는 유럽에서 핵무기를 사용하지 않겠다."

트럼프: 나는 어떤 카드도 내버릴 생각이 없다니까요.

매튜스: 알겠습니다.

트럼프: 핵을 사용할 생각도 없지만, 어떤 카드가 됐든 섣불리 내버릴 생각도 없습니다.

다른 대담자들과 마찬가지로 이 문제에 대한 매튜스의 집요한 추적은 트럼프 역시 트루먼 이후의 역대 대통령과 똑같은 입장을 취하고 있다는 사실을 보여주고 있었다. 그것은 이런 현실에 대한 무지가 얼마나 광범위하게 퍼져 있는가를 보여주는 것이기도 했다. 그의 정적인 힐러리 클린턴을 비롯해 오랜 세월 각 당의 주요 대선 후보마다 변함없이 견지해온 입장을 트럼프 역시 고수하고 있다는 현실 말이다. 만약 힐러리가 그 자리에 있었더라면 그녀 역시 매튜스의 질문에 트럼프와 똑같이 대답했을 것이다. 2007년에 그녀가 밝혔던 견해를 또다시 되풀이했을 것이다. 대통령 후보든 대통령이든 먼저 타격하지 않겠다고 선언한 경우는 지금까지 단 한 번도 없었다(단, 버락 오바마는 특히 임기 마지막 해에 이 문제에 대한 내부의 진지한 고민을 독려한 유일한 대통령이었지만 국방부, 국무부, 에너지부의 보좌진과 몇몇 가까운 인사들의 반대에 부딪혀 결국 물러서고 말았다[50]).

다른 주요 후보들과 대통령들도 똑같은 입장을 취했지만, 트럼프보다는 덜 불안했다. 트럼프는 선거 캠페인을 할 때만이 아니라 대통령 재임기에도 보기 드물게 변덕스럽고 경박한 데다 일부러 종잡을 수 없는 언행을 일삼아왔다. 그 점은

2016년 3월 크리스 매튜스와 대담을 하는 자리에서 이미 드러났다. 그때 그는 이렇게 말했다. "나는 그 방아쇠를 당기는 데 굉장히 신중할 것입니다." 그러나 곧이어 그는 이렇게 반문했다. "ISIS의 누군가가 우리를 공격한다 해도 당신은 핵무기로 반격하지 않겠다는 겁니까?"

그는 조금 더 말을 이어갔다. "나는 핵무기를 사용할 마지막 사람이 될 겁니다." 그대로 굳어졌을지도 모르는 그 확약은 (믿지 못하겠다는 반응이 많이 나온) 그 바로 앞 문장 때문에 효과가 많이 줄어들었다. "나는 이라크에 반대했습니다." "핵 카드는 테이블에서 내려와야 합니다. 하지만 어쩌면, 어쩌면 사용할 수 있을 때가 오지 않을까요?" 그리고 설령 그게 아니었대도 매튜스의 반응으로 미루어 다음 말은 익히 짐작하고도 남았다. "그렇다면 우리는 대체 뭣 때문에 핵무기를 만들고 있습니까? 어째서 우리는 핵무기를 만드는 걸까요?"

많은 사람이 어떻게 그런 질문을 할 수 있냐며 그를 비웃었지만 실은 아주 좋은 질문이었다. 그런가 하면 버락 오바마로부터 핵무기 프로그램과 함께 1조 달러에 이르는 핵무기를 물려받아 관리해온 트럼프가 그 무기들 중 일부를 사용할 수도 있겠다고 생각한 많은 사람은 몸서리를 치지 않을 수 없었다. '물론' 그는 크리스 매튜스에게 분명히 시사했듯이 핵무기를 사용할 계획을 갖고 있었다. 그는 역대 대통령들이 모두 그랬듯이 핵무기를 사용하고 싶어 한다. '협상' 중에 있을 때, 위협에 직면했을 때, 무력투쟁이 교착상태에 빠져 있을 때, 위기를 맞았을 때, 모욕과 다름없는 도발을 받아 분노를 느끼고 있을 때, 그가 '핵무기'를 사용할지도 모른다는 상대방의 불안을 이용하고 싶을 때 이 카드를 꺼내 들고 싶어 할 것이다. 주어진 상황에서 그가 핵무기를 위협용으로 사용할지, 그렇지 않으면 실제 공격용으로 사용할 것인지는 불확실하며 가능성의 영역으로 남아 있다. 핵시대의 역대 대통령 모두가 그러했던 것처럼 말이다.

트럼프는 매튜스에게 강한 암시를 주었듯이 이렇게 말하기까지 했다. "나는 핵무기를 사용하지 않으려고 한다. 그러나 어떤 카드도 테이블에서 내려놓을 생각이 없다." 물론 이 말 또한 전부는 아니더라도 대부분 협박용이었을 것이다. 위에서 언급한 바 있는 마지막 협상 전략, 즉 자신의 예측 불가능성을 널리 광고하고 활용하는 협상 전략이다.* 충동적이고 변덕스럽고 복수심 강한 성향을 과시함으로써 상대방의 불안감을 고의로 자극하고 높이는 전략이다. 이는 닉슨의 광인 이론을 연상시키기도 하는데, 미국의 이 특이한 대통령이 진짜 미쳤는지도 모른다는 인식이 점점 커지면서 미국과 전 세계 많은 이들의 우려를 사고 있다.[51]

그런 인상을 뒷받침하는 증거는 수두룩하다. 어떤 점에서 그는 일부러 미친 척 연기해왔다. 그렇지 않았다면 그는 대통령이 되지 못했을 것이다. 어쩌면 그는 이미 여우 몰이꾼들의 눈을 피해 꼬리를 감춘 채 잘 버텨내고 있는 것일 수도 있으며, 우리와 우리의 민주주의 또한 그렇게 버텨내고 있는 것인지도 모른다. 아니면 그 반대이거나.

그러나 내가 보기에 분명한 것은 (비단 우리뿐만 아니라) 인류 종말 기계를 만들어 이를 유지하면서 핵무기 선제 사용을 비롯해 그 방아쇠를 당기는 일을 누가 됐든 어느 한 인간의 손에, 더욱 나쁘게는 몇 명인지도 모르는 사람들 손에 맡기는 사회 시스템은 본질적으로 미쳤다는 점이다. 우리는 그런 시스템 속에서 살고 있다. 우리는 제도화된 광기에 사로잡혀 있다.

인간사에서 특별히 새로운 것은 없다. 프리드리히 니체는 그의 책 『선악의 저편Beyond Good and Evil』에서 다음과 같은 경구를 썼다. "광기를 지닌 개인은 드물다. 하지만 집단과 당파에서, 국가와 시대에서 광기는 곧 법칙이다." 현재(트럼프 재임 당시─옮긴이) 우리 미국인들은 백악관에 보기 드문 개인을 두고 있다. 우리의 두 정당과 많은 나라, 그리고 이 시대는 니체의 법을 따르고 있다. 핵시대에 우리 인

---

* 도널드 트럼프는 전략공군사령부의 뒤를 이은 미국 전략사령부가 1995년에 내놓은 "냉전 후 억지력의 본질"을 인용할 수 있을지 모른다; "미국이 적에게 무엇을 할 수 있는지가 너무나 모호하여서, 우리 자신을 너무 합리적이고 냉철하다고 묘사하는 것은 손해를 가져올 수 있다. 일부 요소가 잠재적으로 '통제 불능'으로 보이는 것은 상대방 의사 결정자들의 마음속에 두려움과 의심을 만들고 강화하는 데 도움이 될 수 있다. 이 본질적인 공포심은 억제력으로 작용할 수 있다. 미국의 중대한 이익이 공격당하면 미국이 비이성적인 앙심을 품게 될 수 있다는 점은 우리가 모든 적에게 투영하는 국가적 인격이 되어야 한다." 한스 크리스텐슨이 FOIA에 따라 취득. www.nukestrat.com/us/stratcom/SAGessentials.PDF.

간은—그 가운데서도 핵무기 보유국과 그 동맹국들은—우리 자신과 지구에 사는 모든 생명체를 절멸시킬 수 있는 임박한 위험을 안겨주고 있다는 뜻이다.

핵겨울 연구에서 드러났듯이 무엇보다도 두 핵 초강국의 핵무기 정책이 최후의 결과, 즉 둠스데이(인류 종말의 날)를 피할 수 없도록 위협하고 있다. 핵무기에 대한 미국의 입장은 최근 선거에 나선 주요 후보들의 말을 통해서도 드러났지만 몇 가지 문제에 초점을 맞추어 다시 살펴보기로 한다.

첫째, 미국 정부가 선제 사용 위협의 신빙성을 유지하려 하는 한, 미국은 진정한 의미의 군축 과정에 참여할 수 없을 뿐만 아니라 핵무기의 보유와 사용을 불법화하는 캠페인을 이끌어갈 수도, 참여조차 할 수 없다는 것이다. 러시아를 상대로 선제타격 능력을 유지하거나 '현대화'하는 노력을 계속하는 한 선제타격 위협의 신빙성을 높일지는 모르지만 모든 생명을 위태롭게 하는 위험은 피할 수 없을 것이다. 그리고 지금까지 걸어온 길을 거꾸로 되돌리는 미국의 지도력 없이는 핵무기가 인간에게 미치는 위험을 의미 있는 수준으로 낮추는 것은 불가능하다.

핵전쟁을 일으키는 데 반대하는 광범위한 국제적 합의에 동참함으로써 실질적인 이익을 얻는 것도 시급할 수 있다. 하지만 여기서 주목할 것은 문제가 이런 것 이상의 것이란 점이다. 예컨대 도덕적 현실을 진정으로 다시 이해하는 것이 중요하다. 또한 특정 정부 기관이나 서비스, 정당, 국가 이익 등에 대한 내부자의 집착을 초월하는 인간적 시각과 전망을 다시 회복하는 것 역시 중요하다. 핵무기 사용에 대한 계획과 이에 대한 독트린은 우리가 누구인가를 묻게 한다. 핵무기 제거에 맞서는 반사적 조직적 저항 또한 우리는 누구인가라는 질문을 던지게 한다. 한 나라의 국민으로서, 시민으로서, 하나의 종種으로서의 우리가 과연 무엇인가를 묻게 한다. 우리가 무엇을 해왔고 어떤 위험을 무릅써 왔는지, 우리는 무엇을 할 권리를 갖고 있고 무엇을 해야 할 의무를 지고 있는지, 무엇을 해서는 안 되는지 등의 질문을 던지게 한다.

개인적 의견을 말하자면 나는 흔히 정치적 목적을 위해 비무장 상태의 민간인,

아이들, 노약자 같은 비전투원을 고의로 학살하는 테러리즘을 이유 여하를 불문하고 무조건 비난했던 조지 W. 부시 대통령의 입장을 늘 지지해왔다.[52] 이렇게 보든 저렇게 보든 그러한 입장에는 논란의 여지가 거의 없다. 예컨대 세계무역센터 건물과 그 안에 있던 사람들을 무참하게 폭파해버린 2001년 9월 11일 사건은 당연히 테러 행위로 인식되었고, 전 세계 거의 모든 사람으로부터 대량살인으로 비난받았다.

그러나 그와 대조적으로 미국인 대부분은 도쿄나 드레스덴, 함부르크에서 벌인 미국의 소이탄 폭격이나 히로시마에 대한 원자탄 폭격이 가져온 불폭풍을 정확히 '테러'로 인식한 적이 단 한 번도 없었다. 민간인에 대한 이러한 고의적 학살은 전쟁범죄의 어떤 합리적인 기준으로 보아도 전시 테러였고 인류에 대한 범죄였다. 그럼에도 2차 세계대전이 끝난 후 중국 난징에서 저지른 일본인들의 학살이 처벌받지 않은 것처럼 이런 학살로 처벌받은 사람은 아무도 없었다.

히로시마와 나가사키를 쑥대밭으로 만든 바로 그 폭탄들처럼 앞으로는 인구 조밀 지역에서 터지는 전술 핵무기 단 하나만으로도 비전투원을 수만 명에서 수십만 명 죽일 수 있다. 따라서 어떤 형태를 띠든 핵무기 선제 사용 위협은 사실상의 테러 위협이다. 그런 위협을 일삼는 나라는 너나 할 것 없이 테러 국가다. 이는 미국과 이스라엘을 포함한 모든 동맹국, 그리고 러시아와 파키스탄, 북한 모두 테러 국가라는 뜻이다.

사실 테러리즘이나 범죄라는 개념을 넘어서 확장해나가다 보면 단순히 도덕적 위험으로만 그치는 것이 아니라 도덕적 파국에 이르고 만다. 러시아와 미국은 (나토 동맹국들과 더불어) 여전히 상대방에게 위협을 가하면서 전술 핵무기를 배치하고, '필요할 경우' 상대 핵 초강대국을 공격할 목적으로 핵무기 선제 사용에 필요한 훈련을 실시하고 있다. 그것은 나머지 인류에게도 핵겨울과 생물의 절멸까지도 안길 각오가 돼 있다는 것을 뜻한다. 미국인의 한 사람으로서 말하건대 미국을 위해 그래서는 안 되며, 다른 모든 사람을 위해서도 그렇다.

기본적인 도덕적 자세를 회복해야 한다. 인류의 문명과 지구상의 모든 생명체를 보존하는 방향으로 긴급히 선회하지 않으면 안 된다. 그러기 위해서는 미국 정부가 나서서—대중운동의 압력을 받을 뿐만 아니라, 법적 구속력이 있는 국회 입법의 지원을 받는 대통령, 관료, 의회가 나서서—러시아나 이란, 중국, 북한 그 밖의 어떤 나라에 대해서도 '우리의 협상 테이블에 핵 선제 사용 카드는 없다'라고 결정적인 선언을 해야 한다. 왜냐하면 우리 국민과 정부는 핵무기 선제 사용이 사람을 살육하는 범죄행위라 보기 때문이며, 그것은 어떤 경우에도, 미국이나 러시아 그리고 다른 어떤 나라에도 이익이 되지 않는, 합법적인 올바른 '옵션'(선택)이 아니기 때문이다.

21장 ────
인류 종말 기계(둠스데이 머신) 해체하기

미국 공군은 랜드연구소가 독자적인 연구에 매진할 수 있도록 사실상 완전한 자유를 준 바 있었다. 이런 공군에 보답하는 한 가지 방법은 이따금 공군 내부에서 나온 제안을 평가해달라는 요청이 있을 때 바로 이에 응해주는 것이었다. 1960년 나의 랜드 비서가 공군의 한 제안서를 평가해달라며 내게 하나를 넘겨주었다. 공군 장교 아무개가 작성한 '프로젝트 레트로'라는 제목이 붙은 문건으로, 타이핑된 원본을 여느 때처럼 복사한 것이었다. 그 제안서는 이미 수많은 공군 장교들의 검토를 거친 것이었다. 그래서인지 맨 첫 장에 스탬프가 찍힌 회람용 부전지附箋紙엔 이를 보았다는 체크 표시와 본 사람의 이름을 나타내는 머리글자가 적혀 있었다. 연구, 개발, 기획, 과학 및 과학기술 등의 부서가 이를 보고 어떤 식으로든 작업을 했다는 것을 보여주고 있었다.

랜드 내부에서 회람한다는 부전지도 있었다. 나는 연구소에서 그 문서를 맨 처음 본 사람들 축에 들어가긴 했지만, 확실히 내 분야는 아니었다. 언뜻 공학 분야에 더 가까워 보였다. 하지만 나는 소련의 기습 공격에 취약한 전략공군사령부의 문제점을 잘 알고 있으며, 우리의 공격능력과 보복능력을 끝까지 유지시키는 문제를 열심히 연구하는 사람 가운데 한 명으로 알려져 있었다.

그것은 소련이 ICBM으로 지상에 있는 우리의 미사일들, 주로 미니트맨 미사일들을 공격하여 우리의 보복능력을 제거해버릴 가능성을 다룬 비밀문서였다.

때는 1960년 중반으로 미사일 격차 신화가 등장하기 전이었다. 나는 약 일 년 동안 전임專任 연구원 신분으로 랜드에 근무하면서 정확히 이런 문제들과 씨름하고 있었다.

내가 평가를 요청받은 공군의 제안은 우선 1단계 아틀라스 엔진 1천 개를 거대한 직사각형 모양으로 모아 조립한 후, 이것을 지구의 자전 방향과 반대쪽으로 향하게 하여 땅 위에 수평으로 단단히 고정하는 방법을 제시하고 있었다. 아틀라스 엔진은 타이탄 다음으로 가장 큰 추진력을 가진 로켓으로 당시엔 몇 대 밖에 갖고 있지 않았다.

이 제안서를 작성한 장교는 우리의 탄도미사일 조기경보 체제BMEWS 레이더가 노스다코타와 사우스다코타, 와이오밍, 몬태나, 미주리 등지에 있는 우리의 미사일 기지를 노리고 소련에서 북극을 가로질러 날아오고 있는 대규모의 미사일 탄두 비행대를 탐지해 이를 북미 항공우주 방위사령부의 거대한 관측용 스크린에 보고하면, 아틀라스 엔진 복합체가 그와 거의 동시에 점화되면서 지구의 자전을 순간적으로 멈추게 하는 모습을 상상하고 있었다.

그 결과 소련 미사일은 관성상 정해진 목표물을 우회하거나 아예 그 위로 날아가게 될 터였다. 그렇게 되면 지상에 있는 우리의 보복 공격 능력은 잘 보존될 것이다. 그 후 상황이 안정되고 지구가 다시 정상적으로 회전하기 시작하면 소련의 도시들과 준군사 목표물(미사일은 이미 지하 격납고를 떠난 뒤)을 대상으로 우리의 보복 공격이 수행된다는 것이다.

이 계획의 결점 몇 가지를 찾아내는 데는 군이 지구물리학자일 필요가 없었다. (지구의 자전이 갑자기 멈추면) 우선 엄청나게 많은 물체가 공중을 날아다니게 될 터였다. 실제로 고정해놓지 않은 것들은 물론 잘 붙어 있던 것들까지도 대부분 바람과 함께 사라질 터였고, 바람으로 말하자면 사방에서 동시에 슈퍼 허리케인의 강도로 휘몰아치게 될 터였다. 바닷가와 그 가까이 있는 도시들은 엄청난 바닷물이 육지로 이동하는, 거대한 쓰나미에 휩쓸려 흔적도 없이 사라질 것이었다.

(미국의 보복타격 미사일이 이미 발사됐을 것이므로) 소련이든 미국이든 그 외 지구상의 어느 곳이든 파괴할 게 아무것도 남아 있지 않게 될 것이다. 모든 구조물은 붕괴될 것이고, 사람들은 그 건물 잔해와 뒤섞인 가운데 바람과 물에 휩쓸려 사라져버릴 것이다.

모든 것이 아주 분명해졌다. 처음 든 생각은 '아주 재미있군'이었다. 내가 알기로 그것은 공군의 관료주의에서 유머 감각을 보여준 유일한 종이 쪼가리였다. 게다가 일반적인 공식 기밀문서가 아니라는 힌트도 없이 그야말로 단도직입적이었다.

그리고 나서 공군에서 내려보낸 부전지를 다시 살펴보았다. 정말로 수많은 유관기관의 검토를 거친 듯했다. 부전지의 서명용 네모 칸 절반은 손대지 않은 채 그대로 있었고(어떤 곳엔 회람되지 않았는지도 모른다) 나머지 절반은 받아보았다는 표시가 돼 있었다. 서명란의 머리글자는 저마다 달랐고 그래서인지 더욱더 실감이 났다. 랜드로 넘어오기 직전까지 누구도 회람을 중지시킨 적이 없었다. 비로소 이건 농담이 아니라는 생각이 들었다.

내 책상에 앉아 그 서류를 들여다보면서 스스로에게 처음으로 이렇게 물었던 기억이 난다. "이 일엔 내가 맞지 않는 것 아닌가?"

나는 다른 사람들도 같은 반응을 보이는지 알아보려고 랜드 동료 두 명에게 그 서류를 보여주었다. 둘 다 그 계획에 부정적이었다. 공학자 한 명은 봉투 뒷면에다 대충 계산을 해보고 나서 (랜드 공학자들은 방마다 칠판이 있었지만 말 그대로 종종 이렇게 했다) 몇 분 뒤 이렇게 말했다. "아틀라스 엔진 1천 개로는 부족할 것 같은데요."

물리학자인 또 다른 동료는 이렇게 말했다. "1~2초 동안이라도 지구의 자전을 멈출 만한 힘이라면, 지구 표면은 중심핵으로부터 파열될 수도 있을 겁니다. 지구가 쪼개질지도 모른다고요." 그랬다. 프로젝트 레트로는 '미친 계획'으로 분류될 가능성이 아주 높았다.

그러나 돌아보면 내가 직접 작성한 문건들도 포함해, 국가안보 업무를 처리하면서 내가 읽은 서류 가운데 대부분은 굳이 비교하자면 프로젝트 레트로보다 조금 덜 이상했을 뿐이었다. 참고로 여기서 '이상하다'라는 말은 '제정신이 아니다'의 우회적 표현이다.

사실 프로젝트 레트로만으로도 지구 표면에 있는 인간과 인간의 구조물, 그리고 다른 모든 지구 생명체들을 깨끗하게 청소해버릴 수 있었다. 호수와 바다 깊숙한 곳의 생명체를 말라 죽게 하는 등 지상에 남아 있는 모든 것을 사라지게 할 수 있었다.

나는 곧 핵무기가 가져올 끔찍한 결과에 대한 합동참모본부의 평가를 보게 되었다. 미국의 핵 최초 공격은 어떤 환경에서 실행되든 미국만의 무기로도 몇 달 안에 5억이 넘는 사람들을 죽일 수 있으며, 그중 대부분은 하루나 이틀 만에 사망에 이른다는 것이었다.

정신 이상이라는 말 말고 달리 어떻게 표현할 수 있겠는가? 펜타곤 관료들과 그 부하 직원들이 국가 기관에 들어가 그곳에 길들고 제도화되었기 때문인가? 문제는 바로 거기에 있었다. 그들이 수용된 시설은 이런 광기를 조장할 뿐만 아니라 요구하기까지 한다는 점이다. 그리고 그것은 지금도 변함이 없다. 이와 비슷한 러시아의 시설들에서도 사정은 마찬가지일 것이다.

나를 포함한 랜드 분석가들은 핵전쟁에 대비해 조금이라도 덜 정신 나간 계획을 세워보려고 애썼지만 실패했다. 그 이유는 부분적으로는 우리가 조언해주고 있던 민간인 관료들이 군을 설득하기가 쉽지 않았기 때문이다. 그러나 돌이켜 보면 우리가 제안한 전략들도 그야말로 비현실적이었다. 1961년 전략공군사령부의 자체 계획인 단일통합작전계획(SIOP)-62만큼이나 무모했다. 거의 제정신이 아니었다. 단순히 현재의 전략공군사령부 전쟁 계획을 개선하는 것만으로는 부족했고, 그런 상태에서 우리는 여전히 광기의 포로로 남을 뿐이었다. 전략공군사령부의 전쟁계획 개선은 버나드 브로디에게서 카우프먼으로, 카우프먼에게서 다시 내게로 이어지는 랜드 분석가들의 한 세대에 걸친 비밀 목표였다. 하지만 나의 제안을 비롯해 랜드의 권고안을 전략공군사령부가 실제 핵전쟁에서 그대로 실행했다 하더라도 결국은 지구 전체의 재앙으로 끝나고 말았을 것이다.

여기서 분명히 밝히건대 나는 지금 1961년 봄, 내 손으로 직접 틀을 잡았던 전략과 기획의 광기에 대해 이야기하고 있다. 국방장관 로버트 맥나마라는 나의 초안을 토씨 하나 바꾸지 않고 그대로 채택해 국방부 공식 지침이라는 이름 아래 합동참모본부에 제시했다. 전면적 핵전쟁에 대비한 작전 계획을 수립하는 데 참조하라는 것이었다. 당시 나는 피해를 최소화하기 위해 인구 밀집 지역을 피해 군사 목표물을 공격하는 핵전쟁의 적절성과 필요성에 의문을 갖지 않았다. 전략공군사령부의 전쟁기획자들은 미국의 공격목표가 되는 모스크바 근방과 기타 모든 도시의 '군사 목표물' 수백 곳이 어떤 곳인지 확인하는 데 아무런 문제가 없었다. 그러나 이들 목표물에는 '전쟁 억제'나 '협상', 전쟁 종식, 또는 민간인 사상자 제한 등을 위해, 적의 지휘통제소나 도시에 대한 공격을 '보류한다'는 전쟁 초기 대통령의 결정 같은 것은 무시되고 있었다. 실제로 전쟁이 일어났다면 나의 '압박전' 지침에 따른 미국의 선제공격 또는 보복 공격의 결과나 SIOP-62의 결과나 서로 크게 다르지 않았을 것이다.*

---

* 도시와 모스크바 중앙 지휘부에 대한 '(공격) 보류' 옵션의 틀은 서류상으로 수십 년 동안 유지되었지만, 작전 수준과 영향이라는 측면에서의 현실은 SIOP-62의 것이 그대로 남아 있었고, 이러한 옵션을 완전히 부정했다. 전략공군사령부의 마지막 사령관이자 전략사령부의 초대 사령관인 조지 리 버틀러 장군은 전례 없이 솔직한 회고록을 통해 이를 분명하게 밝히고 있다. 1980년대에 존재했던 기획 과정을 설명하기 위해, 버틀러는 프랭클린 C. 밀러에게 회고록의 일정 지면을 할애했다. 밀러는 7명의 국방부 장관 밑에서 일했고 국가안전보장회의의 국방 정책과 군비 통제 수석 국장을 지냈다. 밀러는 1981년 그가 국방부 장관실OSD의 전략군 정책국장이 되었을 때, 내가 한 세대 전에 발견한 것과 달라지지 않은 상황을 발견했다고 보고했다. 우리가 거론한 첫 번째 문제는 1962년 로버트 맥나마라 국방부 장관이 시카고에서 열린 미국 변호사 협회에서 한 연설에서 시작되었다(카우프만이 작성한 아테네와 앤아버 연설의 초안).

맥나마라는 크렘린궁에 (공격) 자제 신호를 보낼 수도 있으니, 대통령이 특정 소련 도시들에 대한 공격을 남겨둘(보류) 선택권을 가져야 한다고 주장했다. 이것은 공식적 계획에 포함되었다. 아마도 1970년대 어느 시점에, JSTPS(SIOP를 작성한 합동 전략목표 계획참모)의 전쟁 기획자들은(백악관 참모부는 말할 것도 없고 합동 참모진이나 OSD에는 알리지 않은 채) 대통령이 도시 보류 옵션을 포함해 공격을 명령할지라도, 모든 도시를 전멸시키는 방식으로 '도시'를 정의하기로 결정했다.

마찬가지로, (보류) 옵션을 미리 계획할 수 있도록 허용하며 대통령 지침은 '공격 경고 시 발사에 의존하지 말 것'이었지만, 그러한 지침에도 불구하고 우리가 LUA(공격 시 발사, 또는 경고 시 발사) 논쟁에 관여하는 동안, JSTPS가 그들이 엄밀하게 생각하는 군사 문제에 우리가 개입하는 것에 분개했는데, 대통령이 경고 · 공격 시 발사 명령을 내리지 않을 거라고 믿으려는 고위 장교가 없었기 때문이다.

닉슨과 키신저는 1969년 자신들이 사용할 수 있는 '가장 작은' 공격의 즉시 효과로 8천만 명에서 9천만 명에 이르는 사망자가 발생할 것이라는 예측 보고를 처음 접하고 존슨과 맥나마라로부터 물려받은 유산이 무엇인지 알아차렸다.[1] 이러한 예측은 누가 보아도 인구 '그 자체'가 목표가 아니라 할지라도 주요 도시 지역을 모두 불태워버리는 공격을 뜻했다(당시에는 불폭풍이 전 세계적인 핵겨울을 초래하게 될 것이라는 점을 아무도 알지 못했다. 하지만 이는 1960년대뿐만 아니라 1950년대 초에 도시를 공격 대상으로 수많은 원자폭탄을 사용할 수 있게 되면서부터 현실화될 수 있는 것으로 알려지기 시작했다).

닉슨과 키신저가 공직을 떠나고 냉전 기간 내내 포드, 카터, 레이건 행정부의 국방장관과 그 보좌진이 SAC를 압박해 소련과의 전쟁에서 '제한된 핵을 사용'하도록 계획을 세우게 했지만, 그 노력도 보람 없이 예측된 결과와 실제 결과 모두 재앙을 몰고 오기는 마찬가지였다.[2]

내가 됐든 다른 그 누가 됐든 우리의 계획이 SAC가 생각해둔 방식과 규모로 실행될 경우 거의 모든 생명의 절멸이라는 결과에 누구도 책임질 일은 없을 터였다. 책임을 물을 사람 또한 아무도 남아 있지 않을 것이기 때문이다. 그 결과는 우리 인류의 절멸에 가까울 테니 말이다.

끝으로 1989년(베를린 장벽이 무너진 해)에 밀러가 체니 국방부 장관과 SIOP에 대한 브리핑에 동행했을 때, 체니는 "모스크바의 일반 지역을 겨냥하고 있는 수많은 무기에 놀랐다"라고 말했다.

거의 30년 전인 1961~62년에 나는 전략공군사령부의 전쟁계획을 수정하는 데 성공했다. 지난해 환멸을 느끼게 한, 내 경우엔 환상을 깨뜨린, 버틀러의 회고록(이 책은 2016년에 전자책으로 자비 출판되었다)을 읽으면서, 아마도 내가 일반적인 전쟁 준비에 한가지 변화를 가져왔을 것으로 생각했다. 맥나마라는 내 초안을 바탕으로 소련과 무력 충돌이 발발할 경우, 그러한 전쟁에서 중국을 자동 섬멸시키는 대신, '보류 옵션'이 있어야 한다고 지시했다. 그것은 태평양 지구 사령부 계획에 대한 내 지식을 바탕으로 한, 기여였다. 랜드에서 일하며 전략의 다른 모든 요소에 익숙했다. 내가 볼 때, 1961년에 우리가 제안한 다른 어떤 것도 관료문화에서 10년 동안 살아남을 것 같지 않았다. 하지만 그 것만은 내게 잠재적으로 위대한 업적으로 보였다. 워싱턴에 대한 참수 공격이 발생했을 때 중국에서 수억 명의 생명을 구할 수 있었던 것이다! 지금에 와서야 알게 된 핵겨울만 안 일어나면 말이다.

그러나, 작년 버틀러와 밀러의 폭로를 읽은 지 불과 몇 달 뒤인 10월, 전직 전략공군사령부 장교 조엘 돕슨이 내게 보낸 문서를 읽고 깜짝 놀랐다. 조엘 돕슨은 국가보안기록원 웹사이트에서 내가 보지 못했던 1968년 문서를 발견하고 내게 보낸 것이다. 그 문서는 1968년 10월 14일 내각실에서 클라크 클리포드, 딘 러스크, 합참의장 얼 휠러, 월트 로스토, 그리고 린든 존슨 대통령이 회의한 내용을 녹음해 기록한 것이었다. 메모는 원래 일급비밀(대통령만 볼 수 있음)이라는 제목이 달린 한 페이지짜리 기록이었다(몇 차례 항소 끝에 마침내 기밀 해제됨, 2010년 국가안보기록 보관소에 처음 요청한 이후 9년 만에).

현재 우리가 알고 있는 건 이렇다. 미국과 러시아는 각각 인류 종말 기계를 보유하고 있다. 이 기계들은 허먼 칸이 상상했던(또는 스탠리 큐브릭이 묘사했던) 비교적 값싼 시스템이 아니다. 지하 깊숙이 묻힌 채 각자의 영토에서 발사되도록 설계된 탄두를 탑재하고 있으며, 폭발하는 순간 전 세계가 치명적인 낙진을 경험하게 된다. 그러나 그럼에도 불구하고 이에 맞설 대응 시스템도 존재한다.

인류 종말의 날은 이 두 시스템에 달려 있다. 둘 다 여전히 공존을 위태롭게 하는 일촉즉발의 비상경계 상태에 있다. 이 두 시스템에서는 잘못된 오경보나 테러 활동에 의해, 또는 인가를 받지 않은 발사, 자포자기식 확전 결정에 의해 방아쇠가 당겨지기 쉽다. 그 결과 지구상의 생명체란 생명체를 거의 모두 끝장내면서 수십억 명에 이르는 인간 또한 죽게 될 것이다. 이는 국가안보를 위해서는 핵무기가 필요하고 언제든 방아쇠를 당길 수 있는 아슬아슬한 상태를 유지할 필요가 있다고 한, 냉전 시대가 끝난 지 벌써 30년이 지났는데도 여전하다.

미국은 아직도 인류 종말 기계가 필요할까? 러시아는? 그럴 필요가 있었던 적

메모는 다음과 같았다.

클리포드 장군: 대통령이 살해되었거나 발견되지 않을 경우, 핵무기를 방출하라는 지시가 내려져 있다. 이 프로젝트의 코드명은 '진척Furtherance'이다.
우리는 다음 세 가지 주요 변경 사항을 권장한다.
(1) 이전 명령에 따라, 우리가 공격을 받으면, 소련과 중국에 대해 전면적으로 핵 대응하라는 지시가 내려졌다. 그 변화 아래에서 대응은 두 나라 모두가 아니라 둘 중 하나에 해당되었다. 소규모 또는 우발적인 공격이 발생할 수 있다. 우리는 항상 전면 공격하기를 권장하지 않는다. 이렇게 하면 제한적인 대응만 허용될 뿐이다.
(2) 재래식 무기에 의한 공격에 대한 대응은 지금 계획에서처럼 핵이 아닌 재래식일 것이다.
(3) 사전에 지시사항이 적힌 문서는 하나뿐이었다. 이제 두 개의 문서가 있을 것이다.
(4) 우리 모두는 이를 추천한다.
월트 로스토: 우리는 이것이 필수적인 변화라고 생각한다. 이것은 위험했다. 우리는 앞으로 나아가길 추천한다(휠러 장군과 모든 합참은 동의했다).

1968년 10월. 태평양 사령부의 전쟁계획을 처음 본 지 10년이 흐르고, 내가 맥조지 번디에게 보고하고 맥나마라의 서명을 받기 위한 초안(나중에 맥나마라가 합참에 보냄)을 작성하고 난 지 거의 7년이 지났다. 그 초안은 소련과 무력 출동 시 중국에 대한 자동공격을 배제하라는 것이었다. 지난 반세기 동안 내가 알고 있는 바로는, 1968년에 이 '변화'를 국방부 장관이 지시했고, 이 대통령 회의가 있기 7년 전에 전쟁계획으로 구현되었다.

이 있기는 했을까?

인류의 삶에 미치는 핵무기의 명백한 위해를 정당화할 정도로 핵무기가 국가 또는 전 세계의 이익에 조금이라도 이바지하는가?

나는 그저 그럴싸하게 보이려고 이런 질문들을 던지는 게 아니다. 이 질문은 문제를 냉정하고 진지하게 성찰하는 데 도움을 줄 것이다. 이 질문에 대한 대답은 명백해 보이지만 내가 알기로 지금까지 누구도 이야기한 적이 없는 질문이다. 그다음 질문도 있다. 지구상의 그 어떤 국가에게 그런 핵 능력을 보유할 권리가 있느냐는 것이다. 그런 능력을 보유하고 있다는 것만으로도 나머지 모든 나라와 그 주민들, 도시, 나아가 문명 전체의 존속을 위협할 수 있는 권리 말이다.

저자 자신의 일기와 기억에 바탕을 둔 로버트 F. 케네디의 『13일Thirteen Days』은 저자가 1967년 여름과 봄에 작성한 쿠바 미사일 위기의 경위를 기록한 것이다. 1968년 암살당한 탓에 그는 출간 전에 손을 봐서 이 원고를 완성할 수 없었다. 그 회고록을 편집한 시어도어 소렌슨은 책 말미에 다음과 같은 주석을 덧붙였다.

위기와 관련하여 기본적인 도덕적 질문을 둘러싼 논의를 추가하는 것이 케네디 상원의원의 목적이었다.[3] 이 정부에든 그 어느 정부에든 자국민과 인류 전체를 핵 파괴라는 그늘 밑으로 데려갈 도덕적 권리를 부여하는 환경이나 정당한 사유가 만약 있다면 대체 어떤 것일까?

내가 알기로 전직 관료가 현직에 있을 때든 퇴임해서든 비망록을 통해서든, 내부 논의를 통해서든, 회고록을 통해서든 핵무기 문제를 둘러싸고 도덕적 권리에 관한 이런 특별한 질문을 던진 또 다른 사례는 없다. 그러나 일단 이런 식으로 질문이 제기되고 보니 대답하기가 너무 어렵지 않은가?

몇몇 핵무기 보유국들은 핵무기를 지속적으로 보유할 필요가 있고, 또 그것이 바람직하다고 주장하지만, 이렇게 주장하는 것과 초강대국들이 선제공격 무기만

각각 수천 개에 이를 만큼 인류 종말의 날 무기고를 대규모로 유지하는 것은 별개의 문제다. 소규모 핵 억지력을 유지하는 이유를 들 때도 핵무기 보유를 지지하는 이런 주장들이 그럴듯하게 등장한다.

예를 들면 "핵무기를 발명하지 않는 것은 불가능하다"라는 말이 그렇다. 이는 지난 70년 동안 전면적이고 일방적인 폐지 주장을 반박하는 데 효과적인 것으로 널리 인정받아온 논리다. 그렇다, 핵무기 제조법과 발사 시스템에 관한 지식을 아예 없앨 수는 없다. 하지만 인류 종말 기계는 해체할 수 있다. 그리고 그것도 서둘러서 해야 한다. 러시아가 먼저 하도록 기다려야 한다든가 우리와 보조를 맞추어 함께 해야 한다는 주장은 정당화될 수 없다.

이는 미국의 오바마 대통령, 트럼프 그리고 러시아의 푸틴이 추진해온 프로그램과 정반대로 가야 한다는 것을 의미한다.[4] 이들은 선제공격(제1격)의 특성을 더잘 갖춘, 부품을 교체하여 더 '현대화'시킨 '인류 종말 기계'를 전면적으로 다시 구축하려고 했다. 사실 그런 사업은 미국에서든 러시아에서든 군-산-의회 복합체에 돌아가는 보조금을 늘려줄 뿐이다. 물론 그 덕분에 이윤, 일자리, 표, 선거 자금(뇌물) 등이 제공된다. 이런 것들은 좋고 견실하며 전통적인 정치적 보상이 될수는 있겠지만 인류 종말 기계를 유지하거나 재구축하는 것을 정당화할 합법적사유는 될 수 없다.

처음부터 '인류 종말의 날을 불러올 능력'을 획득하겠다는, 분명한 의도를 가지고 시작하는 나라는 없을 것이다. 그리고 그런 기계가 하나 존재한다고 해서 경쟁자나 적도 하나 가져야겠다고 마음먹게 되는 것 또한 아니다. 사실 그런 기계 두 대가 서로를 겨누고 있다는 것은 하나만 존재하는 것보다 각자와 세계에 훨씬 더 위험하다. 기존의 기계 두 대가 해체된다면 처음에 의식적 의도가 없었듯이 그 능력을 재건할 전략적 이유가 영영 없어지게 될 것이다.

반가운 소식은 한 나라에서든 두 나라 모두에서든 인류 종말 기계의 해체는 (정치적, 관료적으로는 대단히 어렵고 복잡하겠지만) 개념의 측면에서나 물리적 조작의 측면에서나 비교적 간단할 것이라는 점이다. 작정하면 일 년 안에 빨리, 쉽게 해결할 수 있을 것이다. 물론 제도적 저항이 강할 것이다. 인류 종말 기계를 해체한다는 것은 핵무기가 해결할 수 있다고 보는, 실현 불가능한 목표와 핵무기가 가졌다는 환상적인 능력을 포기하는 것이다. 특히 지상에 있는 적의 미사일 기지와 그 지휘본부 및 통신본부, 그리고 지도자들(참수)에 대해 선제타격(제1격)을 가함으로써 미국이(또는 러시아가) 입을 피해를 제한할 수 있다는 생각을 버리는 것이다. 선제공격 목표에는 이 밖에도 기타 모든 군사적 목표들, 전쟁지원물자, 도시산업센터, 수송, 에너지 저장시설도 포함될 수 있다.

다시 말해 우리의 전략적 핵전쟁에서 목표물을 공격하는 데 필요한 현재의 전략과 기준을 전면적으로 폐기하고 이런 목표와 계획을 실행하기 위해 배치한 병력 대부분을 처분해야 할 것이다. 이는 육지에 배치한 미사일 병력(미니트맨 미사일) 전체, 전략 핵폭격기의 대부분 또는 전체, 현재 열네 척인 트라이던트 잠수함 대부분, 기존의 트라이던트의 잠수함 발사 탄도 미사일SLBM에 탑재된 탄두 대부분을 처분해야 한다는 것을 의미한다.

실제로 불과 50년 전에도 위의 모든 항목들(핵무기와 지원 시설들)을 해체해야 할 마땅하고도 강력한 이유가 있었다. 미국이 입을 '피해를 제한'하기 위해 소련의 대규모 지하 미사일 격납고 및 잠수함 발사 미사일 병력에 대해 공격을 가할 수 있다는 생각이 망상이고 착각이었다는 게 드러났을 때였다. 핵겨울을 촉발할지도 모른다는 위험이 아직 알려지기 전인데도 그러했다.

그러나 오늘날에는 그러한 인식이 광범위하게 확대되면서 개인, 기관, 국가에 그런 핵 능력과 예정된 '옵션'을 당장 해체하라고 강력하게 요구하고 있다.

미국이나 러시아가 상대방을 향해 핵겨울과 인간의 절멸을 가져올 현재의 전략적 비상 계획을 실행에 옮길 가능성이 아무리 낮다고 하더라도 현재와 같은 형태의 인류 종말 기계가 존재하는 한 그 가능성이 아예 제로(0)가 되지는 않을 것이다.

왜 0이 아닌 다른 숫자가 허용되어야 하나? 다행히 0이 될 수 있는데도 말이다. 헌법 원리에 부합하는 행정적 결정만으로도 주된 위험을 제거할 수 있다. 하지만 그러려면 현실적으로나 정치적으로나 의회와 국민 대중, 나아가 군산 복합체의 상당한 지원이 있어야 할 것이다. 물론 후자는 마지못해 따라올 테지만. 전임자에 비해 도널드 J. 트럼프는 헌법의 허용 범위를 벗어나는 한이 있어도 대통령의 권력을 더 많이 사용하려는 의지가 훨씬 강해 보이나, 그가 그 권력을 이쪽 방향으로 사용할 가능성은 거의 없으며, 지금(2017년—옮긴이)은 탄핵 이야기가 나오기 전보다 그 가능성이 훨씬 더 줄어든 상태다. 이는 푸틴도 마찬가지일 것으로 보인다. 그럼에도 두 초강대국 모두에 해당되는 진실이 있다. 즉 미국이나 러시아가 어느 일방이든 아니면 쌍방 모두든(물론 후자가 바람직할 테지만) 굳이 전면적 핵 군축이나 핵 억지력의 포기까지 가지 않고도 인류 종말의 날이 닥치는 위험을 제거할 수 있다는 점이다.

이와 대조적으로 한 도시가 일 년 뒤나 십 년 뒤에 (아마도 테러리스트가 쏘아 올린) 단 한 발의 핵무기에 의해 파괴될 위험은 불행히도 0으로 줄일 수 없다. 그러나 지난 60년 동안 계속 제기돼온 인류의 절멸 위험은 미국과 러시아가 보유하고 있는 기존의 무기 대부분을 해체하면 0으로 줄일 수 있다.

인류 종말 기계를 해체한다고 해서 핵무기 전면 폐기와 같은 좀 더 야심 차고 불가피한 장기적인 목표가 사라지는 것은 아니다. 우리는 '예측 가능한 미래'를 위해 핵무기의 폐기가 배제되어야 한다거나 몇 세대에 걸쳐 연기되어야 한다는 결론을 받아들일 수 없다. 그런 조치 없이는 진정으로 장기적인 인간의 미래는 없을 것이다. 특히 대도시들이 핵무기와 언제까지나 공존할 수 있다고 믿는 것은 현실적이라기보다 순진한 쪽에 가까워 보인다. 4천 년 전 (메소포타미아 이라크에서) 모습을 드러낸 인간의 문명이 앞으로 1, 2세기 뒤에 사라진다면 이를 막을 실질적 방법을 모색해야 한다.

따라서 핵무기 보유국들은 핵무기를 보유하지 않은 국가들이 50년 가까이 천

명해오고 있는데도 모르는 척 부정해온 현실, 즉 결국에 핵무기의 효과적 비확산은 핵군축과 불가피하게 연계돼 있다는 점을 빨리 인정해야 한다. 궁극적으로 머지않아, 모든 나라가 핵무기를 무기한 보유하면서 그것으로 다른 나라들을 위협하는 권리를 포기하든지, 아니면 모든 나라가 핵무기를 가질 권리를 주장하는 가운데 핵무기 보유와 사용이 널리 만연해지도록 허용하든지 둘 중 하나가 될 것이다.

핵무기 폐기는 단계적으로 이루어져야 한다. 하지만 가까운 미래에 확산이 방지된다면, 진정한 책무는 핵무기 사용과 보유를 전면 금지하고 제거하는 것이기에 국제 사회의 지배적 목표로서 우리는 그것을 더는 미루거나 얼버무려서는 안 될 것이다. 우리는 핵무기 0의 세계를 실현해줄 환경을 조성하는 노력을 지금 당장 시작해야 한다.[5] 그런 점에서 핵무기 보유국들과 그 동맹국들이 미국의 주도 아래 핵무기금지 조약에 참가하기 위한 유엔의 협상에 참가하기를 거부했다는 것은 심히 개탄스러운 일이다. 이것은 이 나라들이 2017년 7월 7일 핵무기금지 조약을 채택한 120여 개 나라와 함께할 준비가 되어 있지 않다는 것을 뜻한다.[6]

그러나 내가 여기서 제안하고 있는 것은 인간의 생존을 파멸로 내모는 임박하고 지속적인 위협을 가능한 한 빨리 막기 위해 단기 프로그램을 운용하는 것이며, 이를 위해 국제적 지원을 동원하는 것이다. 이 프로그램의 논리는 비교적 이해하기 쉽다. 위험을 줄이기 위해 해야 하는 일 또한 단계별로 알기 쉽게 제시돼 있다.

미국과 러시아의 전면전 가능성은 전 세계에 핵겨울을 불러올지 모를 위험이다. 냉전이 끝난 뒤로 인류의 전멸을 초래하게 될 가장 큰 위험은 아마도 (양쪽에서 반복해서 발생해온) 전자장비와 관련된 오경보 때문에 일어나는 어느 한쪽의 선제공격일 수 있다. 또는 (이전의 사건 회수에 비추어 가능성은 희박하지만 실제로 일어났던) 우발적 폭발도 그 하나일 것이다.* 그리고 워싱턴이나 모스크바에서 핵폭발을 일으킬

---

* 에릭 슐로서는 1980년 12월 18일 아칸소주 다마스쿠스에서 일어난 타이탄 2호 사고에 대한 뛰어난 조사를 통해,

수 있는 능력을 지닌 종말론적 테러 단체가 촉발하는 공격의 위험도 무시할 수 없다.

오경보 또는 워싱턴이나 모스크바에 대한 테러 공격은 선제 핵공격으로 이어질 것이다. 그런데 이 선제공격의 위험은 양쪽 모두가 보유하고 있는 육지에 배치된 미사일 병력과 밀접하게 연결돼 있다. 이들 병력은 상대방의 공격에 취약하다 보니 항시 높은 경계 상태를 유지하면서 경보가 울리면 몇 분 내로 발사할 준비를 갖추고 있다.

그러한 위험과 나아가서는 전면적 핵전쟁의 위험을 줄이는 가장 쉽고 가장 **빠**른 방법은 미국의 핵 '트라이어드'(3원 전략 핵전력. 지상 발사 탄도탄, 잠수함 발사 탄도탄, 장거리 폭격기로 이루지는 전략 핵 억지력―옮긴이) 중 (현재 '재정비' 일정이 잡혀 있는*) 육지 기반 미사일인 미니트맨Ⅲ를 (단지 경계경보상태를 해제하는 것만이 아니라**) 완전히 해체하는 것이다. 미 국방부 장관 출신의 윌리엄 페리William Perry는 전략사령부 사령관이자 합참 부의장을 지낸 제임스 E. 카트라이트와 마찬가지로 정확히 그렇게 (완전 해체) 해야 한다고 주장했다.[7] 두 번째 단계는 트라이던트 잠수함에 탑재하는 탄도미사일SLBM 병력을 감축함으로써 러시아의 육지 기반 미사일 병력을 파괴하는 능력을 포기하도록 하는 것이다(러시아는 미국보다 더 지상에 배치한 미사일 병력에

이 사건이 핵폭발로 귀결되어 전면전을 촉발할 수도 있었다는 것을 밝히고 있다. 에릭 슐로서, 『지휘와 통제: 핵무기, 다마스쿠스 사고, 그리고 안전에 대한 환상』(뉴욕: 펭귄, 2013). 또한, 밀턴 레이텐베르크, 「핵무기와 핵무기 전달 시스템의 사고」, 『1968~69 SIPRI 연감』(스톡홀름: 알름크비스트 & 빅셀, 1969), 259~270쪽, 그리고 밀턴 레이텐베르크, 「핵무기 시스템의 사고들」, 『세계 군비 및 군비 축소, 1977 연감』(케임브리지, 매사추세츠: MIT 출판부, 1977), 52~82쪽 참고. 「모든 핵 유도 미사일은 '일어나기를 기다리는 사고'」, 2013년 10월 7일에 게시된 국가안보 자료실 전자 브리핑북 442호, 윌리엄 버 편집, nsarchive2.gwu.edu/nukevault/ebb442/ 참고.

* 미 국방부가 지난주 발표한 다른 계약들은 지하 사일로 있는 노후화된 400기의 대륙간탄도미사일 미니트맨의 교체에 관한 것이다. 6억 7천7백만 달러 계약의 승자인 보잉과 노스럽그러먼이 대체 병력에 대한 계획을 세울 것이다. …… 빌 클린턴 대통령 시절 국방장관이었던 페리는 이 미사일을 냉전의 값비싼 유물이라고 부르며 미국이 이 지상 기반 병력을 안전하게 단계적으로 감축할 수 있다고 주장했다. 그러나 트럼프 행정부는 지상 기반 시스템을 고수하고 그것에 많은 투자를 하기로 결심한 것으로 보인다. 미니트맨 미사일을 교체하고 지휘통제 시스템을 다시 만드는 데 드는 비용은 약 천억 달러로 추산된다. 생어와 브로드, 「미국, 위험에도 불구하고 핵무기 정비」.

** 5년 전 데이비드 크리거와 나는 미니트맨 Ⅲ의 임박한 시험 비행에 항의하다가 밴덴버그 공군 기지에서 다른 13명과 함께 체포된 뒤, 그 이유를 설명하며 촉구했다(이번이 처음이 아니었다). 데이비드 크리거와 대니얼 엘스버그, 「서울 너머의 핵 안보를 위해(핵 안보 정상회의), 육지 기반 '인류 종말' 미사일 근절」, ≪크리스찬 사이언스 모니터≫, 2012년 3월 17일. ellsberg.net 참조.

의존하고 있다). 미국이 먼저 미니트맨 격납고와 통제 센터를 해체함으로써 러시아가 그런 병력을 우선으로 노릴 수밖에 없는 환경을 아예 없애버린다면 러시아가 (미국의 SLBM에 파괴되는 것을 막기 위해) 경보 발령 즉시 ICBM을 발사할 이유가 사라질 터였다. 그 결과 '경보 즉시 발사'는 더는 어느 쪽에서도 합리적인 전략으로 받아들여지지 않을 것이다.

위의 제안들은 현재 서로 반목하고 있는 인도와 파키스탄의 취약한 핵병력에도 똑같이 적용될 수 있다. 이 경우에도 상호 발사는 미국과 러시아의 핵전쟁이 몰고 올 전면적 핵겨울의 약 절반 규모에 해당하는 전 세계적 재앙으로 이어질 가능성이 크다. 이들 나라에서 지금도 확대되고 '현대화'되는 이런 핵병력을 감축하고 일촉즉발의 비상 상태에 돌입하는 일을 미연에 막는 것은 서로 대치 중인 초강대국의 핵병력 문제 못지않게 전 세계의 지대한 관심사가 되고 있다.

초강대국과 기타 핵보유국들이 마음만 먹는다면 이런 조치들을 비교적 간단하게 취할 수 있지 않느냐고 말한다면 이는 지난 65년 동안 우리 전략군의 증강을 이끌어온 독트린과 전략을 근본적으로 바꾸는 게 얼마나 어려운 일인지 모르고 하는 소리다. 대중이 알고 있는 것과 달리 그러한 전략은 미국에 대한 핵공격을 억지하는 문제와는 상관이 없고, 오히려 제1격 능력의 향상이라는 망상과 상관이 있다. 구체적으로 말하면 이는 재래식 전쟁, 또는 제한적 핵전쟁이 확대되는 상황에서 임박한 적의 공격을 알리는 경보가 울려 미국이 소련(러시아)의 핵능력에 선제 공격을 감행할 경우 미국이 입게 될 '피해를 제한'하려는 목표와 상관이 있는 것이다.

이미 지적했듯이 대규모 핵전쟁에서 미국이 입게 될 피해를 제한하거나 핵보유국과 그런 전쟁을 제한한다는 목표는 본질적으로 사기다. 특히 소련이 잠수함 발 탄도미사일SLBM과 대규모의 철통같은 대륙간탄도미사일ICBM 병력을 획득한 이래로 50년 가까이 달성 불가능하다는 것이 드러났는데도 그러한 전략은 여전히 유효한 것으로 통하고 있다. 설령 먼저 공격한다 해도 소련(러시아)의 보복으로 인한 폭발, 열기, 방사능, 낙진 때문에 미국 사회가 초토화되는 것을 막지 못하기는 마찬가지일 것이다.

(소련의 보복은 제쳐놓고라도) 이제 순전히 우리 미국의 공격으로 인해 불타는 도시들이 일으키게 될 핵겨울이라는 현상에 비추어 볼 때 어느 쪽이든 제1격을 통해 '피해를 제한'하는 것이 자살 행위보다는 낫지 않으냐고 할지 모르나, 이런 핑계는 더는 설 자리가 없다. 앨런 로복과 브라이언 툰이 지적했듯이 그것은 너무나 '자명한 파괴self-Assured Destruction, SAD', 다시 말해 모든 생물의 절멸을 초래할 뿐이다.[8] 여기서 내가 설명하고 있는 변화들은 초강대국이 1차든 2차든 핵무기로 상대방을 공격함으로써 누군가에게 또는 모든 사람에게 돌아갈 피해를 제한할 수 있다는 가식과 가식을 유지함으로써 지금껏 누려온 정치적 이익 및 동맹의 이점을 포기하는 것을 의미한다.

미국 핵무기의 유일한 목적은 미국과 그 동맹국들에 대한 핵공격을 억지하는 것이 돼야 한다. 그 유일한 목적을 달성하려면 몇 세대 전에 해체했어야 마땅한 SLBM과 ICBM들을 지금이라도 해체함으로써 미국 핵무기의 숫자를 근본적으로 줄여야 한다. 물론 그렇게 한다고 해서 핵전쟁의 위험을 완전히 제거하지는 못하겠지만 적어도 핵겨울의 위험은 없앨 수 있을 것이다.

최근 들어 과학자들이 30년 전에 제기된 핵겨울 '가설'이 사실임을 확증하면서 기존의 우리의 핵전쟁 계획이 무엇을 뜻하는지 그 의미가 속속 수면 위로 드러나고 있지만, 안타깝게도 이에 대한 각성은 여전히 거의 없는 실정이다. 물론 이런 계획들은 여전히 일급기밀로 남아 있다.

더 권위 있는 확인 없이는, 나의 판단이 변화를 추구하는 광범위하고 다급한 운동에 동기를 부여할 만큼 충분한 신뢰를 얻으리라고는 기대하지 않는다. 그러므로 핵무기 보유국과 핵무기를 갖지 않은 나라의 의회와 기타 입법 기관들로 하여금 내가 미국과 전 세계에서 제기해온 질문과 쟁점들을 '조사하도록' 고무적인 압력을 가하는 것이 나에겐 무엇보다 중요하다. 잠재적인 내부 고발자들과 증인들에게도 그런 압력이 가해져야 하며, 이 책의 독자들도 그렇게 해주기를 바란다.

어쨌든 (미국의 입법 기관을 비롯해) 이들 입법 기관 중 어느 곳도 핵공격이 무엇을 목표로 하는지 한 번도 그 진실을 제대로 물어본 적이 없으며, 국지전이든 전면전이든 핵전쟁이 가져올 예상 결과에 대해서도 제대로 들어본 적이 없다.[9]

미국 의회는 최근 확증된 핵겨울 관련 연구결과를 가지고 우리의 비밀 전쟁계획이 갖고 있는 현실을 성찰해야 했는데도 이를 검증하는 의무를 오랫동안 게을리해왔다. 미국 의회는 미국 과학 아카데미National Academy of Sciences, NAS의 도움과 권위를 빌려 목표물을 겨냥한 실제 핵무기의 배치, 폭발의 위력, 폭발의 고도, 폭발 횟수 등에 관한 기밀정보를 가지고 우리의 비밀전쟁계획을 다시 검토했어야 했다. 그와 같은 기초 위에서 의회와 NAS는 그러한 계획에서 상정하고 있는 다양한 '옵션들'을 실행했을 때 인간과 환경에 미치는 결과를 조사할 수 있으며 또한 조사해야 한다.

그러나 과거의 경험에 비춰볼 때 미국의 시민들이 새로운 차원의 압력을 가하지 않는 한, 의회는 소환 권한을 발동하여 비밀주의라는 커튼을 뚫고 들어가는 조사 청문회를 열지 않을 게 틀림없다. 그러한 압력을 가하도록 분위기를 띄우는 것이 이 책의 주된 목적이다. 하지만 그러려면 여론의 분위기와 사안의 우선순위에서 큰 변화가 있어야 하며, 그러한 압력이 효과를 거두려면 현재와 같은 의회 구성이 대폭 바뀌어야 한다.

지난 50년 동안의 내 경험은 대중의 의식 변화와 그에 따른 의회에 대한 압력은 애국심 강하고 용기 있는 내부 고발자의 폭로 없이는 일어나지 않을 것이라고 말해준다. 오래전부터 우리에게는 미국과 러시아뿐만 아니라 기타 핵보유국들의 핵정책과 준비, 핵위협, 의사 결정 등의 주제에 대한 제2의 '펜타곤 페이퍼'가 필요했다.

나는 반세기 전 당연히 그렇게 할 수 있었는데도 불구하고 비밀에 가려진 핵무기의 위험에 관한 광범위한 자료들을 미국의 의회에, 미국의 대중에게, 나아가 전 세계에 알리지 않은 것을 깊이 후회한다. 치명적일 만큼 무모한 비밀 정책의 위험을 전 세계에 알리기 위해 당시 내가 할 수 있었던 것보다 더 많은 것을 할 수 있는 위치에 있는 오늘의 핵무기 보유국 국민들은 나와 다른 사람들이 범했던 침묵을 경계 삼아 더 잘해야 한다고 생각한다.

나는 그들에게 이렇게 말하고 싶다. 내가 한 대로 하지 마십시오. 자료를 갖고 있으면서도 대중과 입법부에 진실을 밝힐지 말지 눈치 보며 기다리지 마시오. 그러다 (나처럼) 정보 접근권을 잃게 되더라도 그렇게 하지 마십시오. 무엇보다도 한 전직 국무장관의 악명 높은 말을 약간 바꿔서 이렇게 말하고 싶다. 즉 당신네 나라의 무모한 핵위협과 정책이 가져올 위험의 '결정적 증거'가 버섯구름(핵폭발이 일으킨 버섯구름—옮긴이)으로 바뀔 때까지 기다리지 마십시오.

미국과 다른 핵무기 보유 국가들의 의회를 통해 중요한 사실들이 폭로되고 그에 상응하는 조사 활동이 이루어져 수많은 사람이 비밀에 싸인 오늘의 현실을 새롭게 인식하게 된다면, 모든 생명을 절멸시킬 위험을 불사하며 핵위협의 필요성과 '정당성'을 옹호해온 지금까지의 지배적인 여론은 절대 살아남을 수 없게 될 것이다. 나는 그런 희망을 품는 것이 합리적이라고 생각한다. 어떤 이해관계도, 어떤 명분도, 원칙도, 동맹 관계 속에서 누리는 명예도, 의무도, 위신도, 리더십의 유지도, 그보다 작게는 공직에 계속 남아 있으려는 욕망도, 특별한 권력 구조의 유지도, 어떤 이익도, 유권자의 표도, 그 어떤 것도 지구상의 인간과 다른 생명을 절멸시킬 위험이 계속되도록 정당화시킬 이유는 될 수 없다. 나는 그것이 모두가 인정하는 공통의 인식이 되어야 한다고 생각한다.

단호하게 말하건대 모든 생명의 절멸은—이를 위협하는 것이든, 준비하는 것이든, 실행하는 것이든—정당성이 없는 불법적이고 용납할 수 없는 것이다. 국가 정책의 수단이 될 수 없는 것이다. 그것은 그 무엇보다도 나쁜 범죄이며 부도덕하며 사악한 것이다. 최근의 과학적 연구 결과에 비춰보면, 전 세계의 대중은 물론이고 그 지도자들마저 두 초강대국의 핵전쟁 계획, 핵전쟁을 대하는 자세,

준비, 그리고 핵위협 그 자체에 이미 큰 위험이 내재해 있다는 것을 아직도 온전히 인식하지 못하고 있다. 있을 수 없는 일이다. 이러한 상황은 반드시 바뀌어야 하며, 그것도 당장 바뀌어야 한다.

앞에서 내가 제시한 조치들은 핵무기와 핵위협의 비합법화라는 최종 목표를 향한 시작일 뿐이다. 그러나 그 어떤 변화도 사태의 심각성을 잘 알고 적절한 경각심을 가진 깨어 있는 대중 없이는 이루어질 수 없다. 핵전쟁에 대한 공포와 불안, 혐오와 불신을 가지면서 고도의 새로운 질서를 원하며 핵무기를 시급히 제거해야 한다는 결의를 가진 그런 대중이 있어야 한다.

하지만 반핵에 대한 대중의 반응들은 핵무기의 현실이 드러나고 그에 대한 논의가 전개될 때마다 유사 아카데미 논조의 탁상공론 때문에 억눌려왔다. 핵무기에 관한 결정과 행동이 어떤 성격을 지니고 있으며, 어떤 결과를 가져왔는지에 대한 적절한 평가도 없었다. 지금까지 핵무기에 대한 계획이 어떻게 수립되고 실행됐는지, 그리고 그 이면의 행정적 또는 정치적 이유가 무엇인지를 둘러싼 논의는 '객관적'이란 이름으로 평가를 배제하는 담론에 의해 밀려날 수밖에 없었던 것이다. 그 결과 어쩌다 지나간 현실의 몇몇 내용이 폭로되는 경우가 있어도 정치적으로 적절한 반응을 일으키는 것은 좀처럼 찾아보기 어려웠다.

더욱이 반핵 활동가들의 경고와 요구는 주류 언론과 정계와 학계의 논의에서 합리적이기보다는 비전문적이고 감정적인 견해로 취급되어 거의 완전히 무시돼왔다. 그리하여 합리적이고 책임 있는 정책을 수립하는 데 필요한 복합적인 사고나 도덕적인 쟁점을 검토하는 데 의미 있는 영향을 주지 못했다.

과거나 현재의 핵정책을 둘러싼 일반적 논의와 분석에서 주목해야 할 것이 있다. 그것은 그 논의가 어이없을 만큼 제정신이 아닌, 비도덕적인 수준에서 이루어져왔다는 것을 인정하지 않는다는 것이다. 거의 헤아릴 수도, 상상할 수도 없는 핵무기의 파괴성과 고의적인 살육, 공개된 목표물이든 아니든 모든 위험에 눈을 감은 무차별적인 파괴, 핵전쟁이 일어나더라도 미국과 그 동맹국들의 피해는 제한해주고 미국에 '승리'를 안겨줄 수 있다는 실현 불가능한 목표 등을 무시하고 있다는 것이다. 법, 정의에 관한 일반인의 생각을 일거에 박살 내버릴 정도의 범죄성을 지닌 채 어떠한 지혜도 없이 무자비하게 죄와 악을 추구하고 있다는 것이다.

그런데 우리가 알아야 할 것이 있다. 우리 보통 사람들이 이해할 만하면서도 이해할 수 없게 하는 것, 불가사의한 것이 있다. 그것은 이 괴물 같은 기계, 즉 인류 종말 기계가 다름 아닌 우리가 생각하는 것과 거의 차이가 없는 인간들, 다시 말해 우리보다 더 착하지도 더 나쁘지도 않은 그저 그런 보통 사람들에 의해 창조되고 유지되고 정치적으로 이용되고 있다는 사실이다. 의학적으로도, 신화적인 면에서도 괴물이 '아닌' 인간에 의해 만들어지고 운용되어왔다.

이 특별한 과정과 그 과정이 지구상의 모든 생물에게 줄 수 있는 위험은 인간이라는 종이 얼마나 최악으로 치달을 수 있는지를 보여준다. 보통 사람들이, 보통의 지도자들이 내가 말하고 있는 바로 그런 종류의 위험을 만들어내고 용인해왔다는 것을 우리는 이해하고 받아들일 수 있을까? '정상인'이라면 누구나 이렇게 말하고 싶을 것이다. "아니! 그렇게까지 악랄할 리가 없어!"("그리고 설사 과거에 그런 적이 있었다 하더라도 계속 그럴 수는 없지. 지금은 그럴 리가 없어, 적어도 우리나라에서는").

우리 인간은 거의 보편적으로 인간이라는 종에 대해 잘못된 자아상을 가지고 있다. 우리는 무시무시하고 사악한 정책은 괴물이나 악랄한 사람들, 일탈이 심하거나 의학적으로 '정신 장애가 있는' 사람들, 다시 말해 '우리'와 다른 사람들에 의해서만 기획되고, 지시, 수행된다고 생각한다. 그것은 순전히 착각일 뿐이다. 인간이라는 존재에 지속적인 핵위협을 가해온 사람들은 정상적인 보통의 정치인, 분석가, 군 전략가들이다. 나는 '악의 평범성'이라는 한나 아렌트의 논란 많은 개념이야말로 그들에게, 그리고 그 부하들에게 적용돼야 한다고 생각한다. 다만 '악행의 평범성, 악인 대부분의 평범성'으로 고쳐 말하는 편이 훨씬 낫지 않을까 싶다.

우리 미국인들은 최근 몇 년 동안 인간이 만들어낸 재앙을 많이 보아왔다. 정부나 기업의 무모함이 우리 대중이 쉽게 상상하거나 이해할 수 있는 범위를 훨씬 넘어서서 의식적이고 고의로 인재人災를 만들어내는 것을 수없이 보아왔다. 무엇보다도 이라크 침공과 아프가니스탄 점령을 비롯해 허리케인 카트리나에 대한 준비 또는 대응 실패, 멕시코만 석유 유출 사건, 수백만 명에게 피해를 준 금융 재앙, 저축대부업자들의 스캔들, 인터넷 및 주택업계의 거품 현상, 사기 범죄, 은행 및 투자 시스템의 붕괴 등등이 그 사례들이다.

도널드 트럼프 재임기의 끔찍한 의사 결정으로 인해 이런 재앙의 징후들은 더욱 늘어날 것으로 예상되는데, 이러한 정치적, 사회적, 도덕적 실패 사례들을 자세히 들여다보면 내가 제시한 기본적인 명제들이 옳다는 것을 믿게 될 것이다. 언제나 분별없고 근시안적이며 무모한 의사 결정을 되풀이하고, 이를 감추려는 거짓말이 핵시대 내내 상상 불허의 파멸을 무릅쓴 미국 정부의 핵계획 수립과 핵위협과 준비를 특징지어왔다는 사실을 받아들이지 않을 수 없을 것이다.

(현재의 대통령은 말할 것도 없고) 현재의 공화당에 좌지우지되는 현재의 의회에 내가 위에서 제시했고 지금 여기에 제안하는 다음과 같은 요구 사항 중 어느 하나에라도 반응하기를 기대하는 것은 그야말로 비현실적일 것이라는 것을 나는 잘 알고 있다. 이 문제에 관해서라면 지금의 의회가 지난 세대에 우리가 보아왔던 민주당 지배로 돌아간다고 해도 다를 것이 없다.

- 미국의 핵무기 선제 사용 포기 정책
- 핵겨울에 비추어 우리의 전쟁 계획을 자세히 살펴보는 조사 청문회 개최
- 우리의 ICBM 제거
- 우리의 제1격에 의해 선제적으로 피해를 제한할 수 있다는 망상의 포기
- 그러한 가식을 유지함으로써 얻는 이익, 일자리와 동맹 패권의 포기
- 이도 저도 아니면 미국식 '인류 종말 기계'의 해체

현재의 두 정당은 이 모든 조치에 반대한다. 이 치명적인 곤경은 도널드 J. 트럼프에게서 시작된 것도 아니고, 그가 떠난다고 해서 끝나지도 않을 것이다. 이 필요한 변화들이 성취되는 것을 가로막고 있는 걸림돌은—최근 몇 년 동안 대중을 마음대로 조종할 수 없다는 것이 많이 드러났지만—미국의 대다수 대중이 아니라 양당의 관료와 엘리트들이다. 나아가 군국주의와 미국의 패권, 무기 생산과 판매를 의식적으로 지지하는 주요 기관들이다.

안타깝게도 미국의 에너지 정책을 기후 변화라는 재앙을 막을 수 있도록 제때 돌려놓아야 할 시기에 똑같이 나쁜 뉴스들이 들려오고 있다. 이번에도 동일한 기관과 엘리트들이 역시 인류의 생존이 걸린 이 문제를 해결하려는 움직임을 집요하게 방해하고 있다. 그들은 너무나 강력하다. 그러나 베를린 장벽의 붕괴, 소련 제국의 비폭력적인 해체, 남아프리카공화국의 다수 지배로의 전환(이 모든 것들은 30년 전만 해도 상상조차 할 수 없는 것들이었다) 등이 증명해 보였듯이 부당하고 위험한 현상 유지를 꾀하는 그러한 권력은 절대로 전능하지 않다.

화석 연료의 영향이나 핵전쟁으로부터 인간의 문명을 지킬 수 있길 희망한다면 돈키호테가 되는 것일까? 마틴 루서 킹 주니어는 죽기 일 년 전에 이렇게 경고했다.[10] 1967년 4월 4일 그는 이렇게 촉구했다. "너무 늦은 것 같은 게 있다." "'지금, 이 순간의 맹렬한 긴박함'을 인식해야 한다." 그는 '베트남 전쟁의 광기'를 언급하고 있었지만, 그와 동시에 이 책의 주제인 훨씬 더 큰 광기, 핵무기를 암시하기도 했다. "오늘 우리에게는 아직 선택할 수 있는 길이 남아 있습니다. 비폭력적 공존이냐 아니면 폭력적 공멸이냐 하는 것입니다."

그는 계속해서 이렇게 말했다.

우리는 과거의 망설임을 행동으로 바꿔야 합니다.…… 행동하지 않으면 우리는 결국 길고 어둡고 부끄러운 시간의 회랑(통로)으로 끌려가고 말 것입니다. 배려심이라곤 없이 권력만 꿰찬 사람들, 도덕성이라곤 없이 세력만 가진 사람들, 통찰력이라곤 없이 힘만 가진 사람들을 기다리는 그 통로 말입니다.……

지금 시작합시다. 길고도 쓰라린 고난의 길이지만, 새 세상을 향한 아름다운 투쟁에 우리를 다시 바칩시다.

감사하는 말

나의 아들 로버트 엘스버그의 응원과 격려와 안내가 없었다면 이 프로젝트는 완성될 수 없었을 것이다. 일 년 반 전 로버트는 내가 교착상태에 단단히 빠졌다는 걸 알고는 자기 일은 뒷전으로 밀쳐둔 채 코치이자 동기 유발 트레이너 겸 편집자이자 워크 매니저라는 역할을 떠맡아 긴 시간을 아낌없이 쏟아부었다(아들이 이 일을 하는 데 열정적으로 지원해준 그의 파트너 모니카 올슨에게도 감사를 전한다).

나는 마지막 몇몇 장에서, 특히 쿠바에 관한 장들과 의제에 관한 마지막 장에서 엄청난 양의 메모와 원고를 대하고 질린 나머지 어떻게 손봐야 할지 도무지 갈피를 잡을 수가 없었는데, 로버트가 나서서 자료들을 자르고 붙이며 원고를 취합해준 덕분에 계속 앞으로 나아갈 수 있었다. 작업이 끝나갈 무렵 아들은 나와 거의 매일 이야기를 나누며 목표를 정하고 내 기운을 북돋아주고 그냥 둬도 되거나 잘라낼 것들에 대해 의견을 냈다. 간단히 말해 그는 타고난 편집자로서의 전문 기술을 활용해 말 그대로 사랑의 수고를 마다치 않고 자기 아버지에게 봉사했다.

이 책은 잉태된 지 실은 아주 오래됐다. 그러니까 내가 1944년 가을 처음으로 U-235에 대해 들은 뒤로 지금까지 핵시대 내내 그랬던 셈이다. 그 기나긴 기간 동안 참고 문헌을 비롯해 어떤 형태로든 이 책에 언급된 사람들 모두가 현재와 지금도 여전히 진화하고 있는 핵 위험에 관한 나의 인식에 기여해왔다. 그 점에 대해 그들 한 사람 한 사람에게 고마움을 전한다. 거기에는 물론 나중에는 생각과 관심사가 서로 많이 달라지긴 했지만, 예전 랜드와 펜타곤의 멘토들, 동료들, 친구들도 포함된다.

무엇보다도 지난 50년 동안 반전운동과 반핵운동이라는 두 가지 활동을 함께 해온 멘토들, 동료들, 친구들 또한 거기에 포함된다. 가 알페로비츠, 노엄 촘스키, 짐 더글러스, 셸리 더글러스, 더글러스 다우드, 모트 핼퍼린, 데이비드 하트소, 랜디 켈러, 피터 커즈닉, 스티브 래드, 로버트 리퍼턴, 그레그 미첼, 로버트 머슬리, 코디 시어러, 개리 스나이더, 노먼 솔로몬, 재너키 챈너를, 브라이언 윌슨, 하워드 진 같은 사람들이 그들이다. 나는 이들 한 사람 한 사람에게서 배운 것들을, 내가 하버드에서 배운 것을 훨씬 뛰어넘는 것들을 보물처럼 소중히 여기고 있다.

몇몇 경우에는 아주 짧은 기간이긴 했지만 우리의 핵정책이나 부당한 개입에 항의하는 비폭력 시민 불복종 운동에 나섰다는 이유로 나와 함께 감옥에서 시간을 보내온 수천 명과의 만남 또한 나에게는 소중하다. 그 점에서는 (프랭크 코더로, 제이 딜런, 매리언 더우브, 에번 프라이리히, 엘리너 클레이버, 패크릭 멀론, 르로이 무어, 체트 초제프스키, 로이 영 등) 로키 플래츠 트루스 포스Rocky Flats Truth Force(1970년대 후반 콜로라도 골든 인근의 로키 플래츠 핵무기 공장에서 항의 시위를 하는 도중에 결성된 풀뿌리 비폭력 반핵 단체 —옮긴이) 회원들도 마찬가지다. 이 모든 것은 (바버러 더밍의 저작과 더불어) 간디식 비폭력 저항의 한 형태로 진실을 말해야겠다는 생각을 심어준 재너키 챈너를, 랜디 켈러, 보브 이튼의 영향력 아래서 시작됐다.

같은 맥락에서 동료 내부 고발자들, 그중에서도 특히 (독방에서의 십 년 반을 비롯해 이스라엘의 핵 사업을 폭로했다는 이유로 엄청난 대가를 치르고 지금도 이스라엘 국내에서 유배 생활을 하고 있는 핵시대의 예언자) 모르데차이 바누누, (역시 개인적으로 큰 희생을 치른, 아마도 현대 들어 최초의 내부 고발자이지 싶은) 프랭크 세르피코, 그리고 좀 더 최근 들어 나의 영웅들로 떠오른 첼시 매닝, 에드 스노든에게 경의를 표하고 싶다. 마찬가지로 윌리엄 비니, 톰 드레이크, 시벨 에드먼즈, 멜빈 굿먼, 프랭크 그레빌, 캐서린 건, 존 키리아코, 에드워드 루미스, 레이 맥거번, 제슬린 래덕, 콜린 롤리, 토머스 탬, 러셀 타이스, J. 커크 위브, 조지프 윌슨, 앤 라이트 등 진실을 밝힌 분들께도 존경과 감사를 보낸다.

이 밖에 모턴 핼퍼린 또한 랜드연구소와 국방부 재직 시절 그야말로 몇 명 되지 않던 내 친구 중 한 명으로 특별히 언급할 가치가 있다. 내가 펜타곤 페이퍼를 폭로한 뒤에도 우정을 저버리지 않고 끝까지 나의 행동을 지지해준 친구다(그 밖에 나를 지지해준 동료 겸 친구들로는 버나드 브로디, 톰 셸링, 멜빈 거토브가 있다). 내가 있던 국방부 팀에서 절대적으로 중요한 멤버가 된 뒤로도 모턴은 기꺼이 자신의 미래와 경력까지 내걸었다. 그때 이후로 그는 미국의 부당한 개입을 끈질기게 비판하는 한편 내부 고발자들의 법적 권리를 옹호해왔다(그는 1960년부터 핵무기 '선제사용 안 하기' 운동을 공개적으로 촉구한 최초의 인물 중 한 명이기도 하다).

우정뿐만 아니라 내 일에 대해 따뜻한 환대를 넘어 지원을 아끼지 않은 다음 분들에게도 깊은 감사의 뜻을 전한다. 마켈 브룩스, 데이디 도넬리, 주디 에를리히, 조디 에번스, 베로나 폰트, 릭 골드스미스, 힐러리 골드스틴과 대니 골드스틴, 클레어 그린스펠더, 수전 그리핀, 에디 하츠혼, 마틴 헬먼, 도로시 헬먼, 사이 허시, 리즈 허시, 바버러 쾨펠, 데이비드 크리거, 캐롤리 크리거, 피터 커즈닉, 심키 커즈닉, 조애너 메이시, 제프리 매슨, 레이러 매슨, 줄리아 패서티, 린다 레스닉, 스튜어트 레스닉, (펜타곤 페이퍼 재판 이후로 나의 절친한 친구이자 멘토가 된) 피터 데일 스콧, 로나 커배츠닉, 버트 슈나이더, 로이드 시어러, 마버 시어러, 스탠리 셰인바움, 베티 셰인바움, 제레미 셔먼과 그의 부모님 고든과 케이트, 댄 스미스, 조앤, 말러, 리 스웬스, 비자야 나가라잔 등이 그들이다. 1982년 이후로 로버트 리프턴의 웰플리트 세미나에 해마다 참석해온 수많은 사람들 덕분에 화기애애하면서 학구적 분위기가 물씬 풍기는 지적 공동체를 꾸릴 수 있었다.

W. 앨튼존스재단W. Alton Jones Foundation과 존D.&캐서린T. 맥아더재단John D. and

Catherine T. MacArthur Foundation의 연구 지원비와 바른생활재단Right Livelihood Foundation이 주는 상금(2006)도 큰 도움이 됐다. 게다가 (캘리포니아 포인트레예즈스테이션 소재) 메사레퓨지와 (뉴욕 렌샐러빌 소재) 캐리 인스티튜트 포 글로벌 굿Carey Institute for Global Good의 글쓰기 센터에서 이 책 작업을 할 수 있는 행운을 얻었다. 내가 선임 연구원으로 있는 데이비드 크리거의 핵시대평화재단Nuclear Age Peace Foundation은 나의 연구에 없어서는 안 될 재정 지원기금의 전달자 역할을 해왔다. 관계자 모두에게 깊이 감사드린다.

마찬가지로 사회적 책임을 위한 의사회Physicians for Social Responsibility를 되살린 헬렌 칼디콧, 어볼리션 2000Abolition 2000의 앨리스 슬레이터, 서부 주들 법정재단Western States Legal Foundation의 재키 카바소, 존 버로스, 앤드루 리히터먼, 글로벌 제로Global Zero의 브루스 블레어, 지구안정보장협회Global Security Institute의 조너선 그래노프, 평화의장회Mayors for Peace의 애런 토비시, 핵 비확산 및 군축을 위한 국회의원Parliamentarians for Nuclear Nonproliferation and Disarmament의 앨린 웨어 등 핵 폐지라는 대의에 오랫동안 헌신해온 내 친구들과 더불어 핵무기 전면 폐기라는 대의가 계속 살아 있을 수 있게 애써온 NAPF의 데이비드 크리거와 그의 동료들에게도 진심으로 감사드린다. 이들 단체 모두 이 책 독자들의 주목과 격려를 받을 자격이 있다. 그 점에서는 핵무기 폐기를 위한 국제 캠페인International Campaign for Abolition of Nuclear Weapons, ICAN, 미국과학자연맹Federation of American Scientists, 군비통제협회Arms Control Association, 그린피스Greenpeace와 국제적 책임을 위한 국제 과학자와 기술자 네트워크International Network of Scientists and Engineers for Global Responsibility, 아르준 마크히자니의 에너지환경연구소Institute for Energy and Environmental Research, 핵군축캠페인Campaign for Nuclear Disarmament도 마찬가지다. 지난 40여 년 동안 앞에서 언급한 단체와 사람들, 특히 천연자연보호협회National Resources Defense Committee의 크리스토퍼 페인에게서 말할 수 없이 많이 배워왔다.

나의 둘째 아들 마이클은 나의 탁월한 에이전트 앤디 로스에게 건넨, 그리고 이 책을 파는 데에도 도움이 된 이 책 제안서를 무사히 작성할 수 있게 옆에서 많이 격려하고 도와주었다. 이 원고가 상업적 이유 때문에 열일곱 번을 퇴짜 맞은 끝에 편집장 피터 지나(물론 그에게도 고마움을 전한다) 덕분에 블룸즈베리에서 마침내 완벽한 집을 발견하게 된 것은 순전히 앤디 로스의 끈질긴 고집 덕분이다. 또 블룸즈베리에서는 나의 훌륭한 전담 편집자 낸시 밀러가 일정을 한참 미루면서까지 내용을 보강하는 등 끊이지 않는 열정으로 내가 계속 길을 갈 수 있게 해주었다. 그녀의 세심한 일 처리 덕분에 이 책이 한결 나아졌다. 물론 로라 필립스와 그 팀원들의 꼼꼼한 교정 작업 덕도 많이 봤다. 나의 도우미 노미 야는 13년째 없어서는 안 되는 존재로 제 몫을 다해왔다. 매킨토시 귀재 마이클 맥은 수많은 컴퓨터 위기를 극복해왔다. 톰 레이퍼, 앨런 피트로본, 윌리엄 버는 참고 자료를 셀 수도 없이 공급해왔다.

　다음의 독자들이 이 원고의 특정 부분 또는 전체를 읽고 나서 제기한 귀중한 논평과 수정 또한 큰 도움이 됐다. 데이비드 바라시, 윌리엄 버, 린다 버스틴, 마틴 헬먼, 프랭크 본 히펠, 주디스 립턴, 브누아 펠로피다스, 테드 포스톨, 앨런 로복, 에릭 슐로서, 다니엘 U. 스미스, 노먼 솔로몬, 트레버 팀, 브라이언 툰, 애론 토비시 등이 그들이다. 이들 중 몇몇은 원고 전체를 어찌나 후하고 꼼꼼하게 검토해줬던지 내가 일일이 대조해가며 확인했는데도 이 책에 오류가 남아 있다면 그 책임을 양심상 과연 어떻게 피해갈 수 있을지 나로선 잘 모르겠다(난 늘 이 말을 쓰고 싶었다). 아직 출간도 안 된 글을 비롯해 핵겨울에 관한 논문들을 보여주고 나의 질문에 참을성 있게 끝까지 대답해준 앨런 로복과 브라이언 툰에게 이 자리를 빌려 고마움을 전한다.

　나도 그러기를 바라고, 이번이 나의 마지막 책인 만큼(아내는 그 점에서 나만 혼자가 아니라고 위로한다) 긴 여정을 나와 함께해온 사람들에게, 특히 (사실상 톰 리버도 포함하게 된) 나의 가족에게 그동안 진 마음의 빚과 고마움을 평소보다 더 많은 공간을 할애해 전하고 싶다.

그럼 톰부터 시작할까 한다. 1984년 1월 UC 어바인에 개설한 나의 핵정책 강좌 첫 시간에 질문을 하나 던졌을 때 그 수업을 듣는 학부생 4백 명 중 정확히 한 학생이 한 손을 들더니 정답을 이야기했다. 나는 깊은 인상을 받았고 그 학생에게 이름이 뭐냐고 물었다. 물론 선택 사항이긴 했지만 내가 추천한 방대한 자료를 읽은 학생 또한 톰밖에 없다는 걸 알고 나는 같은 주제로 대학원생들을 대상으로 개설한 강좌에 참석해도 좋다고 허락했다. 다른 수강생들은 모두 대학원생이거나 교직원이었다. 곧이어 그가 탁월한 토론자라는 게 명확해졌다.

당시 나는 그가 어바인은 물론 다른 그 어떤 대학교에도 등록돼 있지 않다는 사실을 알지 못했다. 그는 열여섯 살이었고, 고등학교도 졸업하지 못한 중퇴자였다. 그는 열세 살 이후로 학대가 심한 집을 뛰쳐나와 길거리를 전전하다가 누나의 설득으로 그 생활을 청산하고 랜디 켈러와 랜딜 포스버그가 시작한 쌍방의 핵무기 동결 운동에 뛰어들었다. 하지만 앞서 말한 강좌에서 나를 도우며 고졸 학력 인정 시험에 통과하고 내게서 표창장도 받은 뒤 그는 UC 산타크루즈에서 사회학 학사 학위와 석사 학위를 딴 데 이어 SUNY 빙햄턴에서 박사 학위를 이수했다. 톰은 이제 샌디에이고 대학교 사회학 정교수다. 세계체제론을 다루고 있는 그의 혁신적인 논문은 이 책처럼 긴 잉태 기간을 거친 끝에 『법률가, 총, 돈: 월스트리트와 미국의 세기Lawyers, Guns, Money: Wall Street and the American Century』라는 제목으로 조만간 출간될 예정이다.

톰은 나의 강좌를 들은 뒤로 30년 가까운 기간의 대부분을 나의 절친한 친구로 지내왔지만 처음 십여 년은 실은 나의 학생이었고, 마지막 이십여 년은 나의 멘토였다. 이 책은 지난 30년 동안 그와 함께해온 깊이 있는 토론을 반영한다. 최소한 1천 시간은 되지 싶은 그 토론의 주제는 비단 핵정책에만 국한되지 않았다 (남다른 재능으로 그 대화를 틈나는 대로 언제든 기꺼이 글로 옮겨 기록해준 커스틴 랜햄에게 큰 빚을 졌다). 겨우 이 책의 참고 문헌과 주석을 완성한답시고 최근 몇 달 동안 그로부터 24시간 내내 도움을 받았다는 것이 내게 어떤 의미였을지 상상해보라!

다음으로 나의 장남과 장녀 로버트 보이드 엘스버그와 메리 캐럴 엘스버그. 그 아이들이 어렸을 때 내가 왜 집을 떠나 워싱턴에서 그렇게 오래 지내야 했는지 그 이유를 설명해주지 못했다. 왜냐하면 그 애들한테는 기밀정보 취급 인허가증이 없었기 때문이다. 더욱이 그들은 내가 복사하는 걸 돕느라 하룻밤을 꼬박 지새웠으면서도 펜타곤 페이퍼의 실체 또한 알지 못했다. 당시 열세 살이었던 로버트는 서류를 순서대로 모으는 작업을 했고, 열 살이었던 메리는 가위를 들고 서류 윗면과 아랫면에서 일급기밀 표시를 오려내는 작업을 했다(내 예상대로 내가 곧 감옥에 갈 경우 두 아이가 무슨 말을 듣게 되든 나는 아이들에게 아버지가 뭔가를, 스스로 옳다고 생각하는 뭔가를 침착하고 계획적으로 하고 있다는 걸 보여주고 싶었다).

아이들은 그런 경험에 전혀 놀라거나 겁내지 않았다. 두 아이 다 계속해서 바른 삶을 살고자 하는 아버지의 소망에 잘 따라주었다. 타고난 편집자이자 기운을 북돋아주는 작가인 로버트는 벌써 몇 년째 메리놀회가 운영하는 오르비스 출판사의 편집장 겸 발행인으로 일하고 있다. 메리는 상당한 위험을 무릅쓰고 니카라과에서 산디니스타의 문맹 퇴치 및 보건 캠페인에 참여한 뒤 니카라과에서의 여성에 대한 폭력의 역학 연구로 스웨덴 우메아 대학교에서 공중보건학 박사 학위를 받은 뒤 이 분야의 세계적인 권위자로 자리 잡았다. 현재 딸아이는 세계여성연구소Global Women's Institute 소장이자 조지워싱턴 대학교 세계보건학 교수로 일하고 있다.

1972년에 나온 나의 첫 번째 책에서 나는 나의 파트너이자 연인이자 가장 가까운 친구로 주저 없이 아내 패트리셔를 꼽았다. 그 점은 45년이 지난 지금도 마찬가지다. 1965년 4월 16일 우리가 처음 데이트를 한 지 52년이 지났다. 그날 아내는 내게 나로서는 도무지 거절할 수 없는 제안을 해왔다. 다름 아니라 베트남전에 반대하는 그 이튿날의 '민주 사회를 위한 학생연합sds' 1차 집회에 같이 가자는 것이었다(전쟁이 확대되면서 9개월 동안 펜타곤에 틀어박혀 주당 엿새하고도 반일을 꼼짝없이 일하고 나서 처음 맞는 첫 번째 토요일 비번이었다). 그리고 나서 이틀 뒤 나는 아내와 사랑에 빠졌고, 그 이후로 지금까지 줄곧 그래왔다.

패트리셔는 '펜타곤 페이퍼'의 최종 복사와 폭로에 가담한 공모자였지만 기소되지는 않았다(알고 보니 기소되지 않았던 이유는 나나 나의 공동피고인 토니 루소와 달리 지문확보가 안 돼 있었기 때문이다. 그래서 페이퍼에 지문이 찍혀 있었는데도 FBI가 주인을 찾을 수 없었던 것이다). 그 일은 우리가 결혼한 첫해에 일어났고, 그 뒤 2년은 재판이, 2년을 훌쩍 뛰어넘는 세월 동안은 반전 활동이 이어졌다.

결혼 초 아내는 이 책 머리말에서 밝힌 핵 문제에 관한 '제2의 펜타곤 문서'나 내가 또 다른 재판과 종신형을 각오하고 있었다는 사실을 알지 못했다. (태풍 도리아 덕분에) 다행히 그런 일은 없었고, 집착과 행동주의 때문에 40년 넘게 전쟁을 치르고 나서 아내가 보기엔 완전히 새로운 강박에 또다시 빠져들었을지도. 아내는 1970년 나의 청혼을 받아들이는 순간 그 모든 것을 알 권리가 있었지만, 아내의 죄목을 더 늘리게 될까봐 말을 할 수가 없었다.

1975년 이후 패트리셔는 내가 이 책에 매달려 들락날락하는 모습을 지켜보며 지내야 했다. 그 점에서는 자기 엄마처럼 이런저런 음울한 주제에 대해 혼자 주절주절 잘도 떠들어대는 막내아들 마이클 게이브리얼(지금 마흔 살)도 마찬가지다. 이 책이 출간되는 날 마이클과 패트리셔 둘 다 영광스러운 해방을 맞이하게 될 것이다(물론 마이클은 나의 관련 웹사이트 관리라는 임무를 맡아야 할 테지만). 언제 끝날지 모르는 이 일을 하는 내내 패트리셔가 여전히 나의 사랑스러운 파트너로 남아 있었다니……. 이 세상에 희망을 품어보게 만드는 기적이 아닐 수 없다.

우리의 결혼생활에서 가장 힘들었던 날 중 하나는 막내아들 마이클의 첫 번째 생일인 1978년 5월 12일이었다. 그날 나는 샌프란시스코 집에서 가족들과 그 행사를 치르는 대신 로버트와 함께 있었다. 당시 ≪가톨릭 일꾼Catholic Worker≫ 편집장이었던 로버트와 콜로라도 로키 플래츠 핵무기 생산시설 철도선로에서 나에게는 네 번째이고 그에게는 첫 번째가 될 체포를 기다리면서.

수갑을 찬 채 경찰차를 타고 감옥으로 가는 동안 로버트가 차창 밖으로 우리가 지나치고 있는 선로를 내다보며 이렇게 말했다. "아우슈비츠 선로 위에도 사람들이 앉아 있었겠죠."

오빠가 감옥에 있는 동안 메리도 선로로 나왔는데, 5월 27일 선고를 받으러 법정에 나온 오빠 모습을 보고 충격을 받은 듯했다. 로버트는 물만 먹으며 16일을 단식했는데, 그중 대부분은 (그날 아침까지 우리 나머지와 떨어진 채) 독방에서 지냈다. 그리고 어느 순간 어지럽고 구역질이 나서 법정을 떠나야 했다. 하지만 그러고 나서 메리는 우리 모두 그랬듯이 오빠가 우렁찬 목소리로 그 전날 밤 손으로 쓴 감동적인 연설 원고를 낭독하는 걸 들었다. 이 책의 마지막 말은 그날 로버트의 진술에서 인용했다.[1]

열 명, 스무 명, 심지어 백 명이 로키 플래츠 철도선로 위에 앉아 있는 것만으로는 그곳의 플루토늄 방아쇠를 멈추지 못할지도 모릅니다. 하지만 우리는 한 국민으로서의 우리에게는, 우리가 간절히 바라고 또 결의를 다진다면, 우리 자신과 역사를 바꿀 힘이 있다는 것을, 한 국민으로서의 우리는 로키 플래츠 공장의 문을 닫을 수 있다는 것을, 그리고 실은 바로 그것이 우리가 해야 하는 일이라는 것을 보여주고자 애쓰고 있습니다. 우리는 전 세계의 군축이라는 목표는 복잡할뿐더러 여러 가지 위험을 수반한다는 점을 부인하지 않습니다. 하지만 전쟁의 위험 아래 그렇게 오래 살아오면서 감수했듯이 이제 평화 조성에 따르는 위험 또한 감수해야 할 때입니다…….

우리에게 선택은 명확합니다.

로키 플래츠는 우리 시대의 아우슈비츠입니다. 저 철조망과 굳게 잠긴 문들 뒤에서 새하얀 제복 차림에 보안 명찰을 단 지적이고 점잖으면서 가정적인 남자들이 인간의 문제를 푸는 최종 해결책을 기술적으로 준비하고 있습니다. 로키 플래츠에서 찍어내는 폭탄 하나하나마다 그것을 만든 사람들은 알지 못하는 모스크바의, 북경의, 하노이의 아이들이 겪어야 할 홀로코스트가 들어 있습니다.

독일 강제수용소 중 한 곳에서—아마도 다카우였던 것 같은데—그곳을 해방한 미국 군대가 마을 사람들에게 피골이 상접한 채 옹송그리며 모여 있는 생존자들, 시체 더미, 시체를 처리했던 오븐 등 수용소를 강제로 둘러보게 했습니다. 당연히 사람들은 엄청난 충격을 받고 망연자실하게 있다가 이렇게 말했습니다. "우린 몰랐어요. 그 화물차에 뭐가 있는지 우린 몰랐어요. 저 굴뚝에서 나오는 게 뭔지 우린 몰랐어요."

우리는 이 나라, 이 국가, 우리나라 사람들은 그런 경험을 하지 않기를 바랍니다. 그래서 우리는 고함을 지르는 것입니다. 그래서 저 선로 위의 봉인된 유개화차 안에 있는 화물이, 폭탄이 터지지 않더라도 암, 백혈병, 유전적 돌연변이 수준을 높여 여러분의 태어나지 않은 아이들을 죽이고 불구로 만들고 있다는 것을 사람들에게 알리려고 애쓰는 것입니다.*

그리고 우리는 그것보다 더 많은 일을 하고 있습니다. 지금 이 순간에도 저 선로를 온몸으로 막고 있는 사람들이 있습니다. 언젠가는 사람들로부터 감사 인사를 받게 되겠지만 지금은 감옥에 있는 한 무리의 사람들이 있습니다. 그들은 이렇게 말합니다. "댁들은 폭탄을 만드세요. 이 죽음의 수용소에서 평소처럼 사업을 계속하세요. 하지만 유감스럽게도 나의 동의는 철회해야겠습니다. 댁들은 우리 시체를 밟고 그렇게 해야 할 겁니다."

그들은 말합니다. 이 나라에서 미국인들을 체포하지 않고서는 더는 핵폭탄

---

* 이는 수사적이거나 과장된 사실이 아니다. 로키 플래츠가 위치한 제퍼슨 카운티 보건부의 칼 존슨은 로키 플래츠 공장과 얼마나 가까운지가 플루토늄 오염 및 암 발병률과 관련이 있다는 것을 발견했고, 1981년 스웨덴 왕립 과학 아카데미의 학술지 암비오Ambio에 발표했다. 그의 결과는 "건강 물리학의 아버지"로 알려진 에너지부 오크리지 국립연구소의 칼 모건Karl Morgan에 의해 확인되었는데, 그는 1979년 11월 저선량 방사선의 유해성과 관련해 유명한 전문가인 앨리스 스튜어트와 함께 우리의 지체된 재판에서 증언했다. 존슨은 제퍼슨 카운티의 부동산 이해관계 문제로 직장에서 쫓겨났다. (불복종의 해와 양심의 위험한 상태, 55, 57, 112~113. 또한 ellsberg.net 참조). 1989년 FBI가 공장 환경법 위반 증거를 수집하기 위해 로키 플래츠를 급습하고, 록웰과 DOE 고위 관계자에 대한 형사 기소 및 재판을 권고하는 봉인된 보고서가 언론에 유출된 후, 대배심은 로키 플래츠를 "진행 중인 범죄 기업"이라고 불렀다. 로키 플래츠의 생산은 "유예"되었고, 사실상 영구적으로 중단되었으며, 시설 전체가 파괴되었습니다. (불복종의 해와 양심의 위험한 상태에서 르로이 무어, "지역적 위험, 전 세계적 위협" 참조, 106~135, 건강 조사 결과, 은폐, 그리고 오늘날까지 계속되고 있는 법적 분쟁에 대해-로키 플래츠와 인접한 제퍼슨 카운티에서 개발 이익에 반대하는 대중, 오늘날까지 계속되고 있는 불충분한 환경정화 및 보호).

을 만들지 못하게 해야 한다고. 콜로라도에 기꺼이 이렇게 말하면서 그 말대로 행동할 사람들이 있다는 이야기를 듣는 순간 저는 이리로 올 수밖에 없었습니다. 이들이야말로 내가 알고 싶고, 동참하고 싶고, 같이 있고 싶은 사람들이라는 걸 알았기 때문입니다.

마지막 말을 할 때 로버트는 판사를 등지고 돌아서서 자신에게 동료로서 함께 일할 기회를 주기 위해 그 좁은 법정을 가득 채운 피고들에게 감사 인사를 건넸다. 우리 모두 자리에서 일어나 고함과 박수로 그 순간을 맞이했다. 우리더러 시위하지 말라고 경고한 바 있는 판사는 보안 요원들에게 법정을 비우라고 지시했다.

미국의 핵 버튼을 누를 수 있는 손은 몇인가? 러시아는?

이 책의 저자 대니얼 엘스버그Daniel Elsberg, 1931-는 미국의 유명한 군사전략 분석가이자 정치적 액티비스트political activist이고 평화운동가이다. 무엇보다도 그는 베트남 전쟁에 관한 미 국방부 기밀문서pentagon papers를 폭로하여 베트남 전쟁을 끝내는 데 결정적인 역할을 한 '내부고발자whistle blower'로 잘 알려져 있다.

하버드 대학교에서 경제학을 전공한 그는 1952년에 최우등으로summa cum laude 대학을 졸업했으며, 장학금을 받아 영국 케임브리지 대학에서 연구원으로 연수하고 돌아와 1962년 같은 하버드대 대학원에서 경제학 박사 학위를 받은 엘리트이다.

그는 현역 군인으로 복무한 경력도 갖고 있다. 1954년 해병대에 입대해 장교로 임관되어 소대장으로 복무하다가 1957년 중위로 제대했다. 1958년 미국의 랜드(RAND, 'Research and Development'를 결합한 이름) 연구소에 전략연구원으로 들어갔으며 그곳에서 오랫동안 일했다. 이 연구소는 미 공군과 특별한 관계가 있었으나 공군 이외에도 미국의 여러 군사전략에 관여했다. 엘스버그는 1964년 8월부터 잠시 랜드를 떠나 국방부에서 일하기도 했다. 로버트 맥나마라 장관 아래서 국제안보 문제 차관보를 맡고 있었던 존 맥노튼John McNaughton의 특별보좌관으로 일했으며, 국무부에 차출되어 전쟁 중인 베트남에 2년 동안 파견되기도 했다. 그리고 베트남에서 돌아오자 랜드연구소에 복귀했다.

그가 베트남 전쟁의 전개 과정에 대해 자세히 알게 된 것은 베트남 전쟁과 관련된 1급 기밀 서류들을 취급할 수 있었기 때문이다. 맥나마라는 1967년부터 1968년까지 베트남 전쟁에 대한 기밀문서들을 정리하여 이를 연구 검토하는 특별 프로젝트를 추진했는데, 엘스버그는 이 작업에 참여했다. 이 기밀문서들을 정리해 모아놓은 것이 이른바 국방부 기밀문서 '펜타곤 문서Pentagon Papers'이다. 이 기밀문서들을 보면서 그는 미국이 어떤 정책 결정 과정을 통해 베트남 전쟁에 개입해 왔는지를 자세히 파악하게 되었다. 그리고 이 문서들을 검토하면서 이 전쟁이 잘못된unjust 전쟁이라는 것을 알게 되었다. 이 불의한 전쟁이 날로 확대되고, 해마다 수천 명의 젊은이가 죽어가는 것을 보면서 괴로워했다.

그는 이 문서를 폭로하기로 결심했다. 이 전쟁에 대한 진실을 알려 잘못된 전쟁에서 미국을 구해야 하는 것을 자신의 의무로 생각했다. 미국 국민은 진실을 알아야 하며 알 권리가 있다고 보았다. 그는 3천 쪽에 이르는 자료와 4천 쪽의 부속문서를 복사해 가지고 있었는데, 전에 접촉한 적이 있었던 ≪뉴욕 타임스≫의 닐 시한Neil Sheehan 기자에게 열람케 했다. 그리고 ≪워싱턴 포스트≫를 포함한 17개 언론사에도 이를 알렸다. 닐 시한은 자료의 원본이 있어야 신뢰를 확보할 수 있다고 보고 엘스버그가 휴가를 가 있는 동안 아내와 함께 이 문서를 몰래 복사했다. ≪뉴욕 타임스≫는 1971년 6월 13일부터 매일 6면에 걸쳐 이 보고서를 연재하기 시작했는데, 3회분 기사가 나갔을 때 미국 법무부가 강력하게 보도를 저지하고 나섰다. 연방 1심 법원으로부터 미국 안보에 치명적인 국가기밀서류이기 때문에 공표해서는 안 된다는 임시명령을 얻어낸 것이다. ≪뉴욕 타임스≫는 ≪워싱턴 포스트≫와 함께 법원의 금지명령에 대항하는 법정투쟁을 15일 동안 벌였고, 마침내 연방 대법원으로부터 6 대 3의 판결로 기사를 다시 보도할 수 있는 권리를 얻어냈다. 언론의 자유를 수호하는 미국 수정헌법 1조를 들어 보도를 사전 제한prior-restraint해서는 안 된다는 판결이었다.

이 보도를 본 미국 국민과 세계는 큰 충격을 받았다. 미국의 역대 정부들이, 특히 존슨 행정부가 지속적인 거짓말로 국민과 의회를 기만해왔다는 것이 밝혀졌고, 미국이 북베트남으로 전쟁을 확대하는 구실로 삼았던 1964년 8월 7일의 이른바 '통킹만 사건'도 조작된 것이라는 사실이 드러났다. 통킹만의 공해 위에서 베트남 어뢰정의 공격을 받았다는 미국의 구축함 매덕스Maddox호는 실은 북베트남 영해를 넘나들던 정보수집함이었을 뿐만 아니라, 북베트남이 공격했다는 증거도 없다는 것이 밝혀졌다. 맥나마라는 1995년 회고록에서 이 사건이 자작극이었다고 고백하고 베트남 전쟁은 "수치스럽게 패배한 전쟁"이었다고 시인했다. ≪뉴욕타임스≫와 ≪워싱턴 포스트≫의 보도가 이어지면서 베트남 전쟁이 미국 정부와 군수산업, 광신적 반공주의자들이 결탁해 만들어낸 침략전쟁이었다는 사실이 온 세상에 드러났다.

엘스버그는 이 사건 때문에 1973년 1월 3일 기소되었다. 간첩죄와 절도죄, 음모죄 등으로 최대 115년의 징역형을 받을 수 있는 범죄 혐의였다. 그러나 재판부는 정부 당국이 그에게 벌을 주려고 그의 전화를 불법 도청했으며, 그의 명예를 더럽히려고 그의 정신병력 증거를 수집하기 위해 정신과 치료 의사의 사무실을 불법적으로 침입했다는 이유를 들어 그에게 무죄를 선고했다.

엘스버그는 이러한 용기 있는 행동으로 2006년에 또 하나의 노벨 평화상으로 불리는 '바른생활상Right Livelihood Award'을 받았으며, 2018년에는 "크나큰 휴머니즘을 보여주고 보기 드문 도덕적 용기를 보여준 공로"로 '올로프 팔메 상Olof Palme Prize'을 받았다.

대니얼 엘스버그의 펜타곤 문서 사건을 위에서 자세히 소개한 것은 한 양심적인 내부고발자의 도덕적 결단과 용기가 어떻게 세계와 역사를 바꿔놓을 수 있는지를 보여주었기 때문이다. 이 책 『인류 종말 기계The Doomsday Machine』도 같은 도덕적 차원에서 쓰인 것임을 저자는 거듭 밝히고 있다. 그는 "미국의 핵전쟁 정책이 미친crazy 짓"이라는 결론에 이르렀다며 "자신의 남은 생애를 감옥에서 보내는 위험을 감수할지라도 이를 폭로하지 않고는 살아갈 수 없었다"라고 밝히고 있다.

엘스버그는 국방부 기밀문서 폭로 사건으로 유명해졌기 때문에 그가 오랫동안 수행한 가장 중요한 일이 미국의 핵전쟁 정책을 입안하는 것이었다는 사실은 잘 알려지지 않았다. 그는 1958년부터 아이젠하워, 케네디, 존슨, 닉슨 행정부에 이르기까지 4대 정권에 걸쳐 미국의 핵전쟁 계획을 세우고, 그 잘못된 정책을 바로잡으려고 끊임없이 노력한 미국 군사전략의 엘리트였다. 그는 이미 1971년에 미국의 잘못된 핵전쟁 정책을 폭로하려 했으나, 베트남 전쟁에서 수많은 사람이 죽어가는 것을 보고 이 전쟁을 먼저 끝내게 하는 것이 무엇보다 중요하다고 여겼다. 따라서 미국의 핵전쟁 정책 고발을 뒤로 미루고 펜타곤 문서를 먼저 폭로했다고 밝혔다. 핵 문제를 먼저 터뜨리면 언론은 베트남 문제에 관심을 기울이지 않을 것으로 판단했기 때문이었다.

펜타곤 문서를 복사해서 가지고 있었을 때 그는 또한 미국의 핵전쟁 계획과 관련된 방대한 1급기밀 문서들을 복사해 가지고 있었다. 1969년 가을부터 1970년 랜드연구소를 떠나기까지 그는 1급 기밀 금고에 들어 있던 문서들을 빠짐없이 복사했다. 그 가운데 7천 쪽에 이르는 국방부 기밀문서는 일부에 지나지 않았고, 그보다 훨씬 많은 양, 모두 합해 15만 쪽에 이르는 비밀문서들을 복사했다. 이 문서들은 미국의 비밀핵전쟁 계획, 핵무기의 지휘 및 통제, 핵위기에 관한 것이었다. 그는 동생에게 이 복사된 문서들을 잘 보관해달라고 맡겼다. 미국 안보에 관련된 매우 위험한 문서였기에 동생은 잘 숨기려고 쓰레기 매립지 속에 감춰두었다. 그러나 이 문서 보따리는 아쉽게도 때마침 불어닥친 태풍에 사라져버리고 말았다. 엘스버그는 깊은 상실감을 느꼈지만, 태풍 덕분에 감옥에 가는 대신 "아내 옆에서 따뜻한 체온을 느끼며 잠들 수 있었다"라고 스스로 위로했다. 그러므로 이 책에 쓰인 사실들은 자신이 겪은 경험과 기밀이 해제된 자료들을 근거로 한 것이다.

이 책에서 핵무기와 관련한 엘스버그의 첫 기억은 1944~45년으로 거슬러 올라간다. 8월 6일, 열네 살 청소년이던 그는 히로시마에 원자폭탄이 투하되자 무시무시한 핵폭탄의 위력에 공포와 혐오를 느꼈다. 하지만 동유럽에서 북한까지 이어지는 소련의 팽창욕을 지켜보며, 공산주의 체제는 히틀러보다 군사적으로 훨씬 더 위협적이라는 인식 아래 그 시절 미국인 대다수가 그러했듯 냉전주의자가 되었다. 1958년에 랜드연구소에 들어간 엘스버그는 핵전략 자문위원으로 십 년 동안 일하며 태평양 사령부 연구원, 국방부 차관의 특별보좌관 등 국방부의 여러 조직에서 국가안보 시스템의 최고 수준 문제를 다루었고, 일급기밀 문서와 정보에 접근할 기회를 얻는다. 핵전쟁 발발 직전까지 간 1961년 쿠바 미사일 위기의 진행 상황을 가까이에서 지켜본 그는 시시각각 돌변하는 예측 불능의 갈등 상황에서 강대국의 손에 쥐어진 핵무기가 얼마나 위험천만한 것인지를 실감하게 된다. 대중적 논의를 철저히 금기시하는 관료주의와 군사 문화가 체계적인 비밀주의, 거짓말, 논점 흐리기로 핵 문제에 관한 언론과 학계의 극심한 이해 부족을 불러왔다고 보았으며, 결국 총체적 무지의 상태로 남은 대중과 의회의 무관심과 방관 속에 핵전쟁의 위험은 점점 더 커지고 있다고 생각했다. 그리하여 핵 문제에 대한 대중의 경각심을 불러일으키고자 쓴 책이 이 저서다. 이 책에서 저자는 자신이 실제 경험한 미국 핵정책의 실상을 가능한 있는 그대로 생생히 독자에게 전달하려 노력한다.

엘스버그는 자신이 발견한 핵 지휘 통제의 허점과 핵무기 관리의 부실을 하나하나 지적한다. 우선 늘 존재하는 오경보의 가능성을 꼽았다. 북극 원거리 조기경보 레이더망DEW line은 거위 떼에 속아 소련 폭격기가 북극 상공을 건너 미국으로 오고 있다는 경보를 날린 적이 있었고, 북미 항공우주 방위사령부에서는 탄도미사일 조기경보 장치BMEWS의 레이더 신호가 달과 부딪혀 착란을 일으키는 바람에 오경보를 울리기도 했다. 잘못된 경보는 경보 즉시 발사LOW 체제가 지닌 근본적 한계의 일부일 뿐이었다. 미증유의 사고, 대기 불안정과 같은 자연적 요인에 의한 통신두절, 명령 전달 지체 등 모든 가능성이 혼재하는 가운데 조종사들에게 제대로 된 판단을 기대하기란 현실적으로 너무나 어려웠다. 엘스버그는 현장에서 지침이 제대로 작동하지 않으리라는 의구심을 품었고, 이를 확인하고자 1958년 한국 군산 공군기지를 직접 방문했다. 당시 한국에는 미국의 핵무기가 배치돼 있었는데, 공산국가와 너무나 가까운 위치의 군산 기지사령관은 적의 공격에 대한 방어 목적으로도 자기 마음대로 핵 전폭기를 출격시킬 권한이 없었다. 오산을 경유해 전달되는 도쿄 상급 본부의 직접 명령 없이는 어떤 상황에서도 출격이 불가했다. 하지만 이러한 원칙을 엄수할 것인지 공군 소령에게 물었을 때 그의 대답은 뜻밖이었다. "하지만 아시다시피 나는 이 기지사령관이고, 사령관이라면 마땅히 자신의 병력을 보호할 권리가 있습니다. 그것은 전쟁의 기본 원칙입니다. 어떤 이유에서든 내 병력이 위험에 처했다고 판단되면 나는 (적을 향해) 비행기를 출격시킬 겁니다."

핵무기 사용 인가 여부를 확인하는 암호 절차(스파크 플러그) 또한 허술했다. 수신한 메시지와 봉투의 일련부호를 확인하는 이 체계는 2인이 개봉하는 것이 원칙이나 실상은 지켜지기가 어려웠다. 폭격기 다수가 1인승인 데다 암호가 잘 바뀌지도 않아 누구든 봉투를 열기만 하면 인증 암호체계 전체를 알 수 있었다. 당직 장교 두 명이 각각 인증 코드를 보유하는 원칙도 실제로는 한 명이 전부 알고 있는 식으로 무시되곤 했다. 2인 원칙은 적어도 엘스버그가 살펴본 태평양 사령부 안에서는 허울뿐이었다. 심지어 미니트맨 발사 지휘 장교는 군의 지시에 따라 발사 센터의 암호가 줄곧 '00000000'에 맞춰져 있었다고 알려오기도 했다.

전략핵 시스템에는 절차적 문제만 있는 것이 아니었다. 핵무기 발사의 결정 권한이 과연 누구에게 있는가 하는 것도 문제였다. 오직 대통령의 결단에 의해서만 핵무기의 단추가 눌릴 수 있다는 것이 미국의 거듭된 공식 입장이었다. 그러나 엘스버그가 발견한 바로는 핵무기 발사 단추가 대통령의 손에만 한정됐던 적이 없었으며 최고위 군 장성들의 손에서 그친 적도 없었다. 미국의 핵공격 시스템은 대중의 상상보다 훨씬 광범위한 사건에 의해 방아쇠가 당겨지도록 설계돼왔다.

예컨대 아이젠하워 대통령은 워싱턴과 태평양 군사기지 간에 (기상 조건 등으로 인해) 소통이 단절되었을 때, 그리고 대통령이 집무 능력을 상실하는 상황이 발생했을 때도 휘하의 전역戰域 사령관에게 권한을 비밀리에 위임해놓고 있었다. 그리고 이들 사령관들은 이와 비슷한 위기를 맞았을 때 대통령으로부터 위임받은 권한을 다시 휘하 사령관들에게 위임했다. 펜타곤의 국방장관이나 합동참모본부 의장만도 아니고 워싱턴에서 수천 마일 떨어진 곳에 있는 현장 지휘관에게까지 위임되고 있었다. 이런 권한 위임의 위험성을 알고 있음에도 이는 케네디, 존슨, 닉슨, 카터 행정부에서도 계속되었으며, 그 이후의 대통령들 아래서도 그러했을 것이 거의 확실했다. 이것은 미국이 감추어온 가장 중요한 국가기밀 중의 하나다.

핵무기의 표적이 얼마나 정확하게 설정되어 있었는지도 따져볼 문제였다. 엘스버그는 태평양 총사령관 본부 기획실에서 비상작전계획GEOP을 검토하며 뭔가 이상한 점을 감지했다. 아무리 샅샅이 훑어봐도 소련 목표물만 공격하는 조항은 없었던 것이다. 핵공격을 담당하는 전폭기 조종사들은 그들이 소련과 중국 가운데 어느 나라를 겨냥하고 있는지 알 수 없었다. 표적 겨냥은 IBM 컴퓨터 시스템을 다루는 승무원이 담당했는데, 이 시스템은 좌표만 제공할 뿐 표적이 중국 땅에 있는지 러시아 땅에 있는지 확인해주지 않았다. 작전기획본부와 전투사령부에 걸린, 미국의 핵공격 목표물을 보여주는 대형 지도에는 중국과 러시아를 구분하는 경계가 전혀 표시돼 있지 않았다. 펜타곤의 최고위 전쟁 계획에 따르면 대통령도, 전략공군 최고사령관도 태평양 사령부와 마찬가지로 중국을 빼고 러시아만 상대해 전쟁을 벌일 생각이 없었던 것이다.

핵공격의 살상 범위와 전쟁 목표 달성에 대한 논의도 불확실했다. 합동참모본부가 애써 유출을 막았던 합동전략능력기획서JSCP를 겨냥해 엘스버그가 합참에 던진 질문 가운데는 전면적 핵전쟁 발발 시 얼마나 많은 사람이 목숨을 잃는가가 들어 있었는데, 그 질문에 대한 답이 바로 이 책의 프롤로그에 등장하는 그래프다. 엘스버그는 합참의 사망자 추정치를 본 날의 기억을 다음과 같이 회상한다.

"1961년 어느 봄날 나의 서른 번째 생일 직후 나는 우리의 세계가 어떻게 끝나게 될지를 보게 되었다. 미국 합동참모본부의 추산에 따르면 소비에트연방(소련)과 바르샤바 조약 국가들, 그리고 중국을 겨냥한 미국의 1차 핵공격으로 발생할 사망자 수가 6억 명에 이른다는 것이었다. 홀로코스트의 1백 배 수준이었다. 그로부터 1주일 후에 받아본 두 번째 자료에는 부차적 피해가 요약되어 있었는데, 그것은 5억 명이 넘는 사람들이 더 죽어간다는 것이었다. 그날 이후 나에게는 무엇보다 중요한 삶의 목적이 생겼다. 그런 끔찍한 계획이 실행되는 것을 막아야 한다는 것이었다."

사실 엘스버그는 수억, 수십억 명에 달하는 구체적 수치보다 합참이 이미 이 사실을 파악하고도 작전계획을 유지하고 있다는 것에 더 놀랐다. 그런데 아무리 핵겨울 현상이 발견되기 전이라 해도 그 숫자는 터무니없이 과소 평가된 것이었다. 핵폭발 이후 불어 닥칠 불의 효과, 즉 불폭풍을 간과한 숫자였던 것이다. 게다가 쿠바 미사일 위기가 지나고 십 년 뒤에 발표한 과학자들의 연구에 따르면 전 지구에 죽음의 그림자를 드리울 핵겨울은 더 많은 사람들을 죽음에 이르게 할 터였다. 불타는 도시 수백 곳에서 내뿜는 불폭풍이 연기와 검댕을 성층권으로 밀어 올려 십 년 넘게 비 구경을 할 수 없게 만들고 지구 대기를 덮은 연기가 햇빛 대부분을 차단함으로써 지구의 연중 기온을 마지막 빙하기 수준으로 떨어뜨릴 것이며, 전 세계의 농작물을 모조리 죽여 없애는 바람에 1~2년 안에 수많은 사람을 굶어 죽는다는 것이었다. 최근의 과학적 추산에 따르면 미국이 가진 핵무기의 2%만으로도 현재 지구 인구의 98%에 이르는 사람들을 굶어 죽는다고 한다.

이 책의 2부에서 엘스버그는 알면 알수록 더욱 심각한 핵위기의 시발점에 다가가기 위해 2차 세계대전 때 일어난 무차별 폭격과 원자폭탄 개발의 뒷이야기를 세세히 풀어놓는다. 공중에서 도시에 폭탄을 떨어뜨리고 민간인을 불태우는 행위가 어떻게 용인되었는지, 신속한 핵무기 개발과 투하 과정에서 핵무기의 거짓 신화가 어떻게 탄생하게 되었는지를 되짚으며 전쟁의 온갖 부조리를 고발한다. 공장과 군사시설을 목표로 했던 공중 폭격은 이내 도심과 시가지에 집중되어 민간인의 대량학살을 불러왔지만 고위 장교들은 처음엔 스스로를 나중엔 의회와 대중을 기만했다. 가공할 참사의 위험을 의도적으로 무시했던 건 핵개발도 마찬가지였다. 맨해튼 프로젝트에 참여한 과학자들 가운데 몇몇은 공기 발화(핵폭탄의 엄청난 에너지가 공기 중 수소의 임계점을 넘게 만들어 대폭발이 일어나는 상황)를 의심했으며 핵실험 직전까지 그 가능성이 결코 0이 아님을 알고 있었다. 심지어 당시 이미 수소폭탄 개발을 염두에 둔 과학자가 있을 정도로 개발 관계자들은 핵무기의 미처 다 알지 못한 위험성을 염려했음에도 나치보다 먼저 핵무기를 가져야 한다는 명분 아래 모른 척했다. 일본 천황의 항복 선언은 원자폭탄 때문이 아니라 그전에 알려진, 소련의 일본 침공 예정이 결정적이었음에도 '단 하나의 폭탄이 일본 도시를 파괴하다'와 같이 자극적인 기사들과 일본 본토 파병 없이 고성능 무기 하나로 승리를 거둔 것에 고무된 대통령의 연설 등으로 미국 대중에게 핵무기가 일종의 궁극의 무기로 각인되고 말았다. 핵무기의 정당성이 대중과 정치권의 의식 속에 자리 잡게 되자, 냉전 시대로 접어든 미국과 소련이 경쟁적으로 핵무기 개발에 열을 올리게 된 것은 어쩌면 필연적인 수순이었다.

엘스버그는 전쟁과 관련된 미국의 기본 입장은 60년 전이나 지금이나 크게 변한 것이 없다고 말한다. 지금도 발사 태세가 갖춰진 핵무기 수천 개가 러시아의 지휘 통제 시스템을 비롯해 주요 군사시설과 그 주변의 수많은 도시를 겨냥해 배치되어 있다. 이는 오로지 '억지 효과'를 위한 시스템이며 러시아가 미국을 상대로 핵무기 제1격first strike을 가해올 때를 대비한 대응책이라는 것이 관계자들의 공식 주장이다. 지금까지 미국의 필수 전략은 제1격 능력 향상이 목표였다. 핵으로 무장한 적을 완전히 무력화할 목적으로 전개되는 제1격 전략은 제2격(보복 공격)을 염두에 둔 적이 별로 없다. 전략공군사령부SAC는 미리 정해놓은 목표물을 향해 폭격기를 비상대기시켜 놓고 있다가, 위기 상황이 닥치면 잠수함 발사 폴라리스 미사일과 함께 합동작전을 벌여 적을 무장해제시키게 되어 있었다. 오늘날엔 여기에 대륙간탄도미사일이 추가돼 있다. 미국은 소비에트 지휘부에 대한 참수 계획을 공개적으로 논의하곤 했는데, 이에 대응하기 위해 소련은 미국의 공격에 보복을 가하는 '페리미터('데드 핸드'를 뜻하는 러시아어)'라는 위임 시스템을 도입하고 유지했다. 이 시스템에 따르면 모스크바가 신호를 보내면 인간의 판단이나 개입 없이 비상 로켓이 자동으로 발사하게 돼 있었다. 1964년 나온 스탠리 큐브릭 감독의 〈닥터 스트레인지러브〉에는 적의 핵무기 공격에 대해 자동으로 보복 공격이 작동되는 '인류 종말 기계'가 등장한다. 이 기계는 융통성도 없고 한번 작동되면 통제 불능이라 지구의 온 생명이 절멸해도 일단 개시되면 돌이킬 수 없다. 그리고 이 같은 미국과 소련의 '인류 종말 기계Doomsday Machine'가 이미 1960년대 초에 완성되어 있었다. 엘스버그는 "반세기 전에 알게 된 미국의 전쟁 계획 시스템 중 대부분의 요소가 오늘날에도 여전히 존재하고 여느 때처럼 재난으로 치달을 위험을 내포하고 있다"라며 "이런 위험이 50년 이상 계속되고 있다"라고 말한다.

엘스버그는 미국이 히로시마와 나가사키 이래로 60여 년 동안 핵무기를 사용한 적이 없다는 말을 되풀이하며, 위기를 맞을 때마다 미국 대중에게는 비밀로 한 채 "핵무기를 계속 사용"해왔다고 주장한다. 물리적으로 핵폭탄을 발사하지는 않았지만 언제든 핵무기를 사용할 수 있다고 암시하거나 때론 직·간접적인 핵협박을 계속해왔다는 것이다. 적을 향해 방아쇠를 당기든 당기지 않든 일단 권총을 겨누고 보는 것처럼, 핵무기라는 카드는 당장 쓸 수 있는 상태로 미국의 협상 테이블에 항상 놓여 있었다고 그는 보고 있다. 핵을 지렛대처럼 사용하는 국가가 미국 하나뿐일 리 없다. 오늘날처럼 세계 여러 나라가 대량의 핵무기를 보유하고 있는 한 핵전쟁은 만약의 문제라기보다 언제냐의 문제다. 따라서 엘스버그는 미국도 러시아도 이 '인류 종말 기계'를 해체해야 하며 이를 위해 세계의 시민들은 "한 나라의 무모한 핵위협과 정책이 핵폭발의 버섯구름으로 바뀔 때까지 기다리지 말고 행동하라"라고 촉구한다. 미국과 그 외 수많은 나라의 사람들이 비밀에 싸여 있는 오늘의 현실을 새롭게 인식한다면 모든 생명을 절멸시킬 위험을 무릅쓰고 핵위협의 필요성과 정당성을 옹호해온 지금까지의 지배적인 여론은 더 이상 살아남을 수 없게 될 것이며, 점진적이나마 지금의 현실을 바꿀 수 있으리라는 것이다. 핵위기의 해결은 막연한 두려움, 근거 없는 비관이나 낙관, 그리고 맹목적 믿음을 거부하고 문제의 본질을 정확히 파악하는 것에서 시작되어야 한다. 엘스버그의 이 책은 '인류 종말 기계 해체'를 향해 가는 첫걸음을 떼기 위한 좋은 길잡이가 되어줄 것이다.

미주

머리말

1. 국가 안보 연구 비망록 1(NSSM-1), 베트남 옵션 문서 등을 참조: llsberg.net/Vietnam.
2. 1960년 8월에 쓴 나의 에세이, 『전략적 목표와 지휘통제 문제』를 참조, ellsberg.net/RAND. 이 에세이는 랜드 내부 문서로 작성되었지만, 당시 국방 관련 기관 내에서 기밀로 분류되지 않은 채 『지휘통제의 문제』라는 해설과 함께 널리 유포되었다. 하지만 그때는 널리 이해되지 않았다.
3. 국가 안보 연구 비망록 3(NSSM-3), 1969, 국가안보기록원(National Security Archive)의 빈번한 FOIA 요청에도 불구하고 여전히 기밀 해제되지 않았다.
4. 전체 텍스트와 동반된 참고 사항은 ellsberg.net/BNSP에서 참조.
5. GS-18, 군 계급에서 소장과 중장 사이. 내가 1964년 국무부로 자리를 옮겼을 때 내 FSR1으로 외교부 예비역-1과 동등한 수준이었다.
6. 대니얼 엘스버그, 『비밀: 베트남 회고록과 펜타곤 문서』(뉴욕: 펭귄, 2003) 7장, 「베트남: 랜스데일 팀」, 102~108.
7. 제임스 구데일, 『언론을 위해 싸우다: 펜타곤 문서와 다른 투쟁의 내부 이야기』(뉴욕: CUNY 저널리즘 프레스, 2013), 174~179.
8. 대니얼 엘스버그, 『비밀』, 426~443.
9. 대니얼 아킨, 「대니얼 엘스버그: 닉슨의 백악관은 '나를 때려서 입을 닥치게' 하고 싶어 했다」, NBC 뉴스, 2017년 6월 19일, 워터게이트 특검 사무실, 닉 애커먼, 1975년 6월 5일, 「1972년 5월 3일 국회의사당 계단에서 반전 시위자들 폭행에 대한 조사」 링크 포함, www.nbcnews.com/politics/politics-news/daniel-ellsberg-nixonwhite-house-wanted-shut-me-assault-n774376.
10. 대니얼 엘스버그, 『비밀』, 29장, 「지하로 가다」, 387~410 참조.
11. 조지 워싱턴 대학교, 국가안보기록원, nsarchive.gwu.edu/nsa/the_archive.html. 아래 많은 참고문헌을 참조.
12. 이 가운데 가장 중요한 자료는 국가안보기록원에서 제공하는 일련의 전자 브리핑 북이다. 「핵무기 사용과 관련해 대통령의 사전 인가에 대한 새로운 기밀 해제 문서」, 국가안보기록원 전자 브리핑 북, 1998년 8월 30일, nsarchive.gwu.edu/news/predelegation/predel.htm; 「첫 기밀 해제, 지휘관들에게 핵무기 사용 사전인가와 관련한 아이젠하워의 지시, 1959~1960년」, 국가안보기록원 전자 브리핑 북 45호, 2001년 5월 18일, nsarchive.gwu.edu/NSAEBB/NSAEBB45/; 「SIOP-62 창조: 과잉 살상의 기원에 관한 더 많은 증거」, 국가안보기록원 전자 브리핑 죽 130호, 2004년 7월 13일, nsarchive.gwu.edu/NSAEBB/NSAEBB130/index.htm; 「초기 SIOP 역사에서 과잉 살상의 기원에 관한 새로운 증거 방출」, 국가안보기록원 전자 브리핑 북 236호, 2007년 11월 21일 최초 게시, 2009년 10월 1일 업데이트, nsarchive.gwu.edu/nukevault/ebb236/index.htm; 「'불폭풍이 많이 일어날 것이 확실하다': 과잉 살상의 기원에 대한 새로운 증거」, 국가안보기록원 전자 브리핑 북 108호, 2004년 1월 14일, nsarchive.gwu.edu/NSAEBB/NSAEBB108/index.htm.
13. 많은 강의, 인터뷰 및 기사(ellsberg.net/articles 참조) 외에도 이것은 핵무기에 반대하는 시민 불복종에 대한 내 재판의 일부 증언을 포함한다. 특히 1979년 11월 27일 콜로라도주 골든에서 열린 재판, 당시 중성자 폭탄의 구성 요소를 생산하던 로키플랫 핵무기 생산 시설에서 철도 선로를 방해한 혐의로 네 차례에 걸쳐 체포된 그 재판에서 나는 이 책의 초기 장 중 핵심 부분(당시엔 극비)을 공개했다. 위증죄가 적용될 수 있는 형사 재판에서 선서와 함께 이것을 공개적으로 밝히는 것이 나의 폭로에 권위를 더할 것이라는 희망에서였다. 조지프 대니얼의 「불복종의 1년과 양심의 비판」에 담긴 내 증언을 참조. 나는 또한 이 책의 서문과 후기도 썼다. 기사 중에서도 특히 「곧 다가올 핵 위기의 근원(또는 닥터 스트레인지러브가 살

아 있다: 폭탄을 사랑하지 않는 사람들은 걱정을 시작하는 법을 배워야 한다)」, 데이비드 크리거 외, 『핵무기 폐지의 도전』(뉴욕: 루트리지, 2011), 45~76.

14. 특히 미국 과학자 연맹의 핵 정보 프로젝트 책임자, 한스 M. 크리스텐슨의 「정책 검토 가운데 업데이트된 미국 핵전쟁 계획」을 포함한 출판물을 참조, 2013년 4월 4일, fas.org/blogs/security/2013/04/oplan8010-12/. 조지프 트레비틱, 「북한을 비롯한 적들을 핵무기로 공격하기 위한 미국의 계획이 여기 있다」, ≪워존≫, 2017년 4월 7일, www.thedrive.com/the-war-zone/9056/heres-americas-plan-for-nuking-its-enemies-includin-north-korea.

15. 하퍼 네이덕, 「스카보로: 트럼프는 그의 자문위원에게 왜 미국은 핵무기를 사용할 수 없느냐고 물었다」, ≪더 힐≫, 2016년 8월 3일, thehill.com/blogs/ballot-box/presidentialraces/290217-scarborough-trump-asked-about-adviser-about-using-nuclear.

16. 이 책에서 제기한 많은 문제를 끄집어낸 브루스 블레어의 중요하고 시의적절한 에세이, 『트럼프의 손가락이 핵 버튼에 닿는 것은 정확히 무엇을 의미할까? 핵 발사 전문가가 제시하는 다양한 시나리오』를 참조, Politico Magazine, 2016년 6월 11일, www.politico.com/magazine/story/2016/06/2016-donald-trump-nuclear-weapons-missiles-nukes utton-launch-foreign-policy-213955.

17. 윌리엄 M. 아킨, 신시아 맥패든, 케빈 모노한, 윌리엄 윈드럼, 「트럼프의 북한에 대한 옵션에는 한국에 핵무기를 배치하는 것이 포함된다」, NBC 뉴스, 2017년 4월 7일, www.nbcnews.com/news/us-news/trump-s-options-north-koreainclude- placing-nukes-south-korea-n743571; 윌리엄 M. 아킨, 「북한은 미국의 전쟁 계획과 관련해 적어도 한 가지는 옳다」, ≪바이스 뉴스≫, 2016년 3월 15일, news.vice.com/article/united-statesplans-for-war-with-north-korea.

18. 데이비드 E. 호프먼, 『데드 핸드: 냉전 시대 군비경쟁과 그 위험한 유산에 대한 엄청난 이야기』(뉴욕: 앵커북스, 2010). 데드 핸드 시스템에 대한 설명과 추가 참조는 19장「스트레인지러브의 역설」을 참조.

19. 특별히 알렉산드르 푸르센코와 티모시 나프탈리, 『어느 도박의 지옥: 흐루쇼프, 카스트로, 케네디, 1958~1964』(뉴욕: W.W. 노턴 & Co., 1997). 알렉산드르 푸르센코와 티모시 나프탈리, 『흐루쇼프의 냉전: 미국의 적국에 대한 비화』(뉴욕: W. W. 노턴 & Co., 2006); 세르게이 N. 『흐루쇼프, 니키타 흐루쇼프와 초강대국의 창조』(펜실베이니아주: 펜실베이니아 주립대학 출판부, 2000); 세르고 미코얀, 『소련 쿠바 미사일 위기: 카스트로, 미코얀, 케네디, 흐루쇼프 그리고 11월의 미사일』, 스베틀라나 사브란스카야 편(팔로 알토, 캘리포니아: 스탠퍼드 대학교 출판부, 2012); 아나톨리 1세 장군, 그리브코프와 윌리엄 Y. 스미스 장군, 『아나디르 작전: 미국과 소련 장군들이 쿠바 미사일 위기에 관해 이야기하다』(시카고: 큐 에디션, 1994). 마이클 돕스, 『자정까지 단 1분: 핵전쟁 직전에 선 케네디, 흐루쇼프 그리고 카스트로』(뉴욕: Alfred A. Knopf, 2008). 세르게이 흐루쇼프, 세르고 미코얀, 티모시 나프탈리와의 긴 대화는 내게 유익했다.

20. 전직 CIA 요원 피터 빈센트 프라이, 『전쟁 공포: 핵 위기의 러시아와 미국』(코네티컷: 프레이저, 1999) 참조. 또한 솔서, 『지휘와 통제』: 1983년 바로 아래 참고 자료 참조.

21. 스콧 D. 세이건, 『안전함의 한계: 조직, 사고, 핵무기』(뉴저지: 프린스턴 대학교 출판부, 1993). 더불어 에릭 솔서, 『지휘와 통제: 핵무기, 다마스쿠스 사고, 그리고 안전에 대한 환상』(뉴욕: 펭귄출판사, 2013) 참조, 특히 1979년과 1980년 오경보에 대해. 전략적 지휘 및 통제를 포함해 브루스 G. 블레어의 중요한 몇 권의 책 참조: 『핵 위협의 재정립』(워싱턴 D.C.: 브루킹스 연구소 출판부, 1985);『 우발적 핵전쟁의 논리』(워싱턴 D.C.: 브루킹스 연구소 출판부, 1993);『핵전력에 대한 전 세계의 제로 경보』(워싱턴 D.C.: 브루킹스 연구소 출판부, 1995).

22. 특별히 위험한 오경보를 포함해, 최근 확인된 1983년 소련의 전쟁 공포에 대해 전 CIA 분석가 벤저민 B. 피셔의 작업, 『냉전의 난제: 1983년 소련 전쟁 공포』를 참조, CIA에서 최초 발간, 1996. 또한 벤저민 B. 피셔의「1980년 소련과 미국의 전쟁 공포」, ≪국제 정보 및 방첩 저널≫ 19(2006): 480~518. 특히 참수 작전에서 사이버 전쟁에 대한 현재의 우려와 관련 있는데, 이는 선점을 장려하며 상호 두려움을 가져올 수 있다: 벤저민 B. 피셔, 「캐노피 윙: 동독인들을 소름 끼치게 한 미국의 전쟁계획」, ≪국제 정보 및 방첩 저널≫ 27(2014): 431~464. 위기의 심각성에 대해 1990년에 소련 측이 명확히 확인해주었으며, 25년 뒤에 마침내 기밀 해제되었다. 위기의 심각성에 대한 소련 측의 확인—1990년에 수행되어 25년 뒤인 2015년에 마침내 기밀 해제된 최고 기밀 연구, 네이트 존스가 편집한「1983년 전쟁 공포 기밀 해제 및 실제: 모든 정보원 보고서는 1983년 '일촉즉발'에서 미-소 관계를 발견했다」 참조, 톰 블랜턴,

로렌 하퍼, 국가안보기록원 전자 브리핑 북 533, 2015년 10월 24일, nsarchive.gwu.edu/nukevault/ebb533-The-Able-Archer-War-Scare-Declassified-PFIAB-Report-Released/. 더 자세한 문서와 분석은 네이트 존스 편집, 『에이블 아처 83: 핵전쟁을 촉발할 뻔했던 나토 훈련의 비밀역사』(뉴욕: New Press, 2016) 참조. 소련을 겁먹게 했던 레이건의 정책들은 로버트 쉬어가 쓴, 『충분한 삽으로: 레이건, 부시, 그리고 핵전쟁』(최신판)(뉴욕: 빈티지 북스, 1983)에서 광범위한 인터뷰를 통해 훌륭히 문서화되었다.

23. 원본 연구의 일부는 R. P. 투르코 외 참조, 「핵겨울: 다중 핵폭발의 세계적 결과」, ≪사이언스≫ 122(1983): 1283~1292. 칼 세이건, 「핵전쟁과 기후 재앙: 몇 가지 정책적 함의」, ≪포린 어페어스≫ 62호 no. 2(1983/84): 257~292; 또한 레스터 그린스펀 편, 확장판 참조, 『기나긴 어둠: 핵겨울 대한 심리적, 도덕적 관점』(뉴헤븐, CT. 예일 대학교 출판부, 1986), 7~62. 폴 R. 에를리히 등, 『핵겨울: 핵전쟁 후의 세계』(런던: 시즈윅 & 잭슨, 1985). 칼 세이건과 리처드 투르코, 『아무도 생각지 못한 길: 핵겨울과 군비경쟁의 종말』(뉴욕: 랜덤하우스, 1990).

24. 스티븐 스타, 「금지 조약은 핵전쟁의 과학적 예측 결과를 반드시 언급해야 한다」, ≪원자력 과학자 회보≫, 2017년 5월 19일, thebulletin.org는 이 주제에 대한 가장 최근문헌 목록을 제공한다. 오웬 B. 툰 등, 「지역 규모의 핵 갈등과 개별 핵 테러 행위의 대기 영향 및 사회적 결과」, ≪대기 화학 및 물리학≫ 7(2007), 앨런 로복 등, 「지역 핵 갈등이 기후에 미치는 결과」, ≪대기 화학 및 물리학≫ 7(2007); 마이클 밀즈 등, 「지역 핵 갈등에 따른 대규모 지구 오존 손실 예측」, ≪미국 국립과학원 회보≫ 105, no. 14(2007): 5307~5312; 마이클 J. 밀즈 등, 「지역 핵 갈등에 따른 다년간의 지구 냉각 및 전례 없는 오존 손실」, ≪지구의 미래≫ 2(2014), 161~176; 안드레아 스텐케 등, 「지역 규모의 핵 갈등이 기후 및 화학적으로 미치는 영향」, ≪대기 화학 및 물리학≫ 13(2013): 9713~9729; 앨런 로복 등, 「현대 기후 모델 및 현재 핵무기로 핵겨울을 재고하다: 여전한 재앙적 결과」, ≪지구물리학 저널≫ 112(2007).

25. 허먼 칸, 『열핵전쟁』(프린스턴, 뉴저지, 프린스턴 대학교 출판부, 1960), 144~156. 허먼 칸, 「'종말 기계'-군비경쟁의 종언?」, ≪US 뉴스 & 월드 리포트≫(1961년 5월 1일): 61, 64.

26. 존 서머빌, 「핵전쟁은 모든 생명의 절멸이다」, ≪평화 연구≫, 1982년 4월. 290217-scarborough-trump-asked-about-adviser-about-using-nuclear.

1장

1. 원폭 투하 "결정"에 대한 토론은 가르 알페로비츠, 『원자력 외교: 히로시마와 포츠담: 원자폭탄 사용 및 소련 권력과 미국의 대결』(뉴욕: 펭귄 북스, 확장 및 업데이트판, 1985; 1965년 최초 발간); 가르 알페로비츠, 『원자폭탄 사용 결정』(뉴욕: 빈티지 북스, 1986); 마틴 셔윈, 『파괴된 세계: 히로시마와 그 유산』(스탠퍼드, 캘리포니아, 스탠퍼드 대학교 출판부, 2003; 1975년 최초 발간); 바톤 J. 번스타인 편집, 『원자폭탄: 중요한 쟁점』(뉴욕, 리틀 브라운 앤 컴퍼니, 1976); 스튜어트 L. 우달, 『8월의 신화: 원자와 비극적인 냉전 사건에 대한 개인적 탐험』(뉴욕: 판테온, 1994); 레온 V. 시겔, 『마지막까지 파이팅!: 1945년, 미국과 일본의 전쟁 종결의 정치』(뉴욕: 코넬대학교 출판부, 1998); 카이 버드와 로런스 리프슐츠 등, 『히로시마의 그림자: 역사의 부정과 스미소니언 논쟁에 관한 저술』(스토니 크릭, 코네티컷: 팜플렛이어스 프레스, 1998); J. 새뮤얼 워커, 『즉각적이며 완전한 파괴: 트루먼과 일본에 대한 원자폭탄 사용』(제3판 개정판)(채플힐, 노스캐롤라이나 대학교 출판부, 2016) 참조. 특별히 이러한 많은 다른 연구와 함께 하세가와 츠요시의 최신작, 『적과의 경주: 탈린, 트루먼, 그리고 일본의 항복』(케임브리지, 매사추세츠: 벨크내프 신문사, 2005), 그리고 하세가와 츠요시 외, 『태평양 전쟁의 끝: 재평가』(스탠퍼드, 캘리포니아: 스탠퍼드 대학교 출판부, 2007) 참조. 스콧 D. 세이건과 벤저민 A. 발렌티노, 「이란에서 히로시마를 재방문하다: 핵무기를 사용하고 비전투원을 살상하는 것에 대해 미국인들이 정말 생각하는 것은」, ≪국제 안보≫ 42, no. 1(2017년 여름): 41~70.

2. 레오 실라르드, 『레오 실라르드: 사실에 대한 그의 견해』, 스펜서 R. 웨어트와 거트루드 바이스 실라르드 편(케임브리지: MIT 출판부, 1980), 55.

3. 위의 책, 146

4. 2차 세계대전 이후 세계에서 폭탄에 거는 기대에 관한 가장 분명한 논의 중 하나인, 그레그 허켄, 『승리의 무기: 냉전시대에 원자폭탄, 1945~1950』(뉴욕: 알프레드 A. 크노프, 1981) 참조.

5. 대니얼 엘스버그, 「불확실성 아래에서의 의사결정: 폰 노이만과 모겐슈테른의 공헌」(1952년 하버드 대학교 명예 논문). 대니얼 엘스버그, 「'측정 가능한 효용'의 고전적이고 현대적인 개념」, ≪경제 저널≫ 64(1954):

225~50.

6. 대니얼 엘스버그, 「위험, 모호성, 그리고 야만적 공리」, ≪계간 경제학 저널≫ 75(1962), 643~69. 1962 년 박사 논문에서 확장, 박사 논문, 「위험, 모호성 및 결정」(뉴욕: 2001; 킨들 판: 루트리지, 2015).

7. 세계를 도는 우주선, www.astronautix.com/w/worldcirclingspaceship.html.

8. 앨버트 월스테터, 프레드 S. 호프먼, 헨리 S. 로웬, 「1950년대와 1960년대의 미국의 반격 능력 보강」, 『직원 보고서 R−290』(산타 모니카, 캘리포니아, 랜드연구소, 1956년 9월 1일). 극비, 1960년대 중반 기밀 해제. albertwohlstetter.com/writings/19560901−AW−EtAl−R290.pdf.

9. 「군사 지식인」, ≪런던 타임스≫ 문학 부록, 1961년 8월 25일.

10. 수년이 걸리고 허가받기 위한 치열한 로비 끝에 나중에 출간된, 『진주만: 경고와 결정』(팔로 알토, 캘리포 니아: 스탠퍼드 대학교 출판부, 1962)

11. 앨버트 월스테터, 프레드 S. 호프먼, 헨리 S. 로웬, 「1950년대와 1960년대의 미국의 반격 능력 보강」, 『직원 보고서 R−290』, 100.

2장

1. 1960년 8월 12일 내가 쓴 「전략적 목표 및 명령 제어 문제」 참조, ellsberg.net. 이 문서는 랜드 내부 문 서로 작성되었지만 기밀은 아니며, 랜드 외부, 명령 및 제어 관련자들에게 널리 배포되었다.

2. 앨버트 월스테터, 프레드 호프먼, 그리고 헤리 로웬, 「1950년대와 1960년대의 미국의 반격 능력 보 강」, 『직원 보고서, R−290』(산타 모니카, 캘리포니아: 랜드 연구소, 1956년 9월 1일). 196.0년대 중반 기밀 해제. albertwohlstetter.com/writings/19560901−AW−EtAl−R290.pdf.

3. 에릭 숄서, 『지휘와 통제: 핵무기, 다마스쿠스 사고, 그리고 안전에 대한 환상』(뉴욕: 펭귄 출판사, 2013), 255.

4. 「기록 위에서; 미사일에 관한 레이건」, ≪뉴욕 타임스≫, 1984년 10월 17일.

5. 대니얼 엘스버그가 앨버트 월스테터와 프랭크 엘드리지에게, 「제목: 이중 안전장치의 문제점」, 랜드 메 모 M−5 039, 1958년 6월, ellsberg.net; 해리 로웬, 알랭 엔트호벤, 에드 올리버, 제이 웨이크리, 딕 밀 스, R. B. 머로, C. J. 히치, 빌 존스에게 복사.

6. 대니얼 엘스버그가 앨버트 월스테터와 프랭크 엘드리지에게, 「제목: 이중 안전장치의 문제점」

7. 이 단락과 다음 단락에서 인용된 문장은 GEOP(태평양 사령관의 비상작전계획)에 관한 내 노트에서 나온 것이 다.

8. 존 H. 루벨, 『최후의 날 지연: USAF 전략 무기 원칙 및 SIOP−62, 1959~62』(Lanham, MD: 해밀턴 북스, 2008), 14~15.

9. 브루스 블레어의 핵 칼럼, 「대통령들을 핵 어둠 속에 가두다, 제1화: 실종된 '인가 행동 링크' 사건」, 2004년 2월 11일, 국방정보센터, web.archive.org/web/20120511191600/http://www.cdi.org/blair/permissive−action−links.cfm.

3장

1. 피터 더글러스 피버, 『수호자를 수호하다: 미국 핵무기의 민간 통제』(이타카: 코넬 대학교 출판부, 1992).

4장

1. 미국 의회, 「원자력 공동 위원회, 핵무기 확산 및 군사적 응용 소위원회 청문회」(워싱턴 D.C.: 미국 정부 인쇄 국, 1974), 제93차 의회, 2차 세선, 1974년 9월 10일, 18.

6장

1. 모든 인용은 1960년 내 노트에서 나온 것이다. 강조가 추가됨.

2. 존 H. 루벨, 『최후의 날 지연: USAF 전략 무기 원칙 및 SIOP−62, 1959~62』(Lanham, MD: 해밀턴 북스, 2008), 23~39. 루벨은 당시 국방부 연구 및 엔지니어링 부국장, 그 뒤엔 연구 및 엔지니어링 단독 국장 및 차관보를 역임했다.

3. 데이비드 앨런 로젠버그, 「과잉 살상의 기원: 1945~1960년, 핵무기와 미국의 전략」, 스티븐 E. 밀러

외, 『전략과 핵 억지력: 국제 안보 리더』(프린스턴. 뉴저지: 프린스턴 대학교 출판부, 1984), 118.

7장

1. 위임 문제에 대해서는 국가안보기록원 전자 브리핑 북, 구체적으로는 「핵무기 사용에 대한 대통령의 사전 인가에 관한 신규 기밀 해제 문서」, 국가안보기록원 전자 브리핑 북, 1998년 8월 30일, nsarchive. gwu.edu/news/predelegation/predel.htm 참조; 또한 피터 J. 로먼, 「아이크의 일촉즉발: 미국의 핵 사전위임, 1953~60년」, 《안보 연구》 7, no. 4(1998년 여름): 121~64 참조. 아이젠하워의 하위 위임 인가는 「1959~60년, 지휘관들에게 핵무기 사용 사전 인가를 내리는 아이젠하워의 명령이 첫 번째로 기밀 해제」된 것에 등장한다, 국가안보기록원 전자 브리핑 북 45호, 2001년 5월 18일, nsarchive.gwu.edu/NSAEBB/NSAEBB45/.
2. 또한 가렛 M. 그라프의 폭로성 책, 『레이븐록: 미국 정부의 자구책 이야기─나머지 우리 모두가 죽는 반면』(뉴욕: 사이먼 앤 슈스터, 2017), 이 책에 반영되기에는 너무 최근에 출간됨.
3. 대니얼 엘스버그, 『전쟁에 관한 논문』(뉴욕: 사이먼 앤 슈스터, 1972), 특히 1장, 52~71절, 「수렁에 빠진 신화와 교착상태에 놓인 기계」.

8장

1. 프레드 캐플런, 『아마겟돈의 귀재들』(뉴욕: 사이먼 앤 슈스터, 1983), 203~19, 260~62.
2. 전체 텍스트는 ellsberg.net/Pentagon 참조. 이는 이 장에서 언급되거나 인용된, 내가 작성한 다른 메모에도 적용된다.
3. 데스먼드 볼, 『정치와 힘의 수준: 케네디 행정부의 전략 미사일 프로그램』(버클리: 캘리포니아 대학교 출판부, 1980), 190~191, 윌리엄 버, 「과잉 살상의 기원에 대한 새로운 증거」, 국가안보기록원 전자 브리핑 북 236호, 2007년 11월 21일, 2009년 10월 1일 업데이트, nsarchive2.gwu.edu//nukevault/ebb236/index.htm.
4. 이 모든 메모와 초안에 관한 텍스트는 ellsberg.net/BNSP 참조.

9장

1. ellsberg.net/Pentagon 참조.
2. 린 에덴, 『화염에 휩싸인 전 세계: 조직, 지식, 그리고 핵무기 파괴』(이타카, 뉴욕: 코넬 대학교 출판부, 2004)
3. 1983년, 특히 2007년 이후의 과학적 연구를 언급하는, 서론에서 미주를 참조.
4. 프레드 캐플런, 『아마겟돈의 귀재들』(뉴욕: 사이먼 앤 슈스터, 1983); 잔 E. 놀런, 『무기고의 수호자: 핵전략의 정치』(뉴욕: 베이직 북스, 1989); 잔 E. 놀런, 『애매한 합의에서: 냉전 이후의 핵무기와 미국의 안보』(워싱턴 D.C.: 브루킹스 연구소 출판부, 1999); 리 버틀러 장군, 『흔치 않은 원인: 관습과 대립하는 삶』(2권)(덴버, 콜로라도: 아웃스커트 프레스, 2016); 잔 E. 놀런, 「냉전: 핵 전환의 회고록」, 《원자력 과학자 회보》, 제3호(2017), 192~195.
5. 맥조지 번디, 「화산을 막으려면」, 《포린 어페어스》, 1969년 10월, 허버트 F. 요크에서 인용됨, 『망각의 경주: 군비경쟁에 대한 참가자의 견해』(뉴욕: 사이먼 앤 슈스터, 1970), 168.
6. 허버트 F. 요크, 「최소한의 억제에 관한 발언」, 1990년 10월 22~24일, 로런스 리버모어 국립연구소 워크숍 '2000년 핵무기의 역할'에서 발표된 논문. 이 논문은 허버트 F. 『요크에 의해 무기와 물리학자』(멜빌, 뉴욕: 미국 물리학 연구소, 1995)에서 「최소한의 억제」로 재인쇄되었다, 273~277.
7. 맥스 로저와 모하메드 나그디, 「핵무기(2016), 데이터로 보는 우리 세계, ourworldindata.org/nuclear-weapons/. 또한 한스 M. 크리스텐슨과 로버트 S. 노리스, 「미국 핵전력, 2017」, 《원자 과학자 회보》 73, no. 1(2017): 48~57, 그리고 한스 M. 크리스텐슨과 로버트 S. 노리스, 「러시아의 핵전력, 2017」, 《원자 과학자 회보》 73, no. 2(2017): 115~126 참조.

10장

1. 베를린 위기에 대한 중요한 설명으로는 마이클 베슐로스, 『위기의 세월: 케네디와 흐루쇼프, 1960~1963』(뉴욕: 하퍼 콜린스, 1991); 마크 트라흐텐베르크, 『역사와 전략』(프린스턴, 뉴저지: 프린스턴 대학교 출

판부, 1991), 특별히 5장, 「베를린 위기」, 169~234; 마크 트라흐텐베르크, 『평화 구축: 유럽 정착지 만들기, 1945~1963』(프린스턴. 뉴저지: 프린스턴 대학교 출판부, 1999); 알렉산드르 푸르센코와 티모시 나프탈리, 『흐루쇼프의 냉전: 미국의 적국에 대한 비화』(뉴욕: W. W. 노턴 & Co., 2006). 그리고 냉전 및 미국 핵전략의 기원에 대한 독일의 중심적 위치와 관련, 대담하고 매혹적인 주장은 가르 알페로비츠와 카이 버드, 「폭탄의 중심성」, ≪외교 정책≫ no. 94(1994년 봄): 3~20; 가르 알페로비츠와 카이 버드, 「냉전 동역학의 이론: 미국 정책, 독일 그리고 폭탄」, ≪역사 교사≫ 29, no. 3(1996년 5월): 281~300.

2. 맥조지 번디, 『위험과 생존, 처음 50년 동안 폭탄에 대한 선택』(뉴욕: 랜덤하우스, 1988), 375.

3. 닥터 스트레인지러브에서 3년 뒤, 「벽」 터깃슨 장군은 소련에 대한 첫 번째 공격을 권고한 뒤 대통령에게 "대통령님, 저는 우리가 머리를 헝클어뜨리지 않는다는 게 아닙니다. 휴식 시간에 따라 1천만에서 2천만은 넘지 않으리라고 말하는 것입니다"라고 말했다. 스탠리 큐브릭, 테리 서던, 피터 조지, 〈닥터 스트레인지러브 또는 어떻게 나는 걱정을 멈추고 폭탄을 사랑하게 되었나〉, 스탠리 큐브릭 감독, 로스앤젤레스, 캘리포니아: 컬럼비아 픽처스, 1964, www.visual-memory.co.uk/amk/doc/0055.html.

4. 「소련 ICBM 프로그램-증거와 분석」, ≪미국의 대외 관계, 1961~1963≫, 제8권, 국가 안보 정책, 데이비드 W. 마본 외(워싱턴 D.C.: 정부 인쇄국, 1996), 문서 29, 1961년 6월 7일, history.state.gov/historicaldocuments/frus1961-63v08/d29.

5. 데스먼드 볼, 『정치와 힘의 수준: 케네디 행정부의 전략 미사일 프로그램』(버클리: 캘리포니아 대학교 출판부, 1980), 246.

6. 존 파이크, 「죽음의 빔 격차: 키건의 어리석은 행동을 긴 안목에서 바라보기」, 1992년 10월, www.fas.org/spp/eprint/keegan.htm.

7. 데스먼드 볼, 『정치와 힘의 수준』, 4장 「케네디 행정부와 '미사일 격차'의 소멸」, 특히 90~94.

8. 「소련의 장거리 공격 능력」, ≪미국의 대외 관계≫, 국가정보판단 및 관련 보고서와 서신, 1950~1985(워싱턴 D.C.: 정부 인쇄국), 1961년 6월 7일, research.archives.gov/id/7327101.

9. 아널드 L. 호어릭과 마이런 러시, 「소비에트 전략 미사일 주장에서의 기만, 1957~1962」, R-409-PR, 랜드 연구소, 1963년 5월. 또한 아널드 L. 호어릭과 마이런 러시, 『전략적 힘과 소련 외교 정책』(시카고, 일리노이, 시카고 대학교 출판부, 1965) 참조.

10. 「1961년 8월 베를린에 대한 흐루쇼프의 비밀 연설」, 냉전 국제사 프로젝트, www.mtholyoke.edu/acad/intrel/khrush.htm(웹에서 인용).

11장

1. ellsberg.net에 올린 내 메모에 링크(이것들은 지금 읽으면 매우 불편하다. 하지만 이것들은 분명히 내 '고백'의 일부이다).

2. 로스웰 L. 길패트릭, 버니지아주 핫스프링 홈스테드에서 열린 비즈니스 협회에서 연설한 길패트릭 국방부 차관의 연설문. nsarchive2.gwu.edu/NSAEBB/NSAEBB56/BerlinC6.pdf. 조지프 A. 로프터스, "길패트릭은 미국이 원자무기로 공격하는 자(국가)를 공격할 수 있다고 경고한다: 수만 개의 핵무기를 배치하면서—소련이 전쟁을 일으킬지 의심스럽다," ≪뉴욕 타임스≫, 1961년 10월 22일. 또한 「제1격 옵션과 베를린 위기, 1961년 9월: 케네디 행정부의 새로운 문서」 국가안보기록원 전자 브리핑 북, 56호, 윌리엄 버 편집, 2001년 9월 25일 발간, nsarchive2.gwu.edu/NSAEBB/NSAEBB56/.

3. 마이클 베슐로스, 『위기의 세월: 케네디와 흐루쇼프, 1960~1963』(뉴욕: 하퍼 콜린스, 1991), 332.

4. 위의 책, 329~330.

5. 시모어 허시, 『카멜롯의 어두운 면』(보스턴: 리틀 브라운 앤 컴퍼니, 1997), 262. 또한 알렉산드르 푸르센코와 티모시 나프탈리, 『흐루쇼프의 냉전: 미국의 적국에 대한 비화』(뉴욕: W. W. 노턴 & 컴퍼니, 2006), 399~400, 참조.

6. 마이클 베슐로스, 『위기의 세월: 케네디와 흐루쇼프, 1960~1963』, 331~332.

7. 위의 책, 332.

8. 위의 책, 351.

9. 로버트 맥나마라, 1962년 5월 5일 그리스 아테네에서 열린 나토 각료회의 연설, nsarchive2.gwu.edu//NSAEBB/NSAEBB159/usukconsult-16c.pdf.

10. 리처드 로드스, 『어두운 태양: 수소 폭탄 만들기』(뉴욕: 사이먼 앤 슈스터, 1995), 570.

11. 로버트 맥나마라, 1962년 6월 9일, 미시간주 앤아버 연설. robertsmcnamara.com.files.wordpress.com/2017/04/mcnamara-1967-22no-cities22-speech-p.pdf.

12. 푸르센코와 나프탈리, 『흐루쇼프의 냉전: 미국의 적국에 대한 비화』, 442.

13. ≪프라우다≫, 1962년 7월 11일, 아널드 L. 호어릭과 마이런 러시 인용, 『전략적 힘과 소련 외교 정책』(시카고, 일리노이, 시카고 대학교 출판부, 1965), 91.

12장

1. 티모시 나프탈리와 필립 젤리코우 편, 『존 F. 케네디의 대통령 기록물, 제1~3권: 위대한 위기』(뉴욕: W. W. 노턴 & Co., 2001).

2. 티모시 나프탈리와 필립 젤리코우 편, 『존 F. 케네디의 대통령 기록물, 제1~3권: 위대한 위기: 1962년 9월~10월 21일』(뉴욕: W. W. 노턴 & Co., 2001), 464.

3. 딘 애치슨, 「로버트 케네디가 본 쿠바 미사일 사건에 대해 딘 애치슨의 견해: 순진한 바보가 얻은 행운에 경의를」, ≪에스콰이어≫, 1969년 2월, 44.

13장

1. 로버트 맥나마라와의 인터뷰, 「핵 시대의 전쟁과 평화: 유럽이 핵으로 간다」, 1986년 2월 20일(36분), openvault.wgbh.org/catalog/V_DF35A31CD90545FE83A077DE010DD044.

2. 제임스 G. 허시버그, "10월의 미사일" 이전: 케네디는 쿠바에 대한 군사 공격을 계획했나?", 제임스 A. 네이탄 편집, 『쿠바 미사일 위기 재고再考』(뉴욕: 세인트 마틴 프레스, 1992), 237~280(이 장의 초기 버전은 ≪외교사≫ 14(1990년 봄): 163~198에 처음으로 기사로 실렸다).

3. 알렉산드르 푸르센코와 티모시 나프탈리, 『어느 도박의 지옥: 흐루쇼프, 카스트로, 케네디, 1958~1964』(뉴욕: W. W. 노턴 & Co., 1997), 249~250.

4. 이 회의가 개최된 적이 있는지 토론을 참조, 셸던 M. 스턴, 『'최종 실패' 회피: 존 F. 케네디와 쿠바 미사일 위기 비밀회의』(스탠퍼드, 캘리포니아: 스탠퍼드 대학교 출판부, 2003), 이 책에서 그는 "역사적 배심원단은 여전히 존재한다"라고 결론지었다, 289~290, 368~372.

5. 딘 애치슨, 「로버트 케네디가 본 쿠바 미사일 사건에 대해 딘 애치슨의 견해」, ≪에스콰이어≫, 1969년 2월, 144.

6. 로버트 F. 케네디, 『13일: 쿠바 미사일 위기의 회고록』(뉴욕: W. W. 노턴 & Co., 1971), 84~87.

7. 딘 러스크 외, 「에세이: 쿠바 미사일 위기의 교훈」, ≪타임≫, 1982년 9월 27일, 85~86.

8. 로버트 F. 케네디, 『13일: 쿠바 미사일 위기의 회고록』, 108~09. 생략 부호는 원본 그대로임.

9. 테드 슐크, 『피델: 비판적 초상』(뉴욕: 윌리엄 모로우 앤 컴퍼니, 1986), 584.

10. 제임스 G. 블라이트 외, 『위기에 처한 쿠바』, 250~251; 스베틀라나 사브란스카야와 토마스 블랜턴, 「1962년 12월 마지막 핵무기가 쿠바를 떠났다」, 국가안보기록원 전자 브리핑 북 449, 2013년 12월 11일, nsarchive.gwu.edu/NSAEBB/NSAEBB449/; 세르고 미코얀, 『소련 쿠바 미사일 위기: 카스트로, 미코얀, 케네디, 흐루쇼프, 그리고 11월의 미사일』, 스베틀라나 사브란스카야 편(스탠퍼드, 캘리포니아: 스탠퍼드 대학교 출판부, 2010), 266.

11. 제임스 G. 블라이트 외, 『위기에 처한 쿠바: 카스트로, 미사일 위기, 그리고 소련의 붕괴』(40주년 기념판)(뉴욕, 로우먼 앤 리틀필드, 2002), 379.

12. 제임스 G. 블라이트와 재닛 M. 랭, 『아마겟돈 서신: 쿠바 미사일 위기에서 케네디/흐루쇼프/카스트로』(뉴욕, 로우먼 앤 리틀필드, 2012), 275.

13. 스콧 D. 세이건, 『안전함의 한계: 조직, 사고, 핵무기』(프린스턴, 뉴저지: 프린스턴 대학교 출판부, 1993), 62~71.

14. 로버트 F. 케네디, 『13일: 쿠바 미사일 위기의 회고록』, 47~48.

15. 위의 책, 48.

16. 위의 책, 47~48.

17. 위의 책, 49~50.

18. 스베틀라나 V. 사브란스카야, 「쿠바 미사일 위기에서 소련 잠수함의 역할에 대한 새로운 자료」, ≪전

략연구 저널≫, 28, no.2(2005), 233~259; 피터 A. 허치타우센, 『10월의 분노』(호보켄, 뉴저지: 존 와일리 앤 선즈, 2007).

19. 알렉산드르 푸르센코와 티모시 나프탈리, 『흐루쇼프의 냉전: 미국의 적국에 대한 비화』(뉴욕: W. W. 노 턴&Co., 2006), 487, BBC 스코틀랜드의 슘코프 인터뷰를 인용.

20. 피터 A. 허치타우센, 『10월의 분노』, 210.

21. 스베틀라나 V. 사브란스카야, 「쿠바 미사일 위기에서 소련 잠수함의 역할에 대한 새로운 자료」, 두비 우코의 말 "사르가소 바다의 깊이" 인용 321n32.

22. 문서 #7, 바딤 오를로프의 회상(러시아 잠수함 B-59), "우리는 그것들을 모두 침몰시키겠지만, 우리 해군 을 망신시키지는 않을 것이다." 알렉산더 모조포이, 『폭스트롯 4중주의 쿠바식 삼바: 1962년 카리브해 위기에서의 소련 잠수함』(모스크바: 군사 퍼레이드, 2002). 『수중 쿠바 미사일 위기: 소련 잠수함과 핵전쟁의 위험』, 스베틀라나 사브란스카야 번역, 국가안보기록원 전자 브리핑 북 339호, 토마스 블랜턴, 윌리엄 버, 스베틀라나 사브란스카야 편, 2012년 10월 24일, nsarchive.gwu.edu/NSAEBB/NSAEBB399/.

23. 바딤 오를로프의 회상(러시아 잠수함 B-59), "우리는 그것들을 모두 침몰시키겠지만, 우리 해군을 망신시 키지는 않을 것이다." 알렉산더 모조포이, 『폭스트롯 4중주의 쿠바식 삼바: 1962년 카리브해 위기에서 의 소련 잠수함』.

24. 이는 2012년 미국 국가안보기록원의 토머스 블랜턴의 말을 인용한 PBS 다큐멘터리 제목이기도 하다. 이 영화는 아르키포바의 자부심에 찬 말로 끝이 난다.

25. 1962년 10월 28일, 미사일 위기 종식을 수용하는 내용으로 흐루쇼프가 케네디에게 보낸 성명서, 『쿠 바 미사일 위기, 1962: 국가 안보 문서 판독』, 로런스 창과 피터 콘블루 편(뉴욕, 뉴프레스, 1998), 238.

26. 로저 힐스먼은 마이클 돕스의 『자정까지 단 1분: 핵전쟁 직전에 선 케네디, 흐루쇼프 그리고 카스트 로』(뉴욕: 알프레드 A. 크노프, 2008)에서 인용, 269~270.

27. 에반 토마스, 『로버트 케네디: 그의 인생』(뉴욕: 사이먼 쿤 슈스터, 2000), 227.

28. 로버트 F. 케네디, 『13일: 쿠바 미사일 위기의 회고록』, 84.

29. 흐루쇼프가 케네디에게 보낸 서신, 1962년 10월 26일, 국무부 번역, 로런스 창과 피터 콘블루 편, 『쿠 바 미사일 위기, 1962: 국가 안보 문서 판독』, 198.

30. 노먼 커즌스, 「사설: 쿠바 미사일 위기: 기념일」, 1977년 10월 15일 토요일 리뷰.

14장

1. 일반적인 폭격의 기원과 영미권의 독일 폭격, 특히 미국의 일본 폭격에 대해서, 책에 이미 인용한 것 외 에 내가 참조한 목록은 다음을 참조할 것: 콘래드 C 크레인, 『폭탄, 도시 및 민간인: 2차 세계대전 당 시 미국 공군의 전략』(로런스: 캔자스 대학 출판부, 1993); 리처드 오버리, 『폭격기와 피폭격물: 1940~1945 년 유럽 상공에서의 연합 공중전』(뉴욕: 바이킹, 2013); 허먼 닐, 『도시를 파괴하기 위해: 2차 세계대전에서 의 전략 폭격과 인간에게 미친 결과』(케임브리지, 매사추세츠: 다카포 프레스, 2003); 랜달 한센, 『화염과 분노: 1942~1945년 연합군의 독일 폭격』(뉴욕: NAL 캘리버, 2009); 알렉산더 맥키, 『드레스덴 1945: 악마의 부 싯깃 통』(뉴욕: 더튼, 1982); 로널드 샤퍼, 『심판의 날개: 2차 세계대전에서 미국의 폭격』(뉴욕: 옥스퍼드 대학교 출판부, 1988); A. C. 그레일링, 『죽은 도시들 가운데: 2차 세계대전 독일과 일본에서의 민간인 폭격의 역 사와 도덕적 유산』(뉴욕: 워커 앤 컴퍼니, 2006); 키스 로웨, 『인페르노: 1943년 맹렬한 화염으로 파괴된 함부 르크』(뉴욕: 스크리브너, 2007); 요르그 프리드리히, 『화염: 1940~1945 독일 폭격』(뉴욕: 컬럼비아 대학교 출판부, 2006) 에릭 마르쿠센과 데이비드 코프, 『홀로코스트와 전략 폭격: 20세기의 대량학살과 전면전』(보울더, 콜로라도: 웨스트뷰 프레스, 1995); 수잔 그리핀, 『돌들의 합창: 전쟁의 사생활』(뉴욕: 앵커 북스, 1993); 스벤 린드 크비스트, 『폭격의 역사』(뉴욕: 뉴프레스, 2001); 존 다우어, 『자비 없는 전쟁: 태평양 전쟁에서의 인종과 힘』 (뉴욕: 판테온, 1986); 찰스 그리피스, 『더 퀘스트: 헤이우드 한셀과 2차 세계대전에서의 미국의 전략 폭격』 (앨라배마: 공군대학교 출판부, 1999); 헤이우드 S. 한셀, 『독일과 일본에 대한 전략적 공중전』(워싱턴 D.C.: 공군 역사 사무소, 미 공군, 1986); 타미 데이비스 비들, 『공중전에서의 미사여구와 현실: 전략폭격에 대한 영국과 미국의 생각의 진화, 1914~1945』(프린스턴, 뉴저지: 프린스턴 대학교 출판부, 2002); 로버트 파페, 『승리를 위한 폭격: 전쟁에서의 공군력과 강압』(이타카: 코넬 대학교 출판부, 1996); 마이크 데이비스, 「유타주 벽장 속 베를 린의 뼈」, 『죽은 도시들: 그리고 다른 이야기들』(뉴욕: 뉴프레스, 2002), 65~84.

2. 프랭클린 D. 루즈벨트, "영국, 프랑스, 이탈리아, 독일, 폴란드에게 민간인에 대한 공중 폭격을 자제해 달라, 요청," 1939년 9월 1일, www.presidency.ucsb.edu/ws/?pid=16597.

3. 존 피니스 외, 『핵 억제력, 도덕과 현실주의』(뉴욕: 옥스퍼드 대학교 출판부, 1987), 39.

4. 위의 책, 존 슬레서 경의 말을 인용, 『센트럴 블루: 영국 공군 원수의 회상과 성찰』(런던: 카셀 앤 컴퍼니, 1956), 213; 「전쟁 시 공중 폭격으로부터 민간인 보호」, 국제연맹 결의안, 1938년 9월 30일, www.dannen.com/decision/int-law.html#d.

5. 바버라 투크먼, 『스틸웰과 미국의 중국 경험, 1911~1945』(뉴욕: 맥밀런, 1971), 5장.

6. 허버트 미트갱, "헤밍웨이가 1938년에 프라우다를 위해 영어로 쓴 기사", 《뉴욕 타임스》, 1982년 11월 29일 참조. 1938년 8월 1일 《프라우다》에 「인류는 이것을 용서하지 않을 것이다!」라는 제목으로 실렸다. 이 글은 서문을 제공했던 윌리엄 브래시 왓슨에 의해 1982년 출간되었다.

7. 존 피니스 외, 『핵 억제력, 도덕과 현실주의』, 44. 강조 추가.

8. F. M. 샐러거, 『전면전으로 이르는 길: 2차 세계대전의 확산』, R-465-PR(산타 모니카, 캘리포니아, 랜드연구소 1969년 4월), 111.

9. 프리먼 다이슨, 세계를 어지럽히다(뉴욕: 하퍼 앤 로, 1979), 26.

10. F. M. 샐러거, 『전면전으로 이르는 길: 2차 세계대전의 확산』, 128.

11. 위와 같음.

12. 위의 책, 129.

13. 존 C. 포드, S. J., 「말살 폭격의 도덕성」, 《신학 연구》 5, no.3(1944년 9월): 261~309; 베라 브리튼, 『혼돈의 씨앗』(런던: 뉴비전 출판사, 1944); 베라 브리튼, 『하나의 목소리: 2차 세계대전 평화주의자들의 저술』(런던: 컨티넘, 2005). 또 다른 강력한 비평가는 성공회 주교 조지 벨이었다. 앤드루 챈들러, 「2차 세계대전에서 영국 교회와 독일의 말살 폭격」을 참조, 《영국사 리뷰》 108, No. 429(1993): 920~946.

14. F. M. 샐러거, 『전면전으로 이르는 길: 2차 세계대전의 확산』, 155~56.

15. 위의 책, 157.

16. 위와 같음.

17. 위와 같음.

15장

1. 로버트 N. 니어, 『네이팜탄: 어느 미국인의 전기』(케임브리지, 매사추세츠: 벨크냅 프레스, 2013), 63.

2. 프리먼 다이슨, 『무기와 희망』(뉴욕: 하퍼 콜린스, 1984), 117.

3. 프리먼 다이슨, 『세계를 어지럽히다』(뉴욕: 하퍼 앤 로, 1979), 28.

4. 커트 보니것, 『제5도살장』(뉴욕: 델라코르테 프레스, 1969).

5. 존 W. 다우어, 『전쟁의 문화, 진주만/히로시마/9-11/이라크』(뉴욕: W. W. 노턴 & Co., 2010), 175.

6. 마이클 S. 셰리, 『미국 공군의 부상: 아마겟돈의 창조』(뉴헤븐, 코네티컷: 예일 대학교 출판부, 1987), 260~264. 셰리의 책은 특히 지역 폭격과 화염 폭격을 향한 하락에 대해 통찰력이 있다.

7. 로버트 N. 니어, 『네이팜탄: 어느 미국인의 전기』, 65.

8. 프레더릭 테일러, 『드레스덴: 1945년 2월 13일 화요일』(런던: 블룸즈베리, 2005), 432. 강조 추가.

9. 위의 책, 432. 강조 추가.

10. 말콤 글래드웰, "노든 폭격 조준경의 이상한 이야기," TED Talk, 2011년 7월, www.ted.com/talks/malcolm_gladwell?language=en 참조.

11. 마이클 S. 셰리, 『미국 공군의 부상: 아마겟돈의 창조』(뉴헤븐, 코네티컷: 예일 대학교 출판부, 1987), 31, 58. 또한 로버트 N. 니어, 『네이팜탄: 어느 미국인의 전기』, 66(참고자료와 함께) 참조.

12. 존 W. 다우어, 『전쟁의 문화, 진주만/히로시마/9-11/이라크』, 168. 또한 마이클 S. 셰리, 『미국 공군의 부상: 아마겟돈의 창조』, 109 참조.

13. 커티스 르메이, 『2차 세계대전 데이터베이스』, ww2db.com/person_bio.php?person_id=509.

14. 커티스 E. 르메이, 『르메이의 임무: 나의 이야기. 매킨리 캔터와 함께』(뉴욕: 더블데이 앤 컴퍼니, 1965)

15. 커티스 E. 르메이, 『르메이의 임무: 나의 이야기. 매킨리 캔터와 함께』, 349~352. 일부 단락은 생략됨.

16. 위의 책, 352.

17. 위의 책, 253.

18. 워렌 모스크바, 「B-29의 도쿄 공격으로 51제곱마일이 전소되었다」, ≪뉴욕 타임스≫, 1945년 5월 30일, A1, 4.

19. 존 W. 다우어, 『전쟁의 문화: 진주만/히로시마/9-11/이라크』, 183. 또한 마이클 S. 셰리, 「미국 공군의 부상: 아마겟돈의 창조」, 109 참조.

20. 피터 J. 쿠즈닉, 「미래를 거는 결정: 해리 트루먼, 원자폭탄과 종말론적 이야기」, ≪아시아-태평양 저널≫ 5, no.7(2007년 7월), apjjf.org/-Peter-J.-Kuznick/2479/article.html(그리고 각주 6 참조).

21. 미국 전략 폭격 조사, 「일본에 대한 소이탄 공격의 영향: 8개 도시에 대한 보고서」 보고서 90, 조사 날짜: 1945년 10월 3일~1945년 12월 1일. 워싱턴 D.C.: 물리적 피해 부서, 1947년 4월.

22. 제임스 허시버그가 쓴 뛰어난 '코넌트 전기'에서 이 선전물의 기원에 대한 설명을 참조(코넌트는 스팀슨에게 출판하도록 압박하고 번다를 감독해 초안을 작성했다), 『제임스 B. 코넌트: 하버드 대학교에서 히로시마와 핵시대를 창조하다』(뉴욕: 크노프, 1993), 289~394.

23. 윌리엄 D. 리히, 『내가 거기에 있었다: 루스벨트 대통령과 트루먼 대통령에게 보낸 비서실장의 개인적인 이야기』(뉴욕: Whittlesey House, 1950), 441.

24. 커티스 E. 르메이, 『르메이의 임무: 나의 이야기』. 매킨리 캔터와 함께」, 387.

25. 참고 자료는 올리버 스톤과 피터 쿠즈닉, 『아무에게도 들려주지 않은 미국의 역사』(뉴욕: 사이먼 앤 슈스터, 2012), 176~177 참조.

26. 미국 전략 폭격 조사, 태평양 전쟁, 1946년 7월 1일, 26, www.anesi.com/ussbs01.htm#hindsigh.

27. 마이클 S. 셰리, 「미국 공군의 부상: 아마겟돈의 창조」, 287. 1981년 6월 29일 인터뷰(392 참조).

16장

1. 리처드 로드스, 『어두운 태양: 수소 폭탄 만들기』(뉴욕: 사이먼 앤 슈스터, 1995), 23~24. 또한 그레그 허큰, 『폭탄의 형제애』(뉴욕: 헨리 홀트 앤 컴퍼니, 2002), 142 참조.

2. 데이비드 앨런 로젠버그, 「미국 핵비축, 1945년부터 1950년까지」, ≪원자 과학자 회보≫ 38, no. 5(1982): 26. 로젠버그는 1982년에 처음으로 이 숫자들을 기밀 해제했다.

3. 데이비드 앨런 로젠버그, 「미국의 핵전략과 수소폭탄 결정」, ≪미국 역사 저널≫, 1979년 6월, 66.

4. 위의 글, 67.

5. 위의 글, 67~68. 그리고 에드워드 캐플런, 『나라 없애기: 공기-원자 시대에 미국의 전략과 상호확증파괴의 대두』(이타카, 뉴욕: 코넬 대학교 출판부, 2015) 참조.

6. 데이비드 앨런 로젠버그, 「미국의 핵전략과 수소폭탄 결정」, 68. 또한 데이비드 앨런 로젠버그, 「미국 핵비축, 1945년부터 1950년까지」, 26 참조.

7. 그레그 허큰, 『승리의 무기: 1945~1950년 냉전 시대의 원자폭탄』(뉴욕: 크노프, 1981), 271.

8. 데이비드 앨런 로젠버그, 「미국의 핵전략과 수소폭탄 결정」, 70.

9. 위의 글, 73.

10. 데이비드 앨런 로젠버그, 「미국 핵비축, 1945년부터 1950년까지」, 26.

11. 그레그 허큰, 『승리의 무기: 1945~1950년 냉전 시대의 원자폭탄』, 341.

12. 데이비드 앨런 로젠버그, 「과잉 살상의 기원: 1945~1960년, 핵무기와 미국의 전략」, ≪국제 안보≫ 7, no.4(1983년 봄): 35; 특히 로젠버그의 기사들 가운데 특히 이 기사는 초기 핵전쟁 계획에 대한 설명의 기초를 이룬다. 이 설명은 기밀 해제된(그 가운데 것들은 로젠버그가 처음 공개한) 문서들을 바탕으로 작성되었다. 다른 중요한 설명은 프레드 캐플런, 『아마겟돈의 귀재들』(뉴욕: 사이먼 앤 슈스터, 1983); 마크 트라흐텐베르크, 『평화 구축: 유럽 정착지 만들기, 1945~1963』(프린스턴, 뉴저지: 프린스턴 대학교 출판부, 1999); 스콧 D. 세이건, 『움직이는 목표: 핵전략과 국가안보』(프린스턴, 뉴저지: 프린스턴 대학교 출판부, 1989); 잔 E. 놀런, 『무기고의 수호자: 핵전략의 정치』(뉴욕: 베이직 북스, 1989); 그리고 데스먼드 볼과 제프리 리켈슨 편, 『전략핵 표적』(이타카, 뉴욕: 코넬 대학교 출판부, 1986) 참조.

13. 애덤 클라이머, 「아이젠하워 앞에 놓인 A-테스트 '혼란'」, ≪뉴욕 타임스≫, 1979년 4월 20일(고든 딘의 1953년 5월 27일 일기를 인용).

14. 데이비드 앨런 로젠버그, 「과잉 살상의 기원: 1945~1960년, 핵무기와 미국의 전략」, 스티븐 밀러 편,

『전략과 핵 억지력』(프린스턴, 뉴저지: 프린스턴 대학교 출판부, 1984), 118.

15. 윌리엄 버, 「핵전쟁의 끔찍한 비용을 묘사했던, 한때 최고 기밀 정부 기관의 연구」, 국가안보기록원 전자 브리핑 북 No.480, 2014년 7월 22일 게재, nsarchive.gwu.edu/nukevault/ebb480/.

16. 윌리엄 버, 「닉슨 행정부, '공포 전략', 그리고 제한된 핵 옵션의 탐색, 1969~1972」, ≪냉전 연구 저널≫ 7, no.3(2005년 여름): 34.

17. 위의 글, 35.

18. 윌리엄 버, 「8천만 명을 죽이는 단 하나의 선택은 부도덕의 극치」, 국가안보기록원 브리핑 북, No.173, 2005년 11월 23일, nsarchive.gwu.edu/NSAEBB/NSAEBB173/. 또한 윌리엄 버, 「'이것이 그들이 할 수 있는 최선인가?':헨리 키신저와 미국의 제한된 핵 옵션 탐색, 1969~75」, 『전쟁계획과 냉전 시대의 동맹: 동서양의 위협 인식』, 보즈테크 마츠니, 스벤 G. 홀츠마크와 안드레아스 벵거 편(뉴욕: 로트리지, 2006), 118~140 참조.

19. 조지 리 버틀러, 『흔치 않은 원인: 관습과 대립하는 삶』(덴버: 아웃스커트 프레스, 2016), 6~17.

20. 에드워드 톰슨, 「멸종에 대한 노트, 문명의 마지막 단계」, ≪뉴레프트 리뷰≫ I, no.121(1980년 5월~6월): 23, 29.

17장

1. 그레그 허큰, 『폭탄의 형제애』(뉴욕: 헨리 홀트 앤 컴퍼니, 2002), 65~67.

2. 누엘 파 데이비스, 『로런스와 오펜하이머』(뉴욕: 사이먼 앤 슈스터, 1968), 131~32.

3. 아서 H. 콤프턴, 『원자 퀘스트: 개인적 이야기』(뉴욕: 옥스퍼드 대학교 출판부, 1956), 127~28. 강조 추가.

4. 리처드 로드스, 『원자폭탄 만들기』(뉴욕: 사이먼 앤 슈스터, 1987), 405, 알버트 스피어 인용, 『제3제국의 내부』(뉴욕: 맥밀런, 1970), 227.

5. 아서 H. 콤프턴, 『원자 퀘스트: 개인적 이야기』, 128. 강조 추가.

6. 펄 S. 벅, 「폭탄—세상의 종말?」, ≪아메리칸 위클리≫, 1959년 3월 8일, 9~12.

7. 피터 굿차일드, 『에드워드 텔러: 진짜 닥터 스트레인지러브』(케임브리지: 하버드 대학교 출판부, 2004), 66. 강조 추가.

8. 위와 같음.

9. 누엘 파 데이비스, 『로런스와 오펜하이머』, 235.

10. 피터 굿차일드, 『에드워드 텔러: 진짜 닥터 스트레인지러브』, 103~04. 강조 추가.

11. 토마스 파워스, 「아마겟돈의 빛을 보며」, ≪롤링 스톤≫, 1982년 4월 29일, 62. 강조 추가.

12. 누엘 파 데이비스, 『로런스와 오펜하이머』, 239.

13. 위의 책, 241.

14. 리처드 로드스, 『원자폭탄 만들기』, 648.

15. 위의 책, 405.

18장

1. 피터 굿차일드, 『에드워드 텔러: 진짜 닥터 스트레인지러브』(케임브리지: 하버드 대학교 출판부, 2004), 63.

2. 피터 굿차일드, 『에드워드 텔러: 진짜 닥터 스트레인지러브』, 64.

3. 레오 실라르드 외, 「미국 대통령에게 청원」, 미국국립기록원, 레코드 그룹 77, 맨해튼 엔지니어 구역, 고위 엔지니어 기록, 해리슨-번디 파일, 폴더 #76, 1945년 7월 17일, www.dannen.com/decision/45-07-17.html.

4. 「1949년 10월 30일 GAC 보고서」, 허버트 요크, 『자문가들: 오펜하이머, 텔러, 그리고 초강력 폭탄』(스탠퍼드, 캘리포니아: 스탠퍼드 대학교 출판부, 1989), 158.

5. 위의 책, 160.

6. 위의 책, 159.

7. 위의 책, 159~160.

8. 1949년 10월 30일 자 E. 페르미와 I. I. 라비 편지, 「'슈퍼'의 발전에 관한 의견」, 요크, ≪자문가들≫, 161~162.

9. 요크, ≪자문가들≫, 69.

10. 「1949년 10월 30일 GAC 보고서」, 요크, ≪자문가들≫, 159.

11. 조지프 대니얼, 키스 포프, 앨런 긴즈버그, 르로이 무어, 『불복종의 1년과 양심의 한계』(보울더, 콜로라도: 스토리 아트 미디어, 2013), ellsberg.net 참조.

12. 그레그 허큰, 『폭탄의 형제애』(뉴욕: 헨리 홀트 앤 컴퍼니, 2002), 67. 오펜하이머는 TNT 1억 톤의 폭발 수율을 가진, 2~3통의 액체 중수소를 점화해 약 360 평방마일을 파괴하는 폭탄을 설명했다.

13. 그의 고뇌는 부적절하지 않았다. 아르준 마히자니, 하워드 후, 그리고 캐서린 이 외, 『핵 황무지: 핵무기 생산과 건강 및 환경 영향에 관한 글로벌 가이드』(케임브리지, 매사추세츠: MIT 출판부, 1995). 또한 마이크 데이비스, 「데드 웨스트: 말보로 컨트리의 생태계 파괴」, ≪뉴레프트 리뷰≫ I/200(1993 7~8월): 49~73. 마이크 데이비스, 『죽은 도시들: 그리고 다른 이야기들』(뉴욕: 뉴 프레스, 2002), 33~64 참조.

14. 페르미와 라비, 「'슈퍼'의 발전에 관한 의견」, 그리고 「1949년 10월 30일 GAC 보고서」, 요크, ≪자문가들≫, 158, 160, 161~162.

19장

1. 대니얼 F. 포드, 『핵버튼: 미 국방부의 지휘통제시스템—작동하는가?』(뉴욕: 사이먼 앤 슈스터, 1985), 141.

2. 위의 책, 122~24.

3. 「논란거리인 지미 카터의 핵 표적 지침 PD-59 기밀 해제」, 국가안보기록원 전자 브리핑 북 390, 2012년 9월 4일, nsarchive.gwu.edu/nukevault/ebb390/.

4. 「레이건의 핵전쟁 브리핑 기밀 해제: 전쟁 계획의 주요 목표 가운데 크렘린 지도자들」, 국가안보기록원 전자 브리핑 북 No.575, 2016년 12월 22일, nsarchive.gwu.edu/nukevault/ebb575-Reagan-Nuclear년

5. 레온 슬로스와 마크 밀로, 「진화하는 미국의 핵전략」, 1983년 12월 12일, 14; 포드, ≪핵단추≫, 28에서 인용. 강조 추가.

6. 대니얼 F. 포드, 『핵버튼: 미 국방부의 지휘통제시스템—작동하는가?』, 129.

7. 브루스 할로웨이가 프랜시스 X. 케인 박사에게 보낸 198년 3월 31일 자 편지는 포드, ≪핵단추≫, 128에서 인용되었다.

8 위의 글, 124.

9. 앤서니 캐파시오, 「미국은 러시아와 중국의 핵 타격 생존 능력을 검토한다」, ≪블룸버그≫, 2017년 1월 29일, Anthony Capaccio, www.bloomberg.com/news/articles/2017-01-30/nuclear-strikesurvival-for-russia-china-get-new-u-s-review.

10. 허버트 요크, 『무기를 만들고 평화를 말하다』(뉴욕: 베이직 북스, 1987), 183~84.

11. 스탠리 큐브릭, 테리 서던, 피터 조지, 「닥터 스트레인지러브 또는: 어떻게 나는 걱정을 멈추고 폭탄을 사랑하게 되었나」, 스탠리 큐브릭 감독, 로스앤젤레스, 캘리포니아: 콜롬비아 픽처스, 1964, www.visual-memory.co.uk/amk/doc/0055.html.

12. 발레리 E. 야리니치, 『C3: 핵 사령부, 통제, 협력』(워싱턴 D.C.: 국방정보센터, 2003).

13. 데이비드 호프먼, 「발레리 야리니치, 소련의 인류 종말 기계에 대해 이야기한 남자」, ≪워싱턴 포스트≫, 2012년 12월 20일.

14. 「러시아의 비밀 방패, 일명 페리미터, 데드 핸드」, ≪프라우다≫, 2017년 2월 2일, www.pravdareport.com/russia/politics/02-02-2017/136776-perimeter-0/.

15. 「러시아는 종말의 무기를 시험하고, 미국은 러시아의 생존 능력을 시험한다」, ≪프라우다≫, 2017년 1월 30일, www.pravdareport.com/hotspots/conflicts/30-01-2017/136733-doomsday_weapon-0/.

16. 특별히, STRATCOM의 섹션 1647, and c.

17. 앨런 로복과 오웬 브라이언 툰, 「자신감 있는 파괴: 핵전쟁의 기후 영향」, ≪원자 과학자 회보≫ 68, no.5(2012): 66~74; 아이라 헬판드, 「핵 기근: 위험에 처한 20억 명」, ≪핵전쟁 방지를 위한 국제 의사회≫, 2013년 11월. 오웬 B. 툰 외, 「지역 규모의 핵 무력 충돌 결과」, ≪사이언스≫, 315, no.5816(2007): 1224~1225, 인도와 파키스탄 사이에서 분쟁이 일어났을 때(히로시마에 투하된 원자폭탄 규모의 무기를 양측 각각 50개 포함), 일조량 감소와 지구 수확량 및 성장 계절에 미치는 영향을 계산. 또한 앨

런 로복과 오웰 브라이언 툰, 「지역 핵전쟁, 전 세계적 고통」, ≪사이언티픽 아메리칸≫ 302(2010년 1월): 74~81, climate.envsci.rutgers.edu/pdf/RobockToonSciAmJan2010.pdf 참조. 아이라 헬판드 M.D., 핵전쟁 방지를 위한 국제 의사회, 아이라 헬판드는 핵무기가 세계 식량 공급에 지대한 영향을 끼치는 기후에 변화를 가져와, 세계에서 가장 영양이 부족한 20억 명의 사람들을 굶어 죽게 할 수 있다고 계산했다; 「핵 기근: 위험에 처한 20억 명? 제한된 핵전쟁이 농업, 식량 공급, 인간의 영양에 미치는 세계적 영향」, 제2판, 2013년. www.psr.org/assets/pdfs/two-billion-at-risk.pdf.

20장

1. H. R. 홀드먼, 『권력의 종말』(뉴욕: 타임스 북스, 1978), 82~83. 원본에 강조. 강요의 기술 강의: ellsberg. net/Doomsday/ArtofCoercion 참조. 그리고 대니얼 엘스버그, 「협박의 이론과 실천」, 오란 R. 영 편, 『흥정: 협상의 공식 이론』(어배너: 일리노이 대학교 출판부, 1975), 343~363.
2. 「광기의 정치적 이용」, ellsberg.net/Doomsday/ArtofCoercion.
3. 1969년 가을, 닉슨의 협박, 계획, 비밀 핵 경보와 닉슨의 미치광이 전략에 대한 최초의 광범위한 조사와 논의는 시모어 허시의 놀라운 폭로성 책, 『권력의 대가: 닉슨 백악관의 키신저』(뉴욕: 서밋 북스, 1983)에 등장했다. 그 뒤에, 스콧 D. 세이건과 제레미 수리, 「1969년 10월, 미치광이 핵 경보: 비밀 유지, 신호 및 안전」, ≪국제 보안≫ 27, no.4(2003년 봄): 150~183, 그리고 윌리엄 버와 제프리 P. 킴벌, 「닉슨의 핵 망령: 1969년의 비밀 경고, 광인 외교, 그리고 베트남 전쟁』(로런스: 캔자스 대학교 출판부, 2015), 버와 킴벌은 초기 기사를 크게 확장. 또한 「베트남 전쟁 당시 닉슨, 키신저, 그리고 광인 전략」, 국가안보기록원 전자 브리핑 북 No. 587, 2015년 5월 29일, nsarchive.gwu.edu/nukevault/ebb517-Nixon-Kissinger-and-the-Madman-Strategy-during-Vietnam-War/; "닉슨의 핵 계책: 베트남 협상 및 합동참모본부 준비태세 검사, 1969년 10월", 국가안보기록원 전자 브리핑 북 No. 81, 2002년 12월 23일, nsarchive.gwu.edu/NSAEBB/NSAEBB81/index.htm; 「닉슨의 백악관은 북베트남에 대해 핵 옵션을 고려했다, 기밀 해제된 문서 공개: 핵무기, 베트남 전쟁, 그리고 '핵 금기'」, 국가안보기록원 전자 브리핑 북 No. 195, 2006년 7월 31일, nsarchive.gwu.edu/NSAEBB/NSAEBB195/index.htm.
4. 위와 같음.
5. 셔먼 애덤스, 『직접 보고: 아이젠하워 행정부 이야기』(뉴욕: 하퍼 앤 브라더스, 1961), 48~49.
6. 제임스 셰플리, 「덜레스는 어떻게 전쟁을 피했는가」, ≪라이프≫, 1956년 1월 16일, 78.
7. 시모어 허시, 『권력의 대가: 닉슨 백악관의 키신저』(뉴욕: 서밋 북스, 1983), 385.
8. 리처드 닉슨, 『RN: 리처드 닉슨의 회고록』(뉴욕: 그로셋 앤 던랩, 1978), 401~03. 또한 시모어 허시, 『권력의 대가: 닉슨 백악관의 키신저』, 130 참조.
9. 초기의 중요한 설명은 시드니 렌즈, 『종말 전날: 핵무기 경쟁 해부』(가든 시티, 뉴욕: 더블데이, 1977) 참조.
10. 해리 S. 트루먼, 「대통령의 기자회견」, 1950년 11월 30일. 거하드 피터스와 존 T. 울리, 미국 대통령 프로젝트, www.presidency.ucsb.edu/ws/?pid=13673. 또한 트루먼의 회고록, 제2권, 『1946~52: 시련과 희망의 해』(뉴욕: 시그넷, 1965), 450~51; 그리고 딘 애치슨, 『현대사가 만들어지는 현장에서』(뉴욕: W. W. 노턴 & Co., 1969), 472~85.
11. 드와이트 D. 아이젠하워, 『백악관 시절, 1953~1956: 변화를 위한 통치 기간』(가든 시티, 뉴욕: 더블데이, 1963), 178, 180.
12. S. 에버렛 글리슨, 「제131차 국가안전보장회의에서의 논의 보고서」, 1953년 2월 11일, 극비, 눈으로만 가능(기밀 해제). 아이젠하워 도서관, 아이젠하워 서류, 휘트먼 파일, history.state.gov/historicaldocuments/frus1952-54v02p1/d46. 강조 추가.
13. 모턴 핼퍼린, 「1958년 대만해협 위기: 다큐멘터리 역사」, 랜드연구소 연구 비망록 RM-4900-ISA, 1966년 12월(수정됨, 이전에는 극비), www.rand.org/content/dam/rand/pubs/research_memoranda/2006/RM4900.pdf. 랜드 출판물에서 누락된 구절과 페이지, 그리고 핼퍼린의 연구 컨설턴트로서 위기에 대한 나의 메모는, ellsberg.net/Doomsday/Quemoy 참조.
14. E. P. 톰슨 그리고 댄 스미스 편, 『저항과 생존』(뉴욕: 펭귄, 1980), 42.
15. 내 에세이 「반란을 호소」에서, 『저항과 생존』, E. P. 톰슨과 댄 스미스 편(뉴욕: 먼슬리 리뷰, 1981) 소개, 나는 베리 블리치먼과 스티븐 카플란이 『전쟁 없는 군대: 정치적 도구로서의 미국 군대』(워싱턴 D.C.: 브루

킹스 연구소 출판부, 1978)에서 열거한 19개의 핵 '힘의 쇼'에 대한 언급과 함께 11개의 사례 목록을 제시했다. 6명의 대통령과 36년이 지난 지금, FOIA와 닉슨 테이프와 같은 뜻밖의 소득 덕분에 다른 많은 사건이 표면화되었다. 조지프 거슨의 뛰어난 분석, 『제국과 폭탄: 미국이 핵무기를 사용해 세계를 지배하는 방법』(런던: 플루토 프레스, 2007)은 여기에 나열되지 않은 몇 가지 사례를 추가한다: 소련, 중국, 이스라엘, 파키스탄, 인도 모두가 미국과 같은 방식으로 폭탄을 사용했다는 사실을 보여주는 그의 표 1.1, 37~38 참조. 또한 콘래드 에지와 아르준 마히자니, 『미국의 핵 위협: 다큐멘터리 역사』, ≪카운터스파이≫(1982년 7~8월), 그리고 리처드 K. 벳츠, 『핵 협박과 핵 균형』(워싱턴 D.C.: 브루킹스 연구소 출판부, 1987).

16. 그레그 허큰, 『승리의 무기: 냉전 시대의 원자폭탄, 1945~1950』(뉴욕: 크노프, 1980), 25~74.

17. 아이젠하워의 회고록, 제1권, 『백악관 시절, 1953~1956: 변화를 위한 통치 기간, 178~81』. 또한 알렉산더 L. 조지와 리처드 스모크, 『미국 외교 정책에서의 억지력』(뉴욕: 컬럼비아 대학교 출판부, 1974), 237~41 참조.

18. 비도 수상은 영화 〈하트 앤 마인드〉, 그리고 로스코 드러먼드와 개스통 코블렌츠, 『벼랑 끝 결투』(뉴욕: 더블데이, 1960), 121~22에 등장. 또한 리처드 닉슨의 회고록, 『RN: 리처드 닉슨의 회고록』(뉴욕: 그로셋 앤 던랩, 1978), 150~55 참조.

19. 리처드 K. 벳츠, 『핵 협박과 핵 균형』(워싱턴 D.C.: 브루킹스 연구소 출판부, 1987), 54~62, 61쪽에 덜레스의 인용. 또한 로버트 S. 노리스와 한스 M. 크리스텐슨, 『미국의 핵 위협: 그때와 지금』, ≪원자 과학자 회보≫ 62, no.5(2006): 70 참조.

20. 리처드 닉슨, 「그 자신에게로 나아가는 국가」, ≪타임≫, 1985년 7월 29일.

21. 베리 블리치먼과 스티븐 카플란이 『전쟁 없는 군대: 정치적 도구로서의 미국 군대』, 238, 256.

22. 모턴 핼퍼린, 『1958년 대만해협 위기: 다큐멘터리 역사』, 랜드연구소 연구 비망록 RM-4900-ISA, 1966년 12월(수정됨, 이전에는 극비), www.rand.org/content/dam/rand/pubs/research_memoranda/2006/RM4900.pdf. 랜드 출판물에서 누락된 구절과 페이지, 그리고 핼퍼린의 연구 컨설턴트로서 위기에 대한 나의 메모는, ellsberg.net/Doomsday/Quemoy 참조.

23. 리처드 닉슨, 「그 자신에게로 나아가는 국가」.

24. 10장 '베를린과 미사일 격차'를 참조. 또한 베리 블리치먼과 스티븐 카플란이 『전쟁 없는 군대: 정치적 도구로서의 미국 군대』, 343~439.

25. 12장 '쿠바 미사일 위기'와 13장 '쿠바: 실제 이야기' 참조.

26. 베리 블리치먼과 스티븐 카플란이 『전쟁 없는 군대: 정치적 도구로서의 미국 군대』, 47~49, 1946년 11월에서 1973년 10월 사이, 전략공군사령부의 전 세계 경보, 19건을 열거한 표 참조.

27. 리처드 닉슨, 「그 자신에게로 나아가는 국가」.

28. H. R. 홀드먼의 회고록, 『권력의 종말』(뉴욕: 타임 북스, 1978), 81~85, 97~98; 그리고 리처드 닉슨의 회고록, 『RN: 리처드 닉슨의 회고록』, 393~414. 또한 시모어 허시, 『권력의 대가: 닉슨 백악관의 키신저』(뉴욕: 서밋 북스, 1983); 래리 버먼, 『평화도 없고 명예도 없다: 닉슨, 키신저, 그리고 베트남의 배신』(뉴욕: 프리 프레스, 2001); 존 A. 파렐, 『리처드 닉슨: 그의 인생』(뉴욕: 더블데이, 2017) 참조.

29. 리처드 닉슨, 「그 자신에게로 나아가는 국가」.

30. 위의 글.

31. 로버트 S. 노리스와 한스 M. 크리스텐슨, 『미국의 핵 위협: 그때와 지금』, 70, 존 K. 싱글럽 소장의 말 인용. 『위험한 임무: 20세기의 미국 군인』(뉴욕: 서밋 북스, 1991)은 리처드 A. 모블리, 「한국의 도끼 만행 사건 재논의」, ≪계간 조인트 포스≫, 2003년 여름: 110~111, 113~114에서 인용(그리고 참고). 나는 포드 행정부와 관련된 첫 번째 사건인 이 사건에 대해 언급한 것과 관련해 노리스와 크리스텐슨에게 빚을 지고 있다. 그러나 핵 위협보다는 베리 블리치먼과 스티븐 카플란이 『전쟁 없는 군대: 정치적 도구로서의 미국 군대』에서 열거한 것과 같은 '힘의 과시'로 보는 것이 더 정확할 수 있다.

32. 본문 참조.

33. 본문 참조.

34. 로버트 S. 노리스와 한스 M. 크리스텐슨, 『미국의 핵 위협: 그때와 지금』, 71, 그리고 윌리엄 M. 아킨, 「계산된 모호성: 핵무기와 걸프전」, ≪계간 워싱턴≫ 19, no.4(1996년 가을): 2~18. 두 가지 모두 더 많은 참고자료를 제공한다.

35. 가르 알페로비츠가 그의 획기적인 작품, 『원자 외교: 히로시마와 포츠담』(뉴욕: 빈티지 북스, 1965)에서 소개한 용어.

36. 니나 타넨월드, 『핵 금기: 미국과 1945년 이래로 핵무기 미사용』(케임브리지. 케임브리지 대학교 출판부: 2008).

37. T. V. 폴, 『핵무기 비사용의 전통』(스탠퍼드: 스탠퍼드 안보 연구, 2009).

38. 그레그 허큰, 『승리의 무기: 냉전 시대의 원자폭탄, 1945~1950』, 274.

39. 조지 P. 슐츠와 제임스 E. 굿바이, 『절대 싸워서는 안 되는 전쟁』(후버연구소, 2015), xii.

40. 아친 바나익의 중요한 연구 참조, 『폭탄 이후: 인도의 핵 여행에 대한 성찰』(뉴델리: 오리엔트 블랙스완, 2015).

41. 세르게이 슈만, 「러시아는 원자 무기의 선제 사용 금지 서약을 철회한다」, 《뉴욕 타임스》, 1993년 11월 4일.

42. 「핵재앙 방지에 관한 선언」, 유엔 제91차 총회, 1981년 12월 9일, www.un.org/documents/ga/res/36/a36r100.htm.

43. 리처드 버트, 「곰을 위한 짐 싣기: '1.5배 전쟁' 전략, 이제 돈이 중요한 장애물이라고 것을 의미한다」, 《뉴욕 타임스》, 1980년 2월 2일.

44. 조수아 M. 엡스타인, 『전략 및 병력 계획: 페르시아만의 경우』(워싱턴 D.C.: 브루킹스 연구소 출판부, 1986), 16, 케네스 월츠, 「급속 전개군을 위한 전략」, 《국제 안보》 5(1981년 봄): 64n20 인용.

45. 《뉴스메이커》, NBC, 1980년 2월 3일.

46. 공화당 대선 토론회, CNN, 2007년 6월 5일, transcripts.cnn.com/TRANSCRIPTS/0706/05/se.01.html.

47. 데니스 콘래드, AP 통신, 2007년 8월 2일 자.

48. 스티브 홀랜드, 「새로운 장에 선 오바마와 클린턴, 핵무기를 넘어서」, 로이터, 2007년 8월 2일. 클린턴은 "오바마가 2008년 11월에 대통령으로 선출될 만큼 충분한 경험을 가졌는지에 대한 의문을 연장시키고 있다"라고 말했다.

49. "전체 대본: 크리스 매튜스가 사회를 보고 도널드 트럼프와 함께하는 MSNBC 타운홀," 2016년 3월 30일, info.msnbc.com/_news/2016/03/30/35330907-full-transcript-msnbc-town-hall-with-donald-trump-moderated-by-chris-matthews.

50. 브루스 블레어, 「오바마는 그가 가기 전에 핵무기 전략을 어떻게 혁신할 수 있었는가」, 《폴리티코 매거진》, 2016년 6월 22일, www.politico.com/magazine/story/2016/06/barack-obama-nuclear-weapons-213981. 데이비드 E. 생어와 윌리엄 J. 브로드, 「오바마는 핵무기를 선제 사용하지 않겠다는 맹세를 하지 않을 것 같다」, 《뉴욕 타임스》, 2016년 9월 5일, www.nytimes.com/2016/09/06/science/obama-unlikely-to-vow-no-first-use-of-nuclearweapons.html.

51. 제임스 호먼, 「데일리 202: 도널드 트럼프는 외교 정책으로 위험한 '광인 이론'을 수용한다」, 《워싱턴 포스트》, 2016년 12월 20일. 니콜 헤머는 "핵전쟁에 '광인 이론'은 수십 년 동안 존재해왔다. 이제 트럼프는 미치광이 역할을 하고 있다," VOX, 2017년 1월 4일, www.vox.com/the-big-idea/2017/1/4/14165670/madmantheory-nuclear-weapons-trump-nixon. Excerpt from Trump interview on Face the Nation, January 3, 2016, www.youtube.com/watch?v=QVTAaJ1fzfc.

52. 내 기사, 「핵 테러 종식: 미국과 다른 이들에 의해」, 리처드 포크와 데이비드 크리거 편, 『핵 절벽에서: 파국이냐 탈바꿈이냐』(뉴욕: 팰그레이브 맥밀런, 2009), 83~96; 「미국의 핵 테러」, 캐런 로퍼스 캐링턴과 수전 그리핀, 『변모하는 테러: 세상의 영혼을 기억하라』(버클리: 캘리포니아 대학교 출판부, 2011), 19~25.

21장

1. 윌리엄 버, 「닉슨 행정부, '공포 전략'과 제한된 핵 옵션 탐색, 1969년~1972년」, 《냉전 연구 저널》 7, no.3(2005년 여름): 34. 윌리엄 버, 「8천만 명을 죽이는 유일한 선택권을 갖는 것은 부도덕의 극치」, 국가 안보기록원 브리핑 북 No.173, 2005년 11월 23일, nsarchive.gwu.edu/NSAEBB/NSAEBB173/.

2. 프레드 캐플런의 『아마겟돈의 귀재들』(뉴욕: 사이먼 앤 슈스터, 1983)의 마지막 25장과 26장, 356~391 참조.

3. 시어도어 C. 소렌슨, 편집 노트, 『로버트 F. 케네디, 13일: 쿠바 미사일 위기의 회고록』(뉴욕: W. W. 노턴

& Co., 1969), 98.

4. 윌리엄 J. 브로드와 데이비드 E. 생어, 「미국, 핵무기에서 주요 개선 강화」, ≪뉴욕타임스≫, 2014년 9월 21일. 킹스턴 레이프, 「트럼프는 오바마가 했던 핵 자금 지원을 계속한다」, ≪군비 통제 투데이≫, 2017년 7/8월, 2017, https://www.armscontrol.org/act/2017-07/news/trump-continues-obama-nuclear-funding. 트럼프 대통령은 연말 전략 정책 검토에 앞서, 전체 '핵 트라이어드' 교체 계약을 체결하고 있다. 데이비드 E. 생어와 윌리엄 J. 브로드, 「위험에도 불구하고 미국은 핵무기고를 정비할 것」, ≪뉴욕 타임스≫, 2017년 8월 28일.

5. 선견지명이 있는 랜덜 포스버그의 기사, 「동결과 그 너머: 군축을 위한 경로로서 군대를 방어용으로 국한하는 일」, ≪세계 정책 저널≫ 1, 2호(1984년 겨울): 285~318, '비공격적 방어'와 '협력적 안보'의 중요 개념에 대한 초기 설명은 여전히 매우 관련이 깊다. 존 D. 스타인브루너, 『세계 안보의 원칙』(워싱턴 D.C.: 브루킹스 연구소 출판부, 2000), 그리고 존 D. 스타인브루너와 낸시 갤러거, 「글로벌 안보 전망」, ≪다이달로스≫(2004년 여름): 83~103.

6. 유엔 총회, 핵무기 금지 조약, 2017년 7월 7일, undocs.org/A/CONF.229/2017/8. 또한 아리아 벤딕스, 「122개국, 핵무기 금지 '역사적' 조약 체결: 조약 이행에 많은 장벽을 마주 보고 있지만, 그것은 심오한 국제 성명을 의미한다」, ≪애틀랜틱≫, 2017년 7월 8일, www.theatlantic.com/news/archive/2017/07/122-nations-approve-historic-treaty-to-ban-nuclearweapons/533046/.

7. 윌리엄 J. 페리(국방부 장관 1994~1997), 「미국의 ICBM을 폐기하는 것이 안전한 이유」, ≪뉴욕 타임스≫, 2016년 9월 30일, www.nytimes.com/2016/09/30/opinion/why-its-safe-to-scrap-americas-icbms.html. 또한 제임스 E. 카트라이트(미국 헌병대 장군 2004~2007, 합참 부의장 2004~2011)와 브루스 G. 블레어, 「미국 핵무기의 선제 사용을 위한 정책을 끝내라」, ≪뉴욕 타임스≫, 2016년 8월 14일, www.nytimes.com/2016/08/15/opinion/end-the-first-use-policy-for-nuclearweapons.html. 또한 톰 Z. 콜리나, ≪군비 통제 투데이≫, 2012년 5월 21일, 「전 STRATCOM 수장이 삭감을 요구한다」, www.armscontrol.org/act/2012_06/Former_STRATCOM_Head_Calls_for_Cuts. 러시아 군사력 강화에 대해: 한스 M. 크리스텐슨과 로버트 S. 노리스, 「러시아 핵군사력, 2017」, ≪원자력 과학자 회보≫ 73, no.2(2017): 115~126.

8. 앨런 로복과 브라이언 오웬 툰, 「자신감 있는 파괴: 핵전쟁의 기후 영향」, ≪원자 과학자 회보≫ 68, no.5(2012): 66~74.

9. 당시 상원 정보위원회 고위 위원이었던 로버트 케리 상원의원이 SIOP의 표적 목록에 접근할 수 없었던 문제에 대해서는 브렛 로리, 「스스로 만드는 SIOP」, ≪원자력 과학자 회보≫ 57, no.4(2001): 22~29를 보라.

10. 마틴 루서 킹 주니어 목사, 「베트남을 넘어서」, 리버사이드 교회, 1967년 4월 4일, kingencyclopedia.stanford.edu/encyclopedia/documentsentry/doc_beyond_vietnam/. 강조 추가.

감사하는 말

1. 조지프 대니얼의 『불복종의 1년과 양심의 한계』(보울더, 코네티컷: 스토리 아트 미디어, 2013), 80~81에서 내가 쓴 서문 끝부분에 담긴 전체 진술을 ellsberg.net에서 찾아 읽을 것을 독자들에게 권한다.

지은이 **대니얼 엘스버그** Daniel Ellsberg

미국의 유명한 군사전략 분석가이자 정치적 액티비스트이고 평화운동가이다. 하버드 대학교에서 경제학 박사 학위를 받았다. 그는 베트남 전쟁에 관한 '펜타곤 페이퍼(미 국방부 기밀문서)'를 폭로하여 베트남 전쟁을 끝내는 데 결정적인 역할을 한 '내부고발자'로 잘 알려져 있다.

해병대 장교로 복무하고, 1958년에 미국의 랜드연구소에 전략연구원으로 오랫동안 일했다. 1964년 8월부터 잠시 랜드를 떠나 국방부에서 일하기도 했고, 국무부에 차출되어 전쟁 중인 베트남에 2년 동안 파견되었다가 랜드연구소에 복귀했다. 1967~68년, 베트남 전쟁에 대한 기밀문서들을 정리하여 이를 연구 검토하는 맥나마라의 특별 프로젝트에 참여했다. 이 기밀문서들을 정리해 모아놓은 것이 국방부 기밀문서 '펜타곤 페이퍼'이다. 그는 이 문서들을 검토하면서 이 전쟁이 잘못된 전쟁이라는 것을 알게 되고, 이를 언론을 통해 폭로했다. 미국의 역대 정부들이 지속적인 거짓말로 국민과 의회를 기만해왔다는 것이 밝혀졌고, 미국이 북베트남으로 전쟁을 확대하는 구실로 삼았던 이른바 '통킹만 사건'도 조작된 것이라는 사실이 드러났다. 베트남 전쟁이 미국 정부와 군수산업, 광신적 반공주의자들이 결탁해 만들어낸 침략전쟁이었다는 사실이 온 세상에 드러났다. 1973년 1월 3일, 엘스버그는 이 사건 때문에 기소되었으나 재판부는 그에게 무죄를 선고했다. 이러한 용기 있는 행동으로 '바른생활 상'(2006)과 '올로프 팔메 상'(2018)을 받았다. 엘스버그는 『종말 기계』도 같은 도덕적 차원에서 썼다고 말한다. 미국의 핵전쟁 정책이 미친 짓이며, "남은 생애를 감옥에서 보내는 위험을 감수할지라도 이를 폭로하지 않고는 살아갈 수 없었다"라고 말한다.

옮긴이 **강미경**

1964년 제주에서 태어나 이화여자대학교 영어교육과를 졸업한 뒤 전문번역가로 활동하고 있다. 인문교양, 비즈니스, 문예 등 영어권의 다양한 양서들을 번역 소개하고 있다. 옮긴 책으로 『나침반, 항해와 탐험의 역사』, 『도서관, 그 소란스러운 역사』, 『내가 만난 희귀동물』, 『유혹의 기술』, 『마르코 폴로의 모험』, 『1차 세계대전』 등 다수가 있다.

인류 종말 기계
어느 핵 전쟁 입안자의 고백

1판 1쇄 인쇄   2022년 12월 20일
1판 1쇄 발행   2022년 12월 25일

지은이 대니얼 엘스버그 **옮긴이** 강미경 **펴낸곳** 도서출판 두레
등 록 1978년 8월 17일 제1-101호
주 소 (04075)서울시 마포구 독막로 100 세방글로벌시티 603호
전 화 02)702-2119(영업), 02)703-8781(편집)
팩스 / 이메일 02)715-9420 / dourei@chol.com

ISBN 978-89-7443-153-2 03300